社会责任管理蓝皮书
BLUE BOOK OF SOCIAL RESPONSIBILITY MANAGEMENT

中国上市公司社会责任能力成熟度报告（2015）No.1

REPORT ON CHINA LISTED CORPORATE SOCIAL RESPONSIBILITY CAPABILITY MATURITY (2015) No.1

肖红军　王晓光　李伟阳／著
中国企业管理研究会社会责任专业委员会
北京融智企业社会责任研究所

社会科学文献出版社
SOCIAL SCIENCES ACADEMIC PRESS (CHINA)

图书在版编目(CIP)数据

中国上市公司社会责任能力成熟度报告. 2015. 1/肖红军,
王晓光，李伟阳著. —北京：社会科学文献出版社，2015. 12
（社会责任管理蓝皮书）
ISBN 978 - 7 - 5097 - 8448 - 8

Ⅰ. ①中… Ⅱ. ①肖… ②王… ③李… Ⅲ. ①上市公司 - 社会责任 - 研究报告 - 中国 - 2015 Ⅳ. ①F279. 246

中国版本图书馆 CIP 数据核字（2015）第 277194 号

社会责任管理蓝皮书
中国上市公司社会责任能力成熟度报告（2015）No. 1

著　　者 / 肖红军　王晓光　李伟阳

出 版 人 / 谢寿光
项目统筹 / 吴　敏
责任编辑 / 张　媛　吴　敏

出　　版 / 社会科学文献出版社 · 皮书出版分社（010）59367127
地址：北京市北三环中路甲 29 号院华龙大厦　邮编：100029
网址：www. ssap. com. cn
发　　行 / 市场营销中心（010）59367081　59367090
读者服务中心（010）59367028
印　　装 / 北京季蜂印刷有限公司

规　　格 / 开　本：787mm × 1092mm　1/16
印　张：32. 5　字　数：528 千字
版　　次 / 2015 年 12 月第 1 版　2015 年 12 月第 1 次印刷
书　　号 / ISBN 978 - 7 - 5097 - 8448 - 8
定　　价 / 98. 00 元

皮书序列号 / B - 2015 - 479

中国企业管理研究会社会责任专业委员会简介

中国企业管理研究会，原名中国工业企业管理教育研究会，创建于1981年。1995年3月经民政部批准，改名为中国企业管理研究会。作为全国性社团组织，中国企业管理研究会的主要功能是向政府反映企业管理中出现的问题、提出企业管理政策建议；总结和推广企业的先进管理经验，并开展管理咨询服务；进行企业管理理论研究和学术交流；组织协调全国大专院校企业管理教材的编写和教学经验的交流；开展企业家经营管理知识培训和国际学术交流等。研究会现有理事单位近300家，涵盖企业、高等院校、研究机构和新闻出版单位。自成立以来，研究会不但为我国大中型企业培训了许多优秀的经营管理人才，而且还就高等管理教育的改革、成人教育的发展等问题曾向国务院和中央有关部委提出一些重要建议，受到中央有关领导同志的好评。

中国企业管理研究会社会责任专业委员会于2014年正式成立，其定位是充分发挥中国企业管理研究会的优势，将企业、高等院校、研究机构联结起来，引领中国企业社会责任发展的潮流，推动中国企业社会责任的理论与实践的发展，提高中国企业的责任竞争力。中国企业管理研究会社会责任专业委员会的理事单位来自全国多个研究机构、高等院校和知名企业，主要任务是从事社会责任基础理论研究、社会责任管理与教学案例开发、举办社会责任活动与会议、开展社会责任理论与实践优秀成果跟踪评价、提供社会责任高端培训和咨询服务。

北京融智企业社会责任研究所简介

北京融智企业社会责任研究所（简称“研究所”）是一家在北京市民政局正式注册、国内专门从事企业社会责任研究与推广的专业机构，其核心团队包括了国内较早从事社会责任研究和实践的主要专家，研究所致力为政府、企业和非政府组织在社会责任领域提供强有力的研究平台、服务平台、沟通平台、创新平台和合作平台，积极推动国内企业社会责任理论与实践的持续健康发展。

研究所始终以建设国内领先、国际一流的企业社会责任研究与服务专业机构为着眼点，坚持秉承“融生达道、智造卓越”的办所宗旨，融智成智，积极为企业探寻可持续发展之道，用智慧帮助更多企业成就卓越。

研究所拥有一支具有较高专业水平、素质全面、能力突出、经验丰富、胸怀激情、具有国际视野的研究与服务团队，融合了一批来自国内外一流高等院校以及具备管理学、经济学、社会学、金融学、环境学等不同学科背景的人才队伍，造就了一批资深的企业社会责任专家。研究所拥有广泛的产业、学界、政府、国际机构资源，建立了高层次的社会责任国际平台，与国内企业社会责任政府主管部门保持着密切的合作与联系，形成了由来自中国社会科学院、国务院发展研究中心、北京大学、北京师范大学、厦门大学、对外经贸大学等机构的国内一流专家组成的“智库”。

研究所长期以来专注于可持续发展和企业社会责任领域的研究、咨询、培训和传播，出版了多本具有较大影响力的企业社会责任著作或研究报告，创新开展了多次不同形式的企业社会责任专项培训，研发了适合中国企业实际的可持续发展和社会责任管理体系与模式，为30多家中央企业、金融机构以及众多中小企业提供了社会责任的专门咨询服务，组织了多次具有广泛影响的企业社会责任国际和国内会议，积极为企业搭建社会责任的沟通与传播平台。

研究所目前是国家标准委员会核心合作单位，参与中国企业社会责任标准以及中国企业社会责任报告标准的制定。研究所创新推出了以社会责任管理能力成熟度模型为基础，以利益相关方关系管理为主线，以可持续竞争力提升为目标的社会责任管理体系和模式。

研究所一直坚持“用心、专心、同心”的客户服务理念，努力做到用心为客户谋事，专心为客户干事，同心为客户成事；一直坚持“热心、诚心、细心”的开放合作态度，不仅热心于与社会各界开展各项合作，而且始终诚信地对待合作伙伴，细心地与合作伙伴携手共进。研究所期待为更多的客户提供专业、优质的服务，实现共同成长；期待与更多的有志之士紧密协作，共创中国企业可持续发展的未来。

主要编撰者简介

肖红军　先后就读于厦门大学电子工程系、厦门大学管理学院和中国社会科学院研究生院，分别获得工程学学士、管理学硕士和管理学博士学位。目前任职于中国社会科学院工业经济研究所，主要从事企业社会责任、企业成长方面的研究，曾经主持和参与了多项国家科技支撑计划项目、“863”项目、国家社科基金项目以及国家发改委、工业和信息化部等多个部委委托的重要研究课题，在全国核心期刊上发表论文多篇。

王晓光　管理学博士，研究员，毕业于中国社会科学院研究生院，现任北京融智企业社会责任研究所所长，中国企业管理研究会副理事长，中国工业企业社会责任研究智库秘书长，国家企业社会责任标准起草组专家。主要从事企业社会责任管理、企业战略与组织等领域的研究，在企业社会责任管理与可持续竞争力领域提出了系统的理论框架。先后主持或参与了联合国开发计划署（UNDP）、国际劳工组织（ILO）、科技部、工信部、国务院国资委等国际组织与国家部委的研究项目十余个，主持大型企业的社会责任咨询与培训项目上百个，发表论文数十篇，出版专著和教材多部。

李伟阳　毕业于财政部财政科学研究所研究生部，现任国家电网公司高级培训中心副主任、党组成员，兼任中国企业管理研究会常务副理事长、厦门大学企业社会责任与企业文化研究中心首席研究员、联合国“全球契约”中国网络中心副主任、中国ISO社会责任专家组成员。主笔完成我国企业首份社会责任报告和首个企业履行社会责任指南，率先提出企业全面社会责任管理模式，成果荣获第十五届国家级企业管理现代化创新成果一等奖，出版著作多部，主持国家级科研项目多项。

摘　要

企业社会责任能力成熟度是对企业社会责任能力的度量，企业的社会责任能力集中体现在实现企业社会责任目标或构想所具有的知识、技能和意愿水平上。为了更加全面准确地评价中国上市公司的社会责任能力成熟度水平，为企业提升社会责任能力提供参考，推动中国企业社会责任管理实践和理论研究的发展，笔者编写了《中国上市公司社会责任能力成熟度报告（2015）No. 1》。本报告首次对“社会责任能力成熟度”概念进行了系统阐述，构建了社会责任能力成熟度模型和中国上市公司社会责任能力成熟度评价指标体系，并据此对中国沪深300上市公司和15个重点行业上市公司的社会责任能力成熟度进行了评价。全书由总报告、技术报告、指数报告、行业篇、专题篇、附录六大部分构成。

总报告是对全书主要内容的总体性概括，主要包括社会责任能力成熟度的概念和层级划分标准说明以及2014年中国上市公司社会责任能力成熟度总体评价结果。

技术报告系统阐述了中国上市公司社会责任能力成熟度评价规则和流程，包括评价模型、指标构建、赋值赋权、评价实施和评价分析五个部分。

指数报告是中国沪深300上市公司社会责任能力成熟度评价结果的报告，包括样本选择说明和评价分析两部分内容。

行业篇以能源、金融、汽车、化工、房地产、纺织服装、电子信息制造等15个重点行业为研究对象，分别选取了行业内市值排名前50的上市公司，从社会责任理念与战略、社会责任推进管理、经济价值创造能力、社会价值创造能力、环境价值创造能力、合规透明运营能力六个维度进行评价，最终得出2014年各行业上市公司50强的社会责任能力成熟度评价结果。

专题篇包括《中国企业社会沟通创新能力报告》《中国企业社会创新能力报告》《中国企业负责任实业投资报告》。《中国企业社会沟通创新能力报告》

主要介绍了企业社会沟通创新的背景和社会沟通创新的模式。《中国企业社会创新能力报告》介绍了国外企业社会创新的经验，梳理了国际企业社会创新取得的进展，并对当前我国企业社会创新存在的问题提出了改进建议。《中国企业负责任实业投资报告》主要介绍了负责任实业投资的发展历程和国外经验，阐述了我国负责任实业投资的现状和存在的问题，并给出了进一步发展对策。

附录部分展示了 2014 年中国沪深 300 上市公司和 15 个重点行业上市公司的社会责任能力成熟度评价结果。

Abstract

CSR (Corporate Social Responsibility) Capability Maturity is the measurement of CSR capability, which epitomizes on achievements of CSR objectives or composition of existing knowledge, skills and intention level. The book "*Report on China Listed Corporate Social Responsibility Capability Maturity (2015) No. 1*" was compiled to comprehensively and precisely evaluate the CSR Capability Maturity level and as a reference for Chinese listed companies to enhance CSR capability, and assist in the development of CSR management practices and research by Chinese corporations as well. The definition of "CSR Capability Maturity" is systematically elaborated for the first time in this book. Furthermore, the model and evaluation index system for CSR Capability Maturity of Chinese corporations are constructed that CSR Capability Maturity of selected listed companies (including 300 from Shanghai and Shenzhen as well as 15 from key industries) are assessed accordingly. This book consists six parts, which are General Report, Technical Report, Index Report, Report on Key Industries, Report on Special Issues and Appendix.

General Report is a summary of the whole book, which includes theories of CSR Capability Maturity and illustrations on hierarchical division standards, and the evaluation result of CSR Capability Maturity for Chinese listed companies in 2014.

Technical Report systematically elaborates the evaluation rules and procedures of CSR Capability Maturity for Chinese listed companies, which consists Evaluation Model, Index Construction, Evaluation and Weight, Evaluation Implementation and Analysis, five parts in total.

Index Report is the CSR Capability Maturity evaluation results report of 300 listed companies from Shanghai and Shenzhen, including two parts, which are selection instruction and evaluation analysis.

Reports on Key Industries takes 15 Key Industries as our research targets, which consists energy, financial, automobile, chemical, estate, textile and garment, electronic manufacturing industries etc. The result of CSR Capability Maturity Index is reached from the evaluation of top 50 listed companies from various industries through six dimensions: CSR theories and strategies, CSR management, economic value creating capability, social value creating capability, environmental value creating capability, compliance and transparency operating capability.

Reports on Special Issues elaborates three issues, which are "*Report on Social Communication Innovating Capability of Chinese Corporations*", "*Report on Chinese Corporations' Innovating Capability of Social Problems Solving*" and "*Report on Socially Responsible Industrial Investment of Chinese Corporations*". "*Report on Social Communication Innovating Capability of Chinese Corporations*" introduces background of innovation on corporate social communication and model of social communicating innovation. "*Report on Chinese Corporations' Innovating Capability of Social Problems Solving*" introduces innovating experiences of social problems solving by overseas companies and progress of corporate innovation on social problems solving, also proposes proper improvement suggestions on existing problems for present corporate. "*Report on Socially Responsible Industrial Investment of Chinese Corporations*" introduces development history and overseas experiences of socially responsible industrial investment, and elaborates present circumstances and existing problem of socially responsible industrial investment by Chinese corporations with further developing strategy.

Appendixes presents CSR Capability Maturity Index of selected Chinese listed companies in 2014 including 300 from Shanghai and Shenzhen as well as 15 from key industries.

目 录

𝔹 Ⅰ 总报告

𝔹 Ⅱ 技术报告

𝔹 Ⅲ 指数报告

𝔹 Ⅳ 行业篇

B V 专题篇

𝔹Ⅵ 附录

皮书数据库阅读**使用指南**

CONTENTS

ⅠGeneral Report

Ⅱ Technical Report

Ⅲ Index Report

ⅣB Reports on Key Industries

BV Reports on Special Issues

BVI Appendixes

总报告

General Report

B.1 中国上市公司社会责任能力成熟度总体情况

摘　要：本文首先对社会责任能力成熟度的概念进行了界定，并说明社会责任能力成熟度等级的划分依据，将企业社会责任能力成熟度划分为无能级、弱能级、本能级、强能级、超能级。然后对报告的主要研究结论进行了阐述，包括沪深300上市公司的社会责任能力成熟度评价结果和15个主要行业上市公司的社会责任能力成熟度评价结果。

关键词：社会责任能力成熟度　层级划分　评价结论

一　社会责任能力成熟度概念界定和层级划分

（一）概念界定

企业社会责任能力成熟度是对企业社会责任能力的度量，企业社会责任能力集中体现在实现企业社会责任目标或构想所具有的知识、技能和意愿水平。企业社会责任能力成熟度具有四个显著特征，分别为涵盖内容的综合性、反映社会责任水平的层级性、提升路径的指向性和不断演进的动态性。所谓涵盖内容的综合性，就是企业社会责任能力成熟度不是度量企业社会责任能力特定方面的单一指标，而是包含度量企业社会责任管理水平、企业社会责任实践水平以及企业社会责任总结传播水平等在内的综合性指标。所谓反映社会责任水平的层级性，就是企业社会责任能力成熟度具有不同的层级，企业社会责任能力成熟度的层级反映了不同企业社会责任能力的强弱；处于较高成熟度级别的企业具有较强的企业社会责任能力，处于较低成熟度级别的企业具有较弱的企业社会责任能力。所谓提升路径的指向性，是指由于企业社会责任能力成熟度具有层级性，而企业社会责任能力成熟度的高低标识了企业社会责任能力的强弱，企业社会责任能力成熟度指标就为处于不同社会责任能力等级水平的企业指明了进一步开展社会责任能力建设的方向或路线图。所谓不断演进的动态性，是指企业社会责任能力成熟度不是一个静态的概念，随着企业社会责任能力的变化而变化，致力于开展社会责任管理、实践和信息传播的企业要加大企业社会责任能力建设力度，推进自身社会责任能力成熟度向更优更强的方向演进。

（二）层级划分

企业社会责任能力是一个从弱到强的“连续体”，企业社会责任能力强弱不同，在这一“连续体”上的位置也不同。为了度量企业社会责任能力成熟度的科学性，笔者采取百分制的原则计量企业社会责任能力成熟度。如此，企业社会责任能力由弱到强的“连续体”就实现了数量化，企业社会责任能力的强弱也就表现为企业社会责任能力成熟度的高低。按照企业社会责任能力建设水平的高低，本研究将企业社会责任能力成熟度划分为五个基本级别，分别为无能级、弱能级、本能级、强能级和超能级。

1. 无能级

处于无能级的企业社会责任工作基本特征是缺省无序。无论是企业社会责任管理状况，还是企业社会责任实践水平，抑或是企业社会责任的总结宣传水平，均表现为杂乱无章。该类企业的社会责任管理活动、社会责任实践活动以及社会责任总结宣传活动往往不是企业主动的社会责任活动，仅是企业以其他“名义”开展的具有社会责任特点的活动而已。比如，在企业社会责任理念和战略方面，该类企业往往没有社会责任理念和战略；在社会责任推进管理方面，该类企业往往尚未开展企业社会责任推进管理；在经济价值创造能力方面，该类企业可能开展一定程度上独立的经济价值创造，这种价值创造并不是建立在对社会责任认识的基础上；在社会和环境价值创造能力方面，该类企业既没有任何创造社会价值的意识，也没有任何创造环境价值的意识；在合规透明运营能力方面，该类企业可能开展了一定程度上独立的合规透明运营实践。所以，从数量化的角度来看，该类企业的社会责任能力成熟度得分处于30分之下（不包括30分）。

2. 弱能级

处于弱能级的企业社会责任能力基本特点表现为启蒙跟随。与处于无能级的企业相比，它们的社会责任理念和意识已经处于启蒙状态，不仅开始跟随其他企业试探开展社会责任工作，而且还开始有意识地将具有自身企业社会责任性质的管理活动、实践活动以及总结宣传活动置于企业社会责任的“名义”之下。比如，尽管该类企业在社会责任理念和战略方面，并没有形成社会责任理念和战略，在社会责任推进管理方面，也没有开展企业社会责任推进管理。但是，在经济价值创造能力、社会价值创造能力、环境价值创造能力和合规透明运营能力方面，该类企业分别初步建立经济价值创造、社会价值创造、环境价值创造以及合规透明运营与企业社会责任之间的认知联系。所以，该类企业社会责任能力建设的基本目标是形成自身开展社会责任工作的基础。因此，从数量化的角度来看，该类企业的社会责任能力成熟度得分处于30分到60分之间（包括30分，不包括60分）。

3. 本能级

整合赶超是处于本能级的企业社会责任能力成熟度的基本特征，它们的企业社会责任能力处于中等水平，与处于无能级和弱能级的企业相比，其企业社会责任能力建设已经“及格”，开始进一步探索开展社会责任管理、进行社会责任实践以及推进社会责任总结宣传。整合具有企业社会责任性质的管理资源、实践资源和总结宣传资源是该类企业的主要社会责任工作，基本目标是赶超国内外先进企业，并培养国内领先的企业社会责任能力。不仅如此，该类企业，在社会责任理念和战略方面已经基本具有社会责任能力；在社会责任推进管理方面，也初步开展了企业社会责任推进管理，并具备了从社会责任的视角看待经济价值创造的思路和能力。除此之外，该类企业也已经创造了基本的社会价值和环境价值，并建立了合规透明运营与社会责任之间的联系。所以，从数量化的角度来看，处于本能级的企业社会责任能力成熟度得分处于 60 分到 80 分之间（包括 60 分，不包括 80 分）。

4. 强能级

当企业社会责任能力成熟度达到强能级时，优化社会责任管理活动、社会责任实践活动和社会责任总结宣传活动开始成为重点，进一步提升企业社会责任能力成为中心工作，形成国内一流的企业社会责任管理和实践变为基本目标。由于国内一流是处于强能级企业开展社会责任管理、进行社会责任实践以及推进社会责任总结宣传的基本目标导向，这类企业对于企业社会责任理论具有强烈的偏好，不仅通过自身努力探索总结企业社会责任理论，而且不断尝试企业社会责任管理、实践和总结宣传活动的创新形式。从企业社会责任能力成熟度的六个维度来看，在社会责任理念和战略方面，该类企业不仅具有较好的企业社会责任理念，而且也初步形成了社会责任战略；在社会责任推进管理方面，该类企业已经建立了一定的社会责任推进管理体系。不仅如此，该类企业已经较好地创造了经济价值、社会价值和环境价值，并且能够从社会责任的角度推进合规透明运营。从数量化的角度来看，处于强能级的企业社会责任能力成熟度得分处于 80 分到 90 分之间（包括 80 分，不包括 90 分）。

5. 超能级

超能级是企业社会责任能力的最高级别，该级别的企业社会责任能力成熟度得分在 90 分以上（包括 90 分），其社会责任工作的基本特征就是创新拓展，通过创新企业社会责任管理的模式、企业社会责任实践的方式以及企业社会责任总结宣传的途径，实现企业社会责任工作的进一步拓展。该类企业社会责任工作的根本目标是培养具备国际水平的企业社会责任能力，它们不仅是国内企业开展社会责任能力建设的跟随对象，而且也是国际企业开展社会责任能力建设的重要标杆。具体来看，该类企业已经具有了较好的社会责任理念，也制定了较好的社会责任战略；在社会责任推进管理方面，也已经建立完善的社会责任推进管理体系；在合规透明运营能力方面，建立了完善的合规透明运营体系。不仅如此，在经济价值创造能力、社会价值创造能力和环境价值创造能力方面，该类企业均创造了卓越的价值。企业社会责任能力成熟度等级划分及特征如表1所示。

表1　企业社会责任能力成熟度等级划分及特征

级别编号	级别名称	基本特点	基本目标	分值分布	社会责任理念与战略	社会责任推进管理	经济价值创造能力	社会价值创造能力	环境价值创造能力	合规透明运营能力
Ⅰ	无能级	缺省无序	无目标	[0,30)	没有社会责任理念和战略	尚未开展企业社会责任推进管理	开展一定程度独立的经济价值创造	无意识创造社会价值	无意识创造环境价值	开展一定程度独立的合规透明运营
Ⅱ	弱能级	启蒙跟随	打造基础	[30,60)	没有社会责任理念和战略	尚未开展企业社会责任推进管理	将经济价值创造与社会责任建立初步联系	初步开展社会价值创造	初步开展环境价值创造	初步建立合规透明运营与社会责任的认知联系
Ⅲ	本能级	整合赶超	国内领先	[60,80)	初步具有社会责任理念,无战略	初步开展企业社会责任推进管理	从社会责任角度看待经济价值创造	创造了基本的社会价值	创造了基本的环境价值	建立了合规透明运营与社会责任之间的联系
Ⅳ	强能级	优化提升	国内一流	[80,90)	具有较好的社会责任理念和初步的战略	建立了一定的社会责任推进管理体系	较好地创造了经济价值	较好地创造了社会价值	较好地创造了环境价值	从社会责任的角度推进合规透明运营
Ⅴ	超能级	创新拓展	国际水平	[90,100]	具有较好的社会责任理念和战略	建立了完善的社会责任推进管理体系	创造了卓越的经济价值	创造了卓越的社会价值	创造了卓越的环境价值	建立完善的合规透明运营体系

二　2014年中国沪深300上市公司社会责任能力成熟度评价结论

（一）中国上市公司社会责任能力成熟度水平整体偏低

2014年沪深300上市公司的社会责任能力成熟度平均得分为35.43分，整体处于弱能级，这表明我国上市公司的社会责任能力成熟度整体水平偏低。在

300 家上市公司中，没有任何一家进入强能级和超能级；社会责任能力成熟度达到本能级的上市公司有 12 家，占比仅为 4%；处于无能级的上市公司多达 113 家，占比 37. 67%；其余 175 家皆处于弱能级水平，占比 58. 33%。

（二）经济价值创造能力突出，社会责任推进管理不足

在社会责任能力成熟度的六个维度中，300 家上市公司的经济价值创造能力得分最高，平均分为 61. 86 分，社会责任推进管理得分最低，平均分仅为 9. 38 分，两者相差超过 50 分。其他维度的平均得分依次为社会责任理念与战略 32. 36 分、社会价值创造能力 32. 73 分、环境价值创造能力 22. 07 分、合规透明运营能力 52. 73 分。

（三）深交所上市公司的社会责任能力成熟度略高于上交所

沪深 300 上市公司中，深交所上市公司的社会责任能力成熟度平均得分为 36. 43 分，上交所上市公司的平均得分为 34. 73 分，两者都处于弱能级，深交所上市公司略高于上交所上市公司。从成熟度的六个维度来看，除“社会责任推进管理”维度外，其余五个维度的得分均是深交所上市公司高于上交所上市公司。

（四）企业规模与社会责任能力成熟度之间呈现清晰的正向关系

为了研究企业规模与社会责任能力成熟度之间的关系，笔者将净资产、总资产、营业收入和市值等反映企业规模的指标划分为 100 亿元以下（不包括 100 亿元）、100 亿到 1000 亿元（不包括 1000 亿元）、1000 亿到 5000 亿元（不包括 5000 亿元）、5000 亿到 10000 亿元（不包括 10000 亿元）、10000 亿元以上（包括 10000 亿元）五个组别。

统计显示，无论是从总资产还是从营业收入和市值方面对上市公司的社会责任能力成熟度进行评价，都可以得出：上市公司的规模与社会责任能力成熟度之间呈现正向关系，即企业的社会责任能力成熟度水平随着总资产规模、营业收入、市值的增长呈现明显上升趋势。

这一结果符合我们常说的“责任铁律”——能力越大，责任越大。随着企业规模的增加，企业对利益相关方的影响也随之增强，利益相关方对企业的

要求和期待也同步提高。因此，企业所担负的社会责任也随之增加，这就必然促使企业满足利益相关方更高更深入的诉求。否则，企业的规模扩展就会受到限制。

（五）金融行业上市公司的社会责任能力成熟度优于其他行业

300家上市公司涵盖了公用事业、工业、商业、房地产业、金融业、综合类共六大行业，其中，金融行业上市公司的社会责任能力成熟度得分最高，平均分为38.18分，整体处于弱能级；综合类行业上市公司的社会责任能力成熟度平均得分为26.75分，整体处于无能级。

（六）国有控股上市公司的社会责任能力成熟度水平高于非国有控股上市公司

沪深300上市公司中，国有控股上市公司占比67%（201家），非国有控股上市公司占比33%（99家）。统计显示，国有控股上市公司的社会责任能力成熟度平均得分37.19分，非国有控股上市公司的社会责任能力成熟度平均得分31.85分，两者都处于弱能级，国有控股上市公司的得分高于非国有控股上市公司。

（七）企业社会责任能力成熟度水平随着股权集中度的提高而整体上升

将前四大股东所占股份比例作为股权集中度的指标来分析企业社会责任能力成熟度与企业股权集中度之间的关系，分析发现，随着前四位股东持股比例的提升，企业社会责任能力成熟度得分也随之上升。具体而言，股权集中度处于20%～40%、40%～60%、60%～80%以及80%以上的上市公司，其社会责任能力成熟度平均得分依次为30.57分、34.47分、34.65分、42.75分，上升趋势明显。

股权集中度反映了上市公司的股权分布状态，能在一定程度上衡量上市公司稳定性的强弱。从决策层面考虑，股权集中度越高意味着决策效率越高，越有利于推动重大项目开展。因此，相较于股权分散的企业，股权集中度高的企业在推进社会责任工作中的决策效率和资源调配能力可能更高更强，社会责任能力成熟度水平也就越高。

三 2014年中国重点行业上市公司社会责任能力成熟度评价结论

（一）能源行业上市公司社会责任能力成熟度评价结论

1. 能源行业上市公司社会责任能力成熟度整体处于弱能级

50家能源企业的社会责任能力成熟度平均得分为34.56分，整体处于弱能级。其中，企业社会责任能力成熟度处于无能级的公司有23家，占比46%；企业社会责任能力成熟度处于弱能级的公司有24家，占比48%；企业社会责任能力成熟度处于本能级的公司有3家，即排名前三位的兖州煤业、中国石化、中国神华；没有任何能源行业上市公司的企业社会责任能力成熟度处于强能级或者超能级。

2. 能源行业上市公司的环境管理水平整体较高

环境管理是企业开展环保工作的基础和保障，包括建立环境管理体系、遵守国家环保政策、环保投入和环保负面信息披露。统计显示，50家能源行业上市公司的"环境管理"指标平均得分49.59分。从得分分布来看，有13家公司的得分低于30分，有24家公司的得分在60分以上，另外13家公司的得分处于30~60分。这说明，大部分能源上市公司建立了环境管理体系，而且体系较为完善，并通过了相关体系认证，在每年的预算中也都安排了一定的环保投入资金。

（二）金融行业上市公司社会责任能力成熟度评价结论

1. 金融行业上市公司社会责任能力成熟度整体处于弱能级

50家金融行业上市公司的社会责任能力成熟度平均得分为35.92分，整体处于弱能级。其中，有16家公司处于无能级，有32家公司处于弱能级，有2家公司处于本能级，分别是农业银行和华夏银行。

2. 国有金融企业的社会责任能力成熟度水平领先于民营金融企业

在市值最大的50家金融上市公司中，包含12家民营企业和38家国有企业。统计显示，国有金融上市公司的社会责任能力成熟度平均得分为38.94分，属于弱能级；民营金融上市公司的社会责任能力成熟度平均得分为26.36分，属于无能级。显然，国有金融企业的社会责任能力成熟度水平领先于民营金融企业。从社会责任能力成熟度的六个维度来看，国有企业的各项维度得分也都高于民营企业。

3. 银行业上市公司的社会责任能力成熟度水平高于保险业

在50家金融上市公司中，包含16家银行业上市公司、5家保险业上市公司以及29家多元金融上市公司（证券、信托等）。统计显示，三者的社会责任能力成熟度平均得分依次为46.92分、33.88分和30.20分，银行业上市公司社会责任能力成熟度水平明显高于保险业和多元金融行业上市公司。从成熟度的六个维度来看，银行业上市公司的各项维度得分也都高于保险业和多元金融行业上市公司。

4. 金融行业上市公司的社会责任理念相对领先

金融行业上市公司的社会责任理念相对领先，即大多数金融公司在企业使命或企业愿景中融入了与社会责任相关的理念和原则，表现突出的企业还制定了专门的社会责任愿景。从得分来看，“责任理念”指标的平均得分为46.15分，其中，有19家公司的得分低于30分，有12家公司的得分处于30~60分，有11家公司的得分处于60~80分，有8家公司的得分高于80分。与其他行业相比，金融行业上市公司的社会责任理念相对领先。

（三）房地产行业上市公司社会责任能力成熟度评价结论

1. 房地产行业上市公司社会责任能力成熟度整体处于无能级水平

50家房地产行业上市公司社会责任能力成熟度平均得分27.22分，整体处于无能级。其中，有31家公司的得分处于30分以下，占样本总量的62%；其余19家公司得分处于30~60分；没有任何一家公司得分超过60分。

2. 房地产行业上市公司的直接经济价值创造能力十分突出

从直接经济价值和间接经济价值两个方面来看，房地产行业上市公司的直接经济价值创造能力更加突出。统计显示，50家房地产行业上市公司的“直接经济价值”指标平均得分79.21分，得分较高。从得分分布来看，92%的公司得分超过60分，其中得分处于80~100分的公司有32家。这说明，2014年房地产行业上市公司的营业收入普遍较好，且利润率较高。从样本信息来看，营业收入超过100亿元的公司有15家，市值超过100亿元的公司有40家。

3. 房地产行业上市公司的社会价值创造能力不足

“为社区创造价值”指标在社会价值创造能力包含的各项二级指标中得分最低，平均分仅为9.06分。从得分分布来看，在50家上市公司中，得分超过30分的只有9家。虽然房地产行业天然与“社区”有关系，但是房地产企业在主动为社区创造价值方面的表现并不好。企业普遍没有制定促进社区发展的政策，也没有系统性的社区沟通机制，开展的社区项目多以临时性活动为主。

（四）机械行业上市公司社会责任能力成熟度评价结论

1. 机械行业上市公司社会责任能力成熟度整体处于无能级

50家机械企业的社会责任能力成熟度平均得分为26.71分，整体处于无能级。其中，企业社会责任能力成熟度处于无能级的公司有30家，占比60%；处于弱能级的公司有20家，占比40%。

2. 机械行业上市公司社会责任能力成熟度不同维度之间差异较大

从社会责任能力成熟度的六个维度来看，机械行业上市公司的经济价值创造能力得分最高，平均得分为52.42分，社会责任理念与战略得分次之，平均得分为38.17分，均处于弱能级；合规透明运营能力平均得分为33.30分，也处于弱能级；社会价值创造能力、环境价值创造能力和社会责任推进管理平均得分分别为23.71分、14.38分和3.39分。

3. 机械行业上市公司在责任治理方面尚不成熟

责任治理要求企业建立必要的组织体系和工作机制，保证企业社会责任理念得以贯彻，保证社会责任战略和目标得以落实。统计显示，50家机械行业上市公司的“责任治理”指标平均得分为7.93分，得分较低。从得分分布来看，有46家企业的得分在30分以下，4家企业的得分处于60~80分。责任治理涉及“社会责任领导机构”“社会责任工作机构”“社会责任工作机制”三项指标，三项指标的平均得分依次为7.68分、6.90分和9.28分。这说明，大部分机械行业上市公司没有成立专门的社会责任工作机构，设置的社会责任领导机构发挥的作用有限，社会责任工作机制不明确。

（五）汽车行业上市公司社会责任能力成熟度评价结论

1. 汽车行业上市公司社会责任能力成熟度整体处于无能级

50 家汽车企业的社会责任能力成熟度平均得分为 21.79 分，整体处于无能级。从得分分布来看，所有企业的得分均低于 60 分，其中得分在 30 ~ 60 分的企业有 7 家，其余 43 家的得分均处于 30 分以下。

2. 汽车行业上市公司的环境价值创造能力整体偏低

50 家汽车行业上市公司的环境价值创造能力平均得分为 12.83 分，得分比较低。从得分分布来看，没有一家企业的得分超过 60 分；得分低于 30 分的企业多达 44 家，占比 88%。这说明，汽车行业在参与环境改善和建设方面做出的努力还不够，尤其是在应对气候变化和污染减排方面。从具体指标来看，环境价值创造能力涉及“环境管理、污染减排、资源可持续利用、应对气候变化、生态环境保护”五项二级指标，其中，“环境管理”指标平均得分为 34.12 分，其他指标的平均得分均低于 10 分。这表明，汽车企业的污染减排实际效果并不理想，参与解决气候变化、生态修复等公共环境问题的意愿也普遍较弱。

（六）建筑行业上市公司社会责任能力成熟度评价结论

1. 建筑行业上市公司社会责任能力成熟度整体处于无能级

50 家建筑企业的社会责任能力成熟度平均得分为 29.47 分，整体处于无能级。从得分分布来看，得分超过 60 分的企业有 1 家，是中国交建；得分在 30 ~ 60 分的企业有 19 家，占比 38%；剩余 30 家企业的得分低于 30 分，占比 60%。

2. 国有建筑上市公司的社会责任能力成熟度高于民营建筑上市公司

在市值最大的 50 家建筑上市公司中，包含 18 家民营上市公司和 32 家国有上市公司，国有建筑上市公司的社会责任能力成熟度平均得分为 30.60 分，民营建筑上市公司的社会责任能力成熟度平均得分为 27.47 分。统计显示，无论是从社会责任能力成熟度的六个维度还是从最终结果来看，国有上市公司的得分均高于民营上市公司。

3. 上交所的建筑上市公司社会责任能力成熟度水平高于深交所

在50家建筑上市公司中，有27家在上交所上市，占样本总量的54%，有23家在深交所上市，占样本总量的46%。统计发现，在上交所上市的建筑公司社会责任能力成熟度平均得分为32.56分，处于弱能级，深交所的建筑上市公司社会责任能力成熟度平均得分为25.85分，处于无能级，上交所上市公司的得分高于深交所上市公司。从社会责任能力成熟度的六大维度来看，上交所的建筑上市公司得分均高于深交所的建筑上市公司。

4. 社会责任管理投入比较匮乏

社会责任管理投入是企业为推进社会责任工作给予的资源保障，比如是否建立了年度社会责任专项资金预算，有没有安排社会责任专职人员或兼职人员处理公司社会责任事务。50家建筑行业上市公司“社会责任管理投入”指标平均得分低于10分，其中，有48家企业的得分均在30分以下。其原因在于，大部分企业没有建立年度社会责任专项资金预算，仅临时对需要在社会责任工作上的花费实行申报；没有安排社会责任专职人员或只安排了1~2名社会责任兼职人员来处理社会责任事务。

（七）运输行业上市公司社会责任能力成熟度评价结论

1. 运输行业上市公司社会责任能力成熟度整体处于弱能级

2014年50家运输行业上市公司的社会责任能力成熟度平均得分为37.39分，整体处于弱能级。在50家上市公司中，没有任何一家公司达到强能级和超能级；10%（5家）的公司得分超过60分，达到本能级；28%（14家）的公司得分在30分以下，处于无能级；62%（31家）的公司得分在30~60分，处于弱能级。

2. 运输行业上市公司的社会责任推进管理维度表现相对最差

从社会责任能力成熟度的六个维度来看，运输行业上市公司的经济价值创造能力得分最高，平均得分为64.68分；合规透明运营能力得分次之，平均分为52.96分；社会责任理念与战略、社会价值创造能力和环境价值创造能力得分分别为45.12分、33.38分和22.18分；社会责任推进管理得分最低，平均得分为9.45分。

3. 央企上市公司的社会责任能力成熟度水平高于地方国有上市公司和民营上市公司

在运输行业市值最大的50家上市公司中，包含14家中央企业、34家地方国有企业和2家民营企业。从不同所有制来看，国有企业中的中央企业社会责任能力成熟度平均得分为44.61分，地方国有企业的社会责任能力成熟度平均得分为34.54分，民营企业的社会责任能力成熟度平均得分为35.35分，中央企业的得分明显高于地方国有企业和民营企业。从社会责任能力成熟度的六个维度来看，国有上市公司的社会责任推进管理、社会价值创造能力、环境价值创造能力和合规透明运营能力得分均高于民营上市公司，民营上市公司的社会责任理念与战略和经济价值创造能力得分高于国有上市公司。

（八）电子信息制造行业上市公司社会责任能力成熟度评价结论

1. 电子信息制造行业上市公司社会责任能力成熟度整体处于无能级

50家电子信息制造企业的社会责任能力成熟度平均得分为20.92分，整体处于无能级。得分在30分以下的企业有41家，占样本总量的82%；得分处于30~60分的企业有9家；没有任何一家企业的得分超过60分。这说明，整个电子信息制造行业的企业社会责任能力成熟度水平偏低。电子信息制造行业中得分最高的是歌尔声学，其社会责任能力成熟度得分为50.8分。

2. 国有电子信息制造业上市公司与民营电子信息制造业上市公司的社会责任能力成熟度水平差异不明显

50家电子信息制造业上市公司中，包含25家民营企业和25家国有企业，国有电子信息制造企业的社会责任能力成熟度平均分为23.36分，民营电子信息制造企业的社会责任能力成熟度平均分为19.63分，两者都处于无能级，国企得分略高于民企，但差别不明显。

3. 电子信息制造行业上市公司总资产与社会责任能力成熟度呈正相关关系

为了研究企业规模与社会责任能力成熟度之间的关系，本研究选取了企业总资产、营业收入、市值三项指标作为参考，并按照10亿元以下（不包括10亿元）、10亿~50亿元（不包括50亿元）、50亿~100亿元（不包括100亿元）、100亿~150亿元（不包括150亿元）、150亿元以上（包括150亿元）分别将三项指标划分为五个组别。

电子信息制造行业上市公司总资产在10亿元以下的社会责任能力成熟度平均得分为11.86分，10亿~50亿元的社会责任能力成熟度平均得分为14.19分，50亿~100亿元的社会责任能力成熟度平均得分为24.23分，100亿~150亿元的社会责任能力成熟度平均得分为23.49分，而大于150亿元的社会责任能力成熟度平均得分为30.32分。由此发现，电子信息制造行业上市公司的社会责任能力成熟度与企业规模呈正相关关系。

4. 电子信息制造行业上市公司社会责任推进管理不足

企业的社会责任推进管理主要包括责任治理、能力建设、制度建设、责任绩效评估、社会责任管理投入五大方面。统计显示，50家电子信息制造行业上市公司的社会责任推进管理平均得分仅为2.78分，得分很低。其中48家企业的得分处于30分以下，只有2家企业的得分超过30分。这表明，社会责任推进管理是当前我国电子信息制造行业企业提升社会责任成熟度的瓶颈所在。

（九）金属非金属与采矿行业上市公司社会责任能力成熟度评价结论

1. 社会责任能力成熟度整体处于弱能级

2014年金属非金属与采矿行业上市公司50强的社会责任能力成熟度平均得分为30.73分，整体处于弱能级。强能级和超能级公司数量为0，仅有太钢不锈1家企业得分超过60分，达到本能级；54%的企业得分在0~30分，处于无能级；44%的企业得分在30~60分，处于弱能级。

2. 社会责任能力成熟度不同维度之间的差异较大

从社会责任能力成熟度的六个维度来看，金属非金属与采矿行业50家上市公司的经济价值创造能力得分最高，平均分为45.41分；合规透明运营能力得分次之，平均分为44.76分；社会责任理念与战略、环境价值创造能力和社会价值创造能力得分分别为32.62分、29.23分和29.13分；社会责任推进管理得分最低，为4.08分。

3. 社会责任理念融入和战略认知处于起步阶段

金属非金属与采矿行业50家上市公司的社会责任理念与战略平均得分为32.62分，其中，有47家公司的得分低于60分。这表示，绝大多数金属非金属与采矿企业还没有将社会责任理念融入企业愿景、使命和价值观中，也没有制定明确的社会责任战略或者将社会责任原则融入企业发展战略中。总体而言，对社会责任理念的认知以及战略规划都处于起步阶段。

4. 社区沟通机制缺失，社区共建项目数量较少

“为社区创造价值”是企业社会价值创造能力的重要指标。统计显示，50家金属非金属与采矿行业上市公司“为社区创造价值”指标平均得分为17.22分，在社会价值创造能力六项二级指标中得分最低。从得分分布来看，在50家公司中，有72%的公司得分低于30分，有18%的公司得分处于30~60分，得分在60分以上的公司仅有5家，占10%。这表明，金属非金属与采矿行业上市公司忽视社区关系管理，社区与企业的互动沟通机制尚不完善，开展的社区项目数量也比较少。

（十）纺织服装行业上市公司社会责任能力成熟度评价结论

1. 社会责任能力成熟度整体处于无能级

50家纺织服装行业上市公司社会责任能力成熟度平均得分26.17分，整体处于无能级。其中，最高得分为52.72分，最低得分为10.20分。从得分分布来看，有72%（36家）的公司得分处于30分以下，剩余28%（14家）的公司得分处于30~60分，没有任何一家公司得分超过60分。

2. 国有纺织服装上市公司与非国有纺织服装上市公司的社会责任能力成熟度水平差别不明显

在50家纺织服装上市公司中，有10家国有企业和40家非国有企业。统计显示，国有纺织服装上市公司的社会责任能力成熟度平均得分为26.84分，非国有纺织服装上市公司的社会责任能力成熟度平均得分为26.00分，两者都处于无能级，相差不到1分。从社会责任能力成熟度的六个维度来看，两者的得分差别也不是很明显。

3. 随着企业成立时间的增长，企业社会责任能力成熟度水平呈现下降趋势

为了研究企业成立时间与社会责任能力成熟度之间的关系，本研究将企业成立年份距离2015年的时间划分为5年以下（不包括5年）、5~10年（不包括10年）、10~15年（不包括15年）、15~20年（不包括20年）、20年以上（包括20年）共五个组别。统计显示，50家上市公司的成立时间都超过5年，其中成立时间处于5~10年的公司有4家，成立时间处于10~15年的公司有17家，

成立时间处于15～20年的公司有15家，成立时间超过20年的公司有14家。

评价结果得出，成立时间处于5～10年的公司，社会责任能力成熟度平均得分为29.48分；成立时间处于10～15年的公司，社会责任能力成熟度平均得分为26.67分；成立时间处于15～20年的公司，社会责任能力成熟度平均得分为25.97分；成立时间处于20年以上的公司，社会责任能力成熟度平均得分为24.81分。很明显，随着成立时间的增长，企业社会责任能力成熟度水平呈现下降趋势。

4. 责任理念与企业文化的融合程度相对较好

50家纺织服装上市公司的“责任理念”指标平均得分为43.54分，其中，有10家公司的得分处于60～80分，有6家公司的得分处于80～90分，有2家公司得分超过90分。纺织服装行业诞生了我国第一个行业层面的社会责任行为准则CSC9000T，这在一定程度上促进了纺织服装行业的社会责任发展，特别是在理念灌输和体系建设方面。从责任理念包含的三级指标来看，纺织服装行业上市公司的“融入企业使命、融入企业价值观、融入企业愿景（社会责任愿景）”三项指标得分均在40分以上。

（十一）化工行业上市公司社会责任能力成熟度评价结论

1. 化工行业上市公司社会责任能力成熟度整体处于弱能级

2014年化工行业上市公司50强社会责任能力成熟度最高得分为56.60分，最低得分为22.13分，平均得分为35.88分，整体处于弱能级。从具体分布来看，在化工行业50家上市公司中，企业社会责任能力成熟度全部集中在无能级和弱能级两个级别范畴，其中处于弱能级的公司数量最多，有34家，约占评价对象的2/3；其余16家公司的企业社会责任能力成熟度属于无能级。

2. 间接经济价值创造能力较好

化工行业上市公司的间接经济价值创造能力优于直接经济价值创造能力。对比“直接经济价值”和“间接经济价值”指标发现，“间接经济价值”指标得分在60分以上各分段的化工企业均多于“直接经济价值”指标中企业的分布。化工行业50家上市公司“间接经济价值”指标得分较高的主要原因是在税收、就业、创新等方面能力较为突出，相关指标的得分均超过80分。

3. 污染减排效果与行业排放标准之间仍有较大差距

从“污染减排”指标来看，50 家化工行业上市公司的“污染减排”指标平均得分为 27. 97 分。其中，有 28 家公司的得分在 30 分以下，有 20 家公司的得分处于 30 ~60 分。对比化工行业上市公司的“环境管理”指标得分可以看出，“污染减排”指标得分明显低于“环境管理”指标得分。这说明，虽然大部分化工企业建立了环境管理体系，并通过了相关认证，但是实际减排效果并不理想，各项污染物的排放标准还没有完全满足排放要求。

4. 与社会公众的沟通不足

50 家化工行业上市公司的“沟通参与”指标平均得分为 34. 29 分，在合规透明运营能力各项二级指标中得分最低，这表示，化工行业上市公司与社会公众的沟通不足。与快速消费、零售等行业相比，化工行业与普通消费者很少发生直接的关系，因此在与社会公众沟通方面相对不足。

（十二）食品行业上市公司社会责任能力成熟度评价结论

1. 食品行业上市公司社会责任能力成熟度整体处于无能级

50 家食品行业上市公司的社会责任能力成熟度平均得分为 20. 04 分，整体处于无能级。从得分分布来看，没有任何一家企业的得分超过 60 分；得分处于 30 ~60 分的仅有 8 家，占样本总量的 16%；剩余 42 家企业的得分均低于 30 分。

2. 不同上市时间的食品企业，其社会责任能力成熟度水平之间的差异不大

上市时间低于 5 年的企业和上市时间处于 15 ~20 年的企业，其社会责任能力成熟度水平有差异并不显著。统计显示，在 50 家食品上市公司中，上市时间 5 年以下的公司有 8 家，其社会责任能力成熟度平均得分为 21. 86 分；上市时间介于 5 ~10 年的企业有 16 家，其社会责任能力成熟度平均得分为 16. 78 分；上市时间处于 10 ~15 年的企业有 9 家，其社会责任能力成熟度平均得分为 19. 16 分；上市时间在 15 ~20 年的企业有 13 家，其社会责任能力成熟度平均得分为 24. 19 分；上市时间处于 20 年以上的企业有 4 家，其社会责任能力成熟度平均得分为 17. 93 分。可以看出，不同上市时间的企业之间，社会责任能力成熟度水平的差异并不大。

3. 社会责任战略与公司战略融入存在问题

社会责任战略是企业开展社会责任实践的宏观指导，其中也包括社会责任工作的阶段性目标。“责任战略”指标主要衡量企业是否从战略高度将社会环境目标、利益相关方期望与企业发展目标融合，让履行社会责任成为企业发展战略的一部分。统计显示，50 家食品行业上市公司的“责任战略”指标平均得分仅为 6.54 分，其中，48 家企业得分处于 30 分以下，仅有 2 家企业的得分位于 30 分以上。这说明，大部分食品企业没有制定专门的可持续发展战略，也没有制定社会责任专项规划。有的企业虽然制定了可持续发展战略，但是内容比较空洞，在执行过程中可操作性低，并不能真正与企业管理运营相结合。

4. 客户价值创造能力较低

50 家食品行业上市公司社会价值创造能力得分为 17.03 分。其中得分在 0 ~30 分的企业为 43 家，占比最多，达 86%，得分在 30 ~60 分的企业为 7 家，但没有任何一家企业得分超过 60 分。在社会价值创造能力所涉及的各项二级指标中，50 家食品行业上市公司的“为客户创造价值”得分不高，仅为 19.81 分。该项指标得分较低，也印证了我国频发的食品安全问题，食品企业在“消费者权益保护、产品质量”等方面的意识和能力仍待加强和提高。

5. 合规运营的实际工作效果较差

合规运营是衡量企业履行法律责任的重要指标，包括合规管理、合规培训、腐败事件数和因违规罚款数。50 家食品行业上市公司的“合规运营”指标平均得分为 23.81 分，有 38 家企业得分处于 30 分以下，10 家企业得分位于 30 ~60 分，仅 2 家企业的得分超过 60 分。这说明，食品企业内部并没有深入开展合规管理制度建设，缺乏合规培训或开展合规培训的次数较少，对腐败事件和违规罚款信息的披露较少。

（十三）医疗保健行业上市公司社会责任能力成熟度评价结论

1. 医疗保健行业上市公司社会责任能力成熟度整体处于无能级

50 家医疗保健上市公司的社会责任能力成熟度平均得分为 28.77 分，整体处于无能级。统计显示，没有任何一家公司的得分超过 60 分；有 18 家医疗保健公司得分处于 30 ~60 分，占样本总量的 36%；剩余 32 家公司的得分均低于 30 分，占样本总量的 64%。

2. 国有医疗保健企业的社会责任能力成熟度水平高于民营医疗保健企业

在A股市值最大的50家医疗保健上市公司中，包含14家国有企业和36家民营企业。统计显示，国有医疗保健上市公司的社会责任能力成熟度平均得分为34.64分，属于弱能级；民营医疗保健上市公司的社会责任能力成熟度平均分为26.49分，属于无能级；由此可见，国有医疗保健企业的社会责任能力成熟度水平高于民营医疗保健企业。从社会责任能力成熟度的六个维度来看，国有企业的各维度得分均高于民营企业。

3. 注重产学研合作

医疗保健行业上市公司注重与科研机构和学校之间的合作关系，而与政府和银行之间的业务关系相对不足。统计显示，50家医疗保健上市公司的“产学研合作”指标平均得分为52.88分，而“政企合作”指标平均得分为25.20分，“银企合作”指标平均得分为13.38分，后两者得分相对较低。这说明，医疗保健行业上市公司更多关注与科研机构和高校之间的合作项目，注重对企业产品质量的提高和产品功效的创新，但与政府和银行之间的合作还有待加强。

4. 环境管理体系相对完善

在搜集资料的过程中，笔者看到很多医疗保健公司都建立了相对完善的环境管理体系，并获得了专门的ISO140001环境管理体系审核认证。在环境价值创造能力所涉及的“环境管理、污染减排、资源可持续利用、应对气候变化、生态环境保护”五项二级指标中，50家医疗保健行业上市公司的“环境管理”指标得分相对较高，平均得分为44.06分。这主要体现在大多数医疗保健公司建立了环境管理体系，健全突发环境污染事故的应急机制，完善应急预案、定期开展演练，提高突发性环境污染的管控能力。

（十四）公用事业行业上市公司社会责任能力成熟度评价结论

1. 公用事业行业上市公司社会责任能力成熟度整体处于弱能级

50家公用事业企业的社会责任能力成熟度平均得分为33.58分，整体处于无能级。其中没有一家企业得分超过60分，得分在30～60分的企业为30家，占样本总量的60%，得分处于30分以下的有20家。

2. 污染减排和资源可持续利用方面信息披露严重不足

在50家公用事业上市公司中，“污染减排”“资源可持续利用”两项指标的平均得分分别为10.85分和8.24分，其中“污染减排”指标没有一家企业得分在60分以上，而“资源可持续利用”指标只有1家企业得分在60分以上。公用事业行业中尤其是电力企业需要燃烧大量的煤炭发电，产生较多的污染气体和固体废弃物，但是在其社会责任报告中针对此方面的披露内容较少且不够详细。这是普通大众重点关心的一个重要议题，也是公用事业行业在履行环境责任中亟须改进的重要部分。

（十五）电气设备行业上市公司社会责任能力成熟度评价结论

1. 电气设备行业上市公司社会责任能力成熟度整体处于无能级

50家电气设备企业的社会责任能力成熟度平均得分为24.73分，整体处于无能级。其中，企业社会责任能力成熟度处于无能级的公司有37家，占比74%；企业社会责任能力成熟度处于弱能级的公司有13家，占比26%；没有任何上市公司的企业社会责任能力成熟度处于本能级、强能级或者超能级。

2. 上交所的电气设备上市公司社会责任能力成熟度水平高于深交所

在50家电气设备上市公司中，有21家在上交所上市，占样本总量的42%，有29家在深交所上市，占样本总量的58%。统计发现，在上交所上市的电气设备公司社会责任能力成熟度平均得分为28.21分，深交所的电气设备上市公司社会责任能力成熟度平均得分为22.21分，均处于无能级，上交所上市公司的得分高于深交所上市公司。从社会责任能力成熟度的六大维度来看，除了社会责任推进管理维度外，其他五个维度的得分均是上交所上市公司高于深交所上市公司。

3. 社会责任理念不够清晰

在社会责任能力成熟度评价中，责任理念关系企业是否自觉将社会责任原则和理念融入企业愿景、使命和价值观中，并进行充分融合，让履行社会责任成为公司存在的意义之一。统计发现，电气设备行业上市公司“责任理念”指标平均得分为33.45分。其中，有1家企业的得分在80~90分，有10家企业的得分在60~80分，有14家企业的得分在30~60分，有25家企业的得分在30分以下。在其涉及的3个三级指标中，“融入企业愿景（社会责任愿景)”“融入企业使命”“融入企业价值观”指标的平均得分分别为25.54分、40.74分和34.08分。这说明，大部分企业的企业愿景、企业使命、企业价值观中体现了一部分具有完整意义的社会责任思想，但未与社会责任实现真正的融合。

4. 能力建设和制度建设仅处于起步阶段

能力建设是指企业提升员工责任意识、增加理论知识、丰富实践经验和打开思维眼界的一系列工作。研究发现，电气设备行业上市公司“能力建设”指标平均得分为1.76分，其中，有49家企业的得分在30分以下，有1家企业的得分在30~60分。在其涉及的5个三级指标中，除了“重大社会责任实践活动”指标的得分为7.66分，“社会责任专项培训”“社会责任外部交流”“社会责任知识管理”“社会责任专项研究”指标的平均得分均在5分以下。这表明，在社会责任专项培训、社会责任外部交流、社会责任知识管理、社会责任专项研究和重大社会责任实践活动五个方面，电气设备行业上市公司还没有将其纳入社会责任推进管理日程中。

制度建设指企业为融入社会责任理念、推进社会责任工作而建立的制度体系。电气设备行业上市公司“制度建设”指标平均得分为1.02分，其中，有49家企业的得分在30分以下，有1家企业的得分在30~60分。在其涉及的2个三级指标中，“社会责任推进制度”和“现有制度的修订完善”指标的平均得分均在5分以下。这说明，大部分企业未建立社会责任推进制度，也没有开展从社会责任角度审查现有公司制度的工作，制度建设还处于基本空白的状态。

技术报告

Technical Report

B.2
中国上市公司社会责任能力成熟度评价方法

摘　要：本文系统阐述了中国上市公司社会责任能力成熟度的评价路线。首先，建立企业社会责任能力成熟度评价的理论模型，构建由一级指标、二级指标和三级指标构成的企业社会责任能力成熟度指标体系。其次，确定三级指标的赋分原则和权重，形成企业社会责任能力成熟度评价体系。再次，基于形成的企业社会责任能力成熟度评价体系，实施评价，最终得到中国上市公司社会责任能力成熟度评价结果。最后，基于评价结果，结合样本的基本信息，考察中国上市公司社会责任能力成熟度的基本特征。

关键词：评价路线　指标体系　评价体系

一　中国上市公司社会责任能力成熟度评价技术路线

中国上市公司社会责任能力成熟度评价技术路线包括五个部分，分别为评价模型、指标构建、赋值赋权、评价实施和评价分析。

第一，通过对国内外企业社会责任概念进行分析，本研究提出对企业社会责任概念的再理解；通过对国内外企业社会责任边界进行分析，本研究提出对企业社会责任边界的再理解。对于企业社会责任概念和企业社会责任边界的再理解形成了企业社会责任能力成熟度评价的理论模型——“1＋1＋4”钻石模型，该模型构成了企业社会责任能力成熟度评价的基本框架。

第二，基于企业社会责任能力成熟度评价的理论模型，在对已有企业社会责任指标体系、企业社会责任标准、企业社会责任案例、企业社会责任经验进行归纳的基础上，本研究构建了企业社会责任能力成熟度指标，该企业社会责任能力成熟度指标是由一级指标、二级指标和三级指标构成的三层指标体系。

第三，基于所构建的企业社会责任能力成熟度指标，分别考察三级指标的基本特点，确定三级指标的赋值原则，利用专家法分别考察企业社会责任能力成熟度一级指标、二级指标和三级指标的相对重要性，确定企业社会责任能力成熟度三个层级指标的权重，形成企业社会责任能力成熟度评价体系。

第四，基于形成的企业社会责任能力成熟度评价体系，经过前期准备、信息收集、信息审核和信息汇总四个步骤，实施评价，最终得到中国上市公司社会责任能力成熟度评价结果。

第五，基于中国上市公司社会责任能力成熟度评价结果，结合样本的基本信息，使用 SPSS、Excel 等分析工具，深入考察了中国上市公司社会责任能力成熟度的基本特征（见图 1）。

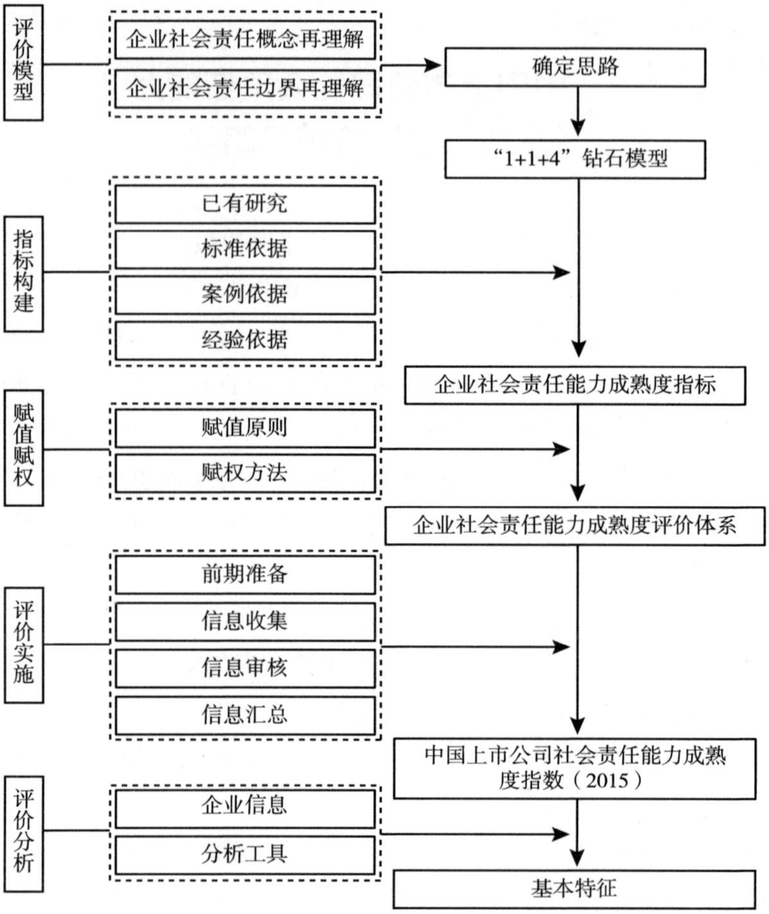

图1　中国上市公司社会责任能力成熟度评价技术路线

二　中国上市公司社会责任能力成熟度评价模型

（一）企业社会责任概念再理解

从国内外企业社会责任概念的逻辑起点来看，以往学者对于企业社会责任概念的理解可以分为九个类别。这九个类别的企业社会责任概念分别认为，企业社会责任源自于企业自愿性慈善行为①；企业社会责任源自于社会对于企业负责

① Clark, J. M., The Changing Basis of Economic Responsibility, *The Journal of Political Economy*, 1916, (3): 209－229.

任行为的期待①；企业社会责任源自于企业对于社会的影响②；企业社会责任源自于企业对于契约精神的遵守③；企业社会责任源自于企业社会权利和社会义务之间的匹配④；企业社会责任源自于企业对于社会压力的一种回应⑤；企业社会责任源自于企业对于社会风险的主动管理⑥；企业社会责任源自于企业对综合性目标的一种平衡⑦；企业社会责任源自于企业对于最大化社会福利的贡献。

显而易见，无论是从以往的企业社会责任概念还是从何种类别的逻辑起点看待企业社会责任问题，都没有脱离将企业社会责任要么看作一种仁慈的利他主义企业行为，要么看作一种基于工具理性的企业行为，均没有从综合价值创造的视角来看待企业社会责任问题，故而也不能揭示企业社会责任的本质。

结合以往企业社会责任概念定义的不足，本研究将企业社会责任定义为：在特定制度安排下，企业通过透明和道德的行为，有效管理自身决策和活动对利益相关方、社会和环境的影响，追求经济、社会和环境综合价值最大化的意愿、行为和绩效。其中，企业有效地管理自身决策和活动对利益相关方、社会和环境的影响是核心，反映了企业社会责任是一种管理活动。追求经济、社会和环境综合价值最大化是关键，企业开展社会责任管理和实践活动必须力图创造最大化的利益相关方价值、最大化的综合业绩、最大化的长期价值以及最大化的无形价值。意愿、行为和绩效是开展社会责任工作的完美逻辑，企业开展社会责任工作仅有创造经济、社会和环境综合价值最大化的意愿不行，仅有创造经济、社会和环境综合价值最大化的行为也不行，只有具备创造经济、社会

---

① Carroll, A. B., The Pyramid of Corporate Social Responsibility: Toward the Moral Management of Organizational Stakeholders, *Business Horizons*, 1991, (4): 39 - 48.

② 〔美〕哈罗德·孔茨、海因茨·韦里克：《管理学》，张晓君译，经济科学出版社，1998。

③ Donaldson, T., Dunfee, T. W., Toward a Unified Conception of Business Ethics: Integrative Social Contracts Theory, *Academy of Management Review*, 1994, 19 (2): 252 - 284.

④ Davis, K., Can Business Afford to Ignore Social Responsibility? *California Management Review*, 1960, spring: 70 - 76.

⑤ Frederick, W. C., Toward CSR_3: Why Ethical Analysis is Indispensable and Unavoidable in Corporate Affairs, *California Management Review*, 1986, 28 (2): 126 - 141.

⑥ Wartick, S. L., Cochran, P. L., The Evolution of the Corporate Social Performance Model, *Academy of Management Review*, 1985, 10 (4): 758 - 769.

⑦ Ddg, J., *Cannibals with Forks: The Triple Bottom Line of 21st Century Business*, New Society Publishers: Stoney Creek, CT, 1998.

和环境综合价值最大化的意愿、行为和绩效，才能形成开展社会责任工作的完美逻辑。除此之外，企业开展社会责任工作还必须保证企业社会责任行为本身的透明性和道德性。

（二）企业社会责任边界再理解

定义企业社会责任的边界是企业社会责任概念的深化，对于企业社会责任概念的不同理解，引出了对企业社会责任边界的不同界定。基于对传统企业社会责任概念的理解，以往国内外学者提出了大量企业社会责任边界模型，比如同心圆模型①、金字塔模型②、利益相关方模型③、三重底线模型④、价值链模型⑤、制度契合模型⑥、角色分工模型⑦等。

由于以往学者对于企业社会责任概念的理解往往将企业社会责任看作企业仁慈的利他性行为，或者基于工具理性的企业行为，由此引出的企业社会责任边界模型并不能揭示企业社会责任概念的本质。

基于对企业社会责任概念的新理解，本研究提出包括守法合规、风险防范、价值创造与共享、透明运营、利益相关方参与五个层级的企业社会责任边界模型。由于该企业社会责任边界模型不仅具有一定的层级性，而且反映了企业开展社会责任工作的强制性程度，本研究将该模型称为“阶梯模型”（见图2）。在该“阶梯模型”中，守法合规处于最底部，表明企业社会责任边界模型的基础是守法合规。风险防范处于“阶梯模型”的第二级，它是企业社会责任边界的重要组成部分。价值创造与共享、透明运营和利益相关方参与分别

① Committee for Economic Development, *Social Responsibilities of Business Corporations*, New York: Author, 1971.

② Carroll, A. B., The Pyramid of Corporate Social Responsibility: Toward the Moral Management of Organizational Stakeholders, *Business Horizons*, 1991, (4): 39 - 48.

③ Clarkson, M. E., A Stakeholder Framework for Analyzing and Evaluating Corporate Social Performance, *Academy of Management Review*, 1995, (1): 92 - 117.

④ Elkington J., Enter the Triple Bottom Line, *The Triple Bottom Line*: *Does It All Add Up*, 2004.

⑤ Porter, M. E and Kramer, M. R., The Link between Competitive Advantage and Corporate Social Responsibility, *Harvard Business Review*, 2006, 84 (12): 78 - 92.

⑥ 刘文彬、林志扬：《企业社会责任边界的分析》，载《中国企业社会责任问题学术研讨会暨中国企业管理研究会2005年会会议论文集》，中国财政经济出版社，2006。

⑦ 李彦龙：《企业社会责任的基本内涵、理论基础和责任边界》，《学术交流》2011年第2期。

处于企业社会责任边界“阶梯模型”的第三级、第四级和第五级，它们分别是企业社会责任边界模型的核心、根本要求和有机组成部分。五个等级的企业社会责任内容共同构成了企业社会责任边界的“阶梯模型”。

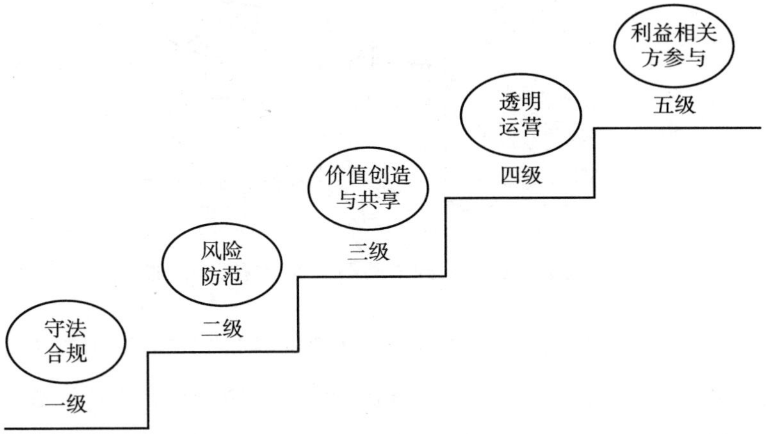

图 2　企业社会责任内容边界的“阶梯模型”

（三）评价模型确定思路

企业社会责任能力成熟度理论模型是建立在对企业社会责任概念和企业社会责任边界再理解的基础上的，其中，对于企业社会责任边界的重新理解以对于企业社会责任概念的再理解为前提。对于企业社会责任内涵的再理解需要从传统工具理性的社会责任观转变为现代综合价值创造的社会责任观；对企业社会责任边界的再理解，需结合规范主义和经验主义的分析方法。经过“规范主义的推导与演绎”以及“经验主义的拓展与优化”，形成企业社会责任能力成熟度评价模型的基本内容，包括经济价值创造能力、社会价值创造能力、环境价值创造能力、合规透明运营能力、社会责任理念与战略以及社会责任推进管理六个方面。企业社会责任能力成熟度理论框架构建思路如图 3 所示。

（四）评价理论模型

在企业社会责任能力成熟度理论模型六个维度的内容中，经济价值创造能

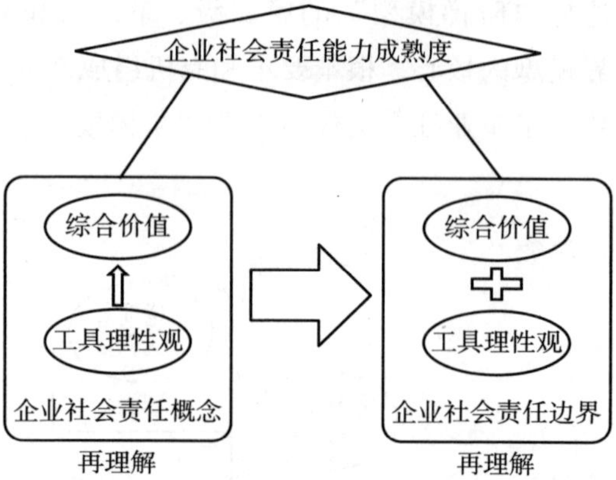

图3　企业社会责任能力成熟度理论框架构建思路

力、社会价值创造能力、环境价值创造能力和合规透明运营能力为企业社会责任能力成熟度评价的基础内容，社会责任理念与战略和社会责任推进管理是企业社会责任能力成熟度评价的辅助性内容。无论是基础性内容，还是辅助性内容，利益相关方参与都构成了基本环境。基于企业社会责任能力成熟度理论模型六个维度内容所处地位的分析，得到了企业社会责任能力成熟度评价的理论模型——“1 +1 +4”钻石模型（见图4）。

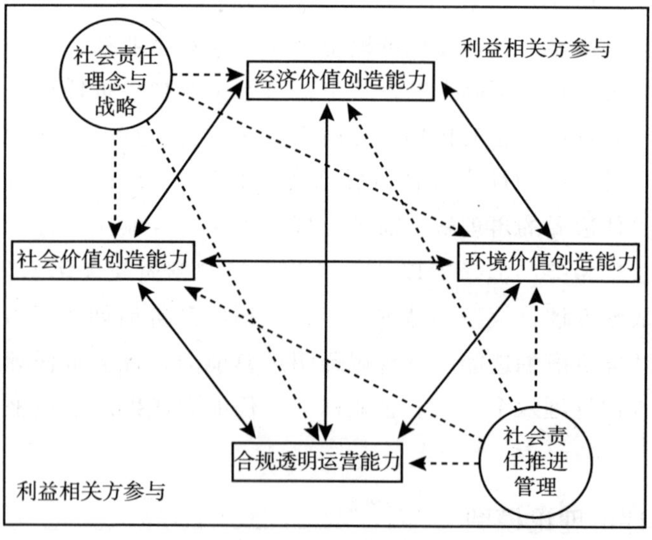

图4　企业社会责任能力成熟度评价钻石模型

三 中国上市公司社会责任能力成熟度指标构建

（一）已有研究

国内外学者对于企业社会责任能力评价开展了大量研究（见表1），这些成果成为本研究构建企业社会责任能力成熟度指标的基本素材，成为本研究构建企业社会责任能力成熟度指标的重要依据。

在国内研究方面，陈宏辉和窦智构建了包括债权人、供应商、分销商、消费者等利益相关方的三级企业社会责任指标体系。① 蔡月祥构建了以经济责任指标、法律责任指标、伦理责任指标和慈善责任指标四个方面为基本框架的企业社会责任指标体系。② 孟繁富所构建的企业社会责任指标体系包括7个一级指标和43个二级指标。③ 白睿洁所构建的林业企业社会责任指标体系围绕经济绩效、环境绩效和社会绩效展开。④

在国外研究方面，Maignan 和 Ferrell 构建了以经济责任、法律责任、伦理责任和自由裁量责任四个方面为基本框架，包括29个指标的企业社会责任评价指标体系。⑤ Harrison 和 Wicks 构建了以员工、客户、供应商、股东和社区为基本框架的企业社会责任指标体系。⑥ Mustafa 等从经济责任、法律责任、伦理责任和慈善责任四个方面构建了企业社会责任评价指标体系。⑦ Mallin 等围绕慈善活动、社会活动、雇员关系、环境保护等十个维度构建了企业社会责任指标体系。⑧

---

① 陈宏辉、窦智：《基于层次分析法的企业社会绩效评价及其应用》，《科技管理研究》2008年第5期。

② 蔡月祥：《企业社会责任评价模型及标准研究》，《生态经济》2011年第12期。

③ 孟繁富：《基于消费者响应的企业社会责任指标研究》，《山东社会科学》2012年第3期。

④ 白睿洁：《基于三重底线的林业企业绩效评价研究》，北京林业大学硕士学位论文，2013。

⑤ Maignan, I. and Ferrell, O. C., Measuring Corporate Citizenship in Two Countries: The Case of the United States and France, *Journal of Business Ethics*, 2000, (3): 283 - 297.

⑥ Harrison, J. S. and Wicks, A. C., Stakeholder Theory, Value, and Firm Performance, *Business Ethics Quarterly*, 2012, (1): 97 - 124.

⑦ Mustafa S. A., Othman A. R., Perumal S., Corporate Social Responsibility and Company Performance in the Malaysian Context, *Procedia - Social and Behavioral Sciences*, vol. 65, no. 3, 2012: 897 - 905.

⑧ Mallin C., Farag H., Ow - Yong K., Corporate Social Responsibility and Financial Performance in Islamic Banks, *Journal of Economic Behcwior & Organization*, vol. 103, 2014: 21 - 38.

表 1　企业社会责任能力评价指标已有研究

国别	学者	时间	指标体系
国内研究	陈宏辉和窦智	2008 年	构建了以债权人、供应商、分销商、消费者、政府、社区、股东、经营者和员工为框架的三级企业社会责任指标体系
	蔡月祥	2011 年	构建了以经济责任指标(5 个二级指标)、法律责任指标(6 个二级指标)、伦理责任指标(9 个二级指标)和慈善责任指标为一级指标的企业社会责任评价指标体系
	孟繁富	2012 年	构建了包括 7 个一级指标(包括环境责任、股东责任、员工基本责任等)和 43 个二级指标的企业社会责任指标体系
	白睿洁	2013 年	构建了以经济绩效、环境绩效和社会绩效为一级指标的三级林业企业社会责任指标体系
国外研究	Maignan & Ferrell	2000 年	构建了以经济责任、法律责任、伦理责任和自由裁量责任为框架,包括 29 个指标的企业社会责任评价指标体系
	Harrison & Wicks	2012 年	构建了以员工、客户、供应商、股东和社区为基本框架的企业社会责任指标体系
	Mustafa *et al.*	2012 年	从经济责任、法律责任、伦理责任和慈善责任四个方面构建了企业社会责任评价指标体系
	Mallin *et al.*	2014 年	构建了包括 10 个维度(比如慈善活动、社会活动、雇员关系、环境保护等)的企业社会责任指标体系

资料来源：作者根据文献整理而得。

（二）标准依据

企业社会责任标准是指导企业社会责任实践、推进企业社会责任工作的重要工具。为了推进组织的企业社会责任工作，国内外组织制定或发布了大量企业社会责任标准或倡议，这些企业社会责任标准或倡议对企业开展社会责任工作的具体实践进行了详细的规定和说明。比如，在国内，2015 年 6 月 2 日，国家质量监督检验检疫总局和国家标准化管理委员会正式发布三项企业社会责任国家标准，分别为“社会责任指南”、“社会责任报告编写指南”和“社会责任绩效分类指引”；中国社会科学院企业社会责任研究中心已经连续更新三个版本的“中国企业社会责任报告编写指南”（分别为 CASS - CSR1. 0、CASS - CSR2. 0 和 CASS - CSR3. 0）。在国外，联合国早在 2000 年就正式提出“全球契约”十项原则；2010 年 11 月，国际标准化组织发布首个企业社会责任国际标准 ISO26000（见表 2）。这些国内外企业社会责任标准为本研究构建企业社会责任能力成熟度指标提供了权威的素材和参考。

表 2　企业社会责任能力成熟度指标标准依据

类型	发布单位	标准名称
国内企业社会责任标准	国家质量监督检验检疫总局、国家标准化管理委员会	“社会责任指南”（GB/T 36000－2015）、“社会责任报告编写指南”（GB/T 36001－2015）和“社会责任绩效分类指引”（GB/T 36002－2015）三项国家标准
	国务院国有资产监督管理委员会	“关于中央企业履行社会责任的指导意见”
	中国纺织工业联合会	“中国纺织企业社会责任管理体系 CSC9000T”
	中国社会科学院企业社会责任研究中心	“中国企业社会责任报告编写指南”系列标准
	中国电子工业标准化技术协会	“中国电子信息行业社会责任指南”
	中国企业评价协会和清华大学社会科学学院	“中国企业社会责任评价准则”
国外企业社会责任标准	联合国	“全球契约”十项原则
	国际标准化组织	ISO26000
	经济合作与发展组织	“跨国公司行为准则”
	全球报告倡议组织	GRI 系列标准

资料来源：作者整理根据文献资料整理而得。

（三）案例依据

国内外优秀企业在探索开展企业社会责任工作方面具有丰富的经验和卓有成效的实践，其企业社会责任能力成熟度较高，为其他企业开展社会责任工作、提高社会责任能力成熟度提供了可资借鉴的“榜样”。为了使本研究所构建的企业社会责任能力成熟度指标更好地发挥指引企业社会责任实践的作用，本研究选择三家国际优秀企业和两家国内优秀企业的社会责任实践作为案例依据。不仅如此，由于行业协会是以企业为主体的组织，我国部分行业协会为了推进协会企业社会责任工作的开展也制定了相应的企业社会责任指标体系，这对推进企业社会责任工作、提升企业社会责任能力成熟度具有重要意义。为此，本研究也选择中国信托业协会和中国工业经济联合会所开发的企业社会责任指标体系作为案例依据（见表 3）。

表3　企业社会责任能力成熟度指标案例依据

类别	案例	实践内容
国际企业	法国电力集团	构建了以经济绩效、环境绩效和社会绩效为基本框架的企业社会责任指标体系，其中，经济绩效和环境绩效分别包括若干二级指标，社会绩效不仅具有二级指标，每一项二级指标还具有相应的三级指标
	英国石油公司	企业社会责任指标体系围绕负责任的生产经营、气候变化、社会/社区发展展开，这三类企业社会责任议题构成了企业社会责任指标体系的基本框架，每一项社会责任议题均具有若干二级指标和三级指标，比如，负责任的生产经营就包括安全管理、环境管理、员工、合规及道德和社区关系五个二级指标
	英国沃达丰公司	企业社会责任指标体系为围绕经济指标、社会指标和环境指标展开的三级指标体系，经济指标包括财务和收入分配两个二级指标，社会指标包括员工、客户、社区投资三个二级指标，环境指标包括环境绩效一个二级指标，每一项二级指标包括若干三级指标
国内企业	国家开发银行	企业社会责任指标体系基本框架不仅围绕经济指标、环境指标和社会指标展开，而且将社会责任管理纳入其中，作为企业社会责任指标体系基本框架的有机组成部分。四个维度的一级指标分别由若干二级指标和三级指标构成
	国家电网公司（朝阳分公司）	企业社会责任指标体系为三级指标体系，一级指标包括社会责任理念与战略、社会责任推进管理、保障可靠可信赖的电力供应、企业与社会和谐发展、企业与环境和谐发展以及合规透明运营与接受社会监督六个方面。一级指标分别有相应的二级指标和三级指标
国内行业协会	中国信托业协会	企业社会责任指标体系为三级指标体系，该指标体系以法律绩效、经济绩效、公益绩效、环境绩效和管理绩效为基本框架，五个方面的绩效形成了企业社会责任指标体系的一级指标，在五个一级指标之下分别为若干二级指标。比如，法律绩效下有四个二级指标，经济绩效下有五个二级指标，公益绩效和环境绩效下均有三个二级指标，管理绩效下有两个二级指标。每一项二级指标对应若干三级指标
	中国工业经济联合会	企业社会责任指标体系围绕社会责任理念与战略、责任推进管理、经济、社会和环境展开，这五个方面构成了指标体系的一级指标，五个一级指标分别对应若干二级指标，每一项二级指标分别对应若干三级指标

（四）经验依据

使用企业社会责任指标体系开展社会责任评级、排名、评奖已经成为国内外各类组织参与企业社会责任运动的重要手段。一般而言，这些组织所依托的企业社会责任指标体系围绕相应的企业社会责任议题展开，比如伦敦证券交易所与《金融时报》所推出的“富时社会责任指数”围绕环境保护、人权、气候变化、反贿赂等议题展开，人民网的“人民社会责任奖”则围绕构建和谐社会、开展自主创新、致力于社会事业等展开。这些组织开展社会责任评价、排名或评奖所依托的社会责任指标体系为本研究构建企业社会责任能力成熟度指标提供了丰富的素材，成为本研究构建企业社会责任能力成熟度指标重要的经验依据（见表4）。

表4　企业社会责任能力成熟度指标的经验依据

类别	组织	责任评价	指标体系简介
国外社会责任评价	《财富》杂志	全球500强企业社会责任排名	从公司战略、公司治理和管理、利益相关方参与以及运营绩效四个方面对企业的社会责任状况进行评价排名
	美国道琼斯公司与瑞士可持续资产管理公司	“道琼斯可持续发展指数”	通过使用指标体系对上市公司社会责任状况进行评价筛选成分股，所依托的社会责任指标体系从公司制度、股东、劳动时间、弹性工作制度等方面展开
国外社会责任评价	伦敦证交所与《金融时报》	“富时社会责任指数”	通过使用指标体系考察上市公司的社会责任状况，根据评价结果选择成分股，所依托的指标体系从环境保护、利益相关方、人权、气候变化、供应链劳工保护、反贿赂等方面展开
国内社会责任评价	人民网	“人民社会责任奖”	结合中国国情，从和谐社会、自主创新、社会事业三个方面考察相关企业的社会责任状况，根据评价结果确定“人民社会责任奖”获得企业
	《21世纪经济报道》	中国最佳企业公民评选	围绕企业伦理和道德价值、员工权益、环境保护、社会公益、供应链伙伴和消费者权益等方面开展企业公民的评价工作，根据评价结果确定最佳企业公民
	《WTO经济导刊》	中国企业社会责任“金蜜蜂奖”	从责任战略和治理、利益相关方参与、信息披露和责任竞争力实践四个方面开展社会责任评价
	胡润研究院	企业社会责任50强	从捐款金额、公益事业、就业人数、纳税金额、环境保护、员工权益、领导力和透明度等方面对企业的社会责任状况进行评价

（五）指标体系

在对国内外企业社会责任指标的已有研究、标准依据、案例依据和经验依据进行吸收、借鉴的基础上，本研究将企业社会责任能力成熟度理论模型进一步细化，形成了包括三个层级的企业社会责任能力成熟度指标体系（见表5）。比如，在社会价值创造能力一级指标之下，本研究进一步细化成为客户创造价值、为伙伴创造价值、为员工创造价值、为社区创造价值、公益慈善和安全生产运营六个二级指标；在为伙伴创造价值二级指标之下，本研究进一步细化为公平竞争的理念与政策、合同履约率、信用评级、供应商社会责任审查、责任采购、政企合作、银企合作、产学研合作等三级指标。三个层次的指标共同构成了企业社会责任能力成熟度指标体系的有机组成部分。

表5　企业社会责任能力成熟度指标

一级指标	二级指标	三级指标
社会责任理念与战略	责任理念	融入企业使命；融入企业价值观；融入企业愿景（社会责任愿景）
	责任战略	可持续发展战略/规划；社会责任专项规划
社会责任推进管理	责任治理	社会责任领导机构；社会责任工作机构；社会责任工作机制
	能力建设	社会责任专项培训；社会责任外部交流；社会责任知识管理；社会责任专项研究；重大社会责任实践活动
	制度建设	社会责任推进制度；现有制度的修订完善
	责任绩效评估	社会责任评价指标体系；社会责任绩效考核
	社会责任管理投入	社会责任专项资金预算；社会责任专职人员数量
经济价值创造能力	直接经济价值	营业收入；利润率；资产负债率
	间接经济价值	对行业的贡献；对税收的贡献；对就业的贡献；对创新的贡献
社会价值创造能力	为客户创造价值	消费者权益保护；产品质量；客户服务；客户投诉处理；消费者隐私保护；消费者教育；可持续消费；客户满意度
	为伙伴创造价值	公平竞争的理念与政策；合同履约率；信用评级；供应商社会责任审查；责任采购；政企合作；银企合作；产学研合作
	为员工创造价值	劳动合同签订率；员工薪酬；五险一金覆盖率；员工入会率；集体谈判机制；公平雇佣政策；男女员工比例；管理层中女性所占比例；特殊群体保护；职业安全健康体系；员工体检率；职业病发病率；员工培训覆盖率；员工培训人均投入；职业发展通道；员工关爱；员工满意度；员工流失率
	为社区创造价值	促进社区发展的政策；社区关系管理；社区共建项目数
	公益慈善	对外捐赠总额；对外捐赠占营业收入的比重；员工志愿者数量；员工志愿者活动；企业公益基金/基金会
	安全生产运营	安全生产管理体系；安全应急预案；安全生产投入；安全演练次数；安全生产培训；安全事故数；员工伤亡人数

续表

一级指标	二级指标	三级指标
环境价值创造能力	环境管理	环境管理体系；遵守国家环保政策；环保投入；环保负面信息
	污染减排	废水减排；COD 减排；氨氮减排；SO_2 减排；氮氧化物减排；固体废弃物减排；固废综合处理率；噪声达标
	资源可持续利用	综合能耗；能源节约量；耗水总量；水资源循环利用率
	应对气候变化	应对气候变化措施；温室气体排放量；温室气体减排量
	生态环境保护	减少生态环境破坏；生态恢复与治理；环保公益
合规透明运营能力	合规运营	合规管理体系；合规培训；腐败事件数；因违规罚款数
	信息披露	信息披露机制；网络平台发布信息数量；召开新闻发布会数量；发布社会责任报告；发布财务报告
	沟通参与	自觉与政府沟通；自觉与客户沟通；自觉与股东沟通；自觉与合作伙伴沟通；自觉与媒体沟通；自觉与社会团体沟通

注：各级指标的详细定义及具体赋值规则请参见《中国上市公司社会责任能力成熟度报告（2014）》中的“附录－中国上市公司社会责任能力成熟度评价指标体系的分维度详细说明”。

四　中国上市公司社会责任能力成熟度赋值赋权

（一）指标赋值原则

企业社会责任能力成熟度的指标类型不同，其赋值原则也不同。整体来看，企业社会责任能力成熟度指标体系可以分为三个不同的类型，分别为定量指标、定性指标和负向指标，三个类型的指标分别按照不同的赋值原则进行赋值。

1. 定量指标赋值原则

定量指标是可以直接用数据来表述的指标，定量指标又可以分为三个不同的类型，分别为绝对型定量指标、基准参考型定量指标和占比型定量指标。绝对型定量指标可以通过同历史数据进行对比而打分，这种类型的数据如经营绩效、次数、投入等。基准参考型定量指标可以通过同基准数据进行对比而打分，这种类型的数据如信用评估等级等。占比型定量指标直接通过相关比例与 100 分分值的成绩获得，这种类型的数据如五险一金覆盖率、员工入会率等。企业社会责任能力成熟度评价体系定量指标评分标准如表 6 所示。

表6 企业社会责任能力成熟度评价体系定量指标评分标准

分值档级	绝对型定量指标判断标准	基准参考型定量指标判断标准	占比型定量指标判断标准
0分	没有相应指标所规定的理念、行为或绩效	没有相应指标所规定的理念、行为或绩效，或所具有的相应指标所规定的理念、行为或绩效不达标	无相应数据或数据为0
0~25分	具有相应指标所规定的理念、行为或绩效，但与往年相比较差	具有相应指标所规定的理念、行为或绩效，并且这些指标所规定的理念、行为或绩效刚达标	数据处于0到25%之间
25~50分	具有相应指标所规定的理念、行为或绩效，与往年相比基本持平	具有相应指标所规定的理念、行为或绩效，并且这些指标所规定的理念、行为或绩效略优于标准水平	数据处于25%到50%之间
50~75分	具有相应指标所规定的理念、行为或绩效，与往年相比有所改进	具有相应指标所规定的理念、行为或绩效，并且这些指标所规定的理念、行为或绩效优于标准水平	数据处于50%到75%之间
75~100分	具有相应指标所规定的理念、行为或绩效，与往年相比大幅度改进	具有相应指标所规定的理念、行为或绩效，并且这些指标所规定的理念、行为或绩效大大优于标准水平	数据处于75%到100%之间

2. 定性指标赋值原则

定性指标是不能直接用数据来表述的指标，表述这类指标以文字描述为主。这类指标又可以分为两个不同的类型，分别为单因素定性指标和多因素定性指标，较之单因素定性指标，多因素定性指标内涵更为丰富，需要通过多个因素进行表述。单因素定性指标和多因素定性指标的赋值原则如表7所示。

表7 企业社会责任能力成熟度评价体系定性指标评分标准

分值档级	单因素定性指标判断标准	多因素定性指标判断标准
0分	没有相应指标所规定的理念、行为或绩效	没有相应指标所规定的理念、行为或绩效
0~25分	具有相应指标所规定的理念、行为或绩效	存在相应指标所规定的理念、行为或绩效，并且十分简略地阐释了各个评价因素

续表

分值档级	单因素定性指标判断标准	多因素定性指标判断标准
25~50分	具有相应指标所规定的理念、行为或绩效,并且在一定程度上做出了阐释	存在相应指标所规定的理念、行为或绩效,并且较为简略地阐释了各个评价因素
50~75分	具有相应指标所规定的理念、行为或绩效,并且做出了比较清晰的阐释	存在相应指标所规定的理念、行为或绩效,并且较为清晰地阐释了各个评价因素
75~100分	具有相应指标所规定的理念、行为或绩效,并且做出了十分清晰的阐释	存在相应指标所规定的理念、行为或绩效,并且十分清晰地阐释了各个评价因素

3. 负向指标赋值原则

负向指标是标识企业不负责任行为的指标，企业在负向指标方面的表现越差，其社会责任能力越低，企业社会责任能力成熟度得分也就越少。所以，衡量企业社会责任能力成熟度负向指标的基本特点就是分值为负值，其赋值的判断标准也是基于同往年的对比，具体评分标准如表8所示。

表8　企业社会责任能力成熟度评价体系负向指标评分标准

分数	负向指标判断标准
0分	没有负面信息
0~(-25)分	与往年相比,负面信息的数量有所降低,负面信息的影响程度较低
(-25)~(-50)分	与往年相比,负面信息的数量基本持平,负面信息的影响程度处于一般水平
(-50)~(-75)分	与往年相比,负面信息的数量有所增加,负面信息的影响程度较大
(-75)~(-100)分	与往年相比,负面信息的数量增加较大,负面信息的影响程度很大

（二）指标赋权过程

企业社会责任能力成熟度指标赋权分别涉及对一级指标、二级指标和三级指标赋权，赋权方法为专家法。

首先，选择企业社会责任领域的专家组成企业社会责任能力成熟度指标赋权专家组。专家对企业社会责任理论和实践具有深刻的理解，可以合理假设，专家组能够对企业社会责任能力成熟度指标之于企业社会责任能力成熟度的相对重要性做出客观的判断。

其次，分别将企业社会责任能力成熟度指标呈递专家组，获得每一位企业社会责任专家对企业社会责任能力成熟度指标相对重要性的评价。

再次，对专家组的赋权结果进行归纳总结，得出专家组对企业社会责任能力成熟度指标赋权的综合结果。

最后，以专家组的综合成果为基础，对相应指标的权重进行微调，得出最终的企业社会责任能力成熟度指标体系三个层级指标的权重。

（三）评价指标体系

通过对企业社会责任能力成熟度三个层级的指标进行赋权以及对企业社会责任能力成熟度三级指标赋分原则进行确认，得到了企业社会责任能力成熟度评价体系（见表9）。

表9　企业社会责任能力成熟度评价体系

一级指标	一级指标权重(%)	二级指标	二级指标权重(%)	三级指标	三级指标权重(%)
社会责任理念与战略	10	责任理念	60	融入企业使命	33
				融入企业价值观	33
				融入企业愿景(社会责任愿景)	33
		责任战略	40	可持续发展战略/规划	50
				社会责任专项规划	50
社会责任推进管理	18	责任治理	25	社会责任领导机构	40
				社会责任工作机构	30
				社会责任工作机制	30
		能力建设	25	社会责任专项培训	40
				社会责任外部交流	15
				社会责任知识管理	15
				社会责任专项研究	15
				重大社会责任实践活动	15
		制度建设	20	社会责任推进制度	60
				现有制度的修订完善	40
		责任绩效评估	20	社会责任评价指标体系	60
				社会责任绩效考核	40
		社会责任管理投入	10	社会责任专项资金预算	50
				社会责任专职人员数量	50

续表

一级指标	一级指标权重（%）	二级指标	二级指标权重（%）	三级指标	三级指标权重（%）
经济价值创造能力	18	直接经济价值	40	营业收入	35
				利润率	35
				资产负债率	30
		间接经济价值	60	对行业的贡献	20
				对税收的贡献	30
				对就业的贡献	30
				对创新的贡献	20
社会价值创造能力	18	为客户创造价值	20	消费者权益保护	16
				产品质量	16
				客户服务	16
				客户投诉处理	8
				消费者隐私保护	8
				消费者教育	8
				可持续消费	8
				客户满意度	20
社会价值创造能力	18	为伙伴创造价值	15	公平竞争的理念与政策	14
				合同履约率	20
				信用评级	11
				供应商社会责任审查	11
				责任采购	11
				政企合作	11
				银企合作	11
				产学研合作	11
		为员工创造价值	20	劳动合同签订率	8
				员工薪酬	8
				五险一金覆盖率	8
				员工入会率	8
				集体谈判机制	3
				公平雇佣政策	6
				男女员工比例	4
				管理层中女性所占比例	4
				特殊群体保护	3
				职业安全健康体系	6
				员工体检率	4

续表

一级指标	一级指标权重(%)	二级指标	二级指标权重(%)	三级指标	三级指标权重(%)
社会价值创造能力	18	为员工创造价值	20	职业病发病率	8
				员工培训覆盖率	4
				员工培训人均投入	8
				职业发展通道	3
				员工关爱	3
				员工满意度	8
				员工流失率	4
		为社区创造价值	15	促进社区发展的政策	40
				社区关系管理	30
				社区共建项目数	30
		公益慈善	10	对外捐赠总额	26
				对外捐赠占营业收入的比重	26
				员工志愿者数量	16
				员工志愿者活动	16
				企业公益基金/基金会	16
社会价值创造能力	18	安全生产运营	20	安全生产管理体系	30
				安全应急预案	15
				安全生产投入	25
				安全演练次数	15
				安全生产培训	15
				安全事故数	20
				员工伤亡人数	20
环境价值创造能力	18	环境管理	25	环境管理体系	35
				遵守国家环保政策	35
				环保投入	30
				环保负面信息	33
		污染减排	20	废水减排	13
				COD 减排	13
				氨氮减排	13
				SO_2 减排	13
				氮氧化物减排	13
				固体废弃物减排	13
				固废综合处理率	11
				噪声达标	11

续表

一级指标	一级指标权重(%)	二级指标	二级指标权重(%)	三级指标	三级指标权重(%)
环境价值创造能力	18	资源可持续利用	20	综合能耗	34
				能源节约量	22
				耗水总量	22
				水资源循环利用率	22
		应对气候变化	20	应对气候变化措施	30
				温室气体排放量	35
				温室气体减排量	35
		生态环境保护	15	减少生态环境破坏	40
				生态恢复与治理	30
				环保公益	30
合规透明运营能力	18	合规运营	40	合规管理体系	60
				合规培训	40
				腐败事件数	50
				因违规罚款数	50
		信息披露	30	信息披露机制	20
				网络平台发布信息数量	15
				召开新闻发布会数量	15
				发布社会责任报告	25
				发布财务报告	25
		沟通参与	30	自觉与政府沟通	16
				自觉与客户沟通	18
				自觉与股东沟通	18
				自觉与合作伙伴沟通	16
				自觉与媒体沟通	16
				自觉与社会团体沟通	16

注：其中，职业病发病率、员工流失率、安全事故数、员工伤亡人数、环保负面信息、腐败事件数、因违规罚款数均为负向指标。

五　中国上市公司社会责任能力成熟度评价实施

（一）评价前期准备

中国上市公司社会责任能力成熟度评价的前期准备包括四项主要工作，分别为项目团队的建立、评价计划的制定、评价人员的选拔培训和评价信息系统的构建。

首先，建立项目团队。项目团队是中国上市公司社会责任能力成熟度评价工作的组织基础，负责管理评价过程中的一切事项，对中国上市公司社会责任能力成熟度评价的进度负责。项目团队由内部管理团队和外部专家团队组成，内部管理团队负责评价过程中的管理事项，担负着管理角色；外部专家团队负责评价过程中所遇到的专业问题解答，担负着顾问角色。

其次，制定评价计划。评价计划的制定由项目团队负责，评价计划详细列举了开展中国上市公司社会责任能力成熟度评价所需要的各项工作、评价之后研究报告的撰写工作、评价过程中和企业社会责任能力成熟度研究报告写作过程中各项工作的时间节点、企业社会责任能力成熟度评价和研究报告撰写过程中的人员安排以及开展各项工作过程中可能遇到的困难和应对措施。评价计划统筹指导了中国上市公司社会责任能力成熟度评价和后续研究报告的撰写工作。

再次，开展对评价人员的选拔和培训。评价人员的选拔为中国上市公司社会责任能力成熟度评价提供了人才支持。由于企业社会责任能力成熟度评价是一项技术性和专业性非常强的工作，选拔评价人员之后，还需要对这些评价人员进行关于企业社会责任、企业社会责任能力、企业社会责任能力成熟度指标、企业社会责任能力成熟度评价信息来源等专业知识的培训，通过培训使所选拔的评价人员具有基本的企业社会责任和企业社会责任能力成熟度评价的专业知识。

最后，建立评价信息系统。2015 年，中国上市公司社会责任能力成熟度评价涉及沪深 300 上市公司以及 15 个行业市值最大的 50 家企业，研究样本数量庞大，仅人工开展这些样本企业的社会责任能力成熟度评价不仅效率“低下”，而且容易出现各种人为性错误。为此，在 2015 年前期准备过程中，项目团队同样构建了企业社会责任能力成熟度评价信息系统。评价信息系统将企业的基本信息和企业的社会责任能力成熟度信息集成在一起，不仅实现了评价结果计算的自动化，提高了信息收集工作的效率，而且评价信息系统直接实现了企业社会责任能力成熟度评价结果的汇总，避免了评价和结果汇总过程中可能出现的问题。

（二）评价信息收集

1. 信息来源

数据的类型不同，数据信息的来源也不同。中国上市公司社会责任能力成熟度评价和研究报告撰写所需数据包括三个基本类型，第一个基本类型是作为研究样本的沪深 300 上市公司和 15 个行业市值最大的 50 家企业的基本信息，比如，企业的规模信息、行业属性信息、安全性信息等。第二个基本类型为中国上市公司社会责任能力成熟度评价所需要的信息，这些信息标识了相关上市公司的企业社会责任能力，事关相关上市公司社会责任能力成熟度的高低。第三个基本类型为负面企业社会责任信息。

2014 年沪深 300 上市公司和 15 个行业市值最大的 50 家上市公司的基本信息，主要通过“国泰安数据服务中心”所开发的中国上市公司研究系列数据库和“Wind 咨询”所开发的中国上市公司数据库获取。这两个数据库均对我国上市公司基本信息进行了归纳、汇总，其为本研究所需的基本信息的收集提供了极大的便利。

2014 年沪深 300 上市公司和 15 个行业市值最大的 50 家上市公司的社会责任能力成熟度信息，主要通过这些企业在 2015 年所发布的企业社会责任报告、企业财务报告以及企业官方网站获取。其中，企业社会责任报告对相应上市公司在 2014 年所开展的社会责任工作进行了详细的总结，企业财务报告对相应上市公司在 2014 年的财务状况进行了详细的总结，企业官方网站披露了大量企业社会责任信息。

2014 年沪深 300 上市公司和 15 个行业市值最大的 50 家上市公司负面社会责任信息，由于企业主动披露的社会责任信息往往是正面或积极的信息，为了获得样本企业可能存在的负面社会责任信息，本研究对权威网站、权威媒体等披露的关于上市公司的负面信息进行了检索，这些权威网站包括上交所、深交所、政府部门网站等。

2. 收集说明

为了保障中国上市公司社会责任能力成熟度评价结果的科学性、客观性、准确性和完备性，2015 年中国上市公司社会责任能力成熟度评价的信息收集坚持了三个方面的基本原则。

首先，为了保证评价结果的科学性，2015 年信息收集时间均限定为公历 2014 年 1 月 1 日到 2014 年 12 月 31 日。所以，无论是沪深 300 上市公司和 15 个行业市值最大的 50 家上市公司的基本信息，还是企业社会责任信息，抑或是负面社会责任信息，只有发生在 2014 年才是本研究所需采集的信息，超出 2014 年之外的基本信息、社会责任信息和负面信息均不是评价所需的信息。信息发生时间的统一保证了中国上市公司社会责任能力成熟度评价结果的科学性。

其次，为了保证评价结果的客观性，2015 年信息收集不仅收集正面的企业社会责任信息，而且收集负面的企业社会责任信息，最终得出的企业社会责任能力成熟度是正面社会责任信息和负面社会责任信息的综合结果。不仅如此，信息收集工作还坚持相关人员规避的原则，无论是评价信息采集人员，还是信息审核人员，均不得同样本企业具有直接或间接的“情感”或“利益”联系，从而避免了信息采集人员和信息审核人员个人的“好恶”或“利益关系”对中国上市公司社会责任能力成熟度评价结果的影响。

最后，为了保证评价结果的准确性和完备性，对所采集的企业社会责任能力成熟度信息进行审核也是开展企业社会责任能力成熟度评价的重要环节。对所采集的信息进行审核，不仅更正了采集偏差的信息，从而保证了评价结果的准确性，而且还可能进一步补充采集信息过程中遗漏的企业社会责任信息，从而保证了评价结果的完备性。不仅如此，对企业社会责任能力成熟度信息的审核还包括依据赋值原则做出的打分决策，这也保证了评价结果的准确性。

（三）评价信息审核

中国企业社会责任能力成熟度评价的信息审核工作是对所收集信息的真实性、完备性以及依据收集到的信息开展三级指标赋值的准确性进行审核。

对收集到的信息的真实性进行审核，保证了信息均对应于特定三级指标所标识的企业社会责任意愿、行动或绩效，从而避免了由信息对应错误带来的企业社会责任能力成熟度评价结果的真实性调整。

对收集到的信息的完备性进行审核，是进一步搜集缺省三级指标项可能存在的企业社会责任能力成熟度信息，从而最大程度地避免信息的缺失，提高信息的完备性。

对三级指标赋值进行审核，保证了三级指标得分满足企业社会责任能力成熟度信息与相应的企业社会责任赋值标准的一致，从而保证了企业社会责任能力成熟度评价三级指标赋值的准确性。

（四）评价信息汇总

经过审核的2015年沪深300上市公司和15个行业市值最大的50家上市公司的企业社会责任能力成熟度信息是进行企业社会责任能力成熟度计算的基础。将信息输入中国上市公司社会责任能力成熟度评价信息系统，就可以自动得到2015年中国上市公司社会责任能力成熟度评价结果。为了全面地考察中国上市公司社会责任能力成熟度状况，2015年分别以沪深300上市公司和15个行业市值最大的50家企业为样本开展评价，2015年评价结果即沪深300上市公司和15个行业市值最大的50家上市公司的企业社会责任能力成熟度结果。

（五）结果形成

经过中国上市公司社会责任能力成熟度评价的前期准备、信息收集、信息审核和信息汇总程序后，就可以得到2015年中国上市公司社会责任能力成熟度的最终结果。

中国上市公司社会责任能力成熟度评价结果可以用以下公式表示：

$$\mathrm{DMCSRC} = \sum_{i=1}^{6} \alpha_i \sum_{j=1}^{x_i} \beta_{ij} \sum_{k=1}^{y_{ij}} \gamma_{ijk} \times t_{ijk}$$

其中，DMCSRC为企业社会责任能力成熟度（Degree of Maturity of Corporate Social Responsibility Capacity）的英文缩写，α_i为第i个一级指标的权重，β_{ij}表示第i个一级指标的第j个二级指标的权重，γ_{ijk}表示第i个一级指标第j个二级指标的第k个三级指标的权重，t_{ijk}表示第i个一级指标第j个二级指标的第k个三级指标的赋值结果。α_i、β_{ij}和γ_{ijk}为指标赋权结果，即表9所呈现的一级指标、二级指标和三级指标的权重。作为赋值结果，每家上市公司第i个一级指标第j个二级指标的第k个三级指标的赋值结果t_{ijk}都是已知的。

具体来看，i的取值范围为［1，6］，当i为1时，α_i表示第1个一级指标的权重，为$\alpha_1 = 10\%$。j的取值范围为［1，x_i］，x_i表示第i个一级指标下所有二级指标的数量，当i为1时，第1个一级指标下所包括的二级指标数量为

2，所以，$x_1=2$，j 的取值范围就为［1，2］；当 i 为 1，j 为 2 时，β_{ij}表示第 1 个一级指标第 2 个二级指标的权重，即 $\beta_{12}=40\%$。k 的取值范围为［1，y_{ij}］，y_{ij}表示第 i 个一级指标第 j 个二级指标下所有三级指标的数量，当 i 为 1，j 为 2 时，第 1 个一级指标第 2 个二级指标下所包括的三级指标数量为 2，所以，$y_{12}=2$，k 的取值范围就为［1，2］；当 i 为 1，j 为 2，k 为 1 时，γ_{ijk}表示第 1 个一级指标第 2 个二级指标的第 1 个三级指标权重，即 $\gamma_{121}=50\%$。

根据 2015 年中国上市公司社会责任能力成熟度评价指标体系的权重设置以及特定企业的三级指标赋分结果，使用上述计算公式，就可以得到特定上市公司 2015 年的企业社会责任能力成熟度评价得分。将所有评价结果汇总，就得到中国沪深 300 上市公司和 15 个行业市值最大的 50 家上市公司的企业社会责任能力成熟度评价综合结果，这一综合结果是本研究分析 2015 年中国上市公司企业社会责任能力成熟度状况的依据。

六　中国上市公司社会责任能力成熟度结果分析

对于中国上市公司社会责任能力成熟度结果的分析包括三个层面，分别为中国上市公司[①]企业社会责任能力成熟度的总体特征、中国上市公司社会责任能力成熟度的分维度特征以及中国上市公司社会责任能力成熟度基于样本信息的基本特征。

对于中国上市公司社会责任能力成熟度的总体特征和分维度特征而言，基于基本数据，使用 SPSS 和 Excel 等分析工具，分别得出了中国上市公司社会责任能力成熟度的总体分布特征以及经济价值创造能力、社会价值创造能力、环境价值创造能力、合规透明运营能力、社会责任理念与战略和社会责任推进管理六个维度的分布特征。

对于基于样本信息的基本特征而言，根据中国上市公司的基本信息和评价结果，通过交叉分析的方法，使用 SPSS 和 Excel 等分析工具，可以得到基于企业信息的基本特征。比如，基于评价结果和上市交易所分布特征，可以得出

① 本部分所陈述的“中国上市公司”分别指 2014 年中国沪深 300 上市公司和 2014 年 15 个行业市值最大的 50 家上市公司。

在不同交易所上市的企业社会责任能力成熟度比较特征；基于评价结果和募集资金的股票类型分布特征，可以得出选择不同股票募集资金方式的企业社会责任能力成熟度比较特征；基于评价结果和相应样本的成长性信息，可以得出上市公司成长性与企业社会责任能力成熟度之间的关系；基于评价结果和相应样本的盈利性信息，可以得出上市公司盈利性与企业社会责任能力成熟度之间的关系等。

B.3 2014年中国沪深300上市公司社会责任能力成熟度评价分析

摘　要：沪深300指数是沪深证券交易所联合发布的反映A股市场整体走势的指数，指数样本覆盖了沪深市场六成左右的市值，具有良好的市场代表性。通过评价2014年沪深300上市公司的社会责任能力成熟度发现，沪深300上市公司社会责任能力成熟度水平整体偏低，经济价值创造能力突出，社会责任推进管理不足。

关键词：沪深300　社会责任能力成熟度　评价分析

一　样本选择和信息收集说明

本研究选择的样本为截至2015年7月31日，入选沪深300指数成分股的300家上市公司。沪深300指数是沪深证券交易所联合发布的反映A股市场整体走势的指数，指数样本覆盖了沪深市场六成左右的市值，具有良好的市场代表性。同时，指数样本覆盖了银行、钢铁、石油、电力、煤炭、水泥、家电、机械、纺织、食品、酿酒、化纤、有色金属、交通运输、电子器件、商业百货、生物制药、酒店旅游、房地产等数十个主要行业的龙头企业。因此，沪深300上市公司的社会责任能力成熟度表现在一定程度上能够反映我国上市公司整体的社会责任能力成熟度水平。

本研究的信息来源主要有三个渠道，分别为“国泰安数据服务中心”中国上市公司研究系列数据库，“Wind咨询”中国上市公司数据库，企业年度报告、社会责任报告和官方网站以及权威组织平台。

“国泰安数据服务中心”中国上市公司研究系列数据库收录了我国上市公司近年来所有可能涉及的基本数据信息。所以，在“国泰安数据服务中心”中国上市公司研究系列数据库方面，本研究主要收集企业的基本信息。比如，企业规模、企业所处行业、企业安全性信息、企业盈利性信息、企业成长性信息以及企业公司治理信息等。“Wind资讯”涵盖了中国上市公司研究方面的多数数据，因此，本研究从该数据库中获取了2014年沪深300上市公司的名单，并从“国泰安数据服务中心”收集对应的企业信息，最终构成完整的沪深300上市公司样本信息数据。

企业年度报告、企业社会责任报告和企业官方网站是企业自主披露社会责任信息的重要平台和载体，其中企业年度报告主要披露企业财务方面的信息，企业社会责任报告披露企业在社会责任领域的管理实践信息，官方网站则及时披露大量企业新闻和产品服务信息。所以，通过企业年度报告、企业社会责任报告和企业官方网站收集到的信息几乎可以覆盖企业所有的财务信息和非财务信息。

二　沪深300上市公司社会责任能力成熟度总体评价分析

（一）中国上市公司社会责任能力成熟度水平整体偏低

2014年沪深300上市公司的社会责任能力成熟度平均得分为35.43分，整体处于弱能级，这表明我国上市公司的社会责任能力成熟度水平整体偏低。在300家上市公司中，没有任何一家进入强能级或超能级；社会责任能力成熟度达到本能级的上市公司有12家，占比仅为4%；处于无能级的上市公司多达113家，其余175家处于弱能级（见图1）。

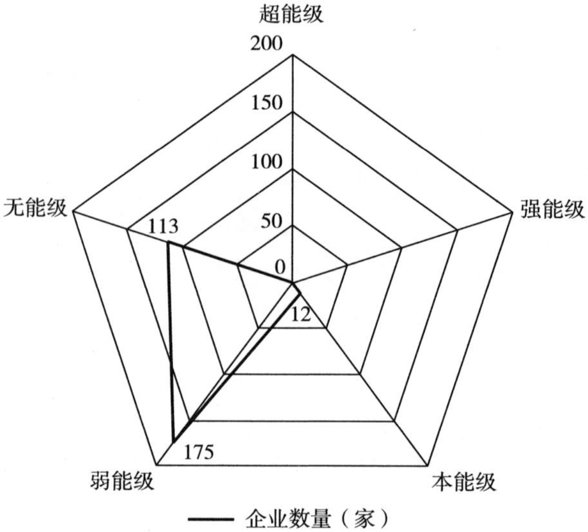

图1　2014年沪深300上市公司社会责任能力成熟度等级分布

（二）中国上市公司社会责任能力成熟度的各个维度发展不平衡

在社会责任能力成熟度的六个维度中，300家上市公司的经济价值创造能力得分最高，平均分为61.86分，社会责任推进管理得分最低，平均分仅为9.38分，两者相差超过50分。其他维度的平均得分依次为社会责任理念与战略32.36分、社会价值创造能力32.73分、环境价值创造能力22.07分、合规透明运营能力52.73分（见图2）。

（三）金融行业上市公司的社会责任能力成熟度优于其他行业

300家上市公司涵盖了公用事业、工业、商业、房地产业、金融业、综合类共六大行业，其中，金融行业上市公司的社会责任能力成熟度得分最高，平

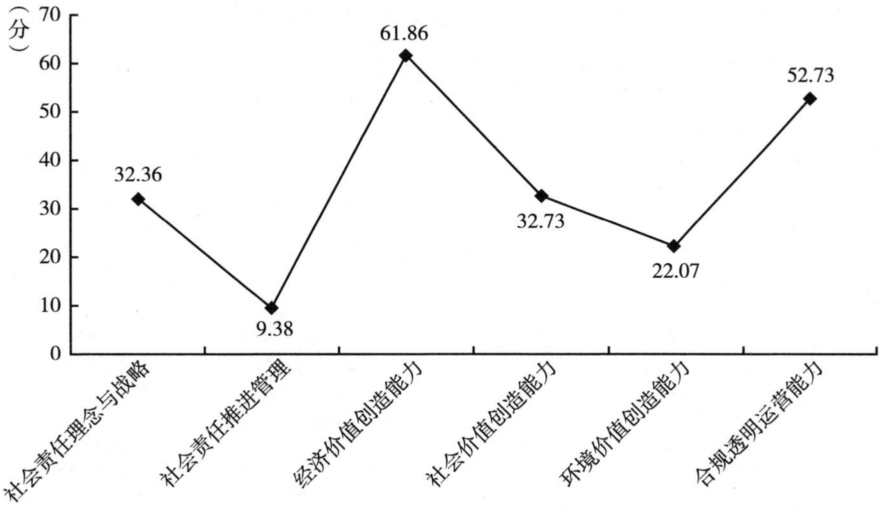

图2　2014年沪深300上市公司社会责任能力成熟度六大维度得分对比

均分为38.18分，整体处于弱能级；综合类行业上市公司的社会责任能力成熟度平均得分为26.75分，整体处于无能级（见图3）。

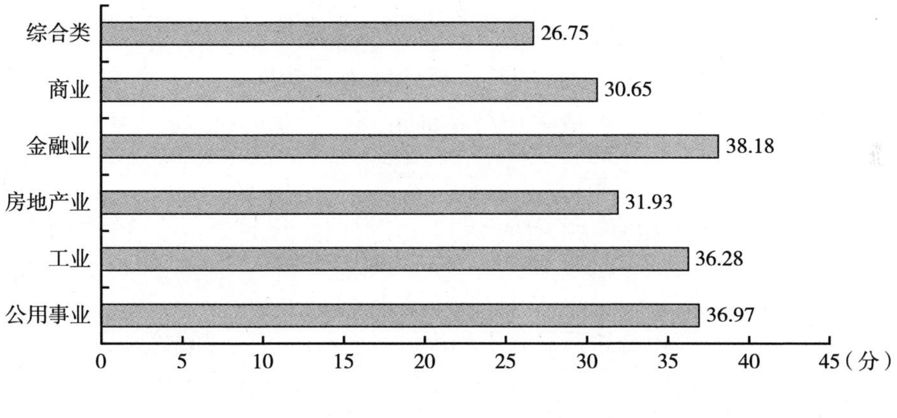

图3　2014年不同行业上市公司的社会责任能力成熟度得分对比

（四）东部地区上市公司的社会责任能力成熟度水平比其他地区高

按照我国四大经济区域进行划分，公司注册地位于东部地区的上市公司社会责任能力成熟度平均得分为36.60分，整体水平高于注册地位于东北地区、西部地区和中部地区的上市公司（见图4）。

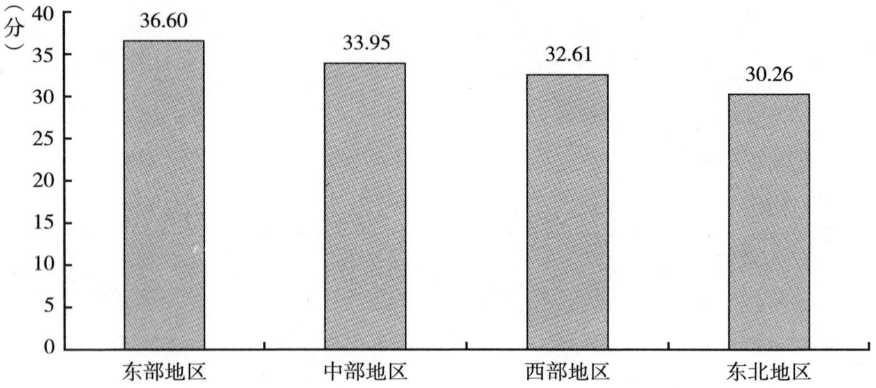

图4　2014年不同地区上市公司的社会责任能力成熟度得分对比

（五）国有控股上市公司的社会责任能力成熟度水平高于非国有控股上市公司

从企业性质来看，国有控股上市公司的社会责任能力成熟度平均得分为37.19分，非国有控股上市公司的社会责任能力成熟度平均得分为31.85分，两者都处于弱能级，国有控股上市公司的得分高于非国有控股上市公司（见图5）。

（六）上市公司的资产规模与社会责任能力成熟度之间呈现清晰的正向关系

无论是从总资产还是从营业收入和市值方面对上市公司的社会责任能力成熟度进行评价，都可以得出：上市公司的规模与社会责任能力成熟度之间呈现正向关系，即企业的社会责任能力成熟度水平随着总资产规模、营业收入、市值的增长呈现上升趋势（见图6）。

（七）深交所上市公司的社会责任能力成熟度领先于上交所

沪深300上市公司中，深交所上市公司的社会责任能力成熟度平均得

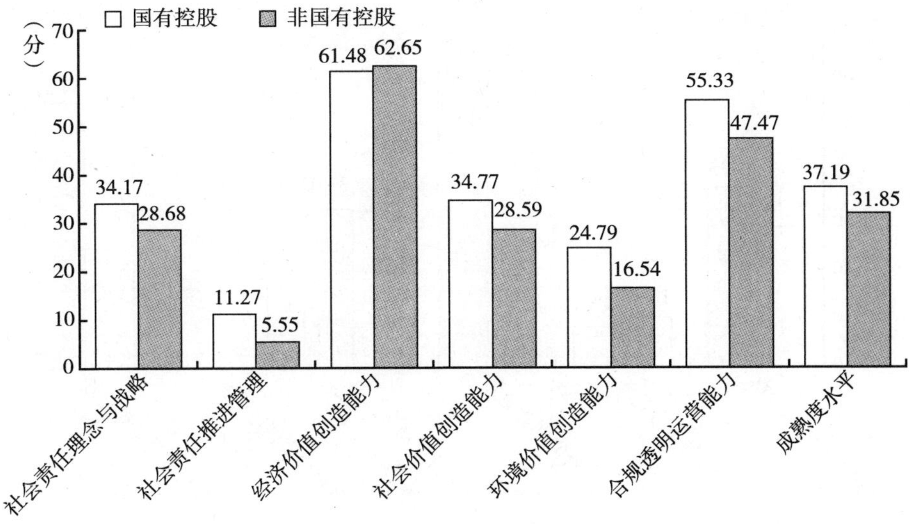

图5　基于企业所有制性质的社会责任能力成熟度评价结果

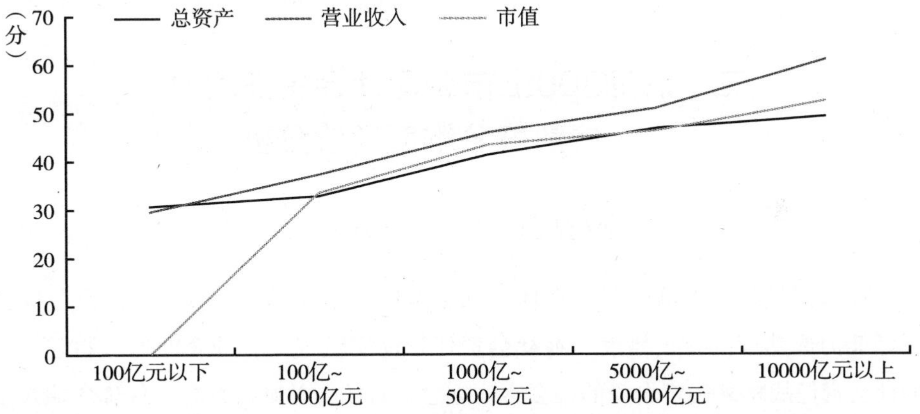

图6　2014年沪深300上市公司规模与社会责任能力成熟度之间的变动关系

分为36.43分，上交所上市公司的平均得分为34.73分，深交所上市公司高于上交所上市公司。从成熟度的六个维度来看，除“社会责任推进管理”维度外，其余五个维度的得分均是深交所上市公司高于上交所上市公司（见图7）。

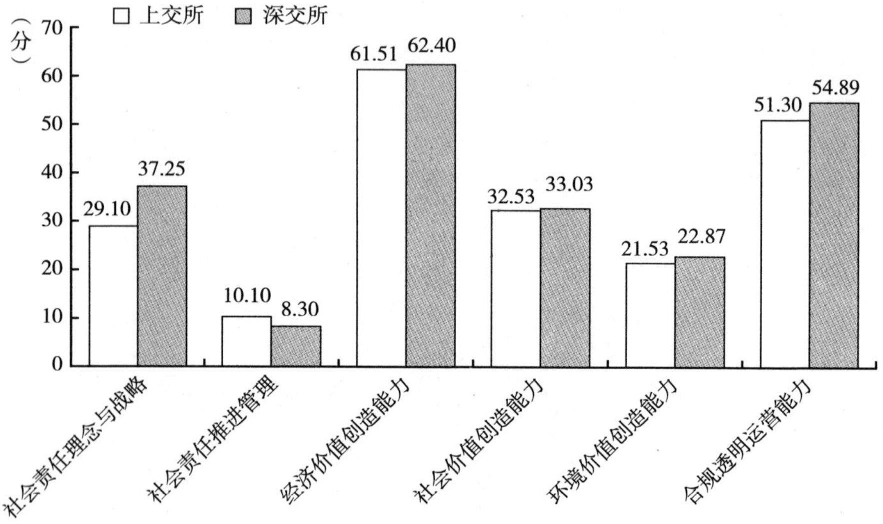

图7　2014年沪深两市上市公司的社会责任能力成熟度六大维度得分对比

三　沪深300上市公司社会责任能力成熟度分维度评价分析

（一）社会责任理念与战略维度评价分析

社会责任理念与战略是企业履行社会责任的指导思想，也是评价企业社会责任能力成熟度的首要维度。在社会责任管理实践中，有的企业通过制定专门的社会责任战略来确定自身的社会责任理念，有的企业则将社会责任理念融入企业的使命、价值观和愿景中。

2014年沪深300上市公司的社会责任理念与战略维度平均得分为32.36分，刚刚达到弱能级，这表明大多数上市公司没有树立明确的社会责任理念，或者没有将社会责任理念很好地融入企业发展目标中。在300家上市公司中，仅有3家公司的得分超过80分（占比1%），有132家公司的得分低于30分（见图8）。

1. 社会责任理念尚未充分融入企业文化

社会责任理念集中体现在企业使命、企业价值观和企业愿景中。2014年，

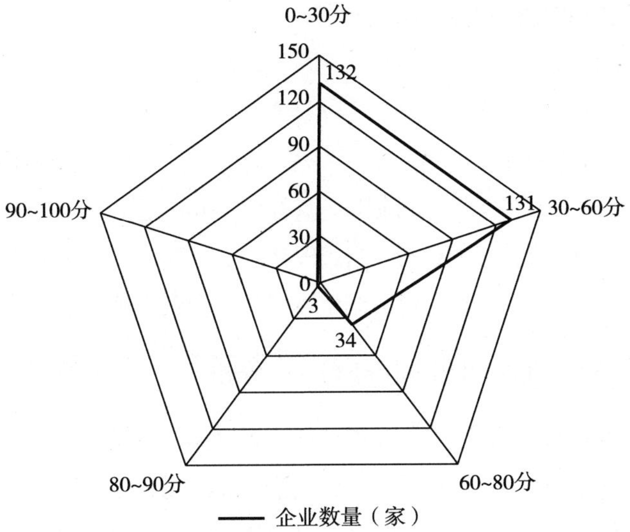

图8　2014 年沪深 300 上市公司社会责任理念与战略维度得分分布

沪深 300 上市公司的“责任理念”指标平均得分 44.56 分，整体处于弱能级。在 300 家上市公司中，有 108 家公司的得分超过 60 分，其中有 51 家公司的得分达到 80 分以上，这说明多数上市公司的企业使命、企业价值观和企业愿景中包含有能够体现其社会责任理念的内容。与此同时也应该看到，超过半数的企业得分在 60 分以下（192 家），其中有 122 家企业的得分低于 30 分，这说明我国上市公司需要进一步明确自身的社会责任理念（见图 9）。

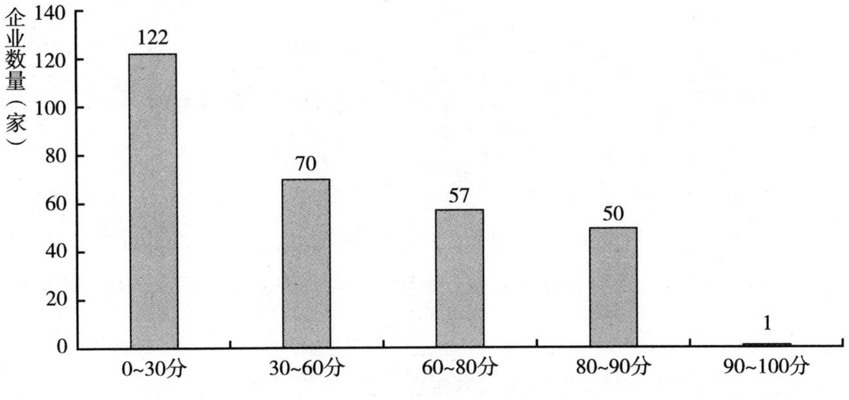

图9　2014 年沪深 300 上市公司“责任理念”指标得分分布

2. 社会责任战略规划缺乏系统性

社会责任战略规划是企业推进社会责任管理和实践的蓝图，主要体现在企业制定了可持续发展战略并且专门制定了社会责任专项规划，比如“社会责任三年规划、社会责任管理推进计划”等。研究发现，沪深300上市公司对于社会责任战略规划的重视程度严重不足，“责任战略”指标的平均得分仅有13.86分。在300家上市公司中，有229家公司的得分处于30分以下，其中得分为0的企业多达170家。这说明，绝大多数上市公司没有制定专门的社会责任规划和可持续发展战略。

（二）社会责任推进管理维度评价分析

社会责任推进管理是企业日常管理体系的重要组成部分，用来制定和实施企业的责任方针，该维度主要包括责任治理、能力建设、制度建设、责任绩效评估、社会责任管理投入五方面内容。可以看出，社会责任推进管理是企业开展社会责任工作的能力和制度保证。

2014年沪深300上市公司的社会责任推进管理平均得分仅为9.38分，在六大维度中得分最低，这说明当前我国上市公司社会责任能力成熟度的最大瓶颈在社会责任推进管理体系建设方面。统计显示，在300家上市公司中，有261家公司的社会责任推进管理得分不足30分，占样本总量的87%；得分达到60分以上的公司只有4家（见图10）。

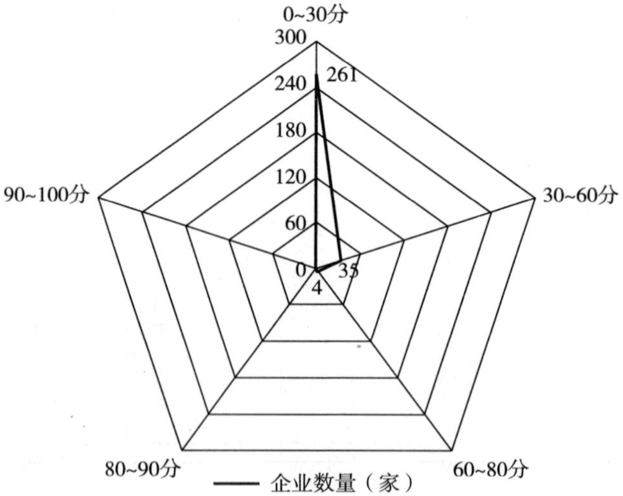

图10　2014年沪深300上市公司社会责任推进管理维度得分分布

1. 社会责任治理能力普遍不足

社会责任治理能力在一定程度上决定了企业的社会责任实践水平。研究发现，沪深300上市公司的“责任治理”指标和“能力建设”指标得分分别为14.41分和8.72分，这表明上市公司在社会责任工作机构设置、社会责任工作机制建设、社会责任专项培训和研究以及社会责任知识管理方面亟待提升。另外，与治理能力紧密相关的制度建设指标得分也仅为11.39分。

2. 社会责任绩效评估工作处于起步阶段

无法衡量的工作就无法管理。针对社会责任工作制定体系完善、适用性强的评价指标并纳入公司绩效考核是推进社会责任管理的重要方法。然而，研究发现，2014年沪深300上市公司的“责任绩效评估”指标得分仅为5.89分。在300家上市公司中，有超过86%（259家）的公司该项指标得分为0，也就是说这些公司没有制定专门的社会责任评价指标体系，也没有将社会责任纳入绩效考核。这一结果与我国企业社会责任工作推进困难的现状相符，即绝大多数企业仍然将社会责任工作当作临时性活动或公关项目，没有系统的工作计划，因此也就未能纳入公司绩效考核。

3. 社会责任管理投入不足

社会责任管理投入是指企业为社会责任推进工作安排专职部门和人员，投入专项资金。很显然，管理投入为企业开展社会责任工作提供专门的资金和人员支持。研究发现，2014年沪深300上市公司的“社会责任管理投入”指标平均得分仅有1.23分，这首先说明企业对该项指标信息的披露严重不足，而背后的原因则是真正设立社会责任专职部门并建立社会责任资金预算的企业仍然较少。在300家上市公司中，得分超过60分的企业仅有1家，得分在30分以下的企业多达293家（见图11）。

（三）经济价值创造能力维度评价分析

经济价值创造能力是指企业生产经营活动直接或间接创造的利于社会经济发展的经营绩效以及税收、就业、技术溢出等社会效应。

2014年沪深300上市公司的经济价值创造能力平均得分为61.86分，在社会责任能力成熟度的六个维度中得分最高，也是唯一一个得分达到本能级的维度。显而易见，相较于其他维度，上市公司在经济价值创造能力方面的表现更

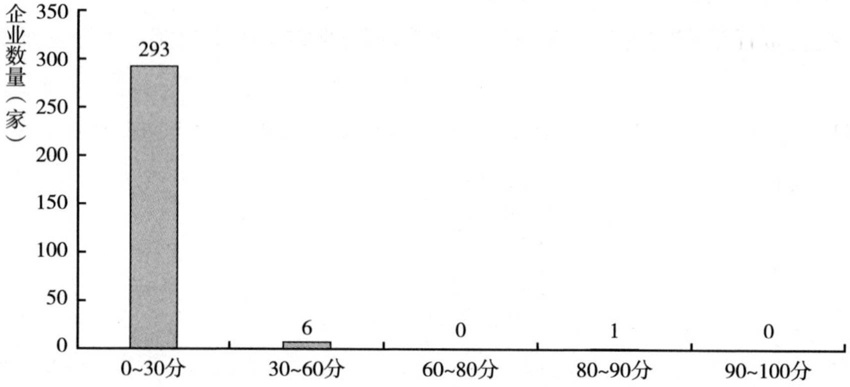

图 11　2014 年沪深 300 上市公司“社会责任管理投入”指标得分分布

为突出。统计显示，在 300 家上市公司中，经济价值创造能力得分处于 60 分以上的企业有 176 家，其中得分处于 80～90 分的企业有 33 家（见图 12）。

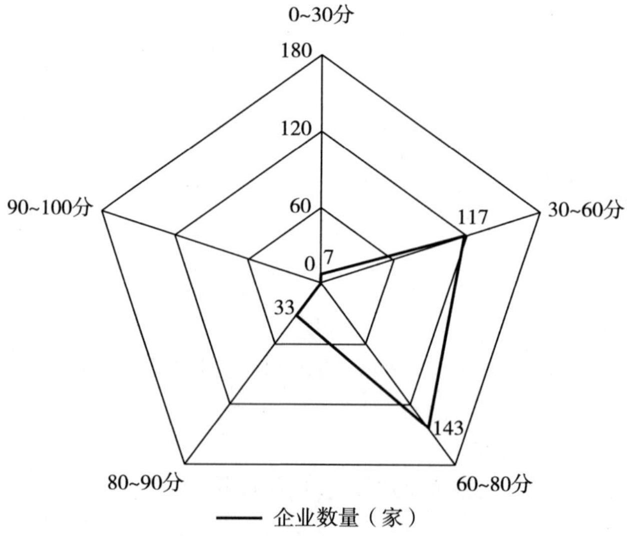

图 12　2014 年沪深 300 上市公司经济价值创造能力维度得分分布

1. 直接经济价值创造能力十分突出

经济价值创造能力维度包括直接经济价值和间接经济价值两个指标。统计显示，2014 年沪深 300 上市公司的“直接经济价值”指标得分高于“间接经济价值”指标的得分，其平均得分为70.08分（见图13）。这说明大多数上市公司在营业收入、利润率、资产负债率方面的表现较好；而在行业贡献、创新贡献方面相对较差。

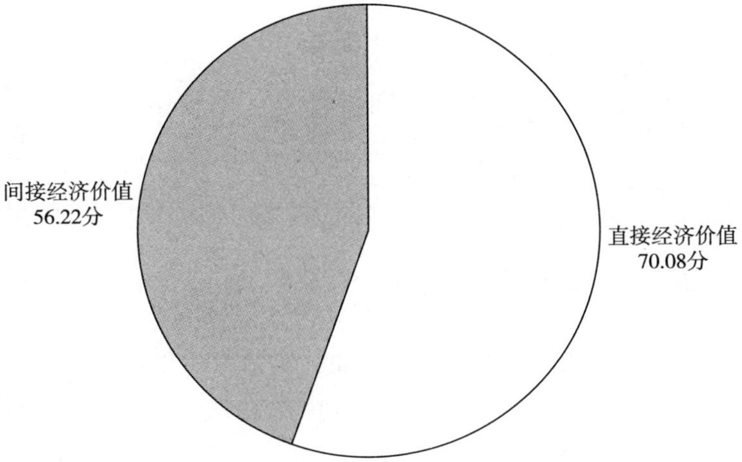

图13　2014年沪深300上市公司“直接经济价值”和“间接经济价值”指标得分对比

2. 间接经济价值创造能力相对不足

间接经济价值创造能力体现在企业对税收、就业、行业创新等方面的贡献。统计显示，2014年沪深300上市公司的“间接经济价值”指标平均得分56.22分，与“直接经济价值”指标相比，得分相对较低。从得分分布来看，超过15%（47家）的公司得分低于30分，35.67%（107家）的公司得分处于30～60分，32%（96家）的公司得分处于60～80分，15.67%（47家）的公司得分处于80～90分，其余3家公司的得分高于90分（见图14）。

（四）社会价值创造能力维度评价分析

社会价值创造能力是指企业在生产经营活动中基于互利共赢原则为利益相关方提供的产品和服务以及履行的责任和义务。该维度包含的内容较为广泛，主要评价企业为客户创造价值、为伙伴创造价值、为员工创造价值、为社区创造价值、公益慈善以及安全生产运营六个方面的内容。

统计显示，2014年沪深300上市公司的社会价值创造能力平均得分为

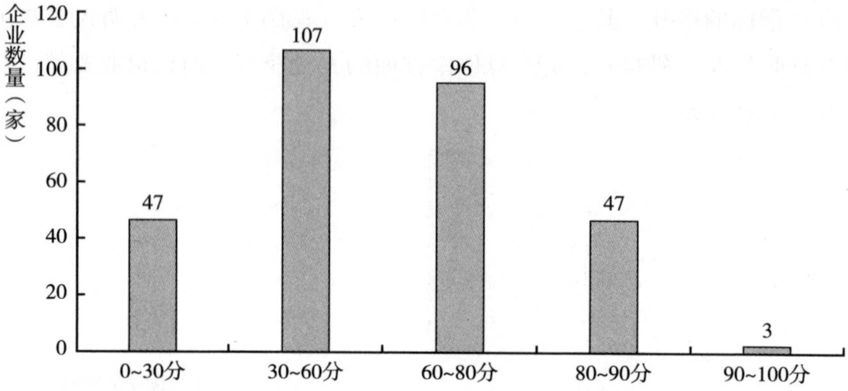

图14　2014年沪深300上市公司“间接经济价值”指标得分分布

32.73分，高于环境价值创造能力得分，低于经济价值创造能力得分。在300家上市公司中，超过90%（280家）的公司社会价值创造能力得分低于60分，得分处于60分以上的企业仅有20家（见图15）。

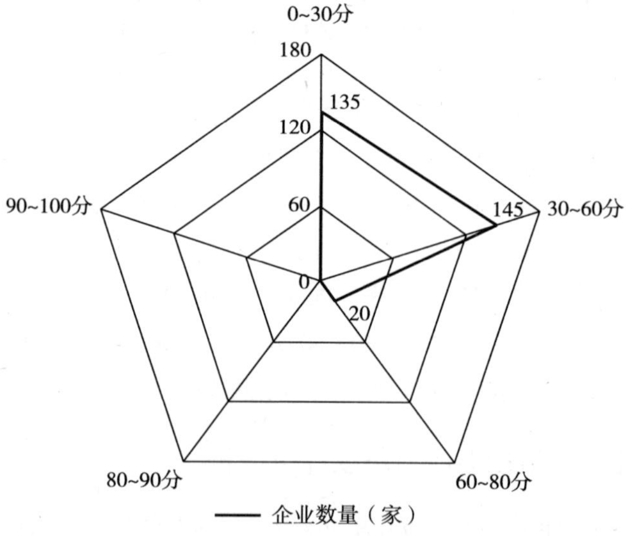

图15　2014年沪深300上市公司社会价值创造能力维度得分分布

1. 社区价值创造能力不足

在社会价值创造能力维度所包含的六个方面中，“为社区创造价值”指标的得分最低，平均得分 24. 14 分（见图 16）。这说明相较于为客户创造价值、为伙伴创造价值、为员工创造价值等，社区价值创造能力是沪深 300 上市公司社会责任管理的短板，这集中表现在企业缺乏促进社区发展的政策，没有建立起顺畅的社区沟通渠道，开展的社区项目内容比较单一。从得分分布来看，在 300 家上市公司中，“为社区创造价值”指标得分处于 30 分以下的公司有 179 家，得分处于 30 ~60 分的公司有 93 家，得分处于 60 ~ 80 分的公司有 18 家，得分处于 80 ~90 分的公司有 10 家，数量依次减少。

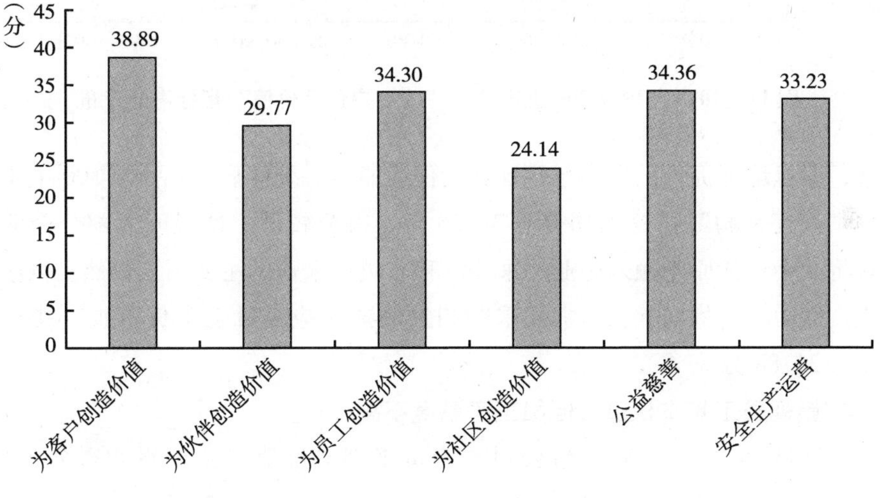

图 16　2014 年沪深 300 上市公司社会价值创造能力维度各项二级指标得分对比

2. 客户关系管理能力相对成熟，但提升空间还很大

在上市公司社会价值创造能力维度的六项指标中，“为客户创造价值”指标得分最高，平均得分为 38. 89 分。这说明相较于社区关系、伙伴关系、安全生产运营等，上市公司对客户关系的管理更加重视，普遍开展了客户服务体系建设工作、客户满意度调查、客户投诉响应机制。统计显示，在 300 家上市公司中，“为客户创造价值”指标得分超过 60 分的公司有 63 家；有 120 家公司的得分为 30 ~60 分，有 117 家公司得分低于 30 分（见图 17）。

3. 社会责任与采购管理的融合程度较低

责任采购是指企业将社会责任原则融入采购流程的制度和行为，比如严格采购符合质量、环保、劳工标准的产品或服务，对供应商进行社会责任评估和

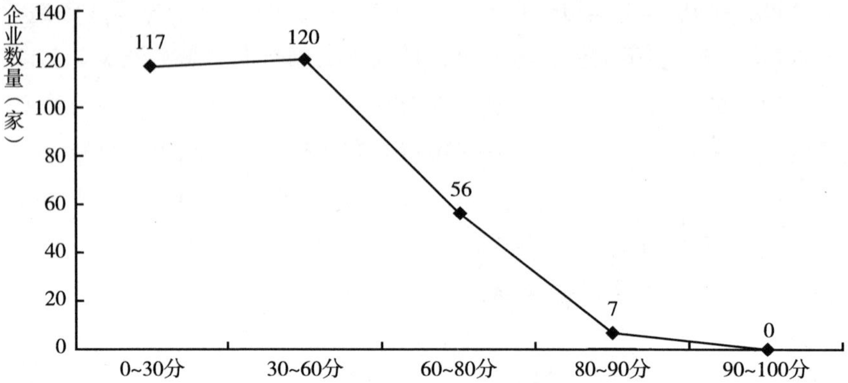

图17　2014年沪深300上市公司"为客户创造价值"指标得分分布

调查，通过培训提升供应商履行社会责任的能力。统计显示，沪深300上市公司的"责任采购"指标平均得分36.56分，得分较低。这说明大部分企业还没有将社会责任原则融入企业的采购流程，决定采购的主要因素仍然是供应商的生产能力、交货期等。与责任采购相关的"供应商社会责任审查"指标平均得分31.88分。

4. 重视员工基本权益，但员工满意度不高

统计显示，沪深300上市公司"为员工创造价值"指标平均得分34.30分。从得分分布来看，43%（129家）的公司得分处于30分以下，49.33%（148家）的公司得分处于30～60分，剩余7.67%（23家）的公司得分为60～80分。从具体的三级指标来看，"劳动合同签订率、职业发展通道、五险一金覆盖率、员工薪酬"等指标得分较高，但是"员工满意度"指标平均得分仅为15.45分，得分较低（见图18）。

5. 安全生产体系比较完善，安全生产投入不足

300家上市公司普遍建立了安全生产管理体系，并有专门的文件进行规范和落实。统计显示，沪深300上市公司的"安全生产管理体系"指标平均得分54.11分，得分较高。从得分分布来看，超过半数（185家）的公司得分高于60分。与完善的安全生产管理体系相比，沪深300上市公司的安全生产投入相对不足，统计得出，"安全生产投入"指标平均得分15.89分（见图19）。

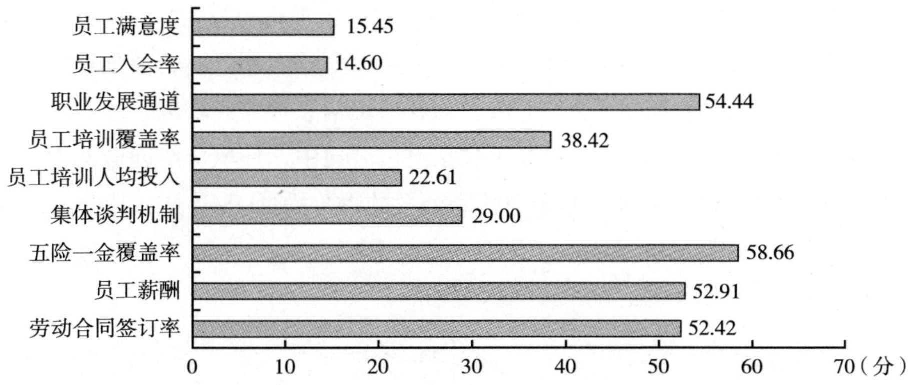

图 18　2014 年沪深 300 上市公司为员工创造价值的主要指标得分对比

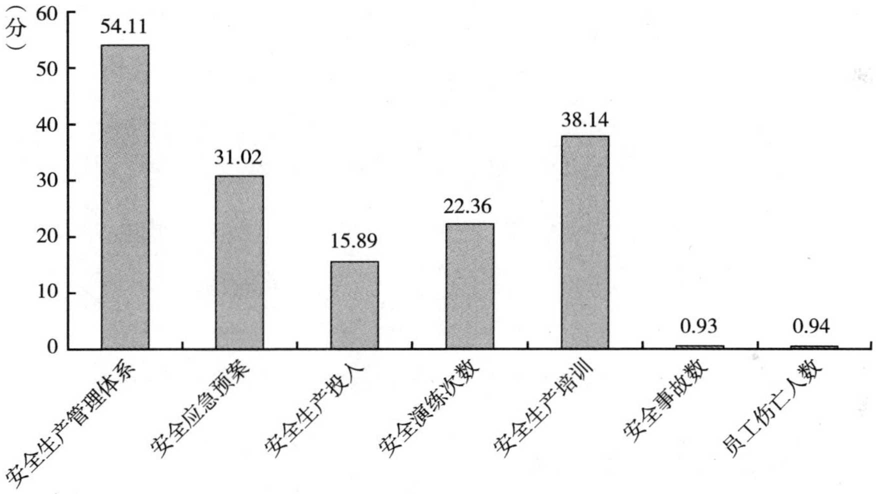

图 19　2014 年沪深 300 上市公司安全生产运营各项三级指标得分对比

（五）环境价值创造能力维度评价分析

环境价值创造能力是评价企业社会责任能力成熟度的重要指标，在环境问题日益突出的情况下，环境保护成为很多企业开展社会责任工作的重要方面。对该维度的评价涉及环境管理、污染减排、资源可持续利用、应对气候变化和生态环境保护五个方面。

2014 年沪深 300 上市公司的环境价值创造能力平均得分为 22.07 分，仅高于社会责任推进管理的得分，低于其他四个维度，这表明环境价值创造能力是上市公司社会责任管理的弱项，上市公司在环境信息披露和环境管理实践方面都还需要不断提升。统计显示，在 300 家上市公司中，环境价值创造能力得分超过 60 分的公司仅有 1 家，其余 299 家公司的得分均低于 60 分，其中又以 30 分以下的公司居多（208 家）（见图 20）。

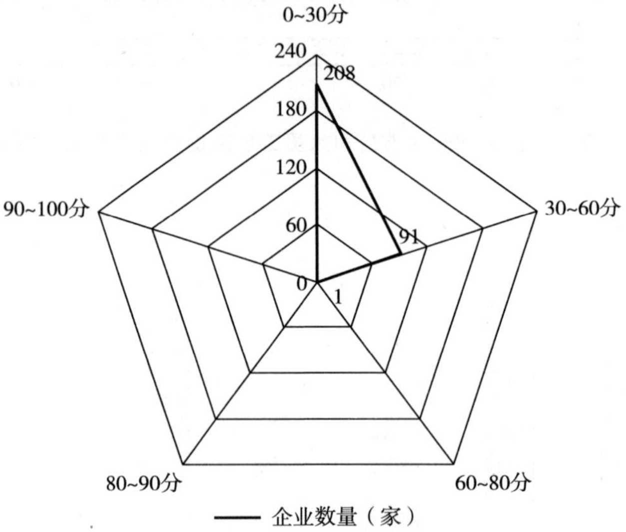

图 20　2014 年沪深 300 上市公司环境价值创造能力维度得分分布

1. 普遍建立了环境管理体系

在环境价值创造能力维度所包含的 5 项二级指标中，“环境管理”指标得分最高，平均得分 44.75 分（见图 21）。这表示，大多数上市公司构建了环境管理体系，承诺遵守国家环保政策，每年有一定的环保投入。

2. 污染减排效果不理想，资源可持续利用率不高

“污染减排”指标主要评价企业的“三废”排放值是否达标或者高于行业标准，排放量与往年相比是否呈现下降趋势等。统计显示，沪深 300 上市公司的“污染减排”指标平均得分 10.87 分，超过 85%（260 家）的公司得分低于 30 分。这说明企业虽然建立了比较完善的环境管理体系，甚至获得国内外环境管理体系认证，但是实际的减排效果并不理想。另一项反映企业内部能源

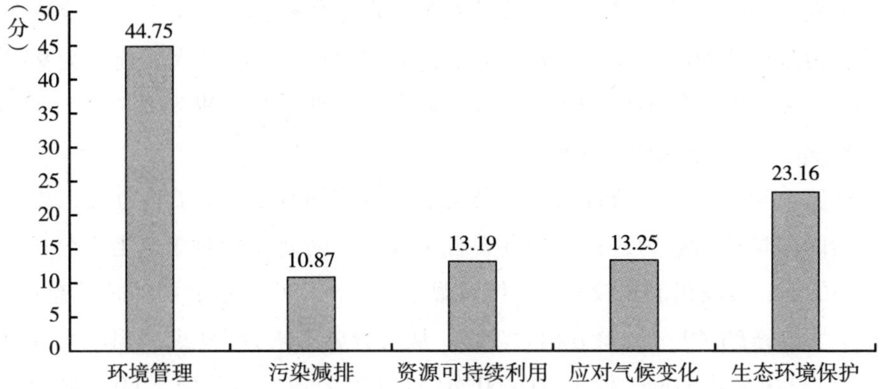

图21　2014年沪深300上市公司环境价值创造能力二级指标得分对比

管理效果的指标——“资源可持续利用”指标平均得分13.19分，超过82%（248家）的公司得分低于30分。

3. 参与解决公共环境问题的意愿和能力较弱

企业在为社会提供产品和服务的同时，也消耗了自然资源，造成环境问题。因此除了节能减排，企业也有义务保护环境，参与解决公共环境问题，如应用气候变化和生态环境修复治理。统计显示，沪深300上市公司的“应对气候变化”指标平均得分13.25分。从得分分布来看，85%（255家）的公司得分处于30分以下，仅有4家公司的得分高于60分。“生态环境保护”指标平均得分23.16分，其中89%（267家）的公司得分在60分以下。这表明大多数企业还没有将气候变化因素纳入企业风险管理中，参与生态环境恢复与治理的意愿和能力较弱。

（六）合规透明运营能力维度评价分析

合规透明运营是指企业在生产经营活动中主动回应社会各界对企业诚信守法、公开透明等价值诉求所做出的行为和绩效，对该维度的评价主要从合规运营、信息披露、沟通参与三个方面展开。

评价结果显示，2014年沪深300上市公司的合规透明运营能力平均得分为52.73分，在六大维度中，得分仅次于经济价值创造能力，这表明上市公司普遍重视信息披露和利益相关方的沟通参与。这一点也与政策监管和投资人对上市公司的信息诉求一致，即与非上市公司相比，上市公司在信息披露和外部沟通方面面临更多的外部要求。统计发现，在300家上市公司中，合规透明运营能力得分处于60～80分、80～90分、90～100分的企业数量分别为93家、11家、3家；得分处于0～30分、30～60分的企业数量分别为25家和168家。

1. 信息披露机制相对完善

证监会和证券交易所针对上市公司信息披露均有专门的管理办法，规范上市公司的信息披露行为，保护投资者合法权益。因此，相对于非上市公司，上市公司的信息披露机制比较完善。统计显示，沪深300上市公司的“信息披露”指标平均得分58.69分，得分相对较高。从得分分布来看，9家公司的得分低于30分，139家公司的得分处于30～60分，119家公司的得分处于60～80分，30家公司的得分处于80～90分，剩余3家公司的得分超过90分（见图22）。

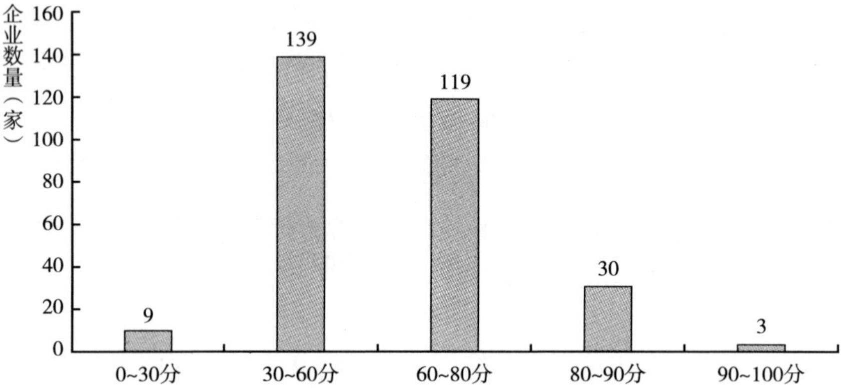

图22　2014年沪深300上市公司“信息披露”指标得分分布

2. 重视与股东和客户沟通

在与利益相关方的沟通中，企业普遍重视与股东和客户进行沟通。统计显示，沪深300上市公司的“自觉与股东沟通”指标平均得分68.46分，“自觉与客户沟通”指标平均得分57.75分。与其他指标相比，这两个指标的得分较高（见图23）。

3. 合规管理体系比较成熟

合规管理体系包括建设合规管理机制、培育合规文化、防范合规风险等。统计显示，沪深300上市公司的“合规管理体系”指标平均得分62.71分，得分较高。这表明合规运营是沪深300上市公司社会责任推进管理的重要内容。

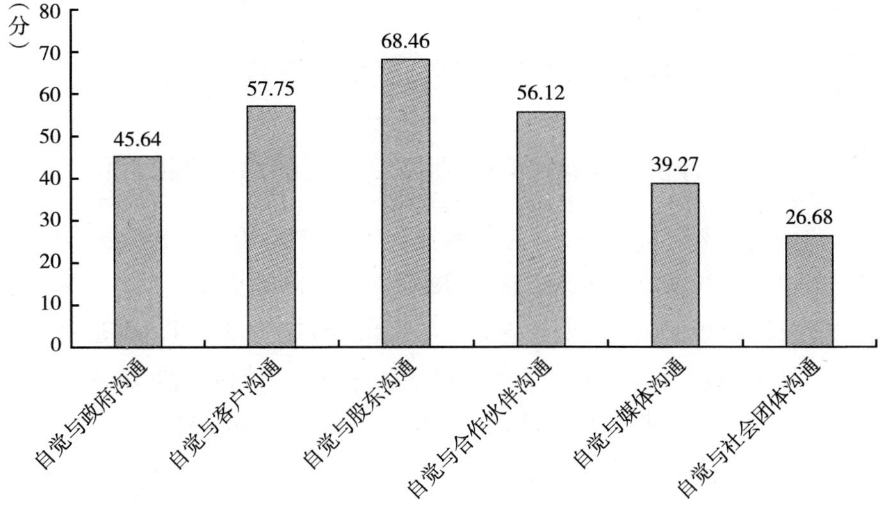

图23 2014年沪深300上市公司沟通参与各项指标得分

从得分分布来看，15%的公司得分低于30分，21%的公司得分处于30~60分，17%的公司得分处于60~80分，33%的公司得分处于80~90分，剩余14%的公司得分超过90分（见图24）。

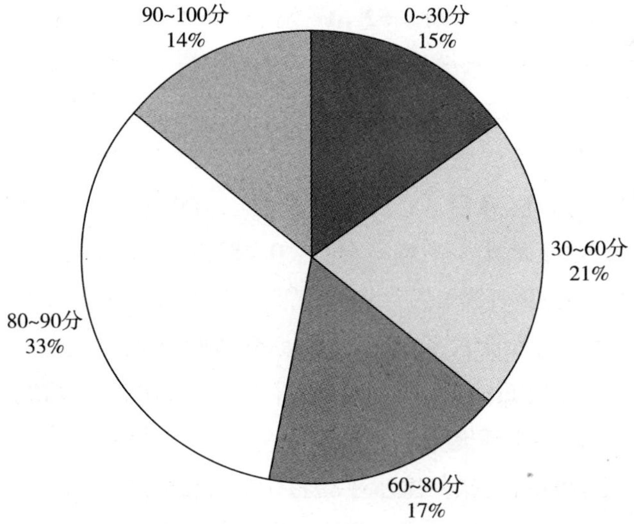

图24 2014年沪深300上市公司“合规管理体系”指标得分分布

四 基于企业特征的评价分析

（一）基于评价对象规模的企业社会责任能力成熟度评价结果

无论是以净资产、总资产还是以营业收入和市值为上市公司的规模指标，研究都得出统一的结论：随着企业规模的增加，企业社会责任能力成熟度水平均呈现上升的趋势，也就是说企业规模与社会责任能力成熟度水平正向关。

这一结果符合我们常说的“责任铁律”——能力越大，责任越大。随着企业规模的增加，企业对利益相关方的影响也随之增强，利益相关方对企业的要求也同步提高。因此，企业所担负的社会责任也随之增加，这就必然促使企业满足利益相关方更高更深入的诉求。否则，企业的规模扩展就会受到限制。

1. 净资产规模越大，企业的社会责任能力成熟度水平越高

随着企业净资产规模的增加，企业社会责任能力成熟度的平均得分也随之提高。净资产规模处于100亿元以下、100亿～1000亿元、1000亿～5000亿元、10000亿元以上的上市公司社会责任能力成熟度得分依次提高，分别为30.64分、36.08分、49.58分、52.61分，都处于弱能级。净资产规模处于5000亿～10000亿元的上市公司在样本中只有1家，其社会责任能力成熟度得分为63.07分，属于本能级（见图25）。

2. 随着总资产规模的增加，企业社会责任能力成熟度水平呈现上升趋势

从总资产规模角度来看，总资产规模处于100亿元以下的上市公司社会责任能力成熟度水平最低，平均得分为30.75分。与之相比，总资本规模处于100亿～1000亿元、1000亿～5000亿元、5000亿～10000亿元以及10000亿元以上的上市公司社会责任能力成熟度平均得分依次提高，分别为33.01分、41.60分、46.73分、49.13分（见图26）。很明显，随着企业总资本规模的增加，企业社会责任能力成熟度明显呈现上升趋势。

3. 企业社会责任能力成熟度水平随着企业营业收入的增加而提高

随着企业营业收入的增加，企业的社会责任能力成熟度水平呈现总体提高趋势。营业收入低于100亿元的上市公司社会责任能力成熟度平均得分29.69

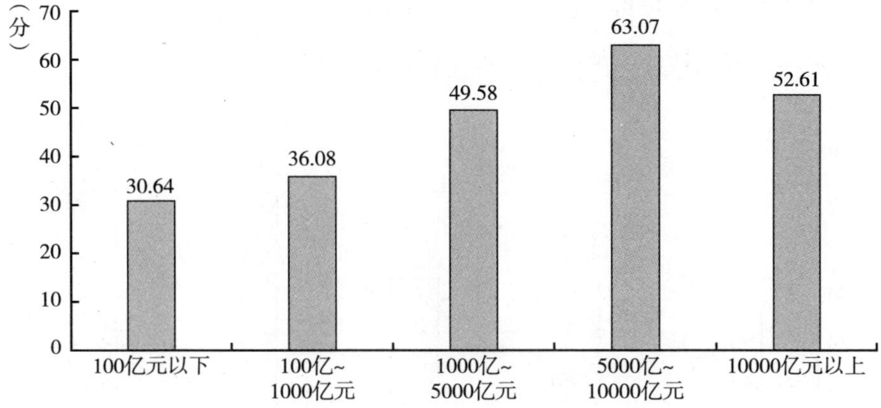

图 25　基于上市公司净资产规模的社会责任能力成熟度评价结果

注：由于净资本规模在 5000 亿到 10000 亿元之间的上市公司只有 1 家，所得出的社会责任能力成熟度的规律不具有代表性，在分析净资本规模与社会责任能力成熟度之间的关系时，这种情况不予考虑。

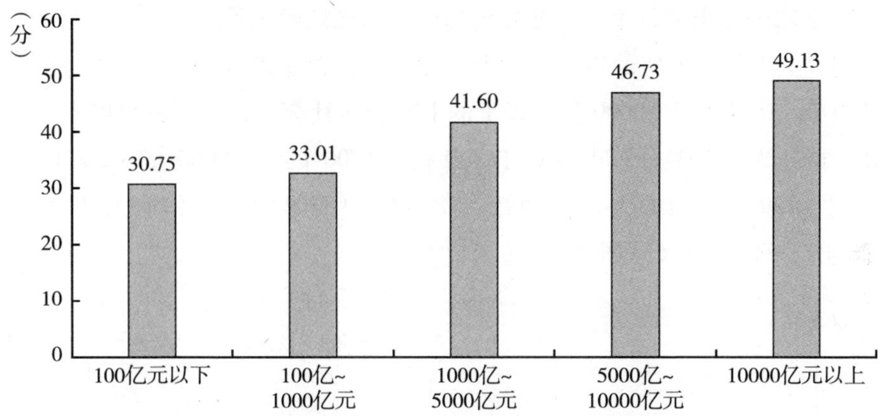

图 26　基于上市公司总资产规模的社会责任能力成熟度评价结果

分，属于无能级。营业收入为 100 亿～10000 亿元的上市公司社会责任能力成熟度处于弱能级，其中营业收入为 100 亿～1000 亿元的上市公司社会责任能力成熟度平均得分 37. 31 分，营业收入为 1000 亿～5000 亿元的上市公司社会责任能力成熟度平均得分 45. 91 分，营业收入为 5000 亿～10000 亿元的上市公司社会责任能力成熟度平均得分 51. 01 分。营业收入超过 10000 亿元的上市公司社会责任能力成熟度得分最高，为 61. 06 分，属于本能级（见图 27）。可以看出，企业社会责任能力成熟度与企业的营收规模呈明显的正向关系。

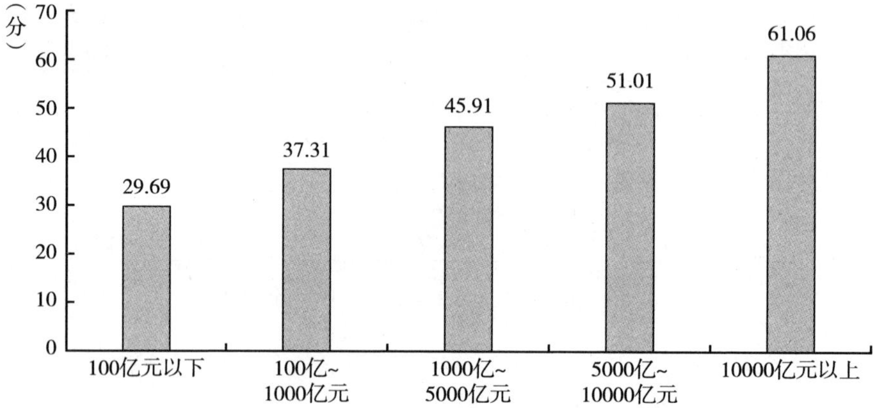

图 27　基于上市公司营收规模的社会责任能力成熟度评价结果

4. 上市公司市值越大，企业社会责任能力成熟度越优

随着上市公司市值的提高，上市公司的社会责任能力成熟度水平呈现总体提升趋势。市值处于 10000 亿元以上的上市公司社会责任能力成熟度水平相对最高，得分为 52. 61 分；市值处于 100 亿 ~ 1000 亿元、1000 亿 ~ 5000 亿元、5000 亿 ~ 10000 亿元的上市公司社会责任能力成熟度得分依次为 33. 66 分、43. 28 分、46. 52 分（见图 28）。

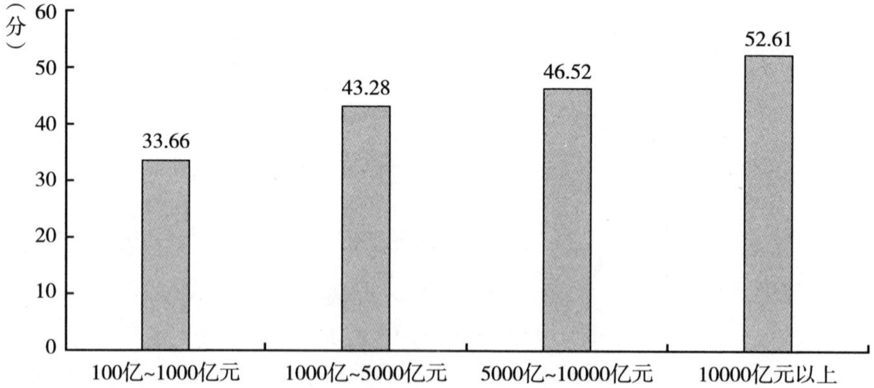

图 28　基于上市公司市值规模的社会责任能力成熟度评价结果

（二）基于评价对象盈利性的企业社会责任能力成熟度评价结果

对沪深 300 上市公司的研究分析结果显示，企业盈利性与社会责任能力成熟度水平呈现不确定的关系，即考察企业盈利性与社会责任能力成熟度之间的关系时，如果选择不同的指标，会得出不同的结论。

1. 随着企业净利润的提高，企业社会责任能力成熟度水平呈现提高趋势

随着企业净利润的提高，上市公司的社会责任能力成熟度水平呈现提升趋势。尽管净利润处于 5 亿元以下的上市公司比利润处于 5 亿 ~ 10 亿元的上市公司的社会责任能力成熟度得分高，但是从 5 亿元开始，随着企业利润的提高，社会责任能力成熟度水平明显呈上升趋势。净利润处于 5 亿 ~ 10 亿元、10 亿 ~50 亿元、50 亿 ~100 亿元以及 100 亿元以上的上市公司，其社会责任能力成熟度得分依次为 30. 94 分、35. 70 分、40. 44 分、46. 32 分（见图 29）。

净利润是衡量企业经营效益的主要指标。对于企业的投资者来说，净利润是获得投资回报的基本因素；对于企业管理者而言，净利润是进行经营管理决策的基础。因此，净利润数据越高，企业能够投入社会责任工作中的资源也就越多，比如设置专职岗位、安排专项资金、开展专题研究等，这些都有利于提高企业社会责任能力成熟度水平。

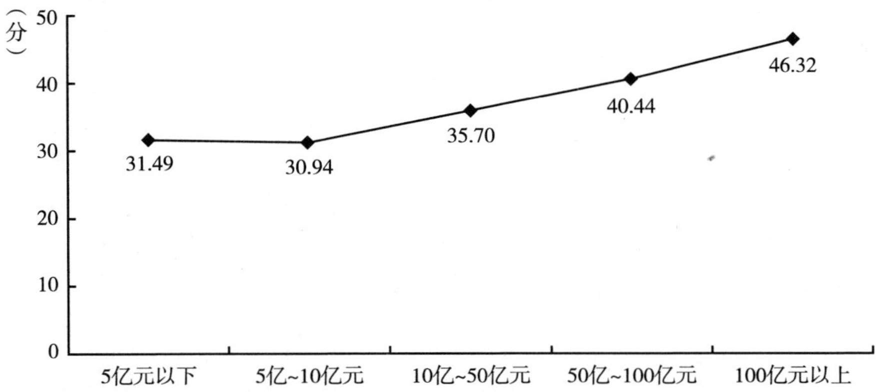

图 29　基于上市公司净利润的社会责任能力成熟度评价结果

2. 企业社会责任能力成熟度水平随企业营收净利率提高呈现不规则波动

当营收净利率低于 20% 时，随着企业营收净利率的提高，企业社会责任

能力成熟度水平呈现下降趋势，比如，营收净利率低于5%和处于5%～10%、10%～15%、15%～20%的上市公司社会责任能力成熟度平均得分分别为39.49分、34.87分、33.72分和32.80分，呈现下降趋势。当营收净利率达到20%以上时，随着营收净利率的提高，上市公司的社会责任能力成熟度又呈上升趋势。比如营收净利率处于20%～25%、25%～30%、30%～35%的上市公司社会责任能力成熟度平均得分依次为30.34分、34.17分、40.88分。因此，总体而言，营收净利率与企业社会责任能力之间的变化关系呈不规则波动。

3. 随着市盈率的提高，企业社会责任能力成熟度水平呈现下降趋势

随着市盈率的提高，企业社会责任能力成熟度平均得分呈现下降趋势。市盈率小于10倍的上市公司社会责任能力成熟度水平最高，平均得分为42.93分；市盈率在40倍以上的上市公司社会责任能力成熟度水平最低，平均得分为31.39分；市盈率处于10～20倍、20～30倍、30～40倍的上市公司社会责任能力成熟度得分依次下降，分别为38.01分、34.40分、34.07分（见图30）。

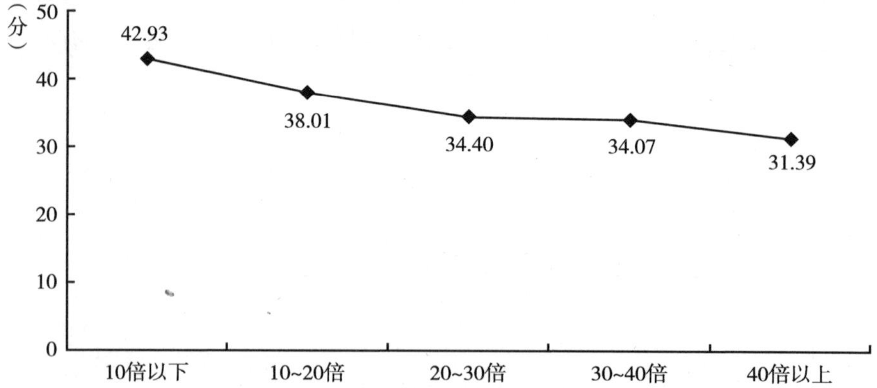

图30　基于上市公司市盈率的社会责任能力成熟度评价结果

（三）基于评价对象成长性的企业社会责任能力成熟度评价结果

研究发现，无论是基于资本保值增值率、固定资产增长率的企业成长性，还是基于总资产增长率、营收增长率的企业成长性，企业成长性与社会责任能力成熟度水平之间都不存在整体的规律性关系。

1. 企业社会责任能力成熟度水平与资本保值增值率之间呈倒“U”形关系

随着资本保值增值率的提高，企业社会责任能力成熟度得分先上升后下降，二者之间呈现倒“U”形变动关系。当资本保值增值率在1.4倍以下时，随着资本保值增值率的提高，社会责任能力成熟度得分也相应提高，比如资本保值增值率分别处在1倍以下、1～1.2倍、1.2～1.4倍时，其社会责任能力成熟度得分依次为34.34分、36.15分、36.30分；当资本保值增值率高于1.4倍，随着资本保值增值率的提高，社会责任能力成熟度得分相应降低，比如资本保值增值率处于1.4～1.6倍以及1.6倍以上时，其社会责任能力成熟度得分分别为32.76分和29.79分。资本保值增值率处于1.6倍以下的上市公司社会责任能力成熟度都属于弱能级，资本保值增值率处于1.6倍以上的上市公司社会责任能力成熟度属于无能级。

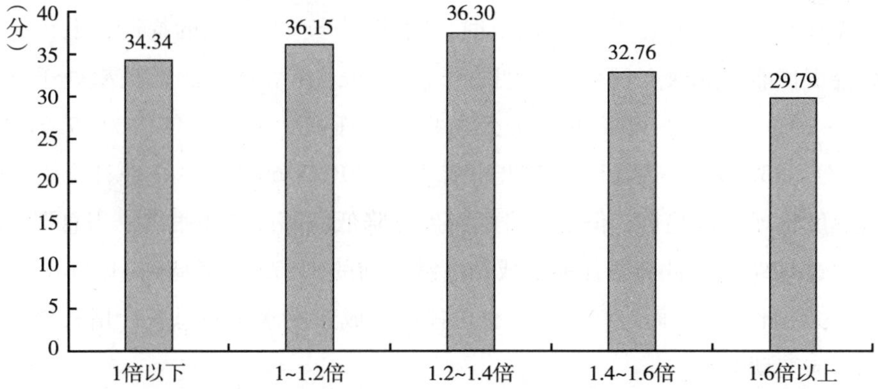

图31　基于上市公司资本保值增值率的社会责任能力成熟度评价结果

2. 随着固定资产增长率提升，企业社会责任能力成熟度整体呈现下降趋势

尽管当固定资产增长率在50%以下时，社会责任能力成熟度随着固定资产增长率的提高而上升，但是，超过50%以后，随着固定资产增长率的提高，企业社会责任能力成熟度的下降趋势更加明显。固定资产增长率处于50%～100%、100%～150%以及150%以上的上市公司社会责任能力成熟度得分依次为32.78分、29.75分、24.09分（见图32），下降趋势明显，从弱能级降到无能级。

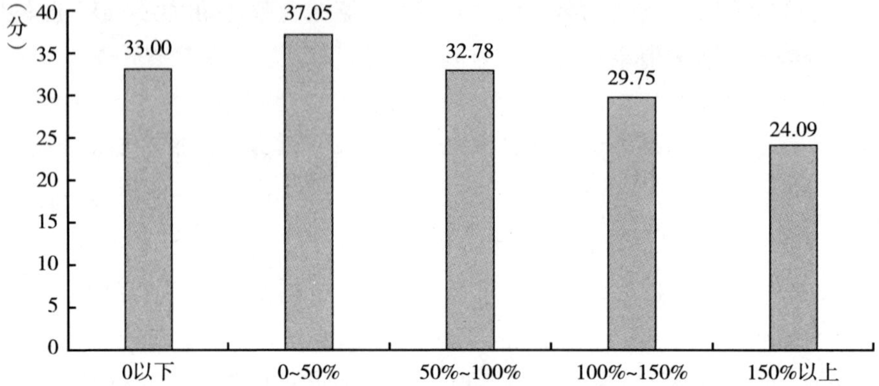

图 32　基于上市公司固定资产增长率的社会责任能力成熟度评价结果

3. 企业社会责任能力成熟度水平与总资产增长率之间呈现反向变动关系

当总资产增长率处于 40% 以下时，随着总资产增长率的提高，上市公司的社会责任能力成熟度得分呈现明显下降趋势，其中总资产增长率处于 0 以下、0 ~ 20%、20% ~ 40% 的上市公司社会责任能力成熟度依次为 37. 27 分、36. 58 分、33. 70 分。尽管总资产增长率处于 40% ~ 60% 时，企业社会责任能力成熟度呈现上升趋势，但是上升的幅度比降低的幅度要小很多。当总资产增长率超过 60% 时，社会责任能力成熟度从之前的 35. 75 分降低到 31. 11 分（见图 33）。因此，总体而言，企业社会责任能力成熟度水平与总资产增长率之间呈现反向变动关系。

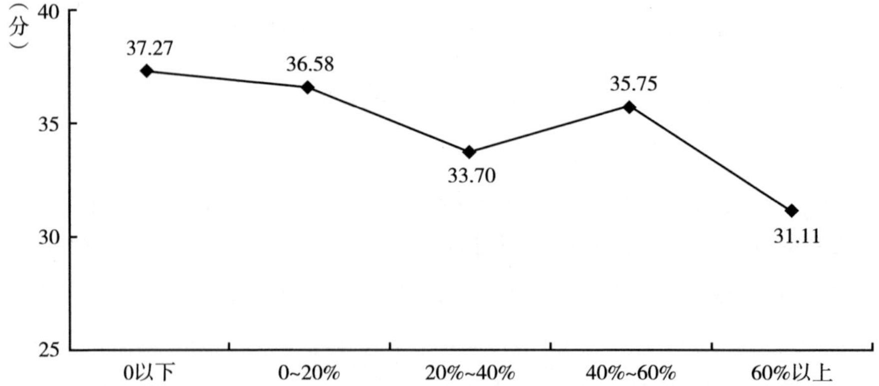

图 33　基于上市公司总资产增长率的社会责任能力成熟度评价结果

4. 随着营收增长率的提高，企业社会责任能力成熟度整体呈现下降趋势

当营业收入增长率处于200%以下时，企业社会责任能力成熟度得分随着营业收入增长率的提高而下降。营业收入增长率处于0以下、0～100%、100%～200%的上市公司社会责任能力成熟度得分依次降低，分别为37.39分、35.31分、29.83分。营业收入增长率处于100%～300%时，企业社会责任能力成熟度得分虽然随着营业收入的增长提高而上升，但是上升幅度不到6%；此后，随着营业收入增长率的提高，企业社会责任能力成熟度得分下降，下降幅度接近11%（见图34）。因此，总体可以得出，随着营收增长率的提高，企业社会责任能力成熟度水平整体呈现下降趋势。

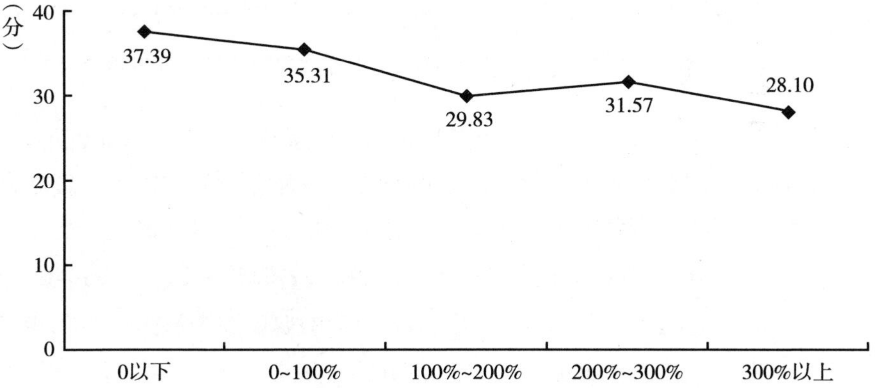

图34　基于上市公司营业收入增长率的社会责任能力成熟度评价结果

（四）基于评价对象安全性的企业社会责任能力成熟度评价结果

本研究分别以财务杠杆系数、经营杠杆系数以及综合杠杆系数来研究企业财务安全性与社会责任能力成熟度之间的关系，结果显示，不同类型的安全性指标与企业社会责任能力成熟度水平之间具有不同的规律性关系。

1. 财务杠杆系数与企业社会责任能力成熟度水平之间呈不规则变动

财务杠杆系数在1.5以下时，企业社会责任能力成熟度水平随着财务杠杆系数的提高而上升；财务杠杆系数处于1～2时，企业社会责任能力成熟度水平随着财务杠杆系数的提高略有下降，成熟度得分从35.98分下降到35.25分；此后，财务杠杆系数处于1.5～2.5时，企业社会责任能力成熟度水平随着财务杠杆系数的提高明显上升，成熟度得分从32.25分上升到42.99分；财务杠杆系数

超过2之后，企业社会责任能力成熟度得分又呈现明显下降趋势（见图35）。显而易见，财务杠杆系数与企业社会责任能力成熟度水平之间的关系并不规则。

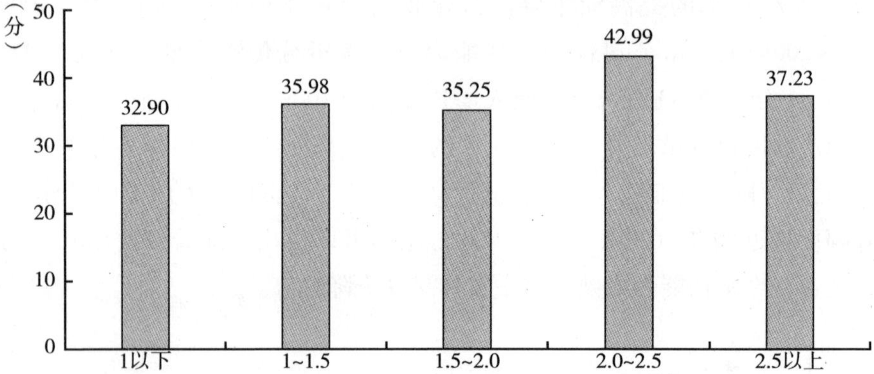

图35　基于上市公司财务杠杆系数的社会责任能力成熟度评价结果

2. 企业社会责任能力成熟度水平随着经营杠杆系数的提高总体呈上升趋势

尽管经营杠杆系数小于1的上市公司社会责任能力成熟度得分比较高，但是从总体趋势来看，随着上市公司经营杠杆系数从1开始不断增长，对应的社会责任能力成熟度得分也不断上升。具体而言，经营杠杆系数处于1~2、2~3、3~4以及4以上的上市公司，其社会责任能力成熟度得分依次为34.48分、40.49分、48.66分、50.71分，上升趋势明显（见图36）。

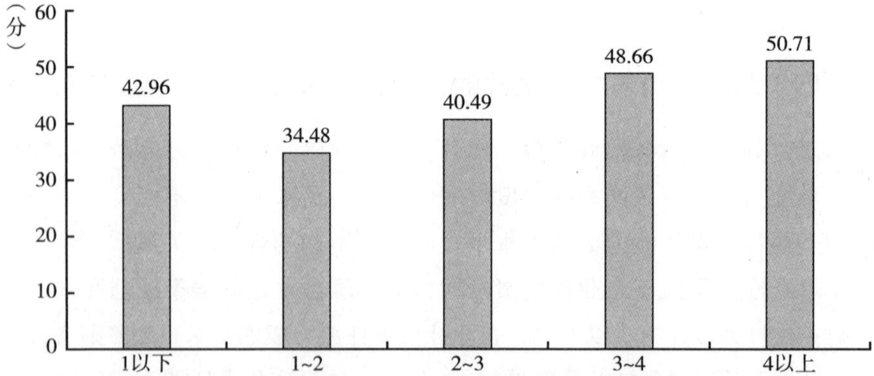

图36　基于上市公司经营杠杆系数的社会责任能力成熟度评价结果

3. 企业社会责任能力成熟度水平随着综合杠杆系数提高呈现小幅上升趋势

综合杠杆系数处于1以下和15以上的上市公司社会责任能力成熟度水平相对

较高，成熟度得分分别为40.88分和45.31分。综合杠杆系数处于1～10时，企业社会责任能力成熟度得分随着综合杠杆系数的提高而上升（见图37）。总体而言，企业社会责任能力成熟度随着综合杠杆系数的提高而呈现小幅上升的趋势。

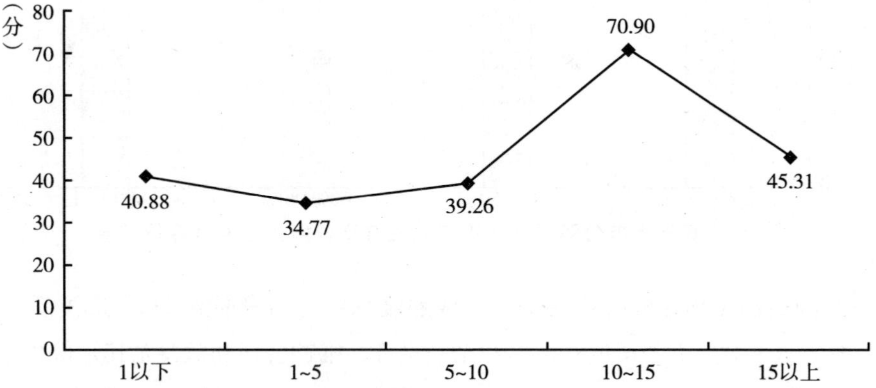

图37 基于上市公司综合杠杆系数的社会责任能力成熟度评价结果

注：由于样本中综合杠杆系数处于10～15的企业只有1家，其得分并不能反映10～15这个区间的上市公司社会责任能力成熟度情况，所以其得分不作为评价参考。

（五）基于评价对象公司治理的企业社会责任能力成熟度评价结果

1. 企业社会责任能力成熟度水平随着股权集中度的提高而整体上升

将前四大股东所占股份比例作为股权集中度的指标来分析企业社会责任能力成熟度水平与企业股权集中度之间的关系，分析发现，随着前四位股东持股比例的提升，企业社会责任能力成熟度得分也随之上升。具体而言，股权集中度处于20%～40%、40%～60%、60%～80%以及80%以上的上市公司，其社会责任能力成熟度平均得分依次为30.57分、34.47分、34.65分、42.75分，上升趋势明显（见图38）。

股权集中度反映了上市公司的股权分布状态，能在一定程度上衡量上市公司稳定性的强弱。从决策层面考虑，股权集中度越高意味着决策效率越高，越有利于推动重大项目开展。因此，相较于股权分散的企业，股权集中度高的企业在推进社会责任工作中的决策效率和资源调配能力可能更高更强，社会责任能力成熟度水平也就越高。

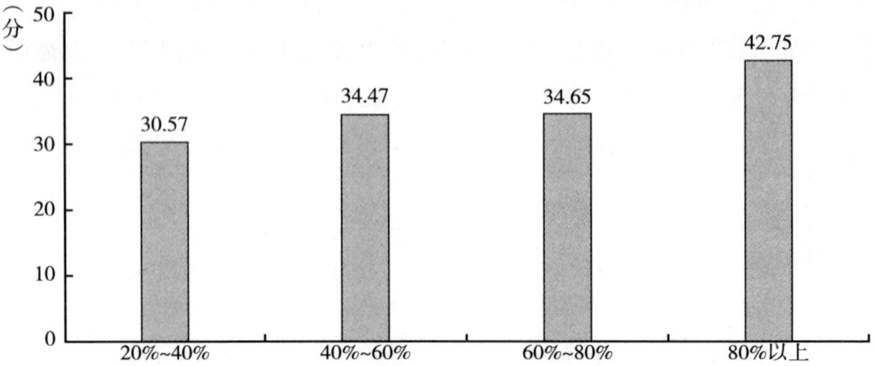

图 38　基于上市公司股权集中度的社会责任能力成熟度评价结果

2. 独董占比与企业社会责任能力成熟度水平之间呈现倒“U”形关系

独立董事对上市公司负有诚信和勤勉义务，维护公司利益，尤其是保护中小股东合法权益不受伤害。因此，独董占比能够反映并在一定程度上影响公司的治理水平。证监会对上市公司董事会成员中的独立董事占比有明确规定，“上市公司董事会成员中应当至少包括三分之一独立董事”，在评价沪深 300 上市公司时，笔者发现仅有 2 家公司的独董占比不足 30%（一家 25%、一家 28%），其余均超过 30%。

研究发现，独立董事占比与企业社会责任能力成熟度水平之间呈现倒“U”形关系，即从 35% 以下、35% ~40%、40% 以上三个区间来看，社会责任能力成熟度平均得分先上升后下降，其中独立董事占比在 35% ~40% 的企业得分最高（见图 39）。这表明，从提升企业社会责任能力成熟度水平来看，独立董事应该保持在一个合理的范围内，独董占比太低或过高都不合适。

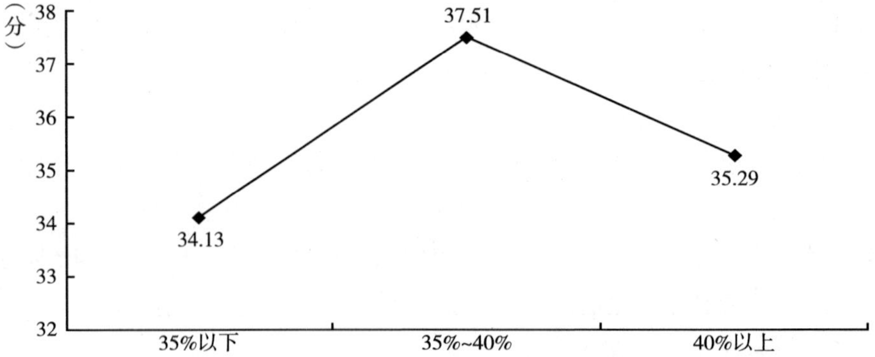

图 39　基于上市公司独董占比的社会责任能力成熟度评价结果

行 业 篇

Reports on Key Industries

B.4

2014年中国能源行业上市公司社会责任能力成熟度评价分析

摘 要: 伴随经济的快速发展，我国能源生产量和消费量急剧上升，能源行业的环境问题和生产安全问题日益突出。本文选取了2014年能源行业市值最大的50家公司进行评价。首先说明评价对象的基本特征，其次陈列评价的总体结果，最后从社会责任能力成熟度六个维度对能源行业企业社会责任能力进行了系统分析，并列举了优秀企业案例。评价显示，2014年中国能源行业上市公司社会责任能力成熟度整体处于弱能级。

关键词: 能源行业 社会责任能力成熟度 环境问题 生产安全

一 能源行业上市公司社会责任能力成熟度评价对象

为了评价2014年中国能源行业上市公司的社会责任能力成熟度水平，本研究按照市值排名，选取了2014年建筑行业A股市值最大的50家公司作为评价对象，50家公司的基本特征如表1所示。

表1 2014年能源行业上市公司50强基本特征分布

类别	极小值	极大值	均值	中值	众数	标准差	偏度	偏度的标准误	峰度	峰度的标准误
总资本	9.43	24053.76	1158.11	148.43	9.43	3945.21	4.991	0.337	26.036	0.662
负债	0.26	10876.16	578.66	77.55	0.26	1883.19	4.791	0.337	23.133	0.662
营业收入	0.78	28259.14	1232.02	68.19	0.78	5059.03	4.885	0.337	23.262	0.662
营业净利率	-65.30	31.55	4.40	2.68	-65.30	14.26	-2.253	0.337	11.690	0.662
市值	43.96	19015.07	789.25	131.30	43.96	2866.96	5.726	0.337	35.126	0.662
市盈率	-694.65	515.83	68.06	36.25	-694.65	167.20	-1.029	0.337	9.514	0.662
独立董事占比	28.57	44.44	36.03	33.33	33.33	3.83	0.842	0.337	-0.379	0.662
股权集中度CR4	30.09	98.07	67.80	67.17	30.09	16.88	-0.202	0.337	-0.129	0.662

注：总资本、负债、营业收入、市值的单位均为亿元；营业净利率、独立董事占比、股权集中度的单位均为百分比。

二 能源行业上市公司社会责任能力成熟度总体评价分析

（一）能源行业上市公司社会责任能力成熟度整体处于弱能级

50家能源企业的社会责任能力成熟度平均得分为34.56分，整体处于弱能级。其中，企业社会责任能力成熟度处于无能级的公司有23家，占比46%；企业社会责任能力成熟度处于弱能级的公司有24家，占比48%；企业社会责任能力成熟度处于本能级的公司有 3 家，即排名前三位的兖州煤业、中国石化、中国神华；没有任何上市公司的企业社会责任能力成熟度处于强能级或者超能级（见图 1）。

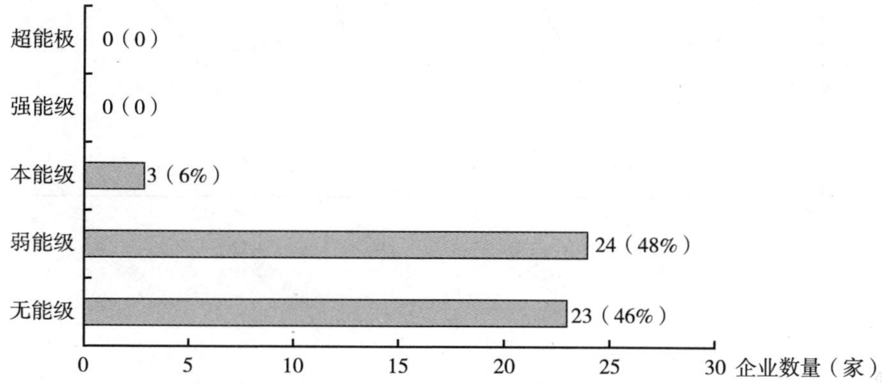

图 1　2014 年能源行业上市公司社会责任能力成熟度等级分布

（二）能源行业上市公司不同维度的社会责任能力成熟度存在较大差异

从社会责任能力成熟度的六个维度来看，能源行业上市公司的经济价值创造能力维度得分最高，合规透明运营能力维度得分次之，二者的平均得分分别为 55. 35 分和 53. 61 分，处于弱能级；社会责任理念与战略维度平均得分为 35. 02 分，也处于弱能级；社会价值创造能力、环境价值创造能力、社会责任推进管理等维度都处于无能级，平均得分分别为 30. 79 分、23. 83 分和 8. 96 分（见图 2）。

（三）中央企业的社会责任能力成熟度水平最高，地方国有企业次之，民营企业表现相对较差

在市值最大的 50 家能源上市公司中，包含 15 家民营企业和 35 家国有企业，其中，国有企业又分为中央企业和地方国有企业，分别为 13 家和 22 家。统计发现，中央企业和地方国有企业的社会责任能力成熟度水平相对较高，并且整体处于弱能级，平均得分分别为 43. 80 分和 35. 34 分；民营企业的社会责

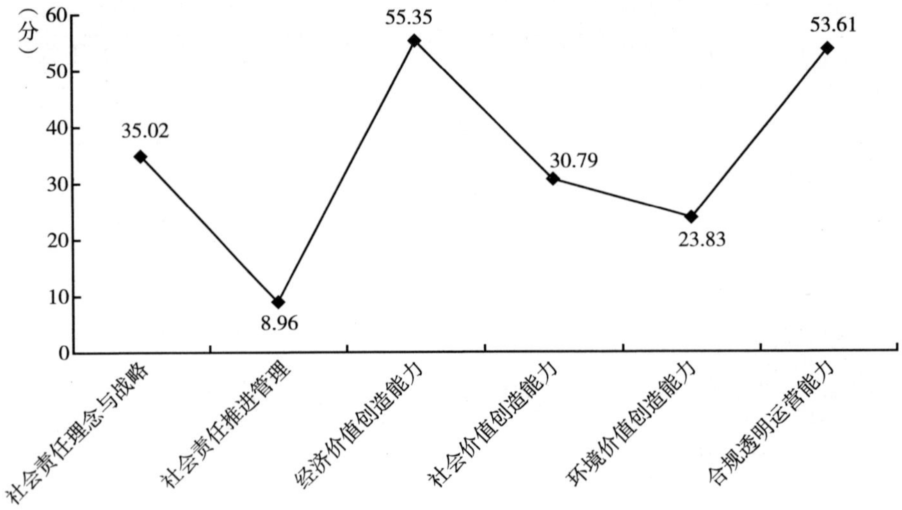

图 2　2014 年能源行业上市公司社会责任能力成熟度六大维度得分对比

任能力成熟度平均得分为 25. 41 分，处于无能级。另外，从社会责任能力成熟度的六个维度来看，除了经济价值创造能力维度，在其他五个维度上国有企业的得分均高于民营企业（见图 3）。

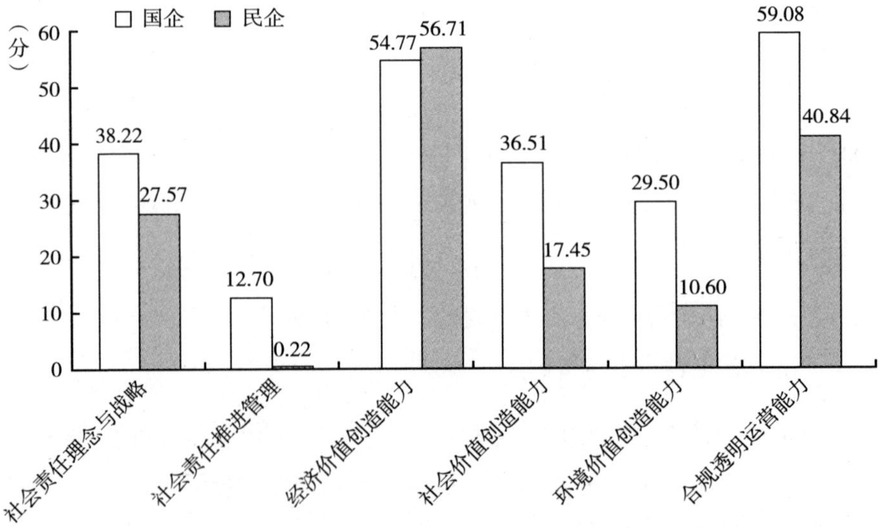

图 3　不同所有制的能源上市公司社会责任能力成熟度得分对比

（四）上交所的能源上市公司社会责任能力成熟度水平高于深交所

在50家能源上市公司中，有33家在上交所上市，占样本总量的66%，有17家在深交所上市，占样本总量的34%。统计发现，在上交所上市的能源企业社会责任能力成熟度平均得分为37.54分，处于弱能级；深交所的能源上市公司社会责任能力成熟度平均得分为28.77分，处于无能级。说明，上交所上市公司的社会责任能力成熟度好于深交所上市公司。从六大维度得分情况来看，除了社会责任理念与战略维度，在其他五个维度上上交所上市公司得分均高于深交所上市公司（见图4）。

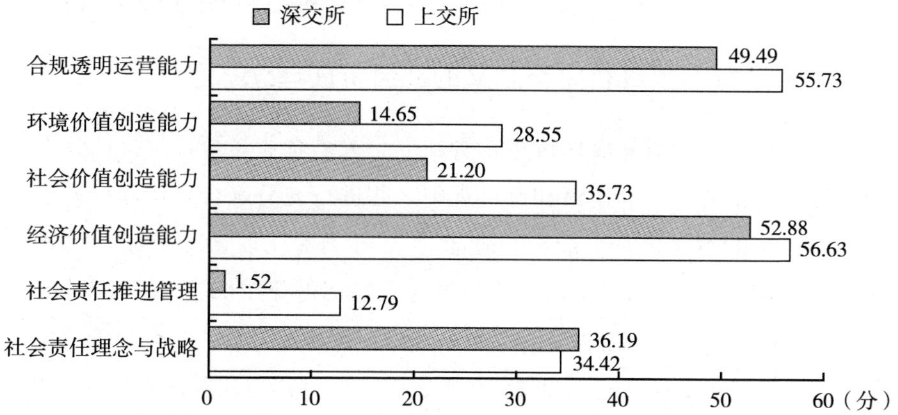

图4　2014年沪深两市能源上市公司社会责任能力成熟度六大维度得分对比

（五）随着股权集中度的提高，能源行业上市公司社会责任能力成熟度水平呈现阶段性上升特点

将前四大股东所占股份比例作为股权集中度的指标来分析企业社会责任能力成熟度水平与企业股权集中度之间的关系。结果发现，没有一家企业的股权集中度处于20%以下；股权集中度处于20%～40%的企业有4家，其社会责任能力成熟度平均得分为21.87分；股权集中度处在40%～60%的企业有13家，其社会责任能力成熟度平均得分为36.48分；股权集中度处在60%～80%

的有 23 家，其社会责任能力成熟度平均得分为 29.25 分；股权集中度超过 80% 的有 10 家，其社会责任能力成熟度平均得分为 49.33 分。从以上分析可以看出，随着股权集中度的提高，能源行业上市公司社会责任能力成熟度水平呈现阶段性上升特点。

三 能源行业上市公司社会责任理念与战略维度评价分析

能源行业上市公司的社会责任理念与战略维度平均得分为 35.02 分，整体处于弱能级。统计发现，有 39 家能源行业上市公司的社会责任理念和战略得分均低于 60 分，占总数的 78%；有 11 家企业的社会责任理念和战略得分在 60 分以上。

（一）没有形成具有完整意义的社会责任理念

在社会责任能力成熟度评价中，责任理念关系企业是否自觉将社会责任原则和理念融入企业愿景、使命和价值观中，并进行充分融合，让履行社会责任成为公司存在的意义之一。能源行业上市公司“责任理念”指标平均得分为 40.74 分。其中，有 32 家企业的“责任理念”指标得分在 60 分以下，有 18 家企业的得分在 60 分以上（见图 5），说明大部分企业在其愿景、使命和价值观中体现了一部分具有完整意义的社会责任思想，但还未将其与社会责任融为一体。

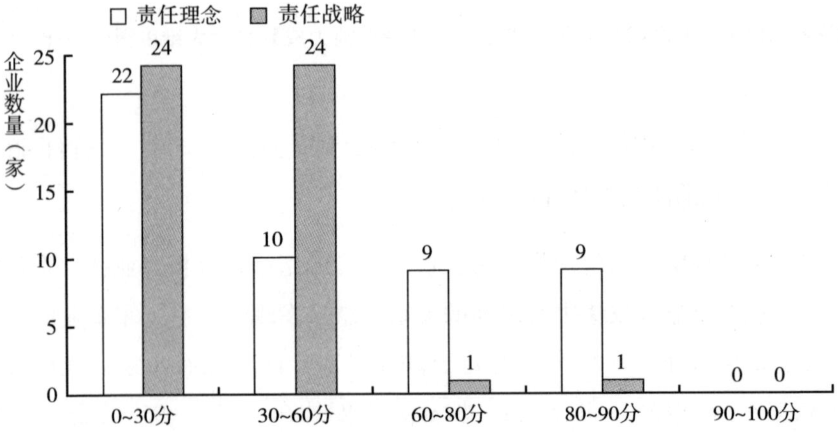

图 5 2014 年能源行业上市公司“责任理念”与“责任战略”指标得分分布

案例一：兖州煤业社会责任观

兖州煤业确立“立责于心、公允至信”的责任理念，以“奉献光热 创造价值”为责任使命，通过经营驱动、绿色发展、安全生产、关爱员工、社区参与，促进经济、环境和社会的和谐发展，努力创造最优综合价值。

通过将社会责任理念融入企业战略、发展规划、经营管理、绩效考核，使社会责任理念落地生根。

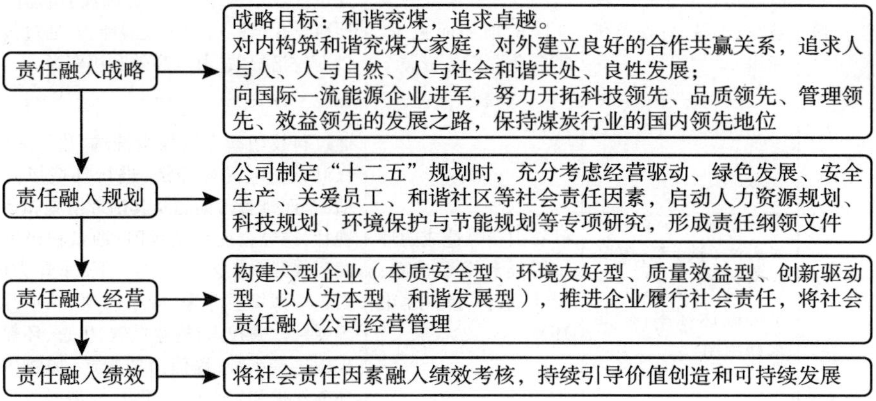

（二）社会责任工作未上升至战略高度

社会责任战略用以衡量企业是否从战略高度将社会环境目标、利益相关方期望与企业发展目标融合，通过制定和实施可持续发展战略或社会责任专项规划，让履行社会责任成为企业发展战略的一部分。统计发现，能源行业上市公司“责任战略”指标平均得分为26.45分。其中，有24家企业的“责任战略”指标得分在30分以下，有26家企业得分在30分以上。说明大部分企业有专门的可持续发展战略和社会责任专项规划，但是制作水平较低，仅有部分内容得以执行落实，执行效果缺乏监督或成效一般。

案例二：冀中能源社会责任规划

冀中能源以“改革、创新、巩固、提升”为主基调，努力建设国际化、现代化一流强企。冀中能源充分认可并承诺其在经济、环境和社会领域的企业责任，致力于不断满足各利益相关方的需求，旨在于公司治理、经济责任、科技创新、环境保护、安全生产、合作共赢、员工权益、社会公益等方面持续改进，为最终成为企业社会责任的优秀践行者而不懈努力。其社会责任规划如下。

责任类别	关键目标	风险	措施
经济责任	股票市值;净资产收益率;市盈率;收入利润率	资源储量随矿井开采年限的增加而减少，需要获取后备资源	通过产业结构多元化、资源配置优化、发展科学化增强可持续发展能力;通过技术创新挖潜提效,科学高效利用资源
环境责任	采区回采率;煤矿煤炭入洗(选)率;煤矸石综合利用率;矿井水排放达标率;矿井水利用用率	矸石山自燃造成的环境污染和资源浪费;煤泥水外排，污染环境	通过科技创新发展煤炭洗选、建下采煤、煤矸石发电循环经济;进行环境风险评估,全面排查污染源及其治理措施和运行现状,减轻企业环境风险;通过积极推广放顶煤开采工艺,加大"三下"采煤力度,实施极薄煤层开采、矸石回填、保水开采等绿色开采技术,构建低碳、生态、环保的矿山生产系统;提倡清洁生产,加强矿区环境保护和生态环境建设,发展绿色生态工业园区
社会责任	纳税总额;给社会提供的就业机会;社会公益投入;员工收入增长率;百万吨工亡率	由日趋困难、复杂的生产地质条件而导致的潜在安全风险制约着公司盈利能力的提升	提高公司经济效益;动态跟踪检测矿井生产环境;改造通风排水设施、加强矿井安全质量标准化建设;建立完善的企业社会责任治理结构和科学全面的社会责任指标体系;将社会责任管理体系与企业风险管理体系相融合,降低企业经营的社会责任风险;高度重视和主动承担煤炭资源节约开采利用的社会责任,为构建和谐社会提供持久能源支撑;承担安全生产的企业社会责任,为构建和谐社会营造安定的社会环境;承担员工权益保障的企业社会责任,为构建和谐社会提供人力支持

四　能源行业上市公司社会责任推进管理维度评价分析

能源行业上市公司社会责任推进管理维度平均得分为8.96分，在各大维度中得分最低，这显示能源行业上市公司较为忽视社会责任推进管理。其中，有34家的企业得分为0分，说明超过60%的企业在责任治理、能力建设、制度建设、责任绩效评估和社会责任管理投入方面还比较欠缺。

（一）缺乏必要的社会责任治理结构

责任治理取决于公司是否成立社会责任领导机构、成立专门负责社会责任推进管理工作的部门或机构、建立能够实质性运转的社会责任工作机制。能源行业上市公司“责任治理”指标平均得分为13.58分，其中有40家企业的得分为0分。结果显示，大部分企业没有成立专门的社会责任领导机构、社会责任工作机构和社会责任工作机制，并且分管社会责任工作的领导在社会责任管理中并没有发挥很大的作用。

（二）社会责任能力建设和制度建设严重不足

能力建设主要体现在社会责任专项培训、社会责任外部交流、社会责任知识管理、社会责任专项研究和重大社会责任实践活动五个方面。统计显示，能源行业上市公司“能力建设”指标平均得分为6.73分，其中，有40家企业得分为0分。这表明80%的企业没有开展过社会责任专项培训和社会责任实践活动，没有参加过社会责任外部交流，也没有进行专门的社会责任知识管理和社会责任专项研究。

制度建设指企业为融入社会责任理念、推进社会责任工作而建立的制度体系。统计发现，能源行业上市公司“制度建设”指标平均得分为8.35分，其中，有40家企业的得分为0分，但也不乏得分在70分以上的企业，比如兖州煤业。说明大部分企业没有制定社会责任推进制度，也没有开展从社会责任角度审查现有公司制度的工作，没有将社会责任管理上升至制度层面。

（三）社会责任绩效评估体系建设情况不够理想

社会责任绩效评估指企业建立社会责任指标体系，并进行考核评价，确保社会责任目标的实现。研究显示，50家能源行业上市公司的“责任绩效评估”指标平均得分为10.95分，其中，有41家企业的得分在30分以下。这说明，绝大多数能源行业上市公司没有建立起社会责任评价指标体系，也没有将社会责任工作表现纳入公司绩效考核，社会责任绩效评估工作还没有纳入企业社会责任管理工作中。

（四）社会责任管理缺乏一定的资源保障

社会责任管理投入关系企业是否为社会责任推进管理工作安排了专项资金预算和专职从事社会责任推进管理工作的员工。50 家能源行业企业“社会责任管理投入”指标平均得分为 0. 20 分，其中，有 49 家企业的得分在 30 分以下。这说明，大部分企业没有安排社会责任专项资金预算，也没有固定的社会责任专职人员，仅临时对需要在社会责任工作上的花费实行申报。

案例三：中国神华集团责任推进

2014 年初，按照“年初计划—年中落实—年末总结”的社会责任管理路径，中国神华召开社会责任工作会议，重点在体系建设、能力建设、融入运营、责任沟通四个方面部署年度社会责任工作，对推进责任践行发挥了积极作用。

社会责任融入公司战略。2014 年，中国神华将“提高履行社会责任的能力”纳入公司战略，体现了公司以社会责任要求和标准统领改革转型的发展思路。同时，公司将社会责任专项规划纳入“十三五”规划进行重点编制，从履行社会责任工作的高度统筹和规划各项工作，推动社会责任融入公司战略。

建立全方位社会责任培训机制。中国神华有计划、分层次地开展全员社会责任培训，提升全员的社会责任认知以及履行社会责任的意愿和技能。2014 年，组织开展高级管理人员社会责任管理专题培训，提高总部各部门、各子（分）公司主要领导对社会责任的思想认识；举办企业社会责任管理培训班，提高业务人员的专业水平和工作能力。

以报告编制促进公司管理。自 2007 年以来，中国神华已连续编制 8 年社会责任报告，建立常态化的报告发布机制。通过报告编制，将各项工作指标化分解到各个业务部门，带动整体经营管理水平的提升。同时，公司积极推动下属企业独立编制社会责任报告，形成带动作用，2014 年，公司要求利润超过

10 亿元的二级单位都编制社会责任报告。

参与行业社会责任标准制定。2014 年，中国神华参与《中国煤炭行业社会责任指南》的编制工作，并与中国社会科学院联合编制《中国企业社会责任报告编写指南 3.0 之煤炭采选业》引领煤炭行业的社会责任报告编制，在行业内形成了一定的影响力和带动力。

绩效考核。中国神华根据相关社会责任标准，构建涵盖各业务板块关键责任要素的社会责任指标体系。公司自觉从 2013 年起按照 ESG 要求披露公司社会责任绩效，将覆盖 4 个领域、11 个层面，共计 43 个一般披露及关键绩效指标并细化为 109 个神华落地指标，逐项与业务部门对接落实，逐步将关键指标纳入业绩考核和各专项评估，基本实现以指标管理的方式推进社会责任重点工作。

五　能源行业上市公司经济价值创造能力维度评价分析

能源行业上市公司经济价值创造能力维度平均得分为 55.35 分，在六大维度中得分最高，说明上市公司对经济价值创造能力最为重视。其中，有 27 家企业得分在 30 ~ 60 分，有 20 家企业得分超过 60 分（见图 6）。说明企业生产经营活动直接或间接创造的经营绩效以及税收、就业、技术溢出等正面社会效应还是较为显著的。

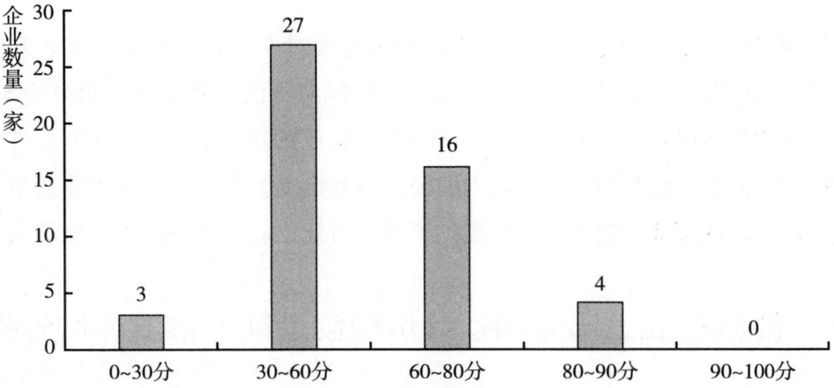

图 6　2014 年能源行业上市公司经济价值创造能力维度得分分布

（一）直接经济价值创造能力处于中等水平

直接经济价值主要用体现经济总量、经济增量和经济安全性的三个最核心的指标来衡量，即营业收入、利润率和资产负债率。能源行业上市公司“直接经济价值”指标平均得分为59.81分，其中，有20家企业的得分在30～60分，有27家企业的得分在60分以上（见图7）。这说明，企业的营业收入和利润率较高或较往年有所提高，资产负债率也得到了企业经营者和债权人的认可，但是股东略有不满。

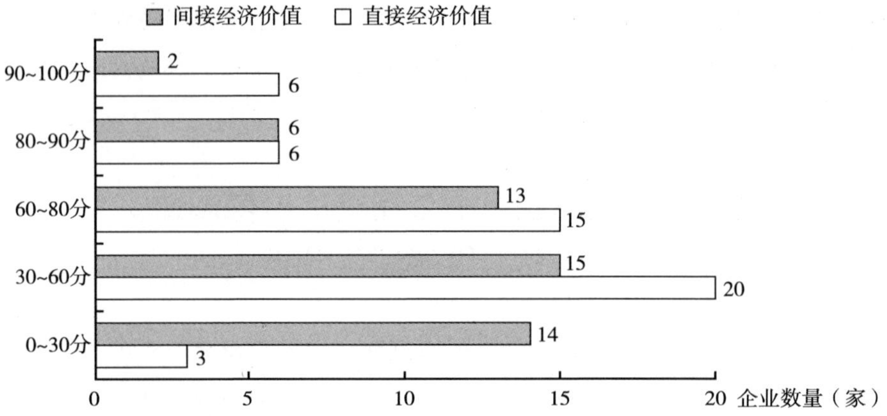

图7　2014年能源行业上市公司直接和间接经济价值指标得分分布

（二）能源行业创造的间接经济价值相对较高

间接经济价值侧重于评估企业自身经营发展对于行业、税收、就业和创新的贡献。统计发现，能源行业上市公司“间接经济价值”指标平均得分为52.38分，有36家企业得分在30分以上，有14家企业的得分在30分以下。可以看出，72%的企业多次参加行业领域内的公共事务活动，在推动行业整体竞争力和影响力提升、解决地方就业、依法缴纳税收、行业创新方面做出了一定的贡献。

六　能源行业上市公司社会价值创造能力维度评价分析

能源行业上市公司社会价值创造能力维度平均得分为30.79分。其中，26

家企业的得分在0～30分，有24家企业的得分在30～80分（见图8）。说明企业在生产经营活动中提供的产品、服务和履行的责任及义务给利益相关方带来的正面影响还比较小。

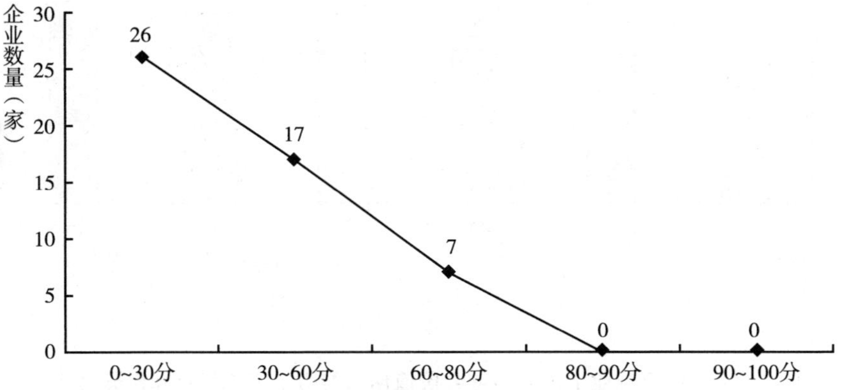

图8　2014年能源行业上市公司社会价值创造能力维度得分分布

（一）安全生产运营水平较高

能源行业上市公司“安全生产运营”指标得分为39.26分，在能源行业上市公司社会价值创造能力维度六项二级指标中平均得分最高（见图9）。其中，有21家企业的得分为30分以下，有17家企业的得分在60分以上。超过50%的企业建立了安全生产管理体系，体系文件内容较为完善；有编制较完善的安全应急预案体系，预案内容一般，可操作性一般；开展安全生产培训和安全应急演练次数一般，覆盖人群、内容与方式一般。大部分企业都没有披露安全生产投入和安全事故数等信息。

案例四：中煤能源——安全为天，生命至尊

安全质量标准化建设一直以来都是中煤能源安全工作的主线，被视作夯实安全基础管理、提升安全管理水平的治本之策。

夯实安全生产基础。中煤能源重视安全制度体系建设，2014年，制定了《安全管理规定》，全面指导和规范企业安全管理工作。针对性地制定了《煤矿（煤化工）企业外委队伍安全管理办法》《一体化经营建设项目管理办法》等，进

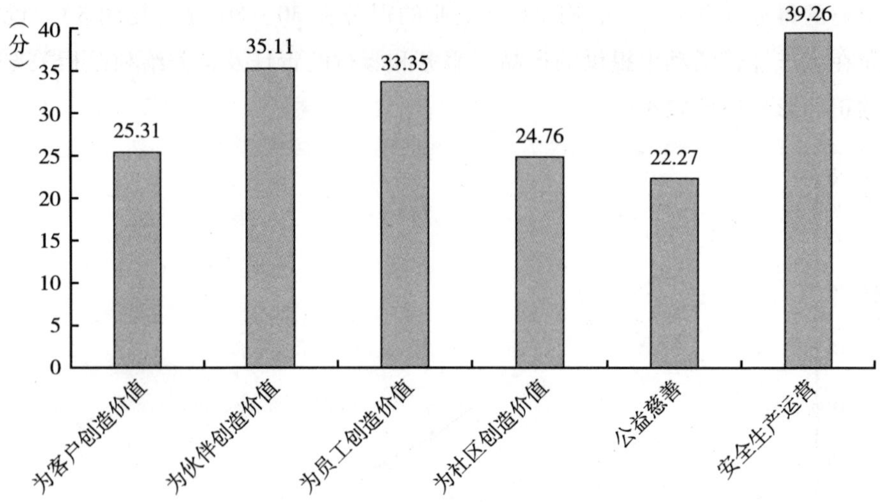

图9　2014年能源行业上市公司社会价值创造能力维度二级指标得分对比

一步规范安全管理行为。同时，修订完善了《企业负责人安全生产严奖罚办法》，确保安全责任落实到位。健全完善煤矿防治水专项技术管理体系，形成了公司总部、二级企业、矿井三级管理体系框架，煤矿防治水工作制度与流程基本建立。

创建安全生产环境。中煤能源集成先进的技术标准和装备设施，构建安全可靠的系统环境，通过强化技术保障、现场执行、安全监督体系建设，形成技术、生产、安全良性互动和互为补充的保障机制，从根本上提高煤矿安全保障能力。中煤能源颁布实施严于行业和国家标准的《安全高效现代化矿井技术标准》，设定矿井建设的标准化模式，实现生产集中化、系统简单化、装备自动化和管理智能化，从源头上增强矿井的安全保障水平。

开展安全能力建设。中煤能源坚持开展“环境、素质、责任”三项建设，始终将打造“素质过硬、团结有力”的员工队伍作为重点工作，全方位开展安全教育培训，提升安全执行能力，促进“要我安全”向“我要安全”转变。

（二）在处理与合作伙伴关系方面较为成熟

能源行业上市公司“为伙伴创造价值”指标得分为35.11分，在能源行业上市公司社会价值创造能力维度六项二级指标中，得分仅次于“安全生产运营”。其中，有22家企业的得分在0~30分，有28家企业得分在30分以上（见图10）。在其涉及的8个三级指标中，“政企合作”“公平竞争的理念与政策”指标平均得分在60分左右，“信用评级”“供应商社会责任审查”指标平均得分在10~20分。统计显示，大部分企业有公平竞争的相关政策，政策内容较为详尽，但执行情况缺乏监督机制；很少对供应商开展社会责任审查；采购符合质量、环保、劳工标准且合规经营的公司产品或服务；与2~3家科研机构、银行、地方政府有合作，但是合作领域较为狭窄，合作产生的效果良好。

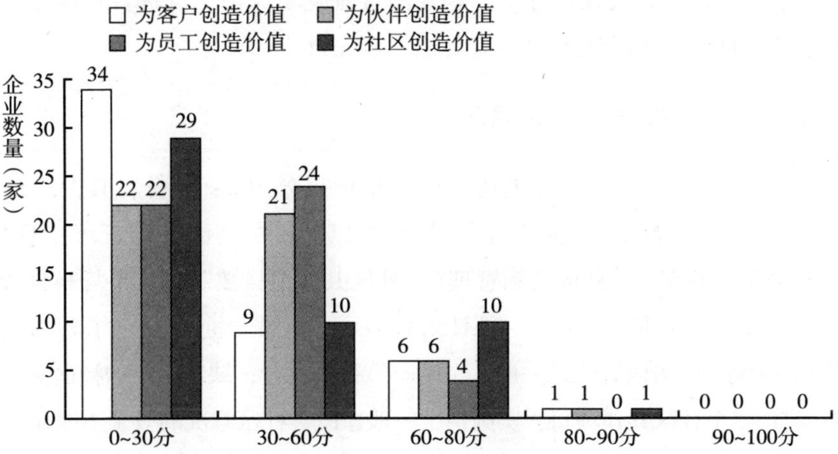

图10　2014年能源行业上市公司社会价值创造能力相关指标得分分布

（三）员工基本权益得到了一定的保障

能源行业上市公司“为员工创造价值”指标得分为33.35分，其中，有22家企业的得分在0~30分，有24家企业得分在30~60分。在其涉及的18个三级指标中，“员工薪酬”“职业发展通道”“公平雇佣政策”“员工关爱”指标平均得分均在50分以上；“劳动合同签订率”“五险一金覆盖率”指标平均得分在40~50分；“男女员工比例”和“集体谈判机制”指标平均得分在10~20分；“员工满意度”指标平均得分在10分以下。结果显示，大部分企业为员工创造了公平平等的就业环境，给予员工的工资满足最低工资标准，有着合理的薪酬激励机制；建立了较为完善的职业安全健康管理体系；有较为通畅的职业发展通道。但是很少开展员工满意度调查，缺少针对女性等特殊群体保护的政策。

（四）在保障客户权益方面还不够完善

能源行业上市公司“为客户创造价值”指标得分为25.31分。其中，有34家企业的得分在30分以下，有7家企业的得分在60分以上。在其涉及的8个三级指标中，“消费者隐私保护”“消费者教育”“可持续消费”指标的平均得分都在10分以下，“产品质量”和“客户服务”指标的平均得分分别为47.58分和37.68分。从指标得分来看，能源行业上市公司在保证产品质量、提供优质客户服务方面表现良好。但是在消费者隐私保护、消费者教育和可持续消费这些方面做得还远远不够，需要进一步完善。

（五）较为忽视社区关系管理

能源行业上市公司“为社区创造价值”指标得分为24.76分，其中，有28家企业得分为0分，有21家企业得分在30分以上。在其涉及的三级指标中，“促进社区发展的政策”“社区关系管理”“社区共建项目数”指标平均得分分别为34.50分、10.80分和25.74分。统计结果显示，大部分企业制定了较为全面的社区发展政策，政策内容比较一般，个别政策得到执行；缺乏必要的社区关系管理机制；有1～2个社区共建项目，实施情况一般，改善社区状况的效果不明显。

（六）将慈善责任等同于捐赠行为

能源行业上市公司“公益慈善”指标得分为22.27分，有33家企业的得分在30分以下。大部分企业没有常态化的捐赠行为，仅在重大灾难时有公益捐赠，有一定数量的员工志愿者，但人员不固定；有员工志愿者活动，多以参与者身份参加，活动较为固定持续，得到当地媒体的报道。而且，大部分企业没有设立企业公益基金会，没有将企业慈善活动进行制度化和规范化。

七　能源行业上市公司环境价值创造能力维度评价分析

能源行业上市公司环境价值创造能力维度平均得分为23.83分。其中，有29家企业的得分在0～30分，有21家企业的得分在30～60分。环境价值创造是指企业积极参与环境改善和建设所做出的努力与绩效，包括环境管理、污染减排、资源可持续利用、应对气候变化和生态环境保护五个方面。从六大维度得分来看，环境价值创造能力维度得分仅高于社会责任推进管理维度，说明能源行业还不够重视环境责任。

（一）环境管理水平整体较高

环境管理是企业开展环保工作的基础和保障，包括建立环境管理体系、遵守国家环保政策、环保投入和环保负面信息披露。统计显示，能源行业上市公司的“环境管理”指标平均得分为49.59分，其中，有13家企业的得分低于30分，有24家企业的得分在60分以上（见图11）。这说明，大部分企业建立了环境管理体系，体系较为完善，有国内机构认证；承诺遵守国家环保政策，采取了较多措施落实国家环保政策，如环境管理政策、环境经济政策等；在环保方面有所投入；没有披露环保负面信息。

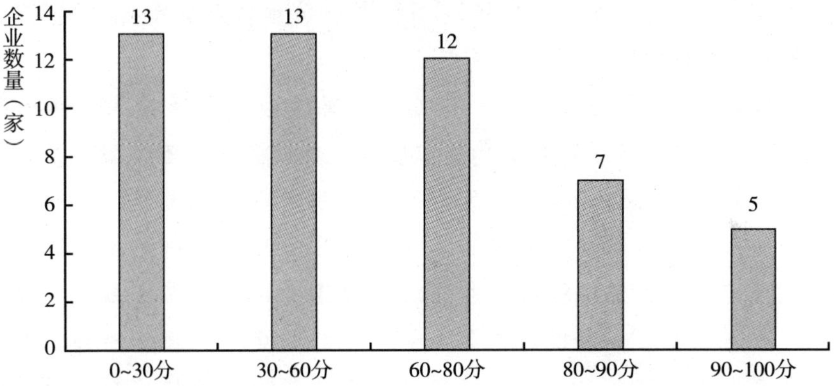

图11　2014年能源行业上市公司“环境管理”指标得分分布

（二）污染减排和资源可持续利用取得的效果不明显

能源行业上市公司的“污染减排”指标平均得分为13.11分，其中有36家企业的得分均在30分以下。属于国家环保重点控制的8个三级指标，包括废水、COD、氨氮、SO_2、氮氧化物、固体废弃物及其综合利用、噪声等方面，这些指标的平均得分均在20分以下。

能源行业上市公司的“资源可持续利用”指标平均得分为13.41分，有34家企业的得分在30分以下。在其涉及的4个三级指标中，“综合能耗”“能源节约量”“耗水总量”“水资源循环利用率”指标平均得分分别为14.64分、17.98分、4.48分和15.88分。说明能源行业在污染减排和资源可持续利用方面还需要加大力度，同时在采取措施时也要考虑预期效果。

案例五：中石化——绿色低碳发展

在资源节约方面，2014年6月，傅成玉董事长在“生态文明·美丽家园”关注气候中国峰会上，代表中国石化宣布正式启动“能效倍增”计划，开展节能减排降碳环保工作，为推进生态文明建设，实施绿色低碳战略贡献力量。2014年，中国石化下发了合同能源管理工作指导意见及实施办法，并重点开展淘汰落后电机、低温余热利用等合同能源管理项目111项，可节能16.6万吨标准煤。2014年，中国石化通过实施污水提标改造、污水回用等措施，增加水回用量，工业取水量同比下降1.1%，外排废水量大幅减少。全年工业废水排放量同比减少9.79%。

在环境保护方面，2014年，中国石化继续加大环保投入，深入推进“碧水蓝天”专项行动。不断优化组织管理，督促各单位签订责任书，认真组织项目审查，并建立“碧水蓝天”环保专项治理绿色通道，进一步加强环保治理技术指导，促进节能减排。中国石化一直重视保护作业区周边的环境，积极采取措施保障生态安全，营造健康和谐的生态家园。在海外作业区域，中国石化严格督促海外作业者实施生物多样性保护措施，在环境保护区或者生物丰富多样的地区，通过降噪、减排等多种方式减轻对生态环境的影响。

在碳资产管理方面，2014年，中国石化进一步加强碳资产管理，旨在实现碳资产价值，推进绿色低碳发展战略。中国石化碳盘查、碳核查工作目前处于国内企业的前列。根据相关标准，连续4年对所属企业的2000多套炼化装置、30000多座站库逐一进行了温室气体盘查，并经过了第三方国际核查机构核查，已形成了准确、涵盖全系统所有业务的碳盘查模板。

（三）参与公共环境治理的意识不强

能源行业上市公司的“应对气候变化”指标平均得分为12.54分，有47家企业得分低于30分。在其涉及的3个三级指标中，“应对气候变化措施”“温室气体排放量”“温室气体减排量”指标的得分分别为19.42分、7.02分和12.16分。这说明，能源行业上市公司采取了一些应对气候变化的措施，但是缺少控制温室气体排放的措施。

能源行业上市公司“生态环境保护”指标的平均得分为24.12分，有36家企业得分在30分以下。在其涉及的3个三级指标中，“减少生态环境破坏”“生态恢复与治理”“环保公益”指标的得分分别为24.98分、27.92分和19.16分。说明大部分企业没有开展减少生态环境破坏的举措，仅在项目的环境影响评价中有生态环境方面的评估分析；以一定的方式参与生态恢复与治理，但影响力比较小；开展过类型比较单一的环保公益项目，但没有持续开展。

八　能源行业上市公司合规透明运营能力维度评价分析

能源行业上市公司合规透明运营能力维度平均得分为53.61分，在六大维度中，仅低于经济价值创造能力维度得分。说明能源行业上市公司将合规和透明运营作为社会责任管理和实践的重要领域。其中，有26家企业得分在30~60分，有18家企业得分超过60分，有2家企业的得分在80分以上，为山煤国际和平庄能源（见图12）。

（一）合规运营水平较高

合规运营是衡量企业履行法律责任的重要指标，包括合规管理体系、合规培训、腐败事件数和因违规罚款数。统计发现，能源行业上市公司“合规运营”指标得分为50.70分，有10家企业的得分在0~30分，有26家企业的得分在30~60分，有14家企业的得分在60分以上（见图13）。在其涉及的四个指标中，“合规管理体系”“合规培训”“腐败事件数”“因违规罚款数”指标

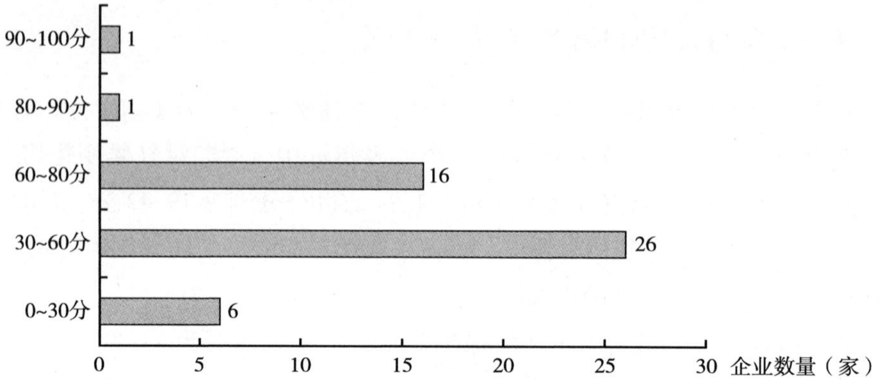

图 12　2014 年能源行业上市公司合规透明运营能力维度得分分布

平均得分分别为 68.16 分、27.00 分、－1.70 分和－0.30 分。结果显示，大部分企业建立了合规管理机构，有个别零散的合规管理制度文件；开展过合规培训，比如反腐倡廉会议、法律讲座等，次数较多，覆盖人群较广，培训内容和方式较为丰富；发生的腐败事件数量一般，影响程度一般；发生违规罚款的次数较少。

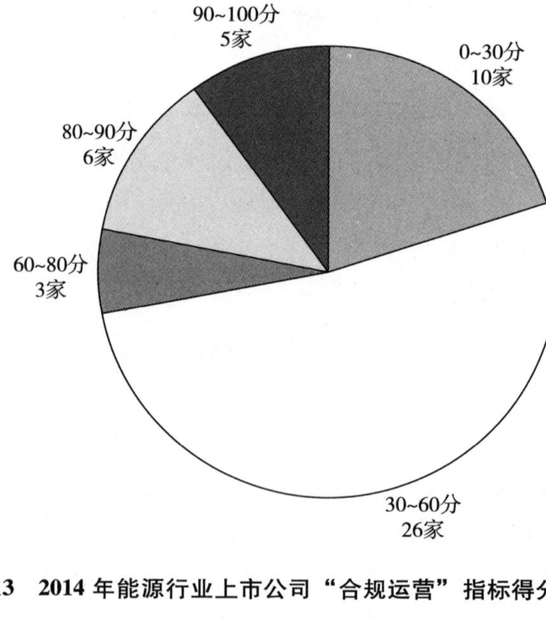

图 13　2014 年能源行业上市公司“合规运营”指标得分分布

（二）信息披露较为公开透明

信息披露是企业自觉主动将利益相关方关注的信息进行公开公示发布的过程，是衡量企业透明度的重要指标。其包括信息披露机制、网络平台发布信息数量、召开新闻发布会数量、发布社会责任报告和发布财务报告的指标。能源行业上市公司的“信息披露”指标得分为67.85分，其中，没有一家企业的得分在30分以下，有28家企业得分为60～80分，有12家企业得分在80分以上（见图14）。这说明大部分企业建立了较为完善的信息披露机制，披露内容基本符合利益相关方诉求，披露渠道较为多元，披露程序较为规范；有24家企业每年固定发布社会责任报告和财务报告。

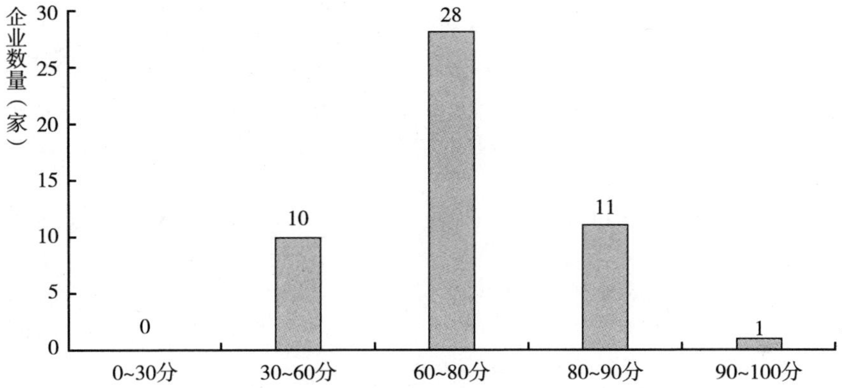

图14　2014年能源行业上市公司“信息披露”指标得分分布

（三）缺乏专门的利益相关方沟通参与机制

沟通参与是企业提高透明度和维护改善利益相关方关系的重要手段，包括自觉与政府、股东、客户、合作伙伴、媒体、社会团体的沟通。能源行业上市公司“沟通参与”指标得分为43.25分，有9家企业得分在0～30分，有27家企业得分在30～60分，有14家企业的得分在60分以上（见图15）。这说明，大部分企业与利益相关方都有零散的沟通，有少量零散的沟通制度，沟通次数一般，沟通形式较为单一，利益相关方对企业评价一般。一小部分企业建立了较为完善的沟通制度，沟通形式较为丰富。

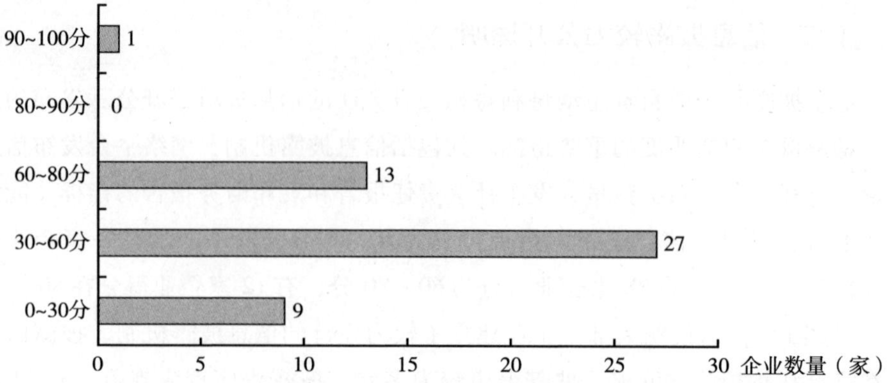

图 15　2014 年能源行业上市公司"沟通参与"指标得分分布

B.5

2014年中国金融行业上市公司社会责任能力成熟度评价分析

摘　要：为了评价金融行业上市公司的社会责任能力成熟度水平，本文选取了2014年金融行业市值最大的50家公司进行评价。首先说明了评价对象的基本特征分布，其次以图文形式阐述了评价的总体结果，最后从社会责任能力成熟度的六个维度对金融行业企业社会责任能力进行了系统分析，并列举了优秀企业案例。评价显示，2014年中国金融行业上市公司社会责任能力成熟度整体处于弱能级，金融行业上市公司的社会责任理念相对领先。

关键词：金融行业　社会责任能力成熟度　社会责任理念

一　金融行业上市公司社会责任能力成熟度评价对象

为了评价2014年金融行业上市公司的社会责任能力成熟度表现，本研究按照A股市值的大小，选取了2014年市值最大的前50家公司作为评价对象，50家上市公司的基本特征如表1所示。

表1　2014年金融行业上市公司50强基本特征分布

类别	极小值	极大值	均值	中值	众数	标准差	偏度	偏度的标准误	峰度	峰度的标准误
总资本	9.03	206099.53	23241.75	1773.80	9.03	47299.55	2.725	0.337	6.891	0.662
负债	0.47	190726.49	21480.38	1401.91	0.47	43891.95	2.718	0.337	6.849	0.662

续表

类别	极小值	极大值	均值	中值	众数	标准差	偏度	偏度的标准误	峰度	峰度的标准误
营业收入	1.87	6496.19	867.30	88.44	1.87	1583.13	2.299	0.337	4.611	0.662
营业净利率	0.10	1166.52	80.35	40.40	0.10	192.78	4.977	0.337	24.992	0.662
市盈率	6.18	2023.69	75.73	29.01	6.18	284.44	6.830	0.337	47.554	0.662
市值	38.23	16863.66	2451.24	904.31	38.23	3692.19	2.418	0.337	5.619	0.662
独立董事占比	28.57	50.00	35.91	33.33	33.33	4.02	1.412	0.337	2.216	0.662
股权集中度 CR4	20.79	97.31	61.37	60.17	20.79	18.93	0.262	0.337	-0.565	0.662

注：总资本、负债、营业收入、市值的单位均为亿元；营业净利率、独立董事占比、股权集中度的单位均为百分比。

二 金融行业上市公司社会责任能力成熟度总体评价分析

（一）金融行业上市公司社会责任能力成熟度整体处于弱能级

金融行业上市公司的社会责任能力成熟度平均得分为35.92分，整体处于弱能级。统计显示，得分超过60分的公司有2家，分别是农业银行和华夏银行；得分处于30~60分的公司有32家，占样本总量的64%，剩余16家公司得分均低于30分（见图1）。

（二）金融行业上市公司的经济价值创造能力表现优于其他

从社会责任能力成熟度的六个维度来看，金融行业上市公司的经济价值创造能力得分最高，平均分为64.55分；社会责任推进管理得分最低，平均分为13.45分。合规透明运营能力、社会责任理念与战略、社会价值创造能

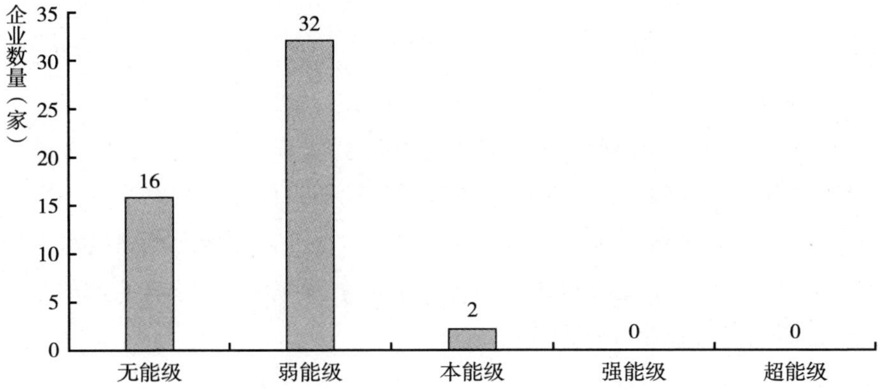

图1　2014年金融行业上市公司社会责任能力成熟度等级分布

力以及环境价值创造能力平均得分依次为57.33分、35.26分、29.52分、15.12分（见图2）。

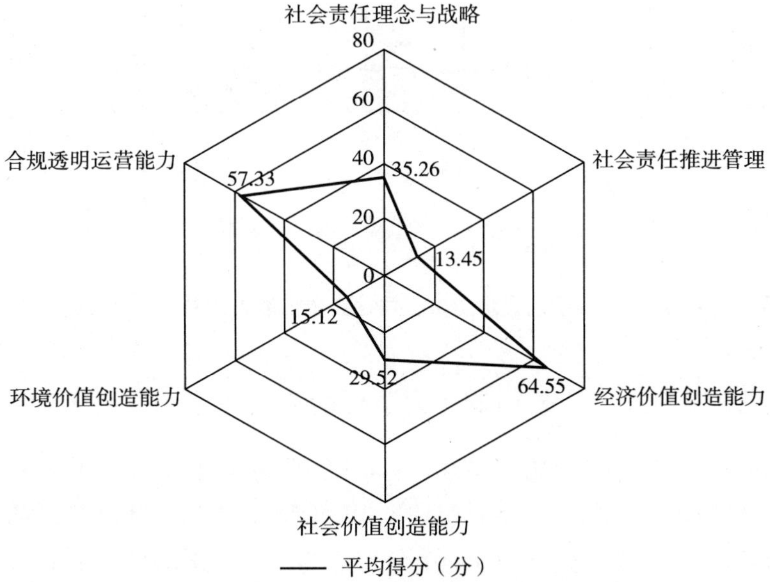

图2　2014年金融行业上市公司社会责任能力成熟度六大维度得分对比

（三）国有金融企业的社会责任能力成熟度水平领先于民营金融企业

在A股市值最大的50家金融上市公司中，包含12家民营企业和38家国有企业。统计显示，国有金融上市公司的社会责任能力成熟度平均得分为38.94分，属于弱能级；民营金融上市公司的社会责任能力成熟度平均得分为26.36分，属于无能级。显然，国有金融企业的社会责任能力成熟度水平领先于民营金融企业。从社会责任能力成熟度的六个维度来看，国有企业的各维度得分也都高于民营企业（见图3）。

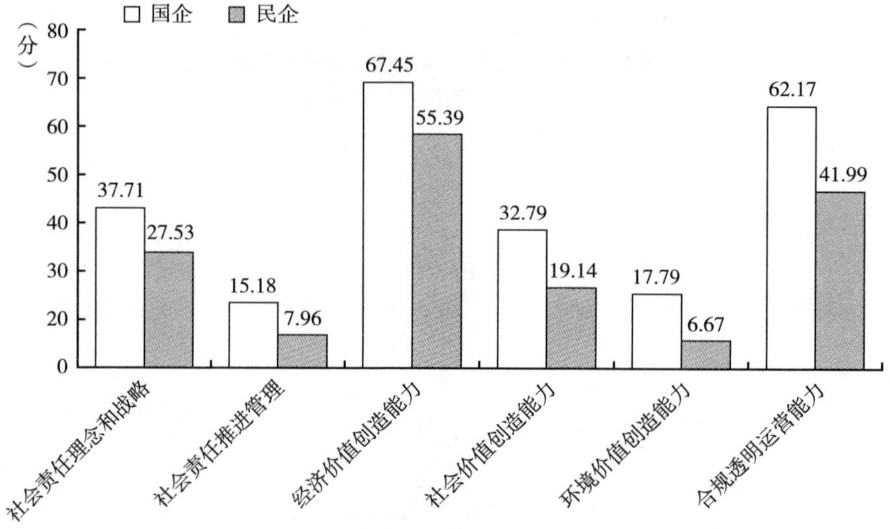

图3　不同所有制性质的金融上市公司社会责任能力成熟度各维度得分对比

（四）银行业上市公司的社会责任能力成熟度水平高于保险业

在50家金融上市公司中，包含16家银行业上市公司、5家保险业上市公司以及29家多元金融上市公司（证券、信托等）。统计显示，三者的社会责任能力成熟度平均得分依次为46.92分、33.88分和30.20分，银行业上市公司社会责任能力成熟度水平明显高于保险业和多元金融行业上市公司。从成熟度的六个维度来看，银行业上市公司的各维度得分也都高于保险业和多元金融行业上市公司（见图4）。

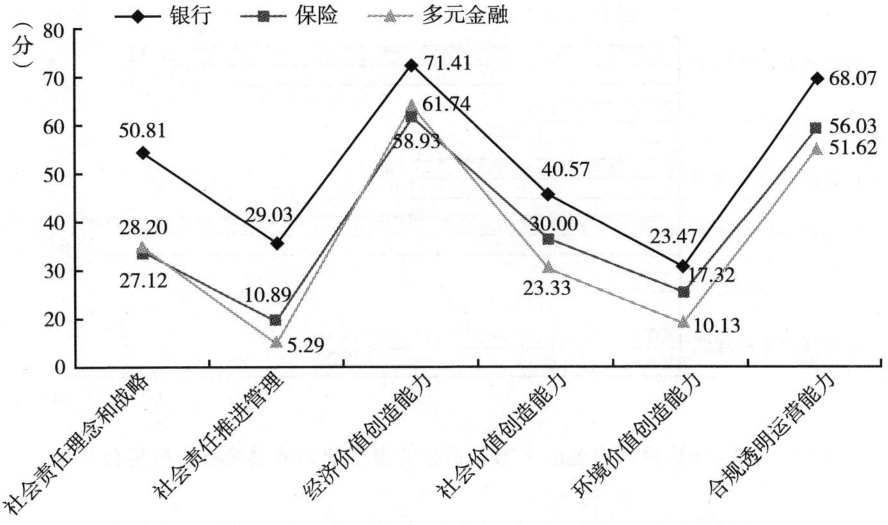

图4　不同金融类上市公司的社会责任能力成熟度各维度得分对比

（五）上交所金融上市公司的社会责任能力成熟度略优于深交所

50家金融行业上市公司中，有35家在上交所上市，占样本总量的70%，有15家在深交所上市，占样本总量的30%。统计发现，在上交所上市的金融公司，其社会责任能力成熟度平均分为36.95分，在深交所上市的金融公司，其社会责任能力成熟度平均分为33.52分，两者都处于弱能级，上交所上市公司略高于深交所上市公司。2014年沪深两市金融上市公司社会责任能力成熟度各维度得分如图5所示。

（六）金融行业上市公司的社会责任能力成熟度水平随着股权集中度的提高呈现上升趋势

股权集中度反映了上市公司的股权结构。本研究按照20%以下（不包括20%）、20%~40%（不包括40%）、40%~60%（不包括60%）、60%~80%（不包括80%）、80%以上（包括80%）将前四大股东的持股比例分为五组，以此分析股权集中度与社会责任能力成熟度之间的关系。

统计显示，50家上市公司的前四大股东股权集中度都处于20%以上，其中有5家公司处于20%~40%，其社会责任能力成熟度平均得分为27.38分；

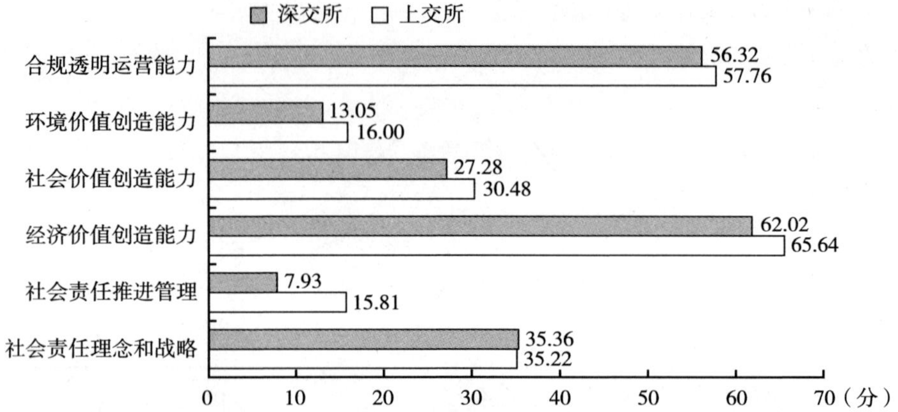

图5　2014年沪深两市金融上市公司社会责任能力成熟度各维度得分对比

有19家处在40%～60%，其社会责任能力成熟度平均得分为29.21分；有18家处在60%～80%，其社会责任能力成熟度平均得分为41.27分；有8家超过80%，其社会责任能力成熟度平均得分为45.17分（见图6）。很明显，金融行业上市公司的社会责任能力成熟度水平随着前四大股东持股比例的提高而呈现上升趋势。

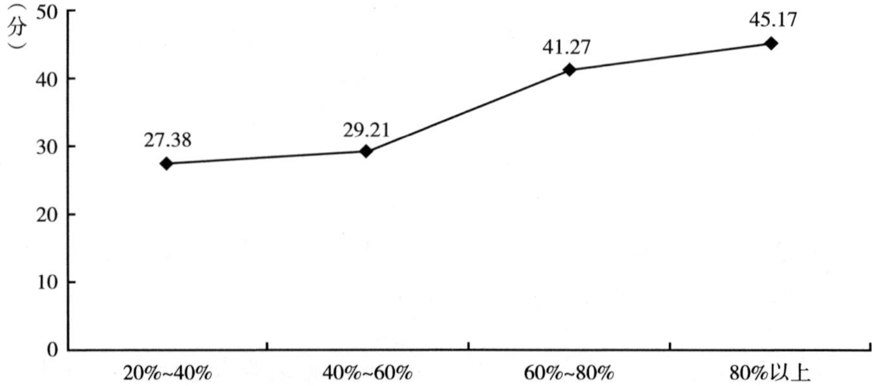

图6　金融行业上市公司股权集中度（CR4）与社会责任能力成熟度的关系

（七）金融行业上市公司社会责任能力成熟水平与企业规模呈正向关系

为了研究企业规模与社会责任能力成熟度之间的关系，本研究将总资产、净资产、股票市值和营业收入这些反映上市公司规模的指标按大小划分为100亿元以下（不包括100亿元）、100亿到1000亿元（不包括1000亿元）、1000亿到5000亿元（不包括5000亿元）、5000亿到10000亿元（不包括10000亿元）、10000亿元以上（包括10000亿元）五组。研究发现，无论是以其中哪一项指标为参考，都能够得出：企业社会责任能力成熟度随着企业规模的增长呈现明显的上升趋势（见图7）。这与“责任铁律”完全相符。

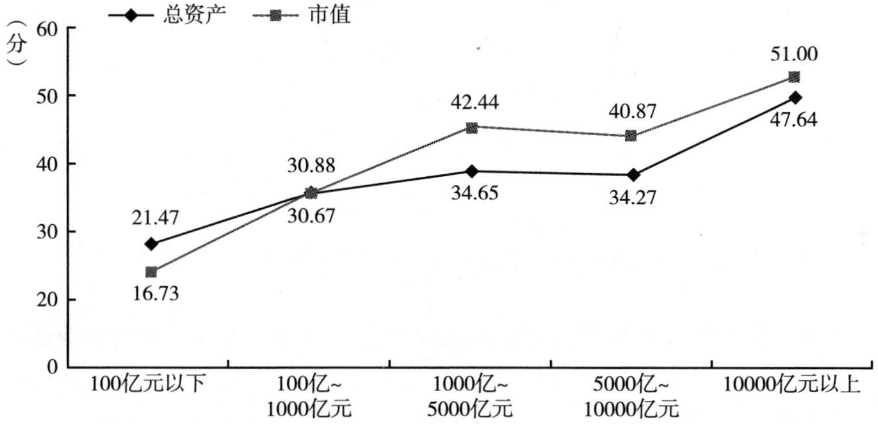

图7　金融行业上市公司企业规模与社会责任能力成熟度的关系

三　金融行业上市公司社会责任理念与战略维度评价分析

金融行业上市公司的社会责任理念与战略维度平均得分35.26分，低于其经济价值创造能力和合规透明运营能力得分。从具体分布来看，在50家上市公司中，有22家公司得分处于30分以下，有21家公司得分为30～60分，得分为60～80分的有7家，没有任何一家公司得分超过80分（见图8）。总体而言，金融行业的社会责任理念与战略维度得分处于弱能级。

（一）社会责任理念相对领先

金融行业上市公司的社会责任理念相对领先，即大多数金融公司在企业使

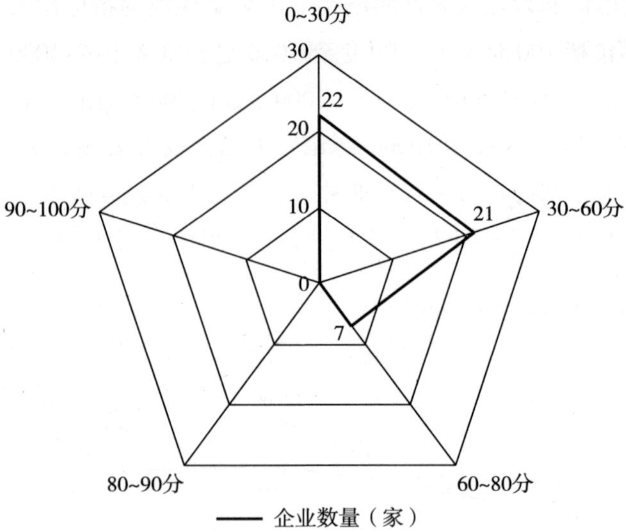

图8　2014 年金融行业上市公司社会责任理念与战略维度得分分布

命或企业愿景中融入了与社会责任相关的理念和原则，表现突出的企业还制定了专门的社会责任愿景。从得分来看，"责任理念"指标的平均得分为 46.15 分。其中，有 19 家公司的得分低于 30 分，有 12 家公司的得分处于 30～60 分，有 11 家公司的得分处于 60～80 分，有 8 家公司的得分高于 80 分（见图 9）。与其他行业相比，金融行业上市公司的社会责任理念相对领先。

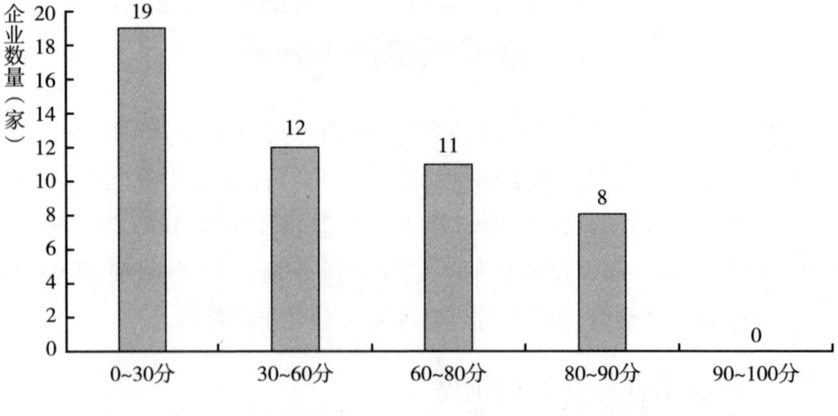

图9　2014 年金融行业上市公司"责任理念"指标得分分布

（二）社会责任工作缺乏战略规划

与社会责任理念相比，金融行业上市公司的社会责任管理仍然缺乏系统性，专项战略规划不足。统计显示，50 家金融行业上市公司的“责任战略”指标平均得分仅为 18.93 分，其中多达 22 家公司的该项指标没有得分。这表示，这些企业没有制定社会责任专项规划，或者在企业发展战略中没有融入社会责任发展战略。社会责任战略是推进社会责任实践以及评价社会责任绩效的总体指导，战略规划的缺乏或者不清晰不利于社会责任工作的长期开展。

案例一：兴业银行社会责任战略架构

2008 年，兴业银行赋予董事会战略委员会（原董事会执行委员会）“研究拟订本行社会责任及可持续发展战略和政策，监督、检查和评估本行履行社会责任情况”职责，并明确写入公司章程。2014 年初，董事会战略委员会以及董事会听取并审议通过了本行管理层提交的《兴业银行社会责任履职报告》。

2014 年，兴业银行秉承社会责任理念，坚持可持续发展战略，继续致力于兼顾、平衡并构建和谐的多元利益主体关系，主动服务“稳增长、调结构、惠民生、促改革”等政策目标，加强经营转型和管理变革，着力打造“一体两翼”的专业服务体系，各项业务持续健康发展，履行社会责任取得新的业绩。

四　金融行业上市公司社会责任推进管理维度评价分析

社会责任推进管理维度主要评价企业在社会责任能力建设和资源投入上的表现，比如是否设置社会责任领导机构、是否有专项资金支持社会责任工作等。在社会责任能力成熟度的六大维度中，金融行业上市公司的社会责任推进管理维度得分最低，平均分为 13.45 分，处于无能级。这说明，尽管金融行业的社会责任工作开展得相对较早，但是与其他维度的表现相比，对社会责任推进管理的重视还不够。值得注意的是，在50家金融上市公司中，该维度得分较低的企业大多数是证券和保险公司，银行业公司的得分相对较高。

（一）社会责任能力建设程度较低

社会责任能力建设是指企业通过专项培训、外部交流、理论研究、先行试点等培育和提升企业履行社会责任应该具有的能力。统计显示，50家金融上市公司的“能力建设”指标平均分为11.64分，得分较低。造成整体得分较低的一个重要原因是，有30家证券和保险公司该项指标得分为0分，从而拉低了整体水平。这与我国金融行业社会责任推进管理的现状完全相符。与银行业相比，保险、证券以及信托等金融行业的社会责任工作刚刚起步，还没有开展专项培训和广泛的外部交流。

（二）普遍不重视社会责任绩效评估

“责任绩效评估”指标是社会责任推进管理的重要组成部分，主要用来考察企业是否建立社会责任评价指标体系以及是否对社会责任工作进行考核。统计显示，50家金融上市公司的“责任绩效评估”指标平均得分仅8.31分，得分很低，其中86%（43家）的公司得分在30分以下（见图10）。究其原因，一方面，企业对责任评价指标体系的理解不足；另一方面，大多数公司还没有将社会责任工作纳入公司考核范围，不知道如何考核，也就无法真正投入管理。但是在样本中，也有像中国人寿、中信银行这样表现突出的企业。

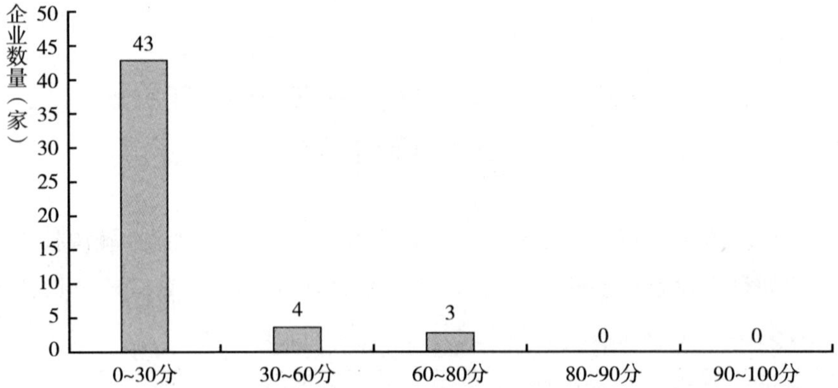

图10　2014年金融行业上市公司“责任绩效评估”指标得分分布

案例二：中信银行设立社会责任考核指标

集团积极履行社会责任，首次将“社会责任”纳入分行考核指标。该指标包括服务质量和小微企业“两个不低于”两项指标，其中服务质量考核分行零售服务质量情况，以加强对提升客户服务质量的考核引导，包括“第三方神秘客户监测”和“千佳示范单位获奖数量”两项子指标；小微企业贷款增速不低于全部贷款增速，增量不低于上年（即“两个不低于”）。指标重点引导分行加强对小微企业的信贷投放支持力度。

（三）社会责任管理专项投入不足

社会责任管理专项投入是指企业为开展社会责任工作，在人员、资金等方面进行专门投入，比如安排社会责任专项资金、设置社会责任专职岗位。统计显示，50 家金融上市公司的“社会责任管理投入”指标平均得分低于 15 分，这表示多数金融上市公司针对社会责任工作安排有资金预算，只有极少数公司设置了社会责任专职岗位，大部分公司的社会责任工作由其他部门如党群部、企业文化部、外联部等兼职。

五　金融行业上市公司经济价值创造能力维度评价分析

金融行业上市公司的经济价值创造能力平均得分 64. 55 分，在六大维度中得分最高。统计显示，50 家上市公司的经济价值创造能力得分大多超过 30 分，有 13 家公司得分处于 30 ~ 60 分，有 28 家公司得分处于 60 ~ 80 分，7 家公司的得分在 80 ~ 90 分（见图 11）。

（一）直接经济价值创造能力突出

直接经济价值创造能力体现在企业的营业收入、利润率、资产负债率等方面。研究显示，50 家金融行业上市公司的“直接经济价值”指标平均得分 74. 97 分，得分较高。绝大多数（94%）公司得分在 60 分以上，其中有 20 家公司得分超过 80 分。这表明，金融上市公司的直接经济价值创造能力十分突出。笔者在样本信息中也可以看到，有 14 家公司 2014 年的营业收入在 1000 亿元以上。

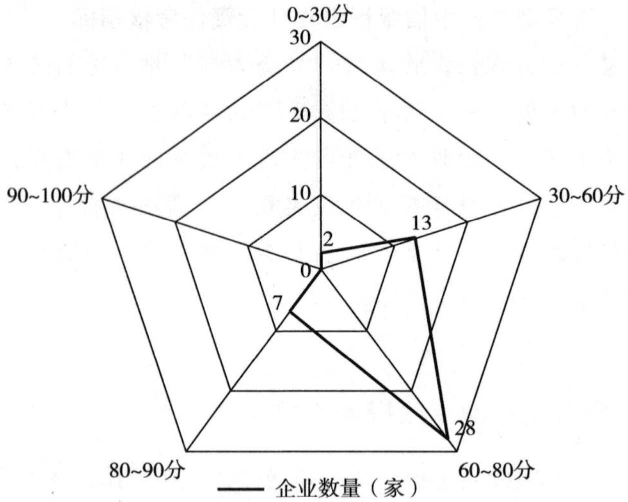

图 11　2014 年金融行业上市公司经济价值创造能力维度得分分布

（二）对行业创新的贡献相对不足

相对于直接经济价值创造能力，金融行业上市公司的间接经济价值创造能力相对不足。统计显示，50 家金融上市公司的“间接经济价值”指标平均得分为 57.61 分。间接经济价值创造能力包括“对行业的贡献、对税收的贡献、对就业的贡献、对创新的贡献”四个方面，研究发现，相对于其他指标，金融上市公司在产品、服务创新方面的表现相对不足，“对创新的贡献”指标平均得分 54.42 分（见图 12）。

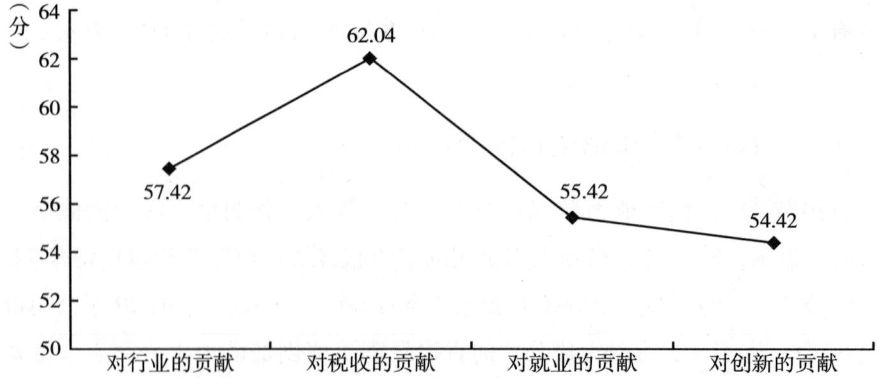

图 12　2014 年金融行业上市公司间接经济价值各项指标得分对比

六　金融行业上市公司社会价值创造能力维度评价分析

社会价值创造能力维度评价企业在生产运营实践中对利益相关方产生的影响，比如为员工、伙伴、客户、社区创造共享价值，满足利益相关方诉求，规范生产运营，积极开展公益慈善等。统计显示，50家金融上市公司的社会价值创造能力维度平均得分29.52分，处于无能级。其中，得分低于30分的公司有25家，得分介于30～60分的企业有23家，剩余2家公司的得分处于60～80分（见图13）。

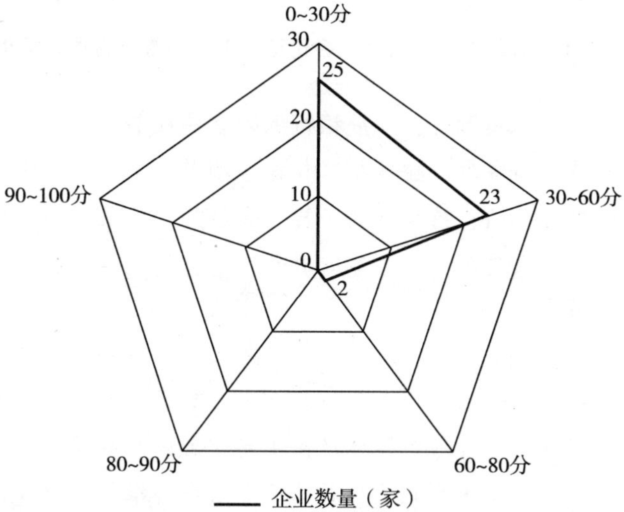

图13　2014年金融行业上市公司社会价值创造能力维度得分分布

（一）客户关系管理相对成熟

金融行业是典型的服务行业，与消费者关系密切。在社会价值创造能力维度所涉及的6项指标中，“为客户创造价值”指标得分最高，平均分为45.89分（见图14），其中，有15家公司的得分超过60分。这表明，金融行业上市公司在客户服务、客户投诉处理、客户满意度等方面开展了有效的工作。

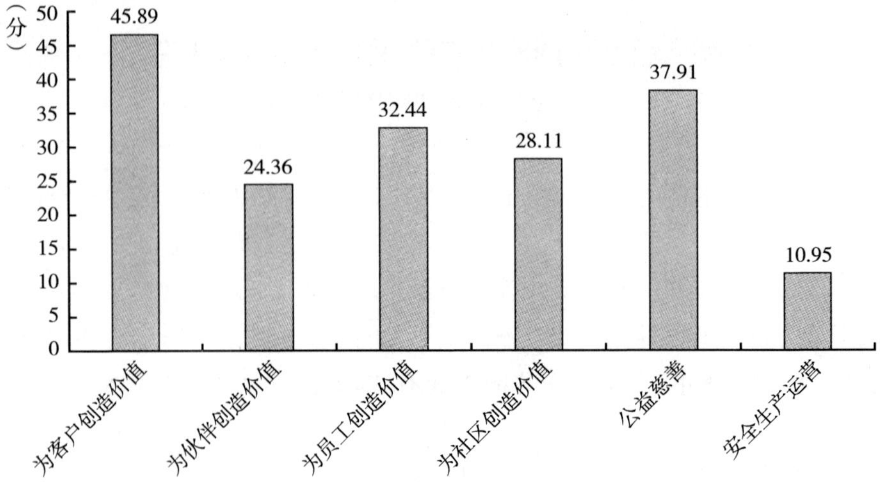

图 14　2014 年金融行业上市公司社会价值创造能力维度各项二级指标得分

案例三：华夏银行保障客户权益

华夏银行在建立消费者权益保护工作体系的基础上，进一步完善客户权益保护机制，健全投诉机制，持续开展多样化金融知识普及活动，切实维护客户合法权益，为客户提供更加安全可靠的服务。

完善保障体系

2014 年，华夏银行进一步完善客户权益保护工作体系，丰富工作内容，将客户权益保护落实到产品或服务的设计开发、售后评估等各个业务环节。加强在网银、移动银行、微信银行等各产品主要位置的产品风险提示，帮助客户规避风险。通过网点公示等形式明确各项服务收费标准，尊重客户知情权。

健全投诉机制

华夏银行围绕“以客户为中心”的核心服务思想，搭建全行投诉管理的工作架构，优化服务联动处理机制，建立并优化疑难投诉处理流程，营造公平、公正的消费环境。2014 年，华夏银行建立投诉管理专业人员队伍，强化投诉联络员工作职责，开展体验式培训，提高投诉解决效率。

（二）公益慈善活动成效显著

50 家金融上市公司的“公益慈善”指标得分仅次于“为客户创造价值”

指标，平均得分为37.91分，这表明，慈善捐赠、员工志愿者活动已经成为金融行业上市公司开展社会责任工作的基本领域。从得分分布来看，有18家公司的得分处于30分以下，有20家公司的得分处于30～60分，有8家公司的得分处于60～80分，有4家公司的得分处于80～90分（见图15）。

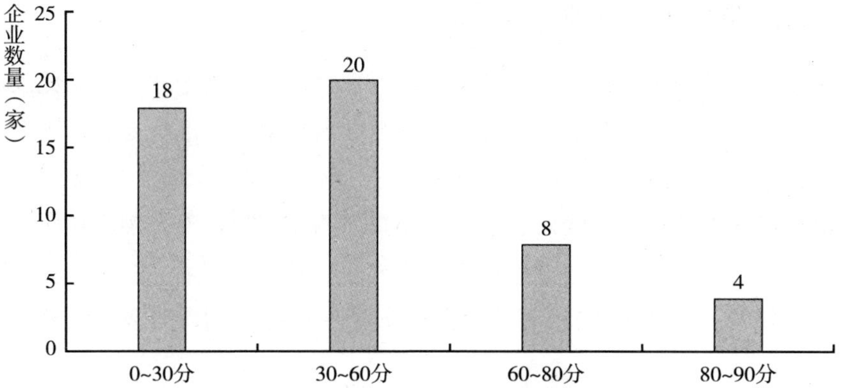

图15　2014年金融行业上市公司“公益慈善”指标得分分布

案例四：招商银行人人公益①

2008年，招行与以企业化思维经营公益事业的壹基金合作发行了联名爱心信用卡、借记卡，倡导招行用户加入月捐，月行一善，推广每人每月1块钱，一家人互相关爱、彼此关怀的慈善互动模式，让大家在看电影、购物时都能够参与公益。发行爱心卡，是招行公益常态化和平台化运营的一次尝试。

2013年，在壹基金的协助下，招商银行公益平台正式上线，以进一步推动捐赠常态化和可持续性。公益平台首批推出四个重点项目，分别为“月捐项目”、“小积分微慈善项目”、“爱满葵园招商银行全行志愿者行动”及“公益基金托管项目”。

在公益平台的机制下，招行的平台优势和技术优势得以充分发挥，而企业在公益活动中却退居二线，通过不断开放渠道价值，搭建一个“微公益”的桥梁，真正实现企业、公众和慈善项目的无缝对接。

“人人公益”的公益模式，其价值不仅是活动或项目的创新，而且更重要

① 企业观察网，http://www.cneo.com.cn/info/2015-06-02/news_20852.html。

的是可持续公益机制的打造。同时，“人人公益”的模式让企业与客户和其他利益相关方之间的关系更加紧密，信任度不断增加，对企业的可持续发展和可持续竞争力的提升也具有重要意义。

（三）责任采购管理实践落后

责任采购是指企业将社会责任原则融入采购流程的制度和行为，比如严格采购符合质量、环保、劳工标准的产品或服务，对供应商进行社会责任评估和调查，通过培训等措施提升供应商履行社会责任的能力。研究发现，50 家金融上市公司的责任管理实践比较落后，即在采购流程中，没有融入相应的社会责任原则，对供应商的社会责任审查也不充分。从得分来看，“责任采购”指标平均得分 18.66 分，“供应商社会责任审查”指标平均得分 20.06 分，两者的得分都很低。

（四）注重政企合作和银企合作，与高校的合作相对不足

在处理不同合作伙伴关系时，金融行业上市公司更加注重与政府和企业的关系，与科研机构和高校之间开展的业务相对不足。统计显示，50 家金融上市公司的“政企合作”指标平均得分 46.64 分，“银企合作”指标平均得分 45.96 分，两者十分接近。“产学研合作”指标的平均得分为 25.60 分，相对较低（见图 16）。这说明，金融行业上市公司与科研机构和高校之间的合作项目较为单一，合作产生的成果对企业经营和社会发展所产生的影响还不突出。

七　金融行业上市公司环境价值创造能力维度评价分析

环境价值创造能力维度包括环境管理体系、环境信息披露、能源使用效率、环保公益等内容。分析得出，50 家金融上市公司的环境价值创造能力平均得分为 15.12 分，在社会责任能力成熟度六大维度中得分仅高于社会责任推进管理维度，低于其他四个维度的得分，这表明，金融行业上市公司的环境价值创造能力相对不足。从企业得分分布情况来看，50 家公司的得分都处于 60

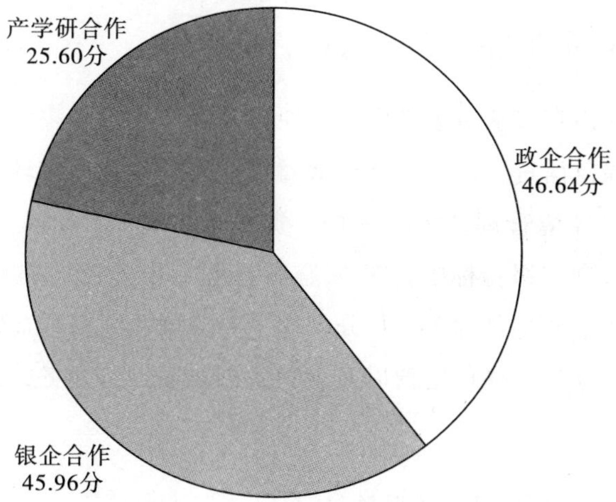

图 16　2014 年金融行业上市公司与不同伙伴合作的指标得分

分以下，其中处于 30～60 分的公司有 7 家，其余 43 家公司的得分均低于 30 分（见图 17）。

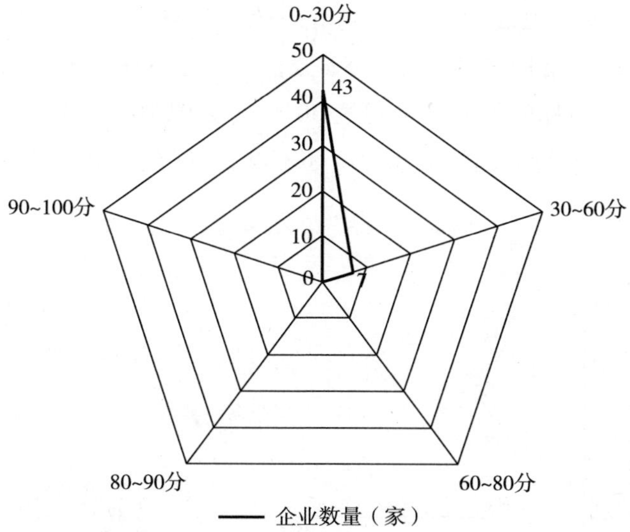

图 17　2014 年金融行业上市公司环境价值创造能力维度得分分布

（一）重视企业内部绿色运营

金融企业并不直接从事生产活动，所以其环境管理大多体现在内部绿色运营和对外提供绿色信贷所产生的环境效益上。研究发现，在环境价值创造能力维度所涉及的“环境管理、污染减排、资源可持续利用、应对气候变化、生态环境保护”五项二级指标中，50 家金融行业上市公司的“环境管理”指标得分相对较高，平均得分为 34.80 分，这主要体现在大多数金融企业特别是银行积极倡导绿色办公、绿色运营以及大力发展电子银行业务，努力将自身运营过程中的能耗降到最低。

（二）对广泛的环境问题关注不足

“应对气候变化”和“生态环境保护”是环境价值创造能力维度的两项重要指标，主要评价企业在生产运营中是否将气候、生态等更广泛的环境问题纳入风险考量，并采取应对措施，比如开展气候风险管理、核算温室气体排放量、参与生态恢复与治理等。统计发现，金融行业上市公司的“应对气候变化”指标平均得分 7.82 分，“生态环境保护”指标平均得分 21.37 分，两项指标的得分均未超过 30 分（见图 18）。这说明，金融行业上市公司对公共环境问题的关注程度还不够，“绿色信贷”的环保效应还没有得到充分发挥。

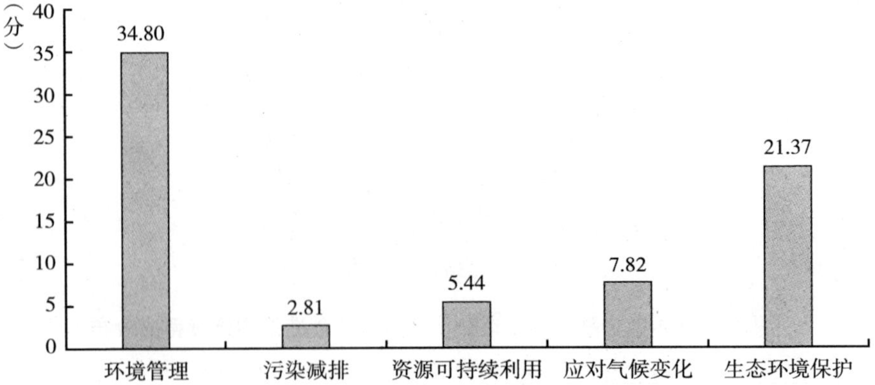

图 18　2014 年金融行业上市公司环境价值创造能力维度各项二级指标得分对比

八　金融行业上市公司合规透明运营能力维度评价分析

金融行业上市公司的合规透明运营能力得分较高，平均分为57.33分，在六大维度中仅次于经济价值创造能力维度。这说明合规透明运营是金融上市公司推进社会责任管理、提升社会责任能力成熟度水平的重要方面。这也与金融行业的特点相关，金融是现代经济的核心，与人们的生活息息相关，时时处处都与公众发生联系，因此，社会公众对其透明度和规范性的要求更高。统计显示，在50家金融上市公司中，合规透明运营能力得分处于30分以下的有4家，处于30～60分的有20家，处于60～80分的有22家，另外4家公司的得分都超过80分（见图19）。

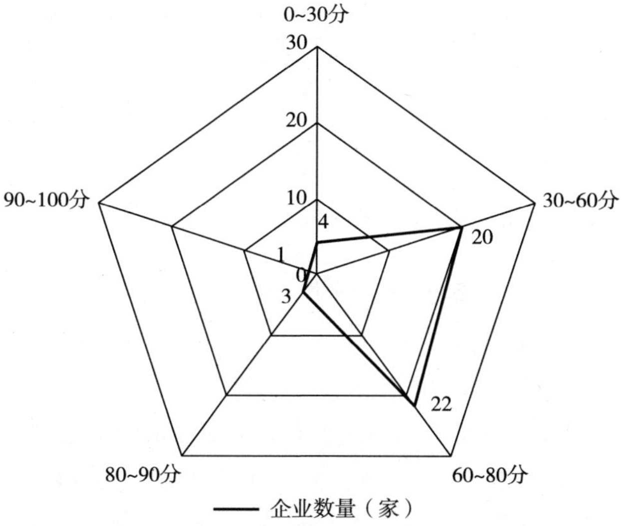

图19　2014年金融行业上市公司合规透明运营能力维度得分分布

（一）普遍建立了信息披露机制

信息披露机制是指企业为保障利益相关方权益、接受社会公众监督而依法对外公布信息的内容、渠道和程序等。统计显示，50 家金融上市公司的“信息披露机制”指标平均得分 68.44 分，其中 70% 的公司得分超过 60 分，得分超过 80 分的公司有 22 家（见图 20）。这说明，金融行业上市公司不但普遍建立了信息披露机制，而且披露渠道多样，容易获取，披露程序符合监管部门的要求。

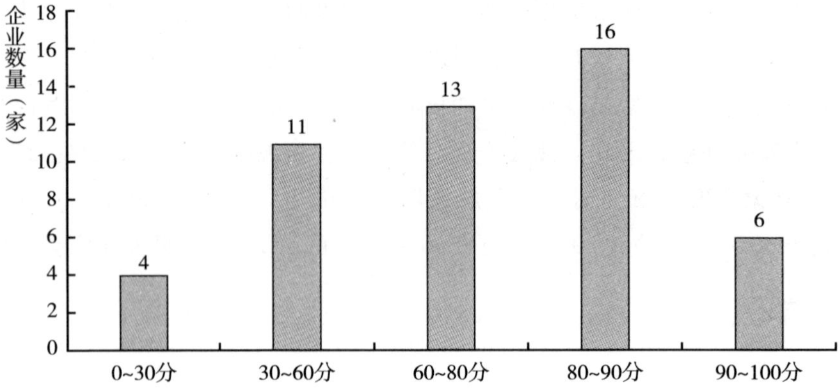

图 20　2014 年金融行业上市公司“信息披露机制”指标得分分布

（二）社会责任报告质量较高

统计显示，在 50 家金融上市公司中，有 45 家发布了社会责任报告，占样本总量的 90%。社会责任报告是企业集中回应利益相关方诉求的重要载体，已有越来越多的企业发布社会责任报告。金融行业企业的社会责任报告质量相对较高，50 家金融行业上市公司的“发布社会责任报告”指标平均得分 53.30 分。从得分分布来看，有 10 家公司的得分低于 30 分，有 14 家公司的得分介于 30～60 分，有 15 家公司的得分处于 60～80 分，有 4 家公司得分达到 80～90 分，剩余 7 家公司的得分则超过 90 分（见图 21）。这表示，大多数金融上市公司每年固定发布社会责任报告，而且报告质量相对较高，发布形式多样。

（三）与媒体和社会团体之间的沟通不畅

政府、客户、股东、合作伙伴、媒体、社会团体都是上市公司的沟通对象，上市公司需要在日常运营中与这些相关方建立沟通机制，开展形式多样的

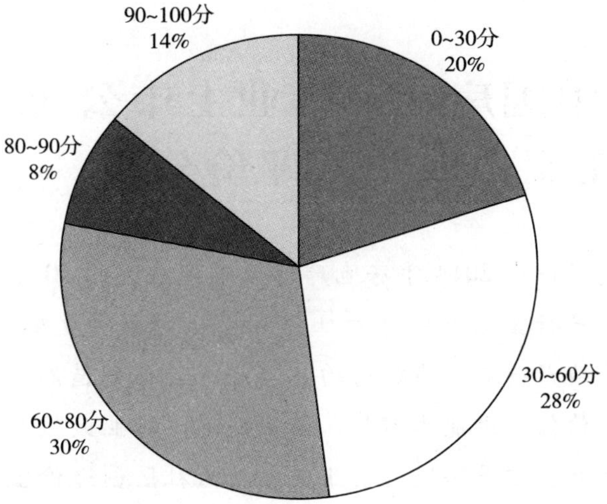

图 21　2014 年金融行业上市公司“发布社会责任报告”指标得分分布

沟通交流。研究显示，金融行业上市公司与媒体和社会团体的沟通相对不畅，其中，“自觉与媒体沟通”指标平均得分 40. 64 分，“自觉与社会团体沟通”指标平均得分 31. 44 分，两者的得分明显低于其他指标（见图 22）。这说明，与政府、客户、股东等相比，金融行业上市公司还没有建立完善的媒体和社会团体沟通制度，媒体和社会团体对上市公司的评价也一般。

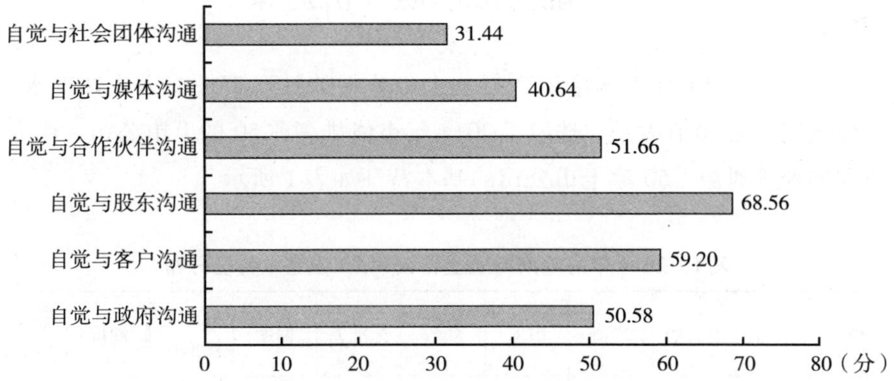

图 22　2014 年金融行业上市公司沟通参与各项三级指标得分分布

B.6 2014年中国房地产行业上市公司社会责任能力成熟度评价分析

摘　要：通过评价2014年房地产行业市值最大的50家公司发现，房地产行业上市公司的社会责任能力成熟度整体处于无能级，房地产行业上市公司的直接经济价值创造能力十分突出，社区价值创造能力不足。虽然房地产行业天然与社区存在利益关系，但是房地产企业在主动为社区创造价值方面的表现并不好，企业普遍没有制定促进社区发展的政策，也没有系统性社区沟通机制，开展的社区项目多以临时性活动为主。

关键词：房地产行业　社会责任能力成熟度　社区关系

一　房地产行业上市公司社会责任能力成熟度评价对象

为了评价2014年中国房地产行业上市公司的社会责任能力成熟度水平，本研究按照A股市值大小，选取了2014年市值排名前50的上市公司，作为本次研究的评价对象。50家上市公司的基本特征如表1所示。

表1　2014年房地产行业上市公司50强基本特征分布

类别	极小值	极大值	均值	中值	众数	标准差	偏度	偏度的标准误	峰度	峰度的标准误
总资本	18.76	5084.09	540.54	255.99	18.76	873.27	3.950	0.337	17.545	0.662
负债	4.56	3925.15	407.51	212.26	4.56	678.78	3.928	0.337	17.383	0.662

续表

类别	极小值	极大值	均值	中值	众数	标准差	偏度	偏度的标准误	峰度	峰度的标准误
营业收入	4.12	1463.88	132.42	54.18	4.12	257.84	4.058	0.337	17.730	0.662
营业净利率	-9.99	40.39	14.07	12.68	-9.99	9.06	.821	0.337	2.182	0.662
市值	83.98	1530.89	247.78	145.31	83.98	274.02	3.108	0.337	11.077	0.662
市盈率	-29.05	710.26	62.22	19.91	-29.05	142.36	3.698	0.340	13.335	0.668
独立董事占比	30.00	50.00	38.18	36.36	33.33	5.33	0.644	0.337	-.696	0.662
股权集中度 CR4	28.85	91.15	62.77	65.53	28.85	15.48	-0.429	0.337	-0.469	0.662

注：总资本、负债、营业收入、市值的单位均为亿元；营业净利率、独立董事占比、股权集中度的单位均为百分比。

二　房地产行业上市公司社会责任能力成熟度总体评价分析

（一）房地产行业上市公司社会责任能力成熟度整体处于无能级

房地产行业上市公司社会责任能力成熟度平均得分27.22分，整体处于无能级。其中，有31家公司的得分处于30分以下，占样本总量的62%；其余19家公司得分处于30~60分；没有任何一家公司得分超过60分（见图1）。

（二）经济价值创造能力突出，社会责任推进管理落后

从社会责任能力成熟度的六大维度来看，房地产行业上市公司的经济价值创造能力得分最高，平均分为58.26分，社会责任推进管理得分最低，平均得分2.64分，两者相差极其悬殊。社会责任理念与战略、社会价值创造能力、环境价值创造能力、合规透明运营能力的平均得分依次为37.65分、17.62分、10.56分、41.21分（见图2）。

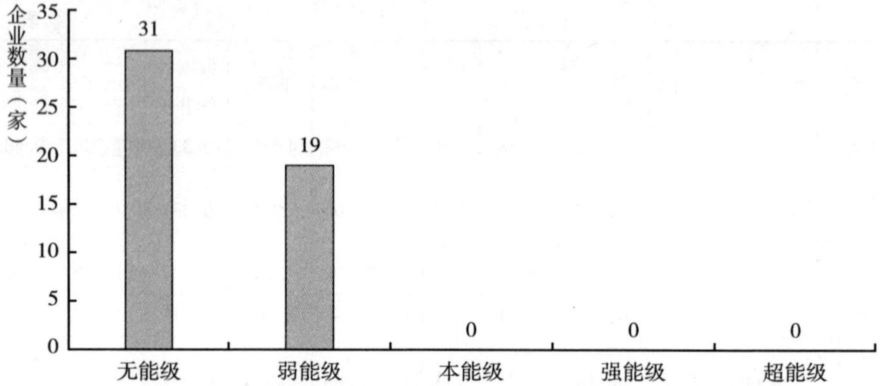

图 1　2014 年房地产行业上市公司社会责任能力成熟度等级分布

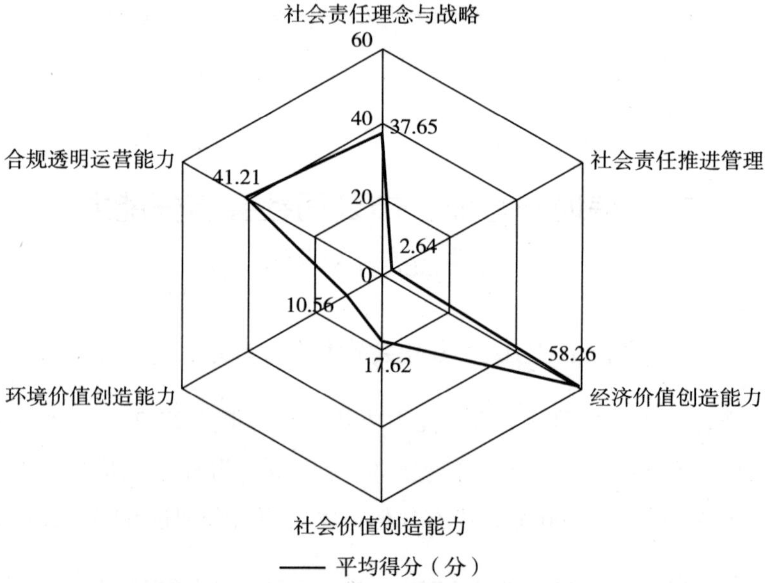

图 2　2014 年房地产行业上市公司社会责任能力成熟度六大维度得分分布

（三）国有房地产上市公司社会责任能力成熟度略高于非国有上市公司

在 50 家房地产上市公司中，有 26 家国有企业和 24 家非国有企业。统计显示，国有房地产上市公司的社会责任能力成熟度平均得分为 29. 88 分，非国有房地产上市公司的社会责任能力成熟度平均得分为 24. 33 分，两者都处于无能级，国有企业得分略高于非国有企业。从社会责任能力成熟度的六个维度来看，两者的得分差别并不是很大（见图 3）。

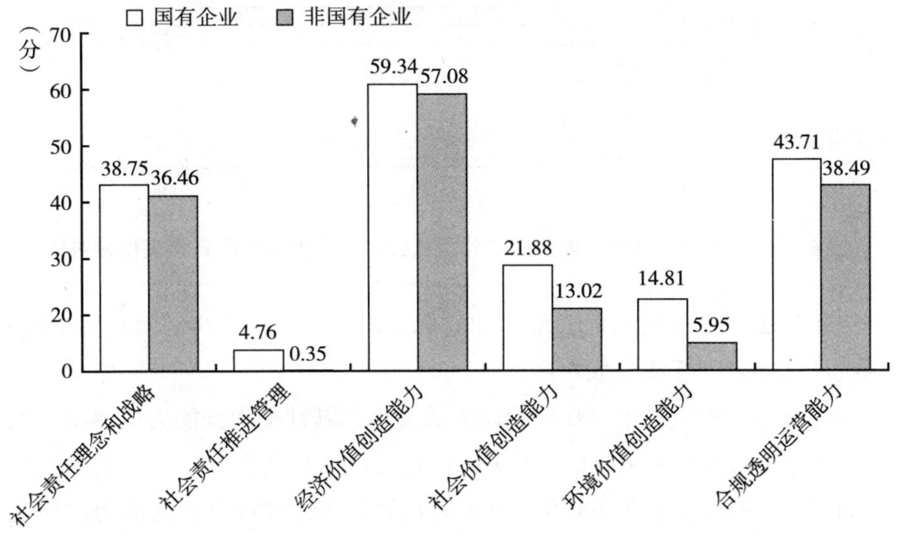

图 3　2014 年不同所有制性质的房地产上市公司社会责任能力成熟度各维度得分

（四）深交所房地产上市公司社会责任能力成熟度略优于上交所

50 家房地产上市公司中，29 家公司在上交所上市，21 家在深交所上市。统计发现，上交所上市的房地产公司社会责任能力成熟度平均得分 26. 64 分，深交所上市的房地产公司社会责任能力成熟度平均得分 28. 01 分，两者都处于弱能级，深交所上市公司得分略高于上交所上市公司。2014 年沪深两市房地产上市公司社会责任能力成熟度各维度得分如图 4 所示。

（五）随着上市公司市值的增长，社会责任能力成熟度呈现上升趋势

本研究将 50 家公司的市值分为 100 亿元以下（不包括 100 亿元）、100 亿到 200 亿元（不包括 200 亿元）、200 亿到 300 亿元（不包括 300 亿元）、300

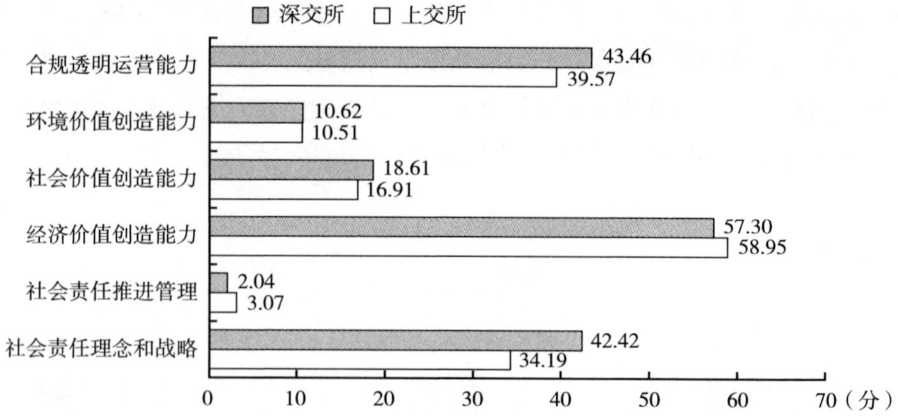

图4　2014年沪深两市房地产上市公司社会责任能力成熟度各维度得分对比

亿到400亿元（不包括400亿元）、400亿元以上（包括400亿元）五个组别，分别统计其社会责任能力成熟度得分。

统计显示，市值处于100亿元以下的公司，其社会责任能力成熟度平均得分20.02分；市值处于100亿～200亿元的公司，其社会责任能力成熟度平均得分26.26分；市值处于200亿～300亿元的公司，其社会责任能力成熟度平均得分31.70分；市值处于300亿～400亿元的公司，其社会责任能力成熟度平均得分31.22分；市值超过400亿元的公司，其社会责任能力成熟度平均得分34.77分（见图5）。随着上市公司市值的增长，企业社会责任能力成熟度水平整体呈现上升趋势。

三　房地产行业上市公司社会责任理念与战略维度评价分析

房地产行业上市公司的社会责任理念与战略维度平均得分37.65分，整体处于弱能级。从得分分布来看，有16家公司得分低于30分，有28家公司得分处于30～60分，其余6家公司的得分在60～80分。

（一）社会责任理念比较充分地融入了企业价值观

50家房地产上市公司的"责任理念"指标平均得分56.59分，其中有21

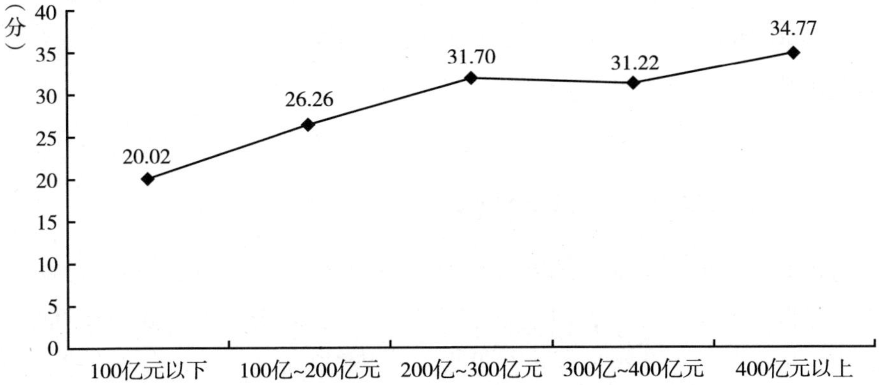

图5　房地产行业上市公司股票市值与社会责任能力成熟度之间的关系

家公司的得分高于80分（见图6）。这说明，房地产上市公司将社会责任理念比较充分地融入企业使命、企业价值观以及企业愿景中。在评价过程中，很多企业将“打造绿色生活空间，促进人、建筑和自然环境的和谐发展”等社会责任思想作为企业使命和价值观的重要内容。

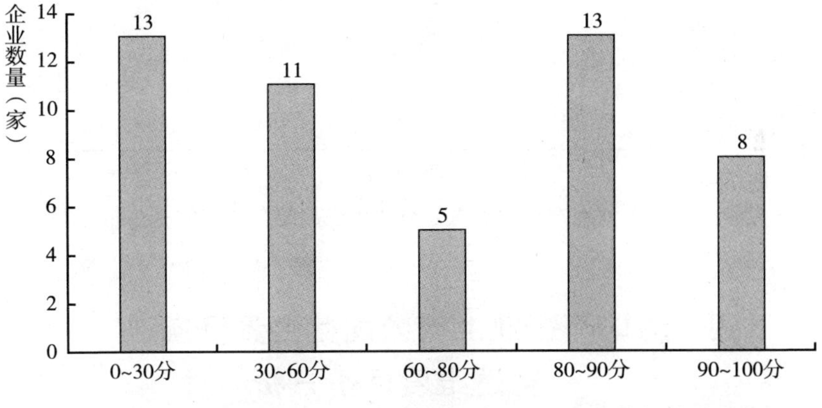

图6　2014年房地产行业上市公司“责任理念”指标得分分布

案例一：招商地产绿色人居理念

“绿色”已经成为招商地产独特的竞争优势和践行社会责任最直接的体现。从绿色思想的演进、绿色建筑的时间到绿色社区的综合开发，再到绿色生活方式的持续影响，招商地产经过三十年的积累，已经形成较为成熟的绿色运营体系。2014 年 12 月，招商地产在国内地产行业首设首席绿色低碳官（Chief Sustainability Officer），将可持续发展与公司经营紧密结合，持续推动绿色地产向纵深发展。

（二）缺乏实质性社会责任战略规划

与社会责任理念形成鲜明对比的是，房地产上市公司的“责任战略”指标得分很低，平均分仅为 9.24 分，其中 78% 的企业得分低于 30 分（见图 7）。这表明，房地产上市公司虽然在企业使命、愿景和价值观中比较充分地体现了社会责任理念，但是缺乏实质性的战略来推进实施。比如，没有专项的社会责任战略规划，或者在企业发展战略中缺少可持续发展的内容。

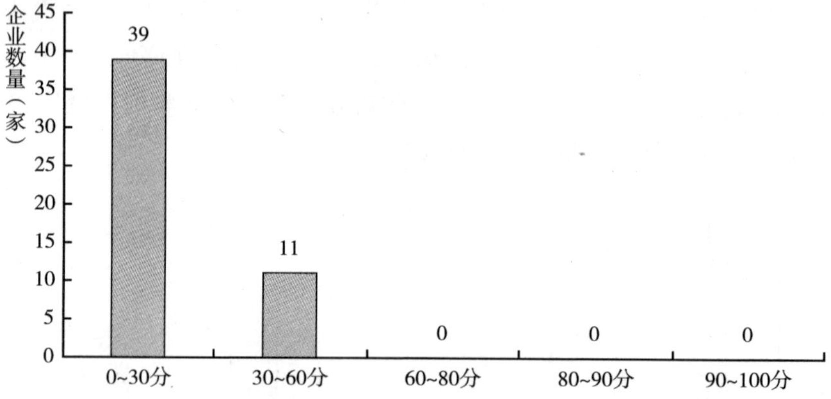

图 7　2014 年房地产行业上市公司“责任战略”指标得分分布

四　房地产行业上市公司社会责任推进管理维度评价分析

社会责任管理推进维度主要从责任治理、制度建设、能力建设、责任绩效评估、社会责任管理投入等方面评价企业的社会责任能力成熟度。研究显示，房地产上市公司的社会责任推进管理维度得分为 2.64 分，在六大维度中得分最低。这表明，房地产上市公司普遍没有将社会责任推进管理纳入日常企业管理体系中，各项社会责任推进管理工作都没有实质性展开。

（一）不同企业的责任治理情况差异很大

责任治理是指企业为了推进社会责任管理工作，设置专门的领导机构和工作机构，并有完善的机制保证社会责任工作的开展。统计显示，50家房地产上市公司的“责任治理”指标平均得分4.74分，得分极低。从得分分布来看，出现两极分化的情况，有46家公司的得分在10分以下，有3家公司得分在60分以上，介于30分到60分之间的仅有1家公司。可以看出，不同企业的得分差异很大。

案例二：保利地产构建社会责任工作体系

保利地产社会责任工作体系由企业社会责任工作组、职能机关和一线实践单位三个层次构成。企业社会责任工作组由总经理牵头，相关副总经理组织筹划，由董事会办公室和品牌管理中心具体承办，负责社会责任战略规划、主题定位及整体社会责任管理体系的搭建，负责企业社会责任报告的编写、发布与沟通。

（二）社会责任能力建设普遍不足

社会责任能力建设是指企业通过培训、交流、研究以及重大试点，从思想认识和工作实践等方面提高自身的履责能力。统计显示，50家房地产上市公司的“能力建设”指标平均得分仅为2.27分，其中有4家公司的得分超过20分，其他公司的得分均不足5分。从能力建设所涉及的五项三级指标来看，得分也均不满10分（见图8）。

（三）社会责任管理投入十分欠缺

社会责任管理投入包括企业为推进社会责任工作而安排的专项资金预算和专职岗位两个方面。统计显示，房地产上市公司50强的“社会责任管理投入”指标平均得分0.85分。这说明，绝大多数房地产上市公司还没有建立年度社会责任专项资金预算，仅对社会责任工作方面的开支做临时申报处理；大多数公司也没有设置专门的社会责任部门，负责企业社会责任日常事务，仅以临时兼职的方式开展社会责任报告编写及其他简单的社会责任工作。

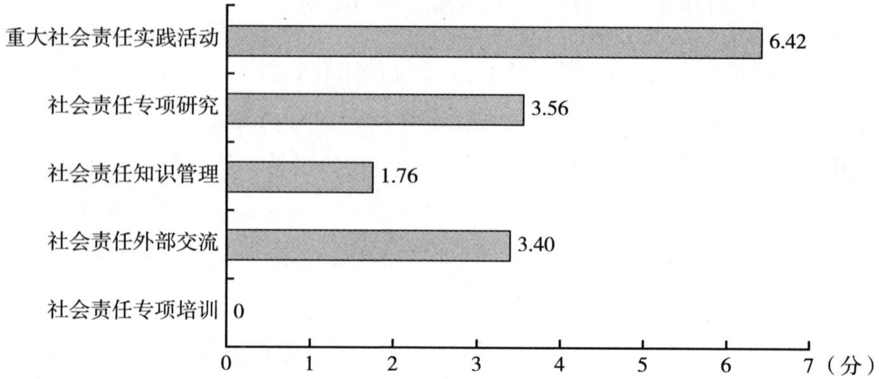

图8　2014年房地产行业上市公司能力建设各项三级指标得分对比

五　房地产行业上市公司经济价值创造能力维度评价分析

经济价值创造能力不仅体现在营业收入、利润率、资产负债率等直接经济价值方面，也体现在税收贡献、就业贡献、行业创新等间接经济价值方面。分析得出，房地产行业上市公司的经济价值创造能力平均分为58.26分，在六大维度中得分最高。这说明，房地产行业上市公司的经济价值创造能力相对突出。从得分分布来看，超过半数的企业（27家）得分在60分以上，仅1家企业得分小于30分，其余22家企业得分处于30～60分。

（一）直接经济价值创造能力突出

从直接经济价值和间接经济价值两个方面来看，房地产行业上市公司的直接经济价值创造能力更加突出。研究发现，50家房地产行业上市公司的“直接经济价值”指标平均得分79.21分，得分较高。从得分分布来看，92%的公司得分超过60分，其中得分处于80～100分的公司有32家（见图9）。这说明，2014年房地产行业上市公司的营业收入普遍较好，且利润率较高。样本信息显示，营业收入超过100亿元的公司有15家。

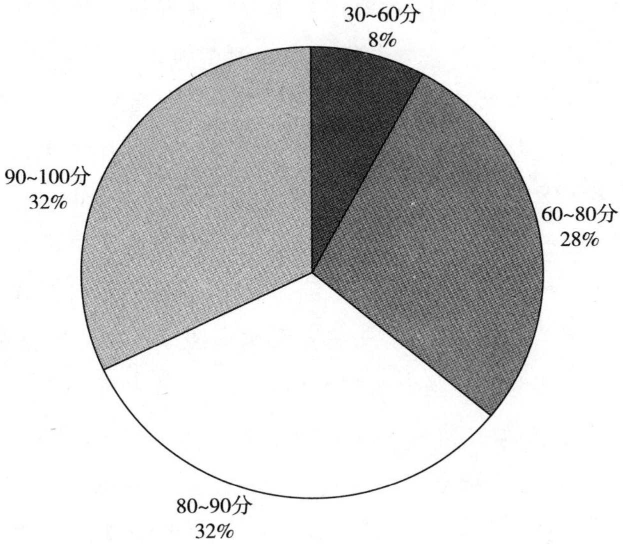

图9　2014 年房地产行业上市公司“直接经济价值”指标得分分布

（二）行业创新不足

房地产行业上市公司的“间接经济价值”指标平均得分为 44. 29 分，明显低于“直接经济价值”指标得分。从间接经济价值涉及的各项三级指标得分来看，“对创新的贡献”指标得分最低，平均得分仅 18. 48 分（见图 10）。这说明，房地产上市公司在产品和服务创新能力方面还存在不足。

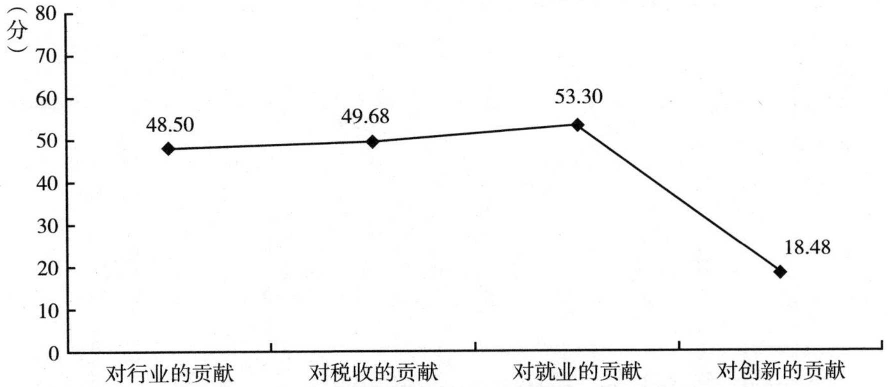

图10　2014 年房地产行业上市公司间接经济价值各项三级指标得分分布

案例三：金地集团首创“云服务”深度客户服务平台

金地集团在总结以往物业服务优秀经验的基础上，积极探索物业服务管理创新，在房地产业界首创“云服务”系统，2014 年是金地“云服务”不断推进完善的一年，“云服务”平台与内容进一步丰满，其中金地天才计划、小桔灯、网球之星等“云服务”活动受到广大业主的青睐和好评。

“云服务”是金地集团在中国房地产界首创的深度客户服务平台，是金地基础物业服务之外的增值服务体系总称，目前涵盖了“云居家”“云教育”“云健康”“云商旅”“云消费”“云公益”六大板块二十多项服务。

依托公司的资源背景和强大的市场拓展能力，金地整合各区域、城市、项目的公司内外优质资源，构成一个庞大的服务资源池，客户通过加入金地“家天下”客户网络，获得全方位的服务。在行业整体客户满意度下滑的大环境下，2014 年金地集团的盖洛普客户服务满意度达 93%，领先行业一级品牌公司平均值 10 个百分点，客户忠诚度高于行业平均水平。

（三）就业带动效应相对显著

间接经济价值中，“对就业的贡献”指标得分相对最高，平均得分为 53.30 分。这印证了房地产行业对就业的带动效应明显，很多企业客观上都为解决地方就业做出了贡献，并且有招纳应届毕业生、雇佣本地户等政策。从得分分布来看，50%（25 家）的企业得分处于 80～100 分，有 4 家企业得分处于 60～80 分，有 21 家企业的得分低于 60 分（见图 11）。

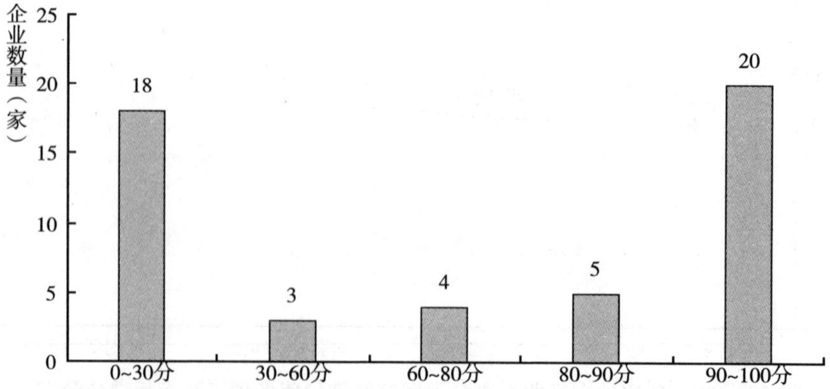

图 11　2014 年房地产行业上市公司“对就业的贡献”指标得分分布

六 房地产行业上市公司社会价值创造能力维度评价分析

社会价值创造能力集中体现了企业生产运营为利益相关方带来的影响。企业在这一维度的表现主要从“为客户创造价值、为伙伴创造价值、为员工创造价值、为社区创造价值、公益慈善、安全生产运营”六个方面进行评价。统计显示，房地产行业上市公司的社会价值创造能力平均得分 17.62 分，得分较低，其中 76%（38 家）的企业得分低于 30 分，24%（12 家）的企业得分处于 30 ~ 60 分，没有任何一家企业的得分超过 60 分。

（一）客户关系管理相对较好，与消费者的关系亟待改善

企业为客户创造价值主要体现在为客户提供质量有保证的产品和服务上以及对消费者进行负责任消费引导。统计显示，房地产行业上市公司的“为客户创造价值”指标平均得分 22.11 分。从得分分布来看，有 32 家（占比 64%）公司的得分低于 30 分，有 16 家公司的得分介于 30 ~ 60 分，有 2 家公司的得分超过 60 分。从各项三级指标来看，与消费者相关的指标得分普遍偏低（见图 12）。

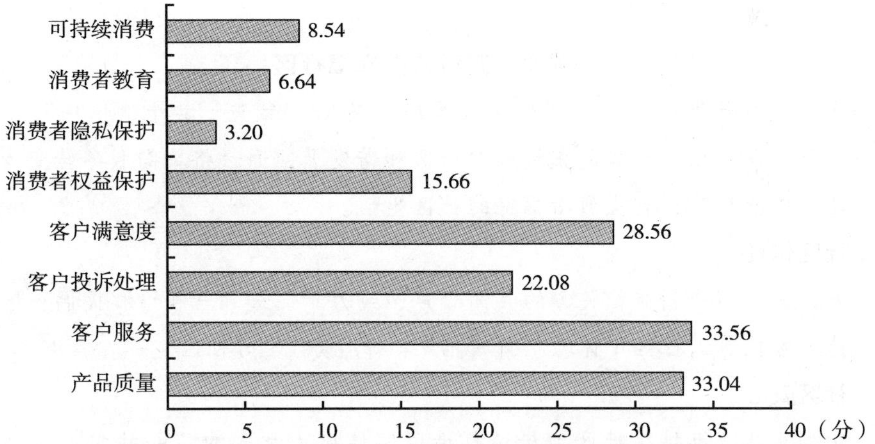

图 12 2014 年房地产行业上市公司为客户创造价值的各项指标得分分布

（二）社区价值创造能力不足

在社会价值创造能力包含的各项二级指标中，“为社区创造价值”指标得分最低，平均分仅为9.06分。在50家上市公司中，得分超过30分的只有9家。这说明，虽然房地产行业天然与“社区”有关系，但是房地产企业在主动为社区创造价值方面的表现并不好。企业普遍没有制定促进社区发展的政策，也没有系统性的社区沟通机制，开展的社区项目多以临时性活动为主。2014年房地产行业上市公司为社区创造价值的各项指标得分如图13所示。

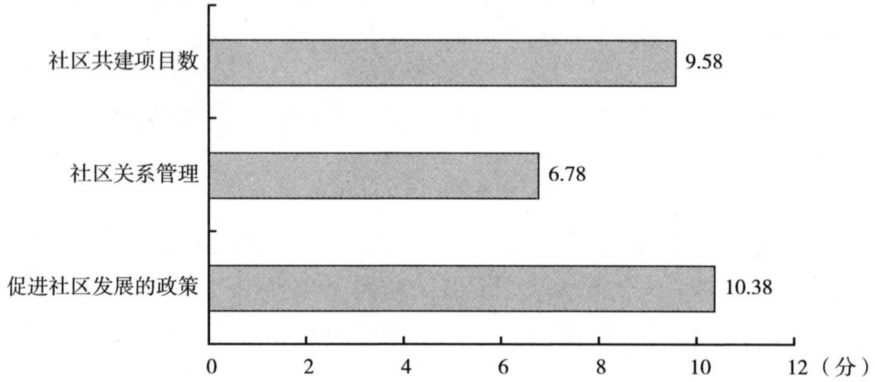

图13　2014年房地产行业上市公司为社区创造价值的各项指标得分分布

案例四：万科打造幸福社区

在互联网时代背景下，万科深入推广“安心、参与、共生、信任”幸福社区模型，发动每一位居民积极参与社区和谐发展，通过将单向服务转变为双向共建，成就智慧、有强烈幸福感的社区生活。

社区信任

万科真诚回应利益相关方的共同心声，致力于促进邻里和谐和提倡社区文明，让大家在熟人社区中体验“好邻居”“好服务”“好社区”。

社区安心

幸福驿站。万科在社区为居民打造以实体店为形式的“一站式”生活管家服务，贴心地为居民提供邮包中转、家政、配送等多种代理代办服务，让居民日常生活的便捷程度和幸福指数更高。

万物仓。万科聚焦社区发展，由重资产转向轻资产运营，正转型成为社区收纳系统解决方案提供商。万科向社区提供储存物件的小型仓库——“万物仓”，更好地帮助客户解决家庭闲置性物品、季节性物品、收藏性物品、情感性物品的存储问题。

社区参与

社区共管是未来社区健康发展的方向，选举协商机制也是公民社区成长的土壤营养。从2013年开始，万科物业致力于协助社区业主大会成立和业主委员会选举，推动社区民主与共治。截至2014年底，成立业委会25个，累计成立业委会132个。

社区共生

万科持续在全国社区发动业主参与社区垃圾分类活动，推动“绿色、低碳、环保”成为社区居民的一种健康生活方式。2014年，开展垃圾分类的社区占全部社区的43.76%，平均每个社区减量达24%，最佳垃圾分类社区减量高达75%。

（三）普遍重视为员工创造价值

为员工创造价值涉及的内容较多，比如雇佣政策、薪酬体系、职业发展通道、员工培训、员工关怀、女性员工占比等。统计显示，50家房地产上市公司的“为员工创造价值”指标平均得分24.33分，是房地产上市公司社会价值创造能力维度中得分最高的二级指标。整体来看，该项指标的得分并不算高，但是该指标对应的部分三级指标如劳动合同签订率、员工薪酬、员工关爱、员工培训覆盖率、五险一金覆盖率等得分相对较高（见图14）。

案例五：陆家嘴股份公司员工培训

上海陆家嘴金融贸易区开发股份有限公司（陆家嘴股份公司）把能力培训作为员工职业规划的基础，在职工培训上制定了多层次、全方位的年度员工培训计划。2014年，公司在保持现有员工培训广度和密度的基础上，增加高品质和个性化课程，开展了针对业务骨干的内训课程和针对全体员工的E-

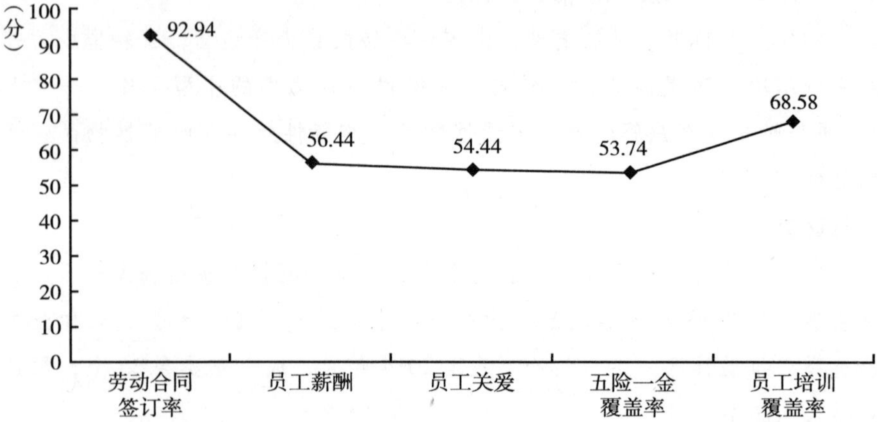

图 14　2014 年房地行业上市公司为员工创造价值的部分指标得分分布

learning 在线学习，同时针对财务人员、工程技术人员、法务人员、营销人员，公司开发了专业知识公开培训课程，促进员工快速成长。

在线学习 E-Learning 平台，通过碎片化的学习方式，巧妙解决了员工工作与培训之间的冲突。通过不受时间、地点所限，随时在线进行各类知识技能的学习，方便员工将所学的知识技能更好地运用到工作中，2014 年参与网上学习的员工比例达 95%。

（四）公益慈善表现整体不高，不同企业差异较大

慈善捐赠和志愿服务是企业开展公益慈善活动的主要方式。统计显示，50 家房地产上市公司的“公益慈善”指标平均得分为 21.57 分。从得分分布来看，企业之间的差异很大，50 家上市公司中，最高分为 90.72 分，最低分为 11.96 分。

（五）员工志愿者服务缺乏系统规划

“公益慈善”包含“对外捐赠总额、对外捐赠占营业收入的比重、员工志愿者数量、员工志愿者活动、企业公益基金/基金会”五个三级指标。在评价中，笔者发现，大多数企业的志愿服务水平较低，全员参与度不高，缺乏品牌性的志

愿服务项目。大多数企业有年度的慈善捐赠预算，但是慈善捐赠占营业收入的比重极小。2014 年房地产行业上市公司公益慈善各项指标得分如图 15 所示。

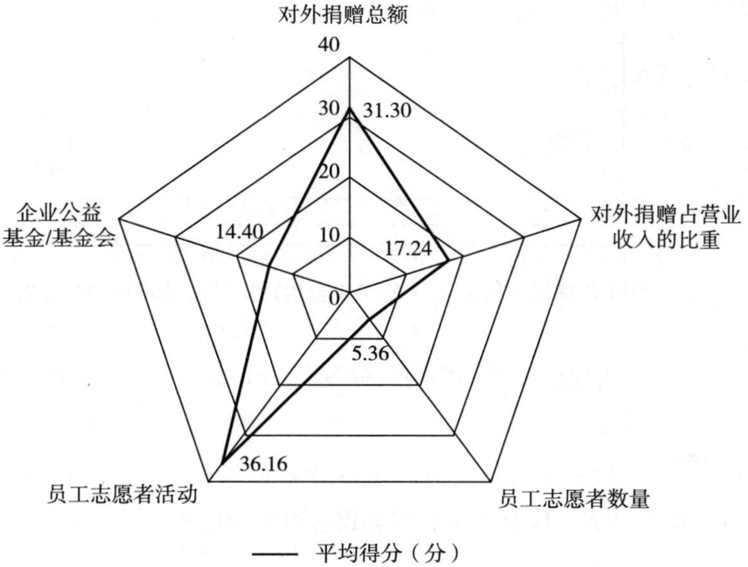

图 15　2014 年房地产行业上市公司公益慈善各项指标得分分布

（六）安全生产管理体系相对完善，安全生产投入相对缺乏

“安全生产运营”指标主要评价企业的安全生产管理体系是否完善、安全生产投入是否稳定、安全培训和安全演练是否全员覆盖等。统计显示，房地产行业上市公司的“安全生产运营”指标平均得分 13.12 分，得分较低。从该指标所涉及的各项三级指标来看，企业的安全生产管理体系相对完善，都有明确的安全生产管理制度，并且在获得安全生产认证方面表现良好。但是“安全生产投入”和“安全应急预案”两项三级指标的得分偏低（见图 16）。这说明，安全生产管理体系还没有得到充分落实。

七　房地产行业上市公司环境价值创造能力维度评价分析

环境价值创造能力维度主要评价企业的环境管理体系建设、污染减排效

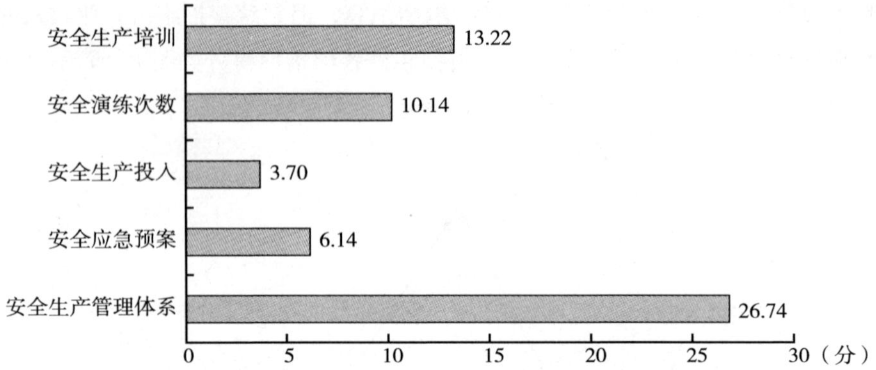

图 16　2014 年房地产行业上市公司安全生产运营各项指标得分分布

果、资源可持续利用程度以及为应对气候变化和生态环境保护所做的贡献。统计显示，房地产行业上市公司环境价值创造能力平均得分 10.56 分，在六大维度中得分仅高于社会责任推进管理。从得分分布来看，绝大多数（96%）公司的得分在 30 分以下，仅有 2 家公司的得分高于 30 分。

（一）重视国家环保政策，但环保投入还需提高

统计显示，房地产行业上市公司的“环境管理”指标得分为 24.09 分，在环境价值创造能力维度所包含的二级指标中，得分相对最高。从得分分布来看，56%（28 家）的公司得分低于 30 分，34%（17 家）的公司得分处于 30～60 分，8%（4 家）的公司得分处于 60～80 分，2%（1 家）的公司得分高于 90 分（见图 17）。

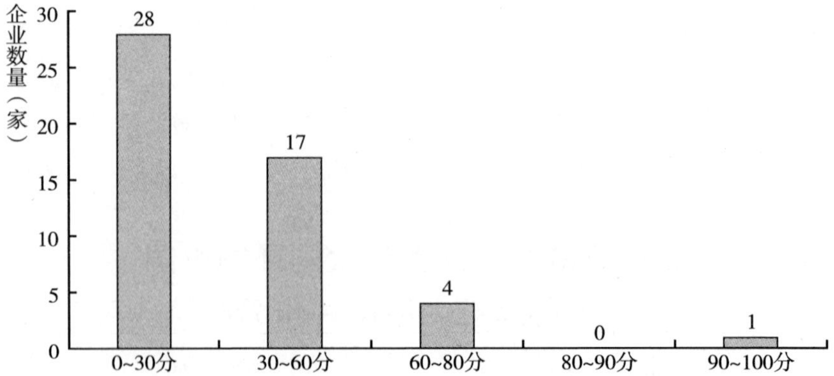

图 17　2014 年房地产行业上市公司“环境管理”指标得分分布

从“环境管理”指标涉及的具体内容来看，房地产上市公司在遵守国家环保政策和建立健全环境管理体系方面的表现相对较好，多数企业都有明确的环境管理制度，并取得了环境管理体系认证。但是，环保投入明显不足（见图18）。

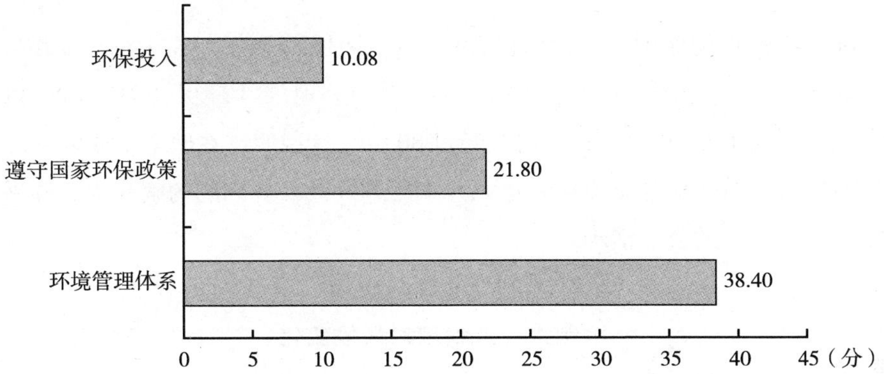

图18　2014年房地产行业上市公司环境管理各项指标得分对比

（二）污染减排效果不理想，资源可持续利用率不高

污染减排主要指企业的“三废”排放值是否达标，排放量与往年相比是否呈现下降趋势。评价显示，房地产上市公司的“污染减排”指标平均得分2.84分，在环境价值创造能力维度的所有二级指标中得分最低（见图19）。这说明，房地产行业的“三废”减排还不理想，只有少部分企业做到了达标排放。

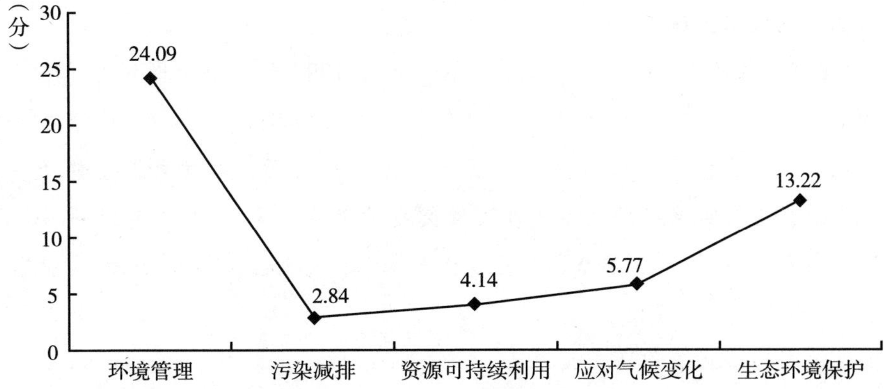

图19　2014年房地产行业上市公司环境价值创造能力维度各项二级指标得分

“资源可持续利用”指标的平均得分为4.14分，也很低。这表示，房地产上市公司在能源节约、水资源循环利用等方面的实际工作效果不显著。

（三）逐渐重视开展环保公益活动

在“生态环境保护”指标所包含的“减少生态环境破坏、生态修复与治理、环保公益”三项三级指标中，房地产上市公司的“环保公益”指标得分相对较高，其中有10家公司的得分超过80分。这说明，在健全企业内部环境管理体系的同时，部分企业逐渐意识并参与到公共环境问题的解决中，开展以环境保护为主题的公益活动。

案例六：万科应对气候变化

参加秘鲁气候大会

2014年12月1日至12日，联合国气候变化大会于秘鲁首都利马举行。《联合国气候框架公约》是世界上第一个应对全球气候变化的国际公约，旨在全面控制二氧化碳等温室气体排放。作为倡导绿色建筑的先锋企业，万科积极参加了这次联合国气候变化大会。2014年12月10日，万科主办的“城市的绿色低碳未来”主题边会在秘鲁气候大会“中国角”举行。在本次“城市的绿色低碳未来”主题边会上，万科宣布向阿拉善SEE公益机构捐赠1万棵梭梭树苗，设立“利马中国企业日梭梭林”，致力于为改善生态环境和减少气候贫困尽一己之责，向当地增添和传递绿色希望。

加入碳减排先锋

“碳减排先锋”项目（Climate Saver）始于1999年，是由世界自然基金会（WWF）发起的全球各行业领军企业参与应对气候变化的项目。“碳减排先锋”倡导企业自愿实施大幅超前的温室气体减排行动，推动可再生能源的使用，并积极推广可持续商业模式和气候问题的解决方案。2014年11月13日，万科集团宣布正式加入WWF“碳减排先锋”，成为全球房地产行业中首家“碳减排先锋”成员企业。万科制定并公开了自身的碳减排目标，力争在2018年推动集团碳减排工作迈上新台阶。

八 房地产行业上市公司合规透明运营能力维度评价分析

房地产行业上市公司合规透明运营能力平均得分41.21分，在六大维度中得分仅次于经济价值创造能力。从具体得分来看，有15家公司得分处于30分以下，有29家公司得分处于30～60分，有5家公司的得分在60～80分，还有1家公司的得分高于80分。

（一）信息披露管理相对成熟

合规透明运营能力主要评价企业在合规运营、信息披露、沟通参与三方面的能力。评价显示，相对于合规运营和沟通参与，房地产行业上市公司的信息披露管理更加成熟，50家公司的“信息披露”指标平均得分62.28分。从得分分布来看，42%（21家）的公司得分处于60～80分，12%（6家）的公司得分处于80～90分（见图20）。这说明，大部分房地产上市公司的信息披露机制比较完善、信息发布渠道多样。

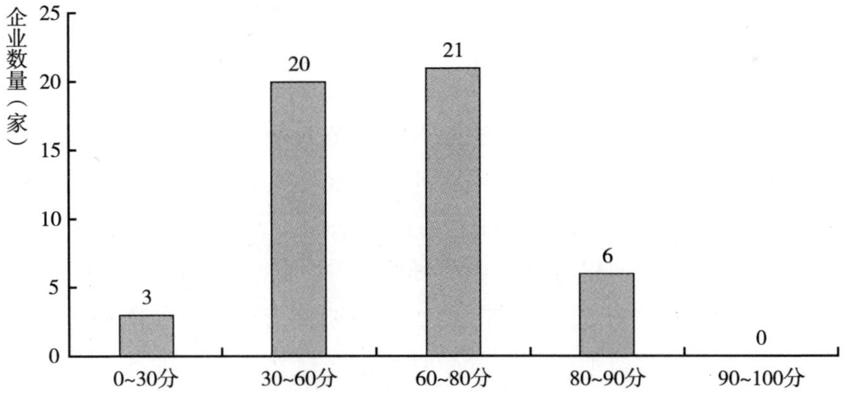

图20 2014年房地产行业上市公司“信息披露”指标得分分布

（二）企业年报的质量较高

年报是上市公司必须向股东和投资者提交的年度财务报告，因为监管部门对年报的发布时间和格式有明确规定，所以上市公司的年报发布质量普遍较高。评价显示，房地产行业上市公司的“发布财务报告”指标平均得分90.96分，得分较高，绝大多数企业的年报比较及时，内容也比较详尽。从得分分布来看，76%（38家）的公司得分处于90～100分，12%（6家）的公司得分处于80～90分，8%（4家）的公司得分处于60～80分，仅有2家公司得分处于30分以下（见图21）。

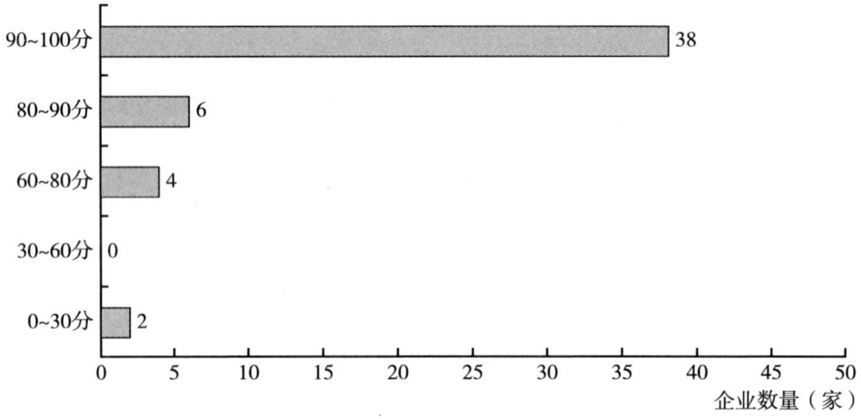

图21　2014年房地产行业上市公司“发布财务报告”指标得分分布

（三）合规运营能力稍显不足

合规运营能力是企业诚信守法经营、防范合规风险的保证，包括合规管理制度、培育合规文化、员工合规培训、有效杜绝和避免腐败违规事件的发生。评价显示，房地产行业上市公司的“合规运营”指标平均得分36.75分。其中，60%的公司得分处于30～60分，34%的公司得分低于30分，有2家公司的得分高于90分（见图22）。这说明，大部分房地产行业上市公司的合规运营能力还需要加强，一方面要强化合规文化的培训和全员合规运营意识的培养，另一方面要建立成熟的合规管理制度和运行机制，避免腐败违规事件的发生。

（四）重视与股东的沟通，其他利益相关方的沟通参与程度不深

“沟通参与”指标主要从沟通机制、沟通频率、沟通形式和效果等方面评

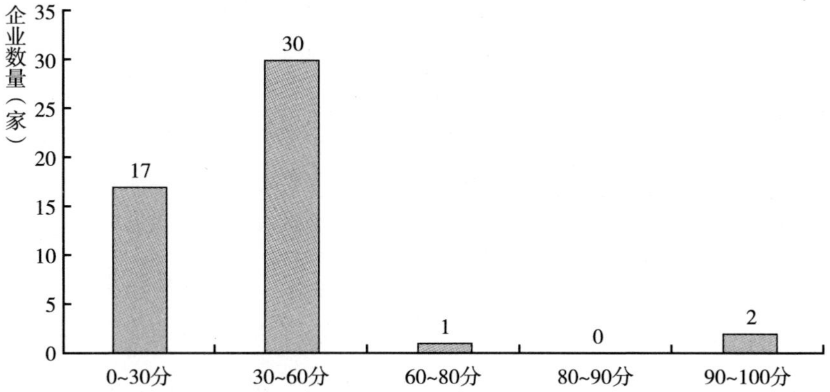

图 22　2014 年房地产行业上市公司“合规运营”指标得分分布

价企业与利益相关方的沟通能力。评价显示，房地产行业上市公司的“沟通参与”指标平均得分为 26.08 分，与“合规运营”和“信息披露”指标相比，得分最低。这主要是因为除了与股东有比较成熟的沟通外，房地产企业与其他利益相关方的沟通交流还不够深入（见图 23）。比如在与媒体的沟通方面，多数企业虽然有沟通制度，但是还没有细化和落实到制定专门的媒体沟通手册、创新沟通模式等方面。

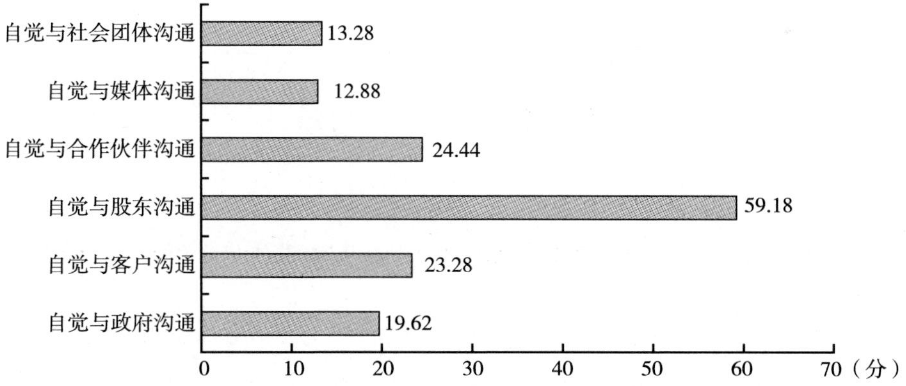

图 23　2014 年房地行业上市公司沟通参与各项指标得分对比

B.7

2014年中国机械行业上市公司社会责任能力成熟度评价分析

摘　要：为了评价机械行业上市公司的社会责任能力成熟度水平，本文选取了2014年机械行业市值最大的50家公司作为评价对象。首先说明了评价对象的基本特征，其次阐述了本次评价的总体结论，然后系统分析了机械行业上市公司社会责任能力成熟度六大维度的具体表现，最终得出中国机械行业上市公司社会责任能力成熟度评价结果。评价发现，机械行业上市公司社会责任能力成熟度整体处于无能级，企业普遍重视产品质量和客户服务，但是为合作伙伴创造的综合价值偏低。

关键词：机械行业　社会责任能力成熟度　合作伙伴

一　机械行业上市公司社会责任能力成熟度评价对象

为了评价2014年中国机械行业上市公司的整体社会责任能力成熟度水平，本研究按照市值排名，选取了2014年机械行业A股市值最大的50家公司作为评价对象。其基本特征如表1所示。

表1　2014年机械行业上市公司50强基本特征分布

类别	极小值	极大值	均值	中值	众数	标准差	偏度	偏度的标准误	峰度	峰度的标准误
总资本	18.22	2065.05	267.65	105.02	18.22	407.69	2.782	0.337	8.488	0.662
负债	3.53	1441.01	167.59	52.02	3.53	278.05	2.906	0.337	9.607	0.662

续表

类别	极小值	极大值	均值	中值	众数	标准差	偏度	偏度的标准误	峰度	峰度的标准误
营业收入	6.08	1197.24	138.49	58.23	6.08	228.54	3.074	0.337	10.333	0.662
营业净利率	-0.38	39.13	9.09	6.63	-0.38	9.77	1.524	0.337	1.735	0.662
市值	89.90	1691.11	230.13	125.08	89.90	274.87	3.710	0.337	16.570	0.662
市盈率	-1258.35	1942.75	137.52	52.88	-1258.35	439.35	2.198	0.340	12.010	0.668
独立董事占比	25.00	57.14	36.88	33.33	33.33	5.54	1.316	0.337	2.735	0.662
股权集中度 CR4	30.40	92.74	59.71	59.45	30.40	15.61	-0.080	0.337	-0.480	0.662

注：总资本、负债、营业收入、市值的单位均为亿元；营业净利率、独立董事占比、股权集中度的单位均为百分比。

二　机械行业上市公司社会责任能力成熟度总体评价分析

（一）机械行业上市公司社会责任能力成熟度整体处于无能级

50家机械企业的社会责任能力成熟度平均得分为26.71分，整体处于无能级。其中，企业社会责任能力成熟度处于无能级的公司有30家，占比60%；企业社会责任能力成熟度处于弱能级的公司有20家，占比40%；没有任何上市公司的企业社会责任能力成熟度处于本能级、强能级或者超能级（见图1）。

（二）机械行业上市公司社会责任能力成熟度不同维度之间差异较大

从社会责任能力成熟度的六个维度来看，机械行业上市公司的经济价值创造能力得分最高，平均得分为52.42分，社会责任理念与战略得分次之，平均

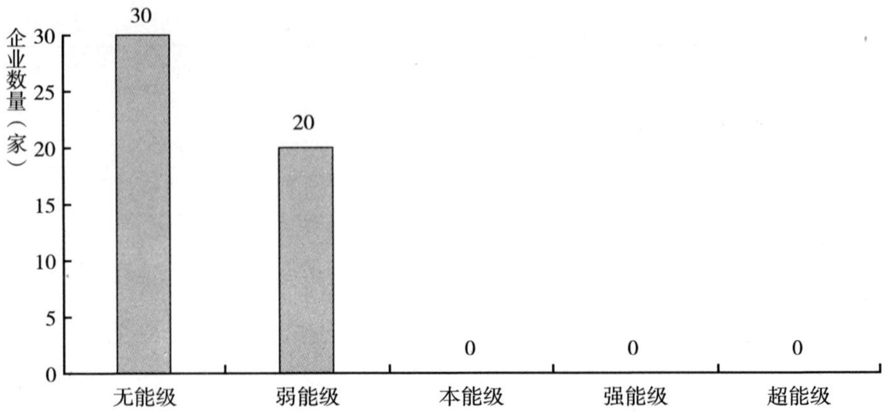

图 1 2014 年机械行业上市公司社会责任能力成熟度等级分布

得分为 38.17 分，均处于弱能级；合规透明运营能力平均得分为 33.30 分，也处于弱能级；社会价值创造能力、环境价值创造能力和社会责任推进管理平均得分分别为 23.71 分、14.38 分和 3.39 分（见图 2）。

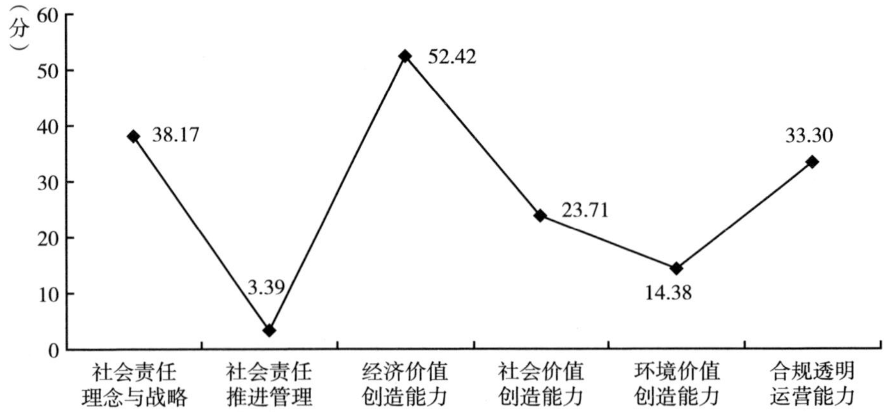

图 2 2014 年机械行业上市公司社会责任能力成熟度六大维度得分对比

（三）国有机械上市公司的社会责任能力成熟度高于民营机械上市公司

在市值最大的 50 家机械上市公司中，包含 17 家民营上市公司和 33 家国有上市公司，国有机械上市公司的社会责任能力成熟度平均得分为29.23分，民营机械上市公司的社会责任能力成熟度平均得分为21.83分。统计显示，无论是从社会责任能力成熟度的六个维度还是从最终结果来看，国有上市公司的得分均高于民营上市公司（见图3）。

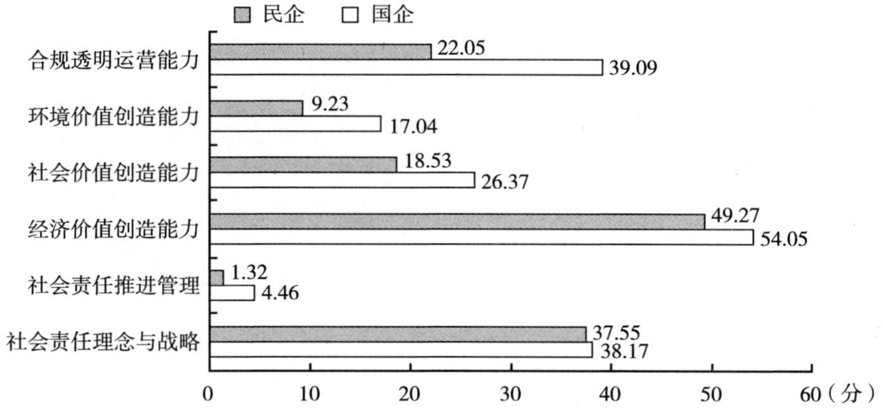

图3　2014年不同所有制的机械上市公司社会责任能力成熟度各维度得分对比

（四）上交所的机械上市公司社会责任能力成熟度水平高于深交所

在50家机械上市公司中，有26家在上交所上市，占样本总量的52%，有24家在深交所上市，占样本总量的48%。统计发现，在上交所上市的机械公司社会责任能力成熟度平均得分为27.90分，深交所的机械上市公司社会责任能力成熟度平均得分为25.43分，均处于无能级，上交所上市公司的得分高于深交所上市公司。从社会责任能力成熟度的六大维度来看，除了社会责任理念与战略和合规透明运营能力两个维度外，其他四个维度的得分均是上交所上市公司高于深交所上市公司（见图4）。

（五）机械行业上市公司社会责任能力成熟度水平随着公司营业收入的增加呈上升趋势

随着上市公司营业收入的增加，上市公司的社会责任能力成熟度水平呈现

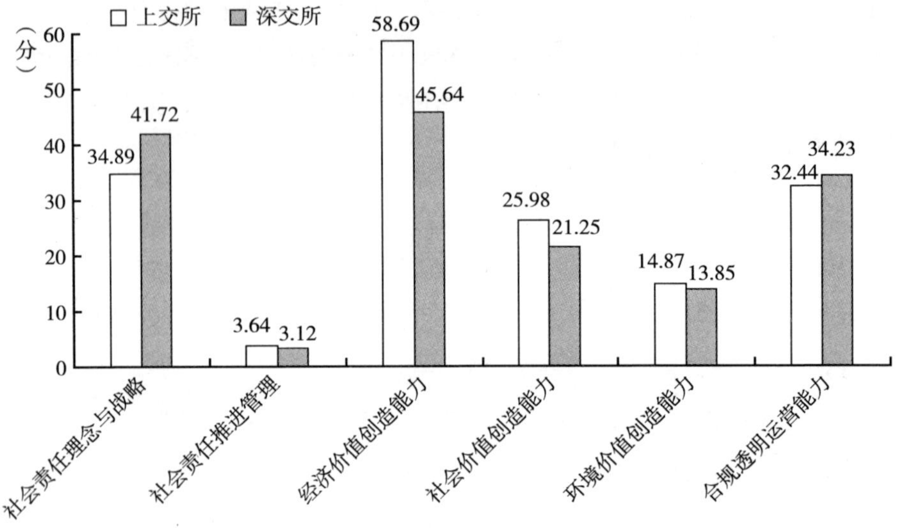

图 4　2014 年沪深两市机械上市公司社会责任能力成熟度六大维度得分对比

上升趋势。在 50 家机械行业上市公司中，营业收入低于 100 亿元的企业有 36 家，其社会责任能力成熟度平均得分为 23.46 分；营业收入介于 100 亿～1000 亿元的企业有 13 家，其社会责任能力成熟度平均得分为 33.86 分；营业收入处在 1000 亿～5000 亿元的企业有 1 家，其社会责任能力成熟度平均得分为 50.93 分；没有一家企业的营业收入在 5000 亿元以上（见图 5）。

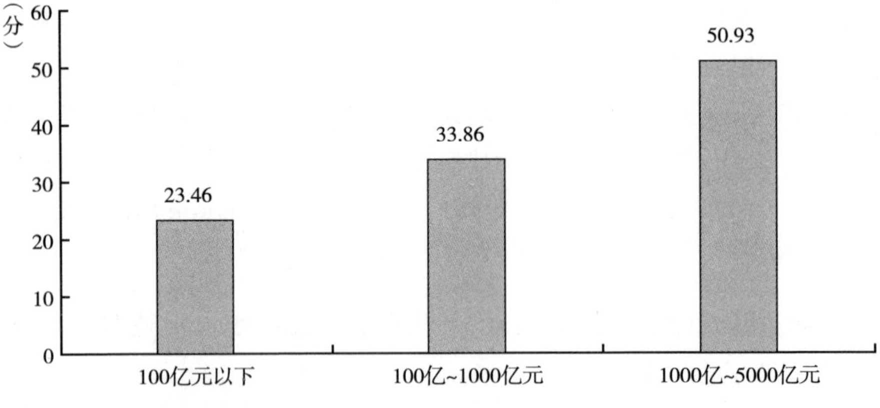

图 5　2014 年不同营业收入水平的机械行业上市公司社会责任能力成熟度得分对比

三 机械行业上市公司社会责任理念与战略维度评价分析

机械行业上市公司的社会责任理念与战略平均得分为38.17分，整体处于弱能级，仅次于经济价值创造能力得分。统计发现，有13家企业的得分在30分以下，有31家企业的得分在30~60分，有6家企业的得分在60~80分，没有一家企业的得分在80分以上。在50家上市公司中，柳工公司该项维度的得分为75.60分，表现突出。

（一）社会责任理念较为明确清晰

在社会责任能力成熟度评价中，责任理念关系企业是否自觉将社会责任原则和理念融入企业愿景、使命和价值观中，并进行充分融合，让履行社会责任成为公司存在的意义之一，责任理念包含“融入企业愿景（社会责任愿景）”“融入企业使命”“融入企业价值观”三个三级指标。统计发现，机械行业上市公司“责任理念”指标平均得分为57.89分。其中，有4家企业的得分在80~90分，有30家企业的得分在60~80分，有16家企业的得分在60分以下（见图6）。这说明，大部分上市公司的企业愿景、企业使命、企业价值观中体现了一部分具有完整意义的社会责任思想。

（二）没有制定专门的可持续发展战略

责任战略关系企业是否综合考虑内外部环境和利益相关方需求，从战略高度将社会环境目标、利益相关方期望与企业发展目标融合，让履行社会责任成为企业发展战略的一部分。研究显示，机械行业上市公司“责任战略”指标平均得分为8.58分。其中，有42家企业的得分在30分以下，占样本总量的84%，有8家企业的得分在30分以上。在其涉及的两个三级指标中，“可持续发展战略/规划”和“社会责任专项规划”指标的平均得分为12.46分和4.70分。说明大部分企业还没有专门的可持续发展战略，编制了社会责任工作计划，但计划内容比较简单粗糙且执行力较差。

案例一：中集未来五年可持续发展战略

①企业愿景：成为所进入行业的全球领先企业。

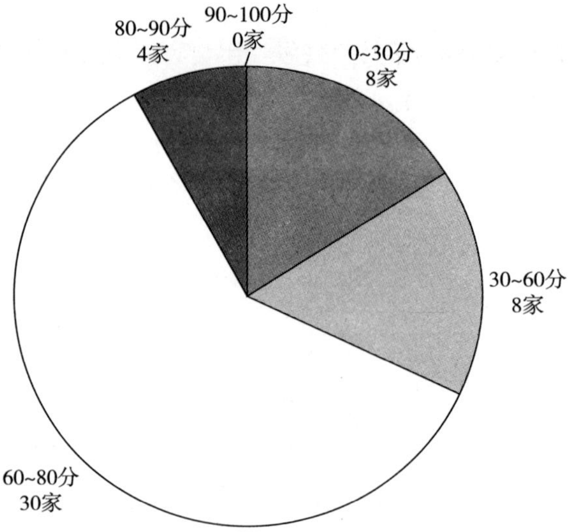

图6　2014 年机械行业上市公司“责任理念”指标得分分布

②企业使命：为物流、能源行业提供高品质与可信赖的装备和服务，为股东和员工提供好回报，为社会创造可持续价值。

③战略目标：以追求更有质量的增长为基调，聚焦能源、物流领域的装备制造和服务；建成产业运作与资本运营一体化、制造与服务一体化、国内与国际经营一体化，保持企业的健康发展和持续增值；力争 2017 年实现“跨越千亿、迈向世界级企业”的发展目标。

④发展思路：提出“稳中求进，战略聚焦”的战略发展主题词，中集将在寻求规模增长的同时，更加注重有质量的增长。聚焦现有业务，发挥多业务协同效力的作用，提升综合竞争能力，对进入新产业保持谨慎态度。未来五年将努力打造“2×2”愿景，一是聚焦物流与能源装备领域，形成两大产业集群；二是从以制造为重点延伸到“制造 + 服务 + 金融”的业务核心，并继续创造新的制度优势和文化优势，在产品、技术创新，特别是商业模式创新等诸多方面进行系统性的变革，重点突破培育竞争优势、优化业务结构、建立“可积累的持续改善机制”，为本集团持续良性发展奠定新的基石。

四　机械行业上市公司社会责任推进管理维度评价分析

社会责任推进管理体系用来制定和实施企业的责任方针，并组织实施各类社会责任工作。机械行业上市公司社会责任推进管理平均得分为3.39分，在各大维度中得分最低，这说明，影响我国机械行业企业社会责任能力成熟度提升的一个关键制约因素在于社会责任推进管理不足。其中，有49家企业的得分在30分以下，有1家企业的得分在30～60分。

（一）社会责任治理方面还很不成熟

责任治理要求企业建立必要的组织体系和工作机制，保证企业社会责任理念得以贯彻，保证社会责任战略和目标得以落实。机械行业上市公司“责任治理”指标平均得分为7.93分，其中有46家企业的得分在30分以下，4家企业的得分在60～80分。在其涉及的3个三级指标中，“社会责任领导机构”“社会责任工作机构”“社会责任工作机制”指标的平均得分为7.68分、6.90分和9.28分。结果表明，大部分企业没有成立专门的社会责任领导机构、社会责任工作机构，也没有建立社会责任工作机制，但对公司的社会责任工作有少量的管理，社会责任治理水平还比较低下。

案例二：安徽合力社会责任治理机构

公司成立了以董事长为主任委员的“公益支持管理委员会”统筹管理公司社会公益活动，规划公益战略方向。董事会通过审议年度社会责任报告，督查社会责任履职情况，保障公司组织化、规范化和制度化地开展社会责任工作。

董事会负责对重大社会责任事项进行决策部署，管理层负责落实决策。同时，公司各单位均设有负责安全生产、职业健康、节能环保等方面的管理岗位和人员，具体落实社会责任日常管理工作。公司在经济绩效、市场绩效、环境绩效、社会绩效等方面进行社会责任内部管理及与外部利益相关方进行沟通，公司董事会办公室根据社会责任履行情况编制、披露年度社会责任报告以展示社会责任治理成果，并接受社会公众的监督。

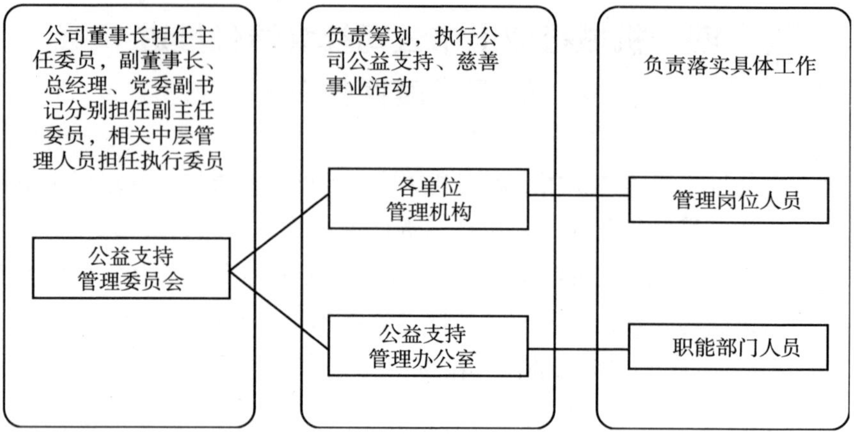

（二）社会责任工作缺乏必要的能力建设和制度建设

能力建设是指企业提升员工责任意识、丰富理论知识和实践经验、打开思维眼界的一系列工作。统计显示，机械行业上市公司“能力建设”指标平均得分为2.71分，其中，有49家企业的得分在30分以下，有1家企业的得分在30~60分。在其涉及的5个三级指标中，“社会责任专项培训”“社会责任外部交流”“社会责任知识管理”“社会责任专项研究”指标的平均得分均在5分以下，“重大社会责任实践活动”指标的平均得分为7.58分。这表明，在社会责任专项培训、社会责任外部交流、社会责任知识管理、社会责任专项研究和重大社会责任实践活动五个方面，机械行业上市公司还处于刚起步的阶段。

制度建设包括制定社会责任推进制度和对现有制度的修订完善两个方面。机械行业上市公司“制度建设”指标平均得分为3.16分，其中，有48家企业的得分在30分以下，有1家企业的得分在30~60分，有1家企业的得分在60~80分。这说明，大部分企业还没有制定社会责任推进制度，也没有开展从社会责任角度审查现有公司制度的工作，制度建设还没有纳入社会责任推进管理日程中。

（三）不够重视社会责任绩效评估工作

社会责任绩效评估关系企业是否为推进社会责任工作而制定了一整套完善的评价指标体系，并将社会责任工作表现纳入公司绩效考核。研究发现，机械行业50家上市公司的“责任绩效评估”指标平均得分低于10分，50家企业的得分均在30分以下。这说明，绝大多数机械行业上市公司还没有建立社会责任评价指标体系，也没有将社会责任纳入绩效考核，还没有引起企业的足够重视。

（四）社会责任管理投入相当匮乏

社会责任管理投入关系企业是否为社会责任推进管理工作安排了专项资金预算和专职从事社会责任推进管理工作的员工。50家机械行业上市公司“社会责任管理投入”指标平均得分低于10分，50家企业的得分均在30分以下。其原因在于，大部分企业仅临时对需要在社会责任工作上的花费实行申报，没有建立年度社会责任专项资金预算来推进社会责任工作；没有安排社会责任专职人员或只安排了1~2名社会责任兼职人员来处理社会责任事务，社会责任管理投入严重不足。

五　机械行业上市公司经济价值创造能力维度评价分析

机械行业上市公司经济价值创造能力平均得分为52.42分，在六大维度中得分最高，说明其对经济价值创造能力较为重视。其中，有4家企业的得分在30分以下，有30家企业的得分在30~60分，有13家企业的得分在60~80分，有3家企业的得分在80~90分。这说明，机械行业上市公司较为重视经济价值创造能力。

（一）直接经济价值创造能力较强

直接经济价值是企业生产经营直接创造的价值，体现在企业的营业收入、利润率和资产负债率上。机械行业上市公司的“直接经济价值”指标平均得分为63.30分，其中，有19家企业的得分在60分以下，有23家企业的得分在60~80分，有8家企业的得分在80~90分（见图7）。在其涉及的3个三级指标中，“营业收入”“利润率”“资产负债率”指标的平均得分分别为64.56分、58.96分和66.44分。这说明，2014年机械行业上市公司的营业收入和利润率较高或较往年有所改进，资产负债率也得到了企业经营者和债权人的认可。

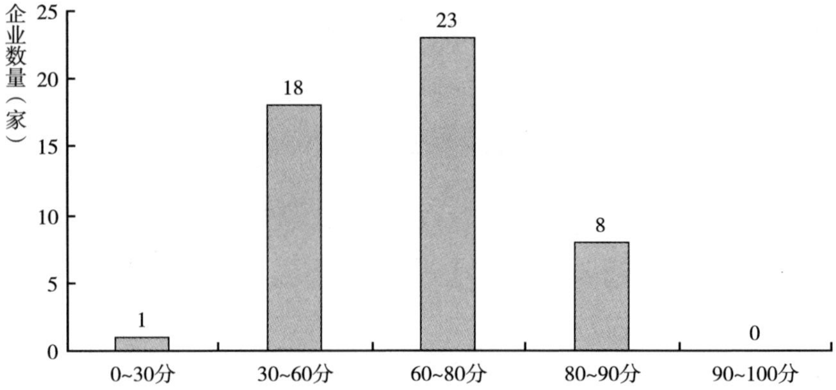

图7　2014年机械行业上市公司“直接经济价值”指标得分分布

（二）间接经济价值创造能力处于中等水平

间接经济价值侧重于评估企业自身经营发展对于行业、税收、就业和创新的贡献，包括对行业发展、国家税收、社会就业的贡献和因为创新而带来的技术溢出效应。研究显示，机械行业上市公司“间接经济价值”指标平均得分为45.17分，有18家企业的得分在30分以下，有17家企业得分在30~60分，有10家企业的得分在60~80分，有5家企业的得分在80~90分（见图8）。在其涉及的4个三级指标中，“对行业的贡献”“对税收的贡献”“对就业的贡献”“对创新的贡献”指标的平均得分分别为28.86分、73.34分、30.82分和40.74分。这说明，大部分企业加入了行业组织，但很少参与活动，没有获奖，同时缴纳税收水平比较高；在解决地方就业问题方面做出的贡献还比较小；有开展创新活动，有一些地方影响力较大的创新成果，得过少量奖励。

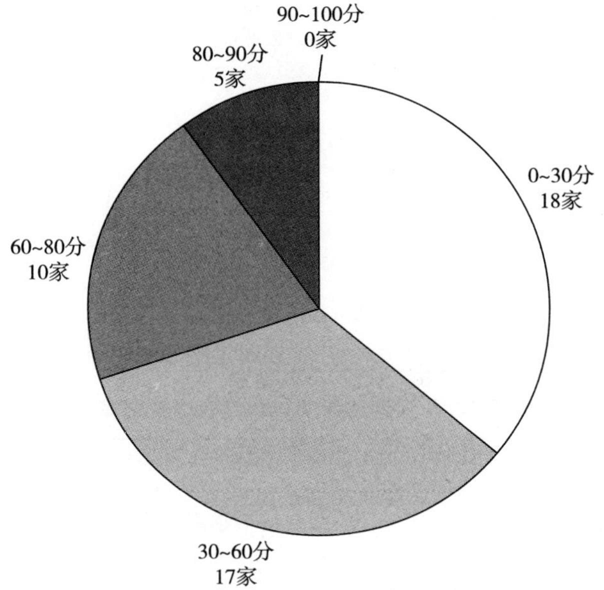

图 8　2014 年机械行业上市公司“间接经济价值”指标得分分布

六　机械行业上市公司社会价值创造能力维度评价分析

机械行业上市公司社会价值创造能力平均得分为 23.71 分。从得分分布来看，有 30 家企业的得分在 0 ~ 30 分，占比达 60%，有 20 家企业的得分在30 ~ 60 分。这说明，机械行业上市公司在生产经营活动中基于互利共赢原则为利益相关方创造了一定的价值。

（一）较为重视产品质量和客户服务

机械行业上市公司“为客户创造价值”指标得分为 32.13 分，其中，有 26 家企业得分在 30 分以下，有 20 家企业的得分在 30 ~ 60 分，有 4 家企业的得分在 60 ~ 80 分（见图 9）。在其涉及的 8 个三级指标中，“客户服务”“产品质量”“客户投诉处理”指标的平均得分较高，分别为 51.66 分、49.32 分和 52.18 分，“消费者隐私保护”和“消费者权益保护”指标平均得分偏低。这

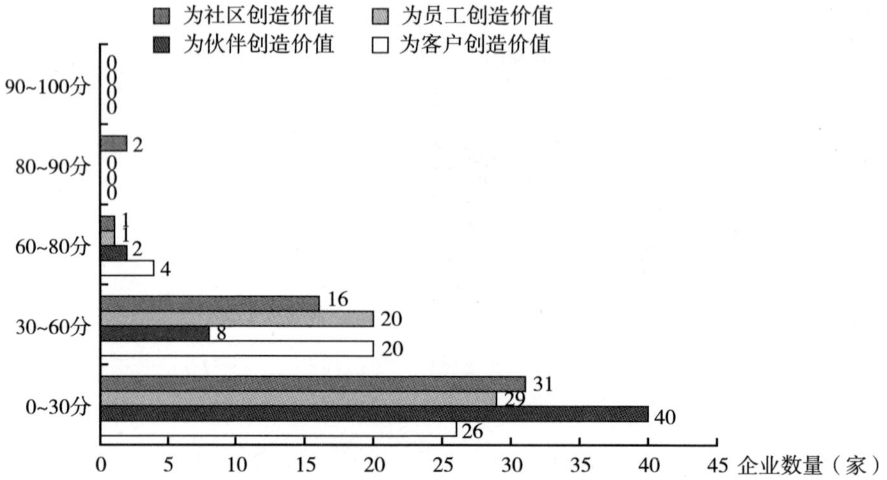

图 9　2014 年机械行业上市公司社会价值创造能力主要指标得分分布

说明，机械行业建立了质量管理体系，产品合格率基本满足相关标准要求；有相关的客户服务制度；有个别制度涉及消费者权益保护，但制作内容较为宽泛；建有客户投诉处理制度，但是不够畅通，投诉解决率很低；开展过消费者教育活动，内容和形式比较单一；有关于消费者隐私保护的简单承诺，但没有制度保障；偶尔开展客户满意度调查，调查过程比较简单，满意度结果一般。

案例三：潍柴动力客户责任

严控质量，提升产品品质。公司一直高度重视质量管理工作，始终认为产品是企业的根基，质量是企业的生命线。为确保产品质量，公司严格执行ISO/TS16949、GJB9001B 质量体系要求，持续完善公司质量管理制度流程，不断提升质量管理水平。一是完善质量管理体系。企业结合自身实际，优化完善内部二级指标，建立了涵盖采购、研发、制造、销售等产品生命周期全过程的质量管控体系。二是完善质量管理量化评价机制。编制了涵盖产品全生命周期的《质量体系评价标准》，确保 ISO/TS16949 标准要求有效落地实施。三是精心打造三支质量队伍。近几年公司通过国际招聘、内部培养、学术交流、校企合作、技术练兵等多种形式，培养了一批适应企业需要的技术质量专家、质量培训师、专职内审员。四是全员参与质量改善活动。企业引入管理创新工资、技术创新工资，鼓励员工围绕管理流程完善、工作效率提高、工艺水平提升和设计成本降低等方面开展全员改善。

强化服务，提高客户满意度。2014 年，公司以“战略指引、渠道共享、共赢发展”的战略思路为引导，以提升客户满意度为主线，全力打造“服务新干线”的服务品牌，在服务体系建设和服务管理提升方面，开展了大量卓有成效的工作，进一步提升了企业的服务竞争力。一是建立全程服务中心，监控服务全过程，提升服务质量；二是实行服务派工制管理模式，通过呼叫中心坐席全面受理客户报修、投诉及咨询等业务，提升客户满意度；三是应用开发服务信息化系统，集成服务派工、报单、审批、核算、旧件接收、索赔追偿、客户回访、稽查管理等功能，提升服务管理效率；四是制定《特约维修服务中心管理手册》，明确企业管理规定、业务标准、服务政策，规范服务渠道管理；五是革新订单拉动的交付方式，创新实施了安全库存模式，建立了正常的供货秩序，订单交付率接近100%，进一步提升了客户满意度。以上措施极大提高了企业的服务管理水平和服务质量，赢得了利益相关者的充分认可和广泛好评。

（二）更多地关注员工基本权益保护

机械行业上市公司“为员工创造价值”指标得分为23.52分，其中，有29家企业的得分在30分以下，有20家企业得分在30~60分，有1家企业的得分在60~80分。在其涉及的18个三级指标中，“劳动合同签订率”“五险一金覆盖率”“员工关爱”指标的平均得分均在40分以上，“男女员工比例”“管理层中女性所占比例”“员工入会率”指标的平均得分均在10分以下；“公平雇佣政策”和“职业发展通道”指标的平均得分分别为23.60分和27.18分。说明机械行业保障了员工的基本权益，定期开展员工关爱活动；有职业发展通道，但模式较为单一；在集体谈判机制、女性平等发展方面还有所欠缺。

（三）在社区关系管理方面还有所欠缺

机械行业上市公司“为社区创造价值”指标得分为21.05分，其中，有31家企业得分在30分以下，有16家企业得分在30~60分，有1家企业的得分在60~80分，有2家企业的得分在80~90分。在其涉及的三个指标中，

“促进社区发展的政策”“社区关系管理”“社区共建项目数”指标平均得分分别为32.58分、10.38分和17.94分。说明机械行业制定了较为全面的社区发展政策，政策内容比较一般，个别政策得到执行；设立了形式上的社区关系协调员和社区意见申诉渠道，但社区居民对企业评价不高；会有1~2个社区共建项目，但项目内容较为简单，实施情况一般，改善社区状况效果不明显。

（四）为伙伴创造的价值较低

机械行业上市公司“为伙伴创造价值”指标得分为16.59分，说明机械行业上市公司与相关伙伴的合作不够紧密。其中，有40家企业的得分在0~30分，有8家企业得分在30~60分，有2家企业的得分在60~80分。在其涉及的8个三级指标中，“公平竞争的理念与政策”“政企合作”等指标的平均得分均在20分以上，“信用评级”和“责任采购”指标的平均得分都在15分以下。说明机械行业有公平竞争的相关政策，但内容比较模糊和空泛，不具有可操作性；与银行、政府之间合作较为紧密，对企业经营效益有一定的影响；大部分企业没有得到过评级机构的信用评级；没有真正将社会责任原则融入采购流程中。

案例四：三一重工——精诚合作，与合作伙伴共赢发展

公司秉承与供应商互利、双赢的原则，与优质供应商建立战略伙伴关系，全方位加强与供应商合作，理顺合作关系，以实现共赢，践行“帮助供应商成功”的理念。①完善制度，健全供应商管理体系。为加强供应商管理，公司制定了从供应商开发、认证到供应商培育、帮扶等全过程的管理制度，依托全球供应商门户系统（SanyGSP），搭建并不断完善供应商管理体系。②公正信实，公平对待供应商。本着诚信、规范、透明的商业规则，公司通过集中采购、长期合作、招标采购等方式建立公正的采购流程。同时，加大监督力度，规范商务行为，及时处理供应商投诉，使各供应商的权益得到公平保护。③互利共赢，加大供应商帮扶力度。报告期内，公司继续加强供应商帮扶，对产品质量不合格的供应商加强培育，召开供应商质量培训会，深入供应商车间现场，从工艺流程、工艺路线等方面对其进行“一对一”指导，切实帮助供应商提高产品质量，打造稳定、高质的供应链。

代理商是公司最核心的资产之一，公司坚持与代理商风雨同舟，团结共进，构筑牢固的代理商阵营体系。通过为代理商“输血”与“造血”，帮助代理商提高管理水平和盈利能力。

拓展银企合作范围，实现银企共赢。公司不断强化与银行的合作关系，与中国银行、邮储银行等各大银行总行相继签署战略合作协议，建立了高效的总对总协调机制。不断拓展合作领域，除传统的银行借款、工程机械的按揭贷款外，公司与银行还各自发挥行业专长，在人员培训方面开展合作，使银行人员更加熟悉了解工程机械领域，使企业人员熟悉银行业务。公司还将实现企业ERP系统、ECC系统与银行对接，提升合作效率，树立民族金融与民族产业携手合作的典范。

（五）认为捐赠和参加公益活动就是社会责任

机械行业上市公司的“公益慈善”指标得分为15.39分，其中，有40家企业的得分低于30分，有9家企业的得分在30～60分，有1家企业的得分在60～80分。在其涉及的5个三级指标中，“对外捐赠总额”和“员工志愿者活动”指标的平均得分分别为21.90分和36.28分，“企业公益基金/基金会”指标平均得分为3.16分。说明大部分企业没有常态化的捐赠行为，仅在重大灾难时有公益捐赠；有较为固定持续的员工志愿者活动。机械行业企业把捐赠和参加志愿活动当作回报社会，认为是在履行慈善责任，没有形成规范化、制度化的运作机制。

（六）安全生产运营水平还有待提升

安全生产运营是企业对员工和社会负责任的重要体现，包括安全生产管理体系、安全应急预案、安全演练次数、安全生产投入、安全生产培训、安全事故数和员工伤亡人数等。机械行业上市公司的“安全生产运营”指标得分为26.96分，其中，有25家企业的得分在30分以下，有20家企业的得分在30～60分，有4家企业的得分在60～80分，有1家企业的得分在80～90分（见图10）。在其涉及的5个三级指标中，“安全生产管理体系”和“安全生产培训”指标的平均得分分别为44.60分和39.14分，“安全生产投入”和“安全演练次数”指标的平均得分分别为13.16分和11.52分。这说明，大部分企业建立了安全生产管理体系，体系文件内容较为完善；开展了安全生产培训，次数一般，覆盖人群一般，培训内容和方式一般；有编制较为完善的安全应急预案体系，但预案内容比较简略，可操作性一般；安全演练次数较往年有所下降，覆盖人群较少。

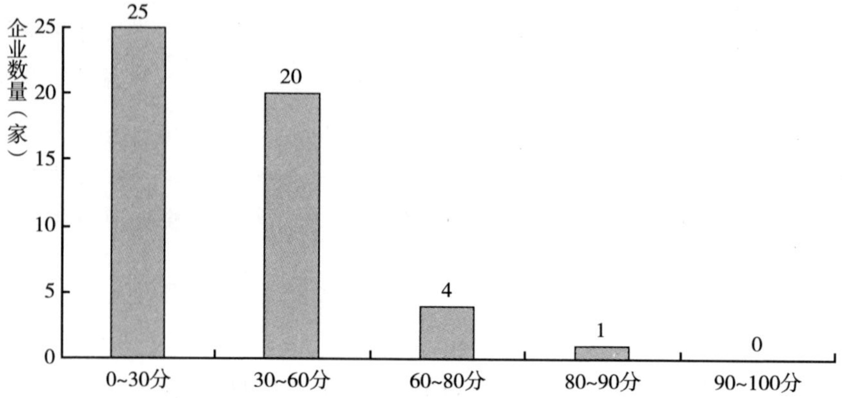

图 10　2014 年机械行业上市公司“安全生产运营”指标得分分布

案例五：中国重工——安全生产责任

公司成立伊始，中国重工始终将安全工作放在一切经营工作的首位，以“安全第一、预防为主、综合治理”为方针，牢固树立“安全发展”的理念，大力推动安全生产标准化建设，加强以责任为核心、制度为保障的安全管理体系建设，不断提升安全生产水平，努力实现持续发展、健康发展。

2014 年，公司发布了全年安全生产工作要点，扎实落实“党政同责、一岗双责、齐抓共管”的安全生产责任体系，认真履行安全生产主体责任，做到安全投入到位、安全培训到位、基础管理到位和应急救援到位，建立安全生产检查工作责任制，实行“谁检查、谁签字、谁负责”，完善责任追究制，严格奖惩，对发生安全责任事故的，坚决实行“一票否决”。

公司按照“全覆盖、零容忍、严执法、重实效”的总要求，以风险防控为重点，进一步规范企业的生产秩序，依法经营意识不断增强，积极构建隐患排查治理长效机制。

公司以“警钟长鸣，安全生产”为主题开展安全生产月活动。结合岗位安全职责和工作实际，以强化红线意识、系统辨识风险、排查安全隐患、提高员工安全生产的自觉性和主动性等为重点，扎实落实安全生产责任，认真执行安全生产制度，仔细排查安全生产隐患，确保实现公司安全发展。

公司进一步深化提高安全生产标准化建设，保证按阶段、按时间达标。依照安全生产标准化的建设要求，进一步完善大量规章制度、安全操作规程和应急预案；系统梳理风险作业、危险作业点等，安全生产环境得到有效改善，员工安全意识和安全防范能力显著加强。

七 机械行业上市公司环境价值创造能力维度评价分析

机械行业上市公司环境价值创造能力平均得分为14.38分。其中，有40家企业的得分低于30分，有10家企业的得分在30～60分。企业在生产经营的同时应努力避免对生态环境造成负面影响，积极参与环境改善和建设，但结果显示，机械行业上市公司还不够重视环境价值创造能力。

（一）机械行业环境管理水平需进一步加强

企业的环境管理水平取决于其是否建立了环境管理体系、是否遵守国家环保政策、环保投入的多少和环保负面信息的披露。研究显示，机械行业上市公司的“环境管理”指标得分为31.00分，其中，有26家企业的得分低于30分，有16家企业得分在30～60分，有4家企业的得分在60～80分，有4家企业的得分在80～90分（见图11）。在其涉及的4个三级指标中，“环境管理体系”和“遵守国家环保政策”指标的平均得分分别为45.08分和33.90分，“环保投入”和“环保负面信息”指标的平均得分分别为11.20分和0分。这说明，绝大部分企业建立了较为完善的环境管理体系，并承诺遵守国家环保政策，采取了一些举措落实国家部分环保政策；但在环保方面的资金投入还比较少，并缺乏环保负面信息的披露。

案例六：柳工——践行低碳化的绿色发展

柳工致力于成为环境友好型企业，推进企业发展与环境相协调，在运营中

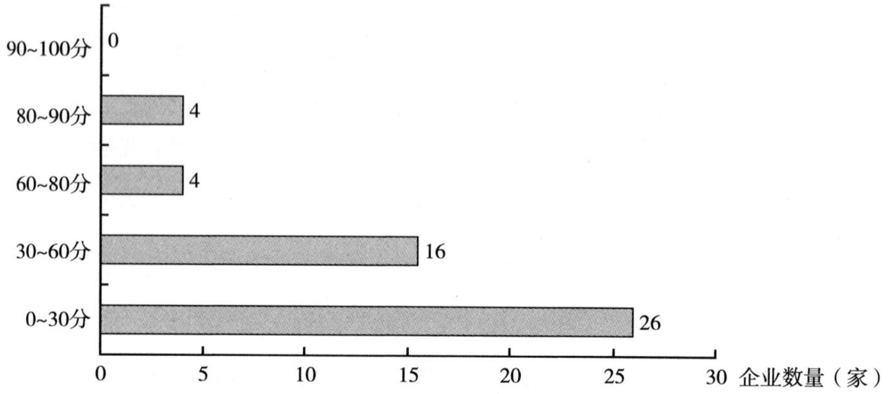

图 11　2014 年机械行业上市公司“环境管理”指标得分分布

融入绿色环保理念，推动公司在管理、研发、制造和再制造等各个环节节能减排，最终实现绿色研发、绿色智造、绿色产品和品牌，综合打造公司的绿色竞争力。

优化环境管理体系。公司以“打造绿色工程机械，促进社会可持续发展”为目标，建立并不断健全覆盖各分子公司、事业部的环境管理体系，是国内工程机械行业首家通过环境管理体系认证的单位。

2014 年，公司继续围绕“十二五”环保路线开展环境管理工作，制定环境治理技术标准、规章制度及程序文件，以规范化、标准化和数据化推动环境管理工作落到实处，持续提升公司绿色运营能力。

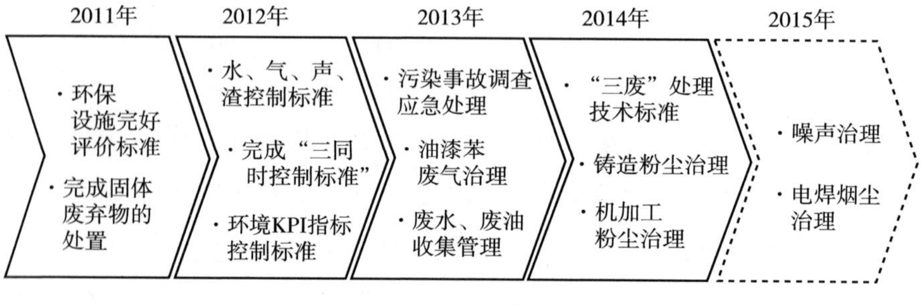

公司“十二五”环保路线

持续推进绿色创新。公司在研发环节注重产品的“绿色环保，节能减排”属性，致力于开发环境友好型产品。公司在产品研发阶段通过绿色设计和绿色技术实现产品的节能环保，在提升产品可靠性和安全性的同时，有效减少对环境的不利影响。

降低运营环境影响。公司在生产制造环节严格贯彻绿色环保理念，遵循法律法规要求，持续改善生产管理，积极采用先进的制造技术，最大化减少生产制造环节对环境的影响。

（二）污染减排和资源可持续利用方面的绩效还较低

机械行业上市公司的“污染减排”指标平均得分为8.30分，其中有44家企业的得分均在30分以下。属于国家环保重点控制的8个三级指标中，除了“COD减排”和“SO_2减排”指标的平均得分分别为10.14分和12.20分，在10分以上，其他6个指标的得分均在10分以下。这说明，大部分企业废水排放、氨氮排放等仅刚刚达标，还需要不断争取优于环保标准。机械行业上市公司的“资源可持续利用”指标平均得分为10.28分，有42家企业的得分在30分以下。在其涉及的4个三级指标中，“综合能耗”“能源节约量”“耗水总量”“水资源循环利用率”指标平均得分分别为13.86分、16.50分、6.10分和2.70分，得分差异较大。说明机械行业在污染减排和资源可持续利用方面还需努力，为环境保护创造更多的价值。

案例七：中国重工——节能环保

2014年，公司坚持“突出重点、分类管理”，扎实推进节能减排工作，积极履行社会责任。强化源头控制，严格限制高能耗项目的立项和投资，完善能耗指标管理机制，加强对重点用能单位能耗数据统计监测，开展建立能源管理体系的试点工作，推进能耗水平对标管理，全力提升节能降耗水平，保护生态环境，发展循环经济。公司深入落实节能管理责任制，进一步夯实节能管理基础，加大节能管理现场监督检查力度，积极组织开展“节能宣传周”和“低碳日”活动。继续实施重大节能项目改造，降低能耗水平，提高资源利用率。

适应国际新公约、新规范、新标准对船舶绿色环保、节能减排的要求，公司立足节能减排和低碳环保，加快研发以节能减排、低碳环保为目标的绿色造船技术，集中力量攻克、创新绿色船型、绿色船用动力、绿色配套设备关键技术，重点在节能减排、绿色制造、高效建造、高效安装等方面加强工艺技术创新，优化造船工艺流程，提高造船精度和原材料利用效率，提高绿色造船水平。公司还积极推行“绿色拆船”，始终坚持国内、国际通用规范及环境友好型环保理念，不断优化船舶拆解技术、绿色拆船工艺流程，研发油船及散货船的绿色拆解工艺方案，攻克“干、浮式绿色拆解工艺流程”中的关键点，优化分段划分工艺。在做好环境保护的前提下，加快开发国内外拆船市场，公司拆船产业取得了实质性进展。

公司注重保护环境，大力开发节能环保船型及风电、核电、分布式能源供应系统等节能环保装备，已进入大气污染治理、水污染治理、固体废物处理、资源综合利用、减震降噪及环境监测等多个领域，构建了较为完整的产业链，促进绿色发展。

（三）参与解决公共环境问题的积极性不高

机械行业上市公司的“应对气候变化”指标平均得分为 8.48 分，有 48 家企业得分低于 30 分。在其涉及的 3 个三级指标中，“应对气候变化措施”“温室气体排放量”“温室气体减排量”指标的得分分别为 22.12 分、1.08 分和 4.20 分。这说明，机械行业上市公司采取了 2 项左右应对气候变化的措施，但是缺少控制温室气体排放的措施。

机械行业上市公司的“生态环境保护”指标的平均得分为 8.12 分，有 44 家企业的得分在 30 分以下。在其涉及的 3 个三级指标中，“减少生态环境破坏”“生态恢复与治理”“环保公益”指标的得分分别为 4.16 分、4.36 分和 17.16 分。说明大部分企业没有开展减少生态环境破坏的举措，仅在项目的环境影响评价中有对生态环境方面的评估分析；以一定的方式参与生态恢复与治理，但影响力很小；开展过类型比较单一、内容较为简略的环保公益项目，但没有持续开展。

八　机械行业上市公司合规透明运营能力维度评价分析

机械行业上市公司合规透明运营能力平均得分为33.30分。其中，有28家企业的得分在30分以下，有14家企业的得分在30～60分，有7家企业的得分在60～80分，有1家企业的得分在90分以上（见图12），该企业为潍柴动力。说明机械行业企业在生产经营活动中较为主动地回应社会各界对企业诚信守法、公开透明等的价值诉求，也取得了一定的效果。

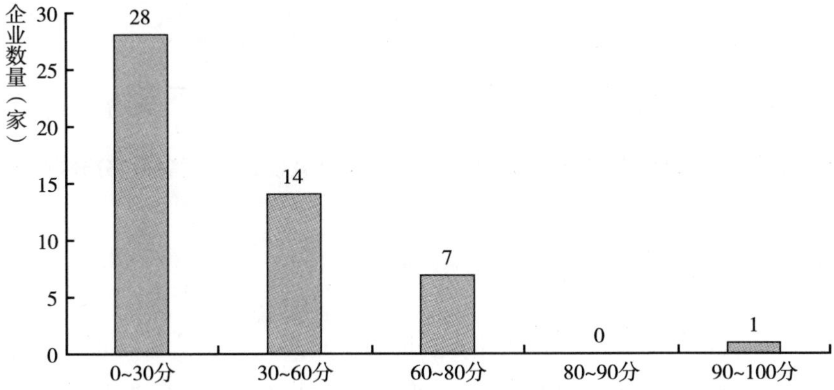

图12　2014年机械行业上市公司合规透明运营能力得分分布

（一）有着较为公开透明的信息披露机制

信息披露是企业自觉主动将利益相关方关注的信息进行公开公示发布的过程。机械行业上市公司的“信息披露”指标得分为50.26分，其中，有5家企业的得分在30分以下，有36家企业的得分在30～60分，有7家企业的得分在60～80分，有2家企业的得分在80分以上（见图13）。在其涉及的5个三级指标中，“网络平台发布信息数量”和“发布财务报告”指标的平均得分均在70分以上，“信息披露机制”和“发布社会责任报告”指标的平均得分分别为51.44分和32.24分。这说明，大部分企业建立了较为完善的信息披露机制，披露内容较为丰富但与利益相关方的诉求还有一定的差距，披露渠道较为单一，对信息披露程序有一定的规范；基本上所有企业都每年发布财务报告，只有一部分企业发布社会责任报告。

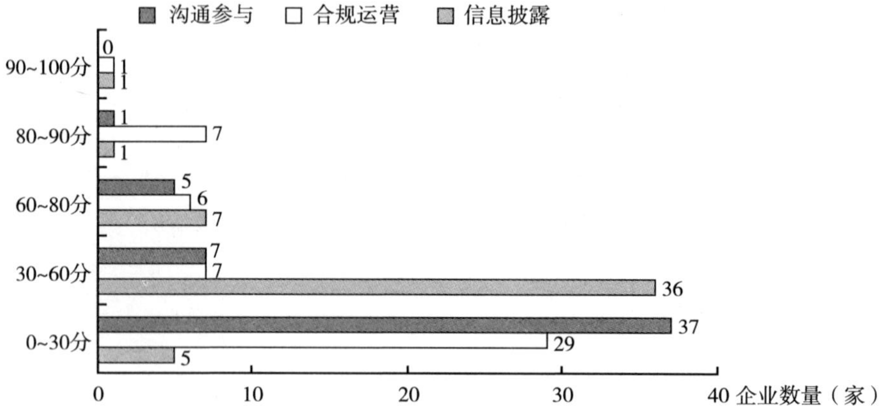

图 13　2014 年机械行业上市公司合规透明运营能力三大指标得分分布

（二）合规运营管理还不够完善

合规运营是衡量企业履行法律责任的重要指标，包括合规管理体系、合规培训、腐败事件数和因违规罚款数。研究结果显示，机械行业上市公司“合规运营”指标得分为 28.70 分，有 29 家企业的得分在 0～30 分，有 7 家企业的得分在 30～60 分，有 6 家企业的得分在 60～80 分，有 8 家企业的得分在 80 分以上。在其涉及的 4 个三级指标中，“合规管理体系”和“合规培训”指标的平均得分分别为 32.08 分和 24.62 分。说明大部分企业建立了合规管理机构，有个别零散的合规管理制度文件；开展过合规培训，但次数一般，覆盖人群一般，培训内容和方式也一般。

（三）与利益相关方的沟通参与还不够紧密

沟通参与是企业提高透明度和维护改善利益相关方关系的重要手段，包括自觉与政府、股东、客户、合作伙伴、媒体、社会团体的沟通。机械行业上市公司的“沟通参与”指标得分为 22.47 分，其中，有 37 家企业的得分在 0～

30分，有7家企业的得分在30～60分，有6家企业的得分在60分以上。在其涉及的6个三级指标中，“自觉与股东沟通”指标的平均得分为53.64分，其他5个指标的平均得分均在20分以下。这说明，相对于其他利益相关方，大部分企业与股东的沟通较为紧密，与其他利益相关方有零散的沟通，有少量零散的沟通制度，沟通次数一般，沟通形式较为单一，利益相关方对企业评价一般。

B.8

2014年中国汽车行业上市公司社会责任能力成熟度评价分析

摘　要：近年来，我国汽车工业的产业规模和总体实力大幅度提升，在国民经济中的重要地位不断加强。然而，汽车行业在飞速发展的同时，也带来了环境污染、交通拥堵等社会问题，汽车行业要实现可持续发展仍然面临很多挑战。通过评价分析2014年中国汽车行业上市公司的社会责任能力成熟度发现，汽车行业上市公司的社会责任能力成熟度整体处于无能级，环境价值创造能力整体偏低，参与解决气候变化、生态修复等公共环境问题的意愿也普遍较弱。

关键词：汽车行业　社会责任能力成熟度　环境价值创造能力

一　汽车行业上市公司社会责任能力成熟度评价对象

为了评价2014年中国汽车行业上市公司的整体社会责任能力成熟度水平，本研究按照市值排名，选取了2014年汽车行业A股市值最大的50家公司作为评价对象。其基本特征如表1所示。

表1　2014年汽车行业上市公司50强基本特征分布

类别	极小值	极大值	均值	中值	众数	标准差	偏度	偏度的标准误	峰度	峰度的标准误
总资本	11.10	4148.71	237.86	72.59	11.10	599.05	5.955	0.337	38.780	0.662
负债	4.11	2298.72	131.00	37.65	4.11	336.30	5.774	0.337	36.791	0.662
营业收入	5.78	6290.91	258.82	67.53	5.78	887.05	6.681	0.337	46.139	0.662
营业净利率	-51.30	26.31	6.68	7.03	-51.30	10.23	-3.535	0.337	21.266	0.662

续表

类别	极小值	极大值	均值	中值	众数	标准差	偏度	偏度的标准误	峰度	峰度的标准误
市值	45. 40	2367. 19	213. 19	90. 05	45. 40	380. 05	4. 350	0. 337	21. 892	0. 662
市盈率	-6. 36	652. 27	63. 35	22. 65	-6. 36	124. 13	3. 485	0. 343	12. 611	0. 674
独立董事占比	30. 00	60. 00	36. 52	33. 33	33. 33	5. 68	2. 318	0. 337	5. 958	0. 662
股权集中度 CR4	13. 99	96. 00	60. 68	60. 51	13. 99	18. 39	-0. 095	0. 337	-0. 227	0. 662

注：总资本、负债、营业收入、市值的单位均为亿元；营业净利率、独立董事占比、股权集中度的单位均为百分比。

二　汽车行业上市公司社会责任能力成熟度总体评价分析

（一）汽车行业上市公司社会责任能力成熟度整体处于无能级

50 家汽车企业的社会责任能力成熟度平均得分为 21. 79 分，整体处于无能级。从得分分布来看，所有企业的得分均低于 60 分，其中得分在 30～60 分的企业有 7 家，其余 43 家企业的得分均处于 30 分以下（见图 1）。

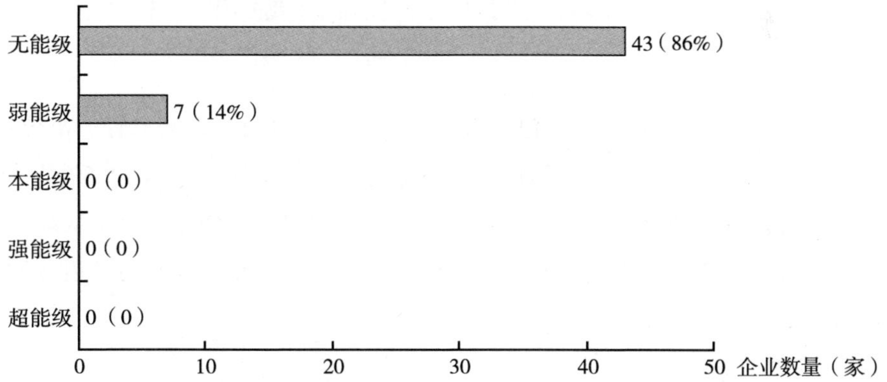

图 1　2014 年汽车行业上市公司社会责任能力成熟度等级分布

（二）汽车行业上市公司不同维度的社会责任能力成熟度差异较大

从社会责任能力成熟度的六个维度来看，汽车行业上市公司的经济价值创造能力得分最高，平均分为43.25分，社会责任推进管理得分最低，平均得分仅为2.03分，两者差异较大（见图2）。这说明与经济价值创造能力维度相比，大部分汽车上市公司还没有在社会责任推进管理方面开展工作。

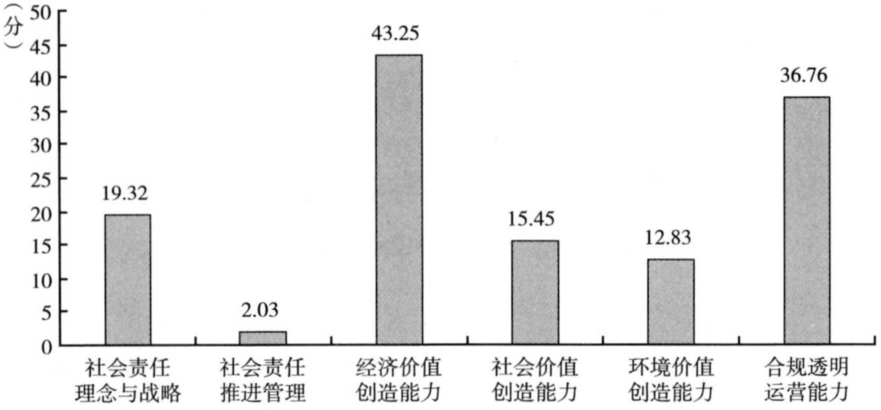

图2　2014年汽车行业上市公司社会责任能力成熟度六大维度得分对比

（三）国有汽车上市公司的社会责任能力成熟度高于民营汽车上市公司

在50家汽车上市公司中，包含27家民营上市公司和23家国有上市公司。研究发现，国有汽车上市公司的社会责任能力成熟度平均得分为24.89分，民营汽车上市公司的社会责任能力成熟度平均得分为19.15分，无论是从综合得分还是从社会责任能力成熟度的六个维度来看，国有汽车上市公司的得分均高于民营上市公司（见图3）。

（四）上交所的汽车上市公司社会责任能力成熟度优于深交所

在50家汽车上市公司中，有26家在上交所上市，占样本总量的52%，有24家在深交所上市，占样本总量的48%。研究显示，在上交所上市的汽车企

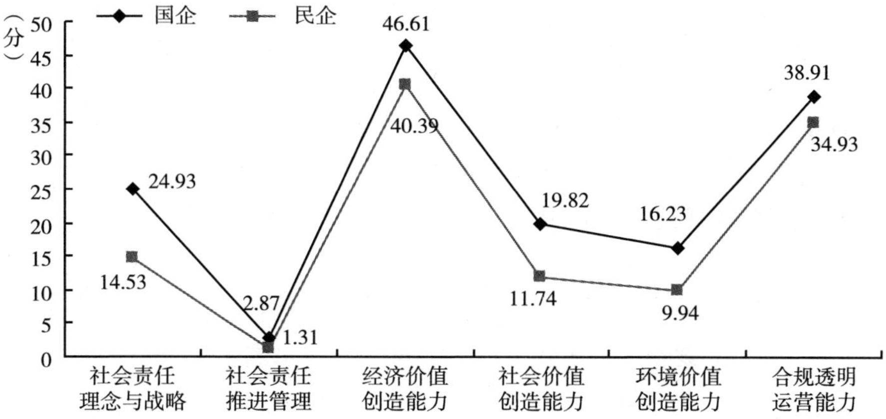

图 3　2014 年不同所有制的汽车上市公司社会责任能力成熟度各维度得分对比

业社会责任能力成熟度平均得分为 22.80 分，深交所的汽车上市公司社会责任能力成熟度平均得分为 20.70 分，两者都处于无能级，上交所上市公司的得分略高于深交所上市公司。从社会责任能力成熟度的六大维度得分来看，除了社会责任推进管理和合规透明运营能力两个维度外，其他四个维度的得分均是上交所上市公司高于深交所上市公司（见图 4）。

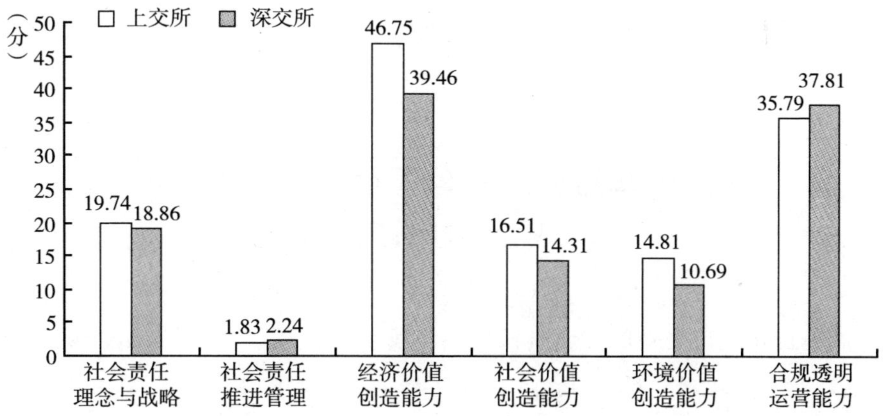

图 4　2014 年沪深两市汽车上市公司社会责任能力成熟度六大维度得分对比

（五）汽车行业上市公司社会责任能力成熟度水平随着公司市值的提高呈上升趋势

随着上市公司市值的提高，汽车行业上市公司的社会责任能力成熟度水平呈现总体提升的趋势。在50家汽车行业上市公司中，市值低于100亿元的有27家，其社会责任能力成熟度平均得分为16.62分；市值介于100亿元和1000亿元之间的有21家，其社会责任能力成熟度平均得分为26.79分；市值处在1000亿元到5000亿元之间的有2家，其社会责任能力成熟度平均得分为39.10分；没有一家企业市值处于5000亿元以上（见图5）。

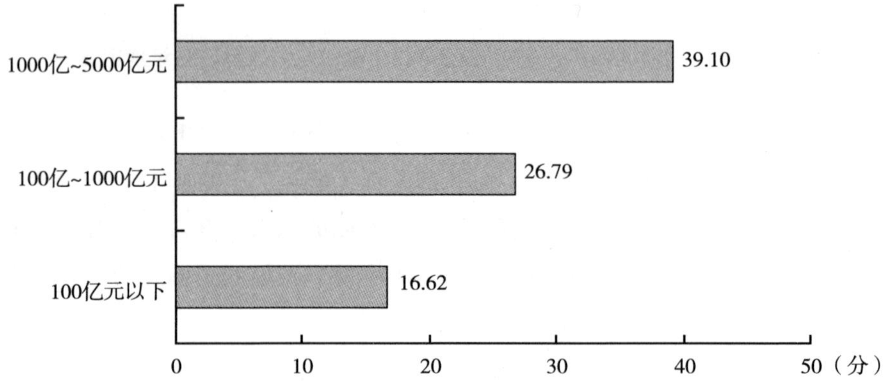

图5　2014年不同市值汽车行业上市公司社会责任能力成熟度得分分布

三　汽车行业上市公司社会责任理念与战略维度评价分析

汽车行业上市公司的社会责任理念与战略平均得分为19.32分。从得分分布来看，绝大多数公司得分低于60分（48家），其中得分处于30分以下的企业有33家，得分在60~80分的企业有2家。在50家评价对象中，比亚迪该项维度的得分为63.40分，表现突出。

（一）社会责任理念不够清晰明确

在社会责任能力成熟度评价中，责任理念包含“融入企业愿景（社会责任愿景）、融入企业使命、融入企业价值观”3个三级指标。统计显示，汽车行业上市公司的“责任理念”指标平均得分为27.82分。其中，有19家企业的得分为0分，30家企业的得分低于30分，这说明大部分汽车企业还没有将社会责任原则与企业的愿景、使命、价值观真正融合。但也有表现突出的企业，比如上汽集团、比亚迪、长安汽车、一汽轿车、福田汽车等企业的“责任理念”指标得分均超过75分。

（二）社会责任与公司战略的融合度不高

责任战略用以衡量企业是否从战略高度将社会环境目标、利益相关方期望与企业发展目标融合，让履行社会责任成为企业发展战略的一部分。研究显示，汽车行业上市公司“责任战略”指标平均得分仅为6.56分。其中，34家企业的“责任战略”指标得分均为0分，没有一家企业的得分超过50分。大部分企业没有专门的可持续发展战略，也没有制定社会责任专项规划，有的企业虽然在公司发展战略中有可持续发展的章节和专门的社会责任专项规划，但是内容较为粗糙，缺乏系统、深入的调研和分析，执行力和可操作性较差。

案例一：上汽集团社会责任战略

从2009年起，上汽集团作为“上证治理板块样本公司”每年披露年度企业社会责任报告，并结合中央和上海市委市政府有关精神和工作要求，不断完善和深化对社会责任的理解认识，不断推进责任融合与工作实践，从战略高度将社会责任与企业可持续发展相结合。为了成为全球布局、跨国经营，具有国际竞争力和品牌影响力的世界著名汽车公司，2014年上汽集团开展了战略项目研究，公司下一步的发展要从主要依赖制造业的传统企业，转向为消费者提供全方位汽车产品和服务的综合供应商。在不断提升经营业绩的同时，注重经济、社会、环境的和谐发展，努力履行企业社会责任，展现上汽“负责任、可信赖、开拓创新”的企业公民形象，朝着建设成为“世界著名汽车公司”的发展目标不断迈进。上汽社会责任战略旨在通过分析企业内部与外部环境间的相互关系和影响，寻找企业发展与社会环境的共同价值，使价值链上的活动有助于改善社会环境；同时，通过对社会环境的投资和改善来减少对公司价值链上活动的影响和制约。上汽的社会责任战略未来更着眼于推动绿色城市和智能城市建设，通过大力发展新能源汽车，积极运用车联网技术，在形成差异化竞争优势的同时，为改善社会环境做出贡献，用持续的创新让未来生活更加美好。

四　汽车行业上市公司社会责任推进管理维度评价分析

汽车行业上市公司社会责任推进管理平均得分为2.03分，在社会责任能力成熟度六大维度中得分最低，这说明社会责任推进管理是当前我国汽车上市公司社会责任能力成熟度提升的短板所在。其中，有49家企业的得分在0～30分，有1家企业的得分在30～60分。

（一）社会责任治理水平较低

责任治理是指企业为了保证社会责任理念得以贯彻，而建立必要的组织体系和工作机制。研究发现，汽车行业上市公司“责任治理”指标平均得分为5.17分，其中有46家企业的得分为0分。这表示，大部分汽车企业还没有成立专门的社会责任工作机构，也没有建立社会责任工作机制。上汽集团的责任治理水平在50个评价对象中处于领先地位。

案例二：上汽集团社会责任体系

上汽集团社会责任管理的组织体系自上而下由“董事会—总裁（经营层）—总部部室及基层企业”三级体系组成，由公司董事会负责战略制定，总裁领导下的经营层负责战略执行和目标落实，总部部室和各基层企业负责各项工作的日常推进。

上汽集团社会责任相关制度和目标管理体系目前还处于建设阶段。上汽集团董事会办公室、总裁办公室和公共关系部作为社会责任日常工作的牵头部门，通过走访调研，并结合上海证券交易所有关要求以及权威机构颁布的标准指南，起草完成了《上海汽车集团股份有限公司社会责任报告编写指南》，从规范年度企业社会责任报告编制工作入手，探索建立具有上汽特色的社会责任管理体系。未来，公司将逐步完善社会责任目标管理和考核机制，并适时引入第三方评价体系，确保公司社会责任战略得到贯彻执行、目标得以如期实现。

（二）社会责任能力建设和制度建设十分欠缺

社会责任能力建设主要涉及社会责任专项培训、社会责任外部交流、社会责任知识管理、社会责任专项研究和重大社会责任实践活动五个方面，研究显示，汽车行业上市公司“能力建设”指标平均得分为0.41分，其中，多达48家企业得分为0分。这表示，大部分汽车上市公司还没有开展社会责任专项研究，对社会责任专项培训和外部交流的重视程度不足。

制度建设是企业为融入社会责任理念、推进社会责任工作而建立的制度体系，统计发现，汽车行业“制度建设”指标平均得分为3.16分，其中，有47家企业的得分为0分。

（三）普遍没有建立社会责任绩效评估机制

社会责任绩效评估是指企业建立社会责任指标体系，并进行考核评价，以确保社会责任目标的实现。统计发现，50家汽车行业上市公司的“责任绩效评估”指标得分为0分，这说明汽车企业社会责任工作处于起步阶段，没有纳入公司考核，没有建立起“计划、实施、考核、改进”的系统性工作机制。

（四）社会责任管理投入严重不足

企业推进社会责任工作需要一定的资源保障，包括社会责任专项资金预算和社会责任专职人员两个方面。50家汽车行业上市公司的“社会责任管理投入”指标平均得分低于10分。这是因为，大多数汽车企业没有设置专职人员或只设置少量的兼职人员负责社会责任工作；在年度资金预算中，没有明确的社会责任资金预算项，大多数是慈善捐赠预算。

五　汽车行业上市公司经济价值创造能力维度评价分析

汽车行业上市公司经济价值创造能力平均得分为43.25分，高于其他五个维度的得分。从得分分布来看，得分低于30分的公司有6家，得分处于30～60分的公司有37家，得分高于60分的公司有7家。这说明，汽车行业上市公司的经济价值创造能力相对突出。在样本信息中，笔者发现，有22家企业的营业收入在100亿元以上，其中14家企业的营业收入超过1000亿元。

（一）直接经济价值创造能力突出

直接经济价值体现在企业的营业收入、利润率和资产负债率上。统计显示，汽车行业上市公司的“直接经济价值”指标平均得分为67.22分，其中，超过80%的企业得分在60～80分（见图6）。这说明，2014年大部分汽车上市公司的营业收入较高，利润率较往年有所提高，资产负债率也得到了企业经营者和债权人的认可。

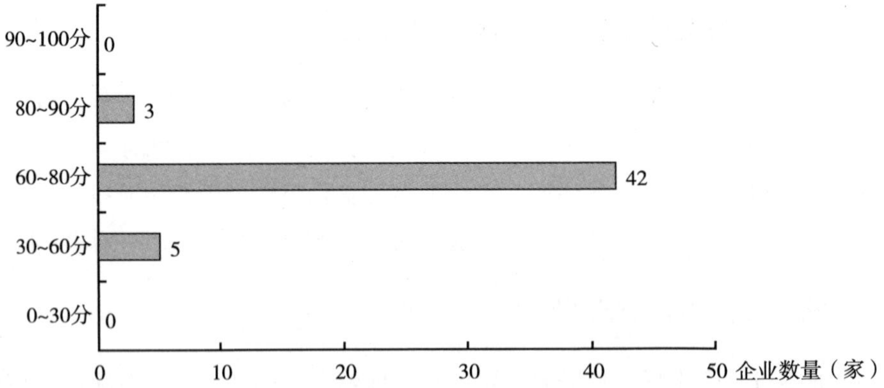

图6　2014年汽车行业上市公司“直接经济价值”指标得分分布

（二）间接经济价值创造能力不足

企业生产运营间接为社会创造的经济价值主要体现在对行业发展的贡献、

对国家税收的贡献、对社会就业的贡献和因为创新而带来的技术溢出效应等。研究显示，汽车行业“间接经济价值”指标平均得分为27.28分，有45家企业得分在60分以下（见图7）。这主要是因为，一方面，部分企业的行业贡献偏低，如没有加入行业协会组织、不参与行业内活动，或者是加入了行业组织，但仅以参与者身份参加行业公共事务活动；另一方面，汽车企业在技术创新、管理创新和产品创新方面做的努力还不够。

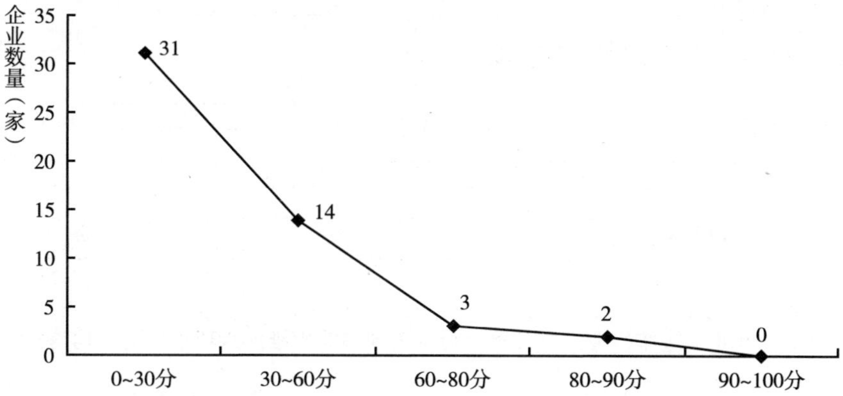

图7　2014年汽车行业上市公司“间接经济价值”指标得分分布

六　汽车行业上市公司社会价值创造能力维度评价分析

汽车行业上市公司社会价值创造能力平均得分为15.45分。从得分分布来看，有44家企业的得分低于30分，有6家企业的得分在30~60分，没有任何一家汽车企业的得分超过60分。

（一）较为注重员工关系管理

汽车行业“为员工创造价值”指标平均得分为18.93分（见图8），在汽车行业上市公司社会价值创造能力六项二级指标中平均得分最高，说明汽车行业在处理与利益相关方的关系时，较为注重员工关系管理。其中，有38家企业得分在30分以下，有12家企业的得分在30～60分。大部分企业在劳动合同签订率、五险一金覆盖率、职业发展通道、员工关爱四个方面表现突出，其平均得分都在40分以上。大部分企业都遵循公平雇佣政策，但没有制定特殊群体的关爱政策，没有建立职业安全健康管理体系和集体谈判机制。

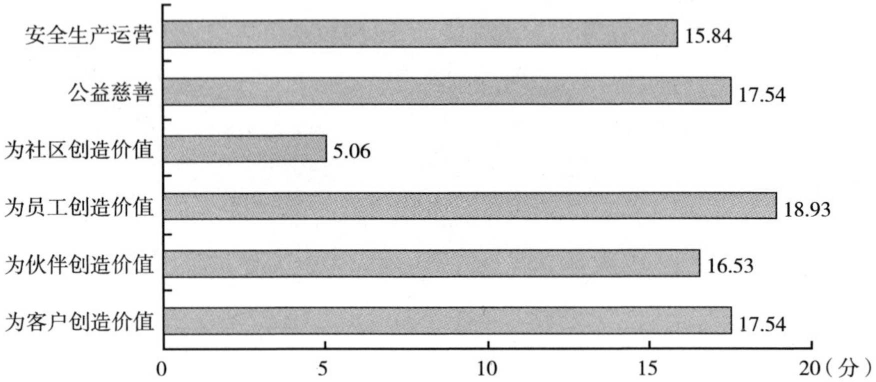

图8　2014年汽车行业上市公司社会价值创造能力维度六项指标的平均得分

（二）缺乏消费者权益保护和隐私保护机制

汽车行业“为客户创造价值”指标得分为17.54分，其中，有41家企业的得分在30分以下，有7家企业的得分在30～60分，有2家企业得分在60～80分。在其涉及的8个三级指标中，“消费者权益保护”“消费者隐私保护”“消费者教育”“可持续消费”指标平均得分都在10分以下。说明大部分企业在消费者权益保护、消费者隐私保护方面，还没有形成制度，没有开展过消费者教育活动，也没有推动可持续消费的行为，并且极少数企业开展过客户满意度调查。但也有表现突出的企业，如东风汽车。

案例三：东风汽车客户责任

在产品质量与安全方面，构建了制造过程的全数品质保证模式，实现了公司内质量管理水平量化的比对和交流。切实开展国四新品节点移行，践行产品开发V形机制，实施产品开发充分性试验验证，以提升整车可靠性品质。持续开展市场质量调研活动，走访主要销售区域经销商、服务站，通过面对面、敞开谈的交流形式，对产品在企划、设计、质量、物流运输等各方面存在的问题进行深层挖掘。进一步完善铁三角运行机制，建立市场品情快速传递机制，统一目标、达成共识、联合行动，提高市场质量问题处置反应速度。2014 年继续以提升总装下线、总装入库直行率为重点推进“三不”活动，即不接受不良、不制造不良、不流出不良。“三不”活动有效拉动全价值链改善，建立“过手”质量责任制，完善质量信息传递通道。

在产品服务创新方面，为客户提供更好产品，2014 年公司对轻卡产品进行梳理精简，避免轻卡产品项目开发重叠，对轻卡整车平台及发动机动力总成进行整合及规划，形成 T1 ~ T4 四个平台。同时各系统按照模块化思路开发，持续加强零件的系列化、通用化，针对四个一级模块和一个基础模块进行方案细化研讨，以规范化制图提高设计校核质量，并在个别车型上展开应用。

在客户满意度方面，以客户满意度数据为基础，开展客户满意度提升工作，为使服务网络准确地了解客户对其服务过程的评价，及时掌握网络内满意度弱项并整改落实，服务部每月通报各服务站满意度评价得分，帮助服务站分析弱项，并对服务顾问的工作流程进行完善与指导；每季度出分析总结报告，并检核改善结果，以确保弱项改善落实。分批次对服务网络开展满意度专项培训，帮助服务站提升自身服务素质，从而促进客户满意度提升及回厂提升。

（三）政企、银企合作较为紧密

汽车行业“为伙伴创造价值”指标平均得分为 16.53 分，其中，有 45 家企业的得分在 30 分以下，有 5 家企业的得分在 30 ~ 60 分。在其涉及的 8 个三级指标中，“银企合作”“政企合作”指标平均得分均在 40 分以上，说明汽车行业与 2 ~ 3 家银行有一定的合作，也与 1 ~ 2 家地方政府签订了战略合作协议。大部分企业缺乏公平竞争的相关理念与政策，即使有政策，内容也比较原则性和空泛；对供应商很少开展社会责任审查。

（四）社区关系管理还处于起步阶段

汽车行业“为社区创造价值”指标得分为 5.06 分，在汽车行业上市公司社会价值创造能力六项二级指标中平均得分最低。其中，有 47 家企业的得分在30分以下。在其涉及的3个指标中，“促进社区发展的政策”“社区关系管理”“社区共建项目数”指标平均得分分别为7.14分、4.66分和2.70分，得分普遍偏低。其原因在于大部分企业没有促进社区发展的政策或计划，即使制定了，其政策内容也比较简单，缺乏具体的项目计划作支撑，政策执行力不强，也没有建立完善的社区沟通协调机制，在社区共建项目方面实施情况也一般。

（五）慈善责任还处于对外捐赠层面

汽车行业上市公司的“公益慈善”指标得分为17.54分，有37家企业的得分低于30分。大部分企业对公益慈善的关注点仍在每年捐了多少款和参加了多少志愿者活动。基本上没有一家汽车企业设立企业公益基金会，没有将公益事业通过专项基金进行常态化、规范化和系统化设计。

（六）对安全生产运营管理不够重视

安全生产运营包括安全生产管理体系、安全应急预案、安全演练次数、安全生产投入、安全生产培训、安全事故数和员工伤亡人数等。汽车行业上市公司的“安全生产运营”指标得分为15.84分，其中，有39家企业的得分低于30分。大部分企业虽然建立了安全生产管理体系，但体系文件内容较为简略，也没有编制安全应急预案或缺乏相关的信息。

案例四：一汽轿车安全生产

一汽轿车组织召开安全、防火委员会扩大会议，提出年度安全工作目标，自上而下层层签订安全包保责任书，保证2014年全年安全生产目标顺利完成；开展安全生产标准化示范企业创建工作，安装安全生产预警系统软件，建立《安全生产预警系统运行保障管理规定》，设定隐患排查治理、安全教育、应急管理、事故统计4个模块，定期形成分析报告，反映公司安全管理薄弱环节，并有针对性地采取措施进行整改，减少了生产现场的安全隐患；开展KYT危险预知训练活动，组织各车间在班前针对一项具体工作进行KYT危险识别训练，通过找出相关危险源，并对重点危险源制定防范措施，提高员工的危险源识别及控制能力；开展各类安全生产隐患排查治理活动，根据国家相关要求，定期对700多台特种设备进行检测检验，对天然气、炊事机械、有限空间、起重、外包、班车等进行定期检查，对电气、化学品进行安全评价，对环境安全体系展开内审工作，通过对隐患的及时整改消项，提高了公司设备设施的本质安全程度，减少了事故的发生；组织应急演练活动，在组织灭火演练基础上，2014年开展了触电、起重机械事故等应急预案演练，丰富了安全演练类型，进一步提高了员工应急反应能力和自救互救能力；加强相关方安全管理，年内共对300多家相关方进行资质审核和安全教育，通过对所有项目实施安全验证验收，保证了项目投产后的安全。

2014年公司展开各类安全教育培训，全年对新入厂员工进行三级安全教育、21人进行变工种教育、125人进行起重安全知识培训、89人进行危险化学品和电气评价等培训，并结合国家新安全生产法的颁布，组织所有员工学习安全生产法，提高全员安全意识。

七 汽车行业上市公司环境价值创造能力维度评价分析

汽车行业上市公司环境价值创造能力平均得分为12.83分。在50家企业中，没有一家企业的得分超过60分，得分低于30分的企业有44家，占比88%。这说明，汽车行业在参与环境改善和建设方面所做出的努力还不够，尤其是在应对气候变化和污染减排方面。

（一）环境管理水平整体偏低，各企业差异较大

对汽车企业而言，环保是社会责任工作的重要组成部分。企业的环境管理水平取决于是否建立了环境管理体系、是否遵守国家环保政策、环保投入的多少和环保负面信息的披露程度。统计发现，汽车行业上市公司的“环境管理”指标得分为34.12分，对于汽车行业来说，此指标得分较低。其中有得分超过90分的企业，比如比亚迪，但也有得分为0分的企业，比如福达股份，这些企业的表现差异较大（见图9）。

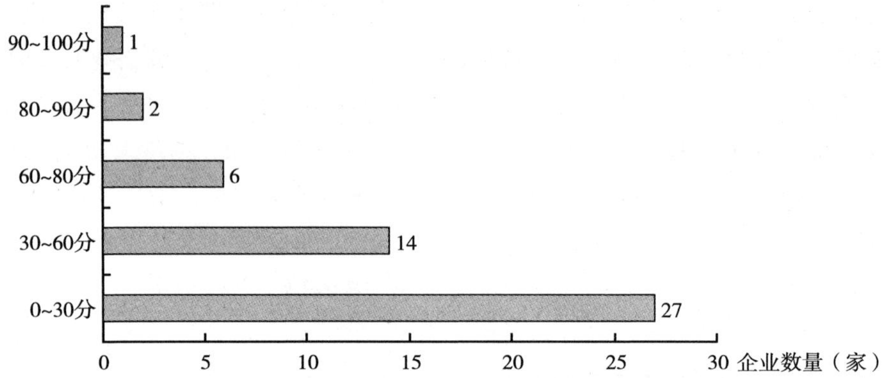

图9　2014年汽车行业上市公司“环境管理”指标得分分布

案例五：宇通客车节能环保支撑可持续发展

公司坚持经营与节能环保并重，始终坚定不移地贯彻节能环保优先方针，每年都投入专项资金和人员开展节能环保工作，不断提高工作水平，全力推进经济建设与节能减排的和谐发展。

在能源管理方面：首先，加强能源管理组织建设，确保公司各项能源制度和规范的有效执行和落地，完善企业能源计量管理，形成了三级计量管理、监督网络。其次，制定能源定额管理制度，严格控制能源消耗，落实节能目标和责任，下达能耗定额指标。最后，实施节能检查与评审，定期对能源管理工作进行检查、评审，并对结果予以通报，保证能源得到有效利用。

在环保管理方面：严格遵守各项环境保护法律法规，完善了《环境保护管理规定》《污染物控制管理规定》等，使公司的环保管理工作有章可依、有规可循；制定年度环保管理目标并逐级分解，做到责任主体明确，各部门贯彻落实公司的环保要求，组织环保工作的实施、统计和管理，确保了各项环保制度和规范的有效执行和落地。

（二）污染减排和资源可持续利用效益不显著

汽车行业上市公司的“污染减排”指标平均得分为5.60分，其中有36家企业的得分在30分以下。其原因在于，大部分企业在废水减排、COD减排、氨氮减排、SO_2减排、噪声达标等方面还需要加强改善以大大优于行业环保标准。汽车行业上市公司的“资源可持续利用”指标得分为6.75分，其中，大部分企业的得分在30分以下。“资源可持续利用”指标衡量企业遵循减量化、再利用、再循环的3R原则发展循环经济的行为和绩效。大部分企业的综合能耗、耗水总量较往年基本持平，能源节约量和水资源循环利用率还较低。

（三）参与解决公共环境问题的程度较低

汽车行业上市公司的“应对气候变化”指标平均得分为4.28分。其原因在于，大部分企业还较为缺乏应对气候变化和控制温室气体排放的措施（如CDM）。汽车行业上市公司的“生态环境保护”指标的平均得分为6.53分。其原因在于，大部分企业还未专门制定避免和缓解生态破坏的措施，参与生态恢复和治理的次数较少，开展的环保公益项目类型较为单一，内容较为简略，缺乏可持续性和影响力。

案例六：东风汽车——节能减排绿色经营

为实现节能减排、绿色经营，公司采取了以下措施：以降低公司单位产品能耗成本、提高能源管理水平为目的，在公司本部范围内开展工序能耗定额/动能实力线进班组推进工作；深入开展OEE示范线推广，提升设备有效开动时间，降低能耗，节省动能成本。2月25日，公司2014~2016年OEE目标规划发布，启动标杆管理；细化能耗CPU分析管理，消除动态异常，寻找改善空间；积极推进设备节能减排改造，提高用能效率，改善作业环境状况；组织开展轻卡与铸造业务的动能Tdc改善活动，旨在从动能的采购、存储、转换、使用、排放等各环节逐个分析，析出课题进行改善；组织公司所属襄阳、十堰两地共8个单位开展环境专项排查与整治，共排查环保问题293项；A08及新能源建设项目获得了湖北省环保厅的环评批复，所有新建项目都实现了环评合规；对公司范围内2009年以来的建设项目环评验收情况进行了全面梳理，对遗存的环评验收问题制定了验收工作计划；针对节能减排法规、温室气体排放、节能环保新技术等方面开展培训，邀请专家对分公司全体中管进行节能环保工作的培训，从节能环保基本概念、刑法对环境污染罪界定、企业节能环保工作基础三个方面进行了阐述，员工对节能环保工作和重要性的认识有了很大提高。

八 汽车行业上市公司合规透明运营能力维度评价分析

汽车行业上市公司合规透明运营能力平均得分为36.76分，在六大维度中，仅低于经济价值创造能力得分。其中，有34家企业的得分处于30～60分，这表明汽车行业上市公司在合规透明运营方面表现较好。

（一）信息披露较为主动透明

信息披露是衡量企业透明度的重要指标。汽车行业上市公司的“信息披露”指标得分为52.18分，其中，有37家企业得分在30～60分（见图10），这说明大部分企业自觉将利益相关方关注的信息进行公开公示发布。与此同时，研究也发现，大部分企业虽建立了较为完善的信息披露机制，但是披露内容还不能完全满足利益相关方的诉求，披露渠道较为单一，信息披露程序缺乏严格的规范。

（二）与利益相关方的沟通参与还不够深入

沟通参与可以改善与利益相关方的关系，包括自觉与政府、股东、客户、合作伙伴、媒体、社会团体的沟通。汽车行业上市公司的“沟通参与”指标得分为31.23分，有24家企业得分在0～30分，有22家企业得分在30～60分。其原因在于大部分企业与这些利益相关方之间有零散的沟通，但是没有专门的沟通制度或手册，沟通次数也比较少，沟通形式比较单一，利益相关方对企业评价一般。

（三）合规运营管理体系不够健全

合规运营是衡量企业履行法律责任的重要指标，包括合规管理体系、合规培训、腐败事件数和因违规罚款数。汽车行业上市公司“合规运营”指标得

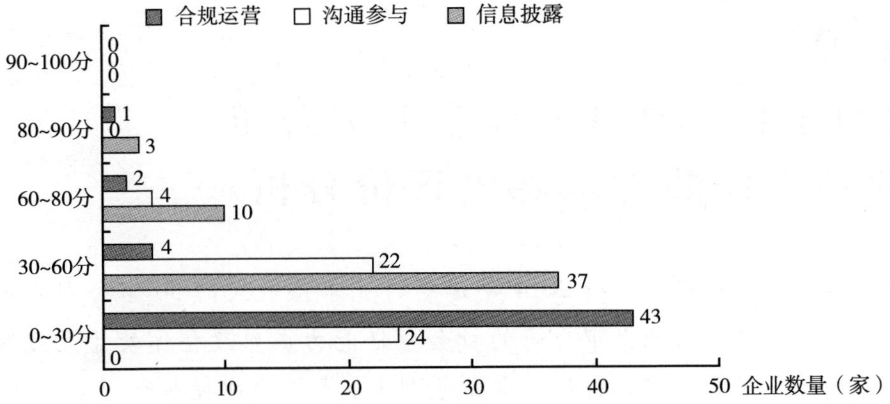

图10　2014年汽车行业上市公司合规透明运营能力各项指标得分分布

分为29.34分，有43家企业这项指标得分为0～30分。其原因在于大部分汽车企业仅有个别零散的合规管理制度文件，对合规培训的重视程度不够，对负面信息的披露不足。

B.9
2014年中国建筑行业上市公司社会责任能力成熟度评价分析

摘　要：通过评价分析2014年建筑行业市值最大的50家公司发现，建筑行业上市公司的社会责任能力成熟度整体处于无能级。其中，建筑行业上市公司的社会责任管理投入和利益相关方沟通参与表现较差。大部分企业没有建立年度社会责任专项资金预算，没有安排社会责任专职人员或只安排了1～2名社会责任兼职人员来处理社会责任事务，大部分企业与利益相关方只有零散的沟通，沟通次数一般，沟通形式较为单一，利益相关方对企业评价一般。

关键词：建筑行业　社会责任能力成熟度　利益相关方沟通

一　建筑行业上市公司社会责任能力成熟度评价对象

为了评价2014年中国建筑行业上市公司的社会责任能力成熟度水平，本研究按照市值排名，选取了2014年建筑行业A股市值最大的50家公司作为评价对象，其中包括20家建材类企业、3家建筑产品类企业以及27家建筑与工程类企业。其基本特征如表1所示。

表1　2014年建筑行业上市公司50强基本特征分布

类别	极小值	极大值	均值	中值	众数	标准差	偏度	偏度的标准误	峰度	峰度的标准误
总资本	23.56	9191.06	943.46	178.20	23.56	1977.07	2.921	0.337	8.068	0.662
负债	4.42	7221.93	735.38	115.39	4.42	1606.63	2.882	0.337	7.637	0.662

续表

类别	极小值	极大值	均值	中值	众数	标准差	偏度	偏度的标准误	峰度	峰度的标准误
营业收入	11.67	8000.29	700.96	89.14	11.67	1670.02	3.248	0.337	10.255	0.662
营业净利率	-4.33	20.59	6.60	5.59	-4.33	5.23	0.743	0.337	0.581	0.662
市值	65.32	2184.00	337.35	136.90	65.32	522.32	2.501	0.337	5.365	0.662
市盈率	-80.23	619.05	32.61	18.22	-80.23	88.18	6.182	0.337	42.031	0.662
独立董事占比	0.00	66.67	37.40	34.85	33.33	14.48	-0.797	0.337	2.165	0.662
股权集中度 CR4	12.71	92.07	64.20	67.85	12.71	17.08	-1.107	0.337	0.952	0.662

注：总资本、负债、营业收入、市值的单位均为亿元；营业净利率、独立董事占比、股权集中度的单位均为百分比。

二　建筑行业上市公司社会责任能力成熟度总体评价分析

（一）建筑行业上市公司社会责任能力成熟度整体处于无能级

50 家建筑企业的社会责任能力成熟度平均得分为 29.47 分，整体处于无能级。从得分分布来看，得分超过 60 分的企业有 1 家，是中国交建；得分在 30 ~ 60 分的企业有 19 家，占比 38%，剩余 30 家企业的得分低于 30 分，占比 60%（见图 1）。

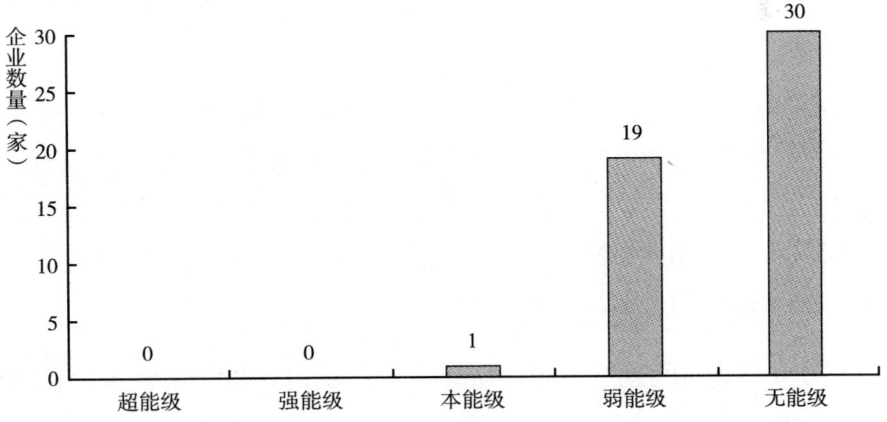

图 1　2014 年建筑行业上市公司社会责任能力成熟度等级分布

（二）建筑行业上市公司不同维度的社会责任能力成熟度水平高低不同

从社会责任能力成熟度的六个维度来看，建筑行业的经济价值创造能力得分最高，平均得分为 58.36 分，合规透明运营能力得分次之，平均得分为 40.23 分，社会责任推进管理得分最低，平均得分为 7.12 分（见图 2）。说明汽车行业上市公司最为重视经济价值创造能力，较为忽视社会责任推进管理工作。

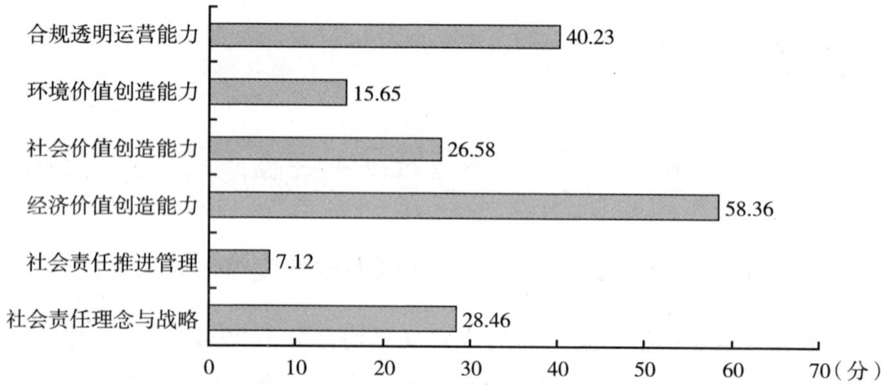

图 2　2014 年建筑行业上市公司社会责任能力成熟度六大维度得分对比

（三）国有建筑上市公司的社会责任能力成熟度高于民营建筑上市公司

在市值最大的 50 家建筑上市公司中，包含 18 家民营上市公司和 32 家国有上市公司，国有建筑上市公司的社会责任能力成熟度平均得分为 30.60 分，民营建筑上市公司的社会责任能力成熟度平均得分为 27.47 分。统计显示，无论是从社会责任能力成熟度的六个维度还是从最终结果来看，国有上市公司的得分均高于民营上市公司（见图 3）。

（四）上交所的建筑上市公司社会责任能力成熟度水平高于深交所

在 50 家建筑上市公司中，有 27 家在上交所上市，占样本总量的 54%，有 23 家在深交所上市，占样本总量的 46%。统计发现，在上交所上市的建筑企

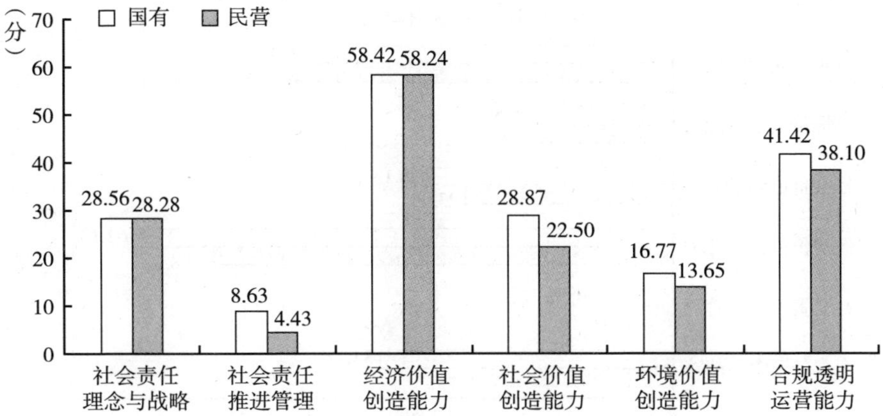

图3　2014年不同所有制的建筑上市公司社会责任能力成熟度各维度得分对比

业社会责任能力成熟度平均得分为32.56分，处于弱能级，深交所的建筑上市公司社会责任能力成熟度平均得分为25.85分，处于无能级，上交所上市公司的得分高于深交所上市公司。从社会责任能力成熟度的六大维度来看，上交所的建筑上市公司得分均高于深交所的建筑上市公司。

（五）建筑与工程类企业的社会责任能力成熟度高于建材类企业

在50家建筑上市公司中，包含20家建材类上市公司、3家建筑产品类上市公司和27家建筑与工程类上市公司。其中，建材类上市公司的社会责任能力成熟度平均得分为26.17分，建筑产品类上市公司的社会责任能力成熟度平均得分为33.12分，建筑与工程类上市公司的社会责任能力成熟度平均得分为31.51分。可以看出，建筑产品类上市公司的社会责任能力成熟度最高。进一步研究发现，无论从最终结果还是从社会责任能力成熟度的六个维度来看，建筑与工程类上市公司的得分均高于建材类上市公司（见图4）。

（六）建筑行业上市公司社会责任能力成熟度与股权集中度之间呈正向变动关系

在50家建筑上市公司中，在前四大股东股权集中度方面，股权集中度处于20%以下的企业只有1家，其社会责任能力成熟度得分为25.51分；股权集中度介于20%～40%的企业有5家，其社会责任能力成熟度平均得分为27.12

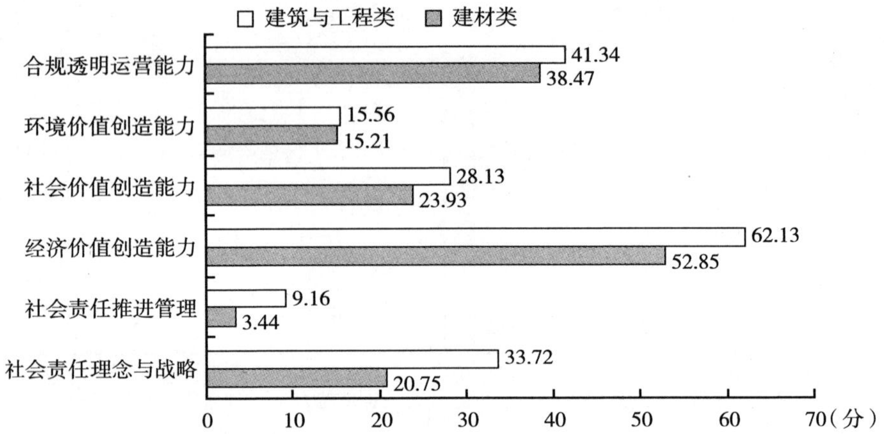

图4　2014年建筑与工程类上市公司和建材类上市公司社会责任能力成熟度六大维度得分对比

分；股权集中度处在40%～60%的企业有9家，其社会责任能力成熟度平均得分为28.59分；股权集中度处在60%～80%的有26家，其社会责任能力成熟度平均得分为29.65分；股权集中度超过80%的有9家，其社会责任能力成熟度平均得分为31.59分（见图5）。从以上分析可以看出，以前四大股东的持股比例为参考，分析社会责任能力成熟度与股权集中度之间的关系时，股权集中度与社会责任能力成熟度水平呈正向变动关系。

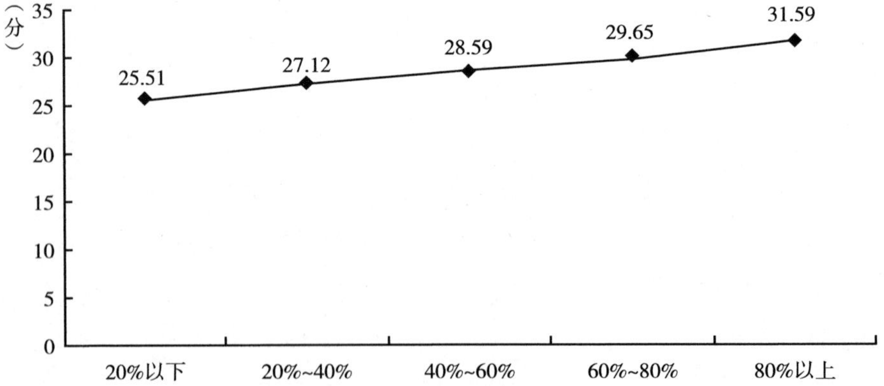

图5　2014年建筑行业上市公司股权集中度与社会责任能力成熟度水平的关系

（七）建筑行业上市公司社会责任能力成熟度水平随着公司总资产规模的增长呈上升趋势

随着上市公司总资产规模的增加，上市公司的社会责任能力成熟度水平呈现总体提升的趋势。在50家建筑行业上市公司中，总资产低于100亿元的企业有15家，其社会责任能力成熟度平均得分为24.30分；总资产介于100亿~1000亿元的企业有25家，其社会责任能力成熟度平均得分为26.90分；总资产处在1000亿~5000亿元的企业有6家，其社会责任能力成熟度平均得分为38.85分；总资产处在5000亿~10000亿元的企业有4家，其社会责任能力成熟度平均得分为50.84分（见图6）。

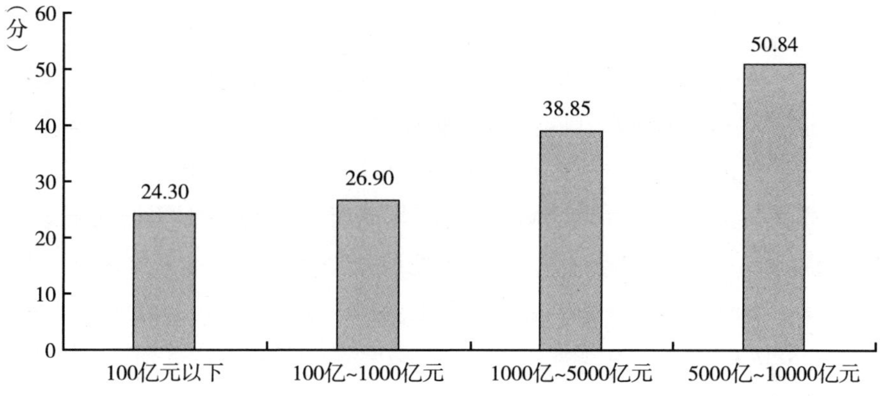

图6　2014年不同总资产规模的建筑行业上市公司社会责任能力成熟度得分分布

三　建筑行业上市公司社会责任理念与战略维度评价分析

建筑行业上市公司的社会责任理念与战略平均得分为28.46分。从得分分布可以看出，有28家建筑行业上市公司得分低于30分，有18家企业的得分在30~60分，有4家企业的得分在60~80分。在50个评价对象中，中国建筑该项维度的得分超过75分，表现比较突出。

（一）社会责任理念不清晰

在社会责任能力成熟度评价中，责任理念用以衡量企业是否具有负责任的经营理念，是否自觉将透明、道德、诚信、奉献等社会责任原则融入企业的愿景、使命和价值观中并在内外部沟通和日常经营活动中传递公司的责任理念。统计发现，建筑行业上市公司“责任理念”指标平均得分为 37.45 分，其中有 42 家企业的得分在 60 分以下。说明大部分企业在其愿景、使命和价值观中体现了一部分具有完整意义的社会责任思想，但是没将其与社会责任真正融为一体，没有上升至社会责任愿景、使命和价值观，具有一定的盲目性。

案例一：中国建筑责任理念

中国建筑一直以“拓展幸福空间”的企业使命为引领，遵循“品质保障，价值创造”的核心价值观，积极转变发展方式，履行社会责任，争做行业先锋。以《中建信条》为核心的企业文化体系是中国建筑制胜未来的核心软实力，是适应引领新常态的“法典”。中国建筑发布践行企业文化的行动纲领《十典九章》，确立中国建筑员工行为规范，树立每一位中建人实现自身价值、创造社会价值的典范。拓展幸福空间的使命，传达了幸福共享的价值宣言，是每一位中建人的责任。中国建筑将行为规范贯穿于履责实践全过程，用行动书写责任篇章，为社会创造更多价值，为利益相关方创造更大的幸福空间。中国建筑秉承包含企业使命、愿景、核心价值观和企业精神的责任理念体系，积极回应利益相关方的期许，努力实现价值分享和共赢，真正促进产业经济以及整个社会的健康、持续、稳定、和谐发展。

（二）社会责任工作缺乏明确的发展目标及战略

社会责任战略关系企业是否综合考虑内外部环境和利益相关方需求，制定和实施有利于经济、社会、环境协调平衡可持续发展的企业整体发展规划或战略，是否编制了针对社会责任部门或社会责任领域的专项规划。研究显示，建筑行业上市公司“责任战略”指标平均得分为 14.98 分。其中，有 39 家企业的得分在30分以下，占企业样本总量的78%，有10家企业的得分在30～60分。说明大部分企业有可持续发展战略，但是制作水平较低，缺乏系统、深入的调研和分析，执行效果缺乏监督或成效一般。

四 建筑行业上市公司社会责任推进管理维度评价分析

建筑行业上市公司社会责任推进管理平均得分为7.12分，在各大维度中得分最低，这说明社会责任推进管理是制约当前我国建筑企业社会责任能力成熟度提升的关键因素所在。从得分分布来看，有47家企业的得分在30分以下，有2家企业的得分在30分到60分之间。

（一）社会责任治理水平需进一步提高

责任治理要求企业建立必要的组织体系和工作机制，保证公司社会责任理念得以贯彻，保证社会责任战略和目标得以落实。它包括社会责任领导机构、社会责任工作机构和社会责任工作机制三个方面。建筑行业上市公司“责任治理”指标平均得分为9.83分，其中有42家企业的得分为0分。结果表明，大部分企业没有成立专门的社会责任领导机构、社会责任工作机构和社会责任工作机制，社会责任治理水平还比较低。

（二）社会责任能力建设和制度建设还不够完善

能力建设是指企业提升员工责任意识、丰富理论知识和实践经验、打开思维眼界的一系列工作。研究显示，建筑行业上市公司“能力建设”指标平均得分为7.02分，其中，有47家企业的得分在30分以下（见图7）。这表明，在社会责任专项培训、社会责任外部交流、社会责任知识管理、社会责任专项研究和重大社会责任实践活动五个方面，建筑行业上市公司做得还不够。

制度建设包括制定社会责任推进制度和对现有制度的修订完善两个方面。建筑行业上市公司“制度建设”指标平均得分为6.58分，其中，有40家企业的得分为0分。这说明大部分企业还没有制定社会责任推进制度，也没有开展从社会责任角度审查现有公司制度的工作，制度建设处于基本空白的状态。

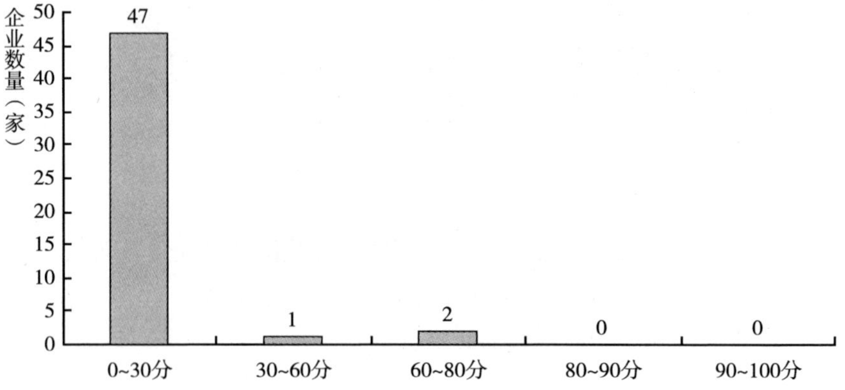

图7　2014年建筑行业上市公司“能力建设”指标得分分布

案例二：中国建筑责任能力建设

公司通过开设官网社会责任专栏、编制内刊社会责任专题、参加社会责任交流会等形式，增强员工对企业社会责任的认识，了解社会责任前沿进展；组织开展中国建筑首届优秀社会责任实践评比活动，并在内部刊物、网站、可持续发展报告等平台进行宣传，增强员工履责意识。完善社会责任信息管理系统，依托公司OA平台搭建社会责任知识库系统，打造社会责任知识学习宣传平台。积极推动所属企业履行社会责任，促进公司全面协调可持续发展。中国海外集团有限公司因其在社会责任方面的优秀表现，连续五年获颁香港社会服务联会“商界展关怀”标志，并于2014年升级“5年Plus商界展关怀”标志；连续两年获颁联合国“环球爱心企业”及世界绿色组织“绿色办公室奖励计划”标志。中国海外发展有限公司连续三年荣获《亚洲企业管治》杂志颁发的“亚洲区优秀企业管治企业”称号。中国建筑国际集团有限公司因其在经营、环境和社区责任方面的优秀表现，连续两年入选“道琼斯可持续发展指数”榜。

（三）缺乏社会责任评价指标体系和社会责任绩效考核机制

社会责任绩效评估关系企业是否为推进社会责任工作而制定了一整套完善的评价指标体系，并将社会责任工作表现纳入公司绩效考核。统计显示，建筑行业50家上市公司的“责任绩效评估”指标平均得分为3.86分，其中，有46家企业的得分均为0分。这说明，绝大多数建筑行业上市公司还没有建立起社会责任评价指标体系，也没有将社会责任纳入绩效考核。

（四）社会责任管理投入比较匮乏

社会责任管理投入是企业为推进社会责任工作给予的资源保障，比如是否建立了年度社会责任专项资金预算，有没有安排社会责任专职人员或兼职人员处理公司社会责任事务。50家建筑行业上市公司“社会责任管理投入”指标平均得分低于10分，其中，有48家企业的得分在30分以下。其原因在于，大部分企业没有建立年度社会责任专项资金预算，仅临时对需要在社会责任工作上的花费实行申报；没有安排社会责任专职人员或只安排了1~2名社会责任兼职人员来处理社会责任事务。

五　建筑行业上市公司经济价值创造能力维度评价分析

建筑行业上市公司经济价值创造能力平均得分为58.36分，在六大维度中得分最高。其中，有32家企业的得分在30~60分，有16家企业的得分在60~80分。这说明建筑行业上市公司对于经济价值创造能力较为重视。在样本信息中也可以看到，有23家企业的营业收入在100亿元以上，其中有7家企业的营业收入超过1000亿元。

（一）直接经济价值创造能力较强

直接经济价值是企业生产经营直接创造的价值，包括营业收入、利润率和资产负债率。建筑行业上市公司的“直接经济价值”指标平均得分为66.23分，其中，有32家企业的得分在60~80分，有5家企业的得分在80~90分

（见图8）。这说明，2014年建筑行业上市公司的营业收入和利润率较高或呈持续增长的态势，资产负债率也得到了企业经营者和债权人的认可。

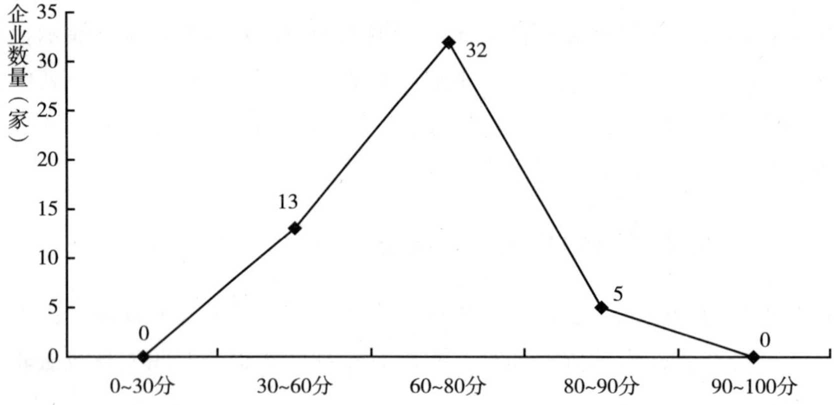

图8　2014年建筑行业上市公司“直接经济价值”指标得分分布

（二）间接经济价值创造能力相对较高

间接经济价值是企业生产运营活动间接为社会创造的经济价值，包括对行业发展、国家税收、社会就业的贡献和因为创新而带来的技术溢出效应。统计结果显示，建筑行业上市公司“间接经济价值”指标平均得分为53.11分，有37家企业得分在30～60分，有10家企业的得分在60分以上。这说明，74%的企业加入了行业组织，但很少参与活动，没有获奖，对税收、就业、创新所做出的贡献较小。20%的企业加入了多个行业组织，在行业组织中有一定任职，参与并协助组织行业活动，并少量获奖，同时缴纳税收水平比较高，在解决地方就业问题方面做出较大的贡献，还有一些国家影响力较大的创新成果。

六　建筑行业上市公司社会价值创造能力维度评价分析

建筑行业上市公司社会价值创造能力平均得分为26.58分。从得分分布来看，有30家企业的得分在0~30分，占比达60%，有18家企业的得分在30~60分。这说明，建筑行业上市公司在生产经营活动中基于互利共赢原则对利益相关方履行了一定的责任与义务。

（一）为伙伴创造的价值较高

建筑行业上市公司“为伙伴创造价值”指标得分为30.06分（见图9），在建筑行业上市公司社会价值创造能力六项二级指标中平均得分最高，说明建筑行业上市公司与相关的伙伴合作较为融洽。其中，有29家企业的得分在0~30分，有21家企业得分在30分以上。在其涉及的8个三级指标中，“银企合作”“政企合作”“责任采购”指标平均得分均在40分以上，说明汽车行业与银行、政府之间合作较为紧密，对企业经营效益有一定的影响。部分企业有公平竞争的相关政策，但不具有可操作性；很少有企业对供应商开展了社会责任审查。

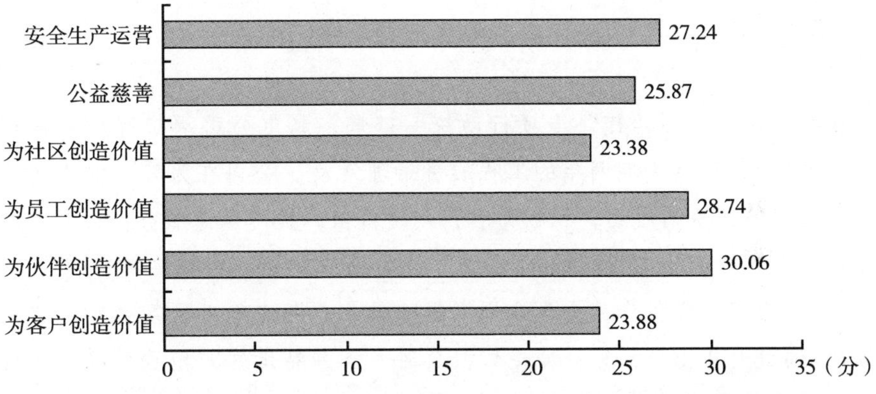

图9　2014年建筑行业上市公司社会价值创造能力维度二级指标得分

（二）比较注重产品质量和客户服务

建筑行业上市公司“为客户创造价值”指标得分为23.88分，其中，有36家企业的得分在30分以下，有11家企业的得分在30~60分，有3家企业的得分在60~80分。在其涉及的8个三级指标中，“客户服务”“产品质量”

两项指标的平均得分较高，分别为37.26分和40.88分，“消费者教育”和“可持续消费”指标平均得分偏低。说明建筑行业建立了质量管理体系，产品合格率基本满足相关标准要求；有相关的客户服务制度；有个别制度涉及消费者权益保护，但制度内容较为宽泛；建有客户投诉处理制度，但是不够畅通，解决率很低；有关于消费者隐私保护的简单承诺，但没有制度保障；偶尔开展消费者教育活动和客户满意度调查。

案例三：中国交建客户责任

公司坚持“质量零缺陷、管理零起点”理念，以质量创优为先导，建立健全适应“五商中交”战略的质量管理体系，落实质量分级责任，强化现场及过程控制，确保公司工程质量总体形势稳定。对现有质量管理规章制度进行梳理完善，修订公司《质量监督管理办法》《质量考核办法》《质量问题和事故报告处理办法》《质量监督管理委员会工作办法》《质量奖评选办法》。深入贯彻公司《2014年质量监督管理工作的意见》，继续深入做好质量通病（质量顽症）治理工作，坚持通病治理常抓不懈，切实提升工程（产品）质量水平。

结合公司“打非治违”专项行动统一部署，制定公司《工程质量治理两年行动方案》，开展为期两年的工程质量治理活动。公司在为客户提供优质工程产品的同时，诚信履约，积极为客户创造价值，提升满意服务。公司各级子企业均建立客户回访制度。公司还成立关爱用户小组，组织实施了“用户关爱行动”，为客户提供产品全生命周期跟踪服务，将“呼叫服务”变为“主动服务”，通过对售出产品分区域走访，及时了解并帮助客户解决问题，对设备整体进行检修保养，并对操作人员和机修人员进行培训，受到客户的一致好评。

（三）重视员工基本权益保护和员工关爱

建筑行业上市公司“为员工创造价值”指标得分为28.74分，其中，有58%的企业得分在0～30分，有17家企业得分在30～60分。在其涉及的18个三级指标中，“劳动合同签订率”“五险一金覆盖率”“员工关爱”等指标的平均得分均在50分以上，“男女员工比例”“管理层中女性所占比例”“员工培训人均投入”等指标的平均得分均在10分以下。说明建筑行业保障了员工的基本权益，在集体谈判机制、女性平等发展方面还有所欠缺。小部分企业建立了职业安全健康管理体系，但是体系较为简单，没有得到认证。

（四）在社区关系管理方面还不够成熟

建筑行业上市公司“为社区创造价值”指标得分为23.38分，其中，有34家企业得分在30分以下，有16家企业得分在30～60分。在其涉及的3个指标中，“促进社区发展的政策”“社区关系管理”“社区共建项目数”指标平均得分分别为39.08分、8.54分和17.30分，得分差距较大。说明大部分企业制定了零散的社区发展政策，政策内容比较一般，政策执行力不够；设立了形式上的社区关系协调员和社区意见申诉渠道，但很少发挥作用；有1～2个社区共建项目，但项目内容较为简单，实施情况一般，改善社区状况效果不明显。

（五）履行慈善责任的主要形式仍限于各类捐赠行为，慈善理念不够成熟，慈善活动形式比较单一

建筑行业上市公司的“公益慈善”指标得分为25.87分，其中，有36家企业的得分低于30分。大部分企业没有常态化的捐赠行为，仅针对重大灾难有公益捐赠，有一定数量的员工志愿者，但人员不固定。说明建筑行业企业把捐赠当作回报社会，还没有把公益慈善和发展战略以及商业利益结合起来，没有形成规范化、制度化的运作机制。

案例四：亚厦股份——至善基金会

公司在成立初期，就主动与上虞区和绍兴市有关工委、妇联、残联等单位建立了长期的联系，通过他们的牵线搭桥，帮学助困。公司先后与数十名贫困大学生、失学贫困生结对子，在给予物质帮助的同时，还在思想方面给予教育和鼓励；出资设立上虞区助残扶残基金，向残疾人、孤寡老人等社会弱势群体送去拳拳爱心和温暖；自1996年出资设立上虞“老园丁”康乐基金后，又出资设立上虞区亚厦园丁奖励基金，显示了公司尊师重教、尊老敬老的良好风尚。

2014年12月，“亚厦至善基金会”正式宣告成立，基金会宗旨是“弘扬

至善于天下的慈善理念，凝聚爱心，扶危济困”，目的是“关爱员工，关注公益，提升企业社会责任感”，口号是“让你我携手，传递‘至善’，共同温暖那些阳光之外的地方”。基金会由员工和干部共同组成的理事会管理，保证财务公开化、透明化。2014 年，至善基金会总计收入 120 万元，支出 44 万元，余额 76 万元，为云南鲁甸地震灾区提供了捐款。

（六）安全生产运营水平较低

安全生产运营包括安全生产管理体系、安全应急预案、安全演练次数、安全生产投入、安全生产培训、安全事故数和员工伤亡人数等。建筑行业上市公司的“安全生产运营”指标得分为 27.24 分，其中，有 13 家企业的得分为 0 分，有 45 家企业的得分低于 60 分（见图 10）。说明一小部分企业没有建立安全生产管理体系；大部分企业建立了安全生产管理体系，但体系文件内容较为简略；编制了较为完善的安全应急预案，但预案内容比较简略，可操作性一般。

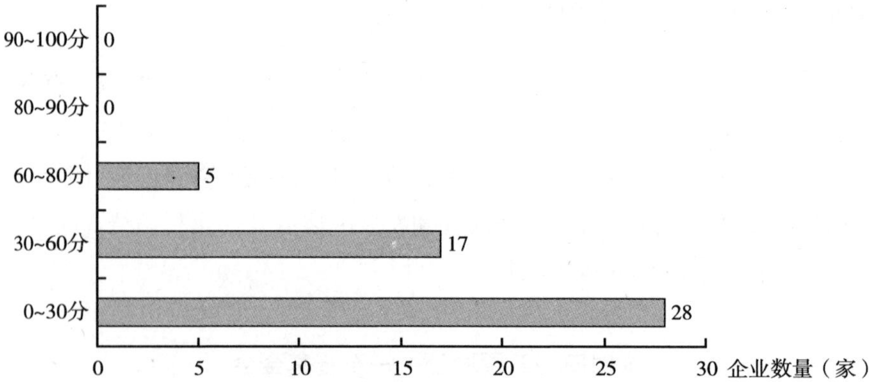

图 10　2014 年建筑行业上市公司“安全生产运营”指标得分分布

案例五：海螺水泥——强化安全管理，创建平安企业

“安全管理”是公司生产经营管理的重中之重，公司通过建立和健全安全管理体系和加强制度建设，实现安全生产管理网络的全覆盖，并通过不断宣贯安全法规和公司制度、进行多种形式的安全教育培训、推进安全生产标准化达标、开展相关主题活动等措施，强化安全责任意识，排查安全隐患，防患于未然。

认真贯彻落实安全生产相关法律法规：《中华人民共和国安全生产法》于2014年8月进行了第二次修订，并于2014年12月1日正式施行。公司利用网络、报纸、专题片、读本、展板等宣传平台和工具，掀起学习安全生产法的热潮，强化安全责任意识和法律意识。同时，各单位加强了对重点区域和事故易发环节的安全隐患排查，防范安全事故的发生。

积极推进安全生产标准化达标工作：2014年，为夯实安全生产基础管理，公司积极推进企业安全生产标准化达标工作。2014年9月，海螺水泥与中国建材检验认证集团股份有限公司协同举办了第一届国内外水泥行业安全生产技术交流会，来自国内外的十余家大型水泥集团的近200名代表参加了此次交流会，通过交流和达成共识，增强了相关企业开展安标创建工作的自觉性和主动性，促进水泥行业的安全生产和健康发展。

开展形式多样的安全教育活动：2014年，在全国第13个“安全生产月”活动期间，围绕“强化红线意识，促进安全发展”活动主题，各子公司精心组织开展相关宣传教育活动，包括安全生产事故警示教育周、深入宣传咨询日、安全生产应急预案演练周等系列活动，对增强全员安全意识起到了较好的作用。

七　建筑行业上市公司环境价值创造能力维度评价分析

建筑行业上市公司环境价值创造能力平均得分为15.65分。其中，有45家企业的得分低于30分，有5家企业的得分在30~60分。企业在生产经营的同时应努力避免对生态环境造成负面影响，但结果显示，建筑行业上市公司为改善环境做出的贡献还比较小，尤其是在污染减排和资源可持续利用方面。

（一）建筑行业环境管理水平整体较低

环境管理是企业开展环保工作的基础和保障，包括环境管理体系、遵守国家环保政策、环保投入和环保负面信息披露。研究显示，建筑行业上市公司的“环境管理”指标得分为36.61分，其中，有42%的企业得分低于30分，42%的企业得分在30~60分（见图11）。这说明，大部分企业建立了较为完善的环境管理体系，并承诺遵守国家环保政策，采取了一些举措落实国家部分环保政策；同时在环保方面有一定的资金投入，但对负面环保信息的披露不足。

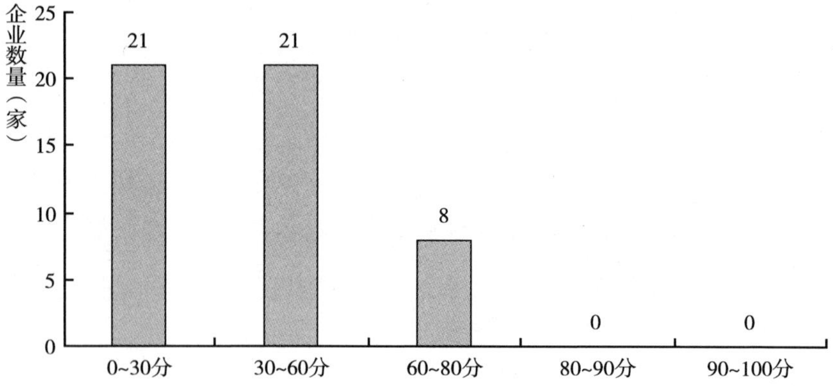

图11　2014年建筑行业上市公司“环境管理”指标得分分布

（二）应大力推进污染减排和资源可持续利用工作

建筑行业上市公司的“污染减排”指标平均得分为4.01分，其中有36家企业的得分在30分以下。属于国家环保重点控制的8个三级指标，包括废水减排、COD减排、氨氮减排、SO_2减排、氮氧化物减排、固体废弃物减排、固废综合处理率、噪声达标等，这些指标的平均得分均在8分以下。建筑行业上市公司的“资源可持续利用”指标平均得分为5.19分，有34家企业的得分在30分以下。在其涉及的4个三级指标中，“综合能耗”“能源节约量”“耗水总量”“水资源循环利用率”指标平均得分分别为6.82分、9.92分、1.26分和1.88分。说明建筑行业在污染减排和资源可持续利用方面做得还远远不够。

（三）参与解决公共环境问题不够积极

建筑行业上市公司的“应对气候变化”指标平均得分为14.38分，有47家企业得分低于30分。在其涉及的3个三级指标中，“应对气候变化措施”“温室气体排放量”“温室气体减排量”指标的得分分别为38.36分、2.40分和5.80分。这说明，建筑行业上市公司采取了2项左右应对气候变化的措施，但是缺少控制温室气体排放的措施。

建筑行业上市公司的“生态环境保护”指标的平均得分为6.53分，有36家企业得分在30分以下。在其涉及的3个三级指标中，“减少生态环境破坏”“生态恢复与治理”“环保公益”指标的得分分别为18.10分、11.18分和4.20分。说明大部分企业没有开展减少生态环境破坏的举措，仅在项目的环境影响评价中有对生态环境方面的评估分析；以一定的方式参与生态恢复与治理，但影响力很小；开展过类型比较单一的环保公益项目，但没有持续开展。

案例六：中国铁建——绿色营造共建文明

中国铁建将绿色经营融入企业战略，积极参与应对全球气候变化，不断提高能源资源综合利用效率，追求经济与环境和谐发展，努力构建“资源节约型、环境友好型”企业，为建设生态文明做出贡献。

推进节能减排。公司完善节能减排体系建设，建立健全了组织体系、制度体系和考核体系，制定印发了《中国铁建股份有限公司节能减排管理暂行办法》《中国铁建股份有限公司节能减排工作目标指标考核评价实施细则》，分级管理，明确责任，狠抓落实，强化考核，确保节能减排工作落到实处。公司加强节能减排宣传，以节能减排宣传周和全国低碳日活动为契机，采取多种形式营造浓厚的节能减排氛围，宣传和倡导节能低碳，树立绿色低碳的价值观、生活观和消费观，提高全员节能减排意识。

重视环境保护。公司利用自身的优势资源，从源头上进行注入，在设计方案时充分考虑各方因素，确保在建造时节约能源，努力实现与自然环境的共荣。公司坚持“实事求是、因地制宜、集中统筹、整体优化”的原则，做到工程建设与生态环境同步规划、同步实施，通过栽植树木、洒水防尘、污水处理、水土保持、噪声防治、耕地恢复等环保措施，防止水土流失与植被破坏。2014年，公司有12项工程被评为全国建筑业绿色施工示范工程。公司重视工程建设中原材料绿色环保，建立了合格供应商名录，加大招标中绿色环保的评分比重，使用绿色环保产品，有效降低原材料对环境的影响。

八　建筑行业上市公司合规透明运营能力维度评价分析

建筑行业上市公司合规透明运营能力平均得分为40.23分，在六大维度中，仅低于经济价值创造能力的得分。说明建筑行业企业在生产经营活动中较为主动地回应社会各界对企业诚信守法、公开透明等的价值诉求。其中，64%的企业得分在30～60分（见图12），得分超过75分的企业有2家，分别为中国交建和葛洲坝，尤其是葛洲坝得分达到79.26分，表现突出。

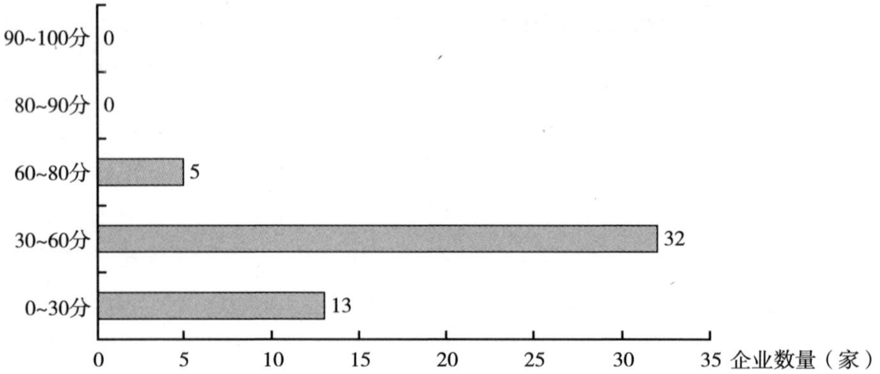

图12　2014年建筑行业上市公司合规透明运营能力得分分布

（一）信息披露机制较为完善

信息披露是企业自觉主动将利益相关方关注的信息进行公开公示发布的过程。建筑行业上市公司的“信息披露”指标得分为54.24分，其中，有30家企业得分在30～60分，有19家企业得分在60～80分（见图13）。这说明大部分企业建立了较为完善的信息披露机制，披露内容较为丰富但与利益相关方的诉求还有一定的差距，披露渠道较为单一，对信息披露程序有一定的规范。

（二）合规运营水平偏低

合规运营是衡量企业履行法律责任的重要指标，包括合规管理体系、合规培训、腐败事件数和因违规罚款数。统计发现，建筑行业“合规运营”指标

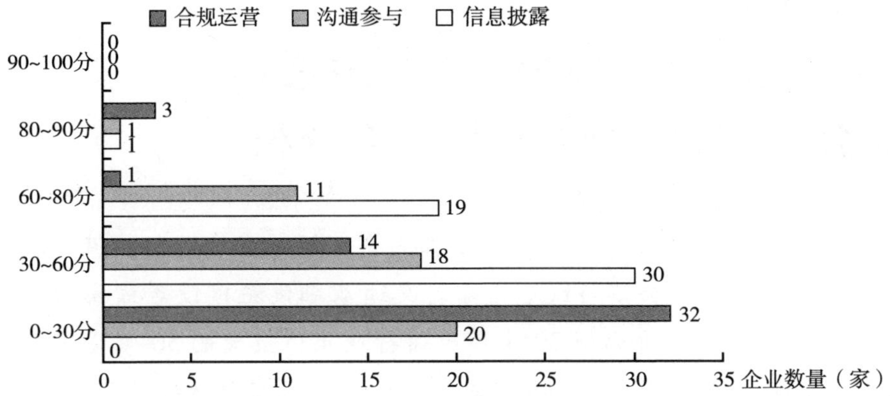

图 13　2014 年建筑行业上市公司合规透明运营能力三大指标得分分布

得分为 31.32 分，有 32 家企业的得分在 0～30 分，有 14 家企业的得分在 30～60 分。大部分企业建立了合规管理机构，有个别零散的合规管理制度文件；开展过合规培训，但次数不多，覆盖人群不多，培训内容和方式也一般；对于腐败事件数和因违规罚款数等负面信息，大部分企业都没有进行披露。

（三）需加强利益相关方的沟通参与

沟通参与是企业提高透明度和维护改善利益相关方关系的重要手段，包括自觉与政府、股东、客户、合作伙伴、媒体、社会团体的沟通。建筑行业上市公司的“沟通参与”指标得分为 38.09 分，有 20 家企业得分在 0～30 分，30 家企业得分在 30 分以上。这说明大部分企业与利益相关方有零散的沟通，有少量零散的沟通制度，沟通次数不多，沟通形式较为单一，利益相关方对企业评价一般。

B.10

2014年中国运输行业上市公司社会责任能力成熟度评价分析

摘 要： 本报告所涉及的运输行业主要包括航空货运与物流、航空、海运、公路与铁路运输、交通基础设施建设等方面的企业。通过评价分析2014年运输行业市值最大的50家公司发现，运输行业上市公司社会责任能力成熟度整体处于弱能级，社会责任推进管理方面表现较差，对就业的贡献相对较大。

关键词： 运输行业 社会责任能力成熟度 社会责任推进管理

一 运输行业上市公司社会责任能力成熟度评价对象

为了评价2014年中国运输行业上市公司的社会责任能力成熟度水平，本研究按照A股市值大小，选取了2014年市值排名最高的50家公司作为评价对象。50家上市公司的基本特征如表1所示。

表1 2014年运输行业上市公司50强基本特征分布

类别	极小值	极大值	均值	中值	众数	标准差	偏度	偏度的标准误	峰度	峰度的标准误
总资本	16.41	2096.43	369.63	177.27	16.41	494.65	2.23	0.34	4.33	0.66
负债	3.19	1501.71	214.09	71.77	3.19	369.43	2.63	0.34	6.09	0.66
营业收入	3.01	1083.13	164.73	51.05	3.01	261.31	2.38	0.34	5.25	0.66
营业净利率	-2.79	154.11	21.23	15.52	-2.79	26.01	3.04	0.34	13.34	0.66
市值	70.58	1584.80	269.27	148.16	70.58	312.45	2.93	0.34	9.45	0.66
市盈率	7.96	437.88	40.58	25.60	7.96	62.38	5.66	0.34	35.79	0.67
独立董事占比	25.00	62.50	35.92	33.33	25.00	5.07	3.04	0.34	15.17	0.66
股权集中度 CR4	26.68	91.48	68.85	72.01	26.68	15.09	-0.65	0.34	0.01	0.66

注：总资本、负债、营业收入、市值的单位均为亿元；营业净利率、独立董事占比、股权集中度的单位均为百分比。

二　运输行业上市公司社会责任能力成熟度总体评价分析

（一）运输行业上市公司社会责任能力成熟度整体处于弱能级

2014 年 50 家运输行业上市公司社会责任能力成熟度平均得分为 37. 39 分，整体处于弱能级。在 50 家上市公司中，达到强能级和超能级的公司数量为 0，有 5 家企业得分超过 60 分，达到本能级；28% 的企业得分在 30 分以下，处于无能级；62% 的企业得分在 30 ~ 60 分，处于弱能级（见图 1）。

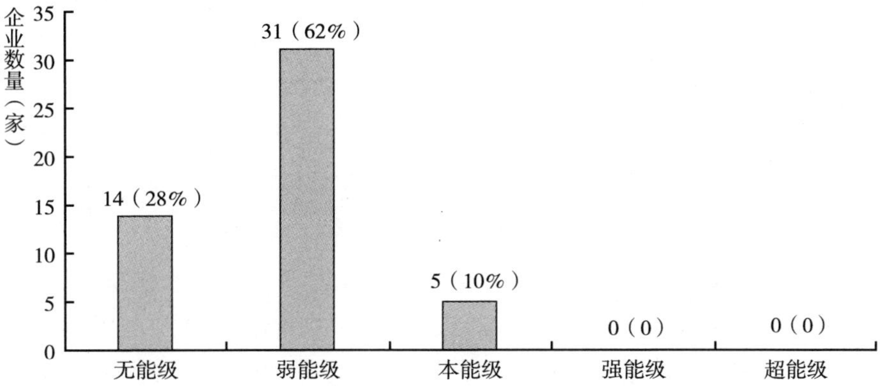

图 1　2014 年运输行业上市公司社会责任能力成熟度等级分布

（二）运输行业上市公司的社会责任推进管理维度表现相对最差

从社会责任能力成熟度的六个维度来看，运输行业上市公司的经济价值创造能力得分最高，平均得分为 64. 68 分；合规透明运营能力得分次之，平均分为 52. 96 分；社会责任理念与战略、社会价值创造能力和环境价值创造能力得分分别为 45. 12 分、33. 38 分和 22. 18 分；社会责任推进管理得分最低，平均得分为 9. 45 分（见图 2）。

（三）央企上市公司的社会责任能力成熟度水平高于地方国有上市公司和民营上市公司

在运输行业市值最大的 50 家上市公司中，包含 14 家中央企业、34 家地方

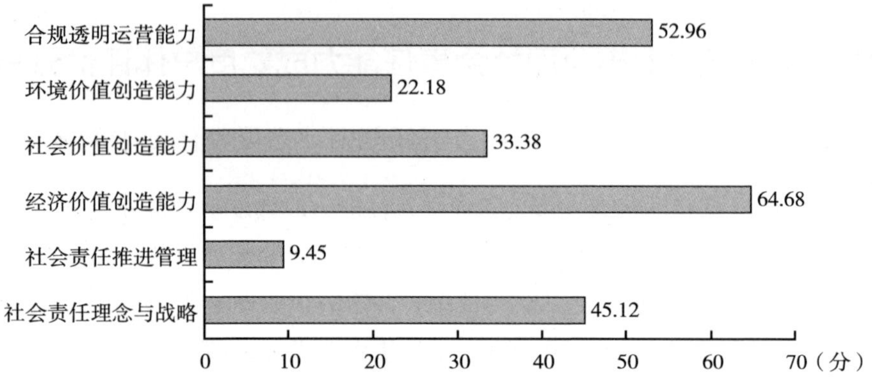

图 2　2014 年运输行业上市公司社会责任能力成熟度六大维度得分分布

国有企业和 2 家民营企业。从不同所有制来看，国有企业中的中央企业社会责任能力成熟度平均得分为 44.61 分，高于地方国有企业和民营企业的社会责任能力成熟度得分，说明中央企业的社会责任能力成熟度水平相对最高。50 家运输行业上市公司中，地方国有企业的社会责任能力成熟度平均得分为 34.54 分，民营企业的社会责任能力成熟度平均得分为 35.35 分。从社会责任能力成熟度的六个维度来看，国有上市公司的社会责任推进管理、社会价值创造能力、环境价值创造能力和合规透明运营能力得分均高于民营上市公司，民营上市公司的社会责任理念与战略和经济价值创造能力得分高于国有上市公司（见图 3）。

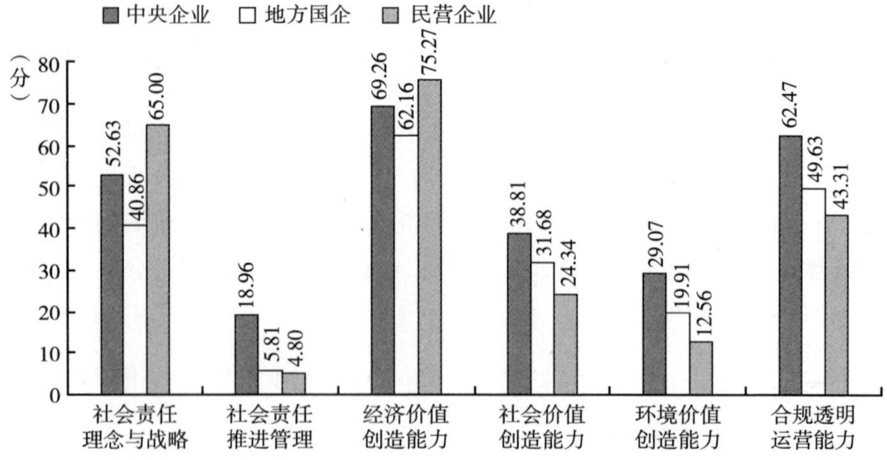

图 3　2014 年不同所有制的运输上市公司社会责任能力成熟度各维度得分对比

（四）上交所运输类上市公司的社会责任能力成熟度整体上高于深交所

运输行业50家上市公司中，有39家在上交所上市、11家在深交所上市。从社会责任能力成熟度得分来看，上交所上市公司社会责任能力成熟度平均得分为38.93分，处于弱能级；深交所上市公司社会责任能力成熟度平均得分31.92分，也处于弱能级，上交所上市公司得分高于深交所上市公司。从社会责任能力成熟度六大维度来看，在上交所上市的运输类企业的社会责任推进管理、社会价值创造能力、环境价值创造能力和合规透明运营能力得分均高于深交所上市公司（见图4）。

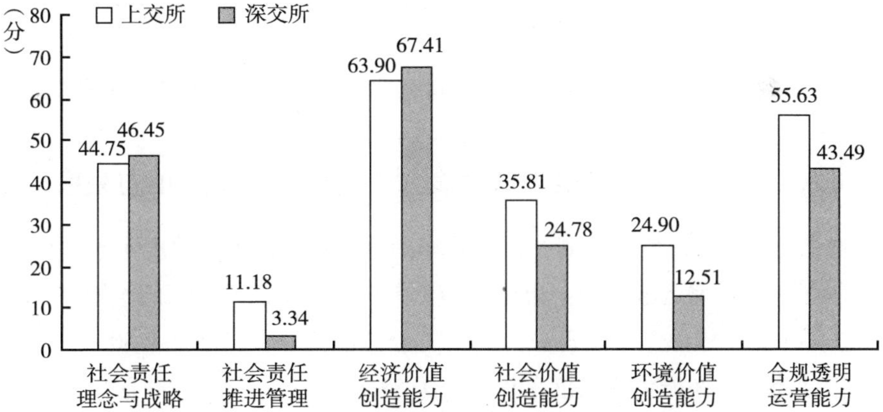

图4　2014年沪深两市运输行业上市公司社会责任能力成熟度六大维度得分对比

（五）股权集中度与企业社会责任能力成熟度水平呈“U”形关系

在前四大股东股权集中度方面，股权集中度处于20%以下的没有；介于20%～40%的有3家，其社会责任能力成熟度平均得分为41.18分；股权集中度处在40%～60%的企业有11家，它们的社会责任能力成熟度平均得分为31.81分；股权集中度处在60%～80%的有23家，它们的社会责任能力成熟度平均得分为34.90分；股权集中度超过80%的有13家，它们的社会责任能力成熟度平均得分为45.64分（见图5）。可以看出，以前四大股东的持股比例为参考，分析社会责任能力成熟度与股权集中度之间的关系时，得出的结论是股权集中度与企业社会责任能力成熟度水平呈“U”形关系。

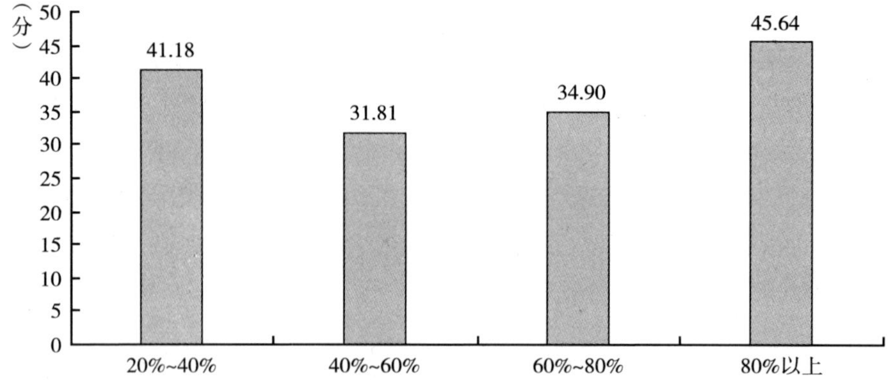

图5　2014年运输行业上市公司股权集中度（CR4）与社会责任能力成熟度的关系

（六）企业社会责任能力成熟度与上市公司市值呈正向关系

随着上市公司市值的提高，上市公司的社会责任能力成熟度水平呈现总体提升的趋势。50家运输行业上市公司中，市值在100亿元以下的企业有15家，其社会责任能力成熟度平均得分为31.47分；市值处在100亿~500亿元的有29家，其社会责任能力成熟度平均得分为38.22分；市值在500亿元以上的有6家，其社会责任能力成熟度平均得分为48.19分（见图6）。

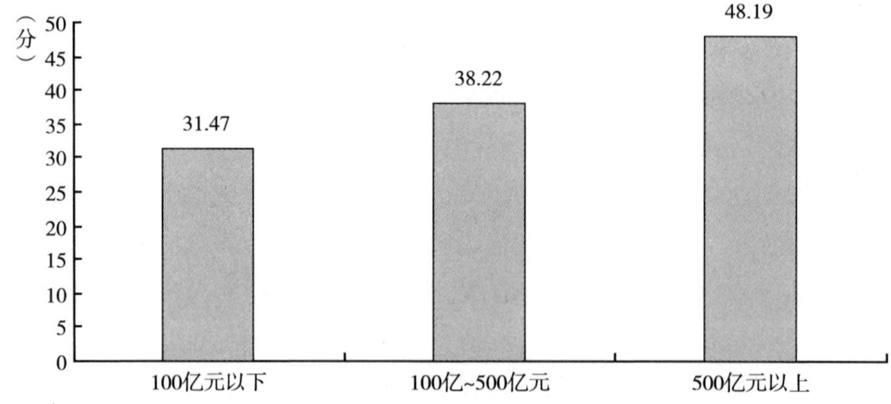

图6　2014年不同市值的运输行业上市公司社会责任能力成熟度得分分布

三　运输行业上市公司社会责任理念与战略维度评价分析

运输行业50家上市公司的社会责任理念与战略平均得分为45.12分，这说明在社会责任理念与战略层面，运输企业对社会责任的认知整体还处于初级阶段。在50家上市公司中，社会责任理念与战略得分在60分以下的企业约占2/3，其中，有4家企业得分为0分，说明这几家公司并未将社会责任理念融入企业愿景、使命和价值观中，企业也没有制定系统的社会责任战略规划，企业社会责任实践基本处于无序状况。此外，社会责任理念与战略得分超过60分的16家，其中5家企业得分超过80分（见图7），具有较好的社会责任理念和初步的战略。

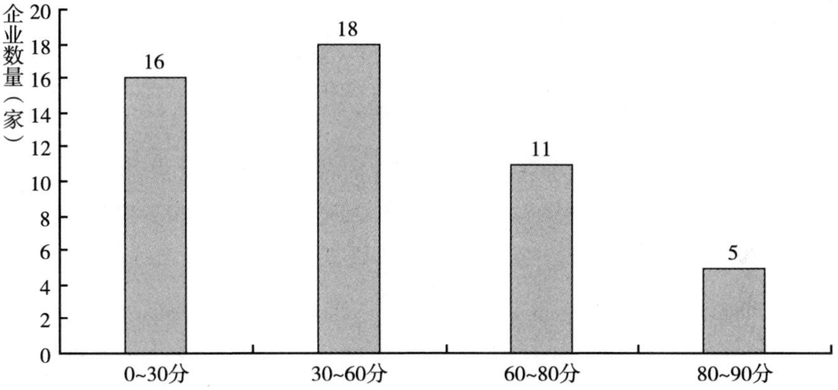

图7　2014年运输行业上市公司社会责任理念与战略得分分布

（一）社会责任理念相对较好地融入了企业价值观

从“责任理念”指标来看，运输行业50家上市公司“责任理念”指标平均得分为50.39分。在50家上市公司中，有21家公司的“责任理念”指标得分在60分以上，占比42%，其中有17家企业得分在80~90分，占比34%，还有1家企业得分在90分以上（见图8）。从“责任理念”指标的三级指标来看，“融入企业价值观”指标得分最高，平均得分为58.12分；其次是“融入企业愿景（社会责任愿景）”指标，平均得分为49.84分；“融入企业使命”指标得分相对最低，平均得分为43.20分。

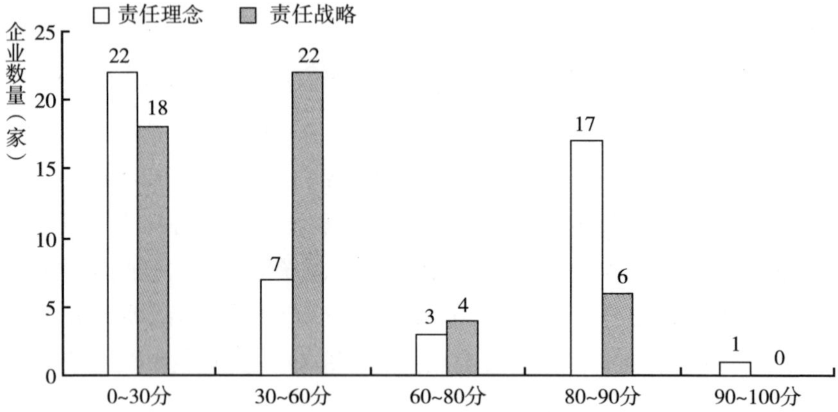

图8　2014年运输行业上市公司“责任理念”与“责任战略”指标得分分布

（二）社会责任战略缺乏实质性推进

从“责任战略”指标来看，运输行业50家上市公司“责任战略”指标平均得分为37.23分。有40家公司的“责任战略”指标得分在60分以下，占92%；还有4家公司得分在60~80分，得分在80~90分的公司有6家。

对比“责任理念”指标和“责任战略”指标发现，运输行业50家上市公司的“责任理念”得分明显高于“责任战略”得分。可见，大部分企业履行社会责任仅停留在理念层面，还有待将社会责任提升到战略层面。

四　运输行业上市公司社会责任推进管理维度评价分析

运输行业50家上市公司的社会责任推进管理平均得分为9.45分，在企业社会责任能力成熟度六大维度中得分最低。在50家上市公司中，有90%的企业得分在0~30分，其中有24家企业得分为0分，占48%；得分超过60分的企业仅有2家（见图9）。这说明，运输行业上市公司尚未将社会责任推进管理体系纳入企业日常管理体系中。大部分运输企业没有制定社会责任推进制度，也没有专门的领导和工作机构、专职人员、专项经费推进社会责任组织活动，更没有将社会责任纳入企业绩效考评体系中，企业社会责任基本上处于无序、被动、消极应对状态。

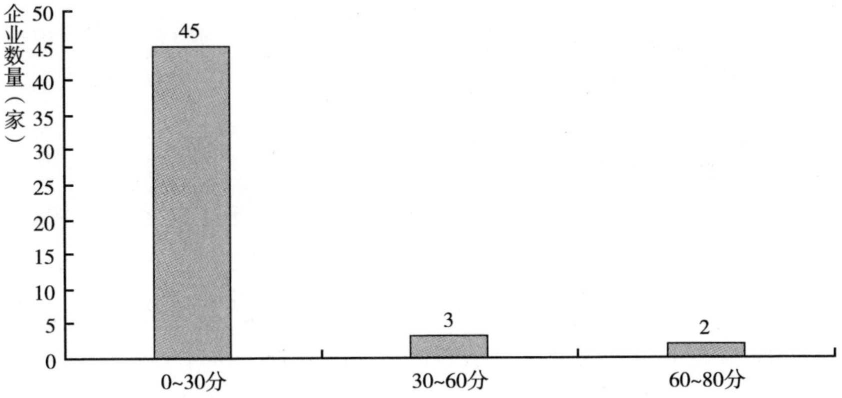

图9　2014年运输行业上市公司社会责任推进管理得分分布

（一）责任治理指标得分相对最高

从“责任治理”指标来看，运输行业50家上市公司“责任治理”指标平均得分为12.11分。在50家上市公司中，有90%的企业“责任治理”指标得分在60分以下，其中，有39家企业的“责任治理”指标得分为0分（见表2），说明这些公司没有专门建立社会责任领导机构和工作机构，也没有建立社会责任工作机制。此外有5家企业“责任治理”指标得分在80～90分，没有任何一家企业得分在60～80分，这说明，运输行业上市公司“责任治理”表现差距悬殊。

表2　2014年运输行业上市公司社会责任推进管理二级指标得分分布

单位：家

得分	责任治理	能力建设	制度建设	责任绩效评估	社会责任管理投入
0分	39	29	41	42	46
0～30分	3	18	2	2	0
30～60分	3	1	3	3	3
60～80分	0	1	2	1	0
80～90分	5	1	1	2	1
90～100分	0	0	1	0	0

案例一：中国远洋控股股份有限公司责任治理①

责任治理结构

中国远洋总部和各所属公司均成立了“可持续发展委员会”或“全球契约推进小组”，并设立日常管理机构将实施全球契约和可持续发展工作纳入日常管理职能。由各部门抽调人员组成推进员队伍，组织参与全球契约工作，推进公司可持续发展。

社会责任工作制度体系

为了保证及时发布高质量的可持续发展报告，中国远洋建立了可持续发展和社会责任管理体系，构建了社会责任推进的长效机制。中国远洋为加强可持续发展管理体系建设，自上而下组建了推进员队伍、指标数据收集队伍、报告编写队伍、IT 信息平台建设和支持队伍、内审员队伍。其中可持续发展管理体系推进员队伍是在各级公司专职工作人员的组织下，由各部门、各处室指定一名人员专门负责本部门的可持续发展管理体系建设和运行工作，整个公司自上而下共有近千名推进员参与相关工作。

社会责任专职人员能力建设

为了持续提升公司全球契约和可持续发展管理体系实施的水平，中国远洋十分重视队伍能力建设，以提升专职人员能力业务素质为切入点，不断加强学习和交流。目前，队伍能力建设工作已初见成效，促进公司的全球契约和可持续发展工作不断取得新突破。

培育责任文化

中国远洋在中国企业中率先加入联合全球契约，公开向客户和合作伙伴及国际社会承诺严格遵守联合国全球契约十项原则和可持续发展领导力蓝图。中国远洋已逐步将全球契约和可持续发展的理念融入公司的管理体系，使之成为管理制度和管理流程的一部分，从而使践行全球契约和可持续发展的理念成为企业每天工作的内容。

专项预算情况

为保证全球契约和可持续发展管理体系实施的质量，中国远洋各公司每年

① 资料来源：中国远洋控股股份有限公司《2014 年可持续发展报告》。

均制定全球契约和可持续发展专项预算费用。2014 年，中国远洋所属各公司推行全球契约和可持续发展的专项经费总额达 71 万元。

（二）社会责任能力建设不足

从“能力建设”指标来看，运输行业 50 家上市公司“能力建设”指标平均得分为 9.18 分。47 家企业“能力建设”指标得分在 30 分以下，并有 29 家企业的“能力建设”指标得分为 0 分。大部分运输企业该指标得分较低主要是因为社会责任专项培训、社会责任外部交流、社会责任知识管理、社会责任专项研究较为缺乏。

（三）缺乏专项社会责任制度

从“制度建设”指标来看，运输行业 50 家上市公司“制度建设”指标平均得分为 10.09 分。在 50 家上市公司中，有 41 家企业“制度建设”指标得分为 0 分，这反映了运输行业上市公司基本没有制定社会责任推进制度。此外，有 4 家企业“制度建设”指标得分在 60 分以上，其中，上港集团的该指标得分超过 90 分。

（四）缺乏科学的社会责任绩效评估

从“责任绩效评估”指标来看，运输行业 50 家上市公司“责任绩效评估”指标平均得分为 8.48 分。在 50 家上市公司中，有 47 家企业的“责任绩效评估”指标得分在 60 分以下，其中有 42 家企业该指标得分为 0 分。可见，大部分运输行业上市公司并未将社会责任纳入企业绩效考评体系中。

（五）社会责任管理投入不足

从“社会责任管理投入”指标来看，运输行业 50 家上市公司“社会责任管理投入”指标平均得分为 4.18 分。在 50 家上市公司中，有 46 家企业“社会责任管理投入”指标得分为 0 分，这反映了运输行业上市公司基本没有安排社会责任专项资金预算，也没有安排社会责任专职员工。此外，中国远洋的该指标表现较为突出，得分超过 80 分。

五　运输行业上市公司经济价值创造能力维度评价分析

运输行业50家上市公司经济价值创造能力平均得分为64.68分，高于社会责任能力成熟度其他五个维度得分。在50家企业中，有72%的企业经济价值创造能力平均得分超过60分，其中，还有5家企业得分超过80分（见图10），较好地创造了经济价值。

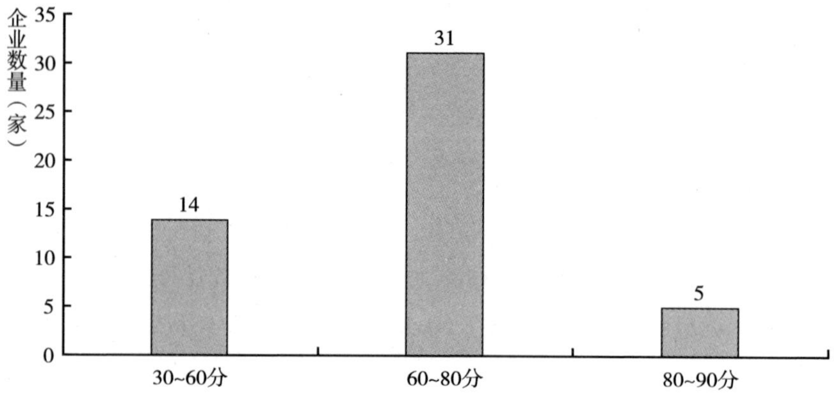

图10　2014年运输行业上市公司经济价值创造能力得分分布

（一）直接经济价值优于间接经济价值

运输行业50家上市公司"直接经济价值"指标平均得分为79.38分，"间接经济价值"指标平均得分为54.87分。对比"直接经济价值"指标和"间接经济价值"指标发现，运输行业上市公司"直接经济价值"指标得分明显高于"间接经济价值"指标（见图11）。

（二）税收贡献表现相对较好，行业贡献水平有待提升

运输行业50家上市公司"间接经济价值"指标得分低主要是因为："对就业的贡献""对行业的贡献""对创新的贡献"等方面有待进一步提升。其中，"对就业的贡献"三级指标得分最低，平均得分为38.68分；其次是"对

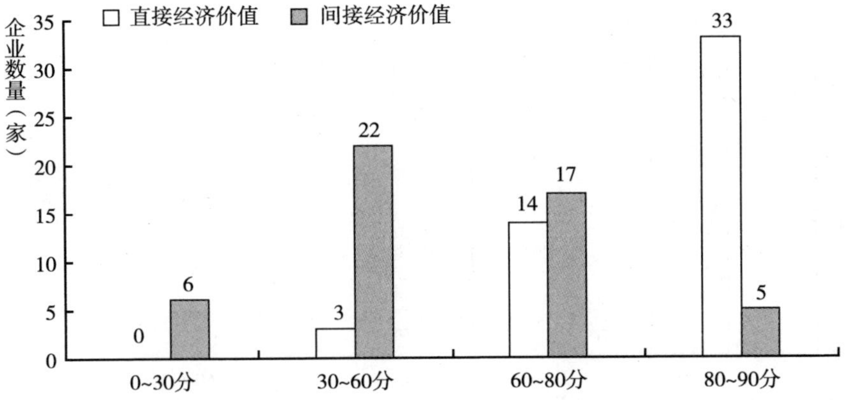

图 11　2014 年运输行业上市公司“直接经济价值”和“间接经济价值”指标得分分布

行业的贡献”三级指标，平均得分为 47. 98 分；“对创新的贡献”指标得分为 51. 14 分。此外，在“间接经济价值”指标 4 个三级指标中，“对税收的贡献”指标得分最高，平均得分为 78. 14 分。

六　运输行业上市公司社会价值创造能力维度评价分析

运输行业 50 家上市公司社会价值创造能力平均得分为 33. 38 分。在 50 家上市公司中，社会价值创造能力得分在 0 ~ 30 分的企业有 24 家，占 48%；得分在 30 ~ 60 分的企业有 22 家，占 44%（见图 12）。这说明在社会价值创造层面，大部分运输企业的社会价值创造还停留在无意识层面或初步阶段。

（一）消费者教育和可持续消费水平较低

从“为客户创造价值”指标来看，运输行业 50 家上市公司“为客户创造价值”指标平均得分为 38. 64 分。在 50 家上市公司中，有 84% 的企业“为客户创造价值”指标得分在 60 分以下，其中，有 21 家企业得分在 30 分以下，占 42%；有 21 家企业得分在 30 ~ 60 分，占 42%（见图 13）。大部分企业该指标得分较低的主要原因是：消费者教育、可持续消费等方面的服务质量和水平

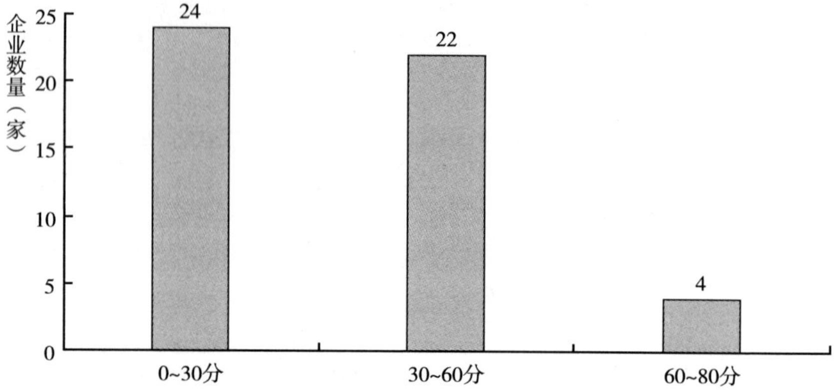

图 12　2014 年运输行业上市公司社会价值创造能力维度得分分布

还有待提升。此外，还有 8 家企业“为客户创造价值”指标得分在 60 分以上，表现相对较好。

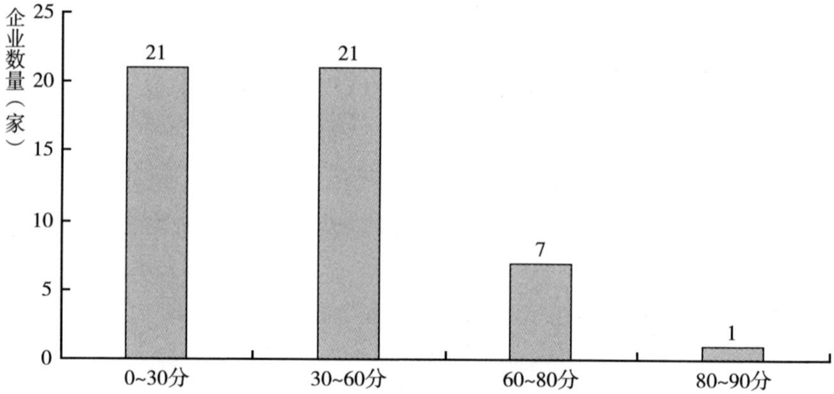

图 13　2014 年运输行业上市公司“为客户创造价值”指标得分分布

案例二：深圳高速公路股份有限公司顾客投诉处理机制[①]

公司对外公布了咨询投诉热线电话、官方微博及微信公众平台，及时解答顾客问题、处理投诉事项，并不断总结经验，持续改进和提升服务质量。

① 资料来源：深圳高速公路股份有限公司《2014 年度社会责任报告》。

2014年，在广东省实施全省联网收费的初期，客户服务中心咨询及投诉业务骤增。公司对此给予了充分重视，不断收集联网操作中发现的问题，与省交通管理部门、系统开发商及时沟通和协调，召开专项会议提出解决方案，尽快向顾客反馈处理结果。同时，客户服务中心通过微信、微博、媒体等渠道对全省联网及计重收费相关业务进行宣传与答疑。通过对收费系统和操作流程的不断改进和完善，相关业务投诉量逐月下降。

2014年，针对经营环境的变化和业务发展，公司对近三年来的投诉业务进行分析研究，结合典型事件编制了《深高速营运投诉案例及分析》，以具体案例、处理方案、要点及相关依据等为要素进行归纳总结，发放给各营运单位，确保收费站在处理现场投诉和问题时的规范性及统一性，为改善营运管理和服务质量提供帮助。

（二）供应商社会责任审查缺失

从“为伙伴创造价值”指标来看，运输行业50家上市公司“为伙伴创造价值”指标平均得分为23.89分。在50家上市公司中，有96%的企业“为伙伴创造价值”指标得分在60分以下，其中，有68%的企业得分在30分以下，有28%的企业得分在30~60分（见图14）。此外，还有4%的企业得分在60分以上，表现相对较好。该指标得分较低的主要原因是：“公平竞争的理念与政策”“供应商社会责任审查”“责任采购”三级指标得分较低，分别为17.68分、4.94分、16.68分。

（三）员工培训人均投入较少，员工入会率低

从“为员工创造价值”二级指标来看，运输行业50家上市公司“为员工创造价值”指标平均得分为34.96分。在50家企业中，有44家企业得分在60分以下，占88%。运输行业上市公司该指标得分较低主要是因为：“员工培训人均投入”“员工入会率”三级指标得分低，分别为8.66分和6.66分。

（四）为社区创造价值指标得分最低

从“为社区创造价值”二级指标来看，运输行业50家上市公司“为社区

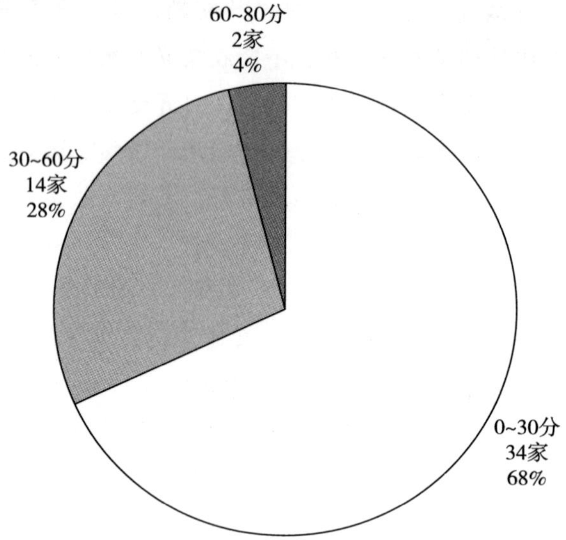

图 14　2014 年运输行业上市公司“为伙伴创造价值”指标得分分布

创造价值”指标平均得分为 21.69 分，在社会价值创造能力六项二级指标中得分最低。在 50 家上市公司中，有 70% 的企业得分在 30 分以下；有 18% 的企业得分在 30 ~ 60 分（见图 15）。这说明，大部分运输企业在促进社区发展、社区关系和社区共建方面还亟须进一步改善。此外，还有 6 家上市公司“为社区创造价值”指标得分在 60 分以上，占 12%。

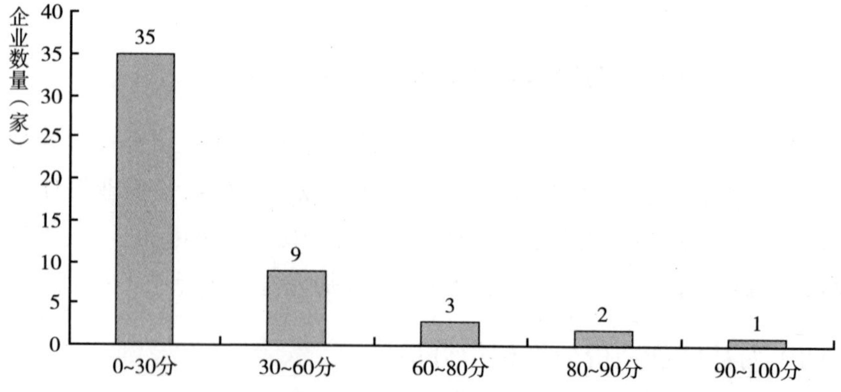

图 15　2014 年运输行业上市公司“为社区创造价值”指标得分分布

（五）公益慈善指标表现相对较好

从“公益慈善”指标来看，运输行业50家上市公司“公益慈善”指标平均得分为41.68分，在社会价值创造能力六项二级指标中得分最高，这说明运输行业上市公司在公益慈善方面表现相对较好。在50家企业中，有15家企业“公益慈善”指标得分在30分以下，占30%；有25家企业得分在30～60分，占50%（见图16）。这部分企业指标得分低的主要原因是员工志愿者数量相对较少。此外，还有10家企业“公益慈善”指标得分在60分以上，表现相对突出。

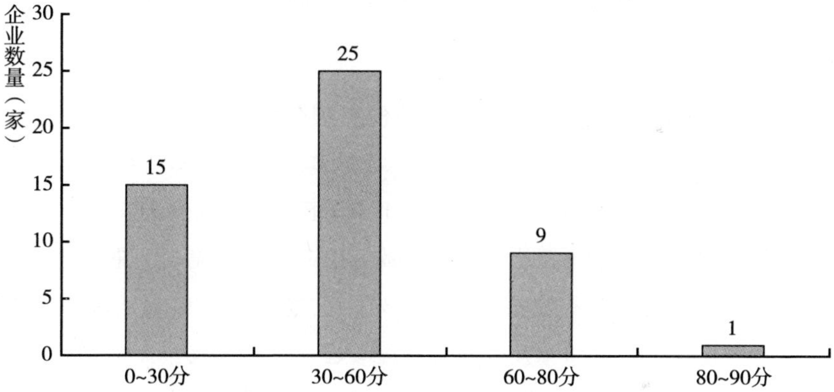

图16　2014年运输行业上市公司“公益慈善”指标得分分布

（六）运输行业上市公司安全生产运营表现差异悬殊

从“安全生产运营”指标来看，运输行业50家上市公司“安全生产运营”指标平均得分为38.28分。在50家企业中，有20家企业得分在30分以下，占40%；有15家企业“安全生产运营”指标得分在30～60分，占30%（见图17）。部分企业该指标得分较低的主要原因是：在安全生产投入、安全演练次数等方面表现相对不足。此外，还有15家企业得分在60分以上，其中，还有1家企业得分在90分以上，安全生产运营表现相对较好。通过对比“安全生产运营”指标得分分布情况可以发现，运输行业上市公司在安全生产运营方面表现差异悬殊。

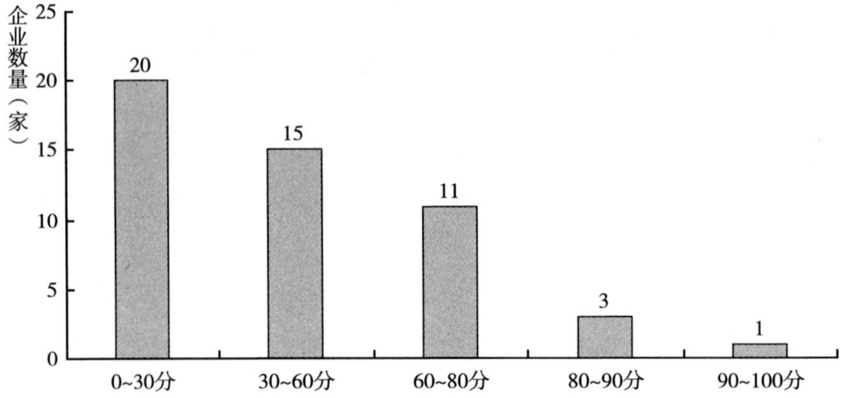

图 17　2014 年运输行业上市公司“安全生产运营”指标得分分布

案例三：上海国际港务（集团）股份有限公司安全管理体系①

公司制定了一系列生产安全管理制度，具体包括：上港集团安全生产管理制度、上港集团各级人员安全生产责任制、上港集团安全检查管理规定、上港集团安全评价管理规定、上港集团生产安全事故报告和处理规定、上港集团安全生产事故应急预案、上港集团船舶安全管理规定、上港集团装卸（运输）生产承发包安全管理规定、上港集团承发包租赁安全管理规定、上港集团港口设施保安管理办法、上港集团安全生产教育培训管理规定、上港集团特种作业人员安全教育培训管理规定、上港集团劳动防护用品和保健食品管理规定、上港集团职业卫生（健康）管理办法、上港集团危险货物安全管理办法（暂行）、上港集团安全生产费用管理办法（暂行）、上港集团反恐怖防范责任制、上港集团海防工作方案。

2014 年，上港集团与下属各单位签订了安全生产责任书和承诺书。各单位对其下属部门按照年度目标、安全职责、工作措施、践诺报告、工作考核制定了安全生产责任书，逐级落实各级人员安全生产责任制。

为严肃事故报告纪律，杜绝生产安全事故的迟报、瞒报、漏报，集团完善了事故报告制度，制定了事故快报和报告格式，并规定各单位将此报告制度张贴在调度室。

① 资料来源：上海国际港务（集团）股份有限公司《2014 年可持续发展报告》。

七　运输行业上市公司环境价值创造能力维度评价分析

运输行业50家上市公司环境价值创造能力平均得分为22.18分。50家上市公司环境价值创造能力得分全部集中在60分以下，其中，有32家上市公司得分在30分以下，占64%；有18家上市公司得分在30~60分，占36%（见图18）。这说明在环境价值创造能力方面，运输行业对于环境价值的创造基本处于无序或启蒙状态。

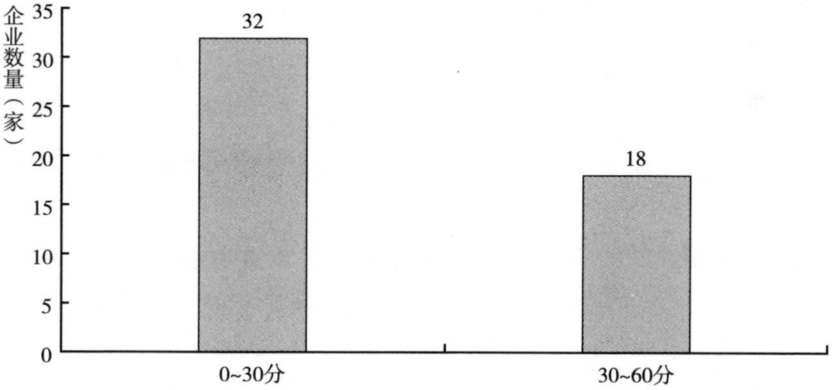

图18　2014年运输行业上市公司环境价值创造能力得分分布

（一）环境管理指标得分最高

从“环境管理”指标来看，运输行业50家上市公司“环境管理”指标平均得分为35.16分，在环境价值创造能力五项二级指标中得分最高。在50家企业中，有76%的企业“环境管理”指标得分在60分以下（见图19）。大部分企业该指标得分低主要是因为：环保投入和环境管理体系方面还有待进一步提升和改善。此外，有12家企业“环境管理”指标得分在60分以上，表现相对突出。

（二）污染减排指标得分最低

从“污染减排”指标来看，运输行业50家上市公司“污染减排”指标

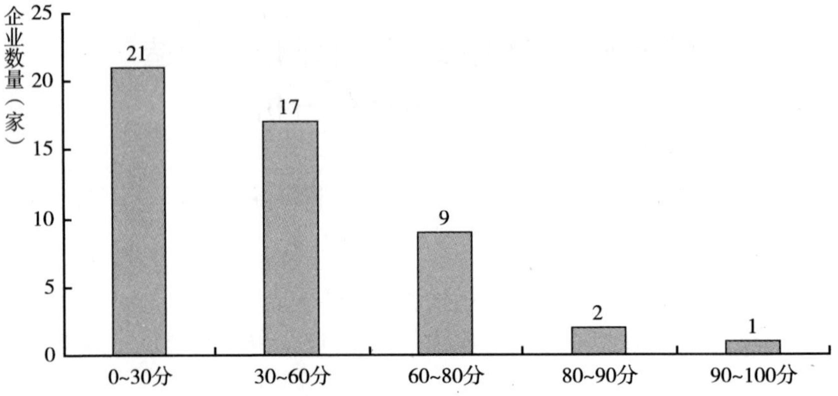

图 19　2014 年运输行业上市公司“环境管理”指标得分分布

平均得分为 8.07 分，在环境价值创造能力五项二级指标中得分最低。50 家上市公司“污染减排”得分都在 60 分以下，其中，有 98% 的企业得分在 30 分以下。这说明，大部分企业污染减排效果与行业排放标准仍有极大差距。

案例四：中国东方航空股份有限公司废弃物处置①

投资约 3500 万元，对上海虹桥国际机场东区所属（用）地长度约为 13 公里的管道进行维修改造。在每个地块内对现有雨污水管道做开挖重排，雨污分流。提高污水收集处理率，改善水环境质量。

与有专业资质执照的公司签订电子废弃物处置合同，全年处置电子危险品废弃物（废旧日光灯管）约 300 千克。制定业务流程，对机上垃圾以及机供品包装物料做回收处理，回收率达 100%。

与上海机场集团公司签署合同，对机上废水进行专业处理。通过招标确定上海三益实业公司为东航的废油回收商。2014 年，虹桥维修基地共回收废油 43.61 吨，回收金额为 34.61 万元；浦东维修基地共回收废油 30.24 吨，回收金额为 23.98 万元，两场全年共计回收废油 73.85 吨，回收金额为 58.59 万元。

① 资料来源：中国东方航空股份有限公司《2014 年度社会责任报告》。

（三）资源可持续利用水平不高

从“资源可持续利用”指标来看，运输行业 50 家上市公司“资源可持续利用”指标平均得分为 20.41 分。在 50 家企业中，有 37 家企业“资源可持续利用”指标得分在 30 分以下，占 74%；有 9 家企业得分在 30～60 分，占 18%；仅有 3 家企业得分在 60～80 分，1 家企业得分在 80～90 分（见图 20）。大部分企业“资源可持续利用”指标得分较低的主要原因是：综合能耗、能源节约量、耗水总量、水资源循环利用率等方面和行业标杆仍有一定差距。

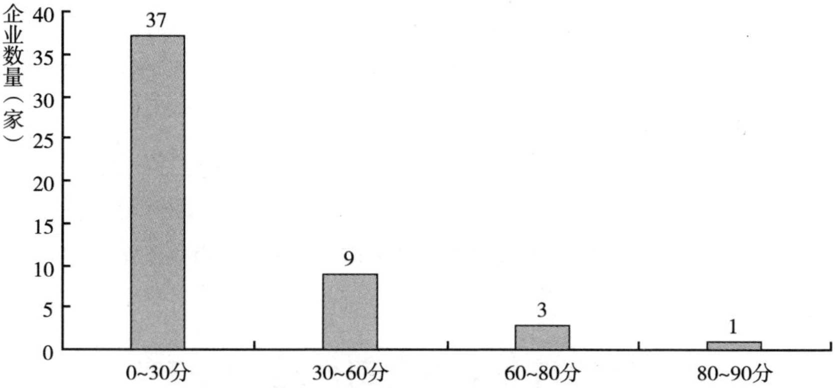

图 20　2014 年运输行业上市公司“资源可持续利用”指标得分分布

（四）控制温室气体减排力度不足

从“应对气候变化”指标来看，运输行业 50 家上市公司“应对气候变化”指标平均得分为 21.53 分。在 50 家企业中，有 94% 的企业“应对气候变化”指标得分在 60 分以下，其中，得分在 30 分以下的企业有 78%。大部分企业“应对气候变化”指标得分较低的主要原因是：温室气体排放量有待进一步减少和温室气体减排量还有待增加。

（五）环保公益水平和生态环境恢复治理水平较低

从“生态环境保护”指标来看，运输行业 50 家上市公司“生态环境保护”指标平均得分为 22.58 分。在 50 家企业中，有 45 家企业“生态环境保护”指标得分在60分以下，占90%（见图21）。大部分企业“生态环境保护”指标得分较低的主要原因是：环保公益、参与生态环境恢复和治理的积极性和绩效有待增加。此外，还有4家企业得分在60~80分，1家企业得分在80~90分，表现相对较好。

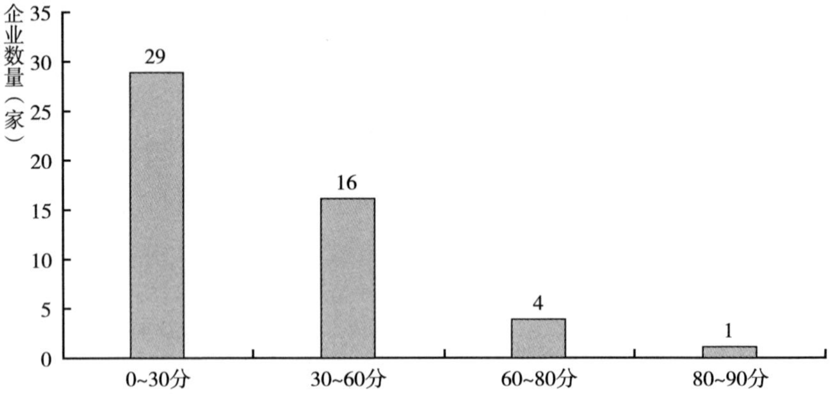

图21　2014年运输行业上市公司“生态环境保护”指标得分分布

八　运输行业上市公司合规透明运营能力维度评价分析

运输行业50家上市公司合规透明运营能力平均得分为52.96分。在50家上市公司中，合规透明运营能力得分在30分以下的企业有8家，占16%；得分在30~60分的企业有20家，占40%。此外，合规透明运营能力得分在60分以上的企业有22家，占44%，其中还有3家企业得分超过80分（见图22）。这说明在合规透明运营能力层面，有相当一部分运输企业建立了合规透明运营与社会责任之间的联系。

（一）合规运营指标得分最低

从“合规运营”指标来看，运输行业50家上市公司“合规运营”指标平均得分为45.30分，在合规透明运营能力三项二级指标中得分最低。在50家

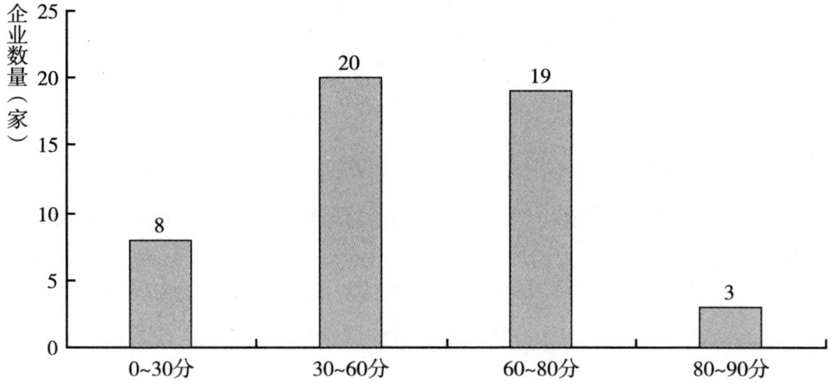

图 22　2014 年运输行业上市公司合规透明运营能力得分分布

企业中，“合规运营”指标得分在 30 分以下的企业有 17 家，占 34%；得分在 30 ~ 60 分的企业也有 17 家（见图 23）。此外，还有 16 家企业“合规运营”指标得分在 60 分以上，其中，得分在 80 分以上的企业有 11 家，表现相对突出。

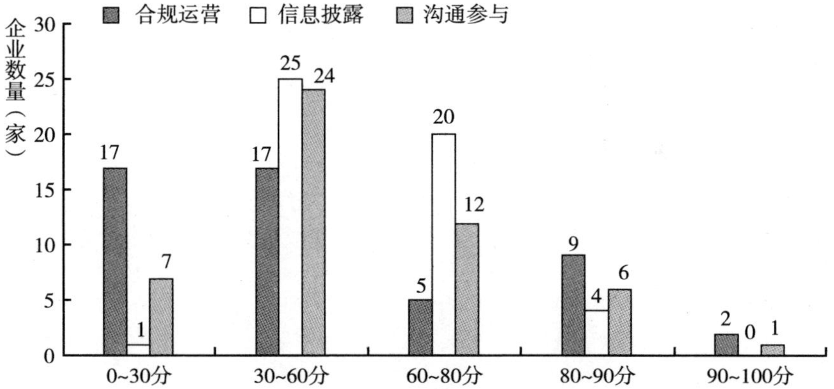

图 23　2014 年运输行业上市公司合规透明运营能力二级指标得分分布

（二）信息披露指标表现最好

从“信息披露”指标来看，运输行业 50 家上市公司“信息披露”指标平均得分为 60.99 分，在合规透明运营能力三项二级指标中得分最高。在 50 家企业中，有48%的企业“信息披露”指标得分在60分以上；还有50%的企业得分在30~60分，得分在30分以下的企业仅有1家。在“信息披露”指标方面，部分企业得分相对较低的主要原因是：没有发布社会责任报告、利用网络平台发布信息的数量少。

（三）与社会公众沟通、媒体、社会团体沟通相对不足

从“沟通参与”指标来看，运输行业50家上市公司“沟通参与”指标平均得分为55.16分。在50家上市公司中，有62%的企业得分在60分以下，这部分企业得分相对较低的原因是：与社会公众、媒体、社会团体沟通相对不足。此外，还有7家企业该指标得分在80分以上，表现相对突出。

B.11
2014年中国电子信息制造行业上市公司社会责任能力成熟度评价分析

摘　要：电子信息产业是加快工业转型升级及国民经济和社会信息化建设的技术支撑与物质基础。我国电子信息制造业在加强自主创新、产业稳步增长的同时也出现了违法用工、环境污染、侵害消费者权益等企业社会责任缺失问题，严重影响了行业形象和竞争力。评价发现，2014 年中国电子信息制造行业上市公司的社会责任能力成熟度整体处于无能级。从社会责任能力成熟度的六个维度来看，电子信息制造行业上市公司的经济价值创造能力得分最高，社会责任推进管理得分最低。

关键词：电子信息制造业　社会责任能力成熟度　自主创新

一　电子信息制造行业上市公司社会责任能力成熟度评价对象

为了评价 2014 年中国电子信息制造行业上市公司的社会责任能力成熟度水平，本研究按照市值排名，选取了 2014 年电子信息制造行业 A 股市值最大的 50 家公司作为评价对象。评价对象的基本特征如表 1 所示。

表1　2014年电子信息制造行业上市公司50强基本特征分布

类别	极小值	极大值	均值	中值	众数	标准差	偏度	偏度的标准误	峰度	峰度的标准误
总资本	4.80	1362.40	129.04	69.20	4.80	238.18	4.27	0.34	18.98	0.66
负债	0.84	799.22	66.67	29.16	0.84	141.49	4.17	0.34	18.15	0.66
营业收入	0.53	814.71	82.67	35.86	0.53	139.70	3.75	0.34	16.27	0.66
营业净利率	-0.19	0.61	0.13	0.09	-0.19	0.13	1.13	0.34	2.99	0.67
市值	1.03	1481.80	221.78	144.40	1.03	258.44	3.98	0.34	16.60	0.67
市盈率	-11.67	102.72	4.39	43.83	-11.67	20.84	4.63	0.35	20.34	0.69
独立董事占比	0.33	0.44	0.37	0.33	0.33	0.04	0.48	0.34	-1.67	0.67
股权集中度 CR4	7.00	89.98	55.61	56.35	7.00	18.27	-0.53	0.34	0.49	0.66

注：总资本、负债、营业收入、市值的单位均为亿元；营业净利率、独立董事占比、股权集中度的单位均为百分比。

二　电子信息制造行业社会责任能力成熟度总体评价分析

（一）电子信息制造行业上市公司社会责任能力成熟度整体处于无能级

50家电子信息制造企业的社会责任能力成熟度平均得分为20.92分，整体处于无能级。得分在30分以下的企业有41家，占样本总量的82%；得分处于30~60分的企业有9家；没有任何一家企业的得分超过60分（见图1）。这说明，整个电子信息制造行业的社会责任能力成熟度水平偏低。电子信息制造行业得分最高的是歌尔声学，其社会责任能力成熟度得分为50.8分。

（二）经济价值创造能力突出，社会责任推进管理不足

从社会责任能力成熟度的六个维度来看，电子信息制造行业上市公司的经济价值创造能力得分最高，平均得分为45.21分，合规透明运营能力得分次之，平均分为29.73分，社会责任推进管理得分最低，平均分为2.78分。

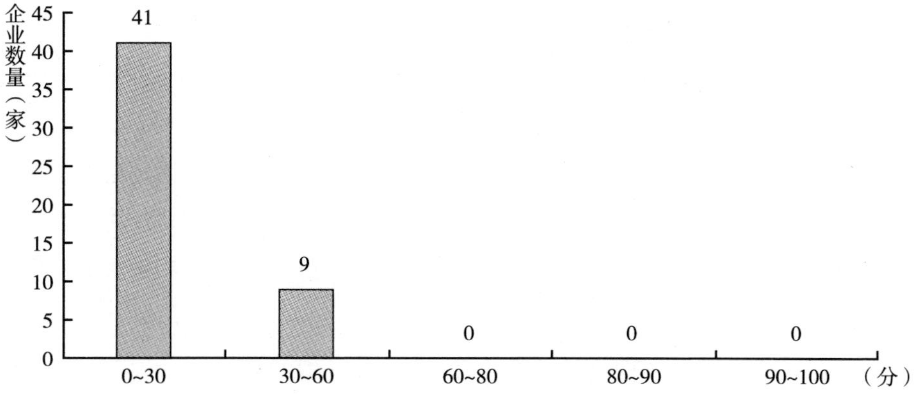

图1　2014年电子信息制造行业上市公司社会责任能力成熟度等级分布

（三）国有与民营电子信息制造企业的社会责任能力成熟度水平差异不明显

50家电子信息制造业上市公司中，包含25家民营企业和25家国有企业，国有电子信息制造企业的社会责任能力成熟度平均分为23.36分，民营电子信息制造企业的社会责任能力成熟度平均分为19.63分，两者都处于无能级，国企得分略高于民企，但差别不明显。从社会责任能力成熟度的六个维度来看，国有企业的得分均高于民营企业，但差别不是很明显（见图2）。

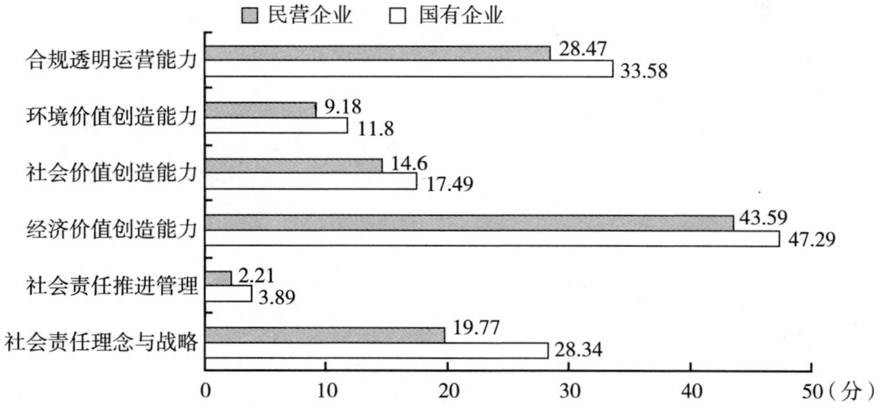

图2　2014年不同所有制的电子信息制造行业上市公司社会责任能力成熟度各维度得分分布

（四）上交所电子信息制造上市公司的社会责任能力成熟度高于深交所

50 家电子信息制造上市公司中，有 18 家在上交所上市，占样本总量的 36%，在深交所上市的有 32 家，占样本总量的 64%。统计发现，在上交所上市的电子信息制造公司的社会责任能力成熟度平均得分为 22.61 分，深交所的电子信息制造上市公司的社会责任能力成熟度平均得分为 19.51 分，上交所电子信息制造上市公司的社会责任能力成熟度高于深交所上市公司。

（五）电子信息制造行业上市公司总资产与社会责任能力成熟度呈正相关关系

为了研究企业规模与社会责任能力成熟度之间的关系，本研究选取了企业总资产、营业收入、市值三项指标作为参考，并按照 10 亿元以下（不包括 10 亿元）、10 亿~50 亿元（不包括 50 亿元）、50 亿~100 亿元（不包括 100 亿元）、100 亿~150 亿元（不包括 150 亿元）、150 亿元以上（包括 150 亿元）分别将三项指标划分为五个组别。

电子信息制造行业上市公司总资产在 10 亿元以下的社会责任能力成熟度平均得分为 11.86 分，10 亿~50 亿元的社会责任能力成熟度平均得分为 14.19 分，50 亿~100 亿元的社会责任能力成熟度平均得分为 24.23 分，100 亿~150 亿元的社会责任能力成熟度平均得分为 23.49 分，而大于 150 亿元的社会责任能力成熟度平均得分为 30.32 分（见图 3）。由此发现，电子信息制造行业上市公司的社会责任能力成熟度与企业规模之间呈正相关关系。

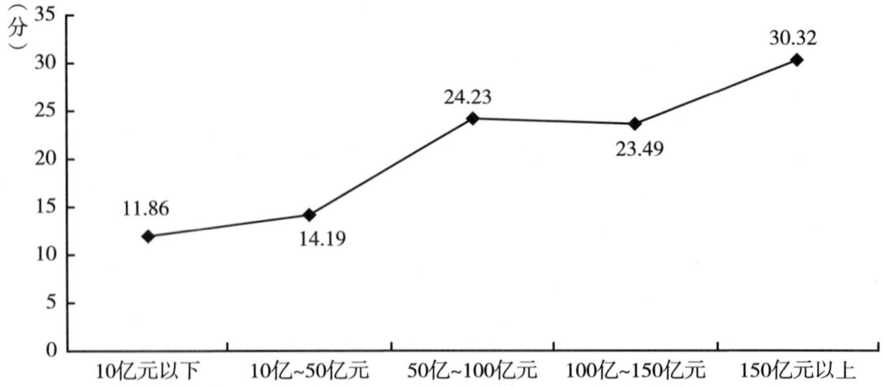

图 3　2014 年电子信息制造行业上市公司总资产与社会责任能力成熟度之间的关系

三　电子信息制造行业上市公司社会责任理念与战略维度评价分析

50 家电子信息制造行业上市公司的社会责任理念与战略平均得分为 23. 41 分，整体处于无能级。从得分分布来看，有 36 家企业得分在 30 分以下，占样本总量的 72%；有 11 家企业得分处于 30 ~ 60 分，占样本总量的 22%；有 2 家企业得分处于 60 ~ 80 分，其余 1 家企业的得分超过 80 分，没有一家企业处于 90 分以上。

（一）社会责任理念相对明确

企业建立有自身特色的社会责任理念，才能更好地协调其在生产经营中与经济、社会和环境的关系，促使其更好地履行社会责任。统计显示，50 家电子信息制造行业上市公司的“责任理念”指标平均得分为 31. 15 分，在 30 分以下的企业占样本总量的 50%，30 ~ 60 分的企业占样本总量的 42%，处于 60 ~ 80 分的企业占样本总量的 4%，80 ~ 90 分的企业占比为 4%，但没有一家企业得分超过 90 分。研究显示，电子信息制造企业普遍确立了明确的社会责任价值观，并在相关文件中进行了具体表述。其中一些代表企业，如中环股份、歌尔声学、大华股份、同方股份这项指标的得分均超过70 分。

（二）企业制定社会责任战略规划的情况

社会责任战略包括“可持续发展战略/规划”和“社会责任专项规划”2 个三级指标，用以衡量企业是否从战略高度上将社会环境目标、利益相关方期望与企业发展目标融合，让履行社会责任成为企业发展战略的一部分。统计显示，50 家电子信息制造业上市公司的“责任战略”指标平均得分为 11. 8 分，得分较低。其中，有 46 家企业得分在 30 分以下，有 3 家企业的得分位于 30 ~ 60 分，还有一家企业的得分在 80 ~ 90 分。企业具有独立的社会责任规划并同时在公司战略规划中专门涉及社会责任战略的比较少，大多数都是在强调其公司的发展战略情况。有的企业虽然制定了社会责任战略，但是内容比较空洞，并不能真正地运用到企业中。

案例一：深天马社会责任战略

战略目标

方向：创新型、成长型高科技领先企业

目标：显示领域领先企业

业务战略

消费类业务：高端移动智能终端，关键词为量产领先、技术领先

专显业务：专业显示市场领军企业，关键词为品质优先、市场领先

文化与人才战略	激情 创造力 主动性 知识 勤奋 服从 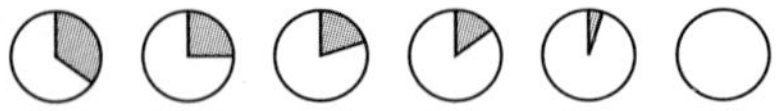 35% 25% 20% 15% 5% 0% · 人才盘点与梯队建设 · 中层、基层员工能力培养 · 高层管理者领导力建设	· 尊重人、培养人 · 发挥员工潜力 · 成就员工梦想 · 将核心价值观深化为员工行为习惯 · 让核心价值观有效地指导工作 · 将企业文化落地
品牌战略	**天马人** · 自身正直、真诚、廉洁 · 努力践行价值观 · 管理者传递正能量，肩负团队成员健康成长的责任 · 积极主动、热情服务	**天马实力** · 通过文化与人才战略、品质战略、产品与技术领先战略推动实施，提升组织能力 **天马形象** · 关注信息披露 · VI、网站 · 展会、新闻发布会 · 整个公司行政系统及其他
品质战略	**研发** 关注中高端智能手机及专业显示产品量产能力 **制造** 关注中高端智能手机及专业显示产品的制造能力、品质管理体系	**供应链** 关注并满足客户需求，提升供应商品质，支撑公司核心业务发展 **工作品质** 关注业务中规范化的作业标准，优化流程中冗长不增值的环节，打造高效积极的学习型组织，塑造领先品质的实战型团队
产品与技术领先战略	**市场营销** 关注目标客户市场战略，提前参与客户端产品规划，走到前面，聚焦目标客户中高端智能手机市场，提高重点产品渗透率 **研发技术** 储备前瞻性技术，超越领先，集中核心资源布局，聚焦有竞争力的智能手机产品以及专业显示领域	**供应链支持** 打造稳定、柔性的供应链支持满足公司核心业务需求，积极培育战略性合作伙伴 **制造能力** 对标全球优秀工厂，寻找差距，打造最优产线及业内领先的产品实现能力

四　电子信息制造行业上市公司社会责任推进管理维度评价分析

社会责任管理体系是推进企业社会责任管理的基础。该维度考察指标包括责任治理、能力建设、制度建设、绩效考核指标、社会责任管理投入5个二级指标。50家电子信息制造行业上市公司的社会责任推进管理平均得分为2.78分。其中48家企业的得分得分处于30分以下，2家企业得分处于30～60分，没有一家企业超过60分（见图4）。研究显示，社会责任推进管理是当前我国电子信息制造行业企业社会责任能力成熟度的一大重要缺口。

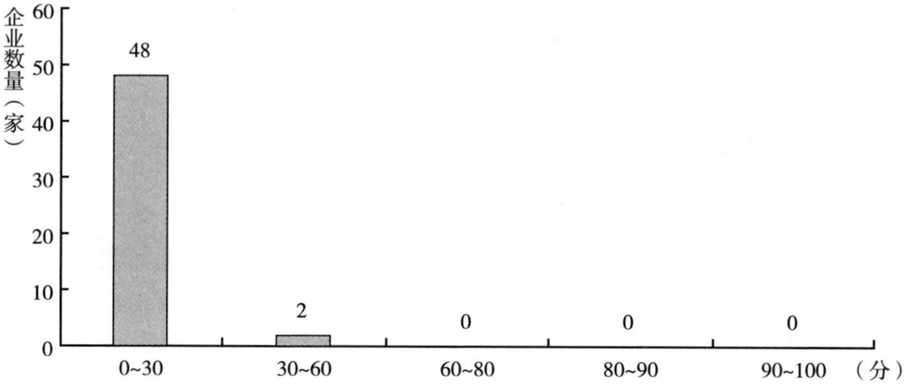

图4　2014年电子信息制造行业上市公司社会责任推进管理得分分布

（一）社会责任治理水平极低

社会责任治理包括社会责任领导机构、社会责任工作机构、社会责任工作机制。50家电子信息制造行业上市公司的“责任治理”指标平均得分为12.45分。统计显示，电子信息制造行业企业几乎都没有设立社会责任主管部门和社会责任专职部门，更没有相配备的专兼职人员，这都体现其在社会责任推进管理工作方面的不成熟。其中，中兴通讯的社会责任治理值得同行业的借鉴。

案例二：中兴通讯——可持续发展管理组织架构

为了推进公司企业社会责任和可持续发展工作，完善公司可持续发展管理机制，公司成立了可持续发展管理委员会。可持续发展管理委员会由公司所有高层主管组成，是公司可持续发展管理的最高决策机构，通过科学的可持续发展管理模式、高效规范的可持续发展管理制度，履行企业社会责任，保证公司可持续发展管理制度的有效贯彻与执行，确保公司健康持续发展，致力于实现全社会和地球的可持续发展。

在可持续发展管理委员会下，设有可持续发展专业团队，涵盖创新管理、消除数字鸿沟、员工发展、环境保护、通信安全、供应链管理和社会公益，分别负责公司各自可持续发展领域的工作。主要负责优化所负责可持续发展领域的管理制度及流程，确保公司可持续发展战略在所负责领域的落地。

（二）社会责任能力建设、制度建设、绩效评估机制严重缺失

社会责任能力建设主要包括社会责任专项培训、社会责任外部交流、社会责任知识管理、社会责任专项研究、重大社会责任实践活动（包括社会责任试点工作）5 个指标。50 家电子信息制造行业上市公司的“能力建设”指标平均得分为 1.87 分，其中得分处于 30 分以下的企业有 49 家，占样本总量的 98%，只有一家得分处于 30～60 分，但得分较低，为 38.95 分。电子信息制造行业上市公司的“制度建设”指标平均得分为 3.48 分，“责任绩效评估”指标平均得分为 1.63 分。造成这 3 个指标分值相对较低的主要原因在于企业没有设立相应的社会责任机构，直接导致其社会责任能力建设的不健全、绩效评估不健全、管理投入缺失。

五　电子信息制造行业上市公司经济价值创造能力维度评价分析

50 家电子信息制造行业上市公司的经济价值创造能力平均分为 45.21 分，是社会责任能力成熟度六大维度中得分最高的一项。得分在 30 分以下的企业有 4 家，30～60 分的电子信息制造企业有 38 家，占样本总量的 76%，60～80

分的企业有7家，只有一家企业的得分在80~90分，没有一家企业得分超过90分。按营业收入计算，有9家企业的营收超过100亿元，其中没有一家企业的营收超过1000亿元。这说明，电子信息制造行业企业在经济价值创造方面还有很大的上升空间。

（一）直接经济价值创造能力突出

直接经济价值主要包括企业的营业收入、利润率和资产负债率。50家电子信息制造行业上市公司的“直接经济价值”指标平均得分为71.19分，得分较高。从得分分布来看，90%的企业得分在60分以上，其中有40家公司得分处于60~80分，有5家公司得分处于80~90分，有1家公司得分处于90~100分。得分低于30分的公司有1家，有3家公司的得分处于30~60分。总体而言，电子信息制造行业的直接经济创造能力比较突出。

（二）间接经济价值创造能力仍需提高

间接经济价值是相对直接经济价值而言的，主要包括对行业、税收、就业、创新四个方面的贡献。50家电子信息制造行业上市公司的“间接经济价值”指标平均得分为27.89分，与直接经济价值相比差距较大。其中有42家企业这项指标得分在60分以下，6家企业指标得分在60~80分，2家企业指标得分在80~90分，没有一家企业得分超过90分。研究显示，电子信息制造行业企业在此指标中有关税收、行业贡献、就业的信息披露较少，多是对创新技术投入和产出的信息披露。

六　电子信息制造行业上市公司社会价值创造能力维度评价分析

社会价值创造能力主要包括安全生产运营、公益慈善、为社区创造价值、为员工创造价值、为伙伴创造价值、为客户创造价值6个二级指标。50家电子信息制造行业上市公司的社会价值创造能力平均得分为15.62分，低于经济价值创造能力、社会责任理念与战略以及合规透明运营能力得分。其中41家企业得分在30分以下，9家企业得分在30~60分，而没有一家企业得分超过

60分（见图5）。在社会价值创造能力所涉及的6个二级指标中，“为伙伴创造价值”和“安全生产运营”两项指标是电子信息制造行业利益相关方所重点关注的议题，但是其得分相对不高，分别为15.00分和15.03分，这个现象值得思考。

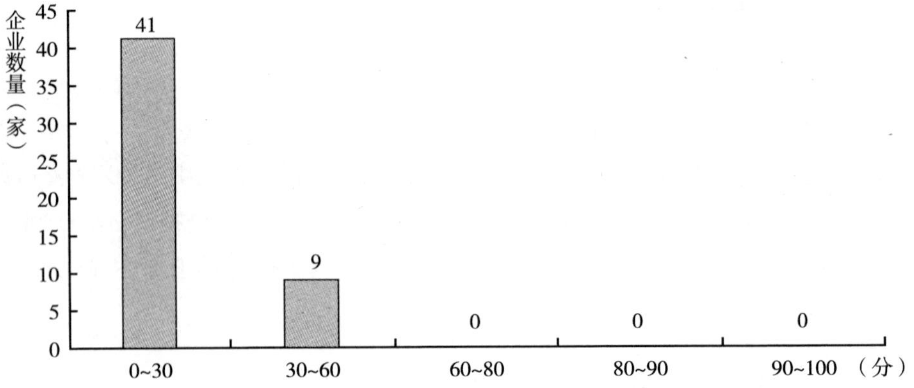

图5　2014年电子信息制造行业上市公司社会价值创造能力得分分布

（一）为伙伴创造的价值处于低水平阶段

50家电子信息制造行业上市公司“为伙伴创造价值”指标平均得分为15.00分，44家企业的得分在30分以下，占样本总量的88%，6家企业得分在30~60分，没有一家企业得分超过60分。我国虽已经出台许多关于公平竞争的理念与政策、责任采购、政企合作的政策，但是电子信息制造业企业对此披露的内容较少。

案例三：大族激光——为伙伴创造的价值

共赢供应链

公司推行阳光采购政策，对供应商的开发、选择、评审和管理采用统一标准，保证供应商拥有同等的知情权、选择权和参与权，保证采购工作在“公开、公平、公正”的原则下进行，公司与每一位采购员及供应商签订廉洁采购协议，有效防止商业贿赂。

在供应商准入评估中，公司积极推行“绿色认证”，将供应商的环境政策纳入准入评估重要指标，有效地保证了公司环境保护承诺的实现。

公司根据产品特性对采购原材料实行分类管理、质量监控。检验技术人员每月对采购原材料质量状况进行统计分析，及时反馈给合作供应商，促使供应商及时改进。通过技术帮扶、质量控制前移及经验交流等措施，不断推进供应商质量保证体系的自我完善，提高供应商的质量保证能力，实现共同发展。

银企合作与信用评级

在追求股东利益最大化的同时重视债权人权益的保护，与十多家银行建立了良好的合作关系，信用记录良好，2014 年第三方评估机构对公司信用评级为 AA。

产学研相结合

大族激光研发实力雄厚，拥有上千人的研发团队，多项核心技术处于国际领先水平，是世界上仅有的几家拥有“紫外激光专利”的公司之一。公司与多所著名大学等建立了战略合作关系。

（二）整个电子信息制造行业的安全生产运营分值较低

50 家电子信息制造行业上市公司的“安全生产运营”指标平均得分为 15.03 分，其中 41 家企业得分在 30 分以下，占样本总量为 82%，7 家企业得分在 30～60 分，得分在 60～80 分、80～90 分的企业均为 1 家，没有一家企业得分超过 90 分（见图 6）。在这一指标领域中，立讯精密、海格通信、生益科技、同方股份几家企业得分较高，实际工作相对比较出色。

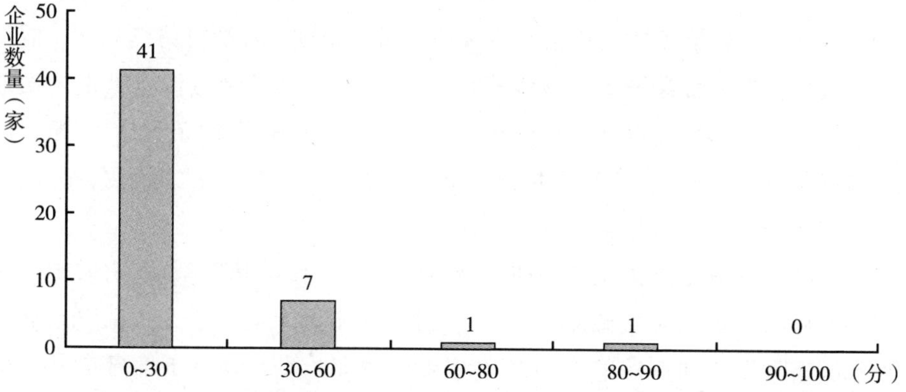

图 6　2014 年电子信息制造行业上市公司“安全生产运营”指标得分分布

案例四：生益科技——安全生产

公司管理层高度重视和关注企业生产和经营过程中的安全问题，建立了严格的安全生产管理制度。在日常管理上做好安全生产方针宣传，对职工进行岗位安全操作指引，同时落实安全现场检查。公司有专门的安全生产管理架构，对公司生产和日常管理中的各类安全因素和隐患进行及时的检查、监督、排查和预防，而且以部门为单位在全公司范围内开展“安全生产”专题评比，把安全事故率作为部门年终绩效考核的重要指标之一，并对评比优秀的部门给予物质和精神上的奖励。通过自上而下的推动和层层落实、把关，有效地避免、减少了公司运作过程中安全事故的发生，实现了工伤事故率持续保持在低位状态。

为了让员工在进入岗位前就具备良好的安全生产意识和安全知识，公司采用三级培训模式强化员工的安全培训。2014 年，员工的安全生产培训进行了 270 批次（共计 13457 人次），培训内容除涉及生产安全外，还增加了居家生活安全、交通安全、用电安全及出行安全等项目。此外，公司还定期组织各类安全知识竞赛、消防安全应急处理和逃生演练及比赛等安全活动，有效地提高了员工的安全意识和自我保护能力。

七　电子信息制造行业上市公司环境价值创造能力维度评价分析

环境价值创造能力主要包括环境管理、污染减排、资源可持续利用、应对气候变化、生态环境保护 5 个三级指标。50 家电子信息制造行业上市公司的环境价值创造能力平均得分为 9.9 分，得分位于 30 分以下的企业达 47 家，占样本总量的 94%，得分在 30～60 分的企业为 3 家，而没有一家企业得分超过 60 分（见图 7）。

电子产品制造业要从“来料加工型”转化为“设计制造型”，有效地控制污染源及排放治理成为其发展的瓶颈。企业须严格履行电子信息产品制造业在生产和废物处理方面制定的专门技术法规和标准，比如《电子信息产品污染控制管理办法》，对电子信息产品制造业全生产过程的环境行为进行有效的规范和管理，减少电子信息产品生产和废弃物处理过程中对环境的污染和破坏。主要应该从“污染减排、资源可持续利用”两个方面来完成绿色制造。

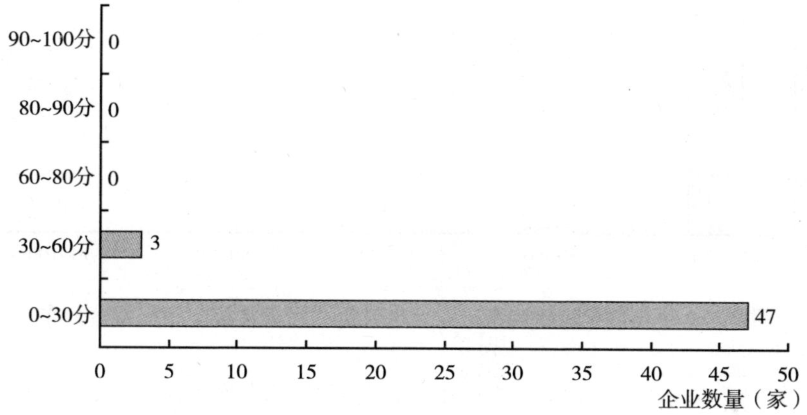

图7　2014 年电子信息制造行业上市公司环境价值创造能力得分分布

（一）亟须提高电子信息制造业污染处理技术

电子信息制造业企业污染减排主要包括的三级指标为废水减排、COD 减排、氨氮减排、SO_2 减排、氮氧化物减排、固体废弃物减排、固废综合处理率、噪声达标。50 家电子信息制造行业上市公司的“污染减排”指标平均得分为 2. 72 分，有 49 家企业的得分在 30 分以下，1 家企业得分在 30 ~ 60 分，没有一家企业得分超过 60 分（见图 8）。研究显示，电子信息制造企业污染减排方面的信息披露严重缺失，而有关披露也是粗略地进行一些数字的堆积，企业想真正地做好污染减排工作，还是需要依托先进的污染防治处理技术，因为污染物排放限值的制定也需要依托先进的污染防治处理技术。

案例五：中兴通讯——污染减排

减少污染排放废水处理

中兴通讯产品以组装为主，生产过程不产生工艺废水。生活废水主要来源于办公区卫生间排水和厨房的外排水，无有毒、有害物质或特殊物质排放。对于食堂厨房清洗产生的含油废水，首先经过清洗池滤网过滤掉固体杂物，经初

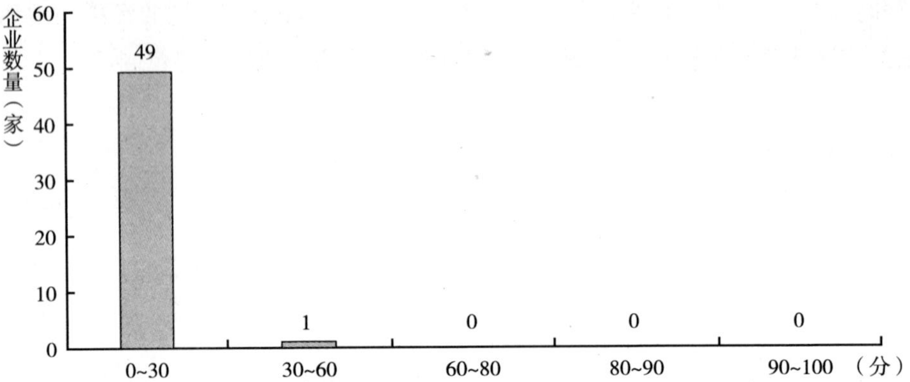

图8　2014 年电子信息制造行业上市公司“污染减排”指标得分分布

步过滤的厨房废水集中流向三级隔油池，经过隔油处理去除主要污染物后再排入市政污水管网。

废气处理

中兴通讯产生的废气主要来源于生产过程中的工艺废气和发电机废气，所有废气经净化处理后，执行广东省地方标准《大气污染物排放限值》，达到规定标准后，通过管道高空排放。

固废处理

中兴通讯产生的固体废物大部分为电子固体废物。公司严格遵守世界各国废弃电子设备管理法规，积极推动废旧产品的回收及资源循环利用。公司内部设立专业的逆向物流处理部门，负责中兴通讯绿色回收和循环利用工作。公司与全球领先的环保服务商紧密合作，建立覆盖全球的回收物料处理网络，对全球范围电信设备进行一站式拆解和再回收处理，实现资源的循环利用。

噪声控制

中兴通讯主要噪声源包括空调机组、空压机、冷却塔、风机、水泵等辅助动力设备。公司采购进口或国产优质设备、在动力区域顶部及四周采取吸音吊顶和吸音墙、建绿化带等措施来控制噪声。厂界噪声监测结果均可以达到 GB12348－2008 的 2 类标准，对周边环境的噪声影响很小。

（二）亟须建立资源可持续利用中的节能环保制度

资源可持续利用主要包括综合能耗、能源节约量、耗水总量、水资源循环利用率4个三级指标。50家电子信息制造业上市公司的“资源可持续利用”指标平均得分为2.44分，有49家企业得分在30分以下，1家企业得分在30~60分，没有一家企业得分超过60分。资源可持续利用是普通大众重点关心的一个重要议题，也是电子信息制造行业在履行环境责任中亟须改进的重要部分。研究显示，其“资源可持续利用”指标得分较低的主要原因在于水资源循环利用率较低和综合能耗较高（见图9）。

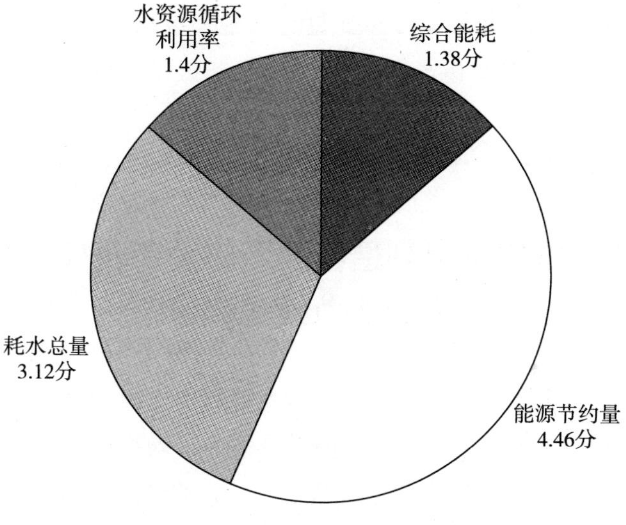

图9　2014年电子信息制造行业上市公司资源可持续利用各项指标得分

案例六：航天信息——崇尚绿色低碳，保护社会环境

航天信息崇尚绿色低碳的环保理念，将这一理念贯穿于公司的科研、生产、服务中，并通过自身的实际行动，将其传播至社区、社会和每个人的心中。

绿色环保

公司施行绿色低碳的生产方式，注重周边环境保护工作。公司总部自入驻航天信息园后，对园区按照绿色、低碳、环保的管理理念，力求营造良好的周边及社区环境氛围。作为高新科技类上市公司，航天信息坚持用科技的力量改变世界，并以科技创新手段不断推动科技节能领域的发展步伐。公司一贯倡导节约型办公理念，通过多种科技手段并配合合理、可行的规章制度，减少能源消耗，引领低碳工作和生产方式。

低碳办公

2014 年，公司积极响应中央号召节能降耗。为节约能源使用、营造低碳办公环境，在保证安全的情况下，适度、分时减少园区照明灯以降低用电消耗，限定夏季空调和冬季锅炉温度以节约能源消耗。公司通过推行云服务系统等电子化办公系统，大大提高了工作效率并减少办公资源消耗。通过制度约束配合方法创新，科技节能工作的推广，不仅强化了公司全员的节能降耗意识，激发了员工科技节能的热情，也符合国家大力提倡的“绿色、环保、低碳”工作方式。

八　电子信息制造行业上市公司合规透明运营能力维度评价分析

合规透明运营能力包含合规运营、信息披露、沟通参与 3 个三级指标。50 家电子信息制造行业上市公司合规透明运营能力平均得分为 29.73 分，仅次于经济价值创造能力得分。统计显示，在 50 家电子信息制造行业上市公司中，“合规透明运营能力”指标得分处于 30 分以下的有 33 家，处于 30 ~ 60 分的有 12 家，处于 60 ~ 80 分的有 5 家（见图 10）。

（一）信息披露内容比较丰富

信息披露主要包括信息披露机制、网络平台发布信息数量、召开新闻发布会数量、发布社会责任报告、发布财务报告等方面。50 家电子信息制造业上市公司“信息披露”指标的平均得分为 39.44 分，其中 30 分以下的企业为 6 家；30 ~ 60 分的企业为 39 家，占样本总量的比例为 78%；60 ~ 80 分的企业为 5 家；没有任何一家企业的得分超过 80 分（见图 11）。

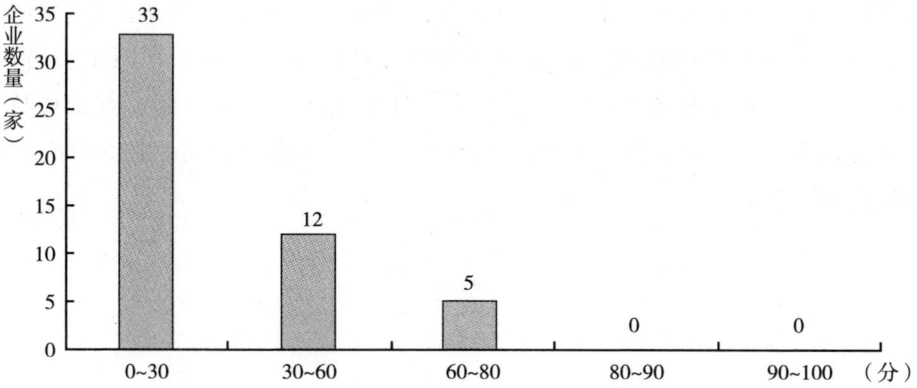

图 10　2014 年电子信息制造行业上市公司合规透明运营能力得分分布

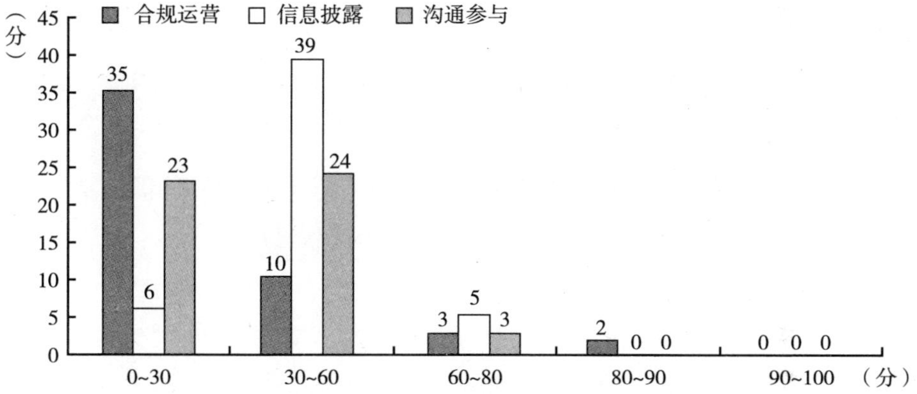

图 11　2014 年电子信息制造行业上市公司“合规运营”“信息披露”“沟通参与”指标得分分布

（二）利益相关方的沟通参与程度较高

沟通参与是一个企业做好社会责任工作的一个重要因素，它主要包括自觉与政府、客户、股东、合作伙伴、媒体、社会团体沟通几个方面来分析。50 家电子信息制造业企业的“沟通参与”指标得分为 33.75 分，23 家企业得分在 30 分以下，24 家企业得分在 30 ~ 60 分，得分在 60 ~ 80 分的企业共 3 家，而没有一家企业得分超过 80 分。这说明，大部分电子信息制造业企业能够自觉地将利益相关方关注的信息进行公开公示发布。大部分企业都建立了信息披露机制，能在财务报告、社会责任报告和官网中进行内容披露，满足利益相关方的诉求。其中，环旭电子、航天信息、方正科技、烽火通信、中兴通讯和艾派克的“沟通参与”指标得分较高，在50家企业中做得相对较好。

B.12 2014年中国金属非金属与采矿行业上市公司社会责任能力成熟度评价分析

摘　要：本报告所涉及的金属非金属与采矿企业主要包括从事铝、金属非金属、煤炭、黄金、贵金属与矿石、钢铁等生产活动的企业。该行业通常具有如下特点：找矿难度大、勘探开发风险多、前期投入大、运营周期长、回报慢、矿业工作和生活环境艰苦、对社会经济和生态环境影响巨大。评价发现，金属非金属与采矿行业上市公司社会责任能力成熟度整体处于弱能级，对社会责任理念的认知还处于初级阶段，缺乏系统的社会责任能力建设和制度建设。在环境保护方面，金属非金属与采矿行业的实际减排效果并不理想，资源利用率有待提高。

关键词：金属非金属与采矿行业　社会责任能力成熟度　资源利用率

一　金属非金属与采矿行业上市公司社会责任能力成熟度评价对象

为了评价2014年金属非金属与采矿行业上市公司的社会责任能力成熟度表现，本研究按照A股市值的大小，选取了2014年市值最大的50家公司作为评价对象。其基本特征如表1所示。

表1 2014年中国金属非金属与采矿行业上市公司50强基本特征分布

类别	极小值	极大值	均值	中值	众数	标准差	偏度	偏度的标准误	峰度	峰度的标准误
总资本	26.15	2286.53	441.49	270.47	26.15	482.92	2.14	0.34	5.15	0.66
负债	0.41	1530.03	280.82	155.28	0.41	321.97	2.10	0.34	5.09	0.66
营业收入	7.02	1988.33	380.29	214.32	7.02	461.00	1.91	0.34	3.78	0.66
营业净利润率	-35.59	48.59	2.20	0.98	-35.59	10.90	0.98	0.34	9.06	0.66
市值	104.51	1154.62	274.27	210.89	104.51	198.24	2.40	0.34	7.34	0.66
市盈率	-768.55	1179.44	92.14	49.77	-768.55	258.18	1.15	0.34	8.92	0.66
独立董事占比	31.25	50.00	37.41	36.36	31.25	4.56	1.14	0.34	0.68	0.66
股权集中度 CR4	35.01	95.28	65.60	64.24	35.01	14.24	0.08	0.34	-0.78	0.66

注：总资本、负债、营业收入、市值的单位均为亿元；营业净利润、独立董事占比、股权集中度的单位均为百分比。

二 金属非金属与采矿行业上市公司社会责任能力成熟度总体评价分析

（一）金属非金属与采矿行业上市公司社会责任能力成熟度整体处于弱能级

2014年金属非金属与采矿行业上市公司50强社会责任能力成熟度平均得分为30.73分，整体处于弱能级。强能级和超能级公司数量为0，仅有太钢不锈1家企业得分超过60分，达到本能级；54%的企业得分在0~30分，处于无能级；44%的企业得分在30~60分，处于弱能级（见图1）。

（二）金属非金属与采矿行业上市公司社会责任能力成熟度不同维度之间的差异较大，社会责任推进管理得分最低

从社会责任能力成熟度的六个维度来看，金属非金属与采矿行业50家上市公司的经济价值创造能力得分最高，为45.41分；合规透明运营能力得分次之，为44.76分；再次是社会责任理念与战略、环境价值创造能力和社会价值创造能力，得分分别为32.62分、29.23分和29.13分；社会责任推进管理得分最低，为4.08分。

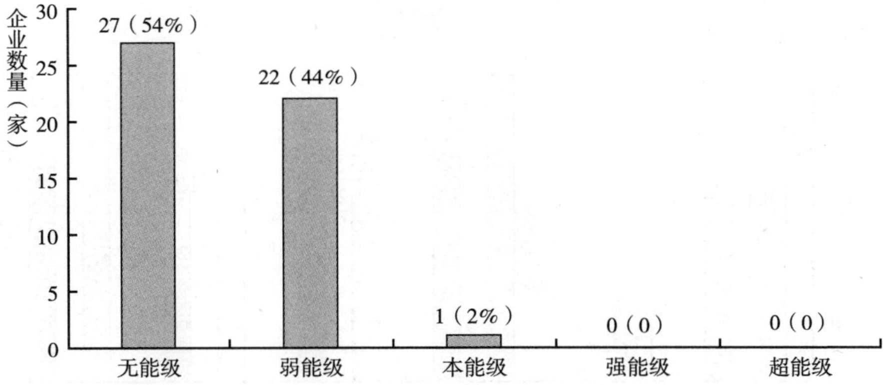

图1　2014年金属非金属与采矿行业上市公司社会责任能力成熟度等级分布

（三）国有上市企业的社会责任能力成熟度高于民营上市企业

在金属非金属与采矿行业市值最大的50家上市公司中，包含14家民营企业和36家国有企业。从不同所有制来看，国有企业中的中央企业社会责任能力成熟度平均得分最高，为37.59分；地方国有企业的社会责任能力成熟度平均得分居中，为31.47分；民营企业的社会责任能力成熟度平均得分最低，为24.47分。可见，中央企业的社会责任能力成熟度水平相对最好；国有企业的社会责任能力成熟度明显高于民营企业。从社会责任能力成熟度的6个维度来看，国有企业的得分整体上高于民营企业（见图2）。

（四）深交所金属非金属与采矿行业上市公司的社会责任能力成熟度高于上交所

在金属非金属与采矿行业50家上市公司中，有28家在上交所上市，22家在深交所上市。从企业社会责任能力成熟度得分来看，上交所金属非金属与采矿行业上市公司社会责任能力成熟度平均得分为29.50分，处于无能级；深交所上市公司社会责任能力成熟度平均得分为32.31分，处于弱能级。可见，上交所金属非金属与采矿行业上市公司的社会责任能力成熟度得分略低于深交所上市公司社会责任能力成熟度得分。从社会责任能力成熟度具体维度来看，除经济价值创造能力外，在深交所上市的金属非金属与采矿行业企业社会责任

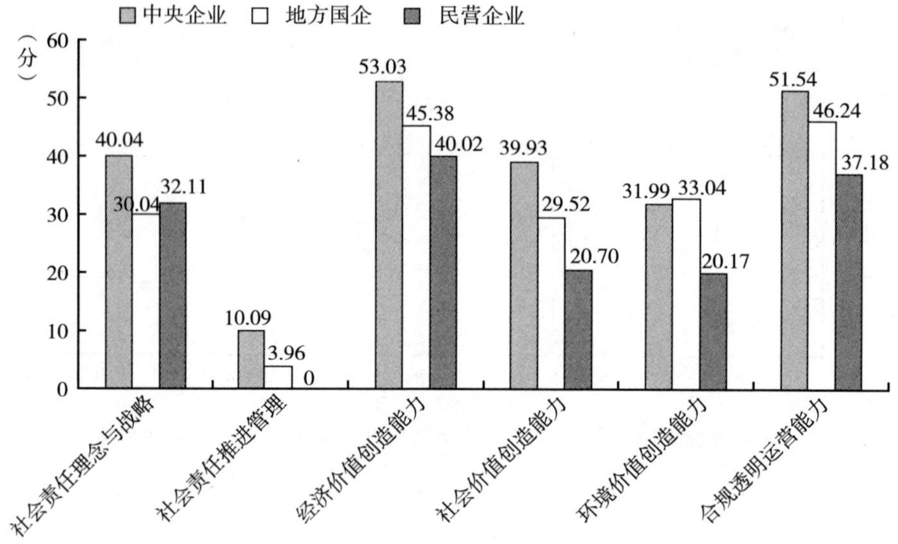

图 2　2014 年不同所有制性质金属非金属与采矿行业上市公司社会责任能力成熟度六大维度得分对比

理念与战略、社会责任推进管理、社会价值创造能力、环境价值创造能力、合规透明度运营能力得分均高于上交所企业得分。

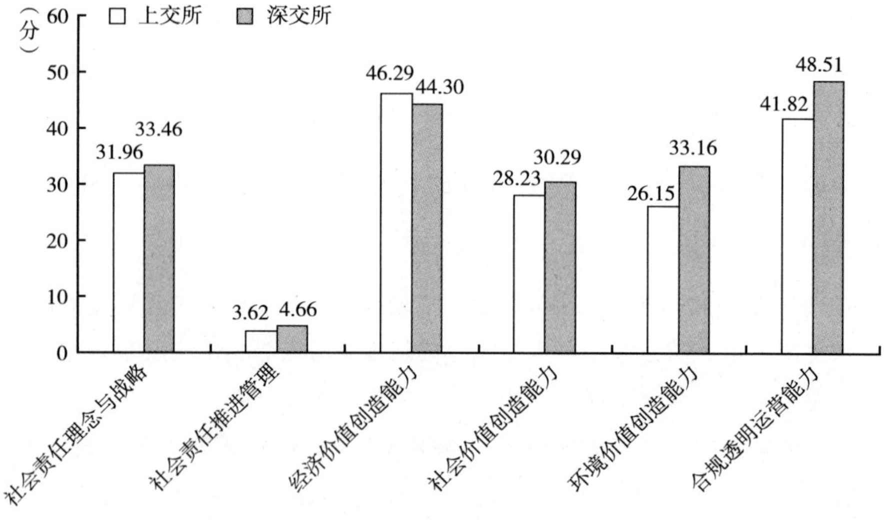

图 3　2014 年沪深两市金属非金属与采矿行业上市公司社会责任能力成熟度六大维度得分对比

（五）前四大股东持股比例与社会责任能力成熟度水平呈正比关系

在前四大股东股权集中度方面，股权集中度处于20%以下的没有；介于20%～40%的有1家，其社会责任能力成熟度平均得分为21.79分；股权集中度处在40%～60%的企业有20家，它们的社会责任能力成熟度平均得分为27.70分；股权集中度处在60%～80%的有20家，它们的社会责任能力成熟度平均得分为32.60分；股权集中度超过80%的有9家，它们的社会责任能力成熟度平均得分为34.33分（见图4）。可以看出，以前四大股东的持股比例为参考，分析社会责任能力成熟度与股权集中度之间的关系时，得出的结论是金属非金属与采矿行业上市公司的股权集中度与企业社会责任能力成熟度水平呈正比关系。

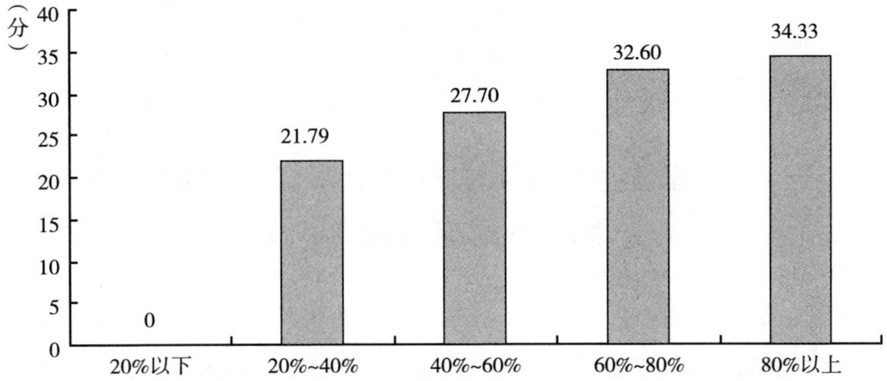

图4　2014年金属非金属与采矿行业上市公司股权集中度（CR4）与社会责任能力成熟度的关系

（六）企业社会责任能力成熟度与上市公司市值呈正向关系

随着上市公司市值的提高，金属非金属与采矿行业上市公司的社会责任能力成熟度水平呈现总体提升的趋势。在金属非金属与采矿行业50家上市公司中，市值介于100亿元和200亿元之间的有22家，其社会责任能力成熟度平均得分为24.66分；市值处在200亿元到300亿元之间的有14家，其社会责任能力成熟度平均得分为30.40分；市值在300亿元到400亿元之间的有6

家，其社会责任能力成熟度平均得分为39.34分；市值超过400亿元的企业有8家，其社会责任能力成熟度平均得分为41.56分（见图5）。

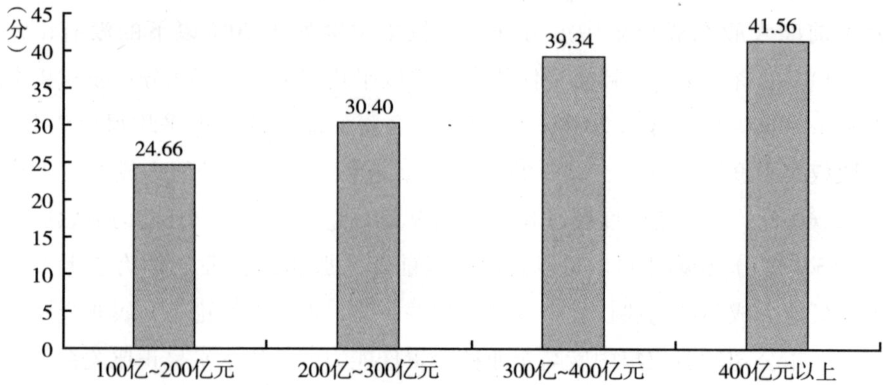

图5　2014年不同市值的金属非金属与采矿行业上市公司社会责任能力成熟度得分分布

三　金属非金属与采矿行业上市公司社会责任理念与战略维度评价分析

金属非金属与采矿行业50家上市公司社会责任理念与战略平均得分为32.62分，这说明在社会责任理念与战略层面，50家企业对社会责任的认知整体还处于初级阶段。

在金属非金属与采矿行业50强中，有47家上市公司该维度得分处于60分以下，其中有3家企业得分为0分，说明这几家公司并未将社会责任理念融入企业愿景、使命和价值观中，企业也没有制定系统的企业社会责任战略规划，企业社会责任实践基本处于无序状况。社会责任理念与战略得分超过60分的只有3家，分别为南钢股份、新兴铸管和中国铝业。

（一）社会责任工作未能上升到战略层面

从“责任理念”指标来看，金属非金属与采矿行业50家上市公司“责任理念”指标平均得分为43.15分。其中，约2/3的公司“责任理念”指标得分在60分以下；有8家公司该指标得分在60～80分，占16%；有9家公司该指标得分超过80分（见图6）。

从“责任战略”指标来看，金属非金属与采矿行业50家上市公司“责任战略”指标平均得分为16.82分。其中，有49家公司“责任战略”指标得分在60分以下，占98%；仅有1家公司得分在60～80分。

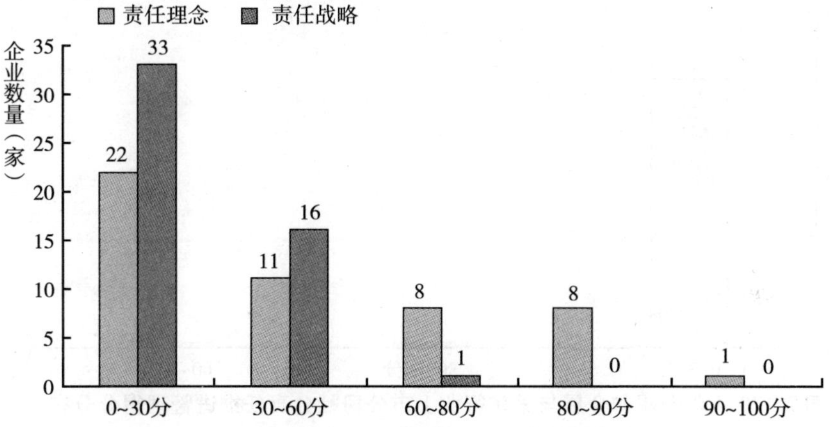

图6　2014年金属非金属与采矿行业上市公司“责任理念”与“责任战略”指标得分分布

（二）责任理念指标表现相对优于责任战略指标

对比“责任理念”指标和“责任战略”指标发现，金属非金属与采矿行业50家上市公司的“责任理念”指标得分明显高于“责任战略”指标得分。可见，大部分企业履行社会责任仅停留在理念层面，还未将社会责任上升到战略层面，缺乏可持续发展战略和社会责任专项规划。

四　金属非金属与采矿行业上市公司社会责任推进管理维度评价分析

在金属非金属与采矿行业上市公司50强中，社会责任推进管理平均得分为4.08分，在社会责任能力成熟度六个维度中得分最低。有48家上市公司得分在0～30分，其中，有38家企业得分为0分，占76%；得分超过30分的仅有2家，其中，得分在30~60分的上市公司有1家，得分在60~80分的上市公司有1家（见图7）。这说明，金属非金属与采矿行业上市公司尚未将社会责任推进管理体系纳入企业日常管理体系中。大部分上市公司没有制定社会责任推进制度，也没有专门的领导和工作机构、专职人员、专项经费推进社会责任组织活动，更没有将社会责任纳入企业绩效考评体系中，企业社会责任基本上处于无序、被动、消极应对状态。

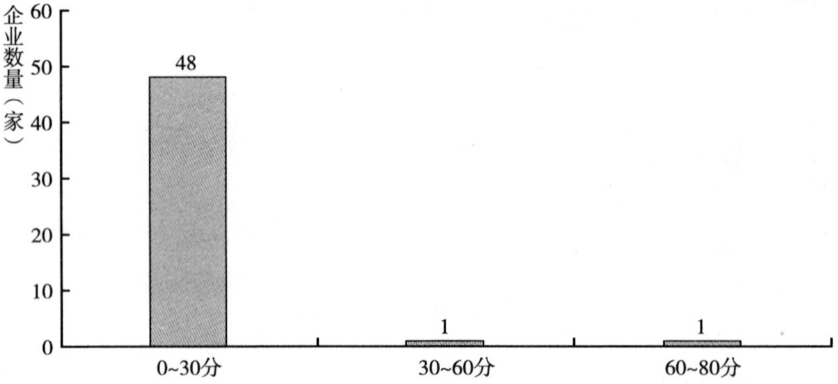

图7　2014年金属非金属与采矿行业上市公司社会责任推进管理得分分布

（一）社会责任专项治理缺失

从“责任治理”指标来看，金属非金属与采矿行业50家上市公司“责任治理”指标平均得分仅为4.37分。50家企业中有47家企业“责任治理”指标得分在30分以下，占94%，其中有45家企业的“责任治理”指标得分为0分（见表2）。说明这些公司没有专门建立社会责任领导机构和工作机构，也没有建立社会责任工作机制。

表2　2014年金属非金属与采矿行业社会责任推进管理二级指标得分分布

单位：家

得分	责任治理	能力建设	制度建设	责任绩效评估	社会责任管理投入
0分	45	41	44	48	48
0~30分	2	6	2	0	0
30~60分	2	2	3	0	2
60~80分	1	1	1	1	0
80~90分	0	0	0	1	0

案例一：山西太钢不锈钢股份有限公司社会责任工作体系①

公司将履行社会责任作为公司发展战略的基础和核心，借鉴国际先进的社会责任管理体系和国际优秀企业社会责任管理方法，将社会责任管理融入企业发展战略、业务流程和运营管理全过程，推动了全员履行社会责任的高度自觉。

组织体系

公司设立社会责任工作委员会，定期研究和分析公司社会责任战略实施情况，分析研究公司履行社会责任状况，确立相应的工作目标、工作方针和阶段性工作任务，对公司社会责任重大事项及活动进行管理和协调。

公司社会责任工作委员会办公室设在企业文化部，负责对各单位、部门社会责任日常工作的管理与协调，推动公司社会责任各项工作的落实，指导各单位、部门加强对社会责任指标的跟踪，分析研究现状，制定改进措施，实现持续改善提高。

各单位、部门的社会责任工作推进小组按照公司要求，积极落实公司社会责任各项任务和要求，主动将自身总体工作纳入公司社会责任工作体系和指标体系中，将社会责任管理工作规范化、经常化、一体化。

推进体系

公司社会责任工作委员会对编制和发布社会责任报告进行安排部署，下发社会责任报告编制文件，明确社会责任报告编制的指导思想、基本原则、基本框架、重点内容和工作目标。

公司社会责任工作委员会办公室加强对公司社会责任履行情况进行日常总结分析，加强对重点单位、部门工作的具体指导与沟通交流，实现了社会责任管理的经常化、规范化。

（二）社会责任能力建设不足

从“能力建设”指标来看，金属非金属与采矿行业50家上市公司“能力建设”指标平均得分为5.01分。有47家企业“能力建设”指标得分在30分以下，

① 资料来源：山西太钢不锈钢股份有限公司《2014年社会责任报告》。

其中有41家企业的“能力建设”指标得分为0分，这反映了大部分金属非金属与采矿行业上市公司在社会责任能力建设方面基本没有开展社会责任专项培训、外部交流、专项研究，也较少策划实施以社会责任为专题的重大活动。在这50家企业中，中国铝业的“能力建设”指标得分为68.55分，得分最高。

（三）社会责任推进制度缺乏

从“制度建设”指标来看，金属非金属与采矿行业50家上市公司“制度建设”指标平均得分为4.70分。在50家上市公司中，“制度建设”指标得分为0分的企业有44家，这反映了大部分金属非金属与采矿行业上市公司基本没有制定社会责任推进制度。

（四）社会责任工作绩效评估缺乏

从“责任绩效评估”指标来看，金属非金属与采矿行业50家上市公司“责任绩效评估”指标平均得分为3.20分。在50家上市公司中，有48家企业的“责任绩效评估”指标得分为0分，占96%。可见，大部分金属非金属与采矿行业上市公司并未将社会责任纳入企业绩效考评体系中。此外，攀钢钒钛、太钢不锈2家企业在“责任绩效评估”指标方面表现较好，得分分别为77.0分、83.2分。

（五）社会责任管理投入不足

从“社会责任管理投入”指标来看，金属非金属与采矿行业50家上市公司“社会责任管理投入”指标平均得分为1.5分，在社会责任推进管理的五项二级指标中得分最低。其中，有48家企业得分为0分，这反映了大部分金属非金属与采矿行业上市公司基本没有安排社会责任专项资金预算，也没有安排社会责任专职员工。

五　金属非金属与采矿行业上市公司经济价值创造能力维度评价分析

金属非金属与采矿行业50家上市公司经济价值创造能力平均得分为45.41分，高于社会责任能力成熟度其他五个维度。约有2/3的企业得分在60分以下；有14

家企业得分在60~80分，占28%，在经济价值创造能力层面达到本能级；还有3家企业得分在80~90分，达到强能级，较好地创造了经济价值（见图8）。

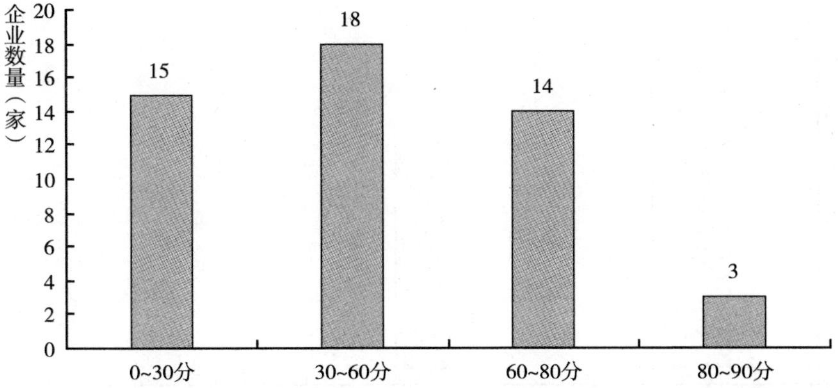

图8　2014年金属非金属与采矿行业上市公司经济价值创造能力得分分布

（一）直接经济价值创造能力相对突出

“直接经济价值”指标表现好于“间接经济价值”指标。金属非金属与采矿行业50家上市公司“直接经济价值”指标平均得分为50.72分，50家上市公司“间接经济价值”指标平均得分为41.87分。对比“直接经济价值”指标和“间接经济价值”指标发现，金属非金属与采矿行业上市公司“直接经济价值”指标表现要好于“间接经济价值”指标。

（二）税收贡献和就业贡献水平有待提升

金属非金属与采矿行业50家上市公司“间接经济价值”指标得分低的主要原因是：“对税收的贡献”和“对就业的贡献”2个三级指标得分相对较低。其中“对税收的贡献”指标平均得分为37.86分，“对就业的贡献”指标平均得分为32.50分。

六　金属非金属与采矿行业上市公司社会价值创造能力维度评价分析

金属非金属与采矿行业50家上市公司社会价值创造能力平均得分为

29.13分。有98%的企业得分在60分以下，其中，得分在0～30分的企业占56%，得分在30～60分的企业占42%（见图9）。这说明在社会价值创造能力层面，金属非金属与采矿行业主要集中在无能级和弱能级。

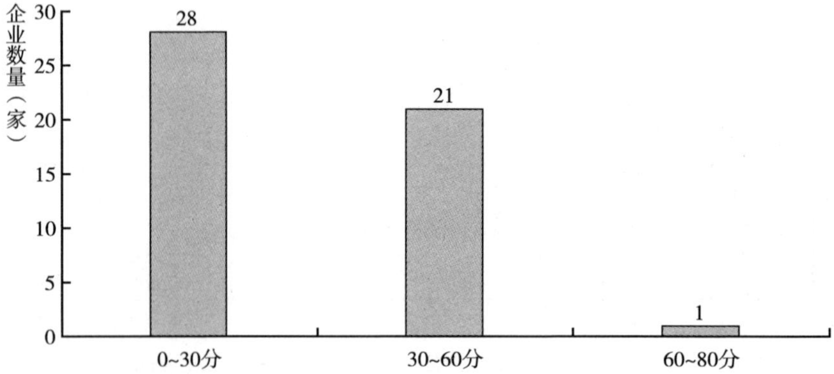

图9　2014年金属非金属与采矿行业上市公司社会价值创造能力得分分布

（一）消费者教育活动开展频次低，推动可持续消费行为较少

从“为客户创造价值”指标来看，金属非金属与采矿行业50家上市公司“为客户创造价值”指标平均得分为32.17分。在50家企业中，有26家企业得分在30分以下，占52%；有18家企业得分在30～60分，占36%；有6家得分在60～80分，占12%。大部分企业该指标得分较低的主要原因是：消费者权益保护（34.18分）、客户投诉处理（26.10分）、消费者隐私保护（10.86分）、消费者教育（1.5分）、可持续消费（2.06分）、客户满意度（24.66分）等三级指标得分较低。

（二）为伙伴创造价值各指标整体表现不好，合同履约率指标得分最低

从“为伙伴创造价值”指标来看，金属非金属与采矿行业50家上市公司“为伙伴创造价值”指标平均得分为24.33分。在50家企业中，有94%的企业得分在60分以下，其中有62%的企业得分在0～30分，有32%的企业得分在30～60分（见图10）。此外，还有3家企业得分在60分以上，表现相对较

好。从“为伙伴创造价值”三级指标来看，“合同履约率”指标得分最低，为8.2分；“产学研合作”指标得分最高，为43.1分；“公平竞争的理念与政策”“信用评级”“供应商社会责任审查”“责任采购”“政企合作”“银企合作”等指标得分则集中在20~30分，整体得分不高。

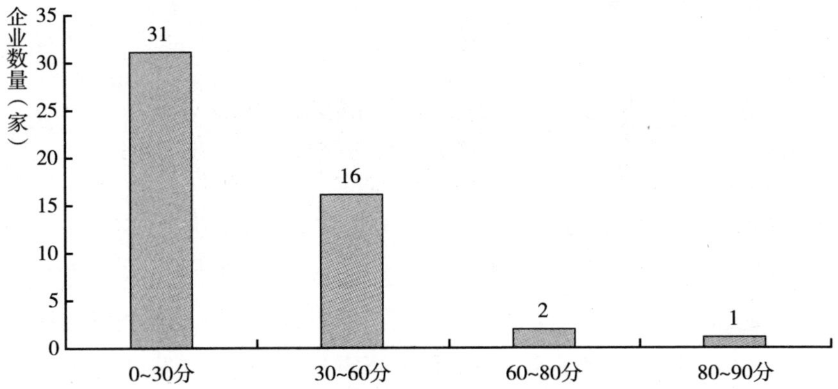

图10　2014年金属非金属与采矿行业上市公司“为伙伴创造价值”指标得分分布

案例二：宝山钢铁股份有限公司绿色采购①

绿色采购是宝钢环境经营的重要组成部分，不仅对宝钢实现可持续发展具有重要作用，也将促进供应商综合能力的提升，进而培育绿色合作伙伴，彰显公司社会责任。为贯彻环境经营的战略，落实公司对绿色采购的要求，原料采购中心通过供应商评价、准入、合同签订等环节，引导与鼓励广大供应商推进SO14001认证。其中，在原料采购合同文本中增加了公司的管理方针（“关注用户，减污控危，节能降耗，防范风险，改进创新，精益高效，和谐发展，建成全球最具竞争力的钢铁企业”）和对供应商明确提出环境保护的要求（“宝钢关注供应商在环境管理体系、清洁生产、社会责任等方面的表现，加强与供应商的沟通与信息传递，致力于与供应商共建绿色供应链”）。

为了深入推进绿色采购工作，宝钢股份原料采购中心践行宝钢绿色宣言，

① 资料来源：宝山钢铁股份有限公司《可持续发展报告（2014）》。

先后成功推介原料绿色采购供应链——安徽皖宝、青海百通和江苏船山等，大力引导建设绿色矿山，践行社会责任。其中江苏船山——宝钢与国内石灰石行业的代表性企业，就是承载宝钢绿色经营理念心心相传的领跑者之一，它卓有成效的环境经营绩效和社会效应，有力地带动了宝钢其他原料供应商持续提升环境经营能力的开展，使钢铁原料绿色供应链不断延伸。

（三）员工培训人均投入不足，员工满意度不高

从“为员工创造价值”指标来看，金属非金属与采矿行业50家上市公司“为员工创造价值”指标平均得分为30.94分。在50家企业中，有45家企业得分在60分以下，占90%（见图11）。大部分企业该指标得分较低主要是因为：在员工入会率、男女员工比例、管理层女性所占比例、职业病发病率、员工培训人均投入、员工满意度等方面有待加强重视。其中，“员工培训人均投入”和“员工满意度”两项指标得分最低，均为8分。

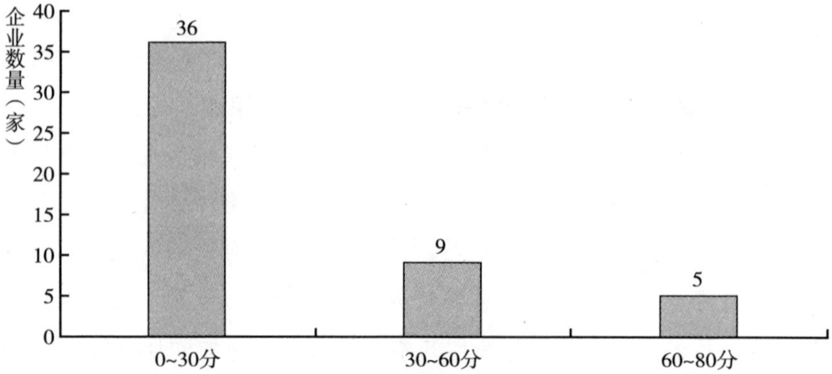

图11　2014年金属非金属与采矿行业上市公司“为员工创造价值”指标得分分布

（四）社区沟通机制缺失，社区共建项目不足

从“为社区创造价值”指标来看，金属非金属与采矿行业50家上市公司“为社区创造价值”指标平均得分为17.22分，在社会价值创造能力六项二级

指标中得分最低。在50家企业中，有72%的企业得分在30分以下；有18%的企业得分在30~60分；得分在60分以上的企业仅有5家，占10%。从“为社区创造价值”三级指标来看，“社区关系管理”指标平均得分为14.8分，“社区共建项目数”指标平均得分为7.68分。

案例三：中国铝业股份有限公司社区参与和发展①

公司积极发挥中央企业在履行社会责任方面的表率作用，积极参与扶贫帮困、支援边疆、发展教育、抢险赈灾、新农村建设等社会公益事业。

贯彻国家政策

公司所属企业严格执行国家环保标准，确保污染控制设施正常运行，重点污染源均安装自动监测设备，有效降低企业运营对社区的影响；在资源开发和矿山建设及开采过程中，注重保护当地居民利益，利用现代复垦技术，2014年新增复垦面积2743余亩，累计复垦面积达到29965亩。

与社区的沟通对话

为了解不同社区的需求，公司积极组织与社区进行沟通和对话，掌握情况、挖掘问题，提出妥当的解决办法。印度尼西亚是个多民族、多宗教的国家，中国铝业香港有限公司印尼合资公司的两个矿区就位于当地的多民族混居区。公司在当地进行勘探项目和开采项目前，均会和当地做到细致沟通、友好交流，以尊重当地的民风民俗的方式，开展各项工作。同时，积极履行企业社会责任，为当地村民打井、送储水罐，援建学校和教学，赞助体育活动。

支持社区文教卫

公司积极参与社区健康事业，关注社区居民健康状况。通过加强和支持公共医疗卫生服务，改善社区医疗基础设施，防范健康威胁，减轻疾病对社区居民的危害，不断提高社区居民健康水平。

在定点扶贫和援藏、援疆工作中，公司坚持“输血”与“造血”结合，扶持贫困地区发展基础设施与公益事业、医疗卫生事业、特色产业等，促进农牧业经济结构调整，主力解决制约教育事业发展的瓶颈问题。公司从承担对口支援西藏昌都地区察雅县的任务以来，持续投入援藏专项资金，建成多

① 资料来源：中国铝业股份有限公司《2014年企业社会责任报告》。

所完全小学、村级教学点、幼儿园，每年资助贫困学生、奖励优秀学生和教师。

（五）员工志愿者数量少，志愿服务活动缺乏常态化

从“公益慈善”指标来看，金属非金属与采矿行业50家上市公司“公益慈善”指标平均得分为21.89分。在50家企业中，有34家企业得分在30分以下，占68%；有11家企业得分在30～60分，占22%。大部分企业该指标得分低的主要原因是：在对外捐赠、员工志愿者数量、员工志愿者活动持续性和常态化方面有待提升。

（六）安全生产运营重视水平相对较高，安全生产投入和安全演练次数仍不足

从“安全生产运营”指标来看，金属非金属与采矿行业50家上市公司“安全生产运营”指标平均得分为40.51分，在社会价值创造能力六项二级指标中得分最高。在50家企业中，有19家企业得分在30分以下，占38%；有18家企业得分在30～60分，占36%（见图12）。部分企业该指标得分较低的主要原因是：安全生产投入、安全演练次数等方面表现相对不足。此外，还有13家企业得分在60分以上，安全生产运营表现相对较好。

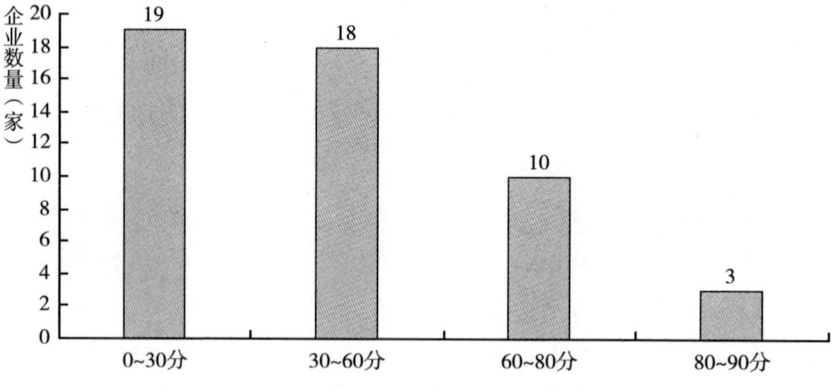

图12　2014年金属非金属与采矿行业上市公司“安全生产运营”指标得分分布

七 金属非金属与采矿行业上市公司环境价值创造能力维度评价分析

金属非金属与采矿行业50家上市公司环境价值创造能力平均得分为29.23分。在50家上市公司中，有96%的企业环境价值创造能力得分在60分以下，其中得分在0～30分的企业占64%，得分在30～60分的企业占32%。这说明在环境价值创造能力层面，金属非金属与采矿行业主要集中在无能级和弱能级，对于环境价值的创造基本处于无序或启蒙状态。

（一）环境管理指标表现最好

从“环境管理”二级指标来看，金属非金属与采矿行业50家上市公司“环境管理”指标平均得分为55.49分，在环境价值创造能力五项二级指标中得分最高。在50家企业中，有56%的企业得分在60分以上，其中，还有15家企业得分在80分以上（见图13）。说明这些企业在环境管理体系建设、遵守国家环保政策、避免对生态环境造成负面影响等方面表现相对较好。

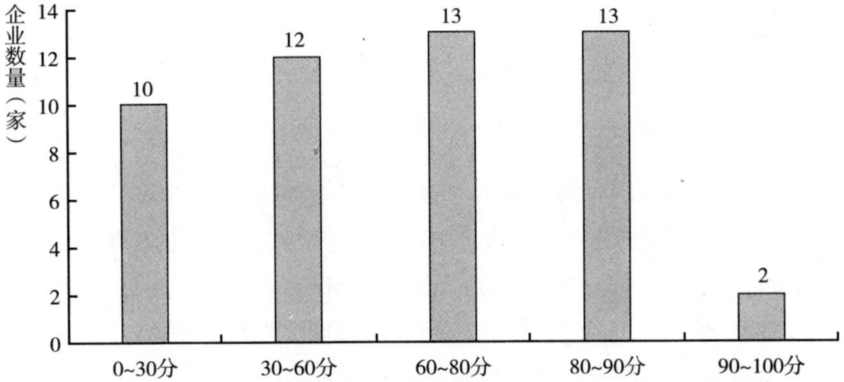

图13 2014年金属非金属与采矿行业上市公司“环境管理”指标得分分布

案例四：山东钢铁股份有限公司环保投资和环境技术开发情况①

公司坚持环境治理和环保技术开发，加大环境保护投入，2014年度环保投入共计19项，总投资共计15982.8万元，投资主要用于环保措施工程和环保工程治理项目的建设、环保设施运营管理等方面。通过加大环保科技投入，发展循环经济，不断提高资源综合利用率，采取有效措施利用余热、余能，提高水资源利用效率等一系列措施，在公司内部建立循环经济体系，基本形成资源能源利用最大化、产品多元化、污染废物减量化的循环经济产业链体系。通过实施合理的三废处理，较好地实现废气和废水达标排放、固体废物综合利用和妥善处理，体现出良好的环境效益，从而有效解决环境保护与资源综合利用问题，走循环经济发展道路，实现经济效益和环境效益的和谐统一。

（二）污染减排效果与行业排放标准之间仍有较大差距

从“污染减排”指标来看，金属非金属与采矿行业50家上市公司“污染减排”指标平均得分为26.33分。在50家企业中，有29家企业得分在30分以下，占58%；有12家企业得分在30~60分，占24%（见图14）。对比“环境管理”指标发现，这些企业的“污染减排”指标得分明显低于“环境管理”指标得分，这说明虽然大部分企业积极致力于环境改善和建设，但是效果与行业排放标准仍有极大差距。

（三）资源可持续利用水平亟须提升

从“资源可持续利用”指标来看，金属非金属与采矿行业50家上市公司“资源可持续利用”指标平均得分为15.21分。在50家企业中，有39家企业得分在30分以下，占78%；有7家企业得分在30~60分，占14%；仅有4家企业得分在60~80分。大部分企业“资源可持续利用”指标得分较低的主要原因是：综合能耗、能源节约量、耗水总量、水资源循环利用率等方面和行业标杆仍有一定差距。

---

① 资料来源：山东钢铁股份有限公司《2014年度社会责任报告》。

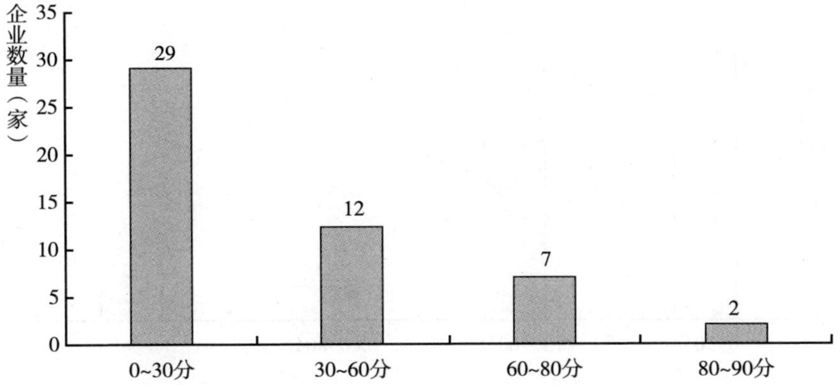

图14　2014年金属非金属与采矿行业上市公司“污染减排”指标得分分布

（四）应对气候变化指标得分最低

从“应对气候变化”指标来看，金属非金属与采矿行业50家上市公司“应对气候变化”指标平均得分为9.24分，在环境价值创造能力五项二级指标中得分最低。50家上市企业“应对气候变化”指标得分全部在60分以下，其中，得分在30分以下的企业占92%。大部分企业“应对气候变化”指标得分较低的主要原因是：温室气体排放量有待进一步减少和温室气体减排量还有待进一步增加。

（五）减少生态环境破坏表现相对较好，环保公益水平较低

从“生态环境保护”指标来看，金属非金属与采矿行业50家上市公司“生态环境保护”指标平均得分为34.67分。在50家上市公司中，有42家企业得分在60分以下，占84%；此外，还有3家企业得分在60~80分，5家企业得分在80~90分，表现相对较好（见图15）。

从“生态环境保护”三级指标来看，“环保公益”指标得分最低，为17.4分；“生态恢复和治理”指标得分次之，为38.5分；“减少生态环境破坏”指标得分相对最高，为44.76分。

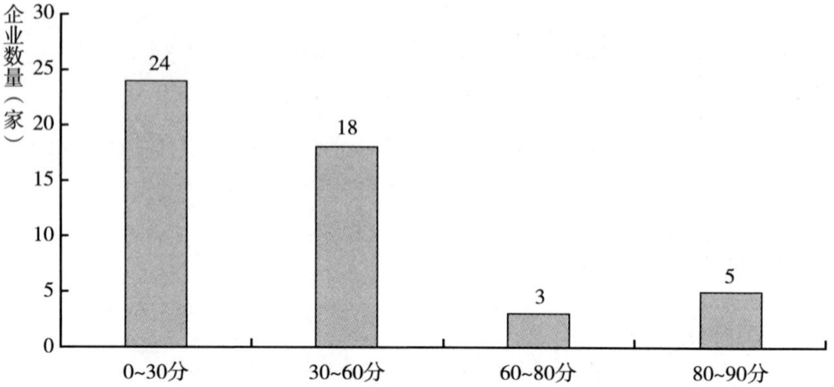

图15　2014年金属非金属与采矿行业上市公司“生态环境保护”指标得分分布

八　金属非金属与采矿行业上市公司合规透明运营能力维度评价分析

金属非金属与采矿行业50家上市公司合规透明运营能力平均得分为44.76分。在50家上市公司中，得分在60分以下的企业有38家，占64%；得分在60~80分的企业有10家，占20%，还有2家企业得分在80分以上，表现相对突出（见图16）。

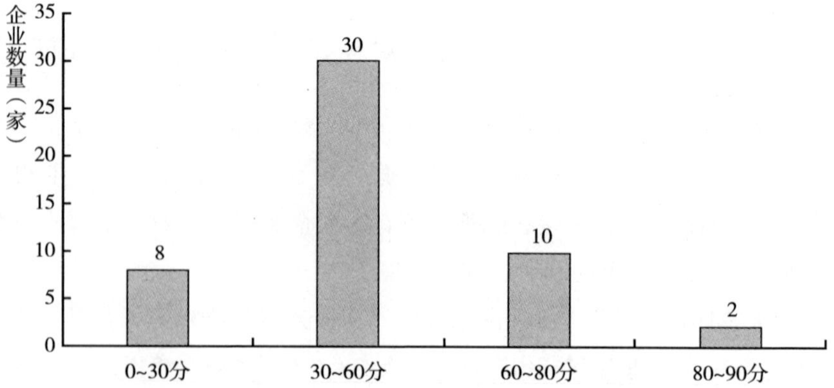

图16　2014年金属非金属与采矿行业上市公司合规透明运营能力得分分布

（一）信息披露指标表现最好

从“信息披露”二级指标来看，金属非金属与采矿行业50家上市公司“信息披露”指标平均得分为61.85分，在合规透明运营能力三项二级指标中得分最高。在50家企业中，超过一半的企业“信息披露”指标得分在60分以上，还有46%的企业得分在30～60分，得分在30分以下的企业仅有1家（见图17）。从“信息披露”三级指标来看，“召开新闻发布会数量”指标得分最低，为11.86分。

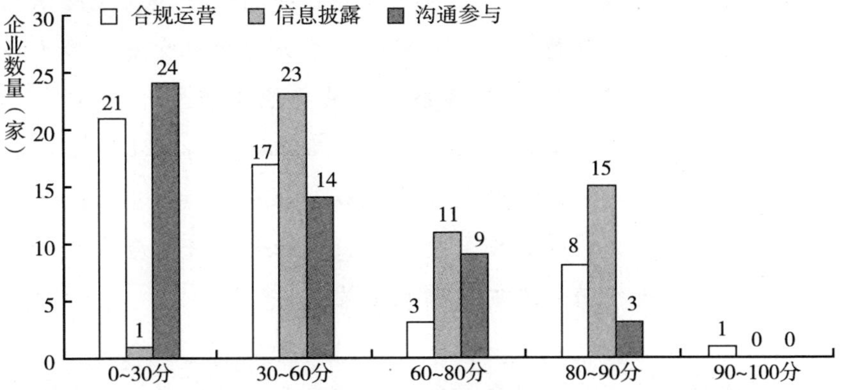

图17　2014年金属非金属与采矿行业上市公司合规透明运营能力各项二级指标得分分布

（二）合规运营指标表现一般

从“合规运营”指标来看，金属非金属与采矿行业50家上市公司“合规运营”指标平均得分为38.64分。在50家企业中，“合规运营”指标得分在30～60分的企业有17家。此外，还有12家企业“合规运营”指标得分在60分以上，其中，得分在80分以上的企业有19家，表现相对突出。

（三）沟通参与指标得分最低

从“沟通参与”二级指标来看，金属非金属与采矿行业50家上市公司“沟通参与”指标平均得分为35.84分，在合规透明运营能力三项二级指标中得分最低。在50家上市公司中，有76%的企业得分在60分以下，这部分企业得分相对较低的原因是：与媒体、社会团体的沟通相对不足。

B.13 2014年中国纺织服装行业上市公司社会责任能力成熟度评价分析

摘　要：纺织服装行业是众多行业中较早开展社会责任推进管理工作的行业，我国第一个行业性社会责任指南即诞生于纺织服装行业。为了评价纺织服装行业上市公司的社会责任能力成熟度，本文选取了2014年纺织服装行业市值最大的50家上市公司作为评价对象。评价发现，纺织服装行业上市公司社会责任能力成熟度整体处于无能级。在众多指标中，纺织服装行业上市公司的责任采购和供应商社会责任审查表现相对较差，环境价值创造能力明显不足。

关键词：纺织服装行业　社会责任能力成熟度　供应商社会责任审查

一　纺织服装行业上市公司社会责任能力成熟度评价对象

为了评价2014年中国纺织服装行业上市公司的社会责任能力成熟度水平，本研究按照A股市值大小，选取了2014年市值排名前50的上市公司，作为本次研究的评价对象，评价对象的基本特征如表1所示。

表1　2014年纺织服装行业上市公司50强基本特征分布

类别	极小值	极大值	均值	中值	众数	标准差	偏度	偏度的标准误	峰度	峰度的标准误
总资本	9.11	476.24	61.07	40.42	9.11	73.95	4.00	0.34	20.374	0.67
负债	0.87	308.80	28.66	16.17	0.87	47.32	4.58	0.34	25.53	0.67
营业收入	4.56	328.35	47.31	28.2	4.56	60.74	2.99	0.34	10.09	0.67
营业净利率	-4.53	21.54	7.93	5.52	-4.53	7.07	0.43	0.34	-0.99	0.67

续表

类别	极小值	极大值	均值	中值	众数	标准差	偏度	偏度的标准误	峰度	峰度的标准误
市值	29.21	453.77	79.01	54.60	29.21	75.48	3.21	0.34	12.48	0.67
市盈率	-90.75	422.49	112.90	27.84	-90.75	401.61	6.37	0.34	42.47	0.67
独立董事占比	33.33	60.00	37.99	33.33	33.33	6.82	1.77	0.34	2.89	0.67
股权集中度 CR4	25.94	91.83	60.46	63.13	25.94	16.30	-0.04	0.34	-0.92	0.67

注：总资本、负债、营业收入、市值的单位均为亿元；营业净利率、独立董事占比、股权集中度的单位均为百分比。

二　纺织服装行业上市公司社会责任能力成熟度总体评价分析

（一）社会责任能力成熟度整体处于无能级

纺织服装行业上市公司社会责任能力成熟度平均得分26.17分，整体处于无能级。其中，最高得分为52.72分，最低得分为10.20分。从得分分布来看，有72%（36家）的公司得分处于30分以下，剩余28%（14家）的公司得分处于30～60分，没有任何一家公司得分超过60分（见图1）。

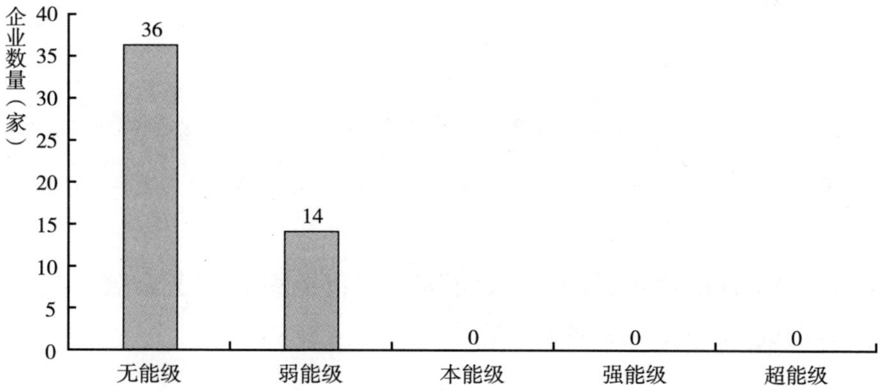

图1　2014年纺织服装行业上市公司社会责任能力成熟度等级分布

（二）经济价值创造能力相对突出，社会责任推进管理严重不足

从社会责任能力成熟度的六大维度来看，纺织服装行业上市公司的经济价值创造能力得分最高，平均分为52.93分；社会责任推进管理得分最低，平均得分仅为1.80分，两者相差极其悬殊。社会责任理念与战略、社会价值创造能力、环境价值创造能力、合规透明运营能力的平均得分依次为31.69分、18.53分、10.64分、43.86分（见图2）。

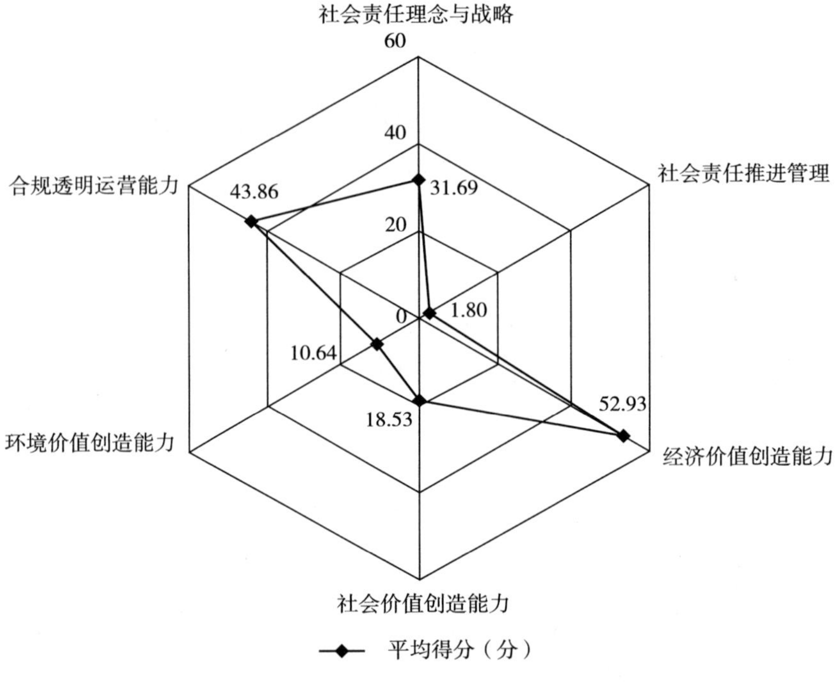

图2　2014年纺织服装行业上市公司社会责任能力成熟度六大维度得分分布

（三）国有纺织服装上市公司与非国有纺织服装上市公司的社会责任能力成熟度水平差别不明显

在50家纺织服装上市公司中，有10家国有企业和40家非国有企业。统计显示，国有纺织服装上市公司的社会责任能力成熟度平均得分为26.84分，非国有纺织服装上市公司的社会责任能力成熟度平均得分为26.00分，两者都

处于无能级，相差不到 1 分。从社会责任能力成熟度的六个维度来看，两者的得分差别也不是很明显（见图 3）。

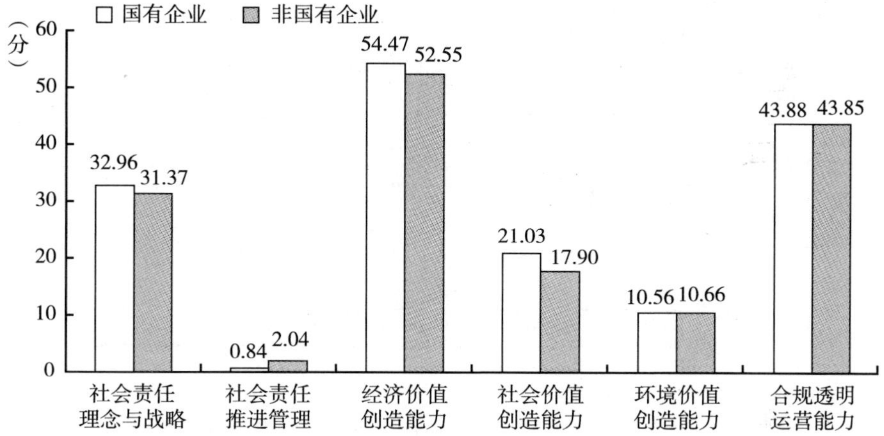

图 3　2014 年不同所有制的纺织服装上市公司社会责任能力成熟度各维度得分

（四）深交所纺织服装上市公司与上交所纺织服装上市公司的社会责任能力成熟度水平差别不大

50 家纺织服装上市公司中，18 家在上交所上市，32 家在深交所上市。统计发现，深交所纺织服装上市公司的社会责任能力成熟度平均得分 25. 94 分，上交所纺织服装上市公司的社会责任能力成熟度平均得分 26. 56 分，两者都处于弱能级，得分相差不到 1 分，上交所上市公司得分略高于深交所上市公司。从社会责任能力成熟度的六个维度得分来看，两个交易所上市公司各有优劣（见图 4）。

（五）随着企业成立时间的增长，企业社会责任能力成熟度水平呈现下降趋势

为了研究企业成立时间与社会责任能力成熟度之间的关系，本研究将企业成立年份距离 2015 年的时间划分为 5 年以下（不包括 5 年）、5 ~ 10 年（不包括 10 年）、10 ~ 15 年（不包括 15 年）、15 ~ 20 年（不包括 20 年）、20 年以上（包括 20 年）共五个组别。统计显示，50 家上市公司的成立时间都超过 5 年，其中成立时间处于 5 ~ 10 年的公司有 4 家，成立时间处于 10 ~ 15 年的公司有 17 家，

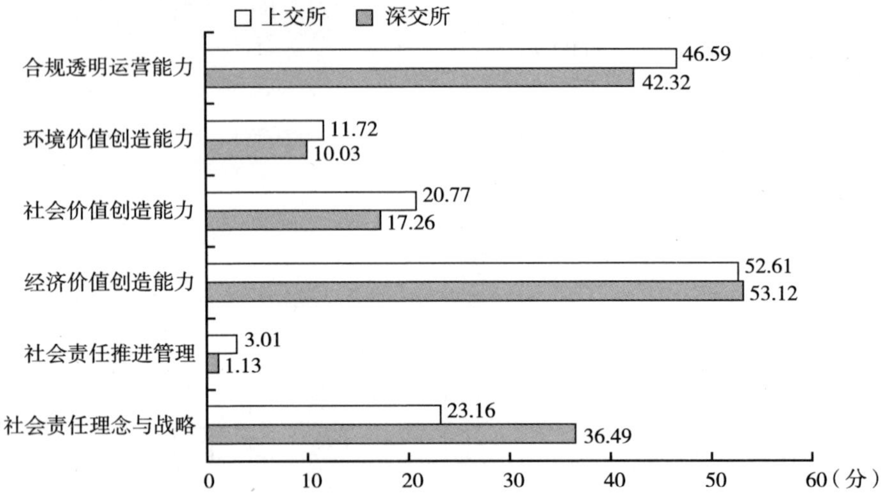

图4　2014年沪深两市纺织服装上市公司社会责任能力成熟度各维度得分对比

成立时间处于15～20年的公司有15家，成立时间超过20年的有14家。

评价结果得出，成立时间处于5～10年的公司，社会责任能力成熟度平均得分29.48分；成立时间处于10～15年的公司，社会责任能力成熟度平均得分26.67分；成立时间处于15～20年的公司，社会责任能力成熟度平均得分25.97分；成立时间处于20年以上的公司，社会责任能力成熟度平均得分24.81分（见图5）。很明显，随着成立时间的增长，企业社会责任能力成熟度水平呈现下降趋势。

（六）企业总资产规模与社会责任能力成熟度之间呈现“U”形关系

为了研究企业规模与社会责任能力成熟度之间的关系，本研究选取了企业总资产、营业收入、市值三项指标作为参考，并按照10亿元以下（不包括10亿元）、10亿～50亿元（不包括50亿元）、50亿～100亿元（不包括100亿元）、100亿～150亿元（不包括150亿元）、150亿元以上（包括150亿元）分别将三项指标划分为五个组别。

评价发现，纺织服装行业上市公司的社会责任能力成熟度水平与企业总资产规模之间呈明显的“U”形关系。当企业总资产规模处于100亿元以下时，随着企

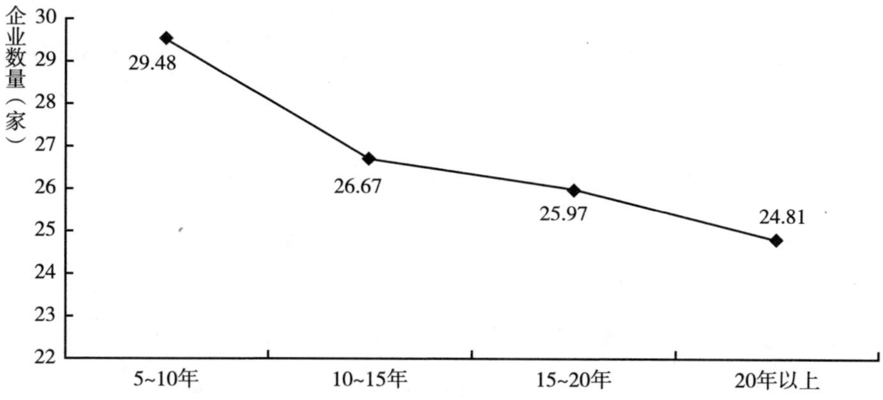

图5　2014年纺织服装行业上市公司社会责任能力成熟度与企业成立时间之间的关系

业规模的增加，企业社会责任能力成熟度呈下降趋势；当企业总资产规模超过100亿元时，随着企业规模的增加，企业社会责任能力成熟度水平迅速上升（见图6）。

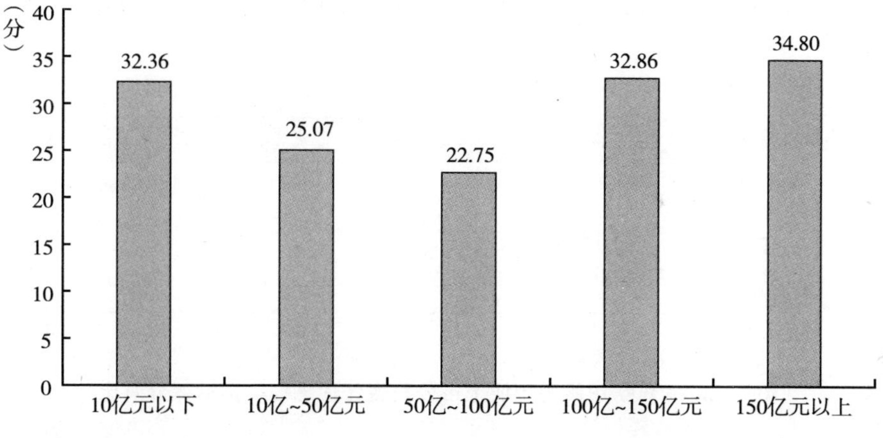

图6　2014年纺织服装行业上市公司总资产与社会责任能力成熟度之间的关系

三　纺织服装行业上市公司社会责任理念与战略维度评价分析

纺织服装行业上市公司的社会责任理念与战略平均得分31.69分，整体处于弱能级。从得分分布来看，有 23 家公司得分低于 30 分，有 21 家公司得分处于 30 ~ 60 分，有 5 家公司的得分处于 60 ~ 80 分，剩余 1 家公司的得分高于 80 分。

（一）责任理念与企业文化的融合程度相对较好

50 家纺织服装上市公司的“责任理念”指标平均得分 43.54 分，其中，有 10 家公司的得分处于 60 ~ 80 分，有 6 家公司的得分处于 80 ~ 90 分，有 2 家公司得分超过 90 分。纺织服装行业诞生了我国第一个行业层面的社会责任行为准则 CSC9000T，这在一定程度上促进了纺织服装行业的社会责任发展，特别是在理念灌输和体系建设方面。从“责任理念”包含的三级指标来看，纺织服装行业上市公司的“融入企业使命、融入企业价值观、融入企业愿景（社会责任愿景）”三项指标得分均处于 40 分以上（见图 7）。

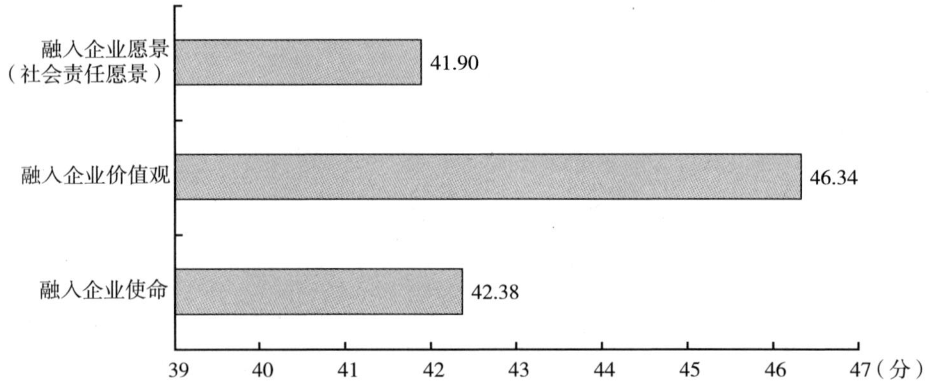

图 7　2014 年纺织服装行业上市公司责任理念各项指标得分对比

（二）社会责任战略缺乏系统性

与社会责任理念不同的是，纺织服装上市公司的“责任战略”指标得分较低，平均分为 13.91 分。其中 70% 的企业得分低于 30 分（见图 8）。这表明，纺织服装上市公司虽然在企业使命、企业愿景和价值观中融入了社会责任理念，但是社会责任战略的系统性还需要提升，比如制定专项的社会责任战略规划，或者在企业发展战略中增加明确的可持续发展内容。

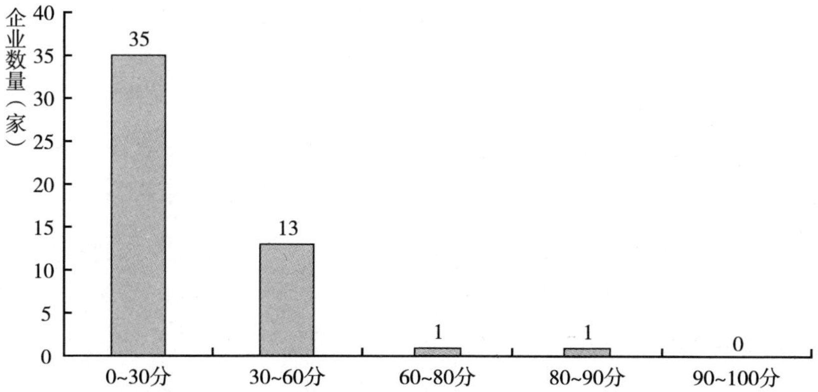

图 8　2014 年纺织服装行业上市公司“责任战略”指标得分分布

四　纺织服装行业上市公司社会责任推进管理维度评价分析

社会责任推进管理维度主要从责任治理、制度建设、能力建设、责任绩效评估、社会责任管理投入等方面评价企业的社会责任能力成熟度。统计显示，纺织服装行业上市公司的社会责任推进管理得分为 1.80 分，在六大维度中得分最低。这表明，绝大多数纺织服装上市公司对社会责任管理的专项投入还严重不足。

（一）责任治理水平普遍较低

责任治理是指企业为了推进社会责任工作，设置专门的领导机构和工作机构，并有完善的机制保证社会责任工作的开展。统计显示，50 家纺织服装上市公司的“责任治理”指标平均得分仅为 2.97 分。这说明，许多纺织服装上市公司的责任治理水平还很低，社会责任领导机构并未发挥实质性作用。

案例一：百隆东方推进社会责任管理

重视社会责任体系建设

百隆东方按照《中国纺织企业社会责任管理体系总则及细则》的相关要

求，建立了社会责任体系领导小组，作为战略决策机构的重要组成部分。社会责任体系领导小组识别社会责任相关风险，收集利益相关方意见，为其他业务部门提供决策参考。

上市以来，百隆东方每年根据上交所《关于加强上市公司社会责任承担工作的通知》要求，在披露公司年度报告的同时，在上交所网站上披露百隆东方年度社会责任报告。2014 年，百隆进一步按照上市公司要求推进完善企业社会责任体系建设，并结合宏观反腐大环境，完善各类制度。

建立社会责任行为准则

为实现企业的社会责任战略，具体落实企业的社会责任方针，百隆东方参考《中国纺织服装企业社会责任管理体系》（2008 版）制定了企业的社会责任行为准则。

企业的社会责任行为准则

劳动合同	招收员工依法签订书面劳动合同，合同符合法律、法规相关条款
童工	杜绝招收童工，招用未成年人必须符合法律、法规的要求
强迫或强制劳动	杜绝使用或支持使用强迫或强制劳动
工作时间	遵守国家法律、法规关于工作时间的要求
薪酬和福利	保证向员工支付的工资、福利待遇不低于法律、法规的要求，并且以货币形式发放
工会组织和集体谈判权	承认并尊重员工组织和参加工会以及进行集体谈判的权利
歧视	杜绝因民族、种族、宗教信仰、残疾、个人性格等使员工受到歧视
骚扰与虐待	公司保障每位员工的身体与精神健康，禁止骚扰、虐待和体罚
职业健康与安全	为员工提供安全健康的工作环境，遵守国家法律法规中有关职业健康与安全的规定
环境保护	制定环境保护方针，制定生产活动的环境影响、节约能源、促进循环经济、减少温室气体排放制度
公平竞争	遵守自愿、平等、公平、诚信的原则，遵守公认的商业道德，反对并防止商业贿赂，保护知识产权和专利技术

有效推进社会责任管理

2014 年，百隆社会责任管理体系领导小组认真履行监督和推进职责。首先是着力借助强化企业内控建设活动，完善和推进企业系统性制度建设，不断巩固延伸宁波市证监局组织开展的“诚信合规、诚信披露”主题实践活动成果，对企业信息披露管理进行了有效的监督；其次是对适合百隆所属各生产型子公司的“社会责任管理手册”的执行情况加以监督，确保对员工权益保护、质量管理、安全生产、清洁生产、节能减排等方面责任的有效落到实处；最后是加强与广大投资者的有效沟通交流，为进一步构建和谐的投资者关系奠定基础。

（二）能力建设和制度建设严重不足

没有良好的责任治理架构设计，相应的能力建设和制度建设也就严重不足。统计显示，50家纺织服装上市公司的“能力建设”指标平均得分仅为0.70分，“制度建设”指标平均得分2.46分，两个指标得分都很低。尽管纺织服装行业的社会责任体系建设比较早，但是因为企业之间的发展水平差异较大，从数量来看，多数纺织服装公司的社会责任工作开展得并不理想，拉低了整个行业的得分。这说明，大部分公司还需要加强社会责任专项培训、外部交流、专项研究，制定切实可行的社会责任推进制度，从思想认识和企业实践方面提高履责能力。2014年纺织服装行业上市公司能力建设各项指标得分如图9所示。

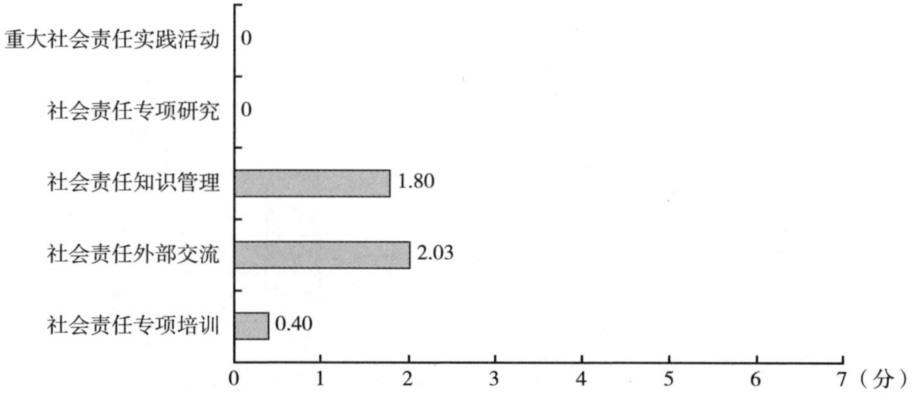

图9　2014年纺织服装行业上市公司能力建设各项指标得分对比

五　纺织服装行业上市公司经济价值创造能力维度评价分析

经济创造能力是企业作为营利组织的主要职能，经济责任是企业的基本责任。企业的经济价值创造能力体现在直接经济价值创造和间接经济价值创造两个方面。统计显示，纺织服装行业上市公司的经济价值创造能力平均分为52.93分，在六大维度中得分最高。这表示，纺织服装行业上市公司的经济价值创造能力相对突出。从得分分布来看，有5家公司的得分低于30分，有22家公司的得分处于30～60分，有21家公司得分处于60～80分，剩余2家公司的得分高于80分。

（一）直接经济价值创造能力比较突出

从直接经济价值和间接经济价值两个方面来看，纺织服装行业上市公司的直接经济价值创造能力相对突出。统计显示，50家纺织服装行业上市公司的"直接经济价值"指标平均得分64.21分，得分较高。从得分分布来看，有68%的公司得分在60分以上，其中有11家公司得分处于60～80分，有11家公司得分处于80～90分，有12家公司得分处于90～100分（见图10）。得分低于30分的公司有6家，有10家公司的得分处于30～60分。总体而言，纺织服装行业上市公司的直接经济创造能力比较突出。

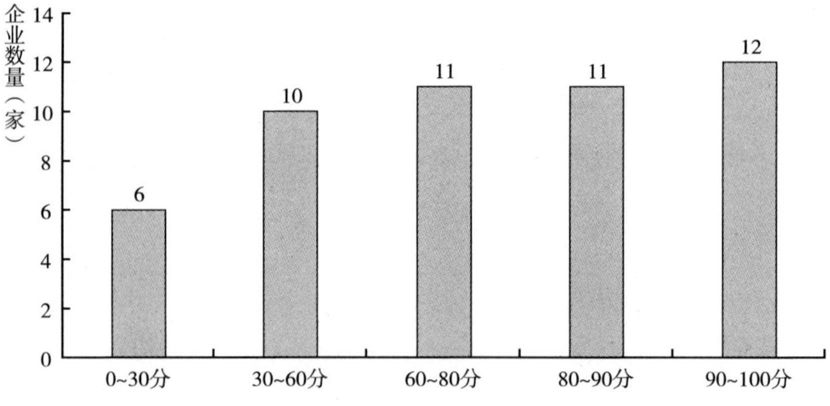

图10　2014年纺织服装行业上市公司"直接经济价值"指标得分分布

（二）间接经济创造能力相对不足

与直接经济创造能力相比，纺织服装行业上市公司的间接经济价值创造能力相对不足，统计显示，"间接经济价值"指标平均得分为45.41分，明显低于“直接经济价值”指标得分。从得分分布来看，74%的公司得分低于60分，仅有13家公司得分高于60分（见图11）。

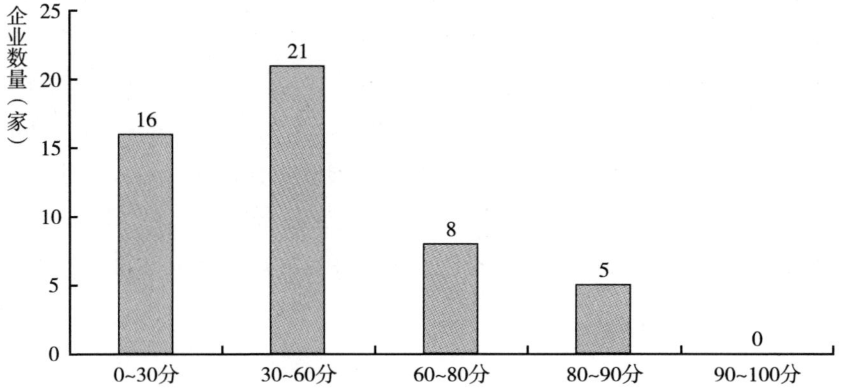

图11　2014年纺织服装行业上市公司“间接经济价值”指标得分分布

（三）参与行业公共事务的积极性不高

在“间接经济价值”涉及的各项三级指标中，纺织服装行业上市公司“对行业的贡献”指标得分相对最低，平均得分为27.40分（见图12）。这说明，多数纺织服装公司没有参与到行业公共事务的交流、组织中，企业之间应该进一步加强互动学习。

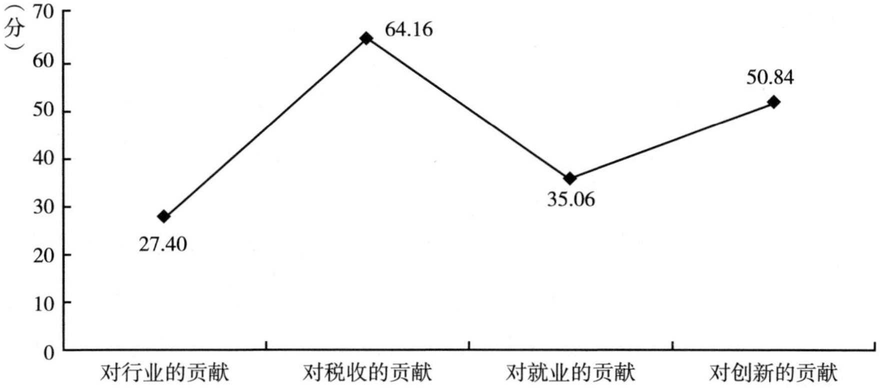

图12　2014年纺织服装行业上市公司间接经济价值各项指标得分分布

六　纺织服装行业上市公司社会价值创造能力维度评价分析

企业社会价值创造能力维度主要从"为客户创造价值、为伙伴创造价值、为员工创造价值、为社区创造价值、公益慈善、安全生产运营"六个方面进行评价。统计显示，纺织服装行业上市公司的社会价值创造能力平均得分18.53分，得分较低。其中86%（43家）的公司得分低于30分，14%（7家）的公司得分处于30~60分，没有任何一家企业的得分超过60分。

（一）客户价值创造能力发展不平衡

企业为客户创造价值主要体现在为客户提供的产品和服务上以及对消费者进行负责任消费引导。统计显示，纺织服装行业上市公司的"为客户创造价值"指标平均得分22.57分。从得分分布来看，70%（35家）的公司得分低于30分，26%（13家）的公司得分介于30~60分，4%（2家）的公司得分刚刚超过60分。

从"为客户创造价值"涉及的各项三级指标得分来看，纺织服装行业上市公司的"产品质量"指标得分最高，"消费者教育"指标得分最低（见图13）。这也印证了作为传统的工业行业，经过多年的发展，纺织服装行业的产品质量管理体系已经相对完善。但是还没有完全将生态环境因素纳入产品生命周期管理中，在为市场提供产品和服务时，缺乏对消费者主动开展责任消费意识的教育和引导。

（二）供应商社会责任审查不严格

审查供应商的社会责任表现是供应商风险管理的重要内容，也是企业开展责任采购的基础。统计显示，50家纺织服装行业上市公司的"供应商社会责任审查"指标平均得分12.88分，得分较低。其中，84%（42家）的公司得分低于30分。有个别公司（4家）的得分较高，处于80~90分（见图14）。这说明，多数纺织服装上市公司还没有将的社会责任表现作为选择、评价供应商的重要内容，表现在采购环节，交货期、产能仍然是首要决定因素。

与供应商社会责任审查相关的"责任采购"指标平均得分20.18分，其

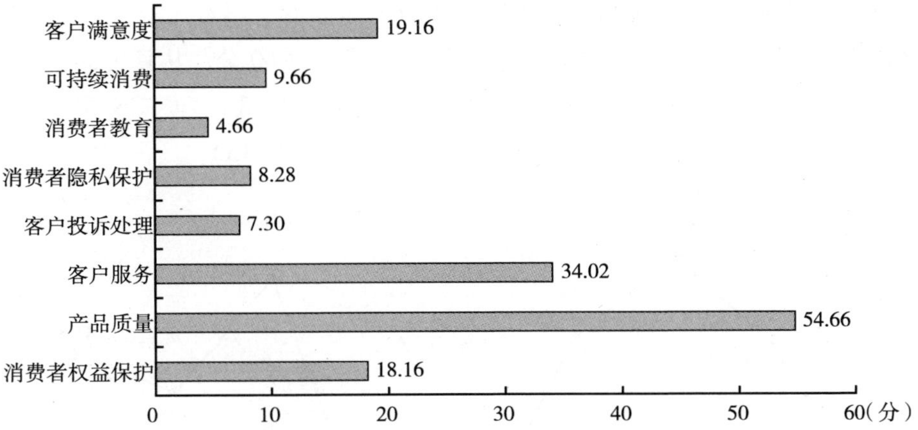

图 13　2014 年纺织服装行业上市公司为客户创造价值各项指标得分对比

中，76%的公司得分低于30分，4%的公司得分处于60～80分，14%的公司得分处于80～90分，剩余6%的公司得分均超过90分。很明显，50家纺织服装上市公司的负责任采购管理差异较大。

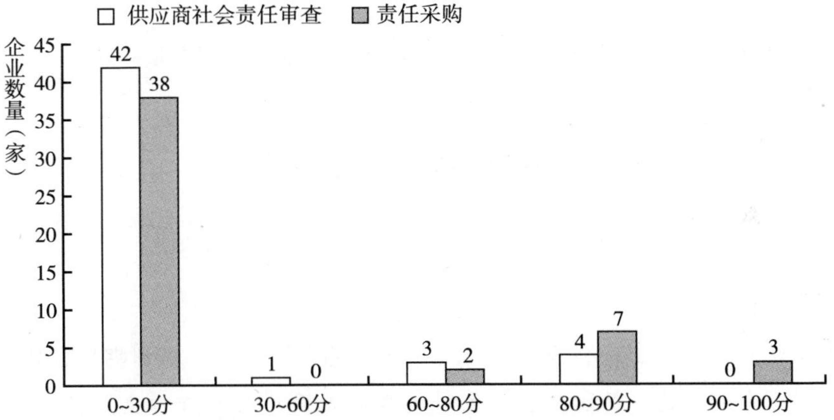

图 14　2014 年纺织服装行业上市公司“供应商社会责任审查”和“责任采购”指标得分分布

（三）重视员工关怀和职业发展

员工价值创造能力涉及的内容较多，总体包括薪酬待遇、职业发展和人文关怀三大部分。统计显示，50家纺织服装上市公司“为员工创造价值”指标平均得分22.35分，整体得分较低。从得分分布来看，78%（39家）的公司得分低于30分，22%（11家）的公司得分处于30～60分。从具体的三级指标来看，“员工入会率、男女员工比例”等指标得分较低；“员工薪酬、员工培训覆盖率、劳动合同签订率”等指标得分较高（见图15）。

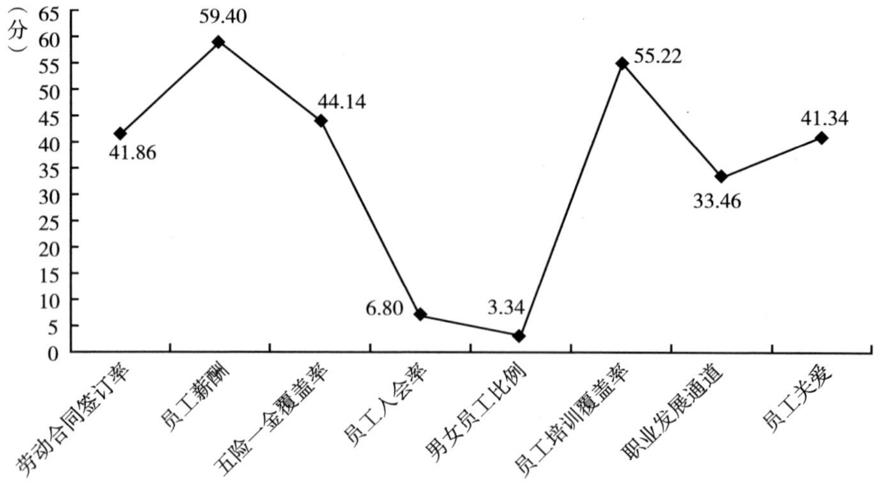

图15　2014年纺织服装行业上市公司为员工创造价值部分指标得分

案例二：卡奴迪路构建员工培训体系

广州卡奴迪路服饰股份有限公司搭建了员工培训体系，鼓励支持员工学习深造，提升业务技能和综合素质。

新员工培训

对于新入职的员工，公司会进行为期两天的入职培训。培训期间，新员工可以从公司企业文化、品牌文化、公司制度等方面对公司进行全方位的了解，使其尽可能快地融入卡奴迪路的大家庭里。同时为让新员工树立团队协作意识，公司组织新一批入职的员工进行为期一天的“团队动力体验式培训”。

在岗技能培训

此外，公司为所有员工提供岗位基本技能培训和素质培训，例如常用的办公技能。员工自愿报名参加，学习兴趣浓厚，并将培训所学技巧运用到实际工作中，大大提高了工作效率和质量，也提升了员工队伍的整体素质，实现了员工与企业的共同成长。

终端员工培训

终端店面和员工的表现对公司业绩有较大影响，所以公司不仅注重总部的员工培训，同时也注重对终端一线员工的培训提升。为了加强对终端店面的管理，公司建立了完善的终端管理机制，除常规性的店长述职、定期培训外，更在终端管理上采取了一定程度的创新。在培训方式上，公司实行南北大区培训，根据不同的地域推行不同的培训方式和内容，增强培训效果。

读书分享会

培训之外，为增强员工的自我学习能力，公司会采购一批当下值得阅读思考的热门书籍，让员工自行学习，同时在一段时间后进行每年一期的“读书分享会”。阅读是自我学习，分享则是相互学习，这都有利于营造学习氛围，争创学习型组织。

（四）社区关系管理能力较弱，社区价值创造能力不足

统计显示，50家纺织服装上市公司的“为社区创造价值”指标平均得分12.99分，得分较低。这表明，纺织服装上市公司在生产运营过程中，不重视处理与社区之间的关系，社区价值创造能力不足。从具体内容来看，多数企业没有明确的促进社区发展的政策，社区关系管理没有常态化设计，尤其是社区沟通、社区投诉等机制，目前开展的社区项目也多为临时性公益活动，持续性较差。

（五）企业员工志愿者服务水平较低

对企业公益慈善的考察主要从“对外捐赠总额、对外捐赠占营业收入的比重、员工志愿者数量、员工志愿者活动、企业公益基金/基金会”5个三级指标展开。评价发现，与慈善捐赠相比，大多数纺织服装上市公司的企业员工志愿服务水平较低，集中表现为员工志愿者数量较少，志愿者活动缺乏规划（见图16）。

（六）安全生产管理体系相对完善，安全生产投入比较缺乏

“安全生产运营”指标主要评价企业的安全生产管理体系是否完善、安全生产投入是否稳定、安全培训和安全演练是否全员覆盖等。统计显示，纺织服

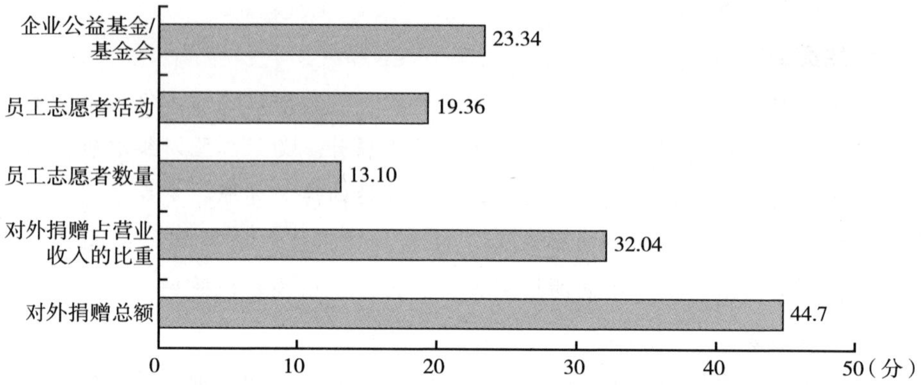

图16　2014年纺织服装行业上市公司公益慈善各项指标得分对比

装行业上市公司的“安全生产运营”指标平均得分12.57分，在社会价值创造能力维度的6个二级指标中得分最低。虽然多数企业建立了安全生产管理制度，但是安全生产培训覆盖率较低，安全生产投入也没有明显的增加，另外安全方面的负面信息披露不足。

七　纺织服装行业上市公司环境价值创造能力维度评价分析

环境价值创造能力维度主要评价企业的环境管理体系建设、污染减排效果、资源可持续利用程度以及为应对气候变化和生态环境保护所做的贡献。统计显示，纺织服装行业上市公司的环境价值创造能力平均得分10.64分，得分较低，在六大维度中仅高于社会责任推进管理维度。从得分分布来看，90%（45家）的公司得分在30分以下，10%（5家）的公司得分处于30~60分，没有任何一家公司的得分超过60分。

（一）环境管理体系相对完善

在评价过程中，笔者看到很多企业都建立了相对完善的环境管理体系，并获得了环境质量管理认证，因此其“环境管理”指标得分相对较高，平均分为33.37分。这说明在构建环境管理体系、遵守国家环保政策方面，纺织服装行业上市公司的表现相对较好。从得分分布来看，48%（24家）的公司得分低于30分，34%（17家）的公司得分处于30~60分，8%（4家）的公司得分介于60~80分，剩余10%（5家）的公司得分超过80分（见图17）。

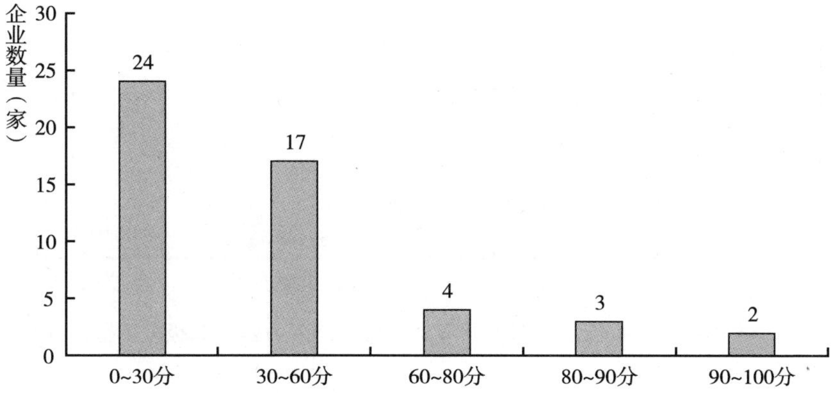

图17　2014年纺织服装行业上市公司“环境管理”指标得分分布

（二）污染减排效果不理想

污染减排主要指企业“三废”排放值是否达标，排放量与往年相比是否呈现下降趋势。评价显示，纺织服装上市公司的“污染减排”指标平均得分6.04分（见图18），这说明纺织服装行业的实际减排效果并不理想。这印证了近年来纺织服装行业时常发生的排放超标、水体污染等环保事件。

案例三：兴业科技2014年减排情况

兴业皮革科技股份有限公司2006年通过了中国质量认证中心的ISO14001环境管理体系认证，2012年通过复评。2014年度兴业科技主要污染物排放达标，未发生环境污染事故，公司环保设施运行正常。2014年公司环保设施投入2467.62万元，环保费用投入2496.5万元，主要用于污染物的治理。

公司设置了专门的环保机构——环保中心，由公司总裁办直接管理，环保中心副总经理具体负责。针对环保过程中可能出现的紧急情况，公司制定了《环境保护应急预案》，针对环境污染隐患、应急救援组织机构和职责分工、应急救援保障和预防措施、事故应急救援关闭程序与恢复措施、应急教育、宣传和培训及演练计划等做了详尽的规定。

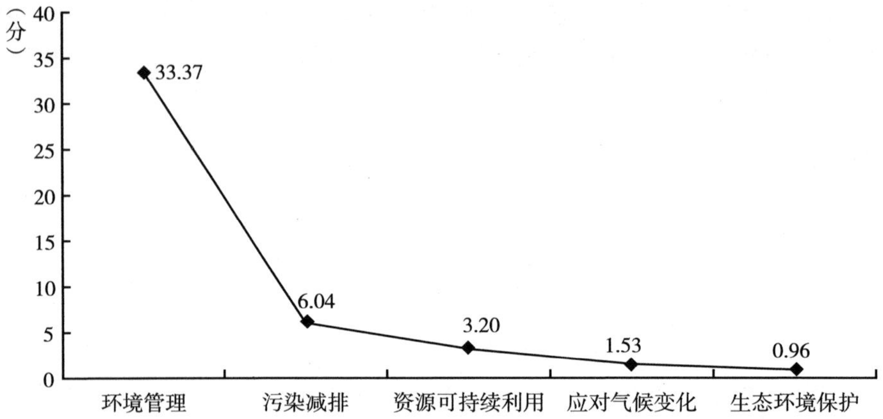

图 18　2014 年纺织服装行业上市公司环境价值创造能力各项二级指标得分分布

（三）参与解决公共环境问题的意愿不强烈

与企业内部运营产生的环境问题相比，纺织服装行业上市公司对公共环境问题的关注较少和参与解决程度也不深入。统计显示，50 家纺织服装上市公司的“应对气候变化”和“生态环境保护”指标平均得分分别为 1.53 分、0.96 分。

八　纺织服装行业上市公司合规透明运营能力维度评价分析

纺织服装行业上市公司合规透明运营能力平均得分 43.86 分，在社会责任能力成熟度六大维度中，得分仅次于经济价值创造能力，这说明合规透明运营是纺织服装上市公司推进社会责任工作的重要方面。从具体得分来看，有 10 家公司得分处于 30 分以下，有 31 家公司得分处于 30 ~ 60 分，有 7 家公司的得分在 60 ~ 80 分，有 2 家公司的得分介于 80 ~ 90 分。

（一）信息披露管理能力相对成熟

合规透明运营能力包含“合规运营、信息披露、沟通参与”3 个二级指标。统计发现，“信息披露”指标得分最高，平均得分 55.02 分，这说明大部分纺织服装上市公司都能按照监管部门的要求，及时、完整、准确地披露企业信息。从得分分布来看，10%（5 家）的公司得分低于 30 分，46%（23 家）

的公司得分处于 30～60 分，38%（19 家）的公司得分处于 60～80 分，6%（3 家）的公司得分超过 80 分（见图 19）。

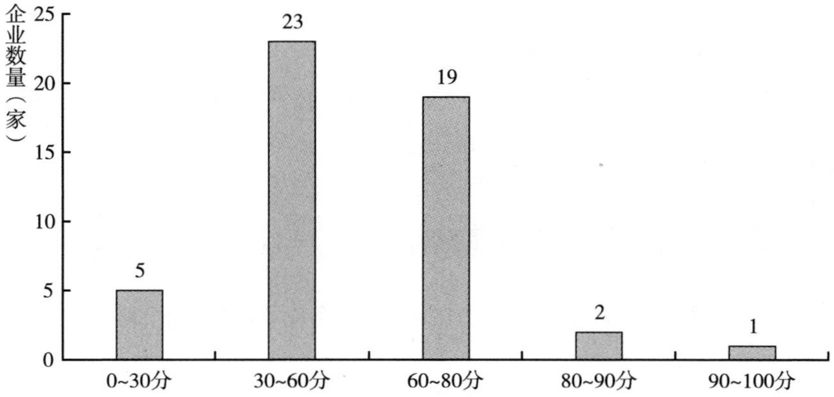

图 19　2014 年纺织服装行业上市公司“信息披露”指标得分分布

（二）重视合规管理体系建设，腐败事故较少

“合规运营”指标包含了“合规管理体系、合规培训、腐败事件数、因违规罚款数”4 个三级指标。统计显示，50 家纺织服装上市公司的“合规管理体系”指标平均得分 62.46 分，在 4 个三级指标中得分最高，且与其他指标的差距很大。“腐败事件数”和“因违规罚款数”指标得分较低，两者的平均得分均不足 5 分（见图 20）。这说明，纺织服装上市公司普遍重视合规管理体系的建设，腐败事故较少。

（三）社会责任报告质量整体不高

50 家纺织服装上市公司的“发布社会责任报告”指标平均得分 24.96 分，与“发布财务报告”指标得分相差超过 50 分。就已经发布社会责任报告的企业来看，报告的质量也不高，这一方面是因为报告发布的时间较晚，另一方面是因为多数报告的内容比较简单。

（四）与不同利益相关方的沟通效果存在明显差异

“沟通参与”指标主要从沟通机制、沟通频率、沟通形式和效果等方面评

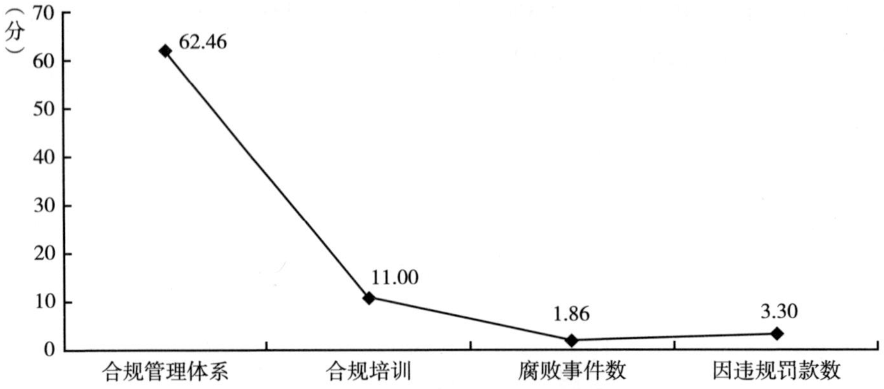

图 20　2014 年纺织服装行业上市公司合规运营各项指标得分对比

价企业与利益相关方的沟通能力。统计显示，纺织服装行业上市公司的“沟通参与”指标平均得分为 31. 90 分。从与具体利益相关方的沟通效果来看，纺织服装上市公司更加重视与股东的沟通（见图 21）。这主要是因为除了与股东有比较成熟的沟通外，纺织服装企业与其他利益相关方的沟通交流程度还不够深入。比如在与媒体的沟通方面，多数企业虽然有沟通制度，但是还没有细化和落实到制定专门的媒体沟通手册、创新沟通模式等。

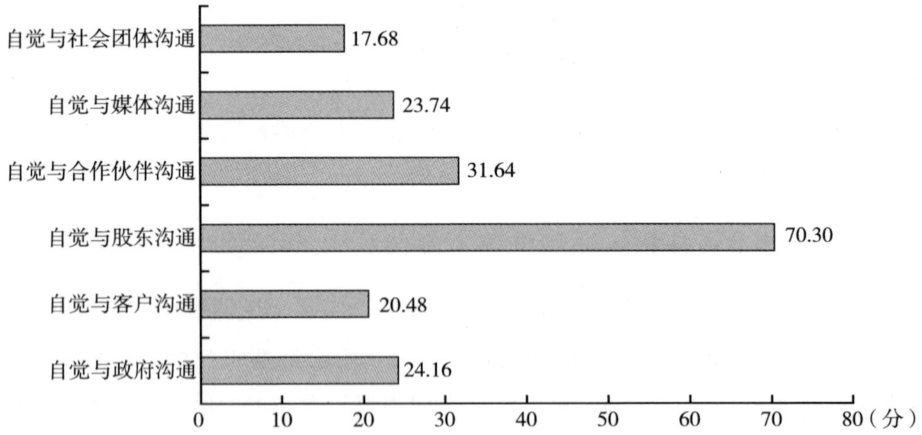

图 21　2014 年纺织服装行业上市公司沟通参与各项指标得分对比

B.14

2014年中国化工行业上市公司社会责任能力成熟度评价分析

摘 要: 本报告所涉及的化工行业主要是指基础化工、化纤、多元化工、化肥与农用化工、工业气体、特种化工等行业。化工行业与人们生活息息相关，是国民经济不可或缺的重要组成部分，同时也是能源资源消耗高和污染物排放量大的重点行业。评价发现，2014年中国化工行业上市公司社会责任能力成熟度整体处于弱能级，这说明大多数化工企业并未将社会责任理念融入企业愿景、使命和价值观中，企业也没有制定系统的企业社会责任战略规划，企业社会责任实践基本处于无序状态。在信息披露和合规培训方面，化工行业的表现有待提高。

关键词: 化工行业 社会责任能力成熟度 信息披露

一 化工行业上市公司社会责任能力成熟度评价对象

为了评价2014年中国化工行业上市公司的社会责任能力成熟度水平，本研究按照A股市值大小，选取了2014年市值排名最高的50家公司作为评价对象。50家公司的基本特征如表1所示。

表1 2014年化工行业上市公司50强基本特征分布

类别	极小值	极大值	均值	中值	众数	标准差	偏度	偏度的标准误	峰度	峰度的标准误
总资本	15.72	685.09	144.37	92.97	15.72	144.88	2.34	0.34	6.17	0.66
负债	3.15	617.27	88.63	43.91	3.15	119.01	2.82	0.34	9.15	0.66
营业收入	5.42	544.92	98.31	58.31	5.42	104.54	2.40	0.34	6.76	0.66
营业净利润率	-15.10	30.73	7.84	6.23	-15.10	9.00	0.31	0.34	0.43	0.66

续表

类别	极小值	极大值	均值	中值	众数	标准差	偏度	偏度的标准误	峰度	峰度的标准误
市值	68.57	470.96	127.53	103.16	68.57	79.09	2.52	0.34	7.35	0.66
市盈率	-251.13	513.52	77.41	38.77	-251.13	135.33	1.68	0.34	4.07	0.66
独立董事占比	25.00	44.44	36.28	36.36	25.00	4.01	0.31	0.34	0.19	0.66
股权集中度	15.77	90.13	58.31	61.25	15.77	15.94	-0.53	0.34	-0.16	0.66

注：总资本、负债、营业收入、市值的单位均为亿元；营业净利率、独立董事占比、股权集中度的单位均为百分比。

二　化工行业上市公司社会责任能力成熟度总体评价分析

（一）化工行业上市公司社会责任能力成熟度整体处于弱能级

评价结果显示，2014 年化工行业上市公司 50 强社会责任能力成熟度最高得分为 56.60 分，最低得分为 22.13 分，平均得分 35.88 分，整体处于弱能级。从具体分布来看，在化工行业 50 家上市公司中，企业社会责任能力成熟度全部集中在无能级和弱能级两个级别范畴，本能级、强能级和超能级公司数量为 0。其中处于弱能级的公司数量最多，有 34 家，约占评价对象的 2/3；其余公司的企业社会责任能力成熟度属于无能级，有 16 家（见图 1）。

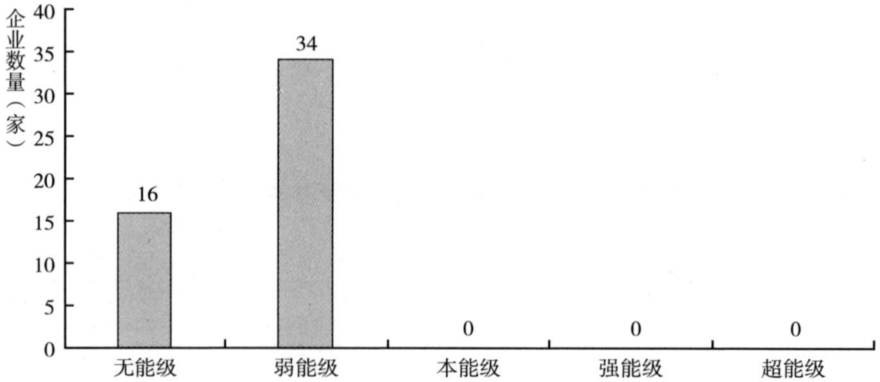

图 1　2014 年化工行业上市公司社会责任能力成熟度等级分布

（二）社会责任能力成熟度不同维度之间的差异较大

从社会责任能力成熟度的六个维度来看，化工行业上市公司50强的经济价值创造能力得分最高，平均分为72.50分；社会责任推进管理得分最低，平均分为1.91分；合规透明运营能力、社会价值创造能力、社会责任理念与战略、环境价值创造能力得分依次为48.77分、33.28分、27.65分和27.53分（见图2）。

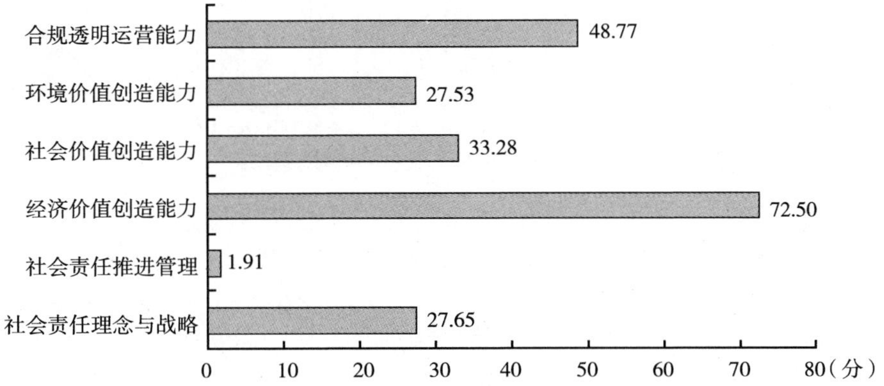

图2　2014年化工行业上市公司社会责任能力成熟度六大维度得分分布

（三）国有化工上市公司的社会责任能力成熟度水平高于民营上市公司

从不同所有制来看，国有上市公司中的中央企业社会责任能力成熟度平均得分为41.31分，高于地方国有上市公司和民营上市公司，说明中央上市公司的社会责任能力成熟度水平相对最好。地方国有上市公司的社会责任能力成熟度平均得分居中，为39.06分。民营上市公司的社会责任能力成熟度平均得分最低，为33.68分。可见，国有上市公司的社会责任能力成熟度得分明显高于民营上市公司。从社会责任能力成熟度的六个维度来看，国有上市公司的得分也大多高于民营上市公司（见图3）。

（四）上交所化工行业上市公司的社会责任能力成熟度整体高于深交所

上交所和深交所的化工行业上市公司社会责任能力成熟度得分分别为

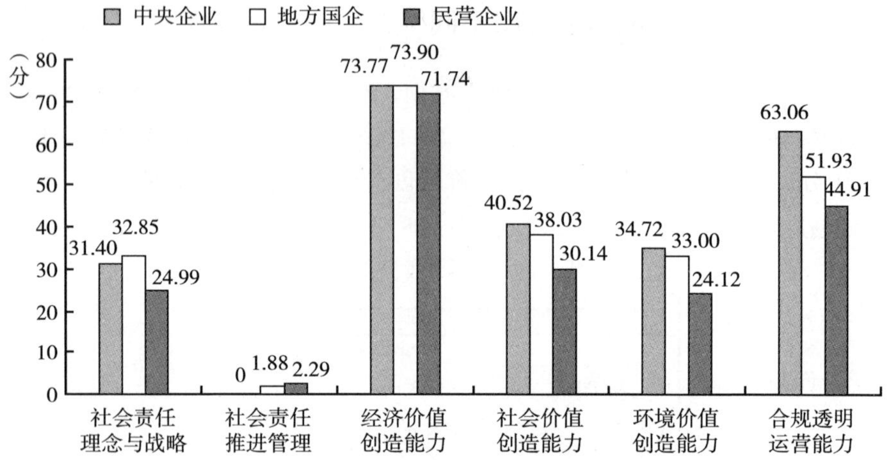

图3　2014年不同所有制的化工行业上市公司社会责任能力成熟度六大维度得分对比

36.58分和35.29分，两者均处于弱能级，上交所上市公司略高于深交所上市公司。从社会责任能力成熟度的六大维度来看，上交所化工行业上市公司的社会价值创造能力、环境价值创造能力、合规透明运营能力得分高于深交所上市公司（见图4）。

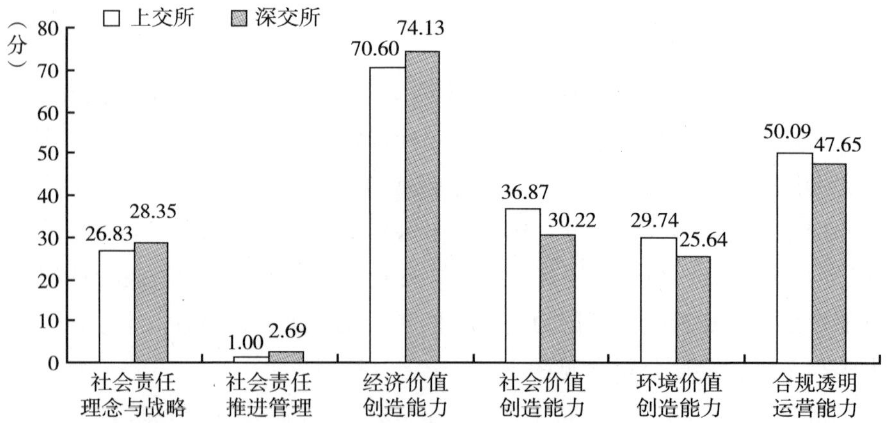

图4　2014年沪深两市化工行业上市公司社会责任能力成熟度六大维度得分对比

（五）股权集中度与社会责任能力成熟度水平呈倒“U”形关系

将前四大股东所占股份比例作为股权集中度的指标，来分析企业社会责任能力成熟度水平与企业股权集中度之间的关系。结果发现，股权集中度与企业社会责任能力成熟水平呈现倒“U”形变动关系。当股权集中度处于20%以下时，上市公司的社会责任能力成熟度得分为26.26分。当股权集中度处于20%～40%以及40%～60%时，上市公司的社会责任能力成熟度得分达到两个峰值，分别为39.81分和38.28分。之后，上市公司的社会责任能力成熟度得分随着股权集中度的提高而呈明显下降趋势，股权集中度处于60%～80%以及80%以上的上市公司社会责任能力成熟度平均得分分别下降到33.94分和31.14分（见图5）。整体来看，中等水平股权集中度的上市公司，其社会责任能力成熟度水平相对较高，较低和较高股权集中度的上市公司社会责任能力成熟度水平相对较低。

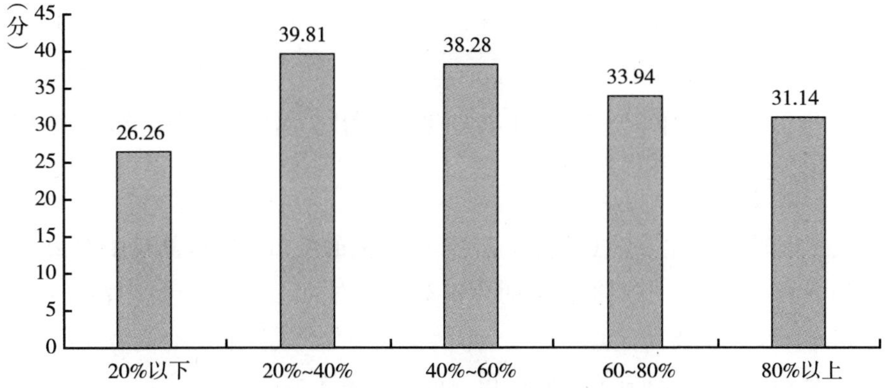

图5　2014年化工行业上市公司股权集中度（CR4）与社会责任能力成熟度的关系

（六）企业社会责任能力成熟度与上市公司市值呈正向关系

从上市公司市值来看，化工行业上市公司50强平均市值约127.5亿元，其中市值在100亿元以下的企业有24家，市值在100亿～200亿元的企业有19家，市值在200亿元以上的企业有7家。统计发现，市值处于

200 亿元以上的上市公司社会责任能力成熟度得分相对最高，为 38. 40 分；相比市值在 100 亿元以下的上市公司，市值处于 100 亿 ~200 亿元的上市公司社会责任能力成熟度得分略高一些，它们的得分分别为 35. 33 分和 35. 65 分（见图 6）。

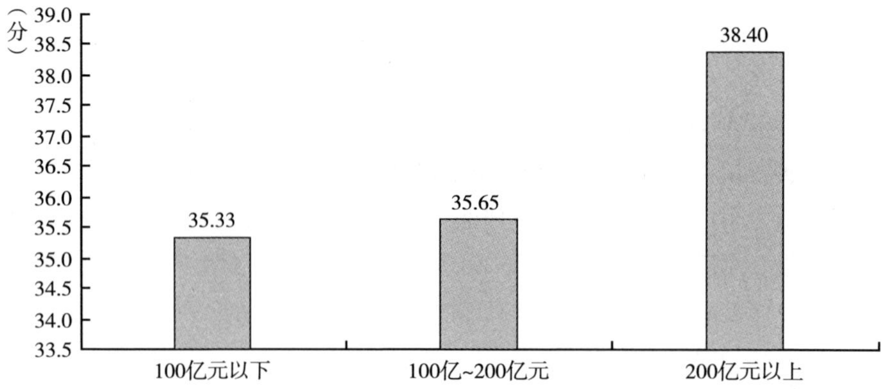

图 6　2014 年不同市值的化工行业上市公司社会责任能力成熟度得分分布

（七）上市时间与企业社会责任能力成熟度水平之间大致呈倒“U”形关系

从上市时间来看，化工行业上市公司 50 强的上市时间全部集中在 25 年之内，其中上市时间处于 5 年以下的公司最多，有 16 家；上市时间在 5 ~10 年的公司有 4 家；上市时间在 10 ~15 年的公司有 14 家；上市时间在 15 ~20 年的公司有 12 家；上市时间在 20 年以上的公司有 4 家。

从社会责任能力成熟度得分来看，上市时间在 5 年以下的公司，其社会责任能力成熟度得分最低，平均分为 31. 02 分；上市时间处于 5 ~10 年的公司，其社会责任能力成熟度平均得分达到峰值，为 47. 78 分；随后，企业社会责任能力成熟度得分随着上市时间的增加大致呈现递减趋势，上市时间在 10 ~15 年、15 ~20 年以及 20 年以上的公司，其社会责任能力成熟度得分分别为 36. 79 分、38. 11 分和 33. 58 分（见图 7）。

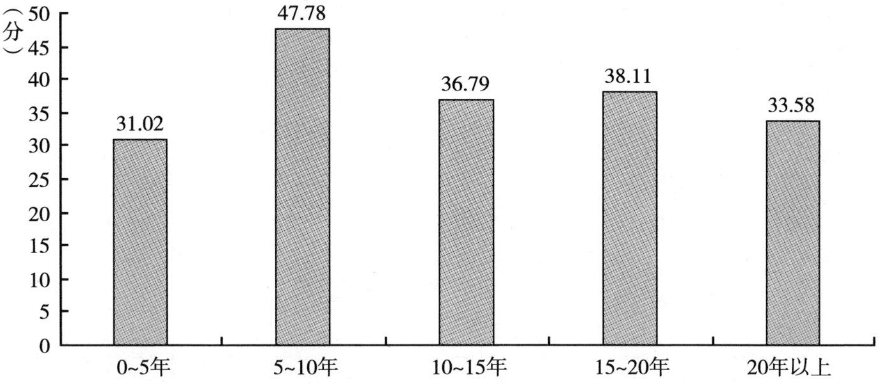

图7　2014 年化工企业上市时间与社会责任能力成熟度之间的关系

三　化工行业上市公司社会责任理念与战略维度评价分析

化工行业 50 家上市公司社会责任理念与战略平均得分为 27.65 分。50 家企业该维度得分全部在 60 分以下，最高得分为 53 分。其中，有 27 家企业得分在 30 分以下，并有 5 家企业的社会责任理念与战略得分为 0 分，这说明这几家公司并未将社会责任理念融入企业愿景、使命和价值观中，企业也没有制定系统的企业社会责任战略规划，企业社会责任实践基本处于无序状况。总体而言，化工行业上市公司的社会责任理念与战略处于无能级。

（一）社会责任工作未能上升到战略层面

从“责任理念”指标来看，化工行业 50 家上市公司“责任理念”指标平均得分为 42.48 分。其中，有 78% 的公司“责任理念”指标得分在 60 分以下；有 9 家公司该指标得分在 60 ~ 80 分，占 18%；有 2 家公司该指标得分在 80 分以上（见图 8）。

从“责任战略”指标来看，化工行业 50 家上市公司“责任战略”指标平均得分为 5.40 分。其中，有 46 家公司“责任战略”指标在 30 分以下，占 92%；还有 3 家公司该指标得分在 30 ~ 60 分，得分超过 60 分的公司仅有 1 家。

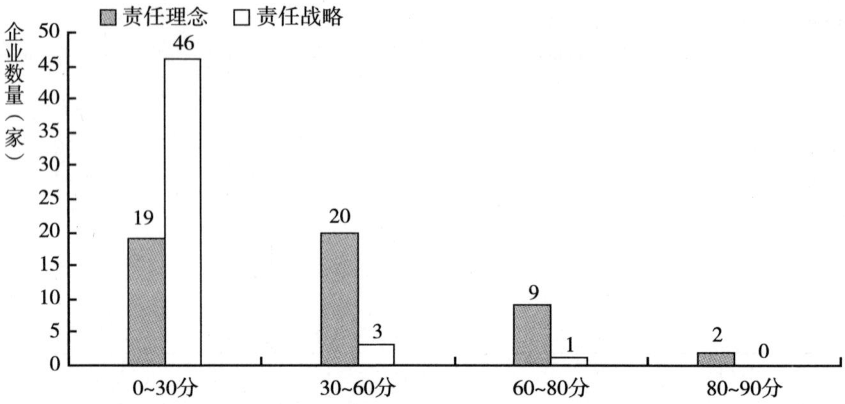

图8　2014年化工行业上市公司"责任理念"与"责任战略"指标得分分布

（二）社会责任理念同发展战略的融合亟待增强

对比"责任理念"指标和"责任战略"指标发现，化工行业50家上市公司的"责任理念"得分明显高于"责任战略"得分。可见，大部分企业履行社会责任仅停留在理念层面，还未将社会责任上升到战略层面，缺乏可持续发展战略和社会责任专项规划。

案例一：浙江巨化股份有限公司责任体系①

2014年，巨化股份进一步提升企业社会责任和可持续发展理念，建立与公司发展战略相适应的社会责任管理体系，推动社会责任管理全面融入企业生产经营，落实到部门，推进生产经营和生态文明共同可持续发展，促进企业与利益相关方在经济、社会和环境方面的和谐包容发展。

责任内容	责任部门
组织治理	综合管理部、证券部
劳工实践	人力资源部、综合管理部、财务部、内部审计与控制部、生产部
公平运营	营销中心、内部审计与控制部、综合管理部、生产部、对外经济合作部
消费者	营销中心、内部审计与控制部、综合管理部
环境	生产部、综合管理部
社区参与和发展	综合管理部

① 资料来源：浙江巨化股份有限公司《2014年度社会责任报告》。

四　化工行业上市公司社会责任推进管理维度评价分析

化工行业 50 家上市公司社会责任推进管理平均得分为 1. 91 分，处于无能级。在社会责任能力成熟度六大维度中，社会责任推进管理平均得分最低。从得分分布来看，有 40 家企业的得分为 0 分，有 8 家企业的得分处于 10 分以下，超过 10 分的仅有 2 家企业，最高得分也仅为 37. 89 分。这说明，化工企业尚未将社会责任推进管理体系纳入企业日常管理体系中，企业社会责任基本上处于无序、被动、消极应对状态。

（一）社会责任治理能力较弱

从“责任治理”指标来看，化工行业 50 家上市公司“责任治理”指标平均得分仅为 2. 02 分。这 50 家企业“责任治理”指标得分全部在 30 分以下，最高得分也仅为 27 分。其中，有 44 家企业的“责任治理”指标得分为 0 分（见表 2），说明这些公司没有专门建立社会责任领导机构和工作机构，也没有建立社会责任工作机制。

表 2　2014 年化工行业上市公司社会责任推进管理维度二级指标得分分布

单位：家

得分	责任治理	能力建设	制度建设	责任绩效评估	社会责任管理投入
0 分	44	44	49	46	50
0 ~ 30 分	6	5	0	0	0
30 ~ 60 分	0	1	1	4	0

（二）社会责任能力建设不足

从“能力建设”指标来看，化工行业 50 家上市公司“能力建设”指标平均得分为 2. 32 分。在 50 家上市公司中，49 家企业“能力建设”指标得分在 30 分以下，并有 44 家企业的“能力建设”指标得分为 0 分，这反映了大部分化工行业上市公司基本没有开展社会责任专项培训、外部交流、专项研究，也较少策划实施以社会责任为专题的重大活动。在这 50 家企业中，华峰氨纶的“能力建设”指标得分为 42 分，得分最高。

案例二：2014 年浙江华峰氨纶股份有限公司组织（参与）的责任关怀活动①

时间	活动
3 月 24～25 日	参加中国石油和化学工业联合会责任关怀培训组成立大会。朱少正被聘为社区认知和应急响应培训老师
3 月 27 日	聘请国际化工理事会中国区顾问曾建辉先生及中国石油和化学工业联合会徐后生处长到公司开展责任关怀与 EHS 培训交流
3 月 29 日	聘请温州市环保局能源监察支队董文恩专家到公司开展“节能减排、你我共同参与”培训讲座
4 月 2 日	开展爱心顺风车活动，倡导低碳环保出行
6～7 月份	开展全员 EHS 承诺修订，7 月 12 日高管带头逐级开展 EHS 承诺宣誓
9 月 2 日	参加化纤协会社会责任“行业标准参与起草”会议
9 月 17 日	天津市南港工业区安全监督管理局一行到公司开展责任关怀推进经验交流
9 月 19 日	中国石化联合会责任关怀应急响应工作组年度会议在瑞召开
12 月 20 日	参与中国化纤企业社会责任指南（初稿）的修订

（三）社会责任推进制度缺乏

从“制度建设”指标来看，化工行业 50 家上市公司“制度建设”指标平均得分为 1.02 分。在 50 家上市公司中，“制度建设”指标得分为 0 分的企业占 98%，这反映了化工行业上市公司基本没有制定社会责任推进制度。

（四）社会责任工作绩效未被纳入考核

从“责任绩效评估”指标来看，化工行业 50 家上市公司“责任绩效评估”指标平均得分为 3.12 分。在 50 家企业中，有 46 家企业的“责任绩效评估”指标得分为 0 分，可见，大部分化工企业并未将社会责任纳入企业绩效考评体系中。

① 资料来源：浙江华峰氨纶股份有限公司《2014 年度社会责任报告》。

（五）社会责任管理专项投入不足

从“社会责任管理投入”指标来看，化工行业50家上市公司“社会责任管理投入”指标平均得分为0分，这反映了化工行业上市公司基本没有安排社会责任专项资金预算，也没有安排社会责任专职员工。

五 化工行业上市公司经济价值创造能力维度评价分析

在化工行业50家上市公司中，经济价值创造能力最低得分为50.34分，最高得分为89.28分，平均得分为72.50分，得分处于60～80分的企业约占72%。这说明在经济价值创造能力维度，化工行业上市公司整体处于本能级，甚至部分企业达到强能级，较好地创造了经济价值。

（一）间接经济价值高于直接经济价值

从“直接经济价值”指标来看，化工行业50家上市公司“直接经济价值”指标平均得分为70.53分。从“间接经济价值”指标来看，50家上市公司“间接经济价值”指标平均得分为73.82分。

（二）税收、就业、创新贡献表现相对较好，行业贡献有待提高

对比“直接经济价值”指标和“间接经济价值”指标发现，“间接经济价值”指标得分在60分以上各分段的化工企业均多于“直接经济价值”指标企业（见图9）。化工行业50家上市公司“间接经济价值”指标得分较高的主要原因是：“对税收的贡献”“对就业的贡献”“对创新的贡献”三级指标得分均超过80分。这反映了化工行业上市公司带来的税收、就业等溢出效应要好于企业生产经营活动直接创造的经营绩效。但是，“间接经济价值”指标中“对行业的贡献”三级指标得分却较低，平均得分仅为42.46分。

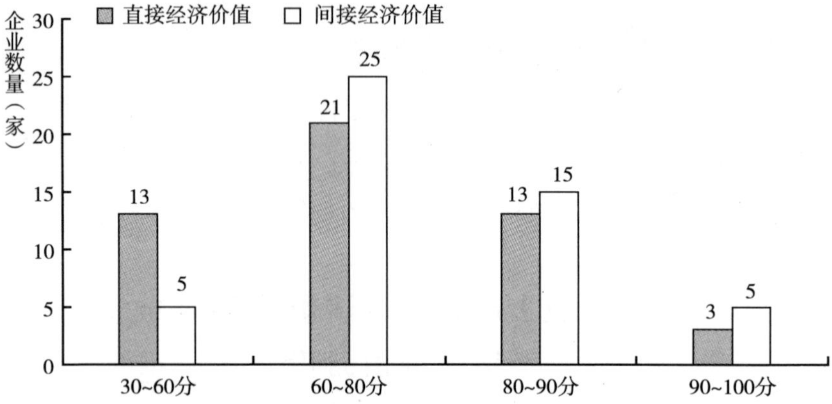

图9　2014年化工行业上市公司"直接经济价值"和"间接经济价值"指标得分分布

六　化工行业上市公司社会价值创造能力维度评价分析

化工行业50家上市公司的社会价值创造能力平均得分为33.28分。从得分分布来看，98%的企业得分处于60分以下，这说明在社会价值创造能力层面，化工企业主要集中在无能级和弱能级，大部分企业的社会价值创造能力不足。

（一）消费者关系管理水平有待提升

从"为客户创造价值"指标来看，化工行业50家上市公司"为客户创造价值"指标平均得分为31.23分。在50家企业中，有23家化工企业得分在30分以下，占46%；有25家化工企业得分在30～60分；仅有2家企业得分在60～80分（见图10）。大部分化工企业该指标得分较低主要是因为："消费者权益保护""消费者隐私保护""消费者教育""可持续消费""客户满意度"三级指标得分均低于15分。

（二）注重政企合作和产学研合作，对供应商的社会责任审查不足

从"为伙伴创造价值"指标来看，化工行业50家上市公司"为伙伴创造价值"指标平均得分为30.71分。在50家企业中，有96%的企业得分在60分

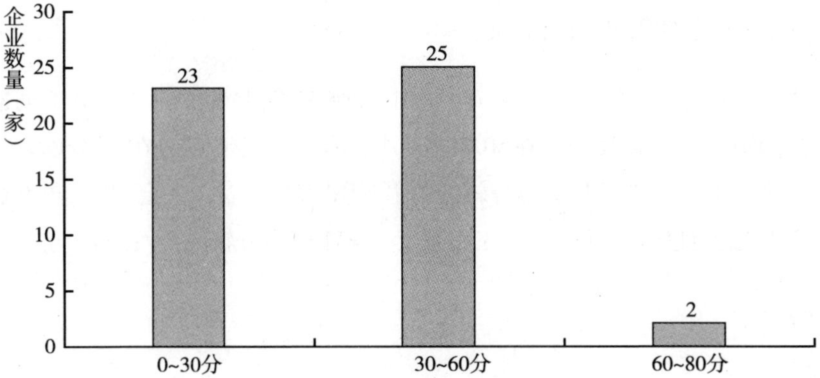

图 10　2014 年化工行业上市公司“为客户创造价值”指标得分分布

以下；仅有 4% 的企业得分在 60～80 分（见图 11）。具体从“为伙伴创造价值”的三级指标来看，化工上市公司“政企合作”“产学研合作”“公平竞争的理念与政策”指标得分相对较高，“信用评级”“责任采购”“供应商社会责任审查”等指标得分较低。

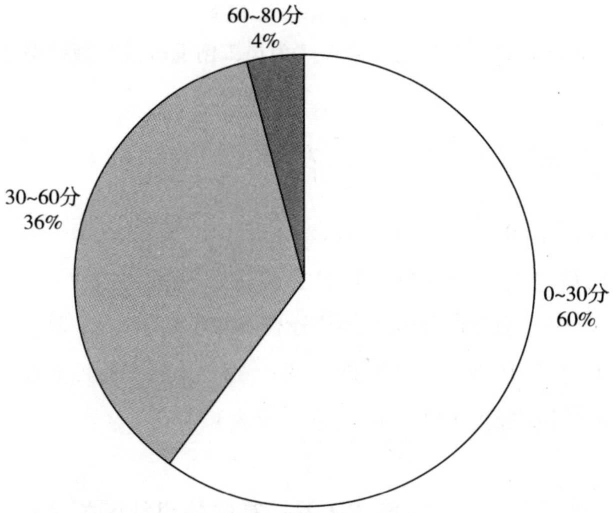

图 11　2014 年化工行业上市公司“为伙伴创造价值”指标得分分布

（三）员工满意度相对较低

从“为员工创造价值”指标来看，化工行业50家上市公司“为员工创造价值”指标平均得分为36.71分。在50家企业中，有46家企业得分在60分以下（见图12）。大部分化工企业该指标得分较低的主要原因是：“员工入会率”“男女员工比例”“管理层女性所占比例”“员工满意度”等指标得分较低，均在10分以下。

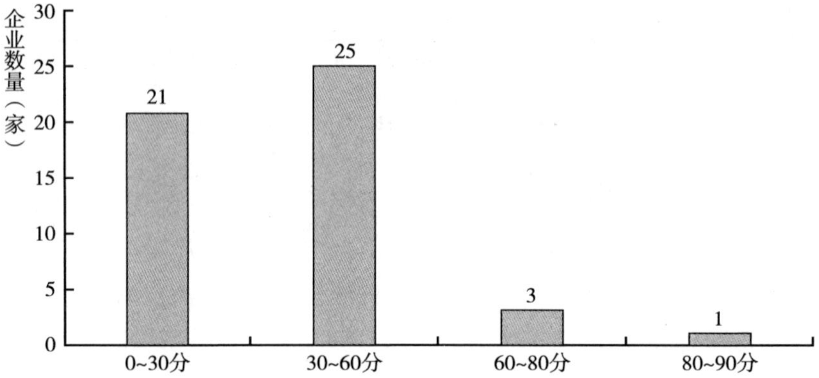

图12　2014年化工行业上市公司“为员工创造价值”指标得分分布

（四）不重视生产运营与社区发展之间的关系

从“为社区创造价值”指标来看，化工行业50家上市公司“为社区创造价值”指标平均得分为13.96分，在社会价值创造能力六项二级指标中得分最低。在50家企业中，有74%的企业得分在30分以下；有26%的企业得分在30~60分；没有得分在60分以上的企业。这说明，化工企业在促进社区发展、社区关系和社区共建方面还亟须进一步改善。

案例三：浙江龙盛集团股份有限公司社区关系①

为保证社区居民生活环境改善和质量提升，龙盛积极举办各种社区活动和

① 资料来源：浙江龙盛集团股份有限公司《2014年社会责任报告》。

特殊支援活动以帮助企业和社区居民建立良好的共生发展关系。

从1998年开始公司每年出资建立常年性“敬老工程”，对杜浦村60岁以上老人每人每月9日发放龙盛敬老金，时至本报告期内公司已经坚持了十六年之久。2014年全年，公司支出敬老金共计39.3万元。

1998年起，公司向杜浦村在读小学生和初中生每学期发放助学金，2014年全年共计发放助学金1.624万元。

2003年起，公司开始对周边村镇给予大病医疗保险资金支持，2014年公司向汇联经济合作社医疗保险、杜浦经济合作社医疗保险及中联村医疗保险捐赠共计49.12万元。

（五）公益慈善活动缺乏持续性

从“公益慈善”指标来看，化工行业50家上市公司“公益慈善”指标平均得分为34.38分。在50家企业中，有45家企业得分在60分以下（见图13）。大部分企业该指标得分低的主要原因是：员工志愿者数量、员工志愿者活动的持续性和常态化方面存有不足。

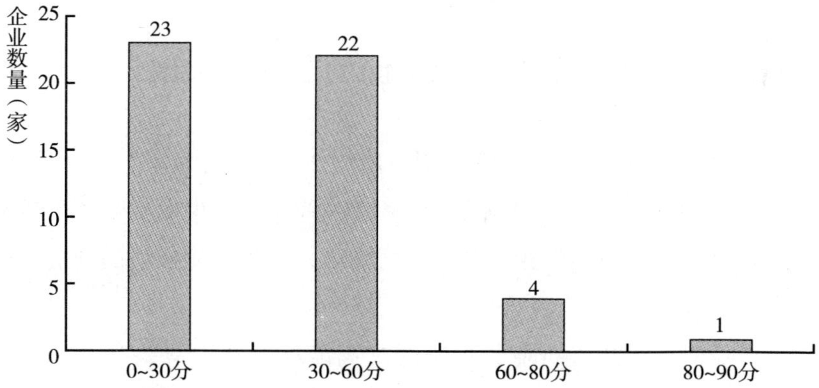

图13 2014年化工行业上市公司“公益慈善”指标得分分布

（六）安全生产体系相对完善

从“安全生产运营”指标来看，化工行业50家上市公司“安全生产运营”指标平均得分为47.63分，在社会价值创造能力六项二级指标中得分最高。在50家企业中，有13家企业得分在30分以下，有24家企业得分在30～60分（见图14）。部分化工企业该指标得分较低的主要原因是：在安全应急预案、安全演练次数、安全生产培训等方面有待进一步提升。此外，还有13家企业得分在60分以上，安全生产运营表现相对较好。

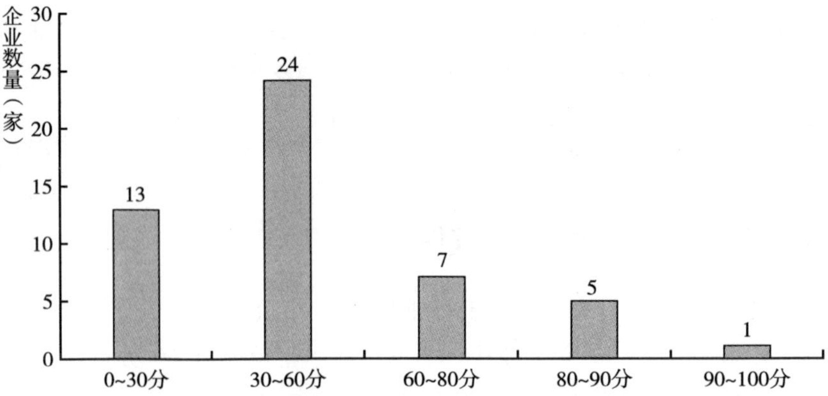

图14　2014年化工行业上市公司“安全生产运营”指标得分分布

七　化工行业上市公司环境价值创造能力维度评价分析

化工行业50家上市公司环境价值创造能力平均得分为27.53分。环境价值创造能力得分在60分以下的企业有49家，占98%。这说明在环境价值创造能力层面，化工企业主要集中在无能级和弱能级，对于环境价值的创造基本处于启蒙状态。

就整个行业而言，化工行业是传统的“高能耗、高污染”行业，其排放废水、废气、固体废弃物数量均位于全国工业“三废”排放总量前列。化工行业导致的环境问题不仅量大、面广，而且治理难度大。面对化工行业所带来的严重环境问题，化工企业基本停留在消除消极影响的被动应对层面，尚未达到主动创造正向价值水平。相比于行业对环境的危害性或潜在危害性，化工企业亟须进一步加强环境价值意识和提高实践水平。

（一）遵守国家环保政策，环保投入不高

从“环境管理”指标来看，化工行业50家上市公司“环境管理”指标平均得分为60.22分，在环境价值创造能力五项二级指标中得分最高。在50家企业中，有54%的企业得分在60分以上（见图15），说明这些企业在环境管理体系建设、遵守国家环保政策、避免对生态环境造成负面影响等方面表现相对较好。但是，“环保投入”三级指标平均得分不高，为38.78分。

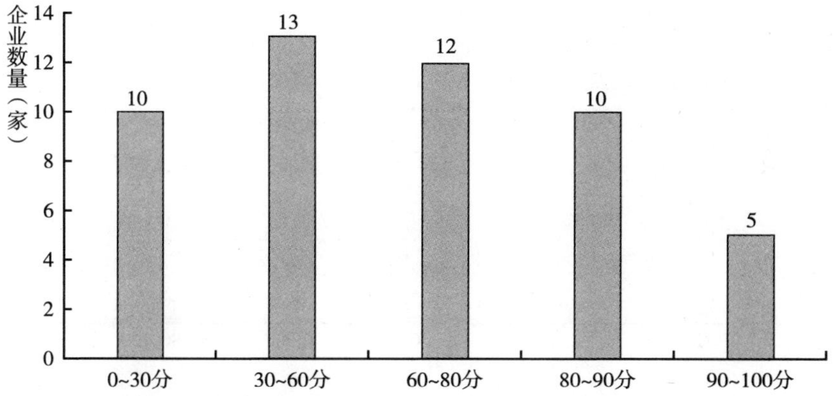

图15　2014年化工行业上市公司“环境管理”指标得分分布

案例四：中化国际（控股）股份有限公司环保管理①

2014年，中化国际组织下属企业对环保设施进行全面排查，对照国家新锅炉标准对环保设施进行重点改造，督导下属企业加大环保投入全面提升环保处理能力。2014年全公司无一般及以上环境事件发生，无各类环保处罚或投诉事件发生，环境绩效表现良好。

2014年中化国际下属企业在环境保护方面共投入7443.7万元，在环保设备的投入、运营、管理以及设备改造方面大力投入以提升环保处理能力。

① 资料来源：中化国际（控股）股份有限公司《2014年度社会责任报告》。

（二）污染减排效果与行业排放标准之间仍有较大差距

从“污染减排”指标来看，化工行业50家上市公司“污染减排”指标平均得分为27.97分。在50家企业中，有28家企业得分在30分以下，有20家企业得分在30～60分（见图16）。对比“环境管理”指标发现，化工企业的“污染减排”指标得分明显低于“环境管理”指标得分。这说明，虽然大部分化工企业积极致力于环境改善和建设，但是污染减排效果与行业排放标准仍有极大差距。

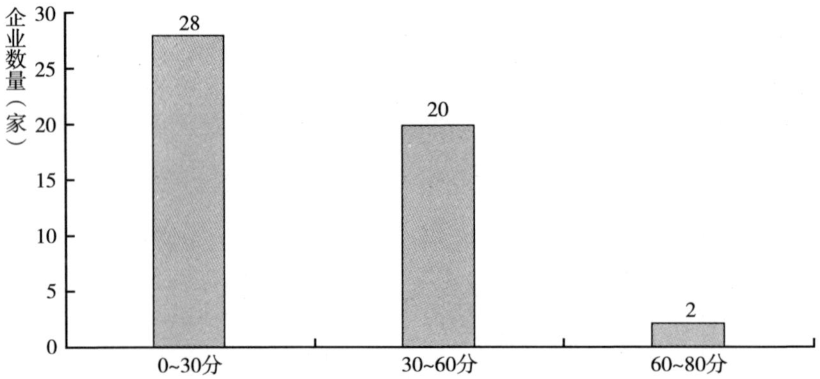

图16　2014年化工行业上市公司“污染减排”指标得分分布

案例五：安徽华信国际控股股份有限公司完成年度环保目标①

抓源头控制

公司按照环境管理体系的模式，积极开展“创泄漏车间”“月环保考核先进车间”“环保技术创新”“清洁生产”活动，实施部门环境审计，实行全过程污染控制。公司成功地实施了微电子技术改造、远程自动化控制技术改造，提高了生产工艺水平，降低了原材料消耗，革除了有毒材料，并从废水、废渣中回收原材料，节约了能源、资源，减少了污染物排放，创造了很好的经济效益。

抓过程控制

公司严格过程控制。公司实施了《污染治理考核细则》，规定了各部门常

① 资料来源：安徽华信国际控股股份有限公司《2014年度社会责任报告》。

规污染物及特征污染物排放的内控标准，实行部门污染物总量控制，环保部污控科每天派专人对车间水质、水量进行24小时跟踪监测、测量、监控，每日对各部门进行环保（跑、冒、滴、漏）考核，采取日考核月结算，评分结果与部门人员的工资挂钩，考核额占车间员工工资总额的30%，当月兑现。《污染治理考核细则》得到有效的实施和贯彻，各车间的跑、冒、滴、漏和无组织排放现象得到有效的控制，严格按操作规程操作，大大减少了污染物的无组织排放，削减了污染物产生量。

抓监控监督

公司环境监测站对各车间、污水处理站的污染物产生、治理以及排放进行跟踪监测、测量、监督、监控，对各车间排放的高浓度废水每天监测1~3次，对各部门排放的低浓度废水每天监测24次（1小时一次），对驷马河、长江水质（各项指标）每天监测1次。发现问题，及时向公司汇报，追查原因，进行整改。公司通过对污染的产生、治理以及排放情况的跟踪监测、测量、监督、监控，有效地预防了污染物超标排放。

抓末端治理

加强对废水、废气、废渣的处理。公司建设了有效的废气、废水及废渣污染治理设施，从沈阳化工研究院、北京晓清、上海环保公司等多家科研院所和环保机构引进先进的污染治理技术，对污染进行治理，并建立了一整套环境管理内部制度，加强对员工队伍的培训，确保污染治理达标排放。

（三）资源可持续利用水平不高

从“资源可持续利用”指标来看，化工行业50家上市公司“资源可持续利用”指标平均得分为15.36分。在50家企业中，有41家企业得分在30分以下，有7家企业得分在30~60分，仅有2家企业得分超过60分（见图17）。大部分企业“资源可持续利用”指标得分较低的主要原因是：综合能耗、能源节约量和耗水量等方面和行业标杆仍有一定差距。

（四）控制温室气体减排量绩效不明显

从“应对气候变化”指标来看，化工行业50家上市公司“应对气候变

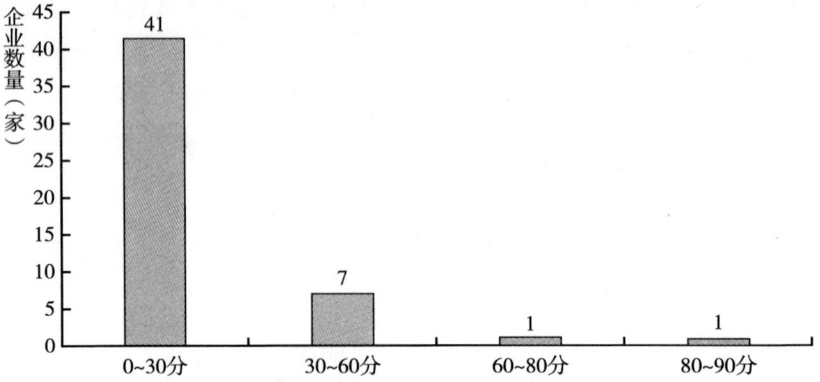

图 17　2014 年化工行业上市公司“资源可持续利用”指标得分分布

化”指标平均得分为 7. 63 分，在环境价值创造能力五项二级指标中得分最低。在 50 家企业中，有 49 家企业得分在 60 分以下（见图 18）。大部分企业“应对气候变化”指标得分较低的主要原因是：温室气体排放量有待进一步减少和温室气体减排量还有待进一步增加。

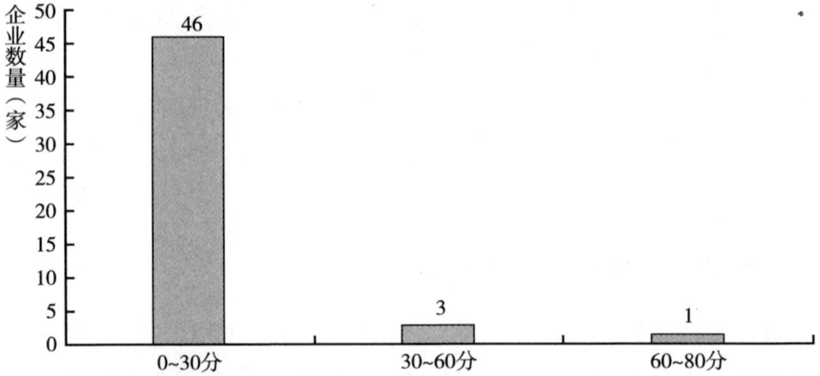

图 18　2014 年化工行业上市公司“应对气候变化”指标得分分布

（五）生态恢复与治理效果不明显

从“生态环境保护”指标来看，化工行业 50 家上市公司“生态环境保护”指标平均得分为 15. 17 分。在 50 家企业中，有 49 家企业得分在 60 分以下（见图 19）。大部分企业“生态环境保护”指标得分较低的主要原因是：

“减少生态环境破坏”指标得分较低，为13.48分，“生态环境恢复和治理”指标得分仅为11.48分。

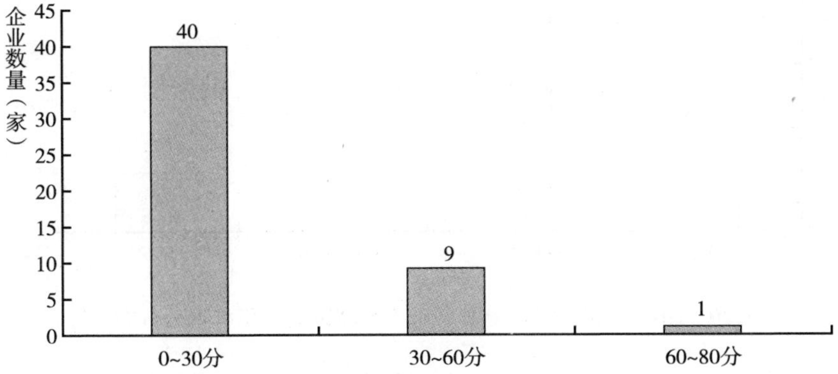

图19　2014年化工行业上市公司“生态环境保护”指标得分分布

八　化工行业上市公司合规透明运营能力维度评价分析

在化工企业50强中，合规透明运营能力平均得分为48.77分。50家企业中，大部分企业该指标得分分布在30～60分，占74%。这说明在合规透明运营能力维度，化工企业整体处于弱能级，初步建立了合规透明运营与社会责任之间的联系。有1/5的化工企业得分在60～80分，达到本能级，建立了合规透明运营与社会责任之间的联系。

（一）合规培训开展较少

从“合规运营”指标来看，化工行业50家上市公司“合规运营”指标平均得分为52.33分。在50家企业中，“合规运营”指标得分在30～60分的企业最多，有35家。此外，还有11家企业“合规运营”指标得分在60分以上（见图20）。“合规运营”指标主要是对化工企业的合规管理制度、合规管理机制、员工合规培训、有效杜绝和避免腐败违规事件的发生等方面进行评价。从“合规运营”指标的三级指标来看，化工行业上市公司“合规管理体系”指标得分较高，平均得分为76.86分；“合规培训”指标得分较低，平均得分仅为15.80分。此外，还有两家公司发生腐败事件。

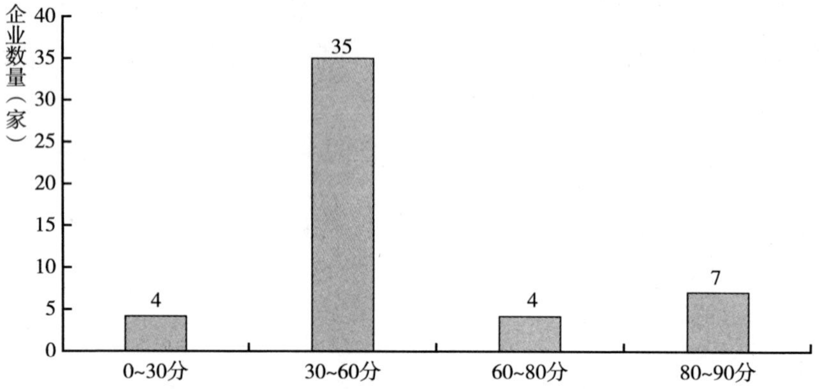

图20　2014年化工行业上市公司"合规运营"指标得分分布

（二）发布社会责任报告的企业数量和召开新闻发布会数量较少

从"信息披露"指标来看，化工行业50家上市公司"信息披露"指标平均得分为58.49分，在合规透明运营能力三项二级指标中得分最高。在50家企业中，有60%的企业"信息披露"指标得分在60～80分，还有40%的企业得分在30～60分（见图21）。在"信息披露"指标方面，部分企业得分相对较低的主要原因是：没有发布社会责任报告，召开新闻发布会数量少。

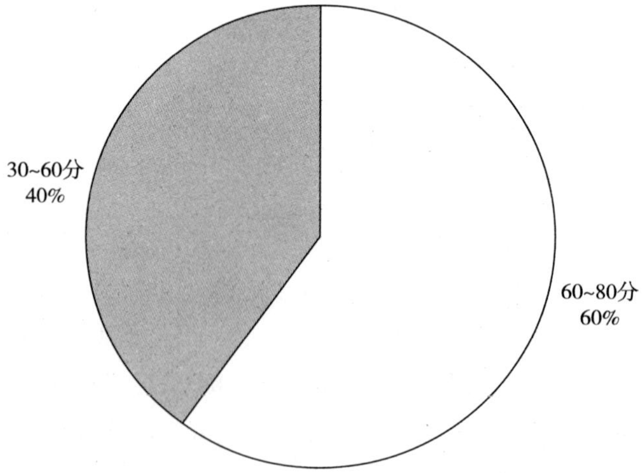

图21　2014年化工行业上市公司"信息披露"指标得分分布

（三）与社会公众沟通不足

从“沟通参与”指标来看，化工行业50家上市公司“沟通参与”指标平均得分为34.29分，在合规透明运营能力三项二级指标中得分最低。与快速消费、零售等行业相比，化工行业与普通消费者很少发生直接的关系，因此在与社会公众沟通方面相对不足。

B.15

2014年中国食品行业上市公司社会责任能力成熟度评价分析

摘　要：作为与民生关联度最高的工业门类，食品安全一直是全民最为关注的话题。近年来，我国围绕建设现代食品工业体系，提高食品工业质量和安全水平开展了大量工作，食品安全形势有了明显变化。但是，食品行业公平诚信的市场秩序还没有完全建立，食品企业的主体意识仍然薄弱，土地、水等自然资源约束进一步加剧，再加上食品行业链条长、业态复杂，食品安全面临的挑战还将长期存在。通过评价2014年市值最大的50家食品行业上市公司发现，食品行业上市公司的社会责任能力成熟整体处于无能级，大部分企业的社会责任治理水平较低，没有建立起社会责任评估体系，合规运营工作的实际效果较差。

关键词：食品行业　社会责任能力成熟度　社会责任治理　食品安全

一　食品行业上市公司社会责任能力成熟度评价对象

为了评价2014年中国食品行业上市公司的社会责任能力成熟度水平，本研究按照市值排名，选取了2014年食品行业A股市值最大的50家公司作为评价对象。其基本特征如表1所示。

表 1　2014 年食品行业上市公司 50 强基本特征分布

类别	极小值	极大值	均值	中值	众数	标准差	偏度	偏度的标准误	峰度	峰度的标准误
总资本	11.10	394.94	73.81	45.03	11.1	76.18	2.64	0.34	7.90	0.66
负债	0.31	206.73	33.9	21.28	0.31	38.51	2.47	0.34	7.77	0.66
营业收入	3.10	700.12	84.32	33.3	30.67	137.15	3.12	0.34	10.44	0.66
营业净利率	-44.9	42.36	5.36	4.2	-44.9	13.64	-1.10	0.34	6.46	0.66
市值	43.5	877.33	144.88	80.89	43.5	165.57	3.04	0.34	9.88	0.66
市盈率	-44.67	1190.12	132.11	40.52	-44.67	250.24	3.24	0.34	10.85	0.67
独立董事占比	30.77	57.14	38.9	34.85	33.33	7.10	1.03	0.34	0.07	0.67
股权集中度 CR4	24.49	81.68	60.61	63.49	24.49	15.18	-1.04	0.34	0.32	0.66

注：总资本、负债、营业收入、市值的单位为亿元；营业净利率、独立董事占比、股权集中度的单位均为百分比。

二　食品行业上市公司社会责任能力成熟度总体评价分析

（一）食品行业上市公司社会责任能力成熟度整体处于无能级

50 家食品行业上市公司的社会责任能力成熟度平均得分为 20.04 分，整体处于无能级。从得分分布来看，没有任何一家企业的得分超过 60 分；得分处于 30～60 分的企业仅有 8 家，占样本总量的 16%；剩余 42 家企业的得分均低于 30 分（见图 1）。

（二）食品行业上市公司经济价值创造能力相对突出

从社会责任能力成熟度的六个维度来看，50 家食品行业上市公司的经济价值创造能力得分最高，平均分为 48.74 分，合规透明运营能力得分次之，社会责任推进管理得分最低，平均分为 2.10 分。社会责任理念与战略、社会价值创造能力、环境价值创造能力、合规透明运营能力的平均得分依次为 12.51 分、17.03 分、9.67 分、26.84 分。

（三）国有食品企业的社会责任能力成熟度高于民营食品企业

在市值最大的 50 家食品上市公司中，包含 14 家国有企业和 36 家民营企

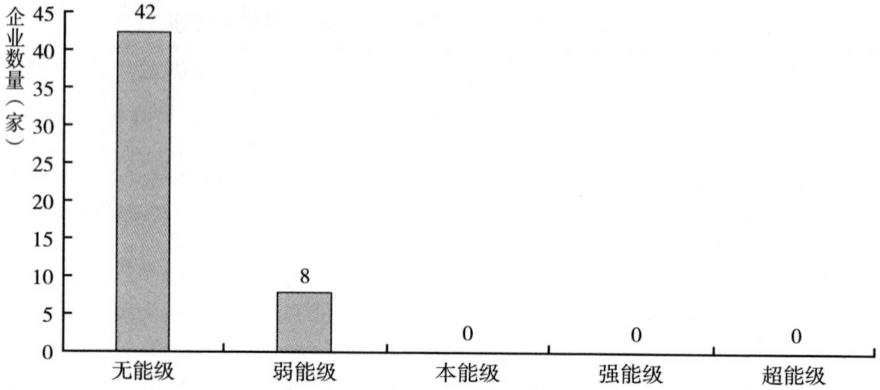

图1　2014 年食品行业上市公司社会责任能力成熟度等级分布

业。统计显示，国有食品企业的社会责任能力成熟度平均得分为 21.67 分，民企的社会责任能力成熟度平均分为 19.40 分，国有企业得分略高于民营企业。从社会责任能力成熟度的六个维度来看，除社会责任推进管理外，国有企业的各项维度得分均高于民营企业（见图 2）。

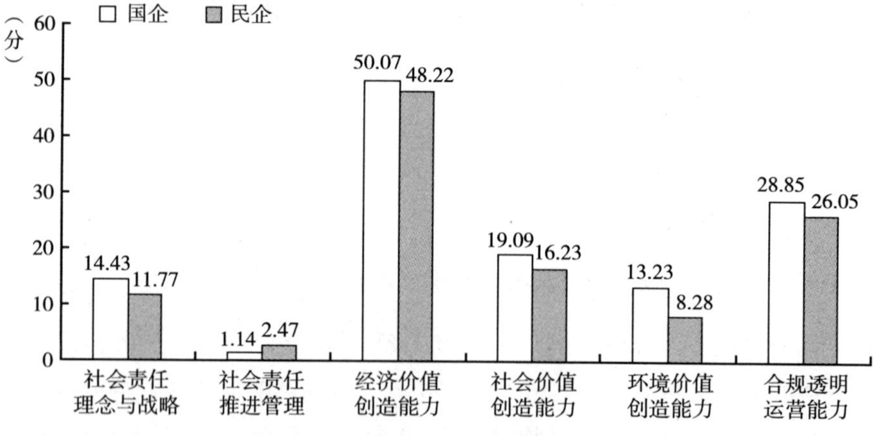

图2　2014 年不同所有制食品企业的社会责任能力成熟度各维度得分对比

（四）上交所食品类上市公司的社会责任能力成熟度高于深交所

50 家食品上市公司中，有 21 家在上交所上市，占样本总量的 42%，有 29

家在深交所上市，占样本总量的58%。研究显示，上交所食品企业的社会责任能力成熟度平均得分为21.57分，深交所食品企业的社会责任能力成熟度平均得分为18.93分，上交所上市公司略高于深交所上市公司，两者都处于无能级。

（五）食品行业上市公司的总资产和市值越大，社会责任能力成熟度水平越高

为了研究企业规模与社会责任能力成熟度之间的关系，本研究选取了企业总资产、营业收入、市值三项指标作为参考，并按照10亿元以下（不包括10亿元）、10亿~50亿元（不包括50亿元）、50亿~100亿元（不包括100亿元）、100亿~150亿元（不包括150亿元）、150亿元以上（包括150亿元）分别将三项指标划分为五个组别。评价发现，食品行业上市公司的社会责任能力成熟度水平随着总资产和市值的不断增加而增加，呈正相关的关系（见图3）。

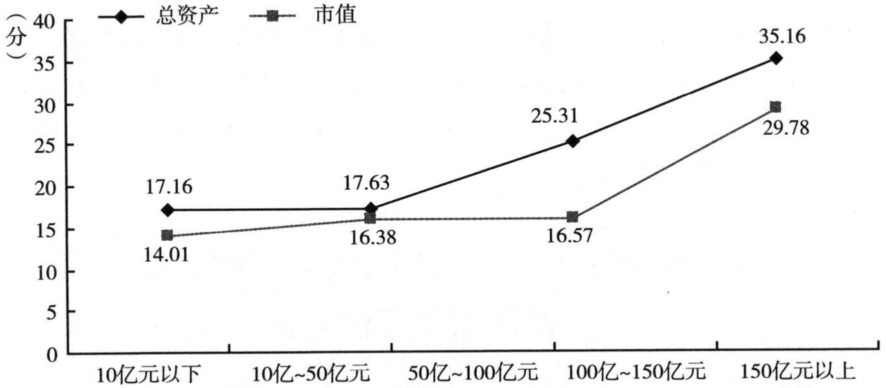

图3　2014年食品行业上市公司总资产和市值与社会责任能力成熟度之间的关系

（六）不同上市时间的食品企业，其社会责任能力成熟度水平之间的差异不大

上市时间低于5年的企业和上市时间处于15~20年的企业，其社会责任

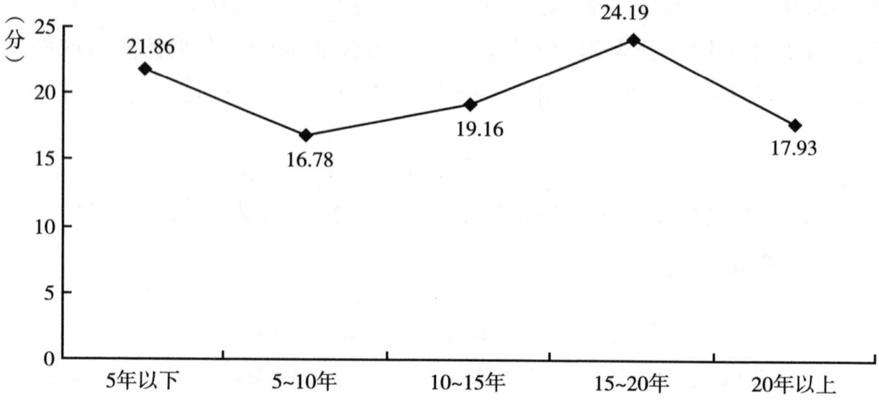

图4　2014年食品行业上市公司上市时间与社会责任能力成熟度之间的关系

能力成熟度得分有差异并不显著。统计显示，在50家食品上市公司中，上市时间在5年以下的公司有8家，其社会责任能力成熟度平均得分为21.86分；上市时间介于5～10年的企业有16家，其社会责任能力成熟度平均得分为16.78分；上市时间处于10～15年的企业有9家，其社会责任能力成熟度平均得分为19.16分；上市时间在15～20年的企业有13家，其社会责任能力成熟度平均得分为24.19分；上市时间处于20年以上的企业有4家，其社会责任能力成熟度平均得分为17.93分。可以看出，不同上市时间的企业之间社会责任能力成熟度水平的差异并不大。

三　食品行业上市公司社会责任理念与战略维度评价分析

食品行业上市公司的社会责任理念与战略平均得分为12.51分。其中，有43家企业的得分在30分以下，5家企业得分处于30～60分，2家企业得分处于60～80分，没有一家企业得分超过80分（见图5）。

（一）社会责任理念不清晰

社会责任理念是企业履行社会责任的指导思想，通常包含在企业愿景、企业使命和企业价值观中，有的企业也会制定专门的社会责任理念。研究发现，

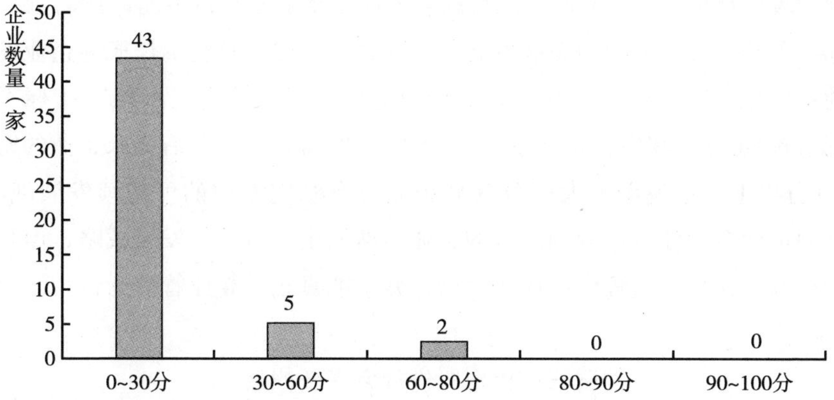

图5　2014 年食品行业上市公司社会责任理念与战略得分分布

50 家食品行业上市公司的“责任理念”指标平均得分为 16.56 分，其中有 80% 的企业得分低于 30 分（见图 6）。说明大部分食品企业并没有将社会责任理念融入企业愿景、使命、价值观中，没有让履行社会责任成为公司发展战略的一部分。

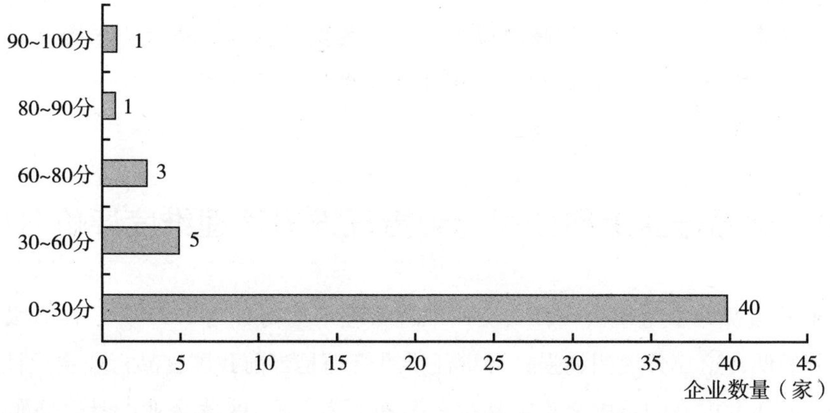

图6　2014 年食品行业上市公司“责任理念”指标得分分布

（二）社会责任战略与公司战略融入存在问题

社会责任战略是企业开展社会责任实践的宏观指导，其中也包括社会责任工作的阶段性目标。“责任战略”指标主要衡量企业是否从战略高度将社会环境目标、利益相关方期望与企业发展目标融合，让履行社会责任成为企业发展战略的一部分。统计显示，50家食品行业上市公司的“责任战略”指标平均得分仅为6.54分，其中，48家企业得分处于30分以下，仅有2家企业的得分位于30分以上。这说明，大部分食品企业没有制定专门的可持续发展战略，也没有制定社会责任专项规划。有的企业虽然制定了可持续发展战略，但是内容比较空洞，在执行过程中可操作性低，并不能真正与企业管理运营相结合。

案例一：伊利股份社会责任战略

伊利坚持对市场、环境与社会责任的关注，以全球报告协议组织（GRI）关于企业社会责任（CSR）的国际领先理念建立集团整体CSR战略管理体系。在长期社会责任实践中，伊利逐步摸索出践行企业社会责任的一套系统——“健康中国责任体系”，它是伊利为践行社会责任而专门建立的体系。在该体系中，伊利将企业的社会责任与自身的品牌规划融为一体，将健康的理念不断深化，持续关注青少年健康、社会健康、环境健康，并围绕这三个方向开展了一系列的社会公益行动。“伊利定期发布的企业公民报告系统全面收集了伊利履行经济责任、社会责任和环境责任等方面的实践内容，成为中国食品行业可供参照的责任标准，对食品行业健康发展起到了表率作用。”

四　食品行业上市公司社会责任推进管理维度评价分析

50家食品行业上市公司社会责任推进管理平均得分为2.10分，在六大维度中得分最低，这充分说明加强社会责任推进管理是当前我国食品行业企业社会责任能力成熟度提升的重中之重。从得分分布来看，有48家企业的社会责任推进管理得分低于30分，得分处于30～60分的企业仅有2家，没有一家企业得分超过60分。整体而言，整个食品行业的社会责任推进管理都存在极大缺陷。

（一）社会责任治理水平偏低

责任治理是指企业从领导机构、工作机制等方面加强企业社会责任管理的能力，比如设置高级别的社会责任领导机构，有明确的社会责任工作机制。统计显示，50家食品行业上市公司的“责任治理”指标平均得分为2.37分，得分很低。这表示，绝大多数食品上市公司还没有成立专门的社会责任工作机构，没有明确的社会责任工作机制。尽管有些企业成立了由董事长、总经理等高层管理人员主持的社会责任领导机构，但是实际发挥的作用有限。在分析样本中，新希望的社会责任治理水平处于领先地位。

案例二：新希望社会责任体系

新希望设有清晰的社会责任管理组织体系，自上而下由“董事会—管理层—职能部门、总裁办公会、下属公司”三级体系组成，由董事会确定CSR目标和规划，管理层制定CSR年度计划，各职能部门及下属企业与利益相关方的互动，履行社会责任，并编写CSR报告，对CSR履责情况进行分析评价。

新希望根据利益相关方对公司的期望和要求，对所关注的社会责任议题进行规划，结合公司可持续发展战略，确定社会责任实质性议题，清晰地回应社会各方期望的重点。同时，为使内部各职能部门及下属公司明确履行社会责任的内容要求，并清晰准确地呈现公司履行社会责任的全貌，公司建立社会责任管理流程，将社会责任议题从上往下付诸实践。

CSR实践路径

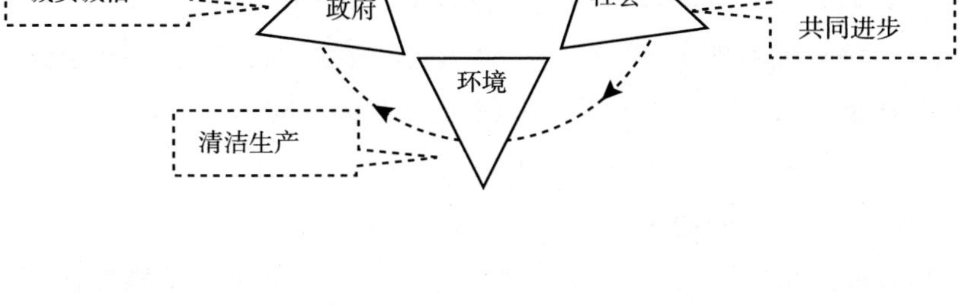

（二）整个行业没有建立社会责任绩效评估机制

社会责任绩效评估是企业建立社会责任方面的指标体系，并进行专项的考核评价，来进一步确保社会责任目标的实现。统计显示，50 家食品行业上市公司的“责任绩效评估”指标平均得分为 2.36 分，得分极低。从三级指标统计分析得出，食品行业有关社会责任评价指标体系和社会责任绩效考核的工作还没有得到开展，社会责任工作仍处于起步阶段。

五　食品行业上市公司经济价值创造能力维度评价分析

50 家食品行业上市公司经济价值创造能力平均得分为 48.74 分，高于其他五个维度的得分。从得分分布来看，9 家企业的得分低于 30 分，有 29 家企业得分处于 30~60 分，9 家企业得分处于 60~80 分，3 家企业得分处于 80~90 分，没有一家企业得分超过 90 分。

（一）直接经济价值创造能力相对突出

直接经济价值创造能力主要体现在企业的营业收入、利润率和资产负债率上。50 家食品行业上市公司的“直接经济价值”指标平均得分为 55.92 分，超过 64% 的企业得分在 60 分以上（见图 7），其中部分企业的营业收入相对往年有所增长，利润率也有大幅度提升。笔者在样本信息中也看到，有 14 家公司 2014 年的营业收入在 1000 亿元以上。

（二）食品行业创造的间接经济价值有待进一步提高

50 家食品行业上市公司“间接经济价值”指标平均得分为 43.96 分。有 43 家企业这项指标得分在 60 分以下，其中 12 家企业得分处于 30 分以下，31 家企业得分处于 30~60 分，2 家企业得分处于 60~80 分，4 家企业得分处于 80~90 分，1 家企业得分处于 90~100 分（见图 8）。食品行业上市公司“间接经济价值”得分较低的主要原因：一是食品企业对行业的贡献度较低，它们虽多加入食品行业内的协会组织，但是相对其他产业其经济能力有限，因此

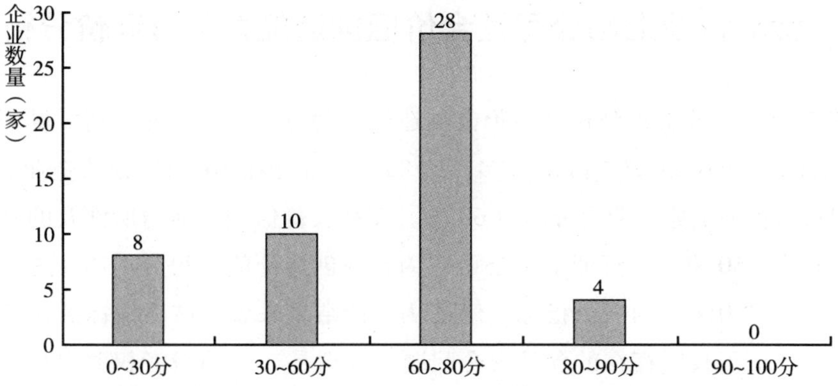

图7　2014 年食品行业上市公司“直接经济价值”指标得分分布

投入会偏低许多；二是食品行业的创新性不强，许多产业都是老牌产业，对自身产品的革新较少。

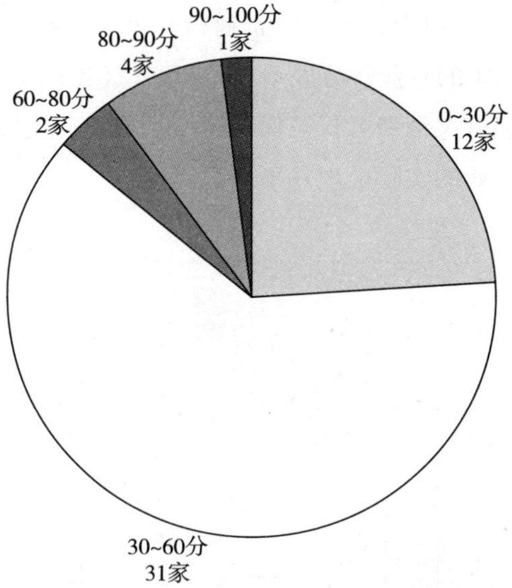

图8　2014 年食品行业上市公司“间接经济价值”指标得分分布

六　食品行业上市公司社会价值创造能力维度评价分析

50家食品行业上市公司社会价值创造能力得分为17.03分。其中得分在0～30分的企业为43家，占比最多，达86%，得分在30～60分的企业为7家，但没有任何一家企业得分超过60分。在社会价值创造能力所涉及的六项二级指标中，50家食品行业上市公司“为客户创造价值”得分不高，这本应是食品行业最为注重的一个指标，但是从统计结果来看，该项指标的得分较低，这也印证了我国存在的食品安全问题。特别是在“消费者权益保护、产品质量”方面的信息披露多为一些国家政策法规，并没有从企业自身出发进行信息的全面真实披露。

（一）客户价值创造能力较弱

50家食品行业上市公司“为客户创造价值”指标平均得分为19.81分，80%的企业得分在30分以下，14%的企业得分处于30～60分，4%的企业得分处于60～80分，2%的企业得分处于80～90分（见图9）。尽管我国针对食品行业已经出台许多有关消费者权益保护、产品质量、消费者隐私保护等方面的规章制度，但是企业的实际表现并不令人满意。

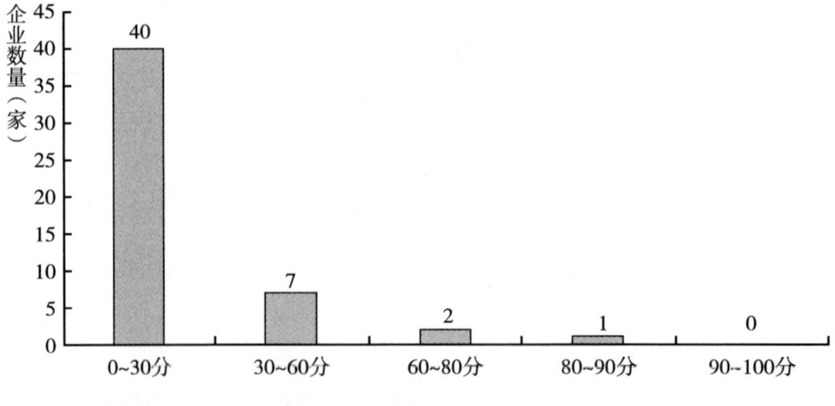

图9　2014年食品行业上市公司“为客户创造价值”指标得分分布

案例三：贝因美为客户创造价值

消费者权益保护：以树立企业品牌形象为支撑，通过服务内容的拓展和延伸，增加品牌的内涵和外延，通过大力推广公司企业文化，与供应商、客户及消费者建立了良好的社会关系，致力于实现与客户及供应商的共赢。贝因美所有奶粉均设置有唯一码，消费者通过扫取产品上的唯一码可以在官方平台获取该产品对应的检验报告、标签等信息，更好地保护了消费者的权益。

客户服务：贝因美母婴顾问式专业服务，使得贝因美"育婴专家"变得有血有肉，而不是一句口号。"专家"是包装不出来的，需要企业实在的投入和服务制度的建立。作为中国婴童产业的领跑者，贝因美不仅生产销售优质、科学、安全的婴童产品，还提供温馨、专业、亲切的母婴服务，这已成为贝因美的可持续竞争力。

消费者教育：贝因美"育婴工程"系统开展科学育婴咨询活动，资助有关婴幼儿生长发育和健康的科学研究，资助、组织交流科学先进的育婴知识、研究成果和经验，通过持续开展育婴专家节活动（11 月 11 日）及举办贝因美成功生养教讲座，向全社会传播科学的育婴知识。贝因美希望通过"育婴工程"的开展，使中国的每个父母都能成为优秀的育婴专家。

（二）社区价值创造能力较弱

50 家食品行业上市公司"为社区创造价值"指标得分为 6.95 分，其中，92% 的企业得分在 30 分以下。在其所涵盖的三级指标中，50 家食品行业上市公司"促进社区发展的政策"指标平均得分为 6.24 分，"社区关系管理"指标平均得分为 9.76 分，"社区共建项目数"指标平均得分为 5.08 分（见图 10）。这说明，食品企业对为社区创造价值不够重视，大部分企业没有促进社区发展的政策和计划，即使已经制定相关政策，内容也比较简单，缺乏具体的项目计划作支撑，政策执行力不强；也没有建立完善的社区沟通协调机制；在社区共建项目方面实施情况也一般。

案例四：伊利股份社区创造价值

2014 年"便民服务进社区伊利关爱健康行"陆续走进大庆 20 个大型广

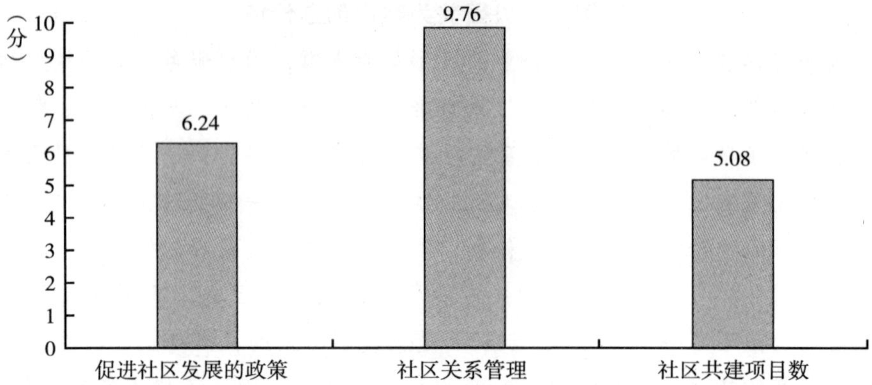

图10　2014年食品行业上市公司为社区创造价值各项指标得分对比

场，辐射大庆各大社区，让全市280万市民切身受益。

开办“奶牛学校”推进技术服务推广与培训。伊利对合作牧场、奶农的技术服务一直走在行业前列。2010年成立伊利奶牛学校，整合世界顶级行业专家，从事对奶源基地技术人员和牧场管理人员的专业培训。“奶牛学校”为学员提供理论培训和现场操作指导。截至2014年底，伊利共投入约124亿元用于奶源升级与建设。仅2013年和2014年的两年间，伊利对奶源基地建设的累计投入就超过35亿元，居行业之首。

2014年6月21日，伊利奶牛学校全面升级为伊利奶牛田间学校，在联合国粮农组织的支持下，携手农业部管理干部学院，以其农民田间学校的教学模式为蓝本，开办全新“奶牛学校”升级版。伊利奶牛田间学校的开办，标志着伊利在奶源建设上已经从“资源拓展”转向了“以人为本”的内部挖潜，并在充分调动社会各方力量的积极性和创造性的基础上实现内源式发展，从而推动奶源升级。截至2014年底，伊利组织了200多场牧场管理专项培训和专题讲座，培训学员4636人次。2014年全年在大型培训课之余，开展牧场现场技术指导共6000余次。

七　食品行业上市公司环境价值创造能力维度评价分析

50家食品行业上市公司环境价值创造能力平均得分为9.67分。在50家企业中，得分位于30分以下的企业达47家，占样本总量的94%，得分处于30～60分的企业有3家，占样本总量的6%，没有任何一家企业的得分超过60分。

（一）环境管理水平较低

企业环境管理水平的高低主要取决于企业内部是否建立了环境管理体系、针对环保投入的多少和环保负面信息披露的全面性等。50家食品行业上市公司的“环境管理”指标得分为27.43分。其中，有30家企业得分处于30分以下，12家企业得分处于30～60分，6家企业得分处于60～80分，2家企业得分处于80～90分，没有一家企业得分超过90分（见图11）。其中，新希望、双汇发展、海南橡胶、三元股份、贝因美、北大荒，在50家上市公司中“环境管理”指标得分相对较高，值得借鉴。

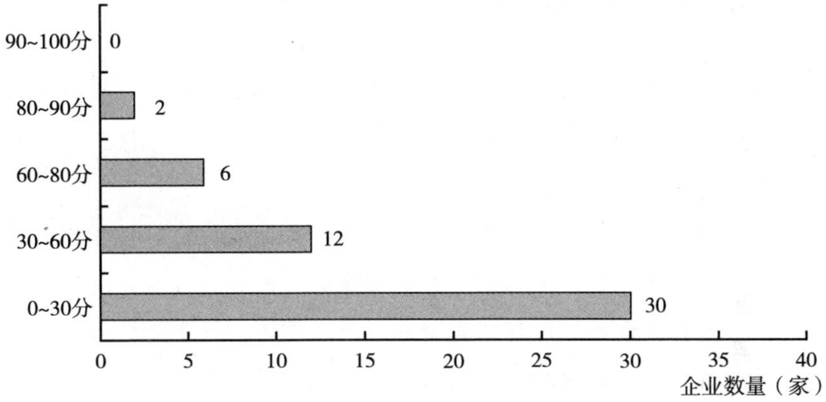

图11　2014年食品行业上市公司“环境管理”指标得分分布

案例五：三元股份绿色管理

环境组织与制度建设

公司战略投资部统筹管理环保工作，颁布并实施了《企业环境保护管理办法》《水控制程序》《大气污染控制程序》《固体废弃物控制程序》《危险化学品管理程序》《公司部室节约能源、资源管理制度》《能源、资源控制程序》《噪声控制程序》等一系列相关文件，为降低企业运营对环境造成的负荷提供组织和制度保障。

环保预警及应急机制

三元将环保工作作为企业经营建设的重要部分。近三年中，公司在新建项目前期均引入环境保护评价工作，对项目实施所带来的环境影响进行分析、预测和评估，并取得环保部门的批复许可。三元对污水排放、废液排放、烟气排放、固废排放、噪声排放、资源能源消耗等重要环境因素进行识别、检测，并对排放情况、发生频次、可能造成的污染、控制程序等进行逐一评估，采取有效的控制和治理措施，以预防重特大环境事故的发生，消除公众的隐忧。三元及各所属单位相应地制定了应急预案和应急演练计划，并对相关人员进行培训，不定期开展应急预案演习，以提升企业对重特大环境事故的应急处理能力，降低环境风险。

环保培训与宣教

三元积极开展各项环保培训活动，增强员工环保知识，为进一步开展环保工作奠定意识基础。河北三元广泛开展了宣传教育活动，每年对车间人员进行了环保培训，组织学习了解环境保护及清洁生产的内容和意义，积极借鉴国内外企业清洁生产的成功案例，以增强公司人员的环保意识和环保工作能力。

社区环境沟通

公司通过传媒报道、公众反应、监管机构报告、公共组织报告等途径，分析和预测公众在环境保护、能源消耗、资源综合利用等方面的关注焦点及其变化。同时，采用社区调研、民意问卷调查、现场走访、行业分析、委托和聘请相关组织机构研讨、与政府相关部门沟通等多种方式，识别和预测社区居民、供应商、经销商等相关方在相关领域当前、未来的可能隐忧，并根据可能的隐忧提前做出应对准备和措施。

（二）资源可持续利用率较低

在50家食品行业上市公司中，“污染减排”和“资源可持续利用”两个指标的得分分别为3.17分和1.57分（见图12），得分极低，这也反映了中国食品行业的现状，即科技创新不足，对资源和环境的依赖程度较高，粗放式经营还大量存在。

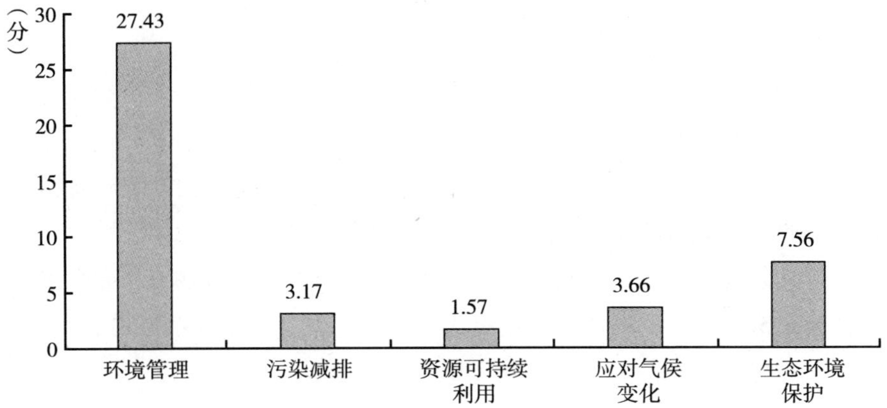

图12　2014年食品行业上市公司环境价值创造能力各项指标得分对比

八　食品行业上市公司合规透明运营能力维度评价分析

50家食品行业上市公司的合规透明运营能力得分较高，平均分为26.84分，在六大维度中仅次于经济价值创造能力得分。统计显示，在50家食品上市公司中，合规透明运营能力得分处于30分以下的有34家，处于30～60分的有15家，另外1家公司的得分处于80～90分。这说明，提高合规透明运营能力是食品上市公司提升社会责任能力成熟度水平的重要方面。与食品行业的特点密切相关，食品与人们的生活息息相关，关乎全民的安全健康生活，因此社会公众对其透明度和规范性的要求更高。

（一）合规运营的实际工作效果较差

合规运营是衡量企业履行法律责任的重要指标，包括合规管理体系、合规培训、腐败事件数和因违规罚款数。50家食品行业上市公司的“合规运营”指标平均得分为23.81分，有38家企业得分处于30分以下，10家企业得分位于30～60分，仅2家企业的得分超过60分。这说明，食品企业内部并没有深入开展合规管理制度建设，缺乏合规培训或开展合规培训的次数较少，对腐败事件和违规罚款信息的披露较少。

（二）信息披露机制不完善

信息披露是衡量企业透明度的重要指标。50 家食品行业上市公司的“信息披露”指标平均得分为 28.95 分，仅有 12 家企业得分在 30 分以上，说明大部分企业并未自觉将利益相关方关注的信息进行公开公示发布。研究显示，50 家食品行业上市公司的“信息披露机制”指标平均得分为 48.48 分，“网络平台发布信息数量”指标平均得分为 21.44 分，“召开新闻发布会数量”指标平均得分为 6.56 分，“发布社会责任报告”指标平均得分为 13.90 分，“发布财务报告”指标平均得分为 46.32 分（见图 13）。

大部分企业虽建立了信息披露机制，但是比较零散，仅限于法律明确要求的内容，还不能完全满足利益相关方的诉求，披露渠道较为单一，信息披露程序没有严格的规范；50 家上市公司中大部分在巨潮、东方财富网等网络平台发布了社会责任信息，但是基本上都没有召开新闻发布会或缺乏相关的信息资料。其中双汇发展的信息披露做得相对较好。

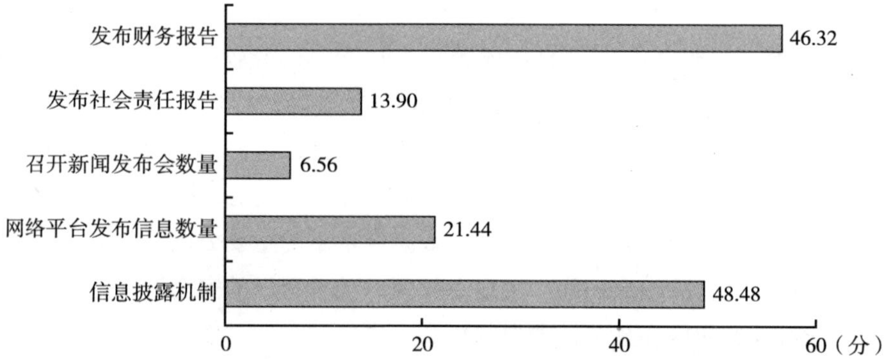

图 13　2014 年食品行业上市公司信息披露各项指标得分分布

案例六：双汇发展信息披露

公司制定并实施了《信息披露管理制度》《内幕信息知情人登记制度》《外部信息使用人管理制度》，公司能够依照法律、法规和公司章程的规定，真实、准确、完整、及时地披露有关信息。

2014 年，公司在指定信息披露媒体上规范地完成了 30 多份公告的信息披露工作。未发生错漏、延迟、更正及违反内幕信息管理的情形，充分保障了中小股东的知情权。

（三）利益相关方的沟通参与程度较弱

沟通参与可以改善企业与利益相关方的关系，主要包括自觉与政府、股东、客户、合作伙伴、媒体、社会团体的沟通。50家食品行业上市公司的“沟通参与”指标平均得分为30.89分。其中，有25家企业得分处于30分以下，23家企业得分处于30~60分，仅有2家企业得分高于60分。整体而言，食品行业上市公司利益相关方的沟通参与程度较低。

从三级指标分析得出，利益相关方的沟通参与程度较低的原因在于企业与社会团体、媒体、合作伙伴的沟通交流较少（见图14）。因此，需要企业与利益相关方建立一个系统、有效、可供实施的沟通体系，避免沟通形式的单一化，促进与利益相关方之间的良好沟通。

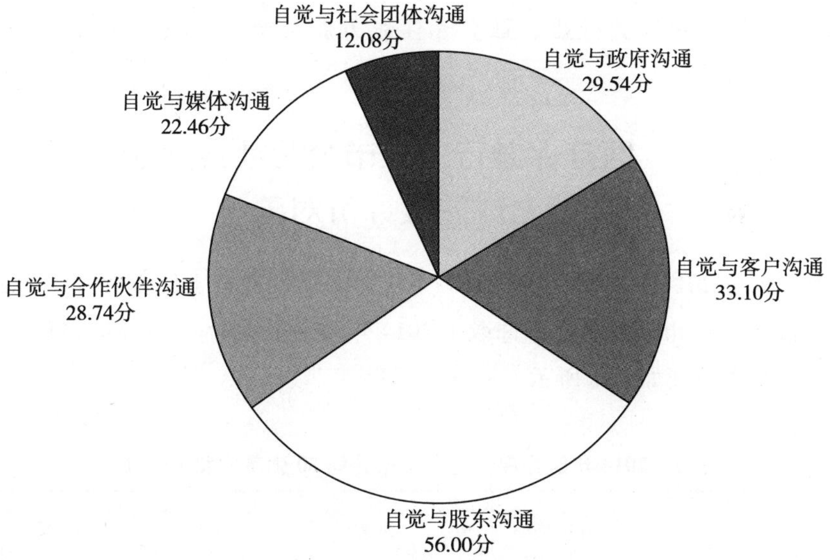

图14　2014年食品行业上市公司沟通参与各项指标得分分布

B.16

2014年中国医疗保健行业上市公司社会责任能力成熟度评价分析

摘　要：为了评价医疗保健行业上市公司的社会责任能力成熟度，本文选取了2014年医疗保健行业市值最大的50家公司作为评价对象。首先说明了评价对象的基本特征分布，其次阐述了此次评价得出的总体结论，然后系统分析了医疗保健行业上市公司社会责任能力成熟度六大维度的具体表现，得出中国医疗保健行业上市公司社会责任能力成熟度评价结果。评价发现，医疗保健行业上市公司社会责任能力成熟度整体处于无能级。

关键词：医疗保健行业　社会责任能力成熟度　行业创新

一　医疗保健行业上市公司社会责任能力成熟度评价对象

为了评价2014年中国医疗保健行业上市公司的社会责任能力成熟度表现，本研究按照A股市值的大小，选取了2014年市值最大的前50家公司作为评价对象。其基本特征如表1所示。

表1　2014年医疗保健行业上市公司50强基本特征分布

类别	极小值	极大值	均值	中值	众数	标准差	偏度	偏度的标准误	峰度	峰度的标准误
总资本	15.90	353.36	79.02	52.92	15.90	69.00	2.00	0.34	4.90	0.66
负债	1.34	162.33	28.05	12.31	1.34	33.90	2.05	0.34	4.51	0.66
营业收入	4.21	188.14	47.08	27.24	4.20	48.60	1.67	0.34	2.02	0.66
营业净利率	0.01	0.63	0.21	0.18	0.02	0.13	1.30	0.34	1.43	0.66

续表

类别	极小值	极大值	均值	中值	众数	标准差	偏度	偏度的标准误	峰度	峰度的标准误
市值	108.00	657.64	208.77	164.74	108.00	130.85	2.16	0.34	4.23	0.66
市盈率	11.89	324.43	44.61	30.82	11.89	46.93	4.71	0.34	26.95	0.67
独立董事占比	0.25	0.50	0.37	0.36	0.33	0.05	0.49	0.34	0.34	0.66
股权集中度 CR4	30.95	86.37	60.35	61.42	30.95	15.11	-0.21	0.34	-0.70	0.66

注：总资本、负债、营业收入、市值的单位为亿元；营业净利率、独立董事占比、股权集中度的单位均为百分比。

二　医疗保健行业上市公司社会责任能力成熟度总体评价分析

（一）医疗保健行业上市公司社会责任能力成熟度整体处于无能级

50家医疗保健上市公司的社会责任能力成熟度平均得分为28.77分，整体处于无能级。统计显示，没有任何一家公司的得分超过60分；有18家医疗保健公司得分处于30～60分，占样本总量的36%；剩余32家公司的得分均低于30分，占样本总量的64%（见图1）。

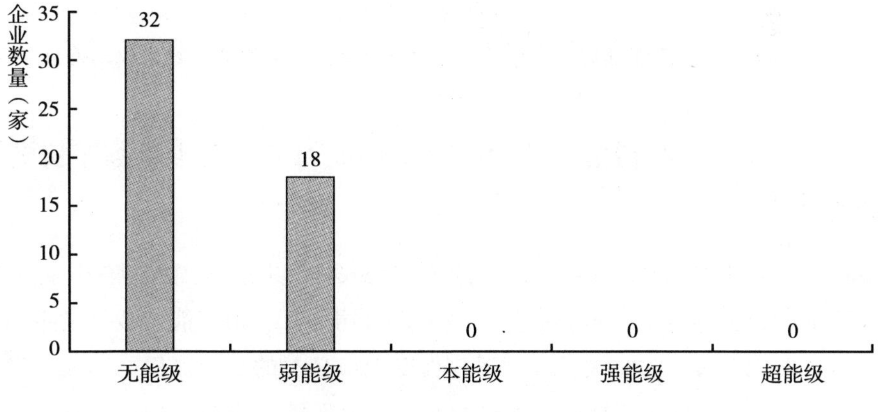

图1　2014年医疗保健行业上市公司社会责任能力成熟度等级分布

（二）医疗保健行业上市公司经济价值创造能力表现相对突出

从社会责任能力成熟度的六个维度来看，医疗保健行业上市公司的经济价值创造能力得分最高，平均分为55.93分；社会责任推进管理得分最低，平均分为4.97分；合规透明运营能力、社会责任理念与战略、社会价值创造能力以及环境价值创造能力平均得分依次为43.32分、27.44分、24.12分、16.24分（见图2）。

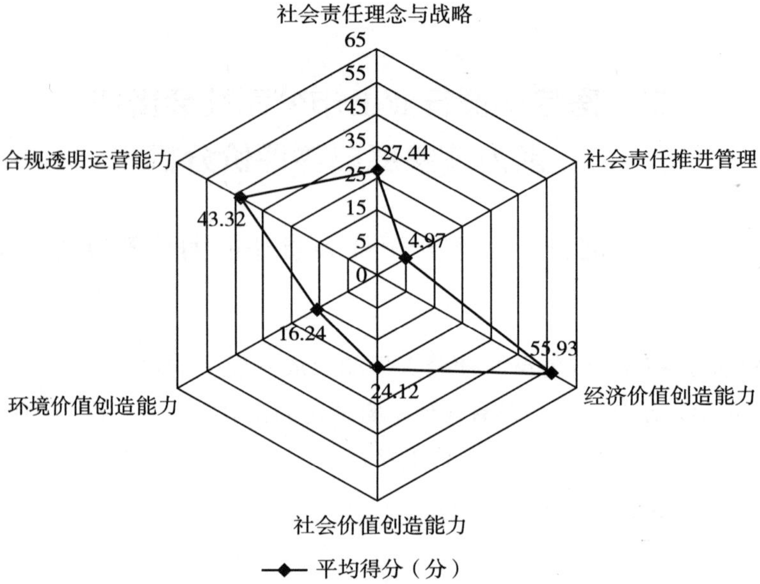

图2　2014年医疗保健行业上市公司社会责任能力成熟度六大维度平均得分

（三）国有医疗保健企业的社会责任能力成熟度水平高于民营医疗保健企业

在A股市值最大的50家医疗保健上市公司中，包含14家国有企业和36家民营企业。统计显示，国有医疗保健上市公司的社会责任能力成熟度平均得分为34.64分，属于弱能级；民营医疗保健上市公司的社会责任能力成熟度平均分为26.49分，属于无能级；由此可见，国有医疗保健企业的社会责任能力成熟度水平高于民营医疗保健企业。从社会责任能力成熟度的六个维度来看，国有企业的各维度得分均高于民营企业（见图3）。

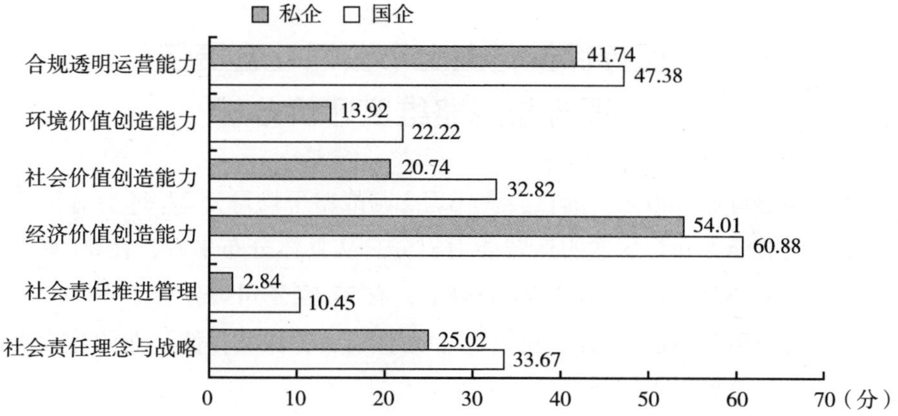

图3　2014年不同所有制医疗保健上市公司的社会责任能力成熟度各维度得分对比

（四）深交所医疗保健上市公司的社会责任能力成熟度基本与上交所持平

50家医疗保健上市公司中，有22家在上交所上市，占样本总量的44%，有28家在深交所上市，占样本总量的56%。研究显示，在深交所上市的医疗保健公司的社会责任能力成熟度平均得分为28.60分，在上交所上市的医疗保健公司的社会责任能力成熟度平均得分为28.99分，两者基本持平，都处于无能级（见图4）。

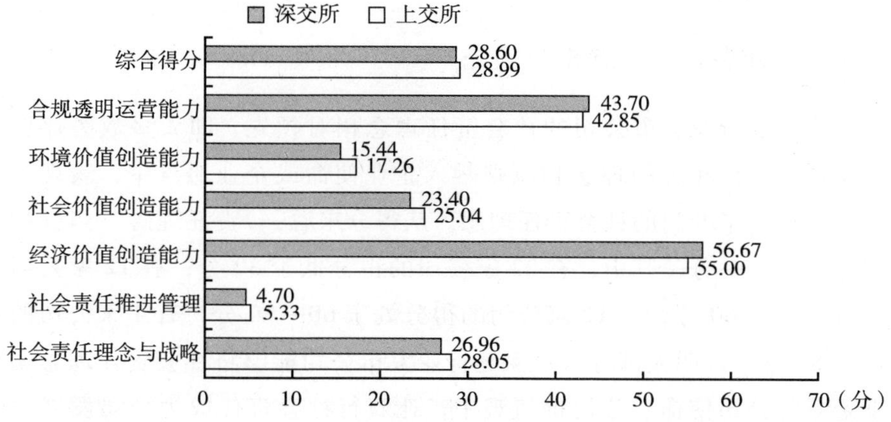

图4　2014年深沪两市医疗保健上市公司社会责任能力成熟度得分对比

三 医疗保健行业上市公司社会责任理念与战略维度评价分析

医疗保健行业上市公司的社会责任理念与战略平均得分 27.44 分，低于其经济价值创造能力和合规透明运营能力得分。从具体分布来看，在 50 家上市公司中，有 23 家公司得分处于 30 分以下，有 27 家公司得分介于 30～60 分，没有一家公司得分超过 60 分（见图 5）。总体而言，医疗保健行业的社会责任理念与战略得分处于无能级。

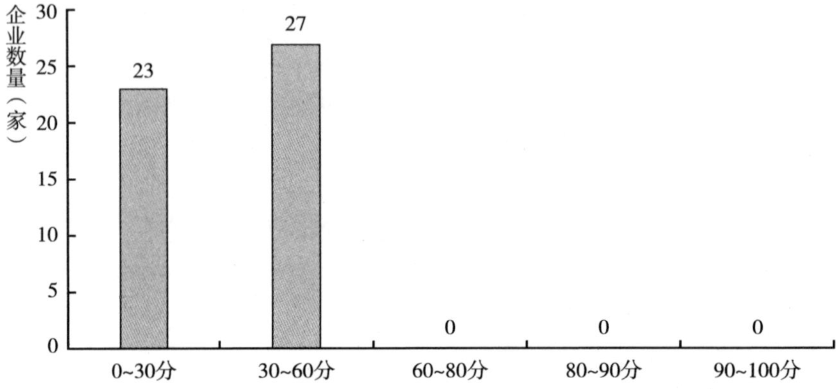

图 5 2014 年医疗保健行业上市公司社会责任理念与战略维度得分分布

（一）社会责任理念相对领先

医疗保健行业上市公司的社会责任理念相对领先，即大多数医疗保健公司把社会责任相关的理念和原则融入企业使命或企业愿景中，表现突出的公司还制定了专门的社会责任理念。从得分来看，“责任理念”指标的平均得分为 41.37 分，其中，有 22 家公司的得分低于 30 分，有 12 家公司的得分处于 30～60 分，有 12 家公司的得分处于 60～80 分，有 4 家公司的得分高于 80 分。说明大部分医疗保健行业上市公司能够将社会责任理念融入企业愿景、公司使命、公司价值观中，让履行社会责任成为公司发展的一部分。

（二）社会责任战略缺乏系统性

与社会责任理念相比，医疗保健行业上市公司的社会责任战略仍然缺乏系统性，没有完善的可持续发展战略和社会责任专项规划。统计显示，50家医疗保健行业上市公司的“责任战略”指标平均得分仅为6.56分，其中43家公司得分处于30分以下，6家公司得分位于30～40分，仅有一家企业得分超过60分。这表示，这些公司社会责任战略严重缺乏，责任战略包含的“可持续发展战略/规划、社会责任专项规划”2个三级指标得分分别为10.26分和2.86分，得分极低。由此可见，医疗保健行业上市公司在今后的社会责任发展中需要充分重视其社会责任战略的建立和完善。

四　医疗保健行业上市公司社会责任推进管理维度评价分析

社会责任推进管理维度主要从责任治理、制度建设、能力建设、责任绩效评估、社会责任管理投入五个方面评价公司的社会责任能力成熟度。统计显示，医疗保健行业上市公司的社会责任推进管理平均得分为4.97分，处于无能级，在六大维度中得分最低。这表明，绝大多医疗保健上市公司对社会责任管理的专项投入严重不足。

（一）社会责任治理水平较低

责任治理是指企业为了推进企业内部的社会责任管理工作，设置专门的社会责任领导机构和社会责任工作机构，并有完善的工作机制来保证工作的开展。统计显示，50家医疗保健行业上市公司的“责任治理”指标平均得分为8.21分。其中，有45家公司得分在30分以下，1家公司得分处于30～60分，2家公司得分处于60～80分，还有2家公司得分处于80～90分（见图6）。这说明，许多医疗保健行业上市公司的责任治理水平普遍较低，但其中一些公司的责任治理水平较高值得借鉴，比如华润双鹤和云南白药。

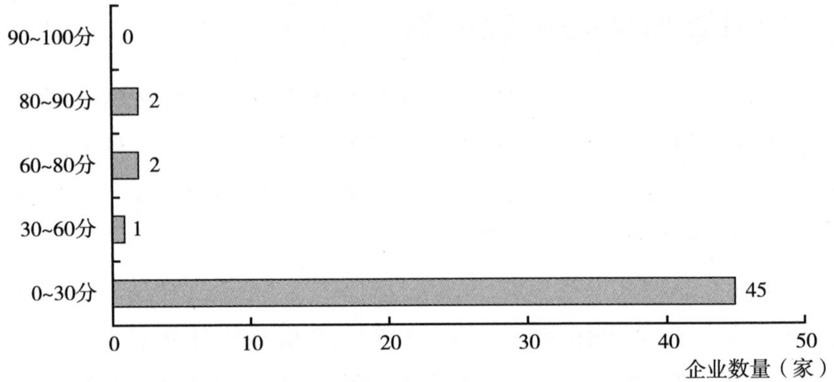

图 6　2014 年医疗保健行业上市公司“责任治理”指标得分分布

（二）社会责任能力建设不足

社会责任能力建设是培育和提升企业社会责任素质的重要措施，它主要包括社会责任专项培训、社会责任外部交流、社会责任知识管理、社会责任专项研究、重大社会责任实践活动五个方面（见图 7）。研究显示，50 家医疗保健行业上市公司的“能力建设”指标平均分为 4.58 分，得分较低。究其原因，一方面公司不重视内部社会责任专项知识的培训和研究，另一方面大多数公司并不能将社会责任融入公司的实践活动中。

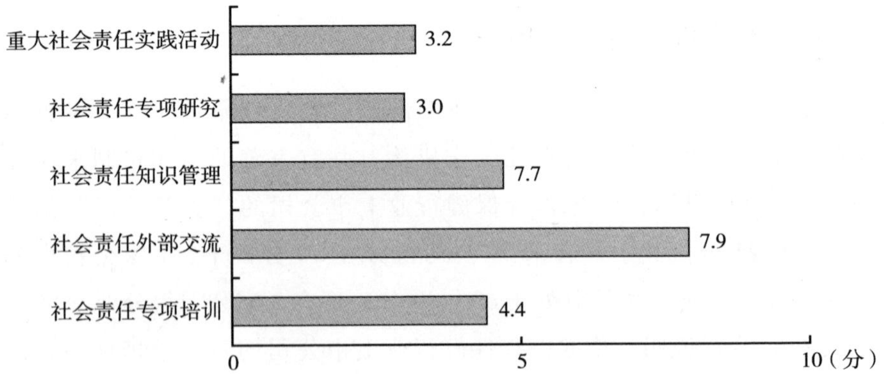

图 7　2014 年医疗保健行业上市公司能力建设各项指标得分对比

五　医疗保健行业上市公司经济价值创造能力维度评价分析

经济价值创造能力是企业生存经营的基本责任。企业的经济价值创造能力体现在直接经济价值创造能力和间接经济价值创造能力两个方面。统计显示，医疗保健行业上市公司的经济价值创造能力平均分为55.93分，在六大维度中得分最高。这表示，医疗保健行业上市公司的经济价值创造能力相对突出。从得分分布来看，有3家公司的得分低于30分，有27家公司的得分处于30~60分，有17家公司得分处于60~80分，剩余3家公司的得分高于80分。

（一）直接经济价值创造能力比较突出

从直接经济价值和间接经济价值两个方面来看，医疗保健行业上市公司的直接经济价值创造能力相对突出。统计显示，50家医疗保健行业上市公司的"直接经济价值"指标平均得分72.15分，得分较高。从得分分布来看，有92%的公司得分在60分以上，其中有33家公司得分处于60~80分，有12家公司得分处于80~90分，有1家公司得分处于90~100分。得分处于30~60分的公司有4家，没有一家公司得分低于30分（见图8）。总体而言，医疗保健行业的直接经济价值创造能力比较突出。

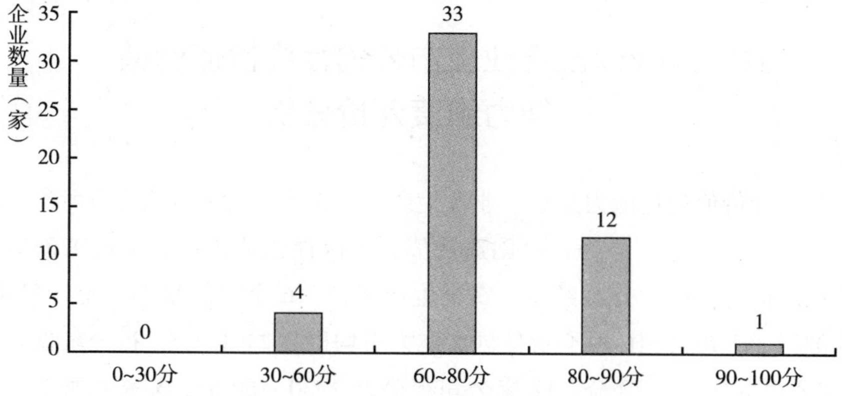

图8　2014年医疗保健行业上市公司"直接经济价值"指标得分分布

（二）对行业创新做出的贡献较大

相对于直接经济价值创造能力，医疗保健行业上市公司的间接经济价值创造能力相对不足。统计显示，50 家医疗保健行业上市公司的“间接经济价值”指标平均得分为 45.12 分。间接经济价值包括“对行业的贡献、对税收的贡献、对就业的贡献、对创新的贡献”四个方面，研究发现，相对于其他指标，医疗保健上市公司在产品、服务创新方面的能力较强，“对创新的贡献”指标平均得分 68.34 分（见图 9）。

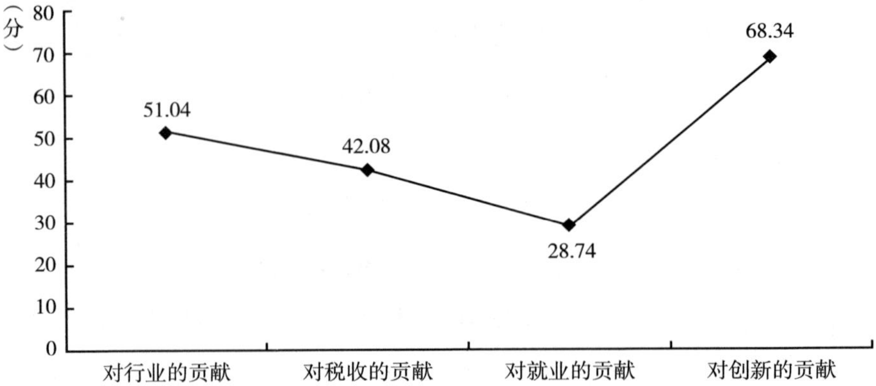

图 9　2014 年医疗保健行业上市公司间接经济价值各项指标得分对比

六　医疗保健行业上市公司社会价值创造能力维度评价分析

企业社会价值创造能力是指企业在生产运营实践中对利益相关方所产生的影响大小，它主要包括“为客户创造价值、为伙伴创造价值、为员工创造价值、为社区创造价值、公益慈善、安全生产运营”6 个三级指标。统计显示，医疗保健行业上市公司的社会价值创造能力平均得分 24.12 分，得分较低。其中 35 家公司得分低于 30 分，12 家公司得分处于 30～60 分，3 家公司得分处于 60～80 分，没有任何一家企业的得分超过 80 分。

（一）客户价值创造能力发展不均衡

医疗保健行业企业为客户创造价值主要体现在为客户提供的产品质量、消费者权益保护和客户服务上以及针对消费者负责任的消费引导。统计显示，医疗保健行业上市公司“为客户创造价值”指标的平均得分为28分，在6个三级指标中得分最高。

从得分分布来看，35家公司得分低于30分，占样本总量的70%；10家公司得分介于30～60分，占样本总量的20%；5家公司得分超过60分，占样本总量的10%。从“为客户创造价值”涉及的三级指标得分来看，医疗保健行业上市公司的“产品质量”指标得分最高，“可持续消费”指标得分最低（见图10）。由此可见，医疗保健行业的产品质量较高，但是对客户方面的服务工作却十分不到位，缺乏对消费者主动开展责任消费意识的教育和引导。

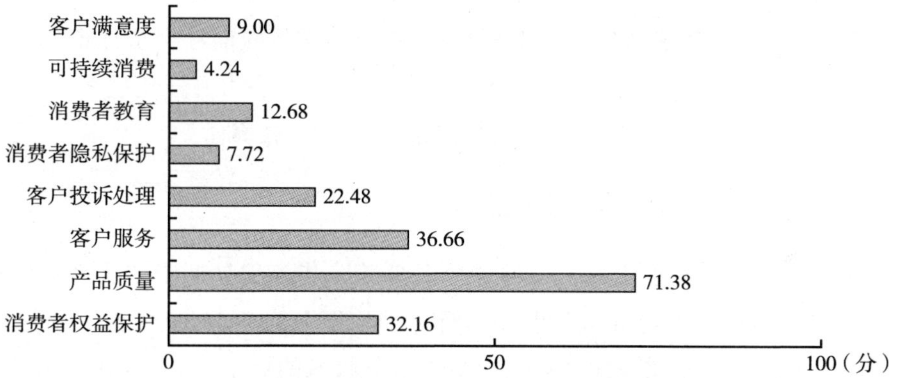

图10　2014年医疗保健行业上市公司为客户创造价值各项指标得分对比

案例一：复星医药质量体系建设

2014年，为规范和提升制药企业质量管理体系，集团制定了《上海复星医药（集团）股份有限公司（药品制造）质量手册》，明确“尊重生命、质量为先、精益求精、追求卓越”的质量方针，并通过十个章节具体内容的阐述从质量管理系统、管理职责、资源管理、产品实现、检测分析与改进等方面为制药成员企业质量体系建立纲领性要求。

2014年，集团继续注重各制药成员企业符合新版GMP规范的质量体系建设，在集团运营管理平台下，通过GMP预检、质量审计、专项检查等形式促进制药企业建立符合新版GMP要求的质量体系。

复星医药产业运营管理部继续对下属药品制造企业实行严格的质量风险管控。全年由具备专业素养的检查人员采取质量审计或GMP认证预检等形式进行质量安全的风险控制和管理，及时发现企业质量管理中的不足，并出具客观真实的检查报告，要求被检查下属企业在一个月内以CAPA的形式反馈整改情况，运营管理部循环跟踪或现场复核从而不断促进企业质量体系持续改进。

（二）相对重视供应商审查和责任采购

审查供应商是企业履行社会责任的表现，也是企业开展责任采购的基础。统计显示，50家医疗保健行业上市公司的“供应商社会责任审查”指标平均得分20.14分，其中有3家公司得分超过90分；与供应商社会责任审查相关的“责任采购”指标平均得分25.48分，其中有2家公司得分超过90分。相对于社会价值创造能力其他指标，这两者的分值相对较高。

（三）比较关注企业对外捐赠

50家医疗保健行业上市公司的“公益慈善”指标得分低于“为客户创造价值”和“为员工创造价值”两项指标，平均得分为26.25分。公司的公益慈善主要从“对外捐赠总额、对外捐赠占营业收入的比重、员工志愿者数量、员工志愿者活动、企业公益基金/基金会”5个三级指标来分析。研究显示，医疗保健行业上市公司“对外捐赠总额”指标的平均得分为48.64分，得分相对较高；其“对外捐赠占营业收入的比重”指标的平均得分为25.12分；“员工志愿者活动”指标的平均得分为24.14分（见图11）。结合统计数据得出，50家医疗保健行业上市公司相对比较重视对外捐赠、员工志愿者活动。

（四）注重产学研合作

医疗保健行业上市公司注重与科研机构和学校之间的合作关系，而与政府和银行之间开展的业务关系相对不足。统计显示，50家医疗保健上市公司的

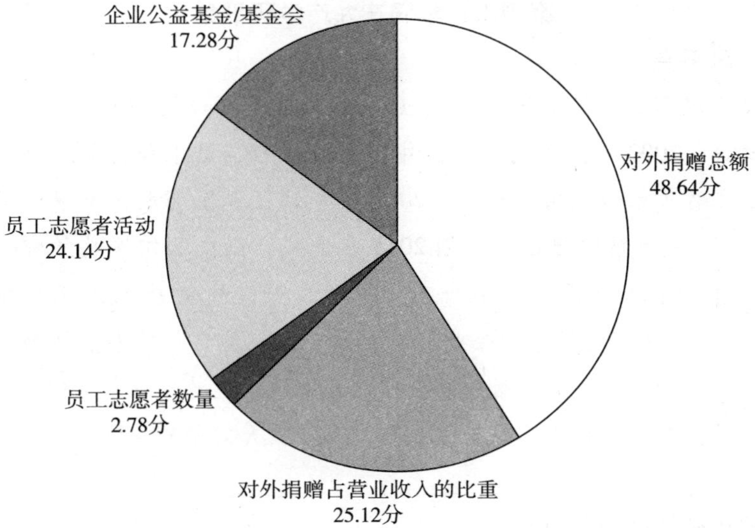

图 11　2014 年医疗保健行业上市公司公益慈善各项指标得分对比

“产学研合作”指标平均得分 52. 88 分，而“政企合作”指标平均得分 25. 20 分，“银企合作”指标平均得分 13. 38 分，后两者得分相对较低（见图 12）。这说明，医疗保健行业上市公司更多关注与科研机构和高校之间的合作项目，注重对企业产品质量的提高和产品功效的创新，但与政府和银行之间的合作还有待加强。

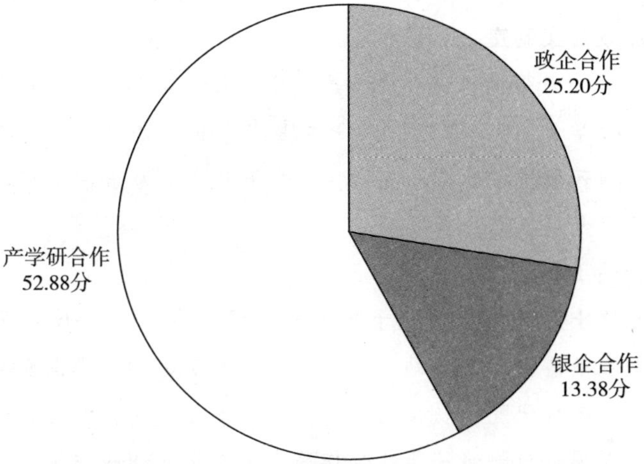

图 12　2014 年医疗保健行业上市公司为伙伴创造价值部分指标得分对比

案例二：华润三九产学研平台

产学研平台

国家中成药工程技术研究中心（简称“国药中心”）2001年由科技部正式批复建设，2002年挂牌的国家级中药研发平台，是中药行业六个设在企业的国家级工程技术研究中心之一。2011年华润三九医药股份有限公司开始对“国药中心”进行重组建设，计划2015年完成，以中国中医科学院、沈阳药科大学、辽宁中医药大学等十余家大学和科研院所为技术依托单位，制定“科技成果产业化、运行机制企业化、发展方向市场化”的发展战略。采用机制创新与技术创新并重的方针，结合华润三九技术优势及近年来中成药行业发展需求，承担企业创新中药及核心品种产品力提升的基础性研究和工程化技术研究工作。

现代中药协同创新中心

2012年8月成立，由4家院所（天津中医药大学、中国中医科学院、浙江大学药学院、天津国际生物医药联合研究院）、4家企业（华润三九医药股份有限公司、天士力集团、步长集团和石家庄以岭药业股份有限公司）组成的旨在“创新驱动、协同发展”的产学研创新中心，目前中心会聚国家级实验室和研发平台10个，涉及中药研发过程的各关键环节；坚持实行“顶层框架下的合同制”与“合同制下的目标管理”相结合方式，结合企业需求开展跨单位协同创新和项目协作，在现代中药的研发、质控、国际化三方面努力突破。

南药研发联合实验室

为更好开展岭南药材研究，促进产学研合作，华润三九医药股份有限公司和广州中医药大学于2012年5月合作共建“华润三九医药股份有限公司—广州中医药大学南药研发联合实验室”。以联合实验室为纽带，充分发挥各自的资源优势，积极开展南药资源研究。

企业博士后工作站

华润三九博士后工作站依托于华润三九研发中心，1996年7月成立，是首批挂牌的深圳市博士后工作站分站，先后与北京大学、中国医科院药物植物研究所等国内知名科研院校联合培养博士后。博士后工作站在为企业引进和培养高层次人才、强化与科研院所的合作等方面发挥了积极作用，提高了企业技术创新能力，加速了成果的产业化进程。

七 医疗保健行业上市公司环境价值创造能力维度评价分析

环境价值创造能力主要评价企业的环境管理体系建设、污染减排效果、资源可持续利用程度以及为应对气候变化和生态环境保护所做的贡献。统计显示，医疗保健行业上市公司的环境价值创造能力平均得分16.24分，得分较低，在六大维度中仅高于社会责任推进管理得分。从得分分布来看，42家公司得分在30分以下，占样本总量的84%；8家公司得分处于30~60分，占样本总量的16%；没有任何一家公司的得分超过60分。

（一）相对完善的环境管理体系

在收集资料的过程中，笔者看到很多医疗保健公司都建立了相对完善的环境管理体系，并获得了专门的ISO140001环境管理体系审核认证。在环境价值创造能力所涉及的“环境管理、污染减排、资源可持续利用、应对气候变化、生态环境保护”五项二级指标中，50家医疗保健行业上市公司的“环境管理”指标得分相对较高，平均得分为44.06分（见图13），这主要体现在大多数医疗保健公司建立了环境管理体系，健全突发环境污染事故的应急机制，完善应急预案、定期开展演练，提高突发性环境污染的管控能力。

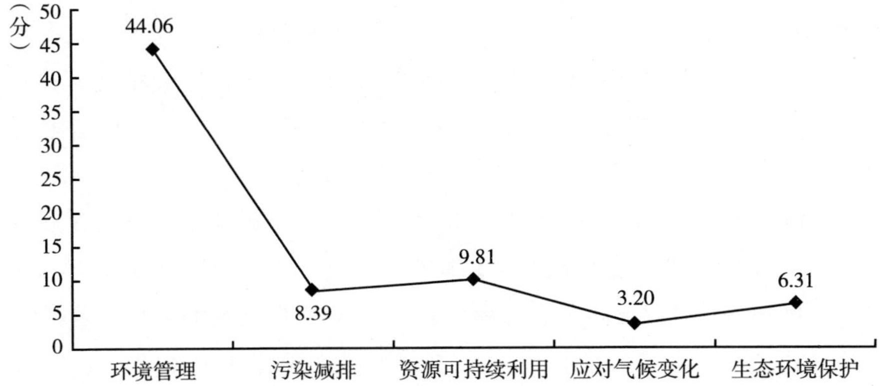

图13 2014年医疗保健行业上市公司环境价值创造能力各项指标得分对比

（二）不能做到"绿色制药"

污染减排主要指企业在生产经营中的"三废"排放值是否达标，排放量与往年相比是否呈现下降趋势。评价显示，医疗保健行业上市公司的"污染减排"指标平均得分8.39分，说明医疗保健行业的实际减排效果并不理想。这印证了近年来医疗保健行业时常发生的排放超标、水体污染等危害人类健康的环保事件。由于制药企业的特殊性，其"三废"量大，废物成分复杂，污染危害严重，需要相关企业关注环保技术领域的自主创新能力，完善其关键设备。

案例三：科伦药业

科伦药业的环境发展战略是一种与环境和谐共处的发展理念："坚持以科学发展观为指导，将环境保护、绿色低碳和可持续发展的理念贯穿于企业的生产经营全过程，以推进管理和技术两大领域的创新为切入点，积极推动从以末端治理为主的污染控制措施向以源头削减为主的清洁生产方式转变，努力实现环境质量和环境绩效整体提升，促进经济效益、社会效益和环境效益深度融合和相互协调，加快构建资源节约型和环境友好型企业。"科伦药业坚持从源头治理的可持续发展理念，尽到上市企业应有的社会责任。

历年来，公司坚持"严格执行国家环境政策、牢固树立环境保护理念、建立健全环保管理制度、努力实现清洁生产、积极推进循环经济、积极参与环保公益事业、主动接受社会监督"的环境经营方针，以国家政策方针为指导，根据国家新标准新法规，不断提高对自身的要求，确保符合国家法律法规。

为提高污水处理设施运行操作人员的技术水平，确保污水处理设施稳定运行，科伦药业编制了《污水处理基本工艺简介、常见问题及其解决办法》。从污水处理基本运行流程出发，介绍了污水处理工艺的基本运行原理及优劣势，针对污水处理站常出现问题的环节，列出常见问题并给出问题解决措施。以便企业在遇到相似问题时能及时解决，确保企业污水处理站正常运行。

八　医疗保健行业上市公司合规透明运营能力维度评价分析

医疗保健行业上市公司合规透明运营能力平均得分43.32分，在社会责任能力成熟度六大维度中，得分仅次于经济价值创造能力，这说明，合规透明运营是医疗保健上市公司推进社会责任管理的重要方面。从具体得分来看，有4家公司得分处于30分以下，占样本总量的8%；有39家公司得分处于30~60分，占样本总量的78%；有7家公司得分在60~80分，占样本总量的14%；没有一家公司得分超过80分以上。

（一）信息披露相对全面

信息披露是上市公司向投资者和社会公众全面沟通信息的桥梁。投资者和社会公众对上市公司信息的获取，主要是通过上市公司召开新闻发布会、发布社会责任报告和财务报告等方式。50家医疗保健行业上市公司的“信息披露”指标平均得分为53.08分。由其三级指标分析得出，保健行业上市公司“发布财务报告、信息披露机制、网络平台发布信息数量”指标得分分别为82.78分、74.10分、73.06分。但是“发布社会责任报告”和“召开新闻发布会数量”两项指标得分较低，分别为24.14分和3.80分（见图14）。因此，今后医疗保健行业公司的信息披露方式应较多关注社会责任报告的发布和新闻发布会的召开，这样有利于公司真实、全面、及时、充分地进行信息披露，只有这样才能对那些持价值投资理念的投资者真正有帮助。

（二）利益相关方的沟通参与不平衡

“沟通参与”指标是对企业与利益相关方沟通能力的评价，主要从沟通机制、沟通频率、沟通形式和效果等方面评价企业与利益相关方的沟通能力。研究显示，医疗保健行业上市公司的“沟通参与”指标平均得分为29.12分。其中，“自觉与股东沟通”指标得分远远领先于其他指标，平均得分为66.44分。而其他五项三级指标得分较低，其中“自觉与社会团体沟通”指标平均

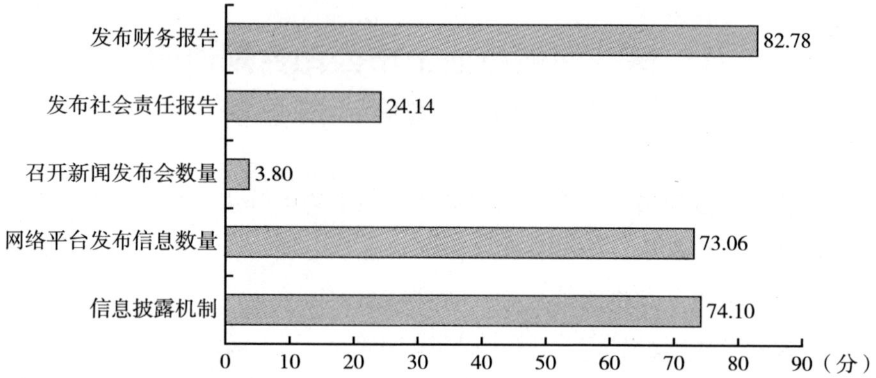

图 14　2014 年医疗保健行业上司公司信息披露各项指标得分对比

得分 10.84 分（见图 15）。这说明，医疗保健行业上市公司还没有从整体上建立完善的沟通制度。

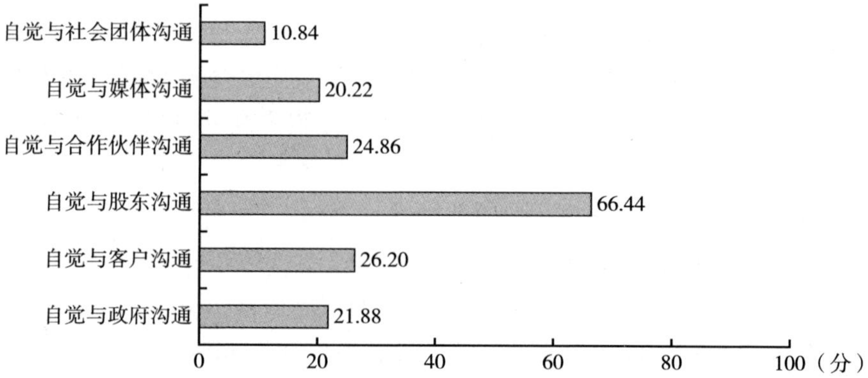

图 15　2014 年医疗保健行业上市公司沟通参与各项指标得分对比

B.17

2014年中国公用事业行业上市公司社会责任能力成熟度评价分析

摘　要：为了评价公用事业行业上市公司的社会责任能力成熟度水平，本文选取了2014年公用事业行业市值最大的50家公司作为评价对象。首先说明了评价对象的基本特征分布，其次阐述了本次评价的总体结论，然后系统分析了公用事业行业上市公司社会责任能力成熟度六大维度的具体表现，最终得出中国公用事业行业上市公司社会责任能力成熟度评价结果。评价发现，公用事业行业上市公司社会责任能力成熟度整体处于弱能级，大多数公用事业行业上市公司都有比较明确的社会责任理念，但尚未与公司发展战略进行有效融合，社会责任专项管理投入比较欠缺。

关键词：公用事业行业　社会责任能力成熟度　责任战略

一　公用事业行业上市公司社会责任能力成熟度评价对象

为了评价2014年中国公用事业行业上市公司的社会责任能力成熟度水平，本研究按照A股市值大小，选取了2014年市值排名前50的上市公司，作为本次研究的评价对象，评价对象的整体特征如表1所示。

表 1　2014 年公用事业行业上市公司 50 强基本特征分布

类别	极小值	极大值	均值	中值	众数	标准差	偏度	偏度的标准误	峰度	峰度的标准误
总资本	27.20	3024.31	443.67	142.62	27.20	710.61	2.51	0.34	5.54	0.66
负债	5.64	2393.24	291.45	95.34	5.64	526.14	2.78	0.34	7.11	0.66
营业收入	4.00	1254.07	140.10	55.46	4.00	231.06	3.15	0.34	11.32	0.66
营业净利率	-0.15	3.19	0.22	0.14	-0.15	0.45	6.30	0.34	42.45	0.66
市值	63.64	1760.55	283.37	147.33	63.64	332.41	2.71	0.34	8.30	0.66
市盈率	-116.83	119.18	25.11	22.32	-116.83	30.26	-1.33	0.34	10.96	0.67
独立董事占比	23.08	62.50	0.37	0.33	0.33	0.06	2.04	0.34	6.81	0.66
股权集中度 CR4	9.01	93.37	66.16	67.62	9.015	19.29	-0.82	0.34	0.49	0.66

注：总资本、负债、营业收入、市值的单位为亿元；营业净利率、独立董事占比、股权集中度的单位均为百分比。

二　公用事业行业上市公司社会责任能力成熟度总体评价分析

（一）公用事业行业上市公司社会责任能力成熟度整体处于弱能级

50 家公用事业企业的社会责任能力成熟度平均得分为 33.58 分，整体处于弱能级。其中没有一家企业得分超过 60 分，得分在 30～60 分的企业有 30 家，占样本总量的 60%，得分处于 30 分以下的有 20 家（见图 1）。

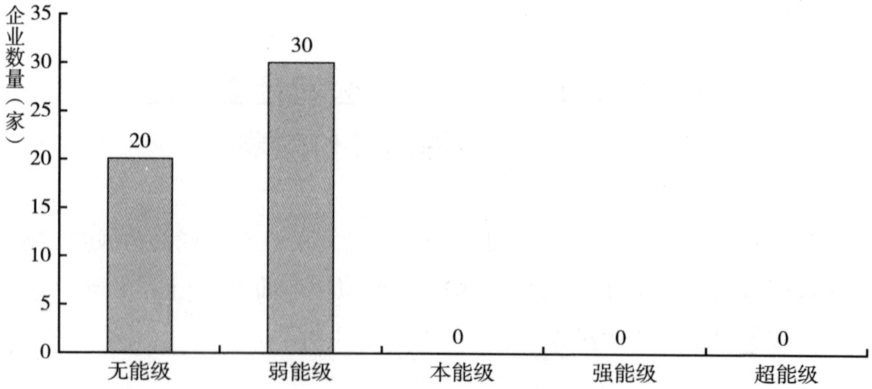

图 1　2014 年公用事业行业上市公司社会责任能力成熟度等级分布

（二）经济价值创造能力相对突出，社会责任推进管理严重不足

从社会责任能力成熟度的六大维度来看，公用事业行业上市公司的经济价值创造能力得分最高，平均得分为56.06分；社会责任推进管理得分最低，平均得分为16.96分，两者相差较大。社会责任理念与战略、社会价值创造能力、环境价值创造能力、合规透明运营能力的平均得分依次为41.21分、27.87分、21.99分、40.86分（见图2）。

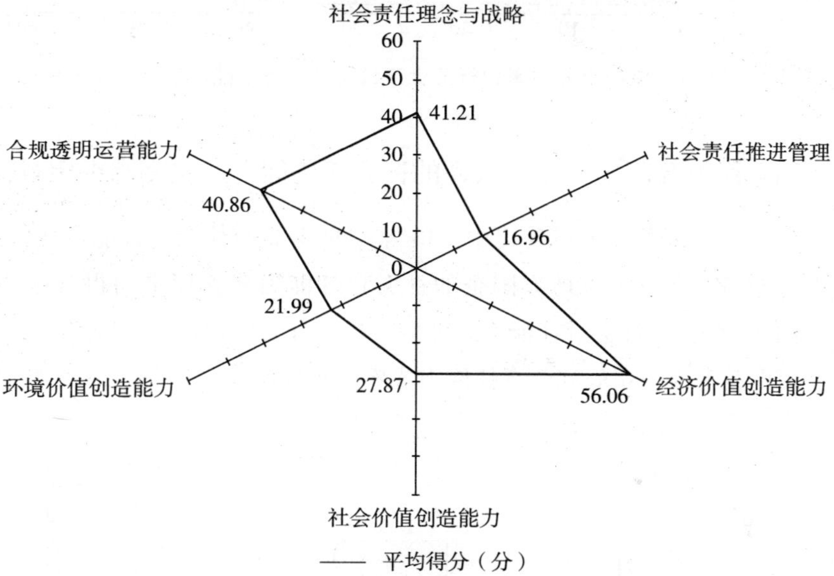

图2　2014年公用事业行业上市公司社会责任能力成熟度六大维度得分分布

（三）两个交易所的上市公司社会责任能力成熟度整体均处于弱能级

50家公用事业行业上市公司中，有30家在上交所上市，占样本总量的60%，有20家在深交所上市，占样本总量的40%。统计发现，在上交所上市的公用事业公司，其社会责任能力成熟度平均分为33.84分，在深交所上市的公用事业公司，其社会责任能力成熟度平均分为33.20分，两者都处于弱能级，上交所上市公司略高于深交所上市公司（见图3）。

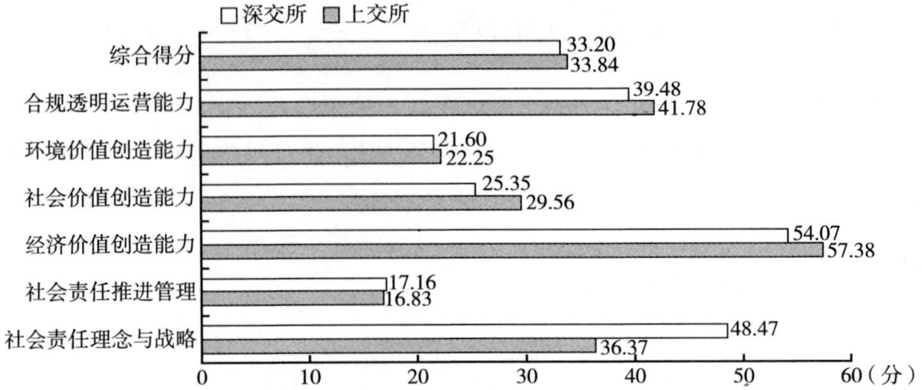

图3　2014年沪深两市公用事业行业上市公司社会责任能力成熟度得分对比

（四）民营公用事业上市公司的社会责任能力成熟度水平相对较高

50家公用事业行业上市公司中，13家中央企业的社会责任能力成熟度平均得分为34.78分，28家地方国企的社会责任能力成熟度平均得分为28.04分，9家民营企业的社会责任能力成熟度平均得分为37.18分（见图4），说明民营公用事业上市公司的社会责任能力成熟度水平较高。

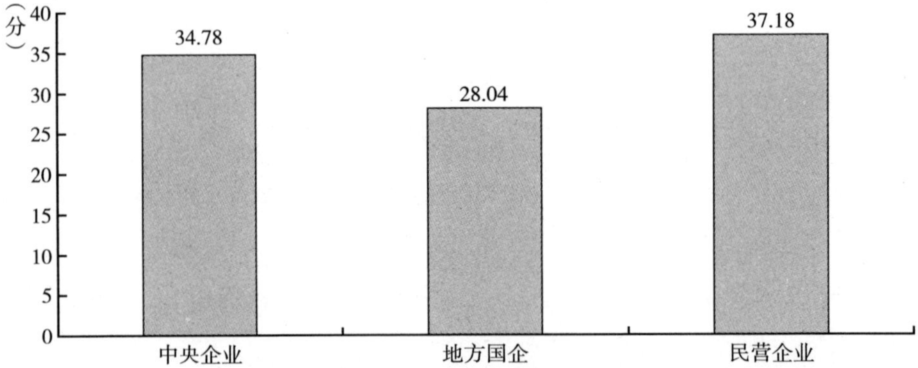

图4　基于不同所有制的公用事业行业上市公司社会责任能力成熟度得分

（五）股权集中度处于中等水平的企业社会责任能力成熟度水平相对较高

将企业前四大股东所占股份比例作为股权集中度的指标来分析企业社会责

任能力成熟度水平与股权集中度之间的关系。从分析结果得出，股权集中度处于20%以下的企业社会责任能力成熟度平均得分为32.39分，处于20%～40%的得分为34.32分，处于40%～60%的得分为34.85分，处于60%～80%的得分为32.50分，处于80%以上的得分为33.92分（见图5）。

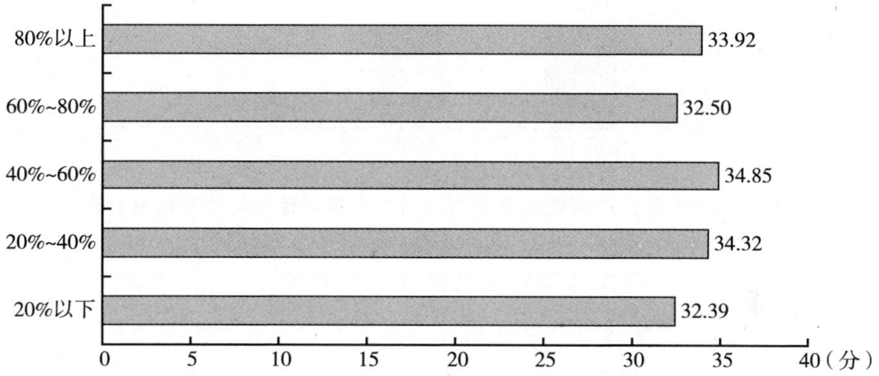

图5　2014年公用事业行业上市公司股权集中度（CR4）与社会责任能力成熟度的关系

三　公用事业行业上市公司社会责任理念与战略维度评价分析

50家公用事业行业上市公司的社会责任理念与战略平均得分为41.21分，仅低于其经济价值创造能力得分。从具体分布来看，在50家上市公司中，有12家公司得分处于30分以下，有30家公司得分介于30～60分，得分处于60～80分的有8家，没有任何一家公司得分超过80分（见图6）。总体而言，公用事业行业上市公司的社会责任理念与战略得分处于弱能级。

案例一：瀚蓝环境社会责任理念与战略

瀚蓝环境是一家专注于环境服务产业的公司，业务领域涵盖自来水、供污水处理、固废处理、燃气供应，公司秉承“城市好管家、行业好典范、社区好邻居”和“财富的分享、能力的分享、价值观的分享”的“三好”“三分

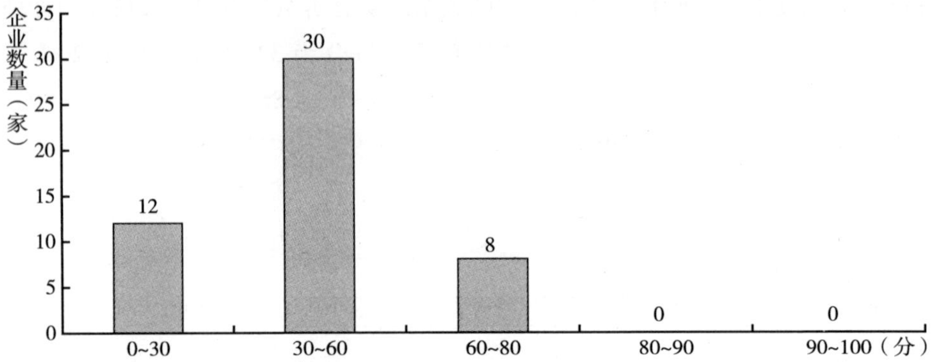

图6　2014年公用事业行业上市公司社会责任理念与战略得分分布

享”社会责任理念，并将其社会责任提升到战略高度。公司不断推进企业社会责任长效机制，逐步将可持续发展战略推进到公司每一个业务环节。

2014年，瀚蓝环境以专业、自律和透明为核心，全方位提供专业的系统化环境服务、以严于政府监管要求的标准自管理、推动第三方监管，做到“城市好管家”；打造从源头到终端治理的生活垃圾系统化处理模式、建立污水处理智能管理平台、全国首创建立供水管网微观模型等，为推动行业发展不断探索，做“行业好典范”；建设环保教育基地、环保主题公园和环保展厅，并面向公众开放，积极组织各种公益活动回馈社会，做“社区好邻居”。

（一）社会责任理念清晰

社会责任理念可以帮助企业更好地协调经济、社会和环境之间的发展和竞争，其主要包含融入企业愿景（社会责任愿景）、融入企业使命、融入企业价值观3个三级指标。50家公用事业行业上市公司的“责任理念”指标平均得分为50.03分，得分在30～60分的企业占样本总量的34%，处于60～80分的企业占样本总量的38%（见图7）。从中可知，大部分企业已将社会责任理念融入企业的愿景、使命、价值观中，让履行社会责任成为公司发展运行的一部分。其中有一些表现尤为突出的企业，如粤电力、华电国际、深圳能源、梅雁吉祥、富春环保等。

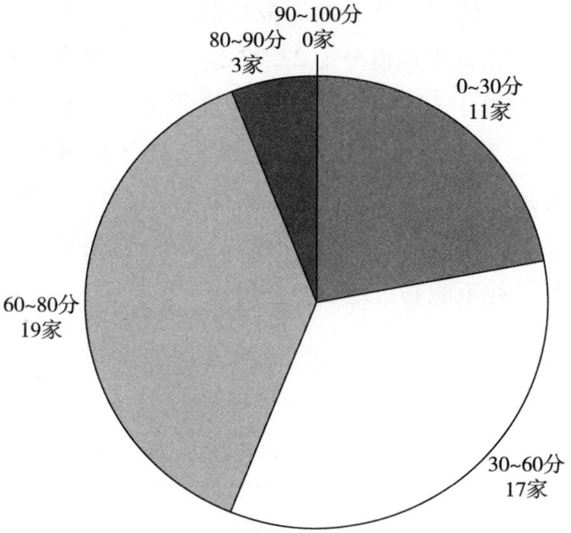

图7　2014 年公用事业行业上市公司“责任理念”指标得分分布

案例二：华电国际社会责任理念

华电国际电力股份有限公司成立于 1994 年 6 月 28 日，主要业务为建设、经营发电厂，包括大型高效的燃煤燃气发电机组及多项可再生能源项目以及开发、建设及经营煤矿。公司愿景是“能源巨子、行业先锋、国际一流”，公司价值观是“尽责、诚信、创新、和谐”，公司使命是“提供可靠、清洁、经济之能源，输出发展、进步、文明之动力，实现报效祖国、回报股东、成就员工之宏愿”。公司以产业报国为己任，以实现经济、社会和环境综合效益最大化为目标，维护股东利益，保护员工、消费者以及其他利益相关者的权益，推进环境友好、资源节约的能源供应，积极参与社会公益，以企业发展带动地方经济振兴，切实履行企业的社会责任。

（二）社会责任战略与公司战略融入存在问题

责任战略包括可持续发展战略/规划和社会责任专项规划 2 个三级指标，用以衡量企业是否从战略高度将社会环境目标、利益相关方期望与企业发展目标融合，让履行社会责任成为企业发展战略的一部分。50 家公用事业行业上市公司“责任战略”指标平均得分为 27. 97 分，其中 25 家企业得分处于 30 分以下，19 家企业得分处于 30 ~60 分，5 家企业得分处于 60 ~90 分，1 家企业得分处于 80 ~90 分，没有一家企业得分超过 90 分（见图 8）。大部分企业没有专门的可持续发展战略，也没相关社会责任专项规划，有的企业虽设有这两项，但是内容都比较空洞，缺乏系统、合理的实施背景和分析，造成在执行过程中的可操作性低，并不能真正地在企业实施。

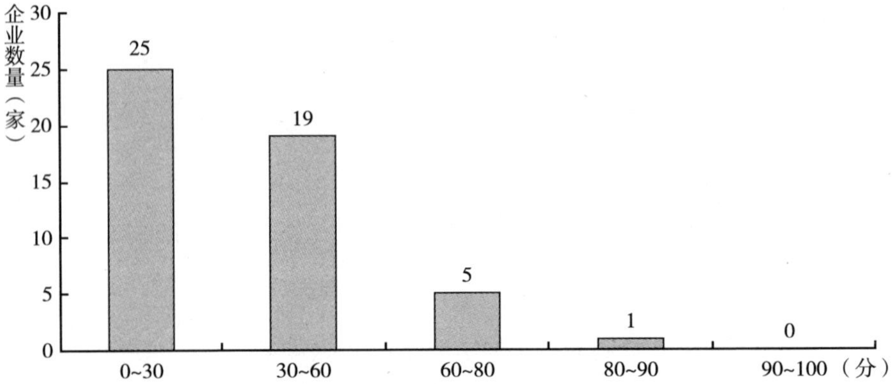

图 8　2014 年公用事业行业上市公司“责任战略”指标得分分布

四　公用事业行业上市公司社会责任推进管理维度评价分析

50 家公用事业行业上市公司的社会责任推进管理平均得分为 16. 96 分，在各维度中得分最低，说明社会责任推进管理在当前我国公用事业行业企业内部推行的难度较大。统计显示，有 38 家企业得分处于 30 分以下，12 家企业处于 30 ~60 分，没有一家企业得分超过 60 分（见图 9）。总的来讲，整个公用事业行业的社会责任推进管理都存在极大的缺失。

（一）社会责任治理水平偏低

责任治理包括社会责任领导机构、社会责任工作机构、社会责任工作机

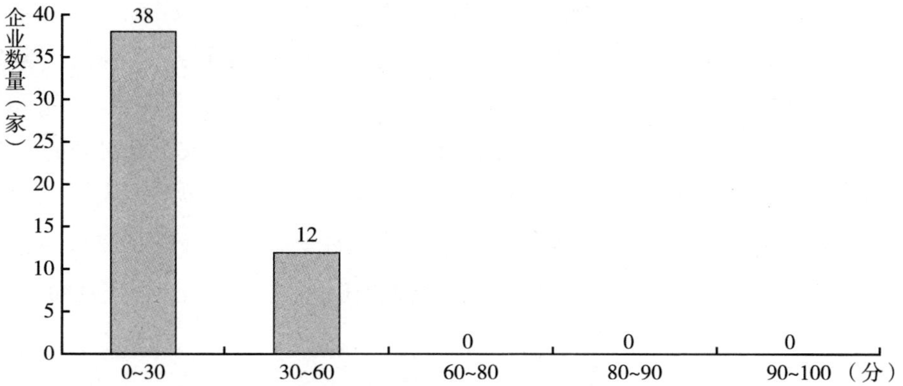

图 9　2014 年公用事业行业上市公司社会责任推进管理维度得分分布

制。50 家公用事业行业上市公司的“责任治理”指标平均得分为 12.45 分。研究显示，50 家公用事业行业上市公司的“社会责任领导机构”指标平均得分为 13.30 分，“社会责任工作机构”指标平均得分为 12.12 分，“社会责任工作机制”指标平均得分为 11.64 分（见图 10）。由此得出，公用事业行业的大部分企业没有成立专门的社会责任领导机构、社会责任工作机构和社会责任工作机制，企业并没有真正地将社会责任治理融入运营发展中。

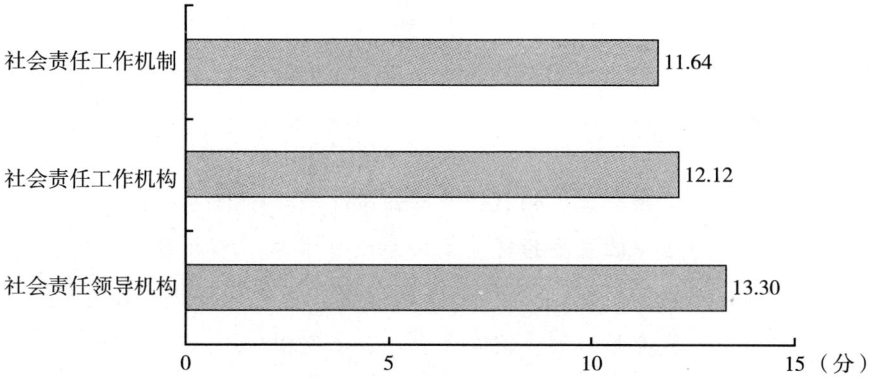

图 10　2014 年公用事业行业上市公司“责任治理”各指标得分分布

（二）多数企业没有建立社会责任绩效评估机制

社会责任绩效评估是企业为更好地履行社会责任而制定的考核评价标准，

主要包括社会责任评价指标体系和社会责任绩效考核两项三级指标。公用事业行业中 50 家上市公司“责任绩效评估”指标的平均得分为 8.19 分，其中“社会责任评价指标体系”平均得分为 7.04 分，“社会责任绩效考核”平均得分为 9.92 分（见图 11）。46 家企业得分处于 30 分以下，3 家企业得分处于 30 ~60 分，1 家企业得分处于 60 ~80 分，没有一家企业得分超过 80 分。由三级指标分析得出，虽然 50 家公用事业上市公司的社会责任绩效评估总体不是太完善，但其中瀚蓝环境企业内部建立的社会责任评估机制还是值得借鉴的。

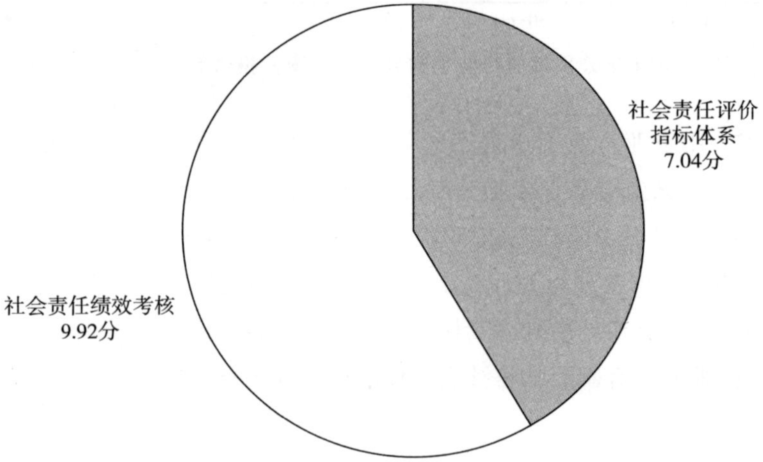

图 11　2014 年公用事业行业上市公司责任绩效评估各项指标得分分布

案例三：瀚蓝环境社会责任绩效评估

其社会责任报告中的主要指标除了关于责任管理、市场绩效、社会绩效、环境绩效四大主题内容之外，还包括 63 项行业相关的指标描述，范围涉及自来水生产与供应、废弃材料回收、电力生产、燃气供应。

目前，其社会责任指标已逐步被纳入各部门及员工绩效考核指标体系，并作为重要辅助指标进行考评，使社会责任指标完成情况与员工激励、晋升情况挂钩。

对已建立起 SA8000 的单位和子公司，社会责任指标完成情况的评估则使用内部审核和外部审核相结合的手段，每半年开展一轮内审与外审。审核人员由受专业培训的内审员和权威认证机构的外审员组成，绩效评估内容参照SA8000标准条款要求，通过检查文件记录、现场取证、人员面谈等方式进行评估。

对在节能环保、安全生产、公益慈善等社会责任相关工作方面有突出贡献的优秀单位、优秀个人或优秀实践进行评选，鼓励公司全员参与企业社会责任建设工作。

优秀单位要求下属各部门编制年中、年终总结报告，总结内容包括标准体系目标完成情况，体系的符合性程度、充分性程度、有效性程度，内审及外审纠正预防措施的及时性，内审及外审的配合情况，内审员变现等，与上一年度进行比较和综合评价，并对各部门进行评选和奖惩处理。

（三）社会责任能力建设不完善

社会责任能力建设主要包括社会责任专项培训、社会责任外部交流、社会责任知识管理、社会责任专项研究、重大社会责任实践活动（包括社会责任试点工作）五个指标。50家公用事业行业上市公司的“能力建设”指标平均得分为30.55分。其中，25家企业得分处于30分以下，13家企业得分处于30~60分，12家企业得分处于60~80分，没有一家企业得分超过80分（见图12）。皖能电力、创业环保、华电能源、深圳燃气、瀚蓝环境等企业的部分社会责任治理内容值得借鉴。

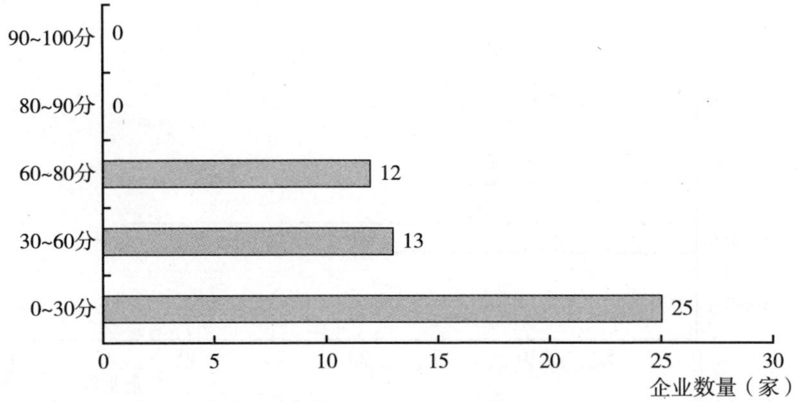

图12　2014年公用事业行业上市公司“能力建设”指标得分分布

（四）社会责任管理投入严重匮乏

企业社会责任管理的推进实施需要物力和人力作为基础，具体包括社会责任专项资金预算和社会责任专职人员数量两个方面。50 家公用事业行业上市公司的“社会责任管理投入”指标平均得分为 7.39 分。其中，“社会责任专项资金预算”指标平均得分为 1.68 分，“社会责任专职人员数量”指标平均得分为 13.1 分。从报告中得出这些企业几乎没有安排社会责任专项资金预算，即使设有社会责任专门机构，也缺少专职的社会责任工作人员。因此，公用事业行业在推进社会责任管理工作方面存在问题，有很大的进步空间。

五　公用事业行业上市公司经济价值创造能力维度评价分析

50 家公用事业行业上市公司经济价值创造能力平均得分为 56.06 分，是六大维度中得分最高的一项。在公用事业行业的 50 家上市公司中，34 家企业得分处于 30～60 分，15 家企业得分处于 60～80 分，1 家企业得分处于 80～90 分，没有一家企业得分处于 30 分以下或 90 分以上（见图 13）。按营业收入计算，有 36 家企业的营收超过 100 亿元，其中 2 家企业的营收超过 1000 亿元。无论是直接经济价值还是间接经济价值，公用事业行业上市公司的表现都处于较高水平。

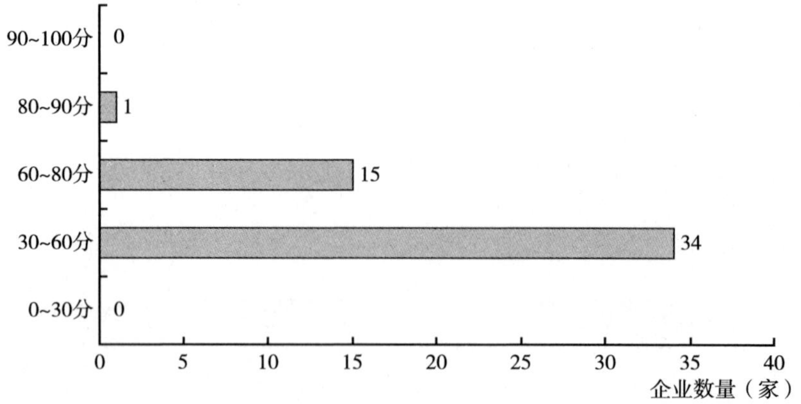

图 13　2014 年公用事业行业上市公司经济价值创造能力得分分布

（一）直接经济价值创造能力突出

直接经济价值的大小主要是体现在企业的营业收入、利润率和资产负债率上。50家公用事业行业上市公司“直接经济价值”指标平均得分为71.45分，98%的企业平均得分在60分以上，其中46家企业得分处于60~80分，3家企业得分处于80~90分。1家企业得分处于30~60分，没有一家企业得分处于30分以下或90分以上。其中部分企业的营业收入相对往年有所增长，利润率也有大幅度上升。

（二）行业创新不足，间接经济价值创造能力需进一步提升

间接经济价值是相对直接经济价值而言的，主要包括其对行业、税收、就业、创新四个方面的贡献。50家公用事业行业上市公司“间接经济价值”指标平均得分为45.79分。12家企业得分处于30分以下，34家企业得分处于30~60分，2家企业得分处于60~80分，2家企业得分处于80~90分，没有一家企业得分超过90分（见图14）。研究显示，公用事业行业在税收和就业这两个方面的贡献较大，但是拉低其分数的原因在于，一是公用事业行业上市公司对行业的贡献度较低，它们虽多数加入公用事业行业内的协会组织，但是其行业核心技术很难与其他同类企业分享，这不利于整个行业的发展。二是公用事业行业中一些具体行业针对创新的时间、财力、人力投入较大，但是由于其行业特性，许多创新性技术或成果投入实践中会经历相对较长的时间。

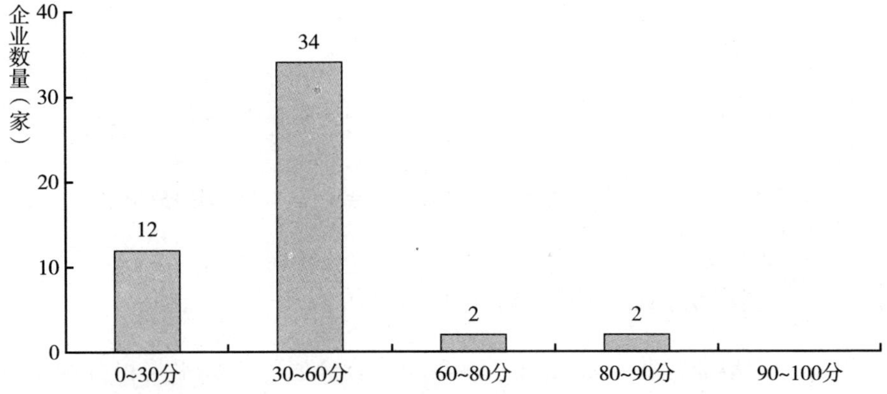

图14　2014年公用事业行业上市公司“间接经济价值”指标得分分布

六 公用事业行业上市公司社会价值创造能力维度评价分析

50家公用事业行业上市公司的社会价值创造能力平均得分为27.87分，低于经济价值创造能力、社会责任理念和战略以及合规透明运营能力得分。其中，29家企业得分在30分以下，21家企业得分在30～60分，占样本总量的比例分别为58%和42%；而没有一家企业得分超过60分（见图15）。在社会价值创造能力所涉及的6个二级指标中，50家公用事业行业上市公司的“为客户创造价值”和“为社区创造价值”两项指标得分不高，分别为19.06分和17.09分。这个现象值得思考，公用事业行业是为社会成员提供服务的行业，但为什么会出现这两项分值最低的情况。其中“为伙伴创造价值、为员工创造价值、公益慈善”指标得分较高，尤其是“为伙伴创造价值”这项指标平均得分为32.17分，是五项指标中最高的一项。

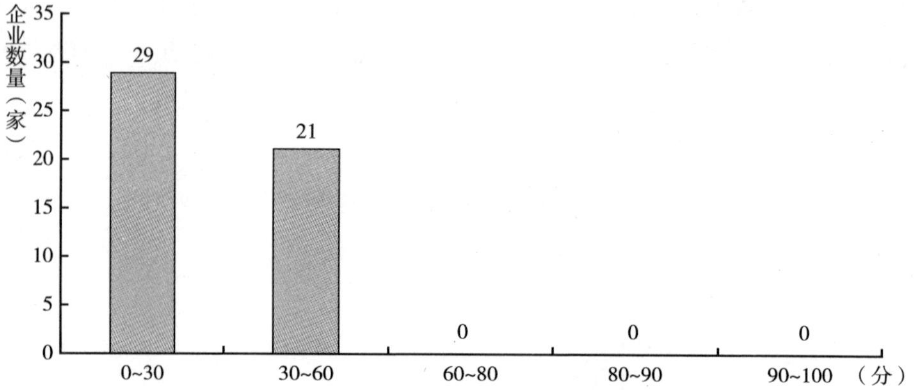

图15 2014年公用事业行业上市公司社会价值创造能力得分分布

（一）客户价值创造能力处于低水平阶段

50家公用事业行业上市公司“为客户创造价值”指标平均得分为19.06分，40家企业的得分在30分以下，占样本总量的80%，7家企业得分在30～60分，2家企业得分在60～80分，仅有一家企业得分超过80分，没有一家企业得分超过 90 分（见图 16）。这表明，我国公用事业行业企业需更多关注为客户创造价值。

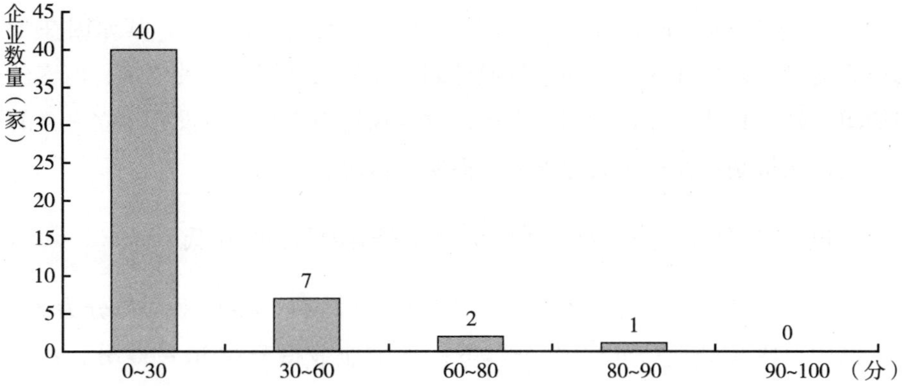

图 16　2014 年公用事业行业上市公司“为客户创造价值”指标得分分布

（二）关注产品质量和可持续消费

公用事业行业属于大众服务业，其生产的产品用途较广，涉及的人群范围较大。50 家公用事业行业上市公司在“为客户创造价值”的 8 项三级指标中，“产品质量”和“可持续消费”两项指标的得分较高，分别为 30. 14 分和 29. 20 分（见图 17）。这表明，公用事业行业上市公司在产品质量、可持续消费等方面开展了有效的工作。

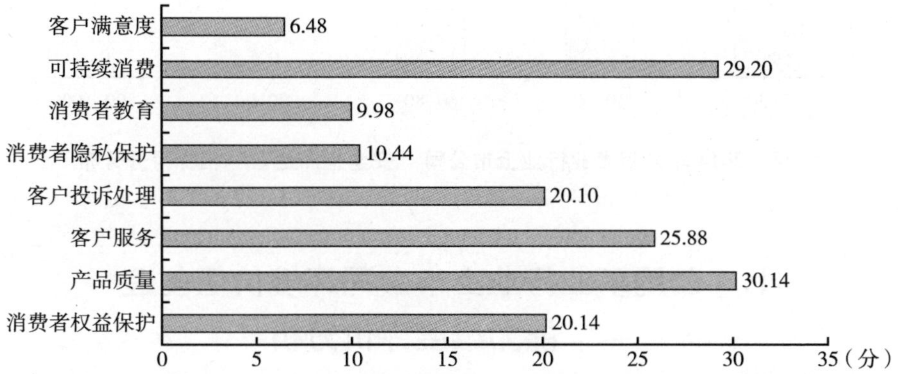

图 17　2014 年公用事业行业上市公司为客户创造价值各项指标得分分布

（三）整个公用事业行业为社区创造价值相对较低

50家公用事业行业上市公司的“为社区创造价值”指标平均得分为17.09分，92%的企业平均得分在30分以下。研究数据显示，其原因在于大部分企业没有促进社区发展的政策或计划，即使已经制定相关政策，内容也比较简单，缺乏具体的项目计划作支撑，政策执行力不强；也没有建立完善的社区沟通协调机制；在社区共建项目方面实施情况也一般。

（四）整个公用事业行业的安全生产运营分值偏低

50家公用事业行业上市公司的“安全生产运营”指标平均得分为37.88分。其中，18家企业得分在30分以下；25家企业得分在30～60分，占样本总量的50%；7家企业得分在60～80分，没有一家企业得分超过80分（见图18）。在这方面做得比较好的企业有广州发展、深圳能源、皖能电力、瀚蓝环境、深圳燃气、上海电力、武汉控股、长源电力等。

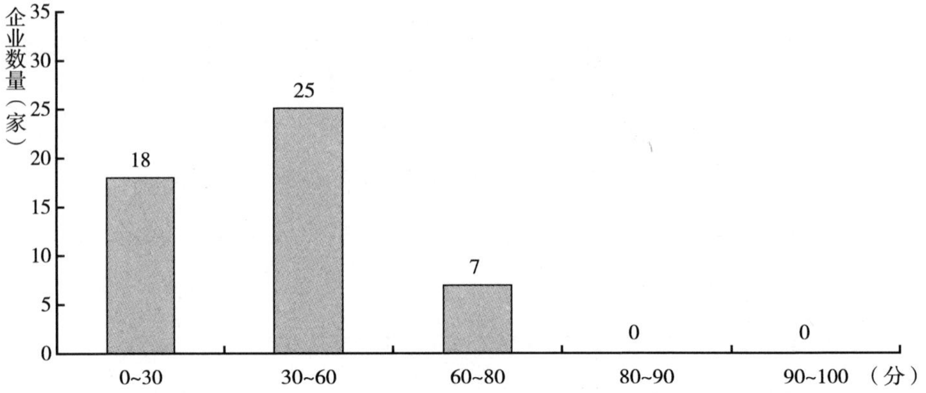

图18　2014年公用事业行业上市公司“安全生产运营”指标得分分布

七　公用事业行业上市公司环境价值创造能力维度评价分析

50家公用事业行业上市公司的环境价值创造能力指标得分为21.99分。

其中，35 家企业得分位于 30 分以下，占样本总量的 70%，15 家企业得分在 30～60 分，占样本总量的 30%，没有一家企业得分超过 60 分。

（一）公用事业行业整体环境管理水平较低

作为公用事业行业，其在工作生产过程中需要注重环保管理建设。环境管理有利于企业在运作中更好地履行其环境责任，促进环境责任的履行，为社会大众提供一个良好的生活环境。其水平的高低主要取决于企业内部是否建立了环境管理体系、针对环保投入的多少和环保负面信息披露的全面性三个方面。

50 家公用事业行业上市公司“环境管理”指标平均得分为 21.99 分。35 家企业得分在 30 分以下，15 家企业得分在 30～60 分，没有一家企业得分超过 60 分。50 家公用事业企业中最高分为 40 多分，分值相对于其他指标较低。随着民众对于环保需求日益高涨，新《环境保护法》正式颁布与实施，需要公用事业行业提出积极促进产业结构升级的解决办法。

（二）污染减排、资源可持续利用方面信息披露严重不足

在 50 家公用事业上市公司中，“污染减排”“资源可持续利用”两项指标的平均得分分别为 10.85 分和 8.24 分，其中“污染减排”指标没有一家企业得分在 60 分以上，而“资源可持续利用”指标只有 1 家企业得分在 60 分以上（见图 19）。公用事业行业中尤其是电力企业需要燃烧大量的煤炭发电，产生较多的污染气体和固体废弃物，但是其在社会责任报告中针对此方面的披露内容较少且不够详细。这是普通大众重点关心的一个重要议题，也是公用事业行业在履行环境责任中亟须改进的重要部分。

（三）重视生态环境保护

生态环境保护主要是指企业在生产经营过程中对水资源、土地资源、生物资源以及气候资源的保护，包括减少生态环境破坏、生态恢复与治理、环保公益 3 个三级指标。50 家公用事业行业上市公司“生态环境保护”指标的平均得分为 31.71 分，在环境价值创造能力 5 项指标中次于环境管理得分。其中，24 家企业得分在 30 分以下，19 家企业得分处于 30～60 分，6 家企业得分在 60～80 分，1 家企业得分处于 80～90 分，没有一家企业得分超过 90 分。研究显示，在生态

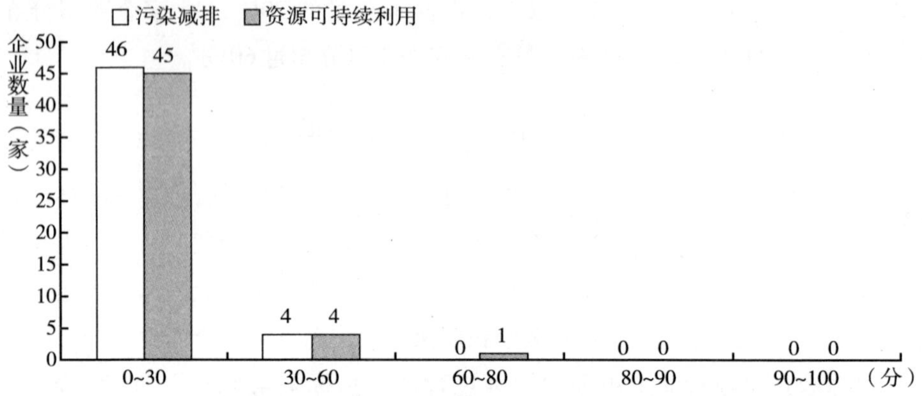

图 19　2014 年公用事业行业上市公司“污染减排”“资源可持续利用”指标得分分布

环境保护方面做得比较好的是“环保公益”，其平均得分为 39.44 分。也有一些企业在生态环境保护方面做得比较好，如深圳能源、大唐发电、凯迪电力等企业，值得借鉴。

案例四：凯迪电力生态环境保护

凯迪电力从创业伊始，就在水处理、大气污染治理和节能降耗领域取得长足发展，依托阳光凯迪强大的技术力量，成为市场业绩领先、最具竞争实力的企业。由节能环保领域继续前行，专注于生物能源领域。在生物质发电和非粮生物质制油领域已进入技术的制高点。凯迪电力生物能源技术将持续推进农业、工业与环境协调发展。

开发利用生物质能源，对于我国节能减排、保障能源安全、改善生态环境具有重大的意义，凯迪致力于开发生物质绿色能源和低碳循环经济产业。

公司生物质电厂利用当地农作物秸秆、木屑、锯末、花生壳、玉米芯、稻壳、树枝、树皮、树根等废弃物直燃发电，替代化石能源，努力减少二氧化碳、二氧化硫的排放，实现农林废弃物资源综合利用。公司创新的“村级收购点+大客户”燃料收购模式，已经实现了生物质燃料收集的“专业化、机械化、标准化、信息化”，充分发动当地的农民朋友送燃料到生物质电厂，促进农民增收，为公司打下了坚实的燃料保障基础；同时，电厂创造劳动就业机会，带动了当地县域经济发展。

八　公用事业行业上市公司合规透明运营能力维度评价分析

50 家公用事业行业上市公司合规透明运营能力平均得分为 40.86 分，在六大维度中得分仅次于经济价值创造能力得分。公用事业是城市生产经营、居民日常生活不可缺少的事业，是城市生存与发展的基础和基本条件。这一事业的发达和完善，能提高整个城市的劳动生产效率、工作效率，节约社会劳动成本，为居民生活创造优美的环境和良好的条件。它反映城市面貌和文化水准、生活水平以及经济水平的整体面貌。因此，社会公众对其透明度和规范性的要求更高。统计显示，在 50 家公用事业上市公司中，合规透明运营能力得分处于 30 分以下的企业有 8 家，处于 30 ~60 分的企业有 37 家，处于 60 ~80 分的企业有 5 家，没有一家企业得分超过 80 分。

（一）公用事业行业的合规运营工作效果较好

合规运营是衡量企业履行法律责任的重要指标，包括合规管理体系、合规培训、腐败事件数和因违规罚款数。50 家公用事业行业上市公司“合规运营”指标平均得分为 40.00 分，有 15 家企业得分在 30 分以下，31 家企业得分位于 30 ~60 分，4 家企业得分位于 60 ~80 分，没有任何一家企业得分超过 80 分。研究显示，合规管理体系得分为 55.74 分，合规培训得分次之，为 27.90 分（见图 20）。这主要是因为公用事业企业注重对合规运营信息的披露，如企业中开展合规管理、合规培训的相关资料或开展的合规培训等工作。

（二）公用事业行业信息披露不健全

信息披露是衡量企业透明度的重要指标。50 家公用事业行业上市公司“信息披露”指标平均得分为 39.46 分，21 家企业得分在 30 ~60 分，而得分在 60 分以上的企业共 9 家，其中有 1 家企业得分在 80 ~90 分，说明大部分公用事业企业能够自觉地将利益相关方关注的信息进行公开公示发布。

研究显示，50 家公用事业行业上市公司“信息披露机制”指标平均得分为 58.06 分，披露方式中“发布财务报告”指标平均得分为 58.62 分，“发布

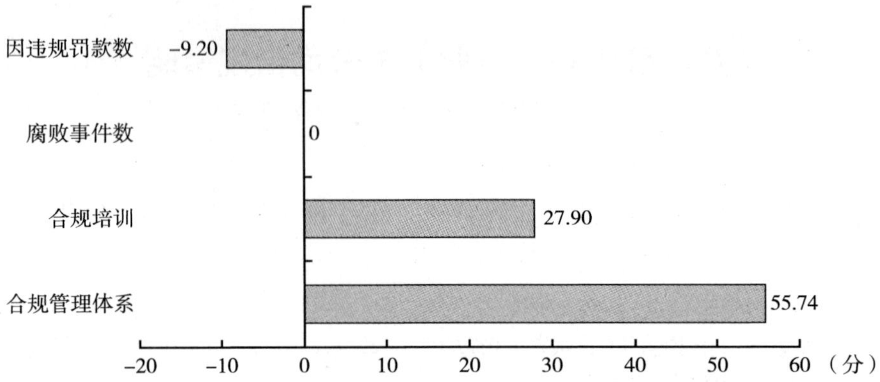

图 20　2014 年公用事业行业上市公司合规运营各项指标得分分布

社会责任报告”指标平均得分为 21.94 分，“召开新闻发布会数量”指标平均得分为 8.60 分，“网络平台发布信息数量”指标平均得分为 42.78 分（见图 21）。这说明，大部分企业建立了信息披露机制，有严格的信息披露程序，能满足利益相关方的诉求；50 家上市公司中大部分在公司官网、东方财富网等网络平台发布了信息；但是其新闻发布会的信息较少。其中，粤电力、桑德环境、兴蓉环境、深圳能源的“信息披露”指标得分均在 70 分以上，在 50 家企业中做得相对较好。

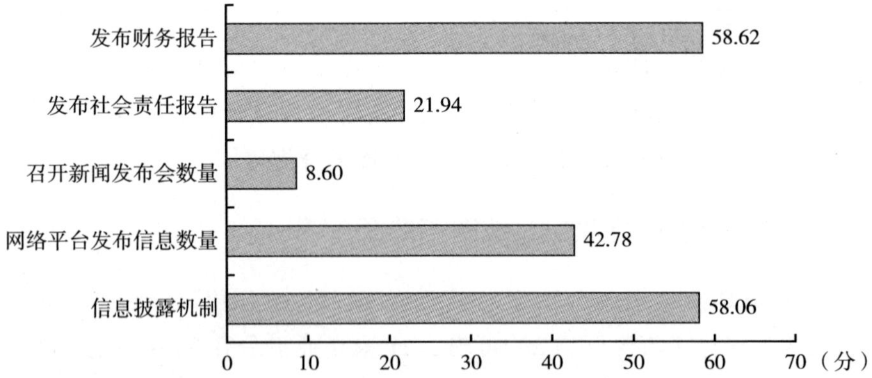

图 21　2014 年公用事业行业上市公司信息披露各项指标得分分布

B.18

2014年中国电气设备行业上市公司社会责任能力成熟度评价分析

摘　要： 为了评价电气设备行业上市公司的社会责任能力成熟度水平，本文选取了2014年电气设备行业市值最大的50家公司作为评价对象。首先说明了评价对象的基本特征分布，其次阐述了本次评价的总体结论，然后系统分析了电气设备行业上市公司社会责任能力成熟度六大维度的具体表现，最终得出中国电气设备行业上市公司社会责任能力成熟度评价结果。评价发现，机械行业上市公司社会责任能力成熟度整体处于无能级，大部分企业还没有形成专门的可持续发展战略和制定社会责任专项规划，同时行业因创新带来的技术溢出效应相对较大。

关键词： 电气设备行业　社会责任能力成熟度　行业创新

一　电气设备行业上市公司社会责任能力成熟度评价对象

为了评价2014年中国电气设备行业上市公司的社会责任能力成熟度水平，本研究按照市值排名，选取了2014年电气设备行业A股市值最大的50家公司作为评价对象。其基本特征如表1所示。

表1　2014年电气设备行业上市公司50强基本特征分布

类别	极小值	极大值	均值	中值	众数	标准差	偏度	偏度的标准误	峰度	峰度的标准误
总资本	12.40	1435.51	126.48	50.62	12.40	242.09	4.114	0.337	18.810	0.662
负债	0.98	981.25	75.51	20.69	0.98	170.40	4.143	0.337	18.485	0.662
营业收入	3.13	767.85	70.43	34.84	3.13	125.96	4.191	0.337	20.138	0.662
营业净利率	-38.12	30.77	8.81	9.01	-38.12	9.71	-1.949	0.337	10.448	0.662

续表

类别	极小值	极大值	均值	中值	众数	标准差	偏度	偏度的标准误	峰度	峰度的标准误
市值	54.23	909.54	140.94	78.87	54.23	148.62	3.341	0.337	14.174	0.662
市盈率	11.60	1326.56	87.99	36.40	11.60	203.59	5.256	0.343	30.504	0.674
独立董事占比	0.00	44.44	34.87	33.33	33.33	6.46	-3.023	0.337	17.082	0.662
股权集中度 CR4	23.95	90.61	59.63	61.55	23.95	16.17	-0.375	0.337	-0.371	0.662

注：总资本、负债、营业收入、市值的单位为亿元；营业净利率、独立董事占比、股权集中度的单位均为百分比。

二 电气设备行业上市公司社会责任能力成熟度总体评价分析

（一）电气设备行业上市公司社会责任能力成熟度整体处于无能级

50家电气设备企业的社会责任能力成熟度平均得分为24.73分，整体处于无能级。其中，企业社会责任能力成熟度处于无能级的公司有37家，占比74%；企业社会责任能力成熟度处于弱能级的公司有13家，占比26%；没有任何上市公司的企业社会责任能力成熟度处于本能级、强能级或者超能级（见图1）。

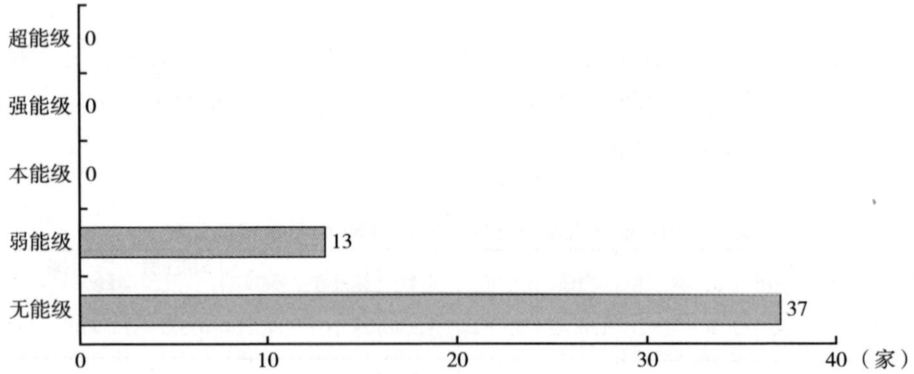

图1 2014年电气设备行业上市公司社会责任能力成熟度等级分布

（二）电气设备行业上市公司不同维度的社会责任能力成熟度水平存在较大差距

从社会责任能力成熟度的六个维度来看，电气设备行业上市公司的经济价值创造能力得分最高，平均得分为61.48分，处于本能级；合规透明运营能力得分次之，平均得分为28.91分，处于无能级；社会责任理念与战略平均得分为21.47分，处于无能级；社会价值创造能力、环境价值创造能力和社会责任推进管理平均得分分别为19.70分、13.39分和1.96分，均处于无能级（见图2）。

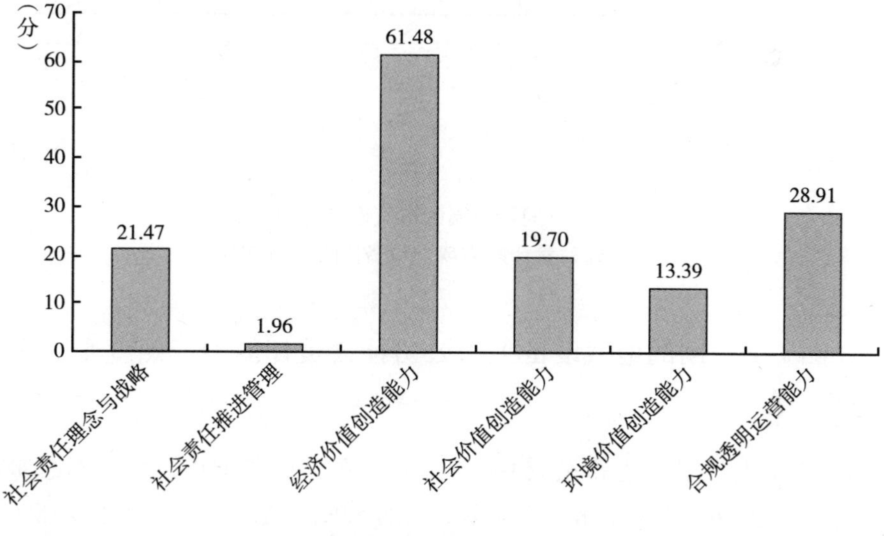

图2　2014年电气设备行业上市公司社会责任能力成熟度六大维度得分对比

（三）国有电气设备上市公司的社会责任能力成熟度高于非国有电气设备上市公司

在市值最大的50家电气设备上市公司中，包含14家国有上市公司和36家非国有上市公司。统计显示，国有电气设备上市公司的社会责任能力成熟度平均得分为28.05分，非国有电气设备上市公司的社会责任能力成熟度平均得分为23.44分。另外，从社会责任能力成熟度的六个维度来看，除了社会责任理念与战略维度外，在其他五个维度上国有企业的得分均高于非国有企业（见图3）。

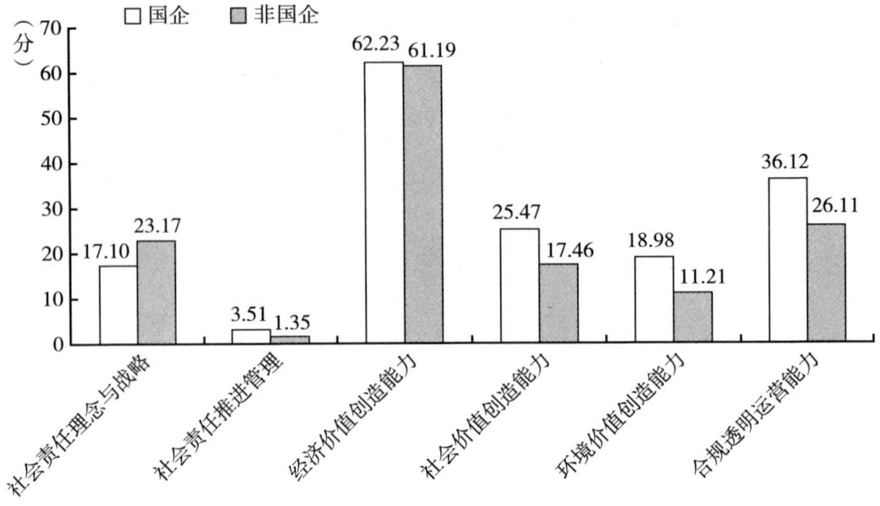

图3　2014年不同所有制的电气设备行业上市公司社会责任能力成熟度各维度得分对比

（四）上交所的电气设备上市公司社会责任能力成熟度水平高于深交所

在50家电气设备上市公司中，有21家在上交所上市，占样本总量的42%，有29家在深交所上市，占样本总量的58%。统计发现，在上交所上市的电气设备公司社会责任能力成熟度平均得分为28.21分，深交所的电气设备上市公司社会责任能力成熟度平均得分为22.21分，均处于无能级，上交所上市公司的得分高于深交所上市公司。从社会责任能力成熟度的六大维度来看，除了社会责任推进管理维度外，其他五个维度的得分均是上交所上市公司高于深交所上市公司（见图4）。

（五）电气设备行业上市公司社会责任能力成熟度水平随着上市时间增加呈无规律变动特点

在50家电气设备上市公司中，上市时间在5年以下的企业有11家，其社

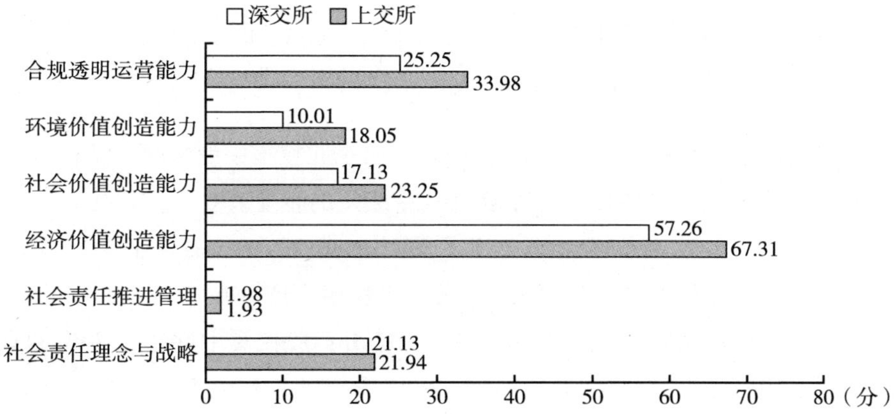

图4　2014年沪深两市电气设备行业上市公司社会责任能力成熟度各维度得分对比

会责任能力成熟度平均得分为18.12分；上市时间在20年以上的企业有3家，其社会责任能力成熟度平均得分为22.14分；上市时间介于5～10年的企业有19家，其社会责任能力成熟度平均得分为27.71分；上市时间处于10～15年的企业有9家，其社会责任能力成熟度平均得分为25.85分；上市时间在15～20年的企业有8家，其社会责任能力成熟度平均得分为26.42分，均处于无能级（见图5）。可以看出，电气设备行业上市公司社会责任能力成熟度水平随着上市时间增加呈现无规律变动特点。

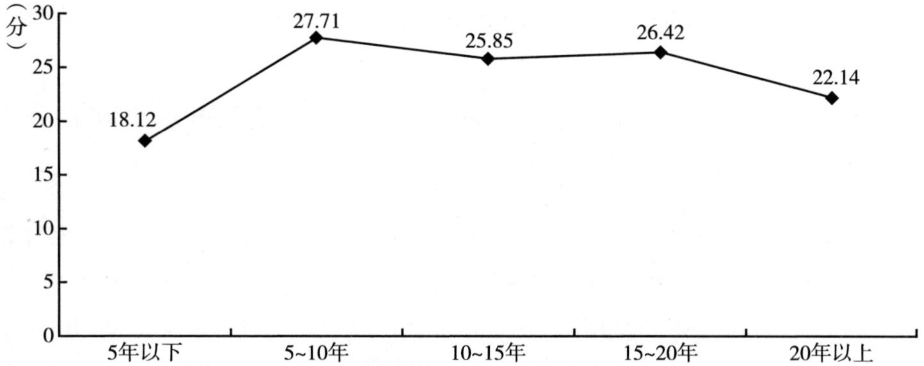

图5　2014年电气设备企业的上市时间与社会责任能力成熟度水平之间的关系

（六）随着股权集中度的提高，电气设备行业上市公司社会责任能力成熟度水平呈无规律变动特点

在50家电气设备上市公司中，在前四大股东股权集中度方面，没有一家企业的股权集中度处于20%以下；介于20%～40%的企业有6家，其社会责任能力成熟度平均得分为24.63分；股权集中度处在40%～60%的企业有16家，其社会责任能力成熟度平均得分为26.07分；股权集中度处在60%～80%的有24家，其社会责任能力成熟度平均得分为22.95分；股权集中度超过80%的有4家，其社会责任能力成熟度平均得分为30.17分，处于弱能级（见图6）。从以上分析可以看出，股权集中度与社会责任能力成熟度水平呈无规律变动关系。

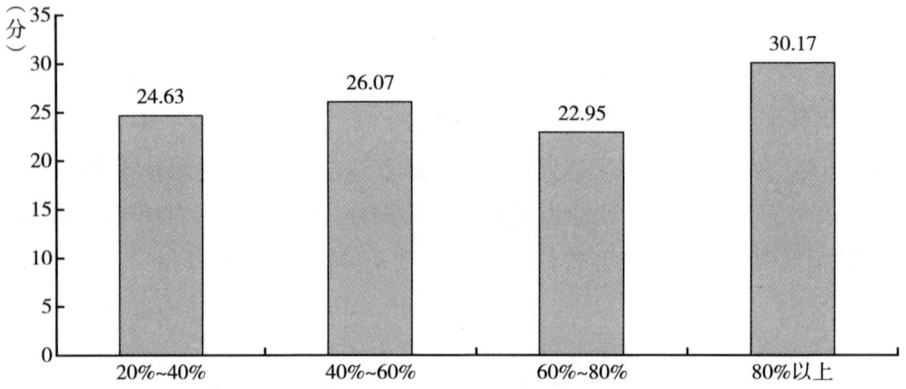

图6　2014年电气设备行业上市公司股权集中度与社会责任能力成熟度水平的关系

（七）电气设备行业上市公司社会责任能力成熟度水平随着公司总资产规模的增加呈上升趋势

随着总资产规模的增加，上市公司的社会责任能力成熟度水平呈现上升趋势。在50家电气设备行业上市公司中，总资产低于100亿元的企业有38家，其社会责任能力成熟度平均得分为22.74分；总资产介于100亿元和1000亿元之间的企业有11家，其社会责任能力成熟度平均得分为29.43分；总资产处在1000亿元到5000亿元之间的企业有1家，其社会责任能力成熟度平均得分为48.31分；没有一家企业的总资产处在5000亿元以上。

三　电气设备行业上市公司社会责任理念与战略维度评价分析

电气设备行业上市公司的社会责任理念与战略平均得分为21.47分，整体处于无能级。统计发现，有36家企业的得分在30分以下，有13家企业的得分在30~60分，有1家企业的得分在60~80分，没有一家企业的得分在80分以上。

（一）社会责任理念不够清晰

在社会责任能力成熟度评价中，责任理念关系企业是否自觉将社会责任原则和理念融入企业愿景、使命和价值观中，并进行充分融合，让履行社会责任成为公司存在的意义之一。统计发现，电气设备行业上市公司“责任理念”指标平均得分为33.45分。其中，有1家企业的得分在80~90分，有10家企业的得分在60~80分，有14家企业的得分在30~60分，有25家企业的得分在30分以下（见图7）。在其涉及的3个三级指标中，“融入企业愿景（社会责任愿景）”“融入企业使命”“融入企业价值观”指标的平均得分分别为25.54分、40.74分和34.08分。这说明，大部分企业的企业愿景、企业使命、企业价值观中体现了一部分具有完整意义的社会责任思想，但未将其与社会责任实现真正的融合。

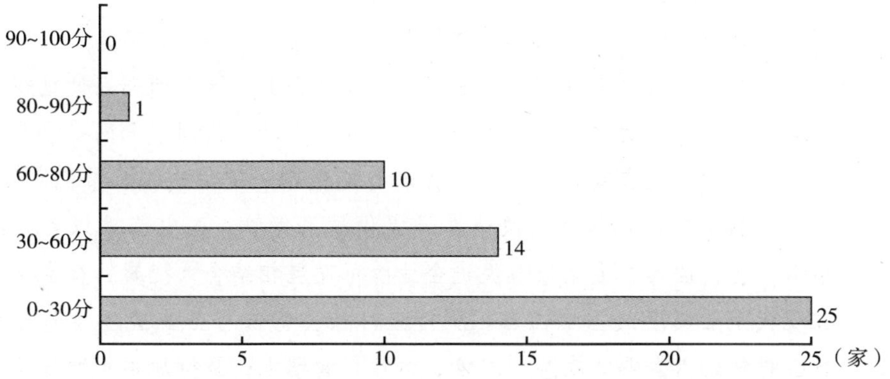

图7　2014年电气设备行业上市公司“责任理念”指标得分分布

（二）未从战略高度制定可持续发展战略和规划

责任战略关系企业是否综合考虑内外部环境和利益相关方需求，制定和实施有利于经济、社会、环境协调平衡可持续发展的企业整体发展战略或社会责任专项规划。研究显示，电气设备行业上市公司“责任战略”指标平均得分为3.50分。其中，有46家企业的得分在30分以下，占样本总量的92%，有4家企业的得分在30分以上。在其涉及的2个三级指标中，“可持续发展战略/规划”和“社会责任专项规划”指标的平均得分为5.20分和1.80分。结果显示，大部分企业还没有形成专门的可持续发展战略和制定社会责任专项规划，未让履行社会责任成为企业发展战略的一部分。

案例一：国电南瑞责任路径

发展战略：国电南瑞以服务民族电工电气装备产业发展为使命，以电网自动化、发电及新能源、节能环保、工业控制（含轨道交通）相关领域的软/硬件产品开发、制造、销售与系统集成服务为核心业务，以创新为动力，积极转变公司发展方式，大力推进科技创新、管理创新和机制创新，加快建设一流人才队伍，大力实施国际化战略，持续提升核心竞争力，构建现代管理体系和现代产业体系，力争建成国际一流的现代高科技企业。

价值理念——企业精神：努力超越，追求卓越。经营宗旨：以技术引领市场，以服务赢得用户。人才理念：以人为本，自主创新，忠诚企业，奉献社会。产业理念：以产业报国和科技兴国为己任，永远保持技术领先。服务理念：始于客户需求，终于客户满意。文化理念：团结，拼搏，求实，创新。

社会责任观：作为电力及相关行业的高新技术企业，国电南瑞高度重视实践企业社会责任，始终致力于为国家电力产业创新发展、为国家电网安全稳定运行提供坚强支撑，始终致力于为推进我国智能电网、清洁能源、节能环保、工业控制（含轨道交通）等产业快速发展提供技术保障。国电南瑞以可持续发展为核心，坚持履行社会责任与促进企业改革发展相结合，把履行社会责任作为建立现代企业制度的重要内容；坚持履行社会责任与企业管理运营相融合，把社会责任融入企业的战略、决策、运营和管理中；坚持加强制度建设和监督检查，推动企业在诚信经营、产品服务、环境保护、安全生产、员工权益等方面履行承诺。国电南瑞以科学的社会责任观为指引，积极建设负责任、可信赖的国际一流高新技术企业，为推进经济社会环境可持续发展做贡献。

四　电气设备行业上市公司社会责任推进管理维度评价分析

电气设备行业上市公司社会责任推进管理平均得分为1.96分，在各大维度中得分最低。这说明，社会责任推进管理工作严重影响着当前我国电气设备行业社会责任能力成熟度的进一步提升。其中，50家企业的得分均在30分以下，说明电气设备行业上市公司还未将社会责任推进管理真正纳入企业日常管理体系中。

（一）社会责任治理缺乏必要的组织体系和工作机制

责任治理要求企业建立必要的组织体系和工作机制，保证公司社会责任理念得以贯彻，保证社会责任战略和目标得以落实。电气设备行业上市公司“责任治理”指标平均得分为4.02分，其中有48家企业的得分在30分以下，有2家企业的得分在60~80分。在其涉及的3个三级指标中，“社会责任领导机构”“社会责任工作机构”“社会责任工作机制”三个指标的平均得分分别为2.30分、2.10分和8.22分。结果表明，大部分企业没有专门成立社会责任领导机构、社会责任工作机构和社会责任工作机制，但安排某个处级机构分管社会责任工作，在实际工作中仅有发布社会责任报告等少量社会责任事务，社会责任治理结构还很不完善。

案例二：置信电气责任管理

责任治理：保护环境、维护利益相关者的合法权益、促进社会和谐稳定和可持续发展，是公司义不容辞的责任和义务。多年来，置信电气一直积极履行各项社会责任，并根据上海证券交易所有关通知和工作要求，从2010年起连续5年披露了企业年度社会责任报告。

由公司领导层组成的社会责任领导小组统筹、领导并推进公司的社会责任工作，审批公司社会责任规划与工作计划。公司建立了企业社会责任报告编制工作的长效机制，摸索出一套适合置信电气实际情况的企业社会责任报告编制流程。

责任融合：置信电气积极投身于时代和社会发展的大势中，将企业发展与环境保护相融合。2013 年 1 月重组整合以来，根据国家电网产业发展规划，公司除了进一步巩固中低压一次电气设备龙头企业的市场地位外，积极拓展节能和低碳领域业务，先后组建了置信节能环保和置信碳资产两个子公司，构建了集低碳研究与规划、节能装备制造、节能服务及企业碳资产管理于一体的完整低碳服务产业链，形成了以中低压一次电气设备为主体，以节能低碳产业和电网运维服务产业为两翼的“一体两翼”发展格局，并将逐步实现从制造业向节能服务业的战略转型，以节能低碳产业为主体业务，进而把公司打造成为国内外知名的节能低碳产业综合服务商。

（二）能力建设和制度建设仅处于起步阶段

能力建设是指企业提升员工责任意识、丰富理论知识和实践经验、打开思维眼界的一系列工作。研究发现，电气设备行业上市公司“能力建设”指标平均得分为 1.76 分，其中，有 49 家企业的得分在 30 分以下，有 1 家企业的得分在 30 ~ 60 分。在其涉及的 5 个三级指标中，除了“重大社会责任实践活动”指标的得分为 7.66 分，“社会责任专项培训”“社会责任外部交流”“社会责任知识管理”“社会责任专项研究”指标的平均得分均在 5 分以下。这表明在社会责任专项培训、社会责任外部交流、社会责任知识管理、社会责任专项研究和重大社会责任实践活动五个方面，电气设备行业上市公司还没有将其纳入社会责任推进管理日程中。

制度建设指企业为融入社会责任理念、推进社会责任工作而建立的制度体系。电气设备行业上市公司“制度建设”指标平均得分为 1.02 分，其中，有 49 家企业的得分在 30 分以下，有 1 家企业的得分在 30 ~ 60 分。在其涉及的 2 个三级指标中，“社会责任推进制度”和“现有制度的修订完善”指标的平均得分均在 5 分以下。这说明，大部分企业未建立社会责任推进制度，也没有开展从社会责任角度审查现有公司制度的工作，制度建设还处于基本空白的状态。

（三）未将社会责任工作纳入企业绩效评估体系中

社会责任绩效评估关系企业是否为推进社会责任工作而制定了一整套完善的评价指标体系，并将社会责任工作表现纳入公司绩效考核。统计显示，电气设备行业50家上市公司的“责任绩效评估”指标平均得分为1.19分。其中，有49家企业的得分均在30分以下，有1家企业的得分在30～60分。在其涉及的2个三级指标中，“社会责任评价指标体系”和“社会责任绩效考核”指标的平均得分分别为0.20分和2.68分。这说明，绝大多数电气设备行业上市公司还没有建立社会责任评价指标体系，也没有实施社会责任绩效考核，比较忽视社会责任绩效评估工作。

（四）社会责任管理工作缺少专项资金的支持

社会责任管理投入是企业为推进社会责任工作给予的资源保障，关系企业是否为社会责任推进管理工作安排了专项资金预算和专职从事社会责任推进管理工作的员工。电气设备行业50家上市公司“社会责任管理投入”指标平均得分低于10分，其中，有49家企业的得分均在30分以下，有1家企业的得分在30～60分。在其涉及的2个三级指标中，“社会责任专项资金预算”和“社会责任专职人员数量”指标的平均得分均在5分以下。这说明，大部分企业没有建立年度社会责任专项资金预算来推进社会责任工作；没有安排社会责任专职人员或只安排了1～2名社会责任兼职人员来处理社会责任事务，社会责任管理投入严重匮乏。

五　电气设备行业上市公司经济价值创造能力维度评价分析

电气设备行业上市公司经济价值创造能力平均得分为61.48分，在六大维度中得分最高，远远高于其他维度的得分，说明其较为重视经济价值创造能力。其中，有5家企业的得分在30分以下，有13家企业的得分在30～60分，有29家企业的得分在30～60分，有3家企业的得分在80～90分。

（一）直接经济价值创造能力较为突出

直接经济价值用体现经济总量、经济增量和经济安全性的三个核心指标来衡量，即营业收入、利润率和资产负债率。电气设备行业上市公司的“直接经济价值”指标平均得分为62.75分。其中，没有一家企业的得分在30分以下，有20家企业的得分在30～60分，有27家企业的得分在60～80分，有2家企业的得分在80～90分，有1家企业的得分在90分以上（见图8）。在其涉及的3个三级指标中，“营业收入”“利润率”“资产负债率”指标的平均得分分别为63.36分、66.98分和57.10分。这说明，2014年电气设备行业上市公司的营业收入和利润率较高，或者较往年有所提高，资产负债率也得到了企业经营者和债权人的认可。

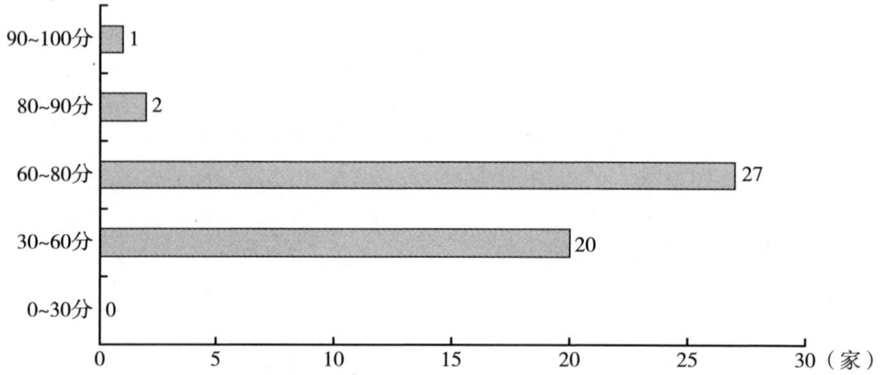

图8　2014年电气设备行业上市公司“直接经济价值”指标得分分布

（二）因创新而带来的技术溢出效应相对明显

间接经济价值是企业生产运营活动间接为社会创造的经济价值，包括对行业发展、国家税收、社会就业的贡献和因为创新而带来的技术溢出效应。统计发现，电气设备行业上市公司“间接经济价值”指标平均得分为60.64分。其中，有9家企业的得分在30分以下，有8家企业得分在30～60分，有25家企业的得分在60～80分，有8家企业的得分在80～90分（见图9）。在其涉及的4个三级指标中，“对行业的贡献”“对税收的贡献”“对就业的贡献”

“对创新的贡献”指标的平均得分分别为61.34分、52.52分、59.32分和74.08分。这说明，大部分企业加入了行业组织，以参与者身份参加行业公共事务活动，有少量获奖；缴纳的税收在当地税收总收入中占比较低；在解决地方就业问题方面做出的贡献较小；有开展创新活动，有一些影响力较大的创新成果，得过少量奖励。

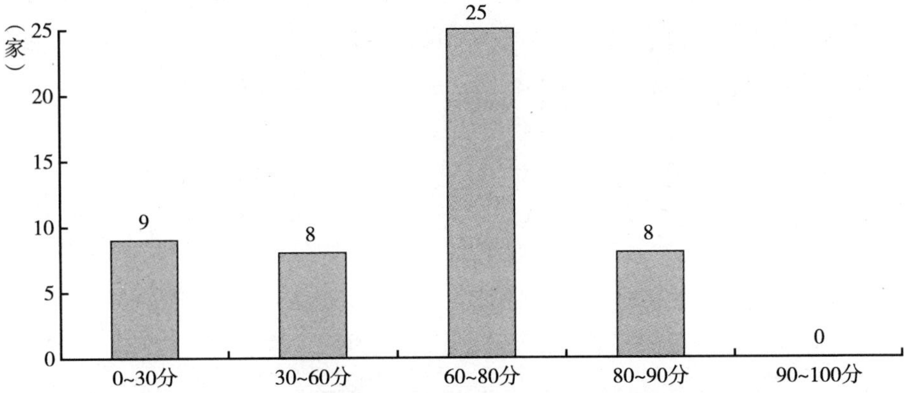

图9　2014年电气设备行业上市公司“间接经济价值”指标得分分布

六　电气设备行业上市公司社会价值创造能力维度评价分析

社会价值创造是企业在生产经营活动中基于互利共赢原则为利益相关方提供的产品、服务和履行的责任及义务。电气设备行业上市公司社会价值创造能力平均得分为19.70分。从得分分布来看，有39家企业的得分在0~30分，占比78%，有11家企业的得分在30~60分。

（一）注重产品质量和客户服务水平提升

电气设备行业上市公司“为客户创造价值”指标得分为25.82分（见图10）。其中，有31家企业得分在30分以下，有16家企业的得分在30~60分，有3家企业的得分在60~80分。在其涉及的8个三级指标中，“产品质量”和“客户服务”两项指标的平均得分较高，分别为67.50分和47.60分。这说明，电气设备行业上市公司建立了质量管理体系，产品合格率较高，部分产品通过国内认证；有较为完善的客户服务制度，偶尔开展服务培训和专题活动。而其他指标，“消费者隐私保护”“消费者权益保护”“客户满意度”“消费者教育”等指标的平均得分偏低，均低于20分。这说明，电气设备行业有关于消费者隐私保护的简单承诺，但没有制度保障；有涉及消费者权益保护的个别条例，但内容较为宽泛；偶尔开展客户满意度调查，调查过程比较简单，满意度结果一般，对促进服务改进的作用不大；开展过消费者教育活动，内容和形式比较单一；建有零散的客户投诉处理制度，但投诉解决率很低；缺少推动可持续消费的行为。

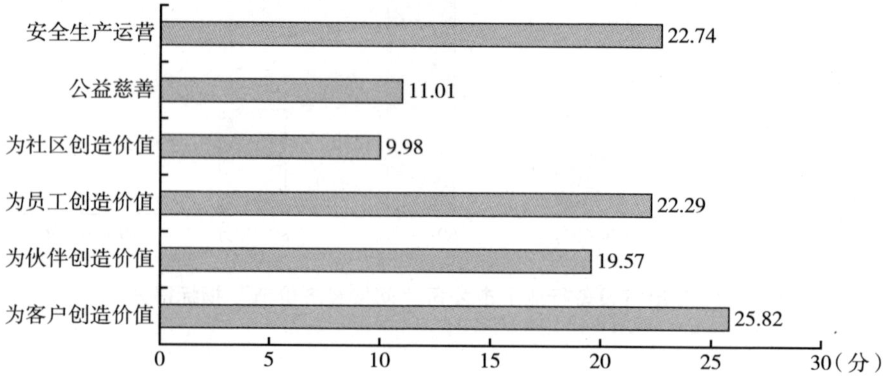

图10　2014年电气设备行业上市公司社会价值创造能力各项二级指标得分分布

案例三：汉缆股份——客户责任

产品安全管理与社会安全。通过实施品牌战略和以质取胜战略，以提高产品竞争力为目标，以服务客户为宗旨，最大程度地致力于使客户安全地销售和使用公司的产品，使产品的市场竞争力持续提升。产品质量是企业发展的根本，是企业优质资产回报的基础和前提。公司持续运行质量管理体系，加强日常质量管理，全员参与，强化质量工作机制，提升企业追求产品质量安全的向心力。汉缆产品顺利通过并保持强制性产品CCC认证和生产许可证等国家要求的生产资质认证，稳步提升了产品的市场占有率，回报社会，承担起企业应有的社会责任。通过企业生产环境全程管理和防护措施，消除可能对社会及社区产生的安全影响与安全隐患。与公安、边防、交警部门协力维护所在地社区的治安等工作，积极支持社会安全建设，承担相关的社区安全责任。

产品质量保证措施。多年来，通过ISO9001体系的持续运行和改进服务体系，形成完善的售前、售中、售后服务体系；以先进的制造设备、技术、研发水平和检测仪器提供优质周到的服务；专业安装队伍为客户提供良好的售后服务和各种培训指导；以及时到位服务、现场综合分析，为用户排忧解难；履行“三包”服务，满足客户需求。公司与客户多种方式的沟通渠道畅通，利用客户档案、电话、传真、网络、电子邮件等渠道受理、回应客户的各类问题意见，按程序和规定快速反馈到相关单位，在实际工作中及时纠正改进。

客户沟通满意管理。客户是公司重要的支持者和企业生存的基础，汉缆重视其满意度和服务感受，并作为实现客户权益的主要内容之一。持续改善用户服务水平，努力提高客户的满意度，保障客户权益。“始于客户需求，终于客户满意”已成为每个部门的工作出发点。致力于公平诚信地对待客户和消费者，保障产品质量，提供优质产品和服务，实现用户满意。为实现客户权益最大化，根据自身产品特点构建高品质的客户服务体系。

（二）基本保障了员工的基本权益

电气设备行业上市公司“为员工创造价值”指标得分为22.29分，其中，有40家企业的得分在30分以下，有9家企业得分在30~60分，有1家企业的得分在60~80分。在其涉及的18个三级指标中，“员工薪酬”“职业安全健康体系”“员工关爱”指标平均得分分别为56.98分、44.00分和43.78分；“劳动合同签订率”“五险一金覆盖率”“职业发展通道”“员工培训人均投入”指标的得分均在30~40分。研究显示，电气设备行业上市公司比较重视员工基本权益的保护，有较为合理的薪酬激励机制；建立了职业安全健康管理体系；定期开展员工关爱活动，活动内容比较丰富。而“男女员工比例”“管理层中女性所占比例”“员工满意度”“员工入会率”等其他指标的平均得分均在20分以下。说明电气设备行业上市公司在集体谈判机制、女性平等发展方面还有所欠缺，员工满意度偏低。

（三）合作伙伴关系不够深入全面

电气设备行业上市公司“为伙伴创造价值”指标得分为19.57分，说明电气设备行业上市公司还没有与相关伙伴建立紧密型合作关系。其中，有36家企业的得分在30分以下，有12家企业得分在30~60分，有2家企业的得分在60~80分。在其涉及的8个三级指标中，“产学研合作”“责任采购”“政企合作”指标的平均得分在20~40分，“公平竞争的理念与政策”“供应商社会责任审查”等指标平均得分在20分以下。这说明，电气设备行业上市公司与科研机构、高校间的合作较为频繁，但合作项目较为单一，合作产生的效果良好；将社会责任原则融入采购流程中，采购符合质量、环保等标准的产品或服务；有公平竞争的相关政策，但内容比较原则化和空泛，不具有可操作性；几乎没有对供应商开展过社会责任审查。

案例四：正泰电器——合作伙伴责任

“构建战略合作，实现互融共赢”是正泰电器深入贯彻多年的理念和承诺。公司本着平等协商、互利共赢的原则，建立公正、透明、规范的采购模式，注重对供应商的合规管理，与信誉、产品质量良好的供应商维持长期战略合作关系，协同供应商建立高效、绿色的供应链。

2014年，正泰电器坚持实施阳光采购、绿色采购、推行供应链的社会责任管理，用流程制度确保产品采购符合社会责任的要求，同时，通过“传、帮、带”提升供应商CSR意识和管理能力，推动产业链的可持续发展。公司通过正泰采购信息网，遵循“公平、公正、公开”的原则进行招标工作。在供应商的选定和年度复评中严格遵守CSR审核条款，并针对不达标的供应商制定相应的辅导和提升计划。为构建“诚实守信、清廉合作”的供应文化，正泰电器一直对供应商货款按期结算，并每年召开供应商大会，表彰奖励先进供应商。同时，正泰与供方签订的《采购合同》时要求其签订《廉政承诺书》，并向供方公布公司廉政诚信投诉渠道与电话；对内，正泰要求采购相关员工签订《廉政协议》，保障绿色采购、清廉采购。正泰始终将“诚信”作为第一标准，协同供应商共同建立“清正廉明”的供应链体系。

（四）社区关系管理机制不够成熟

电气设备行业上市公司“为社区创造价值”指标得分为9.98分，其中，有42家企业的得分在30分以下，有7家企业得分在30~60分，有1家企业的得分在60~80分。在其涉及的三级指标中，“促进社区发展的政策”“社区关系管理”“社区共建项目数”指标平均得分分别为13.46分、4.38分和10.94分。统计显示，电气设备行业上市公司制定了零散的社区发展政策，政策内容比较简单，缺乏具体的项目计划作支撑，政策执行力不够；设立了形式上的社区关系协调员和社区意见申诉渠道，但社区居民对企业评价较差；会有1~2个社区共建项目，但项目内容较为简单，实施情况一般，改善社区状况效果不明显。

（五）慈善责任仍停留在捐赠及公益活动等传统慈善行为上

电气设备行业上市公司的“公益慈善”指标得分为11.01分，其中，有42家企业的得分低于30分，有8家企业的得分在30~60分。在其涉及的5个三级指标中，“员工志愿者活动”和“对外捐赠总额”指标的平均得分分别为26.80分和16.50分，“企业公益基金/基金会”指标平均得分为6.36分。结果显示，电气设备行业大部分企业有一定数量的员工志愿者，有员工志愿者活动，多以参与者身份参加，但活动多为临时组织；没有常态化的捐赠行为，仅针对重大灾难有公益捐赠；有一定数量的员工志愿者活动；名义上设有企业公益基金会，但组织、人员和制度均没有配备，基金会形同虚设。

（六）安全生产运营工作落实不到位

安全生产运营是企业对员工和社会负责任的重要体现，包括安全生产管理体系、安全应急预案、安全演练次数、安全生产投入、安全生产培训、安全事故数和员工伤亡人数等。电气设备行业上市公司的“安全生产运营”指标得分为22.74分，其中，有31家企业的得分在30分以下，有17家企业的得分在30~60分，有2家企业的得分在60~80分（见图11）。在其涉及的5个三级指标中，“安全生产管理体系”和“安全生产培训”指标的平均得分较高，分别为40.32分和26.68分，“安全应急预案”“安全生产投入”“安全演练次数”指标的平均得分分别为12.50分、10.28分和16.00分。这说明，大部分企业建立了安全生产管理体系，体系文件内容较为完善；开展了安全生产培训，次数较少，覆盖人群较少，培训内容和方式较为单一；有编制零散仅针对个别重大事件的安全应急预案，预案内容较为简略，可操作性一般；安全生产投入较往年有所下降；安全演练次数较往年有所下降，演练内容较为单一，覆盖人群较少。

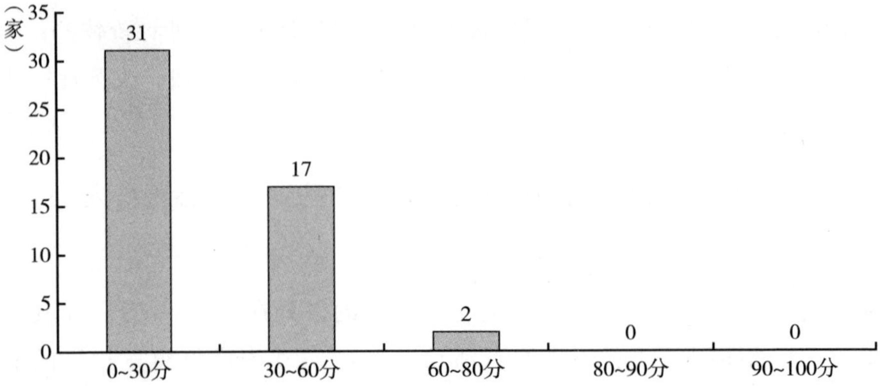

图11　2014年电气设备行业上市公司“安全生产运营”指标得分分布

案例五：上海电气——安全生产

优化安全制度，融入顶层设计。上海电气集团上海电机厂有限公司将安全生产的理念，自上而下融入公司管理制度。通过开展“大安全”管理顶层设计工作，公司对原来EHS管理制度重新进行了设计和修订，通过增加划分模块管控责任的方式进一步细化安全责任。不但和各部门的一把手签订安全责任书，还以模块管控责任的方式与管控模块管理职能部门的责任人签约，以“责任签约，模块连带”的方式进一步落实安全责任。同时，公司对员工提出的合理化建议专门制定了工作计划，落实专人对每一条建议进行追踪，并将整改落实结果纳入人员考核中。由顶层至基层，将“大安全”的血液注入公司每一条脉络。

七管齐下治理，扫清安全隐患。上海电气核电集团狠抓现场安全，建立了科学、完整、有效的现场安全措施，从七个角度确保消除了安全隐患。①“条、块结合”明确职责进行区域化管理；②区域化管理常抓不懈；③发布手册对行为进行规范；④周报考核；⑤技术改造；⑥规范外来人员进出；⑦发布安全生产高风险周报。

七 电气设备行业上市公司环境价值创造能力维度评价分析

电气设备行业上市公司环境价值创造能力平均得分为13.39分。其中，有45家企业的得分低于30分，有4家企业的得分在30～60分，有1家企业的得分在60～80分。环境价值创造是企业在生产经营活动中努力避免对生态环境造成负面影响，积极参与环境改善和建设所做出的努力与绩效。但结果显示，电气设备行业上市公司为环境保护做出的贡献还比较小。

（一）环境管理体系较为完善，但整体水平偏低

环境管理是企业开展环保工作的基础和保障，包括环境管理体系、遵守国家环保政策、环保投入和环保负面信息。研究显示，电气设备行业上市公司的“环境管理”指标得分为29.65分。其中，有31家企业的得分低于30分，有16家企业得分在30～60分，有1家企业的得分在60～80分，有2家企业的得分在80～90分（见图12）。在其涉及的4个三级指标中，“环境管理体系”和“遵守国家环保政策”指标的平均得分分别为56.12分和23.28分，“环保投入”和“环保负面信息”指标的平均得分均低于10分。研究显示，电气设备行业上市公司建立了较为完善的环境管理体系，并承诺遵守国家环保政策，采取了一些举措落实国家部分环保政策如环境管理政策；缺乏环境管理方面的资金支持。

案例六：特变电工——秉承可持续发展理念，履行环境保护责任

公司牢固树立保护生态环境就是保护生产力、改善生态环境就是发展生产力的理念，把调整优化结构、强化创新驱动和保护生态环境结合起来，通过强

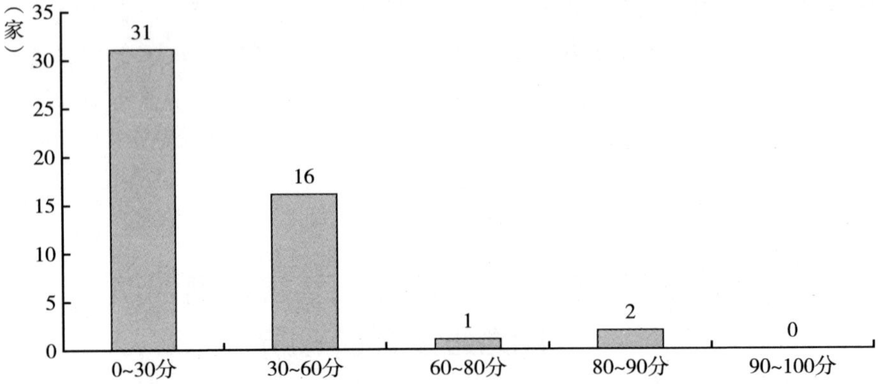

图12　2014年电气设备行业上市公司“环境管理”指标得分分布

化环保法规标准的硬约束，坚定不移地履行保护环境的社会责任。

开展环境保护体系建设工作，切实履行环境保护责任。公司秉承环保、节能、减排的可持续发展理念，严格按照ISO14001要求，建立健全了环境管理体系并通过了环境管理认证及年检工作，编制并下发了《特变电工环境管理办法》，统筹管理公司环境保护工作。公司出台了多项与环境保护相关的制度，明确了可能对环境造成污染的控制程序，形成一套完善的环境管理制度体系，并使之运行有效，大大提高了公司环境综合管理水平。

“三废”排放治理工作。公司为了有效管理污水的排放，减少对地域环境及人员健康的危害，制定了严格的废水废液排放控制程序，建设有中和、过滤、隔油、生化、皂化废水处理站等设施，各类废水废液处理设施与生产系统同步稳定运行，有效防止了废水废液污染环境。

节能、降耗工作。公司积极响应国家发展低碳经济，节能减排，建设资源节约型、环境友好型社会的政策，以绿色、环保、节能为核心，以“三化”建设为推手，继续加大对高质量、高效率、高可靠性、低成本、低损耗、低污染绿色节能产品的研发；对生产工艺不断改进，组织全体工艺人员集思广益，对设备、工艺、流程等提出改进意见，提高公司经济发展的质量和效益；对原材料的采购，尽可能选择节能、环保型材料，并采用先进的生产工艺技术和自动化设备，提高资源、能源的利用率；加速推动公司产业结构和产品结构的优化升级，为构建和谐社会做出应有的贡献。

（二）对污染减排和资源可持续利用重视程度不够

污染排放达标与减排是企业履行环境责任的首要工作，评价选取了国家环保部重点控制的8项污染指标来衡量。统计发现，电气设备行业上市公司的“污染减排”指标平均得分为7.63分，其中有46家企业的得分在30分以下，有4家企业的得分在30~60分。在其涉及的8个三级指标中，“COD减排”“SO_2减排”“废水减排”等8个指标的平均得分均在15分以下。这说明，大部分企业的废水排放、SO_2和氮氧化物排放等刚刚达标，排放量较往年基本持平。

资源可持续利用是衡量企业遵循减量化、再利用、再循环的3R原则实施循环经济的行为与绩效。研究显示，电气设备行业上市公司的“资源可持续利用”指标平均得分为4.85分，有47家企业的得分在30分以下，2家企业的得分在30~60分，有1家企业的得分在60~80分。在其涉及的4个三级指标中，“综合能耗”“能源节约量”“耗水总量”“水资源循环利用率”指标平均得分分别为7.26分、6.96分、2.30分和1.56分，得分普遍较低。这说明，电气设备行业上市公司在污染减排和资源可持续利用方面所做出的努力还远远不够。

（三）参与解决公共环境问题上比较被动

电气设备行业上市公司的“应对气候变化”指标平均得分为10.79分，有46家企业得分低于30分，4家企业的得分在30~60分。在其涉及的3个三级指标中，“应对气候变化措施”“温室气体排放量”“温室气体减排量”指标的得分分别为26.16分、2.86分和5.54分，指标之间差异较大。这说明，电气设备行业上市公司采取了1~2项应对气候变化的措施，但是缺少温室气体减排举措，企业总体的温室气体排放量较往年没有减少。

电气设备行业上市公司“生态环境保护”指标的平均得分为8.81分，有42家企业的得分在30分以下，有7家企业的得分在30~60分，有1家企业的得分在80~90分。在其涉及的3个三级指标中，“减少生态环境破坏”“生态恢复与治理”“环保公益”指标的得分分别为14.48分、3.50分和6.56分。结果显示，大部分企业在项目的环境影响评价中有生态环境方面的评估分析，但评估比较简略，制定的举措也比较原则性，执行情况不佳；以一定的方式参与生态恢复与治理，但影响力很小；开展过环保公益项目，但是类型较为单一、内容较为简略，且没有持续开展。

八　电气设备行业上市公司合规透明运营能力维度评价分析

合规透明运营是企业在生产经营活动中主动回应社会各界对企业诚信守法、公开透明等价值诉求所做出的行为和绩效。电气设备行业上市公司合规透明运营能力平均得分为28.91分。其中，有30家企业的得分在30分以下，有17家企业的得分在30～60分，有3家企业的得分在60～80分。

（一）信息披露机制较为透明化

信息披露是衡量企业透明度的重要指标，是企业自觉主动将利益相关方关注的信息进行公开公示发布的过程。电气设备行业上市公司的“信息披露”指标得分为48.00分，其中，有1家企业的得分30分以下，有42家企业的得分在30～60分，有7家企业的得分在60～80分（见图13）。在其涉及的5个三级指标中，“信息披露机制”“网络平台发布信息数量”“发布财务报告”指标的平均得分分别为76.12分、51.64分和81.68分，“召开新闻发布会数量”和“发布社会责任报告”指标的平均得分分别为1.76分和17.40分。这说明，大部分企业建立了较为完善的信息披露机制，披露内容基本符合利益相关方的诉求，披露渠道较为多元，信息披露程序较为规范；基本上所有企业均每年发布财务报告，只有一部分企业发布社会责任报告；召开过数量很少的新闻发布会。

（二）合规运营管理能力还处于较低水平

合规运营是衡量企业履行法律责任的重要指标，取决于企业是否建立合规管理制度体系、是否开展合规培训、是否有腐败事件数和因违规罚款数。统计发现，电气设备行业上市公司“合规运营”指标得分为21.58分，有31家企业的得分在0～30分，有13家企业的得分在30～60分，有4家企业的得分在

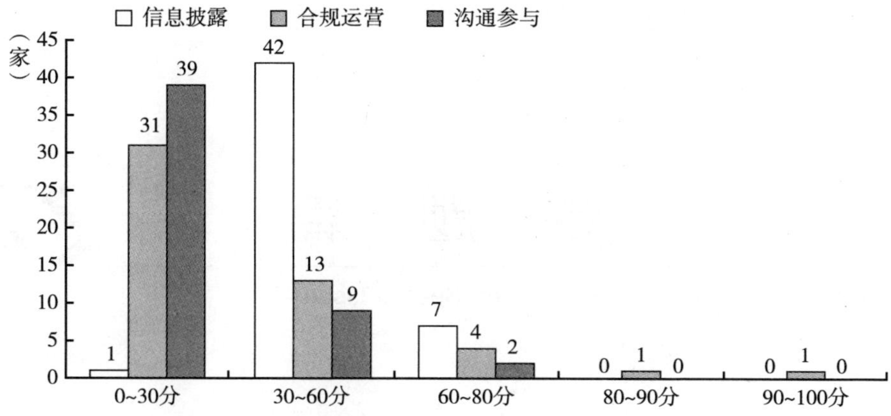

图 13　2014 年电气设备行业上市公司合规透明运营能力三大指标得分分布

60～80 分，有 1 家企业的得分在 80～90 分，有 1 家企业的得分在 90 分以上。在其涉及的 4 个三级指标中，“合规管理体系”指标的平均得分为 28.84 分，“合规培训”指标的得分在 10 分以下。这说明，大部分企业建立了合规管理机构，有个别零散的合规管理制度文件；开展过合规培训，但次数较少，覆盖人群较少，培训内容和方式较为单一。

（三）与利益相关方之间的沟通制度较为零散

沟通参与是企业提高透明度和维护改善利益相关方关系的重要手段，包括自觉与政府、股东、客户、合作伙伴、媒体、社会团体的沟通。电气设备行业上市公司的“沟通参与”指标得分为 19.61 分，其中，有 39 家企业的得分在 0～30 分，有 9 家企业的得分在 30～60 分，有 2 家企业的得分在 60 分以上。在其涉及的 6 个三级指标中，“自觉与股东沟通”“自觉与合作伙伴沟通”“自觉与客户沟通”指标的平均得分分别为 45.80 分、24.84 分和 22.06 分，其他 3 个指标的平均得分均在 20 分以下。这说明，相对于其他利益相关方，大部分企业与股东有较为深入的沟通；与客户、媒体和政府等其他利益相关方的沟通较为零散，沟通次数较少，沟通形式比较单一，利益相关方对企业评价较低。

专　题　篇

Reports on Special Issues

B.19
中国企业社会沟通创新能力报告

摘　要：本报告首先阐述了社会沟通创新的概念，并指出当前企业社会沟通创新存在的主要问题。再从目标创新、重点创新、形式创新、载体创新等多个方面系统介绍了企业开展社会沟通创新的具体措施。最后对企业社会沟通创新提出了六点具体建议，即明确社会沟通的原则、注重利益相关方诉求的收集与分析、建立有针对性的沟通机制、建立多样化的沟通模式、加强社会表达、开展沟通效果评估。

关键词：社会沟通创新　利益相关方诉求　互联网工具　综合价值

一　社会沟通创新的背景

（一）什么是社会沟通创新

沟通是人与人之间、人与群体之间思想与感情的传递和反馈的过程，以求思想达成一致和感情的通畅。对沟通的理解可以从狭义和广义两个方面进行，狭义的沟通是指以符号、记号为媒介实现的社会行为的交互作用，即人们在互动过程中通过某种途径或方式将一定的信息传递给另一个接收信息的人；广义的沟通则是人类的整个社会互动过程，在这里，人们不仅交换观念、思想、知识、兴趣、情绪等信息，而且还交换相互作用的个体的全部社会行动。

社会沟通创新是企业或组织收集利益相关方的诉求，将利益相关方关注的重点议题作为沟通内容，以利益相关方参与的方式，通过互联网形势下的新渠道、新载体进行社会沟通，以实现利益相关方关系的改善、社会沟通能力和运营透明度的提升、企业品牌美誉度和影响力的提升以及综合价值的创造。

（二）为什么要做社会沟通创新

1. 改善利益相关方关系的需要

企业在社会中经营，会与社会各方发生关系，关系的好坏会影响企业是否能够顺利开展经营活动。而关系的好坏很大程度上取决于沟通的效果。在社会沟通方面进行创新，有利于更及时、有效地交换信息、思想，改善沟通效果，从而改善企业与各利益相关方的关系，提升企业形象，促进企业经营活动的顺利开展。

2. 提升企业透明度的需要

时下，企业透明度越来越成为公众关心的议题。企业透明度是企业针对信息接收方的需求，及时、准确、清晰地披露其经营管理活动及其产生的影响等信息并将其传递给接收方所开展的各项活动的总和。① 企业通过社会沟通创新，更加及时、有效地向社会传播企业重大决策、经营绩效、特色履责事件等信息，能够减少市场中的信息不对称，提高资本市场效率。

3. 防控社会风险的需要

企业通过沟通创新，能够了解企业经营理念、行为及对利益相关方所产生的影响，借助这些信息形成正确决策。同时，能够通过管理社会影响，防控舆情风险，为企业创造良好的外部经营环境。

---

① 黄速建、王晓光、肖红军：《中国企业公众透明度报告（2014～2015）No. 1》，社会科学文献出版社，2014。

4. 综合价值最大化的需要

企业在经营过程中运用自身资源优势开展业务，同时也需要不断获取外部资源，社会其他各方也是一样。进行社会沟通创新，有利于企业与各利益相关方进行资源的优化配置，实现优势互补、互利共赢，从而达到综合价值最大化。

（三）社会沟通以前存在什么问题

1. 沟通主体多为单向沟通

传统的社会沟通多为企业向公众的单向信息输出，缺乏互动性，公众的声音并未反馈到企业内部，使得企业对公众的偏好和期望缺乏准确的把握，沟通的内容和方式也无从改进。

2. 沟通内容与利益相关方关注点存在差异

因为企业经营和决策对每类利益相关方产生不同的影响，所以每类利益相关方关注着不同的议题。然而传统的社会沟通内容更多的是从企业自身的角度，表达企业认为需要表达的内容，而不一定是利益相关方希望获知的信息。因此多数情况下，信息并未实现有效传播。

3. 沟通形式较单一

传统思维下的沟通主要指官方网站的信息披露、媒体报道、新闻发布会、编制纸质版的社会责任报告等，形式单一，使得信息传递的受众有局限性。且沟通内容枯燥，较难引起社会公众的兴趣与共鸣。

4. 沟通策略缺乏针对性

企业的社会沟通不只是为了完成政府和监管机构的要求，还需要面对媒体、客户、社区居民、公众、合作伙伴等众多利益相关方，每一类利益相关方都有着不同的诉求与期望。因此，针对每一类利益相关方，需要有不同的沟通策略，才能更加有针对性地传达信息、收集反馈、解决问题。

5. 缺乏沟通效果评估

多数企业在沟通工作完成后，并未对沟通效果进行评估，缺乏对利益相关方反馈的收集，未建立闭环管理的机制，不利于沟通工作的持续改进。

二　社会沟通模式创新

社会沟通模式是指企业在社会沟通过程中逐渐形成的标准沟通样式。随着企业越来越认识到履行社会责任、对利益相关方负责的重要性，企业开始探索在沟通目标、沟通重点、沟通形式、沟通载体、沟通平台等方面进行创新（见图1）。

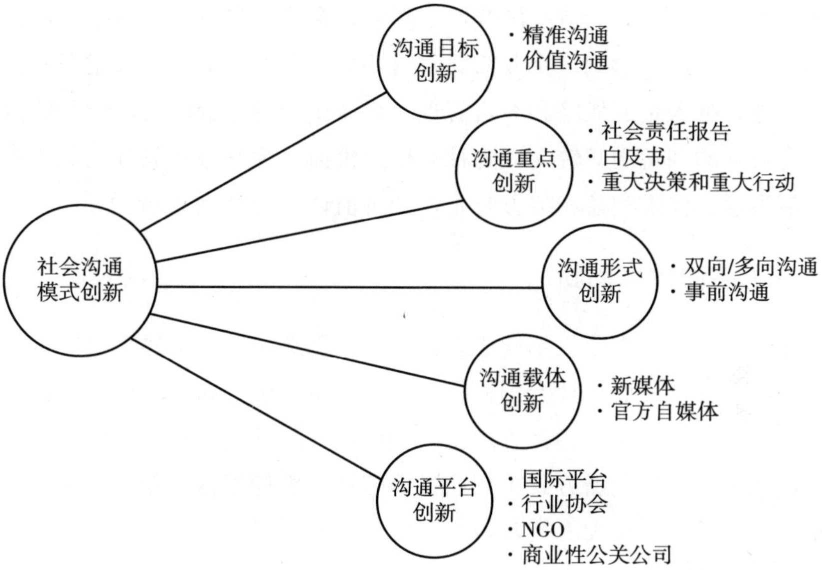

图1　社会沟通创新能力建设模型

（一）沟通目标创新

企业对其社会沟通的目标和对象的定位决定了沟通的重点内容、形式和载体。当前，企业在沟通目标创新方面的探索主要体现在由广泛沟通向精准沟通转变以及由利益沟通向价值沟通转变。

1. 精准沟通

精准的含义是精确、准确。精准沟通就是在精准定位沟通对象的基础上，实施精准的沟通体系保证和手段。

传统的社会沟通对象更多的是面向广泛的社会公众，而越来越多的企业在社会沟通中开始注重精准沟通，在沟通对象上更加精准地针对公司的利益相关方。通过识别企业的利益相关方，分析不同的利益相关方，总结每类利益相关方的特点和需求，并针对性地制定沟通策略、确定沟通内容，以提高信息传递效率，改善沟通效果。

2. 价值沟通

社会沟通能够为企业带来价值。传统的社会沟通主要目的是拓宽市场、提高销量、扩大影响力、创造经济效益。然而，企业的决策和活动会对社会、环境和利益相关方产生影响，企业需要对这些影响负责。随着越来越多的企业将社会责任理念融入企业战略和经营管理，许多企业的社会沟通已经开始由以经济绩效为目标的利益沟通转向以为社会创造价值、为利益相关方创造价值为目标的价值沟通，促进利益相关方与企业的价值认同与互利共赢。

（二）沟通重点创新

企业传统的社会沟通更偏向于宣传，沟通重点主要是讲述企业的重点、亮点工作与经营业绩，而在社会沟通的创新上，重点更偏向于针对利益相关方关注的重点议题以及对利益相关方产生影响的重大事件进行披露。目前，企业在社会沟通重点方面的创新方式主要通过简版社会责任报告、专题版报告、区域国别报告、白皮书、重大决策和重大行动等社会沟通形式体现。

1. 社会责任报告

社会责任报告从经济、安全、质量、环境、社会、员工等各社会责任领域展示企业的履责实践和绩效，突出企业的核心工作，展示企业的特色和亮点，是企业披露社会责任信息、与利益相关方沟通交流的重要工具，是企业积极履行经济、社会和环境责任，实现全面协调可持续发展的真实反映。

（1）简版社会责任报告

简版社会责任报告就是将完整版的社会责任报告进行精简压缩，突出企业年度最重要、公众最关心的几个议题。通过发布简版社会责任报告，企业可以加强同利益相关方的沟通与交流，提高透明度，改善与利益相关方的关系，树立负责任的社会形象，提升公司的品牌价值。同时，主动沟通能够防止社会责任事件的发生。

案例一：华夏银行连续两年发布简版社会责任报告

华夏银行在2013年、2014年连续两年编制简版社会责任报告，并发布中文、英文两个版本，代替企业的宣传简介和宣传手册，在客户拜访、参加活动的过程中进行发送，让客户、合作伙伴、媒体、政府等利益相关方在读到企业简介时，除了可以了解银行的经济绩效之外，还能了解其社会绩效和环境绩效，树立了负责任的企业形象。同时，简版的报告减少了文字量，更多以图片、图标的形式展现，提高了可读性又能降低成本，间接减少纸张的使用，也是在履行社会责任。

（2）专题版报告

因为企业有很多利益相关方，不同的利益相关方关注的重点不同。专题版社会责任在完整版报告的基础上，根据利益相关方的不同，可以只针对一个主题进行编制。比如服务专题报告、公益专题报告、环境专题报告、员工专题报告等。这些报告的好处是，往往可以与业务部门的产品和服务相结合，发挥更大价值。

案例二：中国石油发布《中国石油绿色发展报告》

中国石油在2015年世界环境日之际发布首份“绿色发展报告”，展现了公司绿色发展理念及绿色转型取得的阶段性成果。报告开篇对中石油绿色发展战略进行了解读，主体部分把致力于提供绿色清洁能源、积极应对气候发展变化、环保与发展相协调作为三大章节，介绍了中石油在清洁能源开发、节能减排、绿色施工等方面的重点举措与绩效。

（3）区域国别报告

一些企业的业务和实践覆盖全球多个国家和区域，涉及国内外不同诉求的相关方，所以可以按区域或国别进行报告编制。目前，中国企业编制国别报告的越来越多，如中钢澳洲报告、中钢非洲报告、中国五矿澳洲报告、中电投伊江报告等。这些报告在所在国引起了强烈反响，成为中国企业“走出去”和在当地发展的新“名片”。

案例三：中国石油发布海外报告

中国石油于2008年发布首份海外报告《中国石油（哈萨克斯坦）2008可持续发展报告》，重点披露该公司在哈萨克斯坦开展的责任实践与绩效。此后又陆续发布《中国石油在苏丹报告》《中国石油在印度尼西亚报告》《中国石油在拉美报告》等海外报告。

2. 白皮书

白皮书是公司的政策或某一个社会责任领域实践的集中展示，是就公司在该领域对利益相关方的期望做出的主动性回应。全面反映公司在该领域的规划安排与行动绩效以及公司为服务经济社会可持续发展所做出的重要贡献。白皮书的类型包括服务地方经济社会发展白皮书、环境白皮书、安全白皮书、公司价值白皮书等。

白皮书具有针对性、特色性、传播性的特点。第一，针对性即白皮书内容集中，在某一社会责任领域充分结合国际通行做法与政府提出的发展要求，与公司的具体实践进行对接。第二，特色性即每一本白皮书都有其自身的企业文化特色，同时带有行业特色和地方特色，覆盖不同领域。第三，传播性即白皮书的规划和实践过程将成为企业责任品牌塑造和传播的重要载体。

3. 重大决策和重大行动

企业的重大决策和重大行动会引起社会的广泛关注，也会对利益相关方产生影响，如果处理不当，可能会引发社会风险或舆论危机。因此，需要在重大决策和重大行动过程中进行系统的社会沟通方案设计与实施，在事前与利益相关方进行沟通和意见征求，在过程中加强利益相关方参与，提高透明度，在事后进行更广泛的传播，以赢得社会各界对公司各项重大决策和行动的了解、理解和支持。

（三）沟通形式创新

企业传统的社会沟通形式多为日常信息披露的单向沟通以及发生危机后的事后沟通，沟通效果欠佳。随着企业透明度越来越受到公众的关注，企业的社会沟通方式正在向双向/多向沟通和事前沟通转变。

1. 双向/多向沟通

企业以前主要通过媒体报道、新闻发布会、网站新闻、企业年报等形式进行单向信息披露，缺乏互动性。企业已经开始探索加强社会沟通过程中利益相关方的参与和互动，进行近距离的沟通。目前，沟通形式的创新主要有召开专题沟通活动、开展利益相关方调查、加强利益相关方监督等。

（1）召开专题沟通活动

推动社会沟通形式创新，公司可以立足企业的行业特色和地域优势，开展与企业日常业务运营紧密相关的各类社会沟通活动。针对政府部门、用户、意见领袖、媒体、社会公众、合作伙伴等不同利益相关方的特征和关注点，探索开展特定专题的利益相关方沟通活动，加强沟通活动的针对性，提升公司与各利益相关方的沟通效果。

专题沟通活动具有特色性、丰富性、参与性的特点。特色性：具有特色是专题沟通活动的主要要求，只有有特色的活动，才会有生命力。丰富性：社会责任专题活动无论是形式，还是内容，都需要具有丰富的内涵。参与性：专题沟通活动要让尽可能多的利益相关方参与到活动中来。

案例四：三家发电企业（上市公司）分别开展“开放日”活动

大唐集团连续五年开展“企业开放日”活动，华电集团开展 MBA 学员走进华电（北京）热电公司活动，国电集团同样开展“企业开放日”活动。可以看出，发电企业社会责任沟通的投入力度、形式、渠道都在不断发展。这与公众对发电企业的关注程度有关，越来越多的人希望了解发电企业的运营情况。同时，很多企业的社会责任沟通形式更加贴近公众、更加符合当前的发展潮流。通过面对面的沟通，拉近了与公众的距离，增进了利益相关方及社会公众对发电企业的了解，展示了企业良好的品牌形象。

（2）开展利益相关方调查

利益相关方满意度调查适用于公司发生的所有与利益相关方有关的活动。通过开展相关方满意度的调查，可以评价公司经营实践及其绩效与相关方满意要求的差距，为公司下一步开展工作和改进提升提供决策依据，有助于企业采取相应措施改进内部管理和利益相关方关系管理，不断提高相关方的满意程度。

案例五：中国人寿开展利益相关方调查

中国人寿 2013 年聘请第三方机构开展了利益相关方调查，针对公司的八个重要利益相关方，包括投资者、客户、员工、政府、监管机构、媒体以及营销员、银邮中介机构等密切的合作伙伴，深入了解内部与外部各利益相关方对公司工作现状的评价与改进的期望，进一步发现存在的问题和不足，听取意见和建议，同时了解各方对公司在经济、社会和环境等责任领域的期望和诉求，及公司在实际工作中对相关期望和诉求回应的渠道方式和成效情况。

（3）加强利益相关方监督

企业的经营和决策会不同程度地对利益相关方产生影响，在经营和决策过程中加强利益相关方参与、主动接受监督，可以有效防控社会风险。因此，需要重视利益相关方的参与对公司发展的促进作用，建立和完善战略型利益相关方参与机制和业务型利益相关方参与机制，创新利益相关方参与方式，针对政府部门、用户、三农、员工、合作伙伴、社区等不同利益相关方，分别采用不同的参与方式，以提升利益相关方参与效果和水平，充分保证利益相关方的监督权和参与权，实现公司与利益相关方的合作共赢。①

案例六：中国石化聘请社会监督员②

2011 年 5 月，中国石化首次聘请了高校学者、研究机构专家、媒体精英、意见领袖、证券分析师、消费者代表等 13 位社会人士担任社会监督员，在央企中开了先河。2013 年 3 月，中国石化社会监督员扩充至 30 位。

社会监督员可以随时反映在监督过程中发现的中国石化公司总部、各企事业单位的各种违法违纪和不规范行为；收集社会公众、各类组织机构对中国石化各方面的意见和建议；及时、准确、客观、公正地向中国石化反映公司工作中和行业内存在的问题，并提出改进意见和建议，同时协助公司调查、核实所反映的问题。社会监督员实施监督工作时有权向公司总部、各企事业单位要求了解有关文件、资料或信息；可以提出与社会监督有关的专项议题，受公司委托进行专项调查研究等。

① 浮婷：《创新沟通管理增进价值认同——国家电网公司强化社会沟通管理具体举措》，《现代经济信息》2015 年第 1 期。

② 中国石化新闻网，http：//www. sinopecnews. com. cn/news/content/2013 - 03/18/content_1275302. shtml。

中国石化建立社会监督员机制以更加开放的方式接受社会监督，并将把压力转化为强化公司管理的动力，内力外力结合改进自身工作，是一项积极的尝试。

2. 事前沟通

事前沟通是社会沟通中一种积极的做法，它能够提前了解利益相关方的意见，验证企业的决策或方案是否可行，并对可能出现的风险进行预判与管控；同时，可以把企业的意见提前传达给利益相关方，获得理解与信任。

目前，大部分企业都建立了风险管控体系，并建立了风险应急预案，在预案落实的过程中开展了事前沟通。也有许多企业在项目开展之前设计好沟通方案，按照方案中的内容进行有计划的沟通。

案例七：中国铝业秘鲁铜矿项目遭遇沟通危机

2013 年 12 月 11 日，中国海外最大铜矿项目——中铝秘鲁特罗莫克铜矿投产仪式在秘鲁首都利马举行，全球最大的单条铜矿选矿生产线投入运行。然而，该项目却由于企业与当地居民的沟通出现问题而拖延了两三年。

该项目公司是秘鲁首家进行矿区居民整体搬迁的企业，是迄今为止唯一获得秘鲁国会针对性立法以促进矿区居民整体搬迁的企业。① 为安置当地居民，中铝在项目建设前期实施了大规模的迁建工程，并斥资 2.17 亿美元在莫罗科查附近修建了一座新城镇及基础设施，而除此以外，中铝还划拨了 5000 万美元用于拆迁。然而当地数百名“钉子户”拒绝搬家，甚至提出了高达 3 亿美元的巨额赔偿诉求，并希望中铝矿业保证他们能在新的铜矿厂就业。②

企业的海外投资与运营面临着各种各样的风险，如法律风险、人权风险、环境风险、社会风险、政治风险等。中国铝业虽然在居民搬迁安置方面做了许多举措和投入，但缺乏良好的事前沟通。如果该企业能够在风险管理时更多考虑当地居民的利益、尊重当地社区居民的意见，开展充分的事前沟通，也许可以预防这场风险。

① http：//www. cs. com. cn/ssgs/hyzx/201312/t20131211_ 4242192. html.

② http：//finance. qq. com/a/20130129/000347. htm.

（四）沟通载体创新

沟通载体是指承载沟通内容的事物，沟通载体的创新主要指社会沟通的载体从传统媒体到新媒体的转变。企业传统的社会沟通是通过报纸、广播、电视等载体进行的传播形态。随着互联网技术的发展，行业之间的界线被打破，传媒业与通信业、IT 业等快速融合，企业进行社会沟通的方式也发生了极大变革，新媒体和官方自媒体成为企业新兴的沟通载体。

1. 新媒体

新媒体（New Media）是相对于传统媒体而发展起来的新的媒体形态，包括网络媒体、手机媒体、数字电视等。新媒体亦是一个宽泛的概念，利用数字技术、网络技术，通过互联网、宽带局域网、无线通信网、卫星等渠道以及电脑、手机、数字电视机等终端，向用户提供信息和娱乐服务的传播形态。新媒体的特征具有交互性与即时性、海量性与共享性、多媒体与超文本、个性化与社群化。①

企业通过新媒体形式进行社会沟通，具有传播与更新速度快、成本低、信息量大、内容丰富、检索便捷、互动性强等优势。

越来越多的新媒体手段在企业社会沟通中被应用，已经成为一种新的发展趋势。如 APP、微信、微电影等，这些沟通载体更加符合互联网时代人们的阅读习惯，也更具传播推广价值。

（1）手机 APP

①什么是 APP

APP 是指第三方智能手机的应用程序，统称“移动应用”。目前，主流的移动应用平台有苹果、安卓等。从各个方面的统计数据来看，不管是出货量，还是用户在设备上花费的时间等，都表明移动终端已经超过 PC 终端。人们花费在 APP 上的时间也超过网页。从受众属性来看，其主要以年轻群体为主，男性和高学历人群分布较多；从用户黏性来看，图像影音和阅读类 APP 每日人均使用时

---

① http：//baike. baidu. com/link？ url = AlSCT441rNKPoPjrqM5ib7IRPuAy – eCOiJYoFy6e7ksNrQXJK2hjzRUwmP52iRSuUGBcmHAU7CxxTVyQ0 – GxaCO47ltfiZitWia9RzxzwkC.

长最高。[1] 因此，企业制定合理的 APP 推广计划，可以实现有效传播。

②APP 的优势

APP 能够为企业带来精准的目标人群定位、实时的信息发布服务、有趣的线上互动感受、便捷的销售服务体验、准确的营销参数统计，能够拉近与公众的距离，提升企业形象与社会责任品牌实力，形成竞争优势。

③企业 APP 应用情况

随着移动互联网不断发展，传统互联网公司也在构建移动战略，甚至企业的公关也通过移动互联终端实施，例如 BP 公司。

中国的上市公司虽然还没有建立企业 APP，但已经有一些服务型企业建立了 APP，通过手机客户端实现业务办理、查询、预约等功能，大大提升了与客户的沟通效率，改善了客户体验，提升了客户忠诚度。

案例八：中国联通通过手机营业厅加强客户沟通

中国联通开设手机营业厅，通过 APP 的形式提供缴费、话费查询、业务办理、积分兑换、营业厅查询、在线客服等服务，使得业务办理更加便捷，业务咨询更加规范，客户投诉通道也更加畅通，减少了由营业厅排队或热线等待造成的不满，节省了沟通的时间成本，提高了沟通效率。

④APP 版社会责任报告

同时，一些企业开始尝试将企业社会责任报告以 APP 的形式，在 IPAD、手机客户端进行传播推广。APP 提供了比以往的媒介更丰富多彩的表现形式。移动设备的触摸屏提供了很好的操作体验，文字、图画、视频等一应俱全，实现了前所未有的互动体验，让看惯了纸质社会责任报告的读者有耳目一新的感觉。相对于纸质版，APP 版社会责任报告具有关注度高、用户黏性强、生动活泼、二三次传播能力强、环保经济、携带方便、精准高效等优势。

案例九：中信银行发布 APP 版社会责任报告

中信银行于 2014 年发布 APP 版社会责任报告，反映中信银行 2014 年度

---

① http://blog.sina.com.cn/s/blog_54270db90101hp9k.html.

履行经济责任、环境责任和社会责任的情况。主界面设有领导致辞、集团简介、关键绩效表、战略与管理、管治与风控、履责与义务、客户与服务、员工与文化、公益与慈善、绿色与环保、附录、意见反馈表等，共12个模块，分别链接到报告的12处相关内容。在最后的“意见反馈表”模块中，可以由读者自行填写对报告的评价与建议，便于利益相关方意见的反馈与收集。同时，此APP还具有分享到微信好友和朋友圈的功能，有利于报告的二次传播。

（2）微信应用

①什么是微信应用

微信应用是腾讯公司于2011年1月21日推出的一款通过网络快速发送语音短信、视频、图片和文字，支持多人群聊的手机聊天软件。① 微信应用具有零资费、跨平台沟通、显示实时输入状态等功能，与传统的短信沟通方式相比，更灵活、智能，且节省资费。微信支持智能手机中IOS、Android、Windows Phone、blackberry和塞班平台。②

②微信应用的优势

许多企业已经开设微信应用，涵盖业务咨询、活动介绍等功能。微信应用能够给企业带来的益处有：第一，增加客户，销售业绩与客户数量成正比，企业可以在营销活动和销售过程中不断获得客户。第二，提升业绩，企业可以与所有客户紧密相连，维系信任、忠诚的关系。第三，加强管理，微信应用为企业提供可视化的销售管理。③

案例十：招商银行微信银行提升客户沟通效率

招商银行率先推出首家“微信银行”，把移动互联网的金融服务延伸至日常通信应用，为客户提供多层次、多样化的智能客服和轻便易用的业务办理渠道，实现借记卡账户查询、转账汇款、信用卡账单查询、信用卡还款、积分查询等卡

① http：//baike. baidu. com/link？ url = DfRxDRORUvTh6nR5O2FI6Isp690IOyMdYWMD1C5PvkspG67 – DGKVzcjhS006zL7dBHdnqSKk1wZpKNB_ jhCHBq.

② http：//www. apps123. cn/apps123/news/20131112430. html.

③ http：//www. apps123. cn/apps123/news/20131112430. html.

类业务；实现招行网点查询、贷款申请、办卡申请、手机充值、生活缴费、预约办理专业版和跨行资金归集等多种便捷服务；在线智能客服可实现在线实时解答客户咨询，为客户提供非常方便的咨询通道；用户只需轻松绑定一卡通，即可免费享受一卡通资金变动的笔笔通知以及理财产品到期等财务事件的事前提醒。

截至2014年底，微信银行粉丝数已达500万，绑定客户已超过180万；每天发送微信账务变动通知和理财日历提醒超过65万条；微信银行开展关注有奖、绑定有奖、分享有奖等活动，吸引了超过180万人参与。①

③微信H5版社会责任报告

微信应用更多适用于公共服务类企业，而更多企业选择通过微信平台发布微信版社会责任报告，其是纸质社会责任报告的精华版。针对一些重点内容、数据、案例进行简洁、轻松的设计，并加入动态特效，让读者在短时间内获知企业当年的重点履责实践与绩效，并具有一定的趣味性，增加了读者的信息获取量，提升了沟通效果。同时，通过微信平台的推送和转发，扩大了社会责任报告的传播范围。

案例十一：中国建筑发布微信版社会责任报告

中国建筑推出了微信H5版社会责任报告，以“步履新常态，从传统走向未来”开篇，对公司的主营业务进行了宏观的展示。接下来，从“笃诚守信，共创股东价值”“品质时尚，共享精致生活”“绿色人文，共建绿色家园”“拼搏进取，共促员工发展”“协同联动，共助伙伴成长”“持续创新，共引行业进步”“人文关怀，共绘社区和谐”共七个主体板块，展示了公司在这七大履责议题下的主要实践与关键绩效。最后，以“一带一路”拓展海外幸福空间为专题。报告还提供了完整版社会责任报告的链接，方便感兴趣的读者进行延伸阅读。

（3）微电影

①什么是微电影

① 招商银行：《2014年社会责任报告》。

微电影是指能够通过网络平台进行下载、上传的视频短片。随着网络视频业务的发展壮大，互联网已成为一个重要的影视剧播放平台。自制微电影不但成本低，而且能保证网站在运营中享有更多主动权，同时，微电影的灵活性和投资决策的风险都更加可控。①

②微电影的优势

影音版的沟通载体，能够更加生动、直观、主动地展现企业需要沟通的议题，让公众更容易理解，也使其印象更加深刻。微电影的故事性和带入感，更容易拉近企业与公众的距离，让公众产生共鸣，从而实现情感上的认同。同时，注意企业元素的巧妙植入，而又不影响故事的发展，影片节奏保持自然流畅，这是品牌微电影与企业宣传片的一大区别。相对于企业宣传片来说，微电影的品牌传播更加自然，通常是以故事情节的模式来间接表达企业品牌文化和产品特点。

③企业微电影的应用情况

一些企业通过拍摄微电影、社会责任短片、公益短片等形式，以网络、手机等途径传播企业理念与实践。

案例十二：南航发布品牌微电影《梦想，从心出发》

《梦想，从心出发》是南航首部品牌微电影。故事讲述的是新疆和田墨玉县喀瓦克乡一群“自学成才”的小学足球队员，酷爱足球，却从未离开家乡参加过正式的球赛。由南航提供的免费机票，让这些边远乡村的足球小子第一次有机会走进大城市，在正规的体育场与刚刚获得全国中小学足球赛、国际青少年足球赛“双料冠军”的乌鲁木齐第五小学足球队进行友谊赛。这次经历使他们更加懂得“梦想，从心出发”的意义。这个故事是根据真人真事改编，从223条与南航有关的Skytrax评论以及新闻中筛选出来的，真实的故事本身就蕴含非常大的传播和共情潜能。

之前，南航已经拍摄过非常多的宣传片，《梦想，从心出发》是南航的第一部品牌微电影，也是第一次采用公益主题。之前的南航宣传片多着力于硬实

① http：//baike. baidu. com/link？url = HCOMMkr0GbCX - k_ 1dFrL33rbfk4kkV5GX125gVJ7b7O9U2Wz6iS6qTYLM6fgxHxf7nwWrRzAEU78G2vEG4PiA_ .

力的推广，更多的是去主动地讲自己；而这一次，南航选择以一个公益的主题为切入点，从软实力的角度来阐述企业文化与品牌形象，做到既传播南航文化品牌闪光点，又向社会传递一份正能量。

目前，各大航空公司在飞机技术、服务理念上都呈现齐头并进的势态，同质化程度极高，在激烈竞争中如何抓住顾客的心，企业的软实力在其中便发挥着很大的作用。而我国航空业“走出去”、向国际化发展也是一个必然的趋势，要增强国际对南航的认识，更多的是要采用一种没有语言、国籍界限的内容与不同的人进行心灵层面的沟通。

微电影通过电影式的叙事能讲透一个故事，激发共情心理，通过各种电影效果，能立体式地渗入和影响消费者。受众发自内心地喜欢和接受这个作品，便会主动地去转发、去传播。这种自传播的方式会呈几何倍数增长，从而更好地传递正能量。同时，有质感的微电影非常适合用作全球品牌传播的创意载体，而优秀的选题则能令微电影具有较高留存价值，能持续传播。

2014 年 11 月 11 日珠海航展上，微电影《梦想，从心出发》的完整版首次对公众亮相。为此，这次在航展上的南航展台特别开辟了一个展示区域，大屏幕循环播放影片，还设有座位供观影者使用。在航展期间，虽然各展位亮点众多，但南航的微电影区域一直都有自发前来观看影片的参观者，很多时候连座位都不够用。不少观众在没有座位的情况下，选择站着看完 12 分钟的微电影。观众大多被影片的真挚情感所打动，进一步询问孩子的情况，并对南航的这种热心公益的行为深表赞同。①

新媒体形式下，社会沟通可以创新的途径很多，重要的是不同的企业需要根据自身的行业和业务实际进行选择。

2. 官方自媒体

自媒体（We Media）又称“公民媒体”或“个人媒体”，是指私人化、平民化、普泛化、自主化的传播者，以现代化、电子化的手段，向不特定的大多数或者特定的单个人传递规范性及非规范性信息的新媒体的总称。自媒体平

---

① http：//news. carnoc. com/list/300/300058. html.

台包括博客、微博、微信、百度官方贴吧、论坛/BBS等网络社区。①

官方自媒体，就是指有传统媒体官方背书的自媒体。采编人员以个体或小组形成一个个自媒体单元，以传统媒体为平台密切协作，机构资源倾斜到这些自媒体单元上，并建立合理的经济与社会效益考核机制。这样，作为一个整体的媒体机构实现充分的扁平化，其为用户提供的信息服务既保持了传统媒体的专业性与权威性，又有新媒体的灵活性、社交性。② 越来越多的企业开始运用官方自媒体进行主动的社会沟通，其主要包括官方微博、微信公众号等。

（1）官方微博

①什么是官方微博

微博是微型博客的简称，即一句话博客，是一种通过关注机制分享简短实时信息的广播式的社交网络平台。③ 随着用户群聚，微博的服务潜力逐渐被认识，吸引各类社会机构入驻。微博在各领域的广泛应用，也潜移默化地冲击着各领域的传统格局。微博已然成为一种新兴的传播与互动平台，改变了社会的传统形态。企业开通官方微博，实时发布企业动态，并随时与公众进行互动，进行品牌营销、精准定位用户等。④

②官方微博的发展历程

2009年10月，欧莱雅通过其新浪官方微博@巴黎欧莱雅，全程直播“欧莱雅媒体风尚大奖赛”，并通过一些环节的设置吸引用户参与互动，开微博品牌营销之先河。随后，戴尔、用友软件、中国电信等品牌相继加入新浪微博营销的阵营中。据统计，2009年企业微博账号数为357个，2010年增长至5347个。2011年受国内微博发展洪流的影响，企业微博账号数量达到了110305个，较上年增长19倍以上。2012年，新浪企业微博账号数量超过267015个，依然有1.4倍左右的增长。⑤

---

① http：//baike. baidu. com/link？ url = GeV32I0sfGFJKu5x_ utDiW0gzG3Sy7z7oDrVIQ3or1KCD8hiWBjVqsB_ YUoYiF7TE1AbAIOrHFSMek5uptV8WK.

② http：//www. baike. com/wiki/%E5%AE%98%E6%96%B9%E8%87%AA%E5%AA%92%E4%BD%93.

③ http：//baike. baidu. com/link？ url = krtp_ xmzS5fBQSaoBpEh9cENJe2onm - yzIXl2auLal6pptKSq6J7IQ3u60XEGt9kmj0LPvtotA98cp9ao1jSncTJRXv3pqTZ_ -Hz3y8Ci03.

④《微变革·大传播——微博与突发事件》。

⑤《微变革·大传播——微博与突发事件》。

③官方微博事前监测

由于网络信息真假难辨，企业应重视权威性信息源对舆论的引导，注重客户对产品质量、服务品质的口碑监测，跨国公司还应密切关注投资国与本国的国际纷争。同时，以微博为舆情危机应对的主要阵地，建立突发事件应急的微博报道小组，负责日常的舆论信息搜集工作，分类整理网上反馈的各种信息，定期做出舆情监测报告，负责突发事件持续期间的微博运营管理工作。①

④企业官方微博应用情况

越来越多的企业开通了官方微博，实时发布公司动态，并探索互动形式，如互动反馈、积分活动、有奖竞答、问卷调查、业务办理等。这些手段将社会沟通与企业发展有效地融合到一起，也是未来企业进行社会沟通创新的必然趋势。

案例十三：中国石化官方微博沟通改善企业形象

2013年8月28日，中国石化正式开通新浪官方微博@石化实说。开通一年内，微博发布博文1200余篇，粉丝近200万。@石化实说在宣传企业、澄清谣言、危机公关、维护形象方面发挥了其他媒体不可替代的作用。

第一，拉近了中石化与广大网民的距离。在微博上，中石化通过可爱的“小石头”形象与网民沟通，努力摆脱“刻板”印象，以容易被网民接受的方式和语言来输出中石化改革创新的成果、管理绩效的提升、艰苦创业的精神等，赢得公众的喜爱和信任。同时，做好沟通互动“微活动”，先后策划并组织网民参与了“情暖驿站满爱回家”和“爱心加油站”等公益活动，增加了粉丝黏性，柔化、拉近与网民的关系。特别是在“情暖驿站满爱回家——为返乡摩骑免费加油”活动中，网民参与微博达280余万条，重点微博得到上百万的转发和上千万网友的关注和“点赞”，增强了中石化品牌的亲和力。

第二，提升了企业声誉管理的效率。中石化常年处在负面舆论的风口浪尖，近两年来，中石化开始逐步推进信息公开透明，特别是@石化实说的开通，让中石化找到了一把做好突发舆情“微公关”的利器，发挥了其他媒体

① 《微变革·大传播——微博与突发事件》。

无法替代的重要作用。例如在2013年青岛“11·22”爆炸事故发生后，中石化通过@石化实说及时发布相关救援信息和辟谣信息的微博30余条，被转评2万余条，覆盖人群达700余万人次，成为中石化的主要发声口。相关微博得到中央电视台等中央媒体的关注和直接引用，同时也让网民看到了中石化的开放真诚和有效行动。有媒体这样评价：“中石化对青岛‘11·22’事故发生后的处理被认为是央企利用新媒体进行危机公关的典范。”

第三，加大了官方辟谣、消除误解的力度。对于谣言和质疑，@石化实说直面相对，对于网民提出的关切和媒体提出的质疑，第一时间给出回应，传递准确信息，澄清谣言，消除误解，增进共识。例如2014年，针对媒体发布的“中石化日赚1.7亿”和“中石化获取国家7.9亿补贴”的歪曲报道，官方微博第一时间指出“你只知道中石化日赚1.7亿，却不知日交国家9.2亿”、“中石化7.9亿补贴实为退税资金”，有效消除了质疑，引导了舆论。一年来，@石化实说多次主动发声辟谣，成功澄清了“牛郎门”“油品升级不积极”“加油员反复开关油枪会缺斤短两”等谣言，充分发挥微博传播的及时、快捷、高效、互动等优势，有效控制谣言的散播，维护中石化的正面形象，向社会公众不断传播正能量，树立了国企新形象的典型。

第四，丰富了为消费者提供服务的渠道。@石化实说通过与网民和利益相关者互动沟通，广听各类呼声，了解客户需求期盼，搭建客户服务、市场营销和品牌推广微平台。在微博发布、评论互动和线上活动中，“小石头”积极回应网民咨询投诉，一定程度上平复了消费者某些不满情绪，满足了客户实际需求，做好消费者满意“微服务”，助力中石化业务发展。如2014年6月，“小石头”和其广东石油分公司开展“我为油站服务献良策”微博有奖征集活动，参与超10万人次，征集到1万多条网友意见，合理意见逐步归类落实整改，并及时向网友反馈，发挥了新媒体促进经营的作用。

第五，传播了中石化好声音、正能量。“小石头”立足网络新闻发言人角色，打造@石化实说新闻发布厅，及时发布媒体、投资者、网民感兴趣的权威信息，大大增强了企业对外信息发布的自由度和及时性。如2014年针对中石化销售公司业务重组和涪陵页岩气，及时发布相关进展，吸引投资者和媒体的关注。同时，借助微博图片、动漫、微视频等多种方式展示中石化员工一线工作、生活和学习的感人细节，用真实生动的“石化人”形象感动民众。“指尖上的中石化”“中石化捐赠”“石化烧烤”等一大批微博，将一线员工的艰辛与孤寂、爱心与平凡、热情与豪迈展现给广大网民，取得了良好的传播效果。一年来，共发布社会责任相关信息200余条，被转发100余万次，大大增强了中石化品牌形象的人格化与亲近性。①

（2）微信公众号

①什么是微信公众号

微信公众号是开发者或商家在微信公众平台上申请的应用账号，通过公众号，商家可在微信平台上实现和特定群体以文字、图片、语音、视频等形式进行全方位沟通、互动。利用微信公众平台，用户可以享受到二维码订阅、消息推送、品牌传播等个性化服务，形成了一种主流的线上线下微信互动营销方式。②

微信公众平台在企业动态发布方面与微博类似但微信公众平台的消息发布对象可以更加具有针对性。微博相对比较开放，在没有特别设置的情况下任何人都可以浏览、转发和评论，而微信公众平台可将其“粉丝”进行更加细化的分类使得消息的传递更加具有针对性，也确保有用的消息可以真正传播给有需要的用户。

②企业微信公众号应用情况

企业选择通过微信公众号不定期推送企业新闻和活动信息，可读性与趣味性强，提高了公众对企业信息获取的频率与效率，拉近了企业与公众的距离。

案例十四：云南白药官方微信公众号助力社会沟通

云南白药开通官方微信订阅号，每日推送公司新闻、行业动态、中医养生知识等信息，并链接到云南白药移动社区，方便更多网友进行交流和意见反馈，同时能够对舆情风险进行管控。

---

① http：//wenku. baidu. com/link？ url = 87ftyE88 _ 2AMiCBh95dKO6uabf9sLH7SRW0RXwuJbhnff3IRgHHzsMbivBJB_ E – SVqciWZ5kd15fwXPMTGOZa – XoGVLybJhQgqQtChVSjwO.

② http：//baike. baidu. com/link？ url = 3AZkw4KwVj9N9 – zuC1hGLpR7L – mhQ8eS7PhFpxgTI3nK3n3fImrb4MldmCv – g9s – Q8BAsIaCfktkQYP6AObmua.

（五）沟通平台创新

沟通平台指开展沟通工作所需要的环境或条件。充分合理地利用平台进行社会沟通，可以借助优势资源，扩大传播效果，提高社会沟通的专业性和影响力。目前，企业开展社会沟通借助的平台主要有国际平台、行业协会、NGO、商业性公关公司等。

1. 国际平台

随着经济全球化的发展以及中国“走出去”战略的号召，越来越多的企业开始开展国际业务和跨国经营。在海外经营中面临更多的风险，包括环境风险、社会风险、政治风险等，在这样的环境下开展经营，企业的社会沟通显得尤为重要。

许多企业通过加入联合国全球契约组织、国际行业协会，参加国际论坛，与国际组织、跨国公司、同行企业、专业机构等进行近距离的沟通，交换思想，吸取经验，听取建议，作为经营决策的参考。同时，通过在国际论坛传播企业的理念、文化，树立企业在海外的品牌形象。

案例十五：中远集团出席国际运输论坛

中远集团孙家康副总经理在德国莱比锡出席了2013年国际运输论坛，并参加了部长圆桌闭门会议。国际运输论坛是目前全球交通领域最高级别的会议机制。论坛旨在为世界各国运输政策制定者及业界提供政策交流与协作的平台和渠道。孙家康副总经理参加的圆桌闭门会议是本届国际运输论坛最重要的活动之一，法国交通和海运经济部部长 Frédéric Cuvillier、芬兰交通部部长 Merja Kyllönen、瑞典 Stena Shipping AB 总裁 Carl - Johan Hagman 和意大利威尼斯港港务局总裁 Paolo Costa 等政府和行业代表参加了此次会议。孙家康副总经理就“为可持续发展的运输进行融资”这一主题和参会嘉宾进行了讨论。在讨论中，孙家康副总经理代表中远集团就全球航运可持续发展所共同关心的问题阐述了看法，并分享了中远集团在节能减排、践行绿色航运等工作上的经验。

2. 行业协会

行业协会是介于政府、企业之间，为社会管理提供服务、沟通、协调、公证和自律管理的社团组织。[①] 企业通过与行业协会的合作，充分利用行业协会的协调沟通职能，打造与政府的信息交流平台，及时向政府反映企业诉求，并协助政府制定和实施行业发展规划、产业政策、行政法规和有关法律，建立良好的政企关系，营造良好的市场经营环境。

3. NGO

20 世纪 80 年代以来，人们在各种场合越来越多地提及非政府组织（NGO）与非营利组织（NPO），把非政府组织与非营利组织看作在公共管理领域作用日益重要的新兴组织形式。NGO 具有非政府性、组织性、公益性、自治性、非政治性和非宗教性的特征。[②] 在世界范围内，NGO 从诞生到现在，其影响在不断地从边缘向主流挺进。

一些跨国公司在开展海外投资的过程中，通过与当地的 NGO 合作，把 NGO 作为纽带，开展与当地利益相关方的沟通。

4. 商业性公关公司

对于企业来说，术业有专攻。在社会沟通与利益相关方关系管理方面，公关公司的能力与经验要远高于一般的企业。

公关公司即公共关系公司，是专门为社会组织提供公共关系咨询或受理委托为客户开展公共关系活动的信息型、智力型、传播型的服务性机构。[③] 聘用商业性公关公司帮助企业进行沟通方案策划与实施，是企业较为普遍的做法。

企业聘用商业性公关公司，可以得到职业公共关系专家和各类公关专业人员对社会沟通方案的专业指导，且能够通过公关公司拓展和维护利益相关方关系，帮助企业打造责任品牌。同时，在舆情危机发生时，可以借助商业性公关公司进行危机公关。

① http：//www. chinajsb. cn/old/content/2011 －11/01/content_ 42098. htm.

② http：//baike. baidu. com/link？ url = Q12 － CWMHoc1eELpXpD84hJsU34eJmMV5SbqgNColQoMxPPKjzv3L8cyqczPw5MjlhRTP1Hc2YcQssbr － TYr － fiBwGCHMz0rE889yWfQQ3leaG7R6q0MhTjvFE3GMdwrf.

③ http：//baike. baidu. com/link？ url = PXKtHOp4jUsSYMb _ tgCY7FJdsXcOcZtHr4qIlU6BqKs 3jUiexVVe9r9o8UoZaI3ApkcISkBTdiSFAKYeXl3abq.

三　企业社会沟通创新的建议

基于企业开展社会沟通存在的问题以及目前少数企业已经开展的社会沟通创新探索，笔者对未来的社会沟通创新提出以下方向性建议。

（一）明确社会沟通的原则

社会沟通需要遵循一定的基本原则。通常，企业进行社会沟通应遵循诚信原则、互敬原则、传达理解原则、持续原则。

诚信原则：以真诚的态度参与沟通，以此为基础建立信任关系。

互敬原则：企业与利益相关方的沟通建立在相互尊重的基础上。

传达理解原则：充分考虑利益相关方的看法，并在沟通中体现对利益相关方的理解。

持续原则：由于非持续的沟通无法在短期内获取公众信任，企业开展社会责任沟通需有持续性。

（二）注重利益相关方诉求的收集与分析

企业开展社会沟通需要有明确的沟通重点，而沟通重点的选择依据是利益相关方的诉求。因此，企业需要对利益相关方诉求进行收集与分析，梳理出社会责任议题，并进行优先度排序。企业根据社会责任议题的优先顺序进行沟通重点的选择。

（三）建立有针对性的沟通机制

由于企业的各类利益相关方具有差异性，传统的单一沟通策略并不适用于每一类利益相关方，导致沟通效果不佳。因此，企业应针对政府部门、用户、意见领袖、媒体、社会公众、合作伙伴等不同对象分别建立相应的系统性沟通体系，实现与不同利益相关方高效务实、理性全面的沟通。[①]

---

① 浮婷：《创新沟通管理增进价值认同——国家电网公司强化社会沟通管理具体举措》，《现代经济信息》2015 年第 1 期。

（四）建立多样化的沟通模式

企业可建立多样化的沟通模式，在沟通形式、沟通载体、沟通平台等方面进行更多探索，以公众更加接受的沟通模式进行信息传递与互动，提升企业形象。同时，社会沟通模式的建立需要符合企业特色与实际情况，形成独具特色的沟通模式，从而塑造企业的责任品牌。

（五）加强社会表达

为达到良好的沟通效果，沟通的内容应通俗易懂，且让公众产生共鸣。因此，企业的沟通需加强社会化表达。从对整体工作的宣传转变成公司战略的社会表达，从对重点工作的宣传转变成重大举措的社会表达，以赢得利益相关方的利益认同、价值认同、情感认同，从而实现价值最大、关系和谐、品牌卓越。

（六）开展沟通效果评估

企业进行社会沟通不仅需要注重过程，还需要注重反馈。要注意搜集整理利益相关方对企业沟通方式、沟通渠道、沟通内容、沟通载体等的反馈信息，评估现阶段社会沟通的优点和不足，以便为下一步的工作改进提供方向。

B.20

中国企业社会创新能力报告

摘　要：进入21世纪以来，生态破坏、环境污染、贫富分化等各种社会问题日益凸显，企业创新所面临的外部环境正在发生前所未有的变化。在创新日益同质化和社会问题日益突出的今天，企业拓展创新思维，将各种社会问题视为企业创新的新机会，实现企业创新范式的转移是决定企业在未来生存和发展的关键。中国企业社会创新理论和实践起步较晚，发展过程呈现以下五个特点：企业社会创新领域多元化，企业社会创新方式多样化，企业社会创新与企业运营紧密结合，越来越重视协同创新，企业社会创新在社会治理中扮演着重要作用。同时，企业社会创新也存在制度环境不完善、动力机制缺乏等问题。为了促进企业社会创新的进一步发展，一方面政府和社会应尽快建立引导和评价机制，另一方面企业自身应充分认识企业社会创新的积极作用，充分借鉴国外经验，积极与政府和社会机构合作建立协同创新机制。

关键词：企业社会创新　十二维度创新雷达　多元　协同

一　企业社会创新的基本概念

社会创新的主体以社会部门为主，政府、市场为辅。企业社会创新是社会创新的有机组成部分。

（一）社会创新的概念及特征

德鲁克是第一位明确提出社会创新概念并最先强调社会创新价值的学者。

“社会创新”这一概念是德鲁克1973年在《管理：使命、责任、实务》中首次提出的，书中指出：“与技术创新比较而言，对社会创新的需要甚至可能会更大。”德鲁克指出，“创新既包括技术创新也包括社会创新，社会创新是在经济与社会中创造一种新的管理机构、管理方式或管理手段，在资源配置中取得更大的经济价值与社会价值。”其后，一些社会学、哲学、管理学等领域的学者对此展开了进一步的研究。社会创新理论的开创者德国社会学家沃尔夫冈·查普夫、英国社会创新实践先驱杰夫·摩根、加拿大学者司徒·康格等都对社会创新问题进行了深入的研究，都强调社会创新是实现社会目标、满足社会需求、解决社会问题的有效途径，并且共同奠定了当代社会创新理论的基本框架。

目前，对社会创新概念的界定尚未形成统一的标准，国内外学者从不同的角度对社会创新进行了阐释。有些定义侧重社会创新的形式和内容（Zapf，1998；Conger，2000等），有些定义侧重社会创新的动机和目的（Mulgán，2007；Phills et al.，2008；Munford，2002等）。表1是有关社会创新概念解读的两个视角及其代表性观点。虽然不同学者对社会创新的定义存在一定的差异性，但在以下几个方面都达成了共识：社会创新的目标是满足社会需求、解决社会问题；社会创新的形式多种多样，包括管理创新、制度创新、组织创新、文化创新等；社会创新的主体多元化，可以是政府、企业以及社会。

表1 社会创新概念

视角	代表性观点
创新的形式和内容	查普夫（Zapf,1998）提出“社会创新是指改变社会变迁方向的新的组织形式、新的控制方法和新的生活方式,能比以往的实践更好地解决问题” 康格（Conger,2000）认为“社会创新是为满足社会需求而进行的创造性行动和服务,表现为创造新的程序、法律或者组织,旨在解决具体的社会问题或建立新的社会秩序”
创新的动机和目的	摩根（Mulgan,2007）认为“广义的社会创新是指在满足社会目标方面起作用的新想法,狭义的社会创新是指受满足社会需求目标所驱动,并主要由以社会目标为主的组织开发和扩散的创新性活动与服务” 菲尔斯（Phills et al.,2008）指出“社会创新是社会问题的全新解决方法,主要指针对社会而非个体问题、与现有方法相比更为切实有效、可持续的解决方案” 芒福德（Munford,2002）认为“社会创新就是以满足个体或群体需求为目的,关于组织社交活动的全新理念的产生和实施”
创新的主体	何增科（2010）认为“社会创新就是公民和公民社会组织等社会行动者在社会领域为解决社会问题、满足社会需求而率先发起和实施的富有成效的创造性活动”

社会创新与技术创新之间存在共性，如同样需要新思想的产生，同样受需求拉动，同样需要各种资源支持，同样存在不确定性和风险等。但是，它们之间又存在诸多差别，表 2 从不同角度对社会创新与技术创新进行了比较。

表 2　社会创新与技术创新的区别

类别	技术创新	社会创新
创新动机	解决经济问题，实现经济目标，促进经济发展	解决社会问题，实现社会目的，促进社会发展
创新主体	盈利性企业	政府部门、企业、社会机构（非营利组织、基金会等）
资金来源	单一渠道（企业）	多重渠道，如政府、慈善基金会、社会捐助以及志愿者劳动等
创新的效益	企业获得超额利润并高质发展，商业市场繁荣	促进社会发展和社会变迁，改善社会生活
创新的障碍	社会制度的有力支持	创新管理流程的优化、产业和人才基础
评价标准	规模、市场份额或利润	社会平等和公正、社会和谐程度等

通过对社会创新概念的认识以及社会创新与技术创新的比较，笔者发现社会创新具有以下特征。

（1）创新主体多元化。包括政府、企业以及非营利组织等社会机构。

（2）创新领域广泛化。社会创新实践表明，社会创新涉及了社会问题的方方面面，张强等（2013）对 187 个中国社会创新案例进行统计发现，社会创新领域可以分为扶贫、教育、健康与救援、社区发展、艺术文化、环境、弱势群体帮扶、动物福利、公益支持和其他共十类。案例来源包括《社会创业家》杂志、英国文化协会、AHA 社会创新中心、企业社会责任资源中心（社会资源研究所）等专业机构推荐的有关社会创新案例，以及近年来中国内地相关的知名比赛获奖项目，包括海航“社会创新创投竞赛”、英特尔“芯世界”公益创新奖、“中国社会创新奖”和联想集团举办的相关竞赛。周红云（2014）基于两届“中国社会创新奖”项目数据的分析指出，社会创新的重点集中于弱势群体保护、社会事业、公益慈善、社区服务、扶贫济困和环境保护六大领域。

（3）创新形式多样化。何增科（2010）指出，根据社会创新的产品性质的不同，可以将社会创新区分为服务类社会创新、组织类社会创新、体制类社会创新、行为规范类社会创新、理念类社会创新、行为方式类社会创新等。张强等（2013）将社会创新分为服务创新、技术创新和组织创新三个维度。服务创新是指发起项目将提供社会需求但缺乏供给或供给不足的社会服务，如罕见病群体的关怀；技术创新是指利用信息技术等来创新服务方式，如利用互联网推行 P2P 模式提供小额信贷；组织创新是指发起项目通过呈现新的组织形态来进行相关社会创新活动，如社会企业。

（二）企业社会创新的概念及特征

1. 企业社会创新提出的背景

近年来，接踵而至的商业丑闻、食品环境污染、2008 年的金融危机，种种事件提高了公众对企业社会角色的期望。社会问题的重要性催生了以解决社会问题为主的社会创新的产生与发展，企业作为社会经济生活中最为活跃的主体，理应在社会创新中发挥重要作用。Kanter（1999）指出，企业参与社会事务的传统做法存在只触及表面和“扔钱就走人”的弊端，难以实现可持续、可复制的制度化改变，不能真正满足社会的需要，企业应该将社会问题作为一个学习实验室，以辨识未被满足的需要，并提出解决方案以开辟新市场。如波士顿银行建立社区银行的努力最终为银行创造了新的市场，贝尔大西洋公司通过为学校装备计算机网络发现了处理数据传输的新途径和远程学习的新市场。这实际上是一种新的创新范式，即私人企业可以与公共机构合作，为双方带来有利、可持续的变化。Jupp（2002）也认为，企业对待社会问题的方式应从责任转向创新，即企业运用其组织、财务和人力资源，以一种可以被接受和广为传播的方式，为难以解决的社会问题提供有效的创新性响应。企业不应再将社会责任视为补充或附属，应通过与公共机构的合作，运用自身的经验和专长，积极开展社会创新，创造社会价值。企业社会创新的理念逐渐被越来越多的企业所接受和采纳。联合利华前 CEO 夏思可（Patrick Cescau）2007 年 5 月在英思雅德商学院的一场演讲里强调，研发设计产品或服务时不仅要考虑消费者对功能的需求（如食品的味道或成本的高低），更需要社会视角，融入消费者期待解决社会问题的各种“公民渴望”。

社会创新不是社会组织的专利，企业更有必要导入社会创新战略，在生产、营销、人资、研发、财务等运营行动中，植入社会大众重视的社会问题创新解决方案，通过运营行动一方面解决问题，另一方面争取社会大众的认同及支持，强化企业营运优势及市场绩效。企业社会创新是对企业创新与企业社会责任理论的融合与发展，以社会问题和社会需求为出发点为企业创新和社会责任实践提供了新的思路和方向。当今世界各国，贫富差距、生态环境恶化、资源短缺等严峻的社会问题，人们日益增长的对教育、医疗、保健、养老、生活品质等方面的社会需求，都蕴含着潜在的战略性商业机会或广阔的创新空间。企业社会创新是企业履行社会责任的新途径，使企业社会责任实践模式从“赚钱行善”向“行善赚钱”，实现了经济利益和社会利益的双赢。

2. 企业社会创新的概念

德鲁克首次提出并系统阐述了企业社会创新观（Corporate Social Innovation）。在1984年发表的专题论文《把社会问题转化为商业机会：企业社会责任的新意义》中，德鲁克阐述了“把社会需要和社会问题转化为有利可图的商业机会”这一他称之为“行善赚钱”的新观点。德鲁克企业社会创新理论的阐述有两个基本点：一是创新目标的社会性，即社会创新必须解决具体的社会问题或满足特定的社会需求；二是创新的工具是创新和创业精神，包括实施有效的管理（他认为，管理本身就是现代社会的一项社会创新），以确保高效地实现其社会目标。

德鲁克指出，企业要学会把一个社会所面临的主要问题转变为与众不同的有利可图的商业机遇，把“解决社会问题和满足社会需求的途径，看作是企业创造利润的机遇”，这代表着对企业社会责任的一种全新定位——“在解决社会问题的同时，创建能够自我维系并盈利的企业”，推动企业更加积极地参与社会创新，更好地实践创新与创业精神。

德鲁克的社会创新思想为企业指出了履行社会责任与实现商业利益的最佳结合点，开拓了企业履行社会责任、参与社会管理的新路径，社会创新是企业履行社会责任的新途径。德鲁克批驳了弗里德曼关于企业的唯一责任是创造利润的观点，坚持认为企业获取利润与履行社会责任是不矛盾的。德鲁克肯定了卡内基、洛克菲勒、福特等慈善捐助的社会责任行为，但是，德鲁克更加推崇罗森沃德、诺里斯等把社会问题转化为企业发展机遇，在满足社会需求的同时构建企业可持续发展能力的新方式，即社会创新方式。“钢铁大王”卡内基将1990年出售自己公司所得的巨额资金（约为当时的5亿美元）在各地捐建免费的公共图书馆等文化设施，后来设立专门的慈善基金会，以此实施慈善捐助，促进社会变革。卡内基的这种方式就是今天人们最为常见的“赚钱行善”模式。另一位企业家罗森沃尔德当时在收购西尔斯·洛巴克邮购公司的时候，就敏锐地发现，邮购业务的客户资源主要是富裕农民，当时能够让农民富裕起来的主要途径是设法提高他们的技能和劳动生产率。为通过让农民富裕而扩大自己的客户资源，罗森沃尔德通过他所经营的企业设立大规模的扶持资金，并创造性地建立县区农场代理制度，主动给当时那些处于相对贫困和落后状态的农民提供免费培训，以增加他们的耕种知识和提高其劳动技能，进而提高农业生产率和增加家庭收入。事实表明，正是这些在罗森沃尔德帮助下逐渐富裕起来的农民构成西尔斯·洛巴克邮购公司的主要客户。借助这一创新机制，罗森沃尔德经过10年努力，终于把一个收购时濒临破产的邮购公司发展成当年美国的第一大零售商，成为当时美国盈利性最好的公司之一。这种方式就是德鲁克推崇的“行善赚钱”，即企业社会创新方式。尽管卡内基的慈善捐助崇高而纯正，但罗森沃尔德所创造的社会责任模式无疑更有价值。因为在德鲁克看来，“只有当解决社会问题的方法能够产生资本（如产生利润）时，这些‘社会需要’才能得到越来越多的资金支持。”罗森沃尔德所首创的以社会创新来履行社会责任的方式，无疑是对企业和社会双赢的创新。因此，他认为，如果组织在专注于自身本职工作的同时又能满足社会的需求，那么，它们就是在承担社会责任。如果它们能够把公众的需求转变为自己的创业成就，那么，它们的这种行为就是最负责任的行为。在德鲁克看来，社会创新已经成为一种企业履行社会责任的更加有效的新途径，“企业只有把社会责任转化为自身的利益，也就是转变成商业机会，才可能真正履行‘社会责任’。”今天，企业自觉地从社会问题和社会需求中寻找市场机会，不断进行产品、服务和技术创新，创造价值为企业与社会共享，已经成为企业履行社会责任的一般追求。他提出的企业要把社会问题当作商业机遇，主动承担企业造成的不良社会影响的责任，积极开展社会创新的观点，也推动着企业社会责任由公益捐助向社会创新的重大转型。

刘宝（2011）将企业社会创新界定为：企业以社会责任为驱动力，视社会问题为企业新机会的来源，在实现商业创新（如开发新产品、创造新市场等）的同时，达到一定的社会目标，满足一定社会需求的创新范式。企业社会创新具有以下五个方面的特征：①企业社会创新的目标是企业和社会都能获益，实现双赢。企业可以通过创新性的思路和方案，在获取商业利益的同时促进社会问题的解决，实现微观层次企业战略与宏观层次社会需要的融合，同时满足社会和企业的需要，在一定程度上消弭公共物品和私人物品之间的鸿沟。②企业社会创新是对企业社会责任的超越。美国公益组织 All Day Buffet 提出，企业社会责任（CSR）向企业社会创新（CSI）的转化应建立在“3I”基础上，即创新（Innovation）、影响（Impact）和投资（Investment），具体包括寻找更新、更好的解决方案以提供更多的价值，考虑对多重底线的影响而非单一的利润，长期投资而非简单施舍。可以认为，企业社会创新已不再是简单的慈善或责任行为，而是一种研究与开发（R&D），是战略性商业投资。③企业社会创新是一种综合创新。作为一个新的创新范式，企业社会创新包含的范围比较广泛，不局限于单一的产品创新、技术创新或营销创新等，而是它们的综合。④企业社会创新是一种开放式创新（Open Innovation）。企业社会创新的实现需要跨越企业的传统边界，均衡协调来自企业内部和外部的创新资源，“有意识地利用知识的流入与流出来加速企业内部的创新，同时利用外部创新来扩张市场。”⑤企业社会创新是一种利益相关者驱动型创新（Stakeholder - driven Innovation）。员工、顾客、供应商、环保主义者、NGO、政府等多方利益相关者是企业社会创新的重要驱动因素。同时，利益相关者也是企业社会创新过程的主要参与者和实现者，只有让利益相关者广泛、深入地参与其中，企业社会创新才能获得持续的动力。

环宇社创（2015）指出，企业社会创新是指企业运用生产、营销、人资、财务、研发等运营资源，以创新模式协助解决贫穷等重大社会发展问题，同步创造经济社会双重效益。企业社会创新，一方面，可以协助企业提升市场运营优势，强化对消费者、供应链买主及投资机构的选购投资偏好及溢价；另一方面，更能激励企业在传统单向的慈善捐款及公益活动之外，增加协助解决社会发展问题的多元企业资源及创新策略，具体彰显企业的运营价值及经济和社会双效贡献。

综合已有的关于企业社会创新的定义，本文将企业社会创新定义为“企业用创新的方式解决社会问题，实现企业经济利益和社会利益的双赢”。企业社会创新的出发点是社会问题，解决方式是企业创新，实现的结果是企业社会双赢。

3. 企业社会创新的意义

企业社会创新能够实现企业经济利益和社会利益的双赢，企业社会创新的意义一方面表现为对社会发展的促进作用，另一方面表现为对企业经济利益的拉动作用。

（1）对社会的意义

企业社会创新作为社会创新的一种方式，在解决社会问题、实现社会目的、促进社会发展方面发挥着重要作用。企业作为社会经济生活中最为活跃的主体，主动参与社会创新能够带来社会创新的快速发展，充分激发社会创新的活力，为社会问题的解决提供更多元化的途径和方法。企业社会创新大大扩展了企业参与解决社会问题的范畴，从而更好地满足社会需求、解决社会问题。企业社会责任观经历了一个从社会义务观、社会回应观、社会绩效观、社会营销观到社会创新观的演变过程。由德鲁克首次提出的企业社会创新思想，推动着企业社会责任实践模式从“赚钱行善”向“行善赚钱”的重要转变，激励企业在传统单向的慈善捐款及公益活动之外，增加协助解决社会发展问题的多元企业资源及创新策略。对于企业来说，社会创新使得传统的 CSR（企业社会责任）中的 S（社会问题）成为前提条件，企业用对社会议题的关注和对社会需求的回应开展产品服务创新、组织创新、流程创新、营销创新等一切与业务发展相关的创新活动，最终推动企业经济价值与社会价值的共赢。

（2）对企业的意义

企业社会创新把解决社会问题和满足社会需求的途径，看作企业创造利润的机遇，从社会问题出发寻找新的创新和盈利点，是企业寻找新的利润增长点、实现可持续发展的重要手段。当今世界各国，贫富差距、生态环境恶化、资源短缺等严峻的社会问题，人们日益增长的对教育、医疗、保健、养老、生活品质等方面的社会需求，都蕴含着潜在的战略性商业机会或广阔的创新空间。在创新日益同质化的今天，企业拓展创新思维，将各种社会问题视为企业创新的新机会，实现企业创新的范式转移将是决定企业在未来生存和发展的关键。

企业社会创新能够为企业带来形象溢价，强化消费者、供应链买主及投资机构的选购投资偏好及溢价。企业社会创新是一种利益相关者驱动型创新，员工、顾客、供应商、环保主义者、NGO、政府等多方利益相关者是企业社会创新的重要驱动因素，同时也是企业社会创新过程的主要参与者和实现者。企业参与社会创新能够赢得利益相关者的认可，从而有利于企业的长期发展。社会责任做得好的企业通常能在市场上获得较高的社会声誉，并提高顾客的满意度和忠诚度，吸引和留住高素质的员工，最终获得持续的竞争优势，有利于企业可持续发展和长期价值的提高。企业社会创新作为企业社会责任实践的新方式，不仅可以带来直接的经济利益，还能提高企业社会声誉，从而为企业带来长期价值，有利于企业的可持续发展。

企业若能通过创新运营行动同步提供社会问题的解决方案，创造经济社会双重效益，将获得国内外消费者及投资人的认可与支持，享有更好的竞争优势及运营绩效。企业社会创新一方面可协助解决重要的社会问题，另一方面可同步强化如下企业营运优势及市场绩效：①可持续风险管理。企业可以通过对社会议题的调查研究，将企业营运战略与社会问题创新解决方案整合规划，以降低企业可持续经营的风险，例如金融投资业可能有违反社会、人文或生态保护的投融资计划，或是零售业者销售违反劳动人权或加剧气候变迁的棕榈油产品。②提升营运优势。通过社会创新，企业可掌握消费者、供应链买主及资本市场投资人的选购偏好并提升“形象溢价”，例如更具社会责任形象的企业品牌可享有国内外消费者62% ~70%的选购偏好。在供应链市场上，重视可持续发展的企业会优先采购绿色或可持续产品，以强化本身价值链的社会责任表现。例如台湾龙盟科技与大陆沈煤合作以回收矿渣生产制造的石纸，因不需砍伐森林而获得国际企业如塔吉特百货（Target）及美孚石油的采购。在金融资本市场上，全球前七大金融机构巴克莱银行也在2012年成立社会创新基金，专门投融资能带来社会经济双重效益的企业。另外，2009年成立的全球影响力投资网络（GIIN），整合了国际大型投资银行及国际开发性金融机构等数百家机构投资者，希望通过投资解决社会发展问题，同步获取财务回报。因此，企业若能在经营战略上整合重大的社会问题解决方案，创造经济及社会双重效益，将获得数百家具有影响力的投资者的关注与投资支持。

二　国外企业社会创新经验

本文将从企业社会创新的方式和企业社会创新的领域两方面分别来介绍国外企业社会创新的经验。

（一）企业社会创新方式——十二维度创新雷达

萨奈等（2006）提出的“创新雷达”（Innovation Radar）模型，将企业创新管理分为四大区块和十二维度。企业的创新活动可能涵盖其中的一个或者多个维度，如苹果公司同时围绕创新雷达的多个维度进行了创新，包括产品和服务、平台、供应链（内容所有者）、渠道（使顾客可以方便携带搜集到的音乐、图片和视频）、网络（可以与 Mac 或 Windows 电脑连接）、价值获取（iTunes）、客户体验（完美的 iPod 体验）以及品牌（使苹果品牌得以延伸）。在某个维度进行创新常常会影响到企业在其他维度的选择，例如品牌创新可能要求企业同时在客户体验、产品和服务、渠道等维度进行创新。因此，在选择和贯彻企业创新战略的维度时，需要在企业内部和外部进行清晰、深入且全面的探讨。

钱为家（2010）、刘宝（2011）以萨奈的“创新雷达”为基础，提出了“企业社会创新雷达”，将企业社会创新划分为 4 个区块 12 个维度，具体包括产品创新、平台创新、解决方案创新、客户创新、客户体验创新、价值获取创新、流程创新、组织创新、供应链创新、渠道创新、网络创新、品牌创新（见图 2）。企业社会创新活动可能会涵盖其中一个或多个维度，企业可以从这 12 个维度出发设计解决相应社会问题的创新方案。

1. 产品创新（Offerings）

企业可以通过创新，开发出具有一定社会责任属性的新产品或服务，以创造企业和社会都能分享的共同价值。例如，丰田公司开发的普瑞斯油电混合动力车将汽油发动机与电动机进行组合，在确保高水平的燃油经济性和环保性能的前提下，实现了出色的动力性，混合动力车排放的有害污染物是传统汽车的

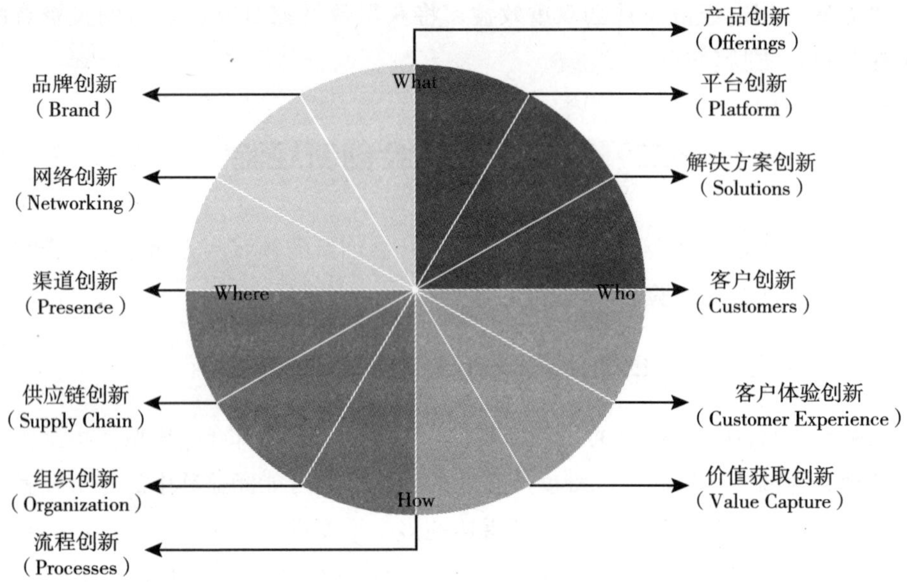

图1　企业社会创新雷达

10%，而汽油的消耗只有传统车的一半。当然，普瑞斯的价格也远高于传统车，给企业带来了丰厚的经济回报。

2. 平台创新（Platform）

企业可以通过创新，打造全新的运营平台，实现经济社会的可持续发展。例如，丹麦 MYC4 公司开发了一个小额信贷网上交易平台，该平台将全球范围内的个人投资者与需要进行资本扩张的非洲小型企业连接起来，贷款范围在 200 欧元到 20000 欧元。通过当地组织网络，MYC4 识别有前途的企业家，并在其站点上介绍他们的贷款需求，以促进非洲地区经济发展，减少贫困。

3. 解决方案创新（Solutions）

企业可以通过创新，为社会问题的解决提供崭新的思路和方案。例如，拜耳集团在 2007 年启动“拜耳气候计划”，旨在通过开发新的解决方案，进一步减少生产过程中二氧化碳的排放量，为应对气候变化做出贡献。另外，拜耳还通过涂料系统解决方案的创新，在建筑物中推广使用高科技及环境友好型材料，实现提高商业效率与保护生态环境的双重目的。

4. 客户创新（Customers）

企业可以通过创新，挖掘未被覆盖的市场，满足被忽略的客户群（如低收入人群、弱势群体等）的需要，在帮助解决社会问题的同时，为自身开拓新的市场空间。关注金字塔底层（BOP），聚焦低收入市场就是一种典型的客户创新。通过向处于世界财富底层的低收入人群提供工作机会、技术、信息和资金支持，充分开发 BOP 人力资源的潜能，可以实现提高 BOP 群体的收入水平，使 BOP 群体彻底摆脱贫困的社会目标。同时，企业也能够得到源源不断的人力资源供给，并能持续性改善企业所在国家和地区的资源条件。例如，1983 年穆罕默德·尤努斯创立的格莱珉银行（Grameen Bank），专注于向最穷苦的孟加拉人提供小额贷款。每年向 660 万贫困人口提供小额贷款 8 亿多美元，帮助他们做小生意养活自己。其目标是帮助穷人实现个体创业，从而使他们永远地摆脱贫困生活。这种通过商业模式运作的社会创新在全世界范围内被推广，帮助上百万人摆脱了贫穷的恶性循环，为消除贫困和推动社会进步做出了巨大贡献。

5. 客户体验创新（Customer Experience）

企业可以通过创新，在所有顾客接触点上重新设计与顾客的互动，包括客户在与企业打交道的过程中所看到、听到和感受到的一切，回应消费者对信息披露、隐私保护、人格尊重等的需要。例如，全球著名设计公司 IDEO 帮助医疗保健机构 Kaiser Permanente 对医疗环境进行重新设计，改善了患者体验。在 IDEO 的帮助下，Kaiser 提供了更加舒适的候诊室，在医院大厅提供更清晰的标识，并且提供了更大的检查室，能同时为更多患者进行检查，且安装窗帘保证私密性。

6. 价值获取创新（Value Capture）

企业可以通过创新，重新构建价值创造和获取的机制，在促进社会问题解决的同时为企业赢得更大的发展空间。例如，企业利用自身在环保方面的优势，主动游说政府规制机构采取更严格的可持续发展标准，促进产业新规制体系的形成，为竞争者制定规则，从而有效管理自己的竞争对手。全球最大的铝业公司美铝（Alcoa）就积极致力于推动美国联邦政府采纳更严格的环保标准，迫使落后的竞争对手不得不花费更高的成本来满足相关法规的要求，这是对竞争对手的有力打击。

7. 流程创新（Processes）

企业可以通过创新，改善内部运作流程，在降低企业成本的同时实现生态保护的社会目标。美国3M公司自1975年开始实施污染防治回报计划（Pollution Prevention Pays，3P），以预防的方式减少污染物排放，着力从污染源头抓起，改善生产流程，对废料进行循环利用。3P规划在减轻环境污染的同时，也使企业大大获益。3M公司在中国实施3P计划以来到2008年6月底，通过81个项目减少污染物排放超过7845吨，为公司节约的资金超过3亿元。

8. 组织创新（Organization）

企业可以通过创新，重新定义员工角色、业务单元职责和外部合作关系等，实现企业、员工、合作伙伴及社会的协调发展。例如，宝洁公司利用其"samba"（可持续发展大使）网络使员工分享企业可持续的理念与想法，并通过工作场所可持续发展项目和志愿者制度，让员工参与履行社会责任。其"联系+发展"战略，积极突破企业的传统边界，注重与外部合作伙伴包括服务提供商、政府研发机构和学术界等进行有效合作，以开发出更多可持续发展的材料、产品与工艺。

9. 供应链创新（Supply Chain）

企业可以通过创新，影响供应链的整体运作，增强供应链各环节包括采购、制造、包装、交付等的环保意识和社会责任意识，兼顾实现社会效益与企业利润的目标。例如，百事公司为了保证原材料的供应，积极与农民合作，帮助他们采用高效、可持续的方法种植高质量的马铃薯，把原料生产与改善当地环境结合起来，既能提高企业产品的质量，又能把沙漠变为耕地，还可以增加农民收入，实现企业利益、社会利益和环境利益的共赢。沃尔玛"农超对接"项目，通过对农产品进行直接采购，帮助农民提高市场适应能力，鼓励和引导标准化和规模化生产，并指导其在生产中推进环境保护。这些举措不仅增加了农民的收入，而且更重要的是保证消费者能够买到更加新鲜、健康、环境友好的农产品，最终实现环境、顾客、农民及地方经济的多赢。

10. 渠道创新（Presence）

企业可以通过创新，改变产品投入市场和到达目标顾客群的通道或创造性地构建新的通道，在获取商业收益的同时积极推进社会问题的解决。例如，联合利华2001年在印度推出"Shakti"行动，运用遍及全印度65个农村的妇女微型贷款自助团体网络，让其中有意愿的创业者成为联合利华当地直销代表，解决乡村地区销售网络欠缺的问题。目前，约4.5万个“Shakti”成员在10万个村落为近1亿消费者服务，她们每年创造的营收将近1亿欧元，不逊于主流渠道的利润。未来“Shakti”成员将扩充至10万个，服务区域将涵盖印度50万个村落的5亿消费者。通过这一机制，联合利华能够协助解决乡村贫穷问题，通过微型贷款及培训，让更多女性创业家摆脱贫穷，独立自主。

11. 网络创新（Networking）

企业可以通过创新，构建产品或服务与顾客连接的全新网络，在推进社会责任工作的同时使自己获益。例如，墨西哥水泥制造商Cemex开发出创新性的社会责任项目“Patrimonio Hoy”，旨在让中低收入者实现住房梦想的同时刺激相应的建材需求。Cemex组织低收入家庭成立金融互助组织网络，还通过企业高效信息网络与专家咨询网络，为居民提供与建房进程相匹配的顾问咨询和建筑材料，以克服建房过程中的困难。最终，7万个墨西哥家庭完成了他们伟大的盖房工程，Cemex也从中大量获益。

12. 品牌创新（Brand）

企业可以通过创新，塑造良好的社会公民形象，打造优秀的责任品牌，以社会责任感召力赢得市场和客户。例如，美体小铺（The Body Shop）作为一家化妆品生产企业，始终强调将企业的发展和对社会的贡献结合起来，长期坚持用纯天然的原料来制造各种化妆品和护肤品，坚持不使用动物进行任何试验。把环保确立为产品的核心价值，从标志设计到产品包装、店面装饰，无处不绿色。绿色、责任，成为美体小铺的品牌识别标志，并为企业树立了良好的形象。

（二）企业社会创新领域典型案例

企业社会创新旨在解决社会问题，当前主要的社会问题在贫困、饥饿、自然灾害、弱势群体（农村女性就业、留守儿童保护、残障人士关怀）、环境（水环境、空气环境、垃圾处理）、养老、医疗卫生等领域，企业社会创新的领域基本涵盖了以上所有领域。接下来，笔者将介绍国外几个典型的企业社会创新案例，从而为中国企业社会创新提供经验和借鉴。

1. 自然灾害领域——可口可乐“净水24小时”救灾体系

2008年汶川地震中有个小男孩被救出后对救援队员说的第一句话是“叔

叔，我要喝可乐”，这启发了“可口可乐人”。中国幅员辽阔，地理环境复杂，各类自然灾害来袭时饮用水始终是应急救灾中最急缺的物资之一。而传统的救灾模式往往受时间和空间限制，从采购、仓储到调动、运输，层层环节无法第一时间满足紧急救援需求。可口可乐是做水业务的，把就近生产的水运送到各地市场是可口可乐在近百年发展中建立起的业务专长。可口可乐强大的物流和仓储网络可以成为应急饮用水的供应网络，从而最大限度地发挥可口可乐的价值去帮助那些最需要帮助的人。

2008 年汶川大地震后，可口可乐（中国）开始接触救灾领域的学者、社会组织、政府机构等，积极了解中国在应急救灾方面的情况。2013 年，一个由可口可乐与壹基金等救灾机构以及各地政府部门合作推出的跨领域创新成果——“净水 24 小时”应急救援机制诞生了。“净水 24 小时”是一种社区应急饮用水快速反应机制，该机制承诺第一时间将灾区最急需的瓶装饮用水送到受影响居民的手中。“净水 24 小时”通过与各地政府的协同运作，依托壹基金旗下的救灾联盟，充分利用可口可乐（中国）系统庞大的业务运营和物流网络，全力支持灾害救助。这种集政府部门、社会机构和企业为一体的“黄金三角组合”联动机制更安全高效地实现了受灾地区的饮用水紧急供应方案。

2013 年 4 月 20 日四川雅安地震发生后，可口可乐（中国）雅安营业所立即停止了饮料出库销售，全力支持赈灾，4 小时内第一批 48000 瓶冰露水送达灾区居民手中。2014 年 8 月 3 日，云南省昭通市鲁甸县发生了 18 年来云南省最严重的地震。地震消息传来后，可口可乐（中国）紧急调整周边数省的生产计划，确保震区最需要的饮用水可以源源不断送达。1 小时内，距离震中最近的镇子上，一个可口可乐（中国）分销商库房里，72000 瓶饮用水已经准备就绪。在 2015 年国庆期间遭受“彩虹”台风袭击的广东省湛江市，72000 瓶可口可乐旗下的冰露水是第一批送抵灾区的紧急救援物资之一。自 2013 年“净水 24 小时”应急救援机制建立以来，壹基金和可口可乐（中国）共响应了 44 次自然灾害，共有超过 720 万瓶饮用水从可口可乐（中国）位于全国各地的仓库发出，常常在灾区基础设施损坏严重的情况下，被千方百计第一时间送到灾民手中，近 73 万灾区民众从中受益。

在救灾体系成型到成功的过程中，可口可乐（中国）发现了一条行之有效的可持续发展战略思路：从社会需求出发，基于自身业务优势，将企业价值最大限度地贡献于社会。

2. 环境领域——通用电气“绿色创想”计划

2005 年 5 月，GE 公司董事长兼首席执行官杰夫 · 伊梅尔特（Jeff Immelt）启动“绿色创想”计划（Ecomagination）。该项业务战略旨在通过富有想象力的创新科技，在帮助客户解决环境问题的同时促进 GE 的发展，从而印证“绿色创造价值”的公司理念。GE“绿色创想” = 想象力 + 环境科技。在 GE，人们拥有一种无限的资源：想象力。当想象的力量同 GE 核心竞争力——创造性的科技相结合，就能更好地管理和利用地球上的稀缺资源，这就是 GE“绿色创想”。“绿色创想”是一项企业战略，它旨在满足客户对高能效、低排放产品的需求，同时推动 GE 的发展——这种发展将为投资者带来巨大的回报。GE 相信，经济效益与环境效益可以相互结合，从而在应对一些重大挑战的同时，推动公司利润的快速增长。

GE“绿色创想”计划堪称全球范围内由企业主体发起的规模最大、影响力最强的绿色环保产品研发和推广计划，其中包括可再生能源、先进的气化和清洁煤技术、燃料利用率、混合动力系统、照明和水。通过对这一系列前瞻技术的研发，“绿色创想”战略快速取得了经济和社会意义上的成功，在为客户带来清洁创新技术的同时，还通过使用具备节能、环保特性的产品和服务，大幅度减少自身在能源、水资源方面的成本和排放量。2011 年 GE“绿色创想”年度报告显示：“绿色创想”产品组合包括 140 多种产品和解决方案，截至 2011 年底已经产生 1050 亿美元的收入，超越了之前设定的“绿色创想”增长目标，其增长速度也快于 GE 的其他业务。相比 2004 年基准线，2011 年 GE 将自身运营产生的温室气体（GHG）排放量降低了 29%。自 2010 年以来，GE 将自身运营用水量减少了 13.5%。2011 年 GE 对“绿色创想”研发投入了 23 亿美元，“绿色创想”收入为 210 亿美元。自 2006 年“绿色创想”在中国启动以来，GE 公司已经在中国推出了 31 款“绿色创想”认证产品，减少了 7000 万吨二氧化碳的排放，并节约了 8 万吨水资源。在天然气领域，从开采、运输到应用，尤其是天然气发电，GE“绿色创想”提供了一系列技术解决方案。

3. 弱势群体领域——玫凯琳善因营销帮助唇腭裂患儿

美国化妆品企业玫琳凯结合其企业的产品特征，2008 年起，在全球范围发起了“美丽·奉献”善因营销计划。上百万名中国唇腭裂患儿的成长问题成为玫琳凯的关注焦点。2015 年 3 月，玫琳凯（中国）通过该计划特别发售了 25000 支“微笑唇膏”，每售出一支即捐款 20 元，专项用于贫困地区唇腭裂女童修复手术。“微笑唇膏”因其背后的社会意义和对品牌内涵的增值，获得玫琳凯资深销售队伍及消费者的支持，带来了 420 万元销售额。在短短 3 周内，25000 支唇膏全部售完，筹得 50 万元善款。

为进一步扩大救助人数，玫琳凯借助腾讯平台发起了微捐活动，吸引了 27000 位社会人士对这一社会问题的关注和捐款参与，筹得近 68 万元。两笔善款共计 118 万元，为 220 名贫困地区患有唇腭裂的女童实施了修复手术。这项计划也在无形中强化了玫琳凯销售队伍和顾客对企业社会创新的支持，并提高了其对品牌的忠诚度。

在立项方面，玫琳凯深入挖掘了项目与企业利益的相关性，让项目成为企业的一部分，而非可穿可脱的一层外衣；在输入方面，项目与企业业务本身深度结合；在输出方面，项目为利益相关方创造了合理的价值。最终项目以一个完整的闭环、可持续的方式来帮助解决唇腭裂的贫困患儿问题。

三　中国企业社会创新取得的进展

中国企业社会创新理论和实践虽然起步较晚，但近年来得到了较快的发展，其主要呈现以下五个特点。

（一）企业社会创新领域多元化

企业社会创新的领域不断拓展，基本涵盖了自然灾害、环境、贫困、弱势群体、医疗、教育等主要社会领域。

（二）企业社会创新实现方式多样化

企业社会创新的实现方式越来越多样化，基本涵盖了企业社会创新雷达的十二维度，包括产品创新——开发节能环保产品创造新的增长点（北汽新能源汽车）；平台创新——P2P、众筹、第三方支付等互联网金融平台；供应链创新——增强供应链各环节的社会责任意识（碧桂园绿色产业扶贫)；品牌创新——善因营销创造企业形象溢价（完美公司“售玛丽艳维E润手霜支持母亲水窖”微公益活动）等。信息技术，特别是互联网技术的发展为企业创新性地解决社会问题提供了更好的技术支持和全新的解决方案。

互联网金融为小微企业融资难的发展困境带来了转机，对促进小微企业发展和扩大就业发挥了现有金融机构难以替代的积极作用。互联网金融涵盖了企业社会创新雷达的多个维度：①客户创新，P2P的服务对象主要是小的投资者和融资者，是传统金融服务忽视的客户群体；②客户体验创新，第三方支付的便捷高效大大改善了消费者的购物和支付体验，P2P平台对资金供求双方的信息甄别、匹配大大提高了借贷效率，降低了借贷成本；③产品创新，以大数据为基础的个性化金融服务带来了金融产品的创新；④平台创新，网贷平台、众筹平台、第三方支付平台都属于平台创新，其提供了全新的金融交易服务方式；⑤解决方案创新，小微企业对社会就业和经济发展发挥着至关重要的作用，互联网金融为大众创业、万众创新创造了环境，对于就业和经济发展具有重要推动作用；⑥流程创新，互联网金融简化了线下交易流程；⑦组织创新，互联网金融企业是一种新兴的经营业态；⑧渠道创新，互联网、移动互联网技术的应用为互联网金融产品的销售拓宽了渠道。

传统行业互联网思维的应用能在一定程度上突破传统企业的限制，为已有的社会问题提供全新的解决方案。立思辰的在线教育模式实现了优质教育资源的共享，一定程度上解决了上学难的问题；东华软件和好大夫在线互联网思维的运用一定程度上解决了就医难问题；永辉超市利用互联网对食品进行溯源的做法一定程度上消除了人们对食品安全问题的担心。

（三）企业社会创新与企业运营密切结合

企业在解决社会问题时能充分发挥自身的资源和优势，将社会问题的解决和企业战略运营相结合，更好地实现经济利益和社会利益的共赢。接下来本文将以华润循环经济产业园和碧桂园的绿色产业扶贫为例来详细阐释企业社会创新如何与企业运营相结合。

1. 华润循环经济产业园

华润循环经济产业园是华润集团利用多元化企业的资源优势，按照“减量化、再利用、资源化”的循环经济发展要求，将构成循环经济的产业引入园区，实现不同产业之间能源综合利用、废弃物吸收转化、污染物减量排放的目标。推动了多元化业务协同、资源共享，开辟了一条绿色环保的循环经济发展道路。

2010年，华润集团统筹华润电力、华润水泥和华润雪花在广西贺州富川县莲山镇建设贺州华润循环经济产业园，构建了电厂、水泥厂、啤酒厂的协同发展模式。循环经济产业园于2013年建成运营，电厂、水泥厂、啤酒厂三厂资源循环利用，减少了废弃物排放，保护了富川特有的青山绿水，带动了周边地区繁荣，让富川从一个国家级贫困县转变为发展循环经济、绿色环保的新兴县。富川县县委书记廖立勇指出，“华润带来的不是环境恶化，而是良性发展。富川如果没有华润进来，没有找到这样一个循环经济模式，就会挖山、破坏环境，最终恶性循环；如果没有华润进来，没有财政支撑，其他产业也无法进来。”贺州华润循环经济产业园实现了如下经济效益：①资源循环利用。华润电力建设两台100万千瓦超超临界燃煤发电机组，电厂产生的粉煤灰、炉渣、脱硫石膏作为原料供应给水泥厂使用；水泥厂向电厂供应脱硫用的石灰石粉；啤酒厂产生的废水由电厂处理后用作循环冷却水；啤酒厂所需的水、蒸汽全部由电厂供给，排出的硅藻土、酵母泥交付水泥厂掺烧处理。整个产业园区每年约实现节能量折合标准煤29万吨，减排二氧化碳73万吨、二氧化硫6万吨、氮氧化物4250吨。②产业协同发展。经过两年的运营，三个厂在产业协同发展方面成效显著，2014年综合利用石灰石粉15.86万吨、粉煤灰41.6万吨、炉渣8.59万吨、脱硫石膏28.95万吨，电厂向啤酒供蒸汽2.67万吨，电厂向啤酒供电398.4万千瓦时，实现协同效益6514万元。③造福当地社区。产业园区的规划、建设和投产运营，改变了当地居民的生活。产业园马路对面，建起了一栋栋新的四层瑶族风格楼房；在大深坝村，花园式的村落，建有60多栋新颖别致的“别墅”，村中设有村务中心、迎宾广场、琉璃湖等，在片片脐橙树林的围绕下，显得格外怡然。村民亲眼见证了产业园从一片荒地变成了今日环境优美、风景如画的国家级循环经济教育示范基地。产业园区建成后，为当地提供就业岗位1000余个，有效缓解了当地居民的就业压力，提高了当地居民的收入，改善了当地居民的生活质量。华润集团以优秀的企业文化、先进的管理理念建设、运营产业园区，吸引了大批外出打工的当地居民回乡，在产业园区工作，使当地居民转变了外出打工的观念，拓展了视野、增长了知识；推动了当地政府在基础设施建设方面的发展，并提升了当地政府在公共服务方面的服务意识和能力。

2. 碧桂园的绿色产业扶贫

2010年，碧桂园从房地产企业的特点出发，以绿色产业扶贫为龙头，通过派驻企业的技术人员辅导当地农民种植苗木、组织农民成立苗木合作社，按“企业+合作社+农户”的模式，以垫付苗木资金、保护价收购，帮助农民脱贫致富；同时，通过产业帮扶关联企业自身的供应链，生成一套可持续的运营与发展模式。

树山村是广东地区一个相对贫困的村庄，村内多为泥砖房，钢筋混凝土的房屋整个村庄内不超十户。该村有一定的耕地及丰富的水资源，同时，通过适当的交通改造可以解决运输问题。基于以上实际情况，碧桂园从产业帮扶的角度联动出发，结合企业在广东所开发楼盘的苗木供给需求与选定村的生态条件，从战略层面规划实施了一系列可持续发展的社会创新策略。碧桂园集团法务部总经理、广东省国强公益基金会副秘书长张进锐介绍，“在产业层面，我们发动了当地167户农户，垫资400余万元，种植400余亩苗木。发展这个项目后，就不再需要持续投钱，只需要借钱给当地合作社和农户，把苗卖出去后还本即可。”在新村改造方面，碧桂园改造了当地自然村房屋，在村内做引水工程，改造道路；同时，配套了文化室、凉亭等公共设施。除了基础建设与产业发展，切题教育也是碧桂园深度扶贫的策略之一，“我们扶持当地的大学生进入大学；并请相关的农业专家给没有一技之长的适龄劳动力做技能培训，比如电工、叉车等。”截至2015年8月，树山村已累计销售苗木1500余万株；村民累计收入约650万元，户均增收约4万元。同时，该项目有力地融入了碧桂园产业的供应链，实现了企业资源的高效整合。

（四）越来越重视协同创新

政府、企业和社会的协同创新与互动参与对于社会创新的发展至关重要。企业参与公共事务需要专业的合作伙伴，企业社会创新也需要借助政府的政策支持和基金会等社会机构的专业知识。接下来，本文以完美公司参与“母亲水窖”公益项目和华润的希望小镇为例，阐释企业和社会机构在社会创新中的协同合作。

1. 完美公司携手中国妇女发展基金会，创新女性公益发展模式

“母亲水窖”是中国妇女发展基金会发起的公益项目，通过援建水窖帮助西部地区百姓特别是妇女，摆脱由严重缺水带来的贫困与落后。2015 年，完美公司玛丽艳品牌将“爱慈善”的理念纳入品牌文化，发起“售玛丽艳维E 润手霜支持母亲水窖”微公益活动，积极参与和推广“母亲水窖”公益项目。该活动的开展受到各界的广泛好评，并取得良好的社会反响。众多完美经销商、消费者踊跃参与，献爱支持，希望帮助更多的贫困母亲和家庭走出生活困境。此次活动以“爱，美丽燃点”为主题，完美公司玛丽艳品牌凭借自身在美容护肤等方面的专业能力和品牌优势，与中国妇女发展基金会一起践行公益活动，多维度、立体化扩展公益覆盖面，携手打造创新的公益互动模式。玛丽艳品牌秉承公司博爱精神，热心公益事业建设，系列产品自推出以来深受广大消费者，尤其是女性消费者的信赖和喜爱，树立了良好的口碑和形象。

2. 华润凝聚政产学多方力量，共建希望小镇

创建华润希望小镇，是华润集团利用企业资源解决“三农”问题、积极参与社会主义新农村建设和城镇化建设的一次有益探索和尝试。自 2008 年起，华润陆续在革命老区和贫困地区选址建设希望小镇。通过统一规划，就地改造、重建，彻底改变农民的居住环境，同时利用集团自身的产业和资源优势，帮助农民成立专业合作社，发展新型农村集体经济，把华润希望小镇建设成为生态、有机、绿色，和当地自然环境保持和谐一致，具有农业发展活力、鲜明地方和民族特色的社会主义新村镇。

华润希望小镇的建设凝聚了多方力量的支持：①当地政府的积极配合。②华润多元化的产业资源。希望小镇的建设过程中，华润置地、华润水泥、华润电力、华润燃气等各个产业之间相互配合。产业帮扶阶段，华润万家超市利用市场销售终端的优势，将市场欢迎且附加值较高的品种引入希望小镇，包括小西红柿、林下饲养走地鸡等，华润超市对农民种植的农产品进行收购，解其后患，既帮助了农民，又为自己找到了供应商。③外部专家的鼎力支持。同济大学建筑设计研究院王伟强教授主持完成了希望小镇规划设计方案，长期研究中国“三农”问题的中国人民大学温铁军教授则担任项目的产业发展顾问，并多次就百色希望小镇发展问题组织调研。

（五）企业社会创新在社会治理中扮演着重要角色

企业社会创新有助于深化民主自治和社会治理。将治理和善治理念引入社会领域、推动社会创新是21世纪社会创新的重要内容。在解决社会问题、满足社会需求的过程中，多主体的合作管理、利益相关方的参与、决策主体的回应、决策过程的透明、决策后果的问责，对于社会治理创新的成功来说都是必不可少的。为那些受排斥、边缘化的人群和社会服务对象提供行使权利、增强能力、广泛参与的机会和手段，是实现社会包容或社会融合的必然要求，同时也是社会组织创新的重要内容。公民及公民社会组织在社会领域为解决社会问题、满足社会需求而进行的上述民主自治和社会治理实践，为国家政治生活领域民主的发展奠定了基础。

四　中国企业社会创新存在的问题及对策

中国企业社会创新的发展过程中还存在一些问题，接下来本文将从政府、企业、社会三个层面探讨可能阻碍中国企业社会创新发展的问题，并提出进一步的发展对策。

（一）中国企业社会创新存在的问题

1. 政府层面

社会创新活跃程度与地区的政策资源高度相关，目前中国企业社会创新的制度环境并不健全，促进企业参与社会创新的政策体系尚未形成。政策层面仍然侧重于企业技术创新，对企业社会创新的重视不够。

2. 社会层面

中国社会创新主体的特征与国际发展趋势一致，都是以社会部门为主，政府、市场为辅。中国社会创新的参与主体仍然以社会团体、民办非企业、基金会等社会组织为主，企业参与社会创新的程度较低，企业参与社会创新的社会氛围和社会共识还没有形成。公众对企业在解决社会问题中的角色存在一定的误区：误区一是期望过高，认为企业是社会组织，应该履行社会责任，解决社会问题，甚至把政府的某些职能强加在企业身上；误区二是期望过低，认为企业的唯一目标是利润最大化，盈利就是企业履行社会责任的表现，而忽视了对社会问题的关注。企业利益相关者对环保等社会问题关注不足，责任消费、责任投资等社会促进机制没有形成。

3. 企业层面

企业参与社会创新的动力机制不完善，由于政策环境和企业对社会责任和社会创新认识的局限性，企业实施社会创新的意愿和动力不足。

企业社会创新的推进缺乏系统性，尚未形成有效的制度安排。企业应该将社会创新纳入企业战略，建立相应的组织和制度安排，保障企业社会创新的系统推进。

中国企业社会创新理论和实践起步较晚，企业社会创新投入的规模、企业社会创新的实现形式等都与其他国家存在一定的差距。

（二）推动中国企业社会创新进一步发展的对策

1. 政府和社会应尽快建立引导和评价机制

政府部门应尽快出台企业社会创新指导意见和相关政策文件，为企业参与社会创新提供制度保障和政策支持，充分调动企业参与社会创新的积极性。

企业利益相关者应树立社会责任意识，通过责任消费（消费者对节能环保型产品的购买偏好）、责任投资（投资机构和投资者更多地投资能带来社会经济双重效益的企业）、责任采购（选取有环保意识的供应商）等方式对积极参与社会创新的企业给予一定的支持和溢价，激励企业参与社会创新。同时，应尽快建立独立客观的企业社会创新评价机制，对企业形成一定的激励和约束作用。

2. 企业应充分认识企业社会创新的积极作用，充分借鉴国外经验，协同创新

企业自身应充分认识企业社会创新的经济社会双重效益，了解企业参与社会创新给企业带来的运营优势和形象溢价，从社会问题出发为企业寻找新的可

持续的增长点。在企业社会创新实践层面，应充分借鉴国外企业的经验和做法，结合中国的实际国情和特殊的社会问题，充分利用自身的资源优势，积极与政府、社会机构等部门合作，共同推进社会问题的解决，实现企业的可持续发展。

参考文献

[1] Drucker, Peter F. , Converting Social Problems into Business Opportunities: The New Meaning of Corporate Social Responsibility, *California Management Review* (pre-1986), 1984 (2).

[2] Kanter R M. , From Spare Change to Real Change. The Social Sector as Beta Site for Business Innovation, *Harvard Business Review* , 1999, 77 (3).

[3] Mulgan G. , Social Innovation: What It is, Why It Matters and How It can be Accelerated, *Skoll Centre for Social Entrepreneurship* , 2007.

[4] Mumford M D. , Social Innovation: Ten Cases From Benjamin Franklin, *Creativity Research Journal* , 2002, 14 (2) .

[5] Phills J. , Deiglmeier K. , Miller D. , Rediscovering Social Innovation. *Stanford Social Innovation Review* , 2008, 6 (4) .

[6] Sawhney M. , Wolcott R C. Arroniz I. , The 12 Different Ways for Companies to Innovate, *Mit Sloan Management Review* , 2007, 35 (1).

[7] 查普夫:《现代化与社会转型》，社会科学文献出版社，1998。

[8] 何增科:《社会创新的十大理论问题》,《马克思主义与现实》2010 年第 5 期。

[9] 纪光欣:《社会创新：为企业社会责任提供“正能量”》,《现代管理科学》2013 年第 11 期。

[10] 纪光欣、罗德志:《论德鲁克的企业社会责任观及意义》,《山东理工大学学报》(社会科学版) 2015 年第 1 期。

[11] 纪光欣、岳琳琳:《德鲁克社会创新思想及其价值探析》,《外国经济与管理》2012 年第 9 期。

[12] 刘宝:《企业社会创新：企业创新的一个新范式》,《科技进步与对策》2011 年第 15 期。

[13] 钱为家:《社会创新：企业社会责任的基石》,《IT 经理世界》2010 年第 10 期。

[14] 孙启贵、徐飞:《社会创新的内涵、意义与过程》,《国外社会科学》2008 年第 3 期。

[15] 张强、胡雅萌、陆奇斌：《中国社会创新的阶段性特征——基于“政府—市场—社会”三元框架的实证分析》，《经济社会体制比较》2013 年第 4 期。
[16] 周红云：《中国社会创新的现状与问题——基于两届“中国社会创新奖”项目数据的实证分析》，《经济社会体制比较》2014 年第 4 期。
[17] 周志娟、何郁冰：《社会创新及其与技术创新的协同发展》，《未来与发展》2013 年第 12 期。

B.21

中国企业负责任实业投资报告

摘　要：本报告围绕负责任实业投资展开。首先，梳理了负责任投资概念的发展过程，指出了负责任投资的基本特征。其次，从发展历程、特点、原因几个维度梳理了金融领域负责任投资的国际经验，从中归纳对中国企业开展负责任投资的启示。再次，从实践和政策层面分析了我国负责任实业投资的现状，指出当前阶段我国负责任实业投资存在的四点问题：负责任投资的认知度和关注度低、企业投资缺乏社会责任战略规划、缺乏科学合理的评价体系、缺乏科学合理的评价体系。最后，提出了推动我国负责任实业投资的发展对策。

关键词：负责任实业投资　投资决策　社会责任融入　绩效评估

当前，我国经济正处于“三期叠加”的特定阶段，“经济发展进入新常态，正从高速增长转为中高速增长，从规模速度型粗放增长转向质量效率型集约增长，从要素投资驱动转向创新驱动。”① “新常态下，”通过技术创新、产品创新和商业模式创新加快转型升级，成为企业健康可持续发展必然的选择。此外，从近年来 PX 项目和垃圾焚烧发电厂项目引发群体性事件、1.6 亿元索赔环保公益诉讼案、中资企业海外投资遭遇罢工等一系列事件，可以看出公众维权意识增强，企业投资行为不再是单纯的经济行为，需要同时考虑到投资对环境、对社区、对员工的影响。作为一种考虑经济、环境和社会因素的可持续投资模式，负责任投资便在这样的环境背景下渐为大众熟知，并将越来越受关注。

① 资料来源：《习近平主席在博鳌亚洲论坛 2015 年年会上的主旨演讲》，新华网，访问时间：2015 年 3 月 29 日。

一 负责任实业投资的概念

负责任的投资又称为伦理投资、社会责任投资，是一种在欧美国家兴起并渐成主流之一的投资方式。由于负责任投资形式日趋多样，没有一种固定的投资方法，国际上对负责任投资的定义也就众说纷纭，尚未形成统一观点，国内学者对其也各有不同的见解（见表1）。

表1 有代表性的负责任投资定义

序号	代表性个人或机构	负责任的投资定义
1	美国社会投资论坛（Social Investment Forum）	一种在经济分析过程中会考虑投资在社会和环境方面积极和消极后果的投资过程
2	欧洲可持续性投资论坛（The European Sustainable Investment Forum）	将投资者的经济目标与环境、社会、治理等因素相结合的投资，包含伦理投资、可持续投资和责任投资等
3	亚洲可持续发展投资协会（Association for Sustainable & Responsible Investment in Asia）	投资者在投资时除了重视财务回报，还将经济发展、社会公平、良好的环境等方面纳入考虑范围
4	澳大利亚社会责任投资联盟（The Responsible Investment Association Australasia）	把环境、社会、治理以及道德因素考量纳入投资决策过程中的综合概念
5	Cowton	在投资决策过程中，投资者除了考虑财务指标之外，还考虑社会、环境和伦理指标的一种投资方法
6	Auke Plantinga & Bert Scholtens	在投资决策中，投资者将个人价值取向和对社会的关注结合，不仅考虑经济需求，还注重投资的社会影响的一种投资方式
7	Sparkes	运用伦理或社会标准对投资组合进行选择和管理的一种投资方法
8	田祖海	在投资决策过程中整合社会、环境及道德价值的信息投资
9	刘波、郭文娜	通过投资来获取金钱回报，以满足投资者道德要求，实现公司治理、社会或环境的改善，进而推动可持续发展的金融投资方式
10	李敏岚	一种将融资目的和社会、环境以及伦理问题统一的融资模式

续表

序号	代表性个人或机构	负责任的投资定义
11	杨大梅和肖玉超	一种在严谨的金融分析背景下，考虑社会和环境积极、消极的投资后果的投资过程
12	姜涛	一种根据社会、环境、公司治理和伦理道德等因素的筛选标准，选择或排除投资项目的筛选标准

通过梳理这些定义发现，负责任的投资概念大致存在如下几个界定维度：一是社会维度，负责任的投资不仅关注财务指标，而且主动承担起环境保护、社会道德以及公共利益等方面的责任，引导企业协调好经济、社会、环境三方面的关系。二是工具性维度，负责任的投资是一种筛选工具、一种投资策略、一种更全面考察企业的投资方式。通过它，投资人可以有效分析评估企业经济、社会和环境方面的表现和绩效，判断企业的可持续发展能力，进而筛选出合适的投资对象。三是金融维度，将负责任投资用于资本市场，成为金融投融资领域的一个重要组成部分，扩展了传统金融投资的内涵和外延。综上所述，目前学界，尤其是国内学者，更多的是分析负责任的投资如何发挥资源配置作用，间接促进企业履行社会责任和实体经济可持续发展，而对于负责任的投资如何直接在实业投资领域发挥作用的分析探讨则较少。鉴于此，本文侧重点是对企业负责任的实业投资进行探索性分析。企业在新建、合资、并购项目中开展负责任实业投资，具体体现在两个过程中。一是在决策时，以社会责任要求和标准选择投资对象、确定投资项目；二是在实施中，以社会责任要求、标准运营投资项目。据此，负责任实业投资界定为：企业主动将社会、环境、伦理等因素融入实业投资的决策和运营中的投资方式。

二　负责任投资的国际经验

负责任投资最早出现在20世纪20年代，现代意义上的负责任投资兴起于20世纪六七十年代。过去几十年，负责任投资在欧美迅猛发展，并在金融投资领域成为一种主流投资方式。2012年美国负责任投资已达3.74万亿美元。2014年，全球多家金融机构签署了联合国责任投资倡议，这些公司的资产总额达14万亿美元。以下将从发展历程、特点、原因几个维度简单梳理金融领域负责任投资的国际经验，并尝试从中归纳对我国负责任投资具有哪些启发。

（一）负责任投资在国际社会的发展历程

负责任投资作为一种投资形式，从其发展历程来看，大致经历了三个阶段。第一阶段：伦理投资阶段（20 世纪 20 年代至 60 年代）。早期形态的负责任投资以伦理投资形式出现，理念起源于宗教信仰，教会在其中扮演了非常重要的角色，他们反对将资金投资于烟草、酿酒、武器、赌博等相关行业。第二阶段：伦理投资向负责任投资过渡阶段（20 世纪 60 年代至 80 年代）。这一时期，公民权利运动、女权运动、消费者权益保护运动、环保运动等一系列运动，促进了西方社会对社会、环境和经济问题以及企业社会责任问题等一些公共意识的发展。这些社会和文化的剧变扩展和丰富了伦理投资的范畴和实践范围。人们对于伦理投资这一称呼产生了诸多争议，因为它似乎将伦理投资之外的一切投资界定为"没有伦理的投资"，于是不再使用"伦理投资"这种称谓。第三阶段：现代负责任投资蓬勃发展阶段（20 世纪 90 年代以来）。这一阶段，负责任投资的各种工具相继形成，大型机构投资者不断加入，负责任投资理念和策略与西方金融市场中的主流投资理念和策略相融合，负责任投资迅猛扩散，实现爆炸式增长。

（二）负责任投资在发达国家的发展特点

美国是企业负责任投资发展历史最长的国家，也是负责任投资发展相对完善的市场。它的主要特点包括：以股票投资为杠杆；对负责任投资进行相关研究的非政府组织推动作用明显；美国社会投资论坛发布的报告、负责任投资指数成为投资者重要参考指标。

欧洲的负责任投资 20 世纪 80 年代从英国兴起，随后在各国政府推动下逐渐兴盛。目前，欧洲是最大的负责任投资市场之一。从资产总额上看，主要集中于英国、意大利、法国、瑞士四国，这四国约占整个欧洲的 70% 以上。欧洲负责任投资的特点是：政府推动作用明显；以机构投资者为主，如年金基金、保险公司、慈善团体等。

与欧美国家相比，亚洲的社会责任投资发展较晚，市场规模也相对较小，而且其发展相对成熟的地区主要集中在日本。日本的负责任投资主要以个人投资者为主，以环境为中心。

（三）负责任投资在欧美发达国家发展的原因

负责任投资之所以在欧美国家快速发展，原因大概有如下几点：一是宗教信仰为负责任投资营造了良好的人文环境；二是社会运动为负责任投资助推了公共意识觉醒；三是健全的资本市场为负责任投资搭建了发展基石；四是潜在巨大的市场空间为负责任投资提供了发展前提；五是非营利组织、投资者等为负责任投资提供了多元参与主体。

（四）发达国家负责任投资的启示

虽然在欧美等发达国家负责任投资主要应用于金融投资领域，但是，作为一种发展模式，其对我国在实业领域开展负责任投资仍有重要的借鉴和指导意义。具体体现在如下几个方面：一是丰富的投资形式是推动负责任投资发展的有效载体。研究和开发多元化的投资工具和策略、细分化的投资指数和标准，可以有效指导我国实体企业负责任投资的实践活动，也有利于发展海外投资。二是广泛的社会参与是推动负责任投资发展的动力。欧美发达国家负责任投资快速发展离不开政府、非政府组织等力量的推动作用。中国负责任投资的发展同样也需要动员社会各方力量和激发社会活力。三是大型企业的引导示范是推动负责任投资发展的标杆。在金融领域，欧美发达国家负责任投资的迅猛发展和大型机构投资者不断加入息息相关。在中国，要有效推动负责任实业投资的发展，也需要以大中型央企、国企和民企为突破口，发挥它们的排头雁、领头羊作用。

三　我国负责任实业投资的发展现状

（一）实践现状

伴随着我国经济与社会的不断发展，各种环境问题、产品安全问题和社会问题也日益严峻。人们逐渐质疑传统投资方式，并致力于寻求一种新的不同以往的投资方式。尤其是2008年金融危机爆发，使传统投资方式的种种弊端再次暴露无遗。当前，我国经济发展已进入“新常态”，通过创新投资模式加快转型升级，成为企业打造竞争新优势、持续健康发展的必然选择。负责任投资作为传统投资的一种突破模式，恰好在某种程度上弥补了传统投资的不足。经过近几年的发展，我国负责任投资取得一定的进步和突破。具体体现在如下几个方面。

1. 从投资目标来看，由单一价值追求拓展到多元效益回报

作为一种投资，负责任的投资不再是单纯地追求经济收益，而是追求经济效益、社会效益和环境效益等多重效益。当然，负责任投资也并不是为了社会责任而放弃财务回报，还是要以获得收益为前提，只是负责任投资并非将追求利润最大化作为投资的唯一目标，它需要同时考虑社会和环境因素，力求在完成财务、业绩目标的同时，满足多重效益。总的来说，负责任投资突破了单一的经济目标，追求的是经济、社会和环境效益的统一与和谐发展。

案例一　长汀万亩水保生态示范林项目①

为根本解决“远看青山在，近看水土流”问题，2012年，中国石油投资4000万元实施万亩水保生态示范林工程，帮扶长汀水土流失治理。中石油助力长汀生态文明建设有四大特点。

扶持起点高。中石油对示范林建设投资4000万元，成为央企加盟长汀水土流失治理的第一家，投资最大，堪称全国全省水土流失区“加油提速”治理示范的大手笔。

工作责任明。双方共同成立项目建设领导小组，实行领导负责制；长汀县将项目建设纳入全县18项重点生态项目之一，高位推进；县林业局按作业设计高标准建设。

技术措施新。针对项目区土壤多为沙包土，不适宜大苗上山造林的实际，探索出保肥保水等8项技术措施，创造了在土壤薄瘠山地套植大苗成活的先例，为南方红壤水土流失重点区治理实现栽植大苗化、树种多样化和季相化提供了典范。

生态效益显。示范林集无患子、深山含笑等17个阔叶、季相树种，成为

① 资料来源：中青公益，http：//csr. zqgongyi. org/project/view/id/52. html。

全省水土流失治理面积最大的森林生态景观林、林下经济致富林，为根本上解决“远看青山在，近看水土流”的问题，提供了生态修复治理暨生态林业与民生林业并举的新模式，有力地诠释了“百姓富、生态美”的内涵。

2. 从投资策略抉择来看，由单纯实现资本增值向兼具价值性和义务性发展

负责任的实业投资在进行战略抉择时，不只考虑经济标准，还会借助企业价值观明确价值判断，会综合考虑社会标准、环境标准和道德伦理标准，兼具价值性和义务性。企业之所以选择负责任实业投资：其一根源于价值理性，以预订的道德观念、企业文化、企业使命来主动筛选有效改善环境和帮助解决社会问题的投资项目。如农业银行作为国有控股大型金融企业，肩负着服务实体经济特别是服务“三农”的责任和使命。农行贵州分行积极支持贵州省“四在农家·美丽乡村”基础设施建设六项计划，全力支持“富在农家，学在农家，乐在农家，美在农家”乡村精神文明创建活动。2014 年制定了“支持贵州贵民投资有限责任公司实施‘四在农家·美丽乡村’建设专项信贷服务方案”，以统贷统还的方式，向水、电、路、气等基础设施建设项目授信 150 亿元。① 其二根源于企业义务，要考虑国家环保制度、产业政策、人权问题等要求、约束，以此为条件选择负责任投资实业项目。选择考虑社会、环境、治理等因素的投资，有利于规避、转移、减少风险并增加收益。

案例二　中资企业在秘鲁开展负责任投资②

中铝 2007 年就收购了特罗莫克铜矿，但迄今还没有正式产出 1 吨铜，原因何在？据秘中商会前会长埃杜尔多介绍，原因就在于，中铝没有马上采矿，而是先从保护环境和保护水源做起。中铝在秘鲁非常注意环境保护和社区建设，尤其在保护当地水资源上花了很大力气，与当地社区建立了良好关系。中铝购买采矿权只花了 8 亿多美元，但采矿前的准备就投入了 15 亿美元，其中一大部分资金被用来搞社区服务。

---

① 参见中国农业银行《2014 社会责任报告》。

② 资料来源：腾讯评论，http：//view. news. qq. com/original/intouchtoday/n2750. html。

在秘鲁“遵照国际规范”和“有耐心”的中资企业不只中铝。赴秘鲁投资的中资企业紫金矿业、五矿和江西铜业都采取了与当地居民“拉关系套近乎”的措施，紫金矿业“改善与秘鲁当地社区、民众的关系，以提高他们对项目的接受程度”，而五矿和江西铜业“与当地土著居民建立了一定的联系，特别是较好地树立了公司具备强烈社会责任感的形象”。五矿和江西铜业的工作甚至细致到了注意到当地有很多单亲妈妈，于是公司为社区工人提供午餐的食堂全部聘请单亲妈妈，专门为单亲妈妈解决了就业问题。

3. 从投资运营过程来看，企业与多重利益相关方双向互动、互利共赢

企业是各利益相关者的共同治理体系。负责任投资鼓励企业与社会时刻保持密切的沟通。当然，负责任投资不仅要与多个利益相关者进行互动，而且这种互动还是双向。双向互动具体体现在投入和回报两个方面：在投入方面，企业的生存和发展不仅依靠股东的资本投入，还取决于雇员、消费者、供应商、社区等利益相关者的投入。在回报方面，负责任投资不仅是企业单向回馈政府、社会等利益相关者，也是政府、消费者、投资者回馈的过程，如政府优惠政策、消费者认可、投资者资金支持、避免社区冲突等。没有社会和政府的认同与回报，在市场竞争中，企业负责任投资的行为就是不可持续的。总之，推动负责任投资有效实施要考虑利益相关者之间的双向互动和相互制约以及双向的投入和回报，要考虑投资的战略性和工具性，还要考虑到行业竞争程度和时间维度。

案例三　安庆石化投资治理环境，还需提升与社会双向互动水平①

为了保障当地空气质量达到优良，安庆石化从2013年底至今，用于环保工程的投入超过6亿元，这几乎占到公司日常年份全年投资额的80%以上。对于处于转型期的石化企业而言无异于增加了新的负担。“而事实上，却并没有被更多人所认可和理解。”

环境治理投入6亿巨资

据安庆石化环保部副部长肖春宝介绍，安庆石化环保工程是中国石化“碧水蓝天”计划的一部分。实施该工程的主要目的是进一步降低生产装置排

① 资料来源：网易财经，http：//money. 163. com/15/0511/16/APBMHOUU002524SO. html。

放的硫化物、氮氧化物和粉尘含量，最大程度减少对大气的污染。

成本增加仍难以被认可

安庆石化副总经理刘晓华是负责环保及安全生产的高管，他向媒体算了一笔账，安庆石化近3年时间在环保项目上的投入达6亿元。实际上，这6亿元就是企业的利润，这对于处于转型期的石化企业则非常关键。不仅如此，这些环保装置建成后，还需要投入大量的人力、物力维护正常运转，这笔费用每年也在数千万元。

安庆石化环境治理的成效不容否认，但要获得百姓和社会的认可较难。为了解决这一问题，安庆石化也想尽了办法。为什么就很难得到社会的理解。一位在炼油区干了半辈子的员工就直言相告，我们花再多的钱投入环保建设，也并不能改变社会和周围百姓对我们的看法，只要企业周边出现污染情况，当地人不分青红皂白，首先想到的就是安庆石化干的，与其花这么多钱还让人指责，还不如把钱用在工人身上，改善我们的生活质量。

离开了环保将失去生存的保障

说实话，这一观点并非没有道理，但对"环保是第一位"的石化企业来说，一切理由都显得微不足道。安庆石化总经理王彪及大多数管理团队顶住压力，做细工作，让全体员工明白，在经济转型的今天，没有环保就没有企业，就没有饭碗。王彪告诫员工："环保是石化企业的第一生命，离开了环保我们将失去生存的保障。"

4. 从投资价值创造来看，由注重短期收益转向注重长远利益、可持续发展

相对于注重短期利益的获取，负责任投资更注重盈利的可持续性。通过负责任的实业投资，企业尤其是上市企业，能够获得社会公众的信任，积聚未来发展的能量，为实现企业的可持续发展奠定基础。

案例四　五矿集团在非洲负责任投资，助力可持续资源开发①

中国五矿集团公司所属的五矿资源有限公司（MMG）成功收购Anvil矿业有限公司及其在刚果（金）的Kinsevere电解铜运营项目，在进行经营与业务

① 资料来源：中国五矿集团官网，http://csr.minmetals.com.cn/trsother/detail_zan.jsp?docid=67321&docchannel=3519。

整合的同时，高度重视责任融合，不仅为当地搭建了资源开发、勘探及拓展的新平台，也在广袤的非洲大陆播撒了全球化运营和履行社会责任的理念，加速了集团公司打造世界一流企业的进程。

共享发展成果

在非洲运营中，MMG 坚持“开采美好未来”的运营准则，切实履行联合国千年发展目标要求，开发社区发展潜能，为当地提供就业机会，与非洲人民共同分享企业发展成果。

2012 年 2 月收购后，MMG 在半年内完成了对 Anvil 主要矿区的运营及业务整合，并在 Kinsevere 开展公司行为准则全员培训，普及责任融合理念。Kinsevere 的经营很快进入良性轨道，于 2012 年第四季度创造了 MMG 矿山季度产量记录。2013 年上半年，Kinsevere 营业收入比上年同期增长 124%。

注重 HSE 建设

员工和社区的安全健康是 MMG 首要考虑的核心价值之一。MMG 依据 SHEC（安全、健康、环境及社区）管理体系审查了 Kinsevere 的管理流程及数据，深入评估相关指标，帮助其加强管理能力，弥补差距，以达到 MMG 标准及通过国际认证。

尊重人权与劳工

在非洲，集团公司尊重国际公认的人权标准，规范用工管理，建立完备程序，实现员工和企业的共同发展。由于当地可用管理人员较少，加之当地法规对聘用外派人员的比例限制，Kinsevere 实施了员工管理能力培训计划，推广“一线管理证书（FLM）”，打造专业人才队伍，以促进员工发展，提高本地雇佣率。现有约 40 名员工注册学习，两名已结业。FLM 项目计划至 2015 年聘用 20 名本地员工担任管理职位。此外，MMG 为 Kinsevere 的矿山地质专家提供了地球化学等方面的学习机会。为保障员工权益，MMG 还与政府及工会就新员工的工作场所、薪酬协议进行了磋商。

（二）政策现状

2006 年，深圳证券交易所发布《上市公司社会责任指引》鼓励上市公司建立社会责任制度和披露社会责任报告。2007 年，国务院国有资产监督管理委员会发布了《关于中央企业履行社会责任的指导意见》，推动中央企业履行社会责任，旨在实现企业与社会、环境的全面、协调、可持续发展；同年，上海银监局发布《上海银行业金融机构企业社会责任指引》；中共深圳市委深圳市人民政府出台了《关于进一步推进企业履行社会责任的意见》，倡导企业社会责任投资。2008 年，兴业银行发布了泰达环保指数，实施了赤道原则，成为中国负责任投资领域的先锋；2009 年，上海证券交易所与中证指数有限公司发布了上证社会责任指数；中国银行业协会发布了《中国银行业金融机构企业社会责任指引》。随后，深证环保指数、上证环保产业指数、南方低碳 50 指数等也相继发布（见表 2）。2012 年，银监会制定了绿色信贷指引，此后还制定了 12 个领域的绿色信贷指标。2014 年，中国农业发展银行、中国工商银行、广发银行、华夏银行等纷纷修订了各自的绿色信贷指引政策，国家开发银行、中国农业银行、招商银行等发布并完善了与绿色信贷相关的行业政策，将绿色信贷融入日常业务。2015 年，新《环境保护法》正式施行，明确要求企业公开自身排污信息，要求政府公开企业环境信息。为重拳打击环境违法行为和强化排污者环境保护主体责任，环保部又出台《环境保护主管部门实施按日连续处罚办法》《环境保护主管部门实施查封、扣押办法》《环境保护主管部门限制生产、停产整治办法》《企业事业单位环境信息公开办法》4 个配套办法。这些政策、指引、指数的建立，推动企业承担社会责任，在一定程度上引导了资金流向，优化了资源配置，促进了市场的良性发展。但应注意到，我国负责任投资评价体系还很不完善，有关负责任投资和企业社会责任的内容与规定较为笼统、较少考虑行业分布、对负面信息反应不灵敏，负责任投资评价指标大多限于资本市场并且或多或少地存在一些缺陷，针对性、专业性、权威性还有待提升。企业和社会都急需更加细致、全面、科学的负责任投资和企业社会责任评价标准。

表 2　国内外主要企业社会责任指数汇总

成立年份	指数名称	国家或地区
1990	多米尼 400 社会指数	美　国
1999	NYSE Arca 清洁技术指数	美　国
1999	道琼斯环球可持续发展指数	美　国
2000	Calvert 社会责任指数	美　国

续表

成立年份	指数名称	国家或地区
2001	富实社会责任指数系列	英　国
2002	Ethibel 可持续发展指数	比利时
2002	纳斯达克社会指数	美　国
2002	欧洲道德指数	意大利
2002	全球道德指数	意大利
2003	NYSE Arca 环境服务指数	美　国
2004	JSE 社会责任投资指数	南　非
2005	企业可持续发展指数	巴　西
2006	TOPLX 1000 社会责任指数	日　本
2007	DAXglobal 可持续发展指数	德　国
2008	标准普尔 ESG 印度指数	印　度
2008	欧洲低碳 100 指数	美　国
2009	KEHATI 社会责任投资指数	印　尼
2009	KRX 社会责任投资指数	韩　国
2008	泰达环保指数	中国大陆
2008	上证公司治理指数	中国大陆
2009	上证社会责任指数	中国大陆
2009	中国企业社会责任发展指数	中国大陆
2009	深证责任 R、深证责任 P	中国大陆
2009	巨潮 - CBN - 兴业基金社会责任指数	中国大陆
2010	巨潮 - 南方报业 - 低碳 50 指数	中国大陆
2010	恒生可持续发展企业指数	中国香港

资料来源：深圳证券交易所：《企业社会责任：现状、重点与交易所角色》，http：//www.szse.cn/main/research/cograduate/yjbg_ front/。

四　我国负责任实业投资存在的问题

目前，负责任投资实践和研究相当一部分集中在金融投资领域。在实业投资领域，负责任投资不论是在研究层面还是实践层面都存在一定滞后性。以下将主要从企业角度分析负责任实业投资存在的问题。

（一）负责任投资的认知度和关注度低

一些企业管理者将关注重点放在投资的盈利能力上，负责任投资意识淡漠，对负责任投资理念认可度不高，甚至还存在一些认知误区。具体表现有：认为企业是营利组织，追逐利润才是安身立命之本，赚钱才是最大责任；认为企业开展负责任投资会增加成本，承担社会责任会浪费资源，开展负责任的投资项目会使企业自身在竞争中处于劣势地位；认为开展负责任投资是大企业的事情，是国企、央企的事情，和中小企业和民企无关；认为搞点社会捐赠、赈灾扶贫，做些慈善活动，就是负责任投资。

（二）企业投资缺乏社会责任战略规划

中国企业管理研究会社会责任专业委员会和北京融智企业社会责任研究所在发布的《中国上市公司社会责任能力成熟度报告（2014）》中，对 2013 年中国市值最大的前 200 家 A 股上市公司社会责任战略进行调研。对于责任战略，使用了可持续发展战略/规划、社会责任专项规划两个指标进行了测量。调研发现，上市公司 200 强社会责任理念与战略平均得分为 28.02 分（满分 100 分）。可见，上市公司整体上缺乏社会责任战略规划。相应的，企业也会缺乏可持续发展战略和社会责任专项规划，以有效指导投资项目的决策和运营。对于上市公司来说尚且如此，那么，对于中小企业来说，更是过多地关注短期利益，要么普遍缺乏明确的可持续发展规划，要么制定的发展战略流于形式，难以真正发挥指导作用。

（三）缺乏科学合理的评价体系

第一，负责任投资在国内发展时间相对短暂，而且相当一部分集中在金融投资领域，因此，在实业投资领域，负责任投资的各项评价指标略显稚嫩。第二，在实业投资领域，负责任投资涉及行业众多，而不同行业负责任投资所关注的重点又有所不同，因此，迄今为止我国还没有建立一个被广泛认可的负责任投资评价标准，具有行业针对性的评价体系较为缺乏。许多企业只能“摸着石头过河”，自己不断的尝试。当然，也有许多企业连尝试的动机都没有。第三，现有的研究更多的是关注负责任投资的财务绩效，针对负责任投资的社会绩效的评价体系研究较为匮乏。这就导致负责任投资创造的绩效缺乏有效的测量工具，难以准确估算。即使在财务绩效评价方面，相比传统投资，负责任投资在财务绩效方面的优劣性还尚未有权威定论。负责任投资的绩效和传统投资绩效二者孰优孰劣在不同地区、不同行业、不同时间段存有不同结论。这方面的代表性观点主要有三个：一是劣势论，认为负责任投资的经济绩效要低于传统投资。这种观点具有一定道理，负责任投资没有带来高收益可能是和行业竞争度、时间维度有关。同时，它强调的只是经济价值，没有综合考虑社会价值。二是优势论，认为负责任投资的经济绩效要高于传统投资。三是无差别论，负责任投资的经济绩效与传统投资的绩效之间不存在显著性差异或稳定关系。

（四）缺乏公开透明的信息披露机制

近年来，企业信息披露整体情况不理想。根据中国企业管理研究会社会责任专业委员会和北京融智企业社会责任研究所调查，在 2014 年中国企业 200 强中，透明度等级为“卓越”的企业为 0 家，大部分企业公众透明度总体得分集中分布在 60 分以下，占比高达 82%。由于企业整体信息透明度不高，企业负责任投资方面的信息披露情况也相应不理想，企业彼此难以获悉行业已有的经验教训，进行相互借鉴。由于没有很好的信息披露，各利益相关者就难以对企业负责任投资进行外在约束，也难以提供相应支持，譬如，个人投资者或机构投资者难以筛选出真正的负责任投资项目以提供后续的资金支持。

五　推动我国负责任实业投资的发展对策

在实业投资领域，虽然负责任投资理念和实践意义重大，为企业、社会、环境发展带来积极影响，但其目前尚处于起步阶段，规模有限、问题复杂、主体多元、利益分化。内在动力不足、外在约束疲软导致企业处于不愿做、不会做、做不好的尴尬局面。如何推动负责任投资的发展，使企业负责投资取得应有的社会绩效和财务绩效，成为一个有待破解的难题。负责任投资虽是企业行为，但其不单是企业自身的事情，企业只是整个生态链上的一个重要环节，离不开其他利益相关者的协同作用。因此，本文认为推动负责任投资的发展，要从增强企业内在动力、营造良好的外部约束和支持环境两个维度入手，具体体现在如下方面。

（一）增强企业内在动力

第一，企业要增强社会责任意识，树立良好的投资理念。目前，一些企业仍采取“掠夺式”“唯利是图”的经营模式，一些企业管理者具有偏好短期获利的心态。针对这种情况，应加大负责任投资宣传力度，倡导良好的投资理念，提高对负责任投资的认知度。增强企业法制经营意识、诚信道德意识和社会责任意识，培养企业文化，走绿色、环保、可持续发展之路。为此，一方面，要培养企业高级管理者。企业高级管理者应注意系统学习负责任投资理念、投资策略、运作机制等内容。因为高级管理者是企业经营方向、企业价值观和文化的主导者，他们的经营理念、社会责任意识、负责任投资知识和能力在很大程度上决定负责任投资行为。另一方面，积极向员工开展社会责任培训，增强职业安全和健康管理。

第二，优化完善负责任投资模式和管控体系。一是要优化完善企业商业模式。负责任投资影响着企业市场份额和利润获得及分配，需要在综合考虑企业使命、企业规模、生产成本、市场竞争程度、消费者偏好、品牌定位等内外部因素对绩效影响的基础上，进行全局性、长远性和创造性谋划。因此，应将负责任投资与企业财务战略结合在一起，着力构建可持续的良性发展商业模式。二是要优化完善公司社会责任管控体系。企业应不断建立健全社会责任领导机构，构建内部社会责任管理体系，将社会责任意识和理念融入企业发展的全过程，落实到每位管理者、每位员工、每项工作，并将其转化为员工的信念和企业的理念，有组织有制度地执行和落实负责任投资战略。特别是应重视环境责任的履行，建立专门的环境管理体系。在采购原材料和机械设备等时积极推行绿色采购政策；加强环境检测和信息披露，掌握环境管理系统的运行状况；加强废水、废物排放及循环利用；积极推广绿色产品和服务。

第三，完善企业内部负责任投资评价体系。企业除了构建内部社会责任管理体系外，还应建立健全负责任投资绩效评价体系，设计有关财务、社会和环境的评价指标，测定企业的各种经营活动所带来的社会成本、社会效益和环境效益，以为投资决策提供明确依据，也为企业提供准确执行方向。此外，还应规范和完善公司治理结构，使企业经营绩效与公司管理层的控制权紧密相关，以激励管理层推进企业采取符合负责任投资标准的管理模式和行为方式。

第四，加强企业负责任投资信息披露，强化同利益相关者的沟通。企业有必要加强与利益相关者的互动交流，充分、及时、真实地向社会披露负责任投资项目信息，提升社会对企业负责任投资项目或产品的认知水平，减少信息传播可能产生的滞后性。企业还应积极收集分析各利益相关者反馈的意见与建议，遵照社会需求和反馈评价检查企业经营活动，并做出合理调整。在规范负责任投资信息披露方面，建议企业应逐步明确披露内容、扩大披露范围，注重披露信息质量，广泛采纳社会反馈意见。

（二）分类分业推进

不同所有制、不同行业的企业，对负责任投资会有不同态度和动机，会采取不同的负责任投资决策和执行策略。因此，应立足在国家战略、政策标准基础上，差别化推进负责任投资的发展。

一是差别化推进不同所有制性质企业负责任投资发展。国有企业、民营企业和外资企业应在综合权衡组织使命、目标、履责水平和履责重点基础上，制定相应推进策略。对于国企而言，其通常承担着国家赋予的具体政策目标，具有提供某些公共产品和服务的义务。因此，其负责任投资兼具公共性和商业性，开展负责任投资是其内在要求。对于民营企业而言，其使命就是市场盈利，负责任投资只是其提高企业竞争力的工具性手段。因此，民营企业负责任投资重点应是减少企业行为带来负面外部性，弥补由企业行为引发风险或潜在风险所带来的损失。对于外资企业而言，要保持其海外投资的持久发展，就需要和当地政府以及社区的利益共融，坚守国际负责任投资标准严以自律。

二是差别化推进不同行业负责任投资发展。近年来，经济飞速发展的同时，环境污染、食品安全等问题频频发生。因此，有必要在涉及国家经济社会安全的行业、支柱产业和高污染、高能耗、高排放行业，加大推进负责任投资力度，引领资本流向；有必要根据行业细化负责任投资评价体系。

（三）推动协同治理

对于政府而言，应着重从规制、支持和服务三个方面发挥作用。一是政府规制方面。应为负责任投资营造公平竞争的市场机制和健康有序的市场环境；

应加强环保监管，建立严格的行政追责机制，增强企业负责任投资的外在压力，提高违法成本；积极引导资金流向较好履行社会责任的企业，增加这些企业实力，发挥社会示范效应。二是政府支持方面。应进一步修订完善法律政策、信贷政策、税收政策，为企业负责任投资提供政策支持；应完善地方政府的绩效评价体系，由竞争 GDP 变为竞争公共产品和服务，为企业负责任投资提供管理支持。三是政府服务方面。应尽快推出适合我国国情的负责任投资指数和标准体系，为负责任投资绩效考评提供专业化服务；应为企业履行社会责任建立分享交流平台和专门协调机构，为企业开展负责任投资和履行社会责任提供信息服务和相应业务服务。

对企业而言，消费者对于负责任投资项目的评价是其利润实现和社会福利增加的重要环节。因此，企业应积极与消费者互动交流，提高消费者对负责任投资项目和产品的认知和响应水平；应积极建立消费者投诉管理系统，制定事故披露政策和应对质量事故的政策。

对企业而言，媒体舆论也影响着负责任投资的社会评价水平。因此，企业应积极利用多种媒体渠道，加大对负责任投资项目的宣传力度，提高社会对负责任投资的认知度。对于企业不负责任的投资行为、环境污染事件、工程项目带来的环境问题，媒体应进行及时深入报道，对企业投资行为形成外在约束力。

就研究机构而言，应建立并定期更新我国负责任投资的数据库，同时定期发布负责任投资的数据和研究报告。

此外，企业还应积极推进供应商对社会、环境和产品责任的认定；广泛开展企业社会责任采购行动，使提供的产品、服务符合社会伦理和规范。

参考文献

[1] 杨大梅、肖玉超：《国外 NGOs 的社会责任投资战略及其对我国的启示》，《软科学》2008 年第 4 期。

[2] 田祖海：《社会责任投资理论述评》，《经济学动态》2007 年第 12 期。

[3] 姜涛、任荣明、袁象：《中国社会责任投资的发展路径研究》，《现代管理科学》2010 年第 3 期。

[4] 李敏岚、何捷：《责任性投资——国外的做法及对我国的启示》，《软科学》2002年第6期。

[5] 刘波、郭文娜：《社会责任投资观念的演化及界定》，《软科学》2009年第12期。

[6] 王昶、陈昕：《美国社会责任投资的发展及启示》，《财务与金融》2012年第4期。

[7] 徐光华、万文佳：《中小企业社会责任投资及评价研究》，《中国会计学会高等工科院校分会2010年学术年会论文集》，2010。

[8] 夏敏：《论社会责任投资》，中国政法大学硕士学位论文，2010。

[9] 夏丹：《我国社会责任投资基金的发展研究》，武汉理工大学硕士学位论文，2013。

[10] 中华人民共和国商务部：《2013年度中国对外直接投资统计公报》，中国统计出版社，2014。

[11] 肖红军、李伟阳、许英杰、王晓光：《中国上市公司社会责任能力成熟度报告（2014）》，经济管理出版社，2014。

[12] 黄速建、王晓光、肖红军：《中国企业公众透明度报告（2014~2015）NO.1》，社会科学文献出版社，2014。

[13] 深圳证券交易所：《企业社会责任：现状、重点与交易所角色》，http://www.szse.cn/main/files/2011/05/12/845512932999.pdf，2011年5月12日。

附　　录

Appendixes

B.22

附录一　中国沪深300上市公司社会责任能力成熟度指数（2015）

社会责任能力成熟度排名	市值排名	公司名称	社会责任理念与战略	社会责任推进管理	经济价值创造能力	社会价值创造能力	环境价值创造能力	合规透明运营能力	综合得分
超能级0家									
强能级0家									
本能级12家(4%)									
1	72	中国远洋	82.00	78.08	74.50	69.47	48.54	77.78	70.90
2	133	海南航空	80.40	62.87	68.82	64.23	48.04	83.95	67.06
3	49	中国联通	68.00	46.19	86.26	66.92	45.96	85.23	66.30
4	82	兖州煤业	39.00	61.36	79.40	66.02	56.48	77.52	65.24
5	80	东方航空	66.00	42.83	81.06	69.33	44.22	82.53	64.19
6	21	中国交建	54.00	62.06	83.02	65.90	38.52	76.63	64.10
7	7	中国石化	64.60	45.23	81.92	65.19	50.91	71.27	63.07
8	109	南方航空	50.60	58.93	84.72	51.76	51.53	74.98	63.01
9	11	中国神华	63.80	48.68	83.22	60.65	59.73	59.18	62.44

续表

社会责任能力成熟度排名	市值排名	公司名称	社会责任理念与战略	社会责任推进管理	经济价值创造能力	社会价值创造能力	环境价值创造能力	合规透明运营能力	综合得分
10	34	上港集团	47.00	58.01	76.34	63.40	38.33	80.90	61.76
11	4	农业银行	68.60	45.60	79.66	56.98	41.52	79.84	61.51
12	39	华夏银行	76.80	59.33	74.38	63.69	20.53	79.52	61.22
弱能级 175 家(58.33%)									
13	22	中国建筑	75.20	49.83	79.74	61.89	36.12	62.37	59.71
14	176	太钢不锈	31.00	55.85	64.82	65.73	53.09	73.95	59.52
15	112	复星医药	56.00	38.48	76.84	64.01	43.57	76.60	59.51
16	1	中国石油	57.00	26.30	81.20	63.49	59.02	66.33	59.04
17	20	光大银行	30.00	43.23	67.62	68.85	43.26	80.88	57.69
18	2	工商银行	68.60	48.03	80.22	39.06	35.80	78.49	57.55
19	55	中煤能源	62.60	36.09	69.24	60.50	45.26	70.50	56.95
20	45	宝钢股份	54.00	21.58	82.74	58.60	47.50	72.54	56.33
21	10	招商银行	78.60	33.59	74.10	54.12	39.63	67.35	56.24
22	78	云南白药	56.20	42.75	78.06	52.57	27.01	74.78	55.15
23	65	五 粮 液	44.40	39.18	63.12	58.25	43.55	75.30	54.73
24	189	新 希 望	48.00	36.40	77.92	47.88	26.94	80.56	53.34
25	63	中国铝业	60.40	41.96	63.38	53.99	38.00	64.32	53.14
26	204	潞安环能	40.80	37.80	74.38	68.16	40.51	50.52	52.93
27	96	中集集团	68.80	23.08	67.42	57.26	32.48	72.78	52.42
28	129	葛 洲 坝	67.00	21.28	72.54	49.83	29.16	79.26	52.07
29	79	招商地产	64.20	22.63	46.56	55.33	42.65	86.17	52.02
30	15	兴业银行	79.20	37.74	69.20	36.85	29.73	71.40	52.01
31	51	中海油服	30.00	2.63	73.40	72.20	47.70	74.61	51.70
32	18	上汽集团	59.40	28.20	75.34	56.43	36.57	55.79	51.36
33	58	中国中车	59.00	32.85	88.56	41.02	24.78	62.94	50.93
34	146	歌尔声学	83.80	44.78	71.64	42.87	28.08	48.32	50.80
35	14	民生银行	64.00	40.30	82.14	40.74	7.53	75.46	50.71
36	77	苏宁云商	48.00	24.33	83.06	53.56	22.28	69.53	50.30
37	225	汇川技术	33.00	28.17	72.08	51.61	45.08	62.28	49.96
38	236	华润三九	23.40	21.53	83.72	62.92	35.78	59.23	49.71
39	41	京东方A	50.00	19.21	60.04	52.44	34.60	80.27	49.38
40	150	TCL集团	50.40	7.20	69.60	57.20	41.12	70.26	49.21

续表

社会责任能力成熟度排名	市值排名	公司名称	社会责任理念与战略	社会责任推进管理	经济价值创造能力	社会价值创造能力	环境价值创造能力	合规透明运营能力	综合得分
41	212	雅戈尔	48.00	6.38	67.22	55.70	38.09	78.25	49.01
42	86	中兴通讯	38.00	15.73	70.74	53.91	34.28	75.21	48.78
43	256	锡业股份	51.80	3.00	83.64	41.50	45.71	67.64	48.65
44	170	攀钢钒钛	45.80	27.73	48.74	46.99	52.92	67.95	48.56
45	48	上海电气	47.20	2.81	63.14	40.51	60.62	75.08	48.31
46	247	科伦药业	32.00	25.60	62.66	53.13	52.11	55.98	48.11
47	275	爱尔眼科	37.40	22.74	65.34	55.44	28.52	74.41	48.10
48	208	西山煤电	68.60	0.00	69.96	42.96	53.01	62.60	48.00
49	231	燕京啤酒	46.00	36.40	52.26	36.40	38.56	76.52	47.82
50	26	平安银行	51.00	26.13	65.88	42.92	25.34	75.71	47.58
51	3	建设银行	51.20	27.10	86.56	30.04	34.67	56.56	47.41
52	44	美的集团	70.20	11.33	78.32	33.04	30.84	69.41	47.15
53	190	建发股份	33.40	30.38	74.54	55.31	11.39	71.03	47.02
54	254	云南铜业	34.00	0.00	66.60	42.90	47.75	84.43	46.90
55	116	上海石化	19.20	34.10	63.30	51.33	44.07	56.90	46.87
56	71	长安汽车	61.60	16.45	71.20	36.31	22.41	79.41	46.80
57	278	福田汽车	51.00	0.00	83.50	47.29	34.96	63.98	46.45
58	137	国海证券	48.00	0.00	83.04	37.33	26.60	81.94	46.00
59	50	中国国航	52.40	19.41	65.02	44.25	29.80	67.23	45.87
60	229	冀中能源	45.80	0.00	67.58	44.15	50.62	65.98	45.68
61	194	永辉超市	40.60	33.93	53.52	52.44	16.18	73.47	45.38
62	126	广汇能源	51.00	0.00	62.80	44.23	46.04	69.45	45.15
63	114	金隅股份	47.60	26.03	59.06	44.08	31.71	63.10	45.08
64	152	白云山	37.60	0.00	66.42	60.45	31.22	71.23	45.04
65	285	贝因美	78.80	30.84	68.38	56.21	16.45	34.34	45.00
66	33	万科	53.00	5.93	60.94	45.06	44.73	62.99	44.84
67	42	保利地产	63.20	35.86	70.88	44.55	24.94	37.39	44.77
68	123	鞍钢股份	46.60	0.00	69.44	47.44	43.38	61.88	44.64
69	193	华数传媒	63.80	27.73	68.76	29.02	33.13	53.36	44.54
70	32	广发证券	13.00	10.40	68.32	41.74	27.45	92.14	44.51
71	286	新和成	48.40	0.00	88.36	41.75	31.72	57.89	44.39
72	104	潍柴动力	69.60	0.00	41.40	42.45	31.65	90.92	44.11

续表

社会责任能力成熟度排名	市值排名	公司名称	社会责任理念与战略	社会责任推进管理	经济价值创造能力	社会价值创造能力	环境价值创造能力	合规透明运营能力	综合得分
73	223	桑德环境	33.40	0.00	83.86	43.23	28.64	70.17	44.00
74	107	宁波银行	55.00	24.17	67.40	42.41	18.79	59.95	43.79
75	214	一汽轿车	59.00	1.88	55.26	53.43	38.82	59.91	43.57
76	12	中信银行	42.60	33.80	76.70	29.05	8.23	69.88	43.44
77	56	大唐发电	30.00	13.08	68.16	43.25	35.94	64.22	43.44
78	6	中国人寿	61.80	24.98	60.08	39.54	18.35	64.01	43.43
79	248	金正大	38.00	14.81	69.64	48.65	35.43	50.85	43.29
80	35	华泰证券	42.60	0.00	76.10	40.35	32.29	68.09	43.29
81	215	东阿阿胶	48.20	10.68	63.40	38.43	43.15	57.43	43.18
82	209	机器人	25.60	15.65	68.66	36.25	47.89	57.20	43.18
83	136	山西证券	50.20	10.42	87.42	45.61	15.14	52.90	43.09
84	166	粤电力	51.60	34.39	53.76	20.18	32.83	69.46	43.07
85	99	青岛海尔	10.00	5.81	77.36	38.51	55.71	55.12	42.85
86	97	中海集运	55.00	6.68	43.52	35.20	49.70	72.16	42.81
87	263	华兰生物	36.00	0.00	77.88	43.99	23.58	70.03	42.39
88	202	乐视网	32.60	5.27	78.28	35.97	27.70	69.43	42.26
89	54	比亚迪	63.40	35.42	54.26	23.92	38.10	47.20	42.14
90	29	招商证券	31.00	39.19	54.90	41.11	7.94	73.68	42.13
91	59	伊利股份	62.00	3.15	55.56	59.23	24.68	55.62	41.88
92	64	国信证券	39.40	12.25	74.34	50.03	7.66	66.30	41.84
93	73	紫金矿业	32.00	20.00	61.60	48.32	27.41	56.45	41.68
94	27	长江电力	18.00	4.28	78.70	45.65	27.75	64.91	41.63
95	110	中航飞机	0.00	12.83	64.74	33.29	29.96	90.19	41.58
96	24	中国中铁	30.40	6.48	76.72	34.88	39.66	56.14	41.54
97	85	北方稀土	49.00	0.00	84.68	57.57	22.61	37.61	41.34
98	9	交通银行	19.00	30.75	76.08	27.51	22.00	62.33	41.26
99	52	光大证券	44.20	3.00	73.12	49.63	12.95	65.92	41.25
100	138	特变电工	32.40	0.00	81.04	37.42	34.19	58.23	41.20
101	103	国金证券	49.20	20.00	71.30	31.21	13.29	65.21	41.10
102	155	盐湖股份	47.40	0.00	70.24	32.88	21.98	75.17	40.79
103	210	大华股份	64.20	0.00	71.14	30.04	22.30	66.98	40.70
104	187	杰瑞股份	48.00	3.30	80.84	48.70	33.60	31.82	40.49

续表

社会责任能力成熟度排名	市值排名	公司名称	社会责任理念与战略	社会责任推进管理	经济价值创造能力	社会价值创造能力	环境价值创造能力	合规透明运营能力	综合得分
105	149	武钢股份	45.00	7.00	73.30	42.03	41.10	36.12	40.42
106	105	中联重科	28.80	4.00	57.88	43.71	37.64	64.46	40.26
107	160	中国卫星	50.00	0.00	68.50	28.33	27.33	69.97	39.94
108	53	中国中冶	21.40	0.00	74.70	33.90	37.86	62.81	39.81
109	259	欧 菲 光	28.20	11.04	83.88	43.77	22.04	43.64	39.61
110	135	河北钢铁	45.20	0.00	51.34	27.61	46.82	69.14	39.60
111	175	浙江龙盛	42.00	7.99	65.28	53.97	15.91	52.91	39.49
112	28	中国重工	37.60	0.00	63.78	32.88	27.48	74.04	39.43
113	196	航天信息	33.40	0.00	83.60	33.88	21.50	61.38	39.40
114	224	立讯精密	0.00	0.00	78.50	52.81	21.71	62.49	38.79
115	125	上海医药	24.40	9.40	59.32	30.93	40.00	62.18	38.77
116	92	华 侨 城	26.20	0.00	74.88	49.46	22.05	53.84	38.66
117	8	中国平安	15.40	3.90	62.46	32.96	33.33	71.59	38.30
118	74	双汇发展	32.40	0.00	75.50	26.66	31.98	59.44	38.08
119	25	中国铁建	36.00	1.80	70.16	38.33	25.39	55.45	38.00
120	274	双鹭药业	30.00	0.00	76.14	41.40	24.03	52.60	37.95
121	36	华能国际	44.00	6.00	67.06	37.85	33.26	42.09	37.93
122	282	吉视传媒	35.00	0.00	74.62	42.59	3.15	69.19	37.62
123	16	中国太保	20.60	25.60	64.14	34.02	14.50	59.11	37.59
124	5	中国银行	51.20	11.50	72.14	30.11	14.83	51.61	37.56
125	185	同 仁 堂	50.40	0.00	68.48	37.74	29.91	43.97	37.46
126	162	宇通客车	16.00	0.00	83.62	33.71	45.44	36.16	37.41
127	277	中信国安	26.00	13.44	66.80	36.09	17.29	59.49	37.36
128	279	汤臣倍健	29.00	6.54	80.82	30.17	15.78	57.84	37.31
129	145	碧 水 源	34.00	9.30	53.96	33.72	34.00	56.62	37.17
130	203	东华软件	44.00	0.00	66.12	26.48	15.23	74.09	37.14
131	115	万华化学	44.00	6.40	52.02	53.03	36.73	32.84	36.98
132	83	江西铜业	51.00	3.19	60.82	19.01	28.45	65.03	36.87
133	182	深圳能源	64.20	0.00	54.50	30.65	34.73	49.23	36.86
134	280	亚厦股份	33.00	3.34	82.58	24.42	26.75	48.86	36.77
135	87	华电国际	49.80	0.00	71.94	25.88	25.66	52.88	36.73
136	243	光明乳业	14.00	0.00	58.00	55.36	30.49	52.36	36.72

续表

社会责任能力成熟度排名	市值排名	公司名称	社会责任理念与战略	社会责任推进管理	经济价值创造能力	社会价值创造能力	环境价值创造能力	合规透明运营能力	综合得分
137	290	中科三环	26.00	10.20	76.38	25.95	31.54	45.38	36.70
138	184	五矿稀土	31.00	2.63	62.36	38.69	27.30	54.88	36.55
139	84	西南证券	48.60	0.00	69.44	19.75	0.00	85.99	36.39
140	147	金 融 街	48.60	2.63	50.98	34.89	13.74	72.28	36.27
141	101	中航动力	31.60	0.00	61.76	41.33	33.17	45.69	35.91
142	17	浦发银行	17.20	3.19	71.36	37.53	9.12	67.19	35.63
143	143	金风科技	65.20	0.00	76.48	22.17	17.04	45.68	35.57
144	70	三一重工	32.40	0.00	82.04	44.40	19.12	33.99	35.56
145	131	天 士 力	12.00	0.00	69.84	41.80	38.14	40.72	35.49
146	124	洛阳钼业	16.00	0.00	66.92	57.32	21.45	42.41	35.46
147	66	中国电建	60.20	0.00	61.52	37.05	23.18	41.22	35.35
148	165	环旭电子	9.40	10.59	40.50	34.73	34.27	70.10	35.17
149	100	青岛啤酒	6.60	2.40	57.48	32.01	48.20	51.17	35.09
150	118	海油工程	7.00	2.78	53.26	51.13	33.50	50.31	35.08
151	23	贵州茅台	17.00	0.00	65.28	41.33	32.05	45.84	34.91
152	180	金 螳 螂	66.40	0.00	71.86	26.67	7.88	50.12	34.82
153	67	长江证券	36.00	2.44	65.60	31.38	10.60	62.57	34.66
154	293	海信电器	51.00	0.00	75.38	17.25	18.92	52.64	34.65
155	267	中恒集团	32.00	0.00	67.52	35.40	10.52	61.09	34.62
156	250	海 普 瑞	58.00	0.00	83.46	22.49	15.40	36.77	34.26
157	57	海康威视	34.00	6.00	70.26	28.71	36.73	29.07	34.14
158	246	中工国际	12.00	0.00	76.74	38.70	7.88	59.61	34.13
159	61	洋河股份	42.00	0.00	57.20	24.80	18.56	65.61	34.11
160	122	西部证券	41.60	5.88	49.68	30.40	15.05	64.91	34.02
161	117	中国化学	19.00	17.00	61.88	36.56	20.10	42.70	33.98
162	244	科大讯飞	66.20	0.00	56.20	35.73	0.00	59.20	33.82
163	253	石基信息	59.40	0.00	62.04	18.24	15.14	59.15	33.76
164	43	方正证券	31.80	0.00	81.52	23.30	0.00	65.04	33.75
165	13	中信证券	19.20	0.00	82.22	25.86	23.03	44.93	33.61
166	141	东北证券	42.80	0.00	75.56	16.64	12.46	57.93	33.55
167	134	东方电气	5.60	0.00	61.50	43.59	34.44	40.44	32.95
168	47	格力电器	14.00	0.00	76.24	31.68	20.91	46.23	32.91

续表

社会责任能力成熟度排名	市值排名	公司名称	社会责任理念与战略	社会责任推进管理	经济价值创造能力	社会价值创造能力	环境价值创造能力	合规透明运营能力	综合得分
169	197	海虹控股	47.00	0.00	42.54	27.87	24.53	60.81	32.73
170	148	中国一重	17.20	7.25	53.58	31.68	23.38	55.41	32.55
171	69	国投电力	10.00	0.00	60.70	30.91	37.07	45.02	32.26
172	60	国电电力	10.60	1.88	58.42	20.35	36.06	55.74	32.10
173	40	海螺水泥	13.00	1.20	56.10	41.22	25.06	47.06	32.02
174	240	中环股份	68.80	0.00	60.74	16.09	14.35	48.28	31.98
175	219	电广传媒	24.00	0.00	73.82	20.44	8.83	61.13	31.96
176	292	网宿科技	11.40	7.18	70.20	29.53	13.53	49.02	31.64
177	294	城投控股	5.60	0.00	59.40	34.85	26.66	51.07	31.52
178	195	山东黄金	13.00	2.93	65.66	29.92	27.92	41.08	31.45
179	167	广深铁路	20.20	10.18	59.50	24.43	11.38	57.96	31.44
180	121	泛海控股	18.40	8.40	65.22	31.00	13.80	44.70	31.20
181	251	许继电气	14.00	0.00	34.10	39.84	30.07	60.03	30.93
182	106	金地集团	49.80	0.00	57.86	19.51	0.00	66.70	30.91
183	93	陆家嘴	3.60	0.00	63.16	30.97	28.70	46.61	30.86
184	46	北京银行	23.80	0.00	52.34	26.92	16.19	61.70	30.67
185	91	海天味业	0.00	0.00	87.08	20.02	16.52	46.71	30.66
186	186	申能股份	2.00	0.00	60.88	35.77	23.62	46.90	30.29
187	221	信立泰	0.00	0.00	75.38	17.16	14.61	39.83	30.26
无能级113家(37.67%)									
188	188	京能电力	15.40	1.20	53.78	32.14	22.51	47.42	29.81
189	108	中国船舶	49.60	0.00	69.48	16.15	0.00	51.70	29.68
190	266	海格通信	32.00	1.88	65.18	34.84	18.12	26.13	29.51
191	128	中国国旅	54.40	0.00	35.46	20.56	18.68	58.02	29.33
192	211	同方股份	46.00	0.00	57.00	33.12	0.00	46.79	29.24
193	31	新华保险	21.20	0.00	61.96	27.60	11.66	49.31	29.22
194	181	铜陵有色	34.40	3.00	34.62	26.44	29.49	49.64	29.21
195	201	用友网络	8.60	3.98	54.00	37.78	14.28	47.19	29.16
196	252	蓝色光标	0.00	8.16	59.30	25.41	18.30	48.72	28.78
197	142	上海建工	32.00	0.00	43.56	39.66	0.00	58.81	28.76
198	269	奥飞动漫	46.00	0.00	44.20	25.49	13.13	51.37	28.75
199	151	国电南瑞	25.00	2.93	45.28	25.12	21.44	50.76	28.69

续表

社会责任能力成熟度排名	市值排名	公司名称	社会责任理念与战略	社会责任推进管理	经济价值创造能力	社会价值创造能力	环境价值创造能力	合规透明运营能力	综合得分
200	273	亚盛集团	54. 00	0. 00	66. 82	6. 71	19. 67	35. 88	28. 63
201	198	康得新	14. 00	5. 63	77. 82	26. 11	18. 68	20. 72	28. 21
202	276	海宁皮城	16. 00	3. 30	59. 20	37. 79	24. 02	23. 15	28. 14
203	261	东软集团	15. 00	0. 00	63. 22	19. 06	14. 00	51. 31	28. 07
204	233	华闻传媒	16. 40	5. 63	73. 82	35. 82	7. 65	22. 45	27. 81
205	102	恒瑞医药	48. 00	5. 60	73. 40	21. 82	7. 44	19. 37	27. 77
206	230	新兴铸管	62. 80	0. 00	32. 56	27. 97	15. 05	42. 78	27. 58
207	217	福耀玻璃	8. 60	0. 00	60. 16	22. 02	27. 44	38. 26	27. 48
208	199	厦门钨业	13. 20	0. 00	51. 00	31. 10	16. 60	45. 57	27. 29
209	258	中金岭南	12. 80	0. 00	67. 44	22. 42	10. 73	43. 83	27. 28
210	291	永泰能源	16. 00	0. 00	74. 90	22. 43	7. 00	37. 98	27. 22
211	89	国元证券	0. 00	19. 93	54. 58	17. 73	4. 81	54. 02	27. 19
212	232	大北农	36. 40	6. 49	76. 30	24. 85	14. 24	7. 90	27. 00
213	179	九州通	6. 00	0. 00	74. 26	17. 02	7. 91	46. 63	26. 85
214	38	长城汽车	20. 60	0. 00	49. 24	24. 85	15. 55	48. 03	26. 84
215	237	中直股份	45. 00	0. 00	69. 16	14. 49	0. 00	39. 96	26. 75
216	159	东方财富	16. 60	0. 00	58. 06	28. 64	0. 00	52. 58	26. 73
217	283	广联达	46. 00	2. 25	76. 58	22. 62	0. 00	20. 19	26. 50
218	127	南京银行	33. 00	0. 00	46. 78	22. 36	8. 31	51. 32	26. 48
219	174	金钼股份	14. 80	4. 80	51. 60	31. 78	22. 15	28. 41	26. 45
220	30	大秦铁路	23. 00	0. 00	56. 50	20. 87	18. 21	38. 02	26. 35
221	227	兴蓉投资	47. 80	0. 00	43. 66	19. 02	12. 06	45. 03	26. 34
222	139	华域汽车	4. 00	2. 16	58. 36	24. 75	19. 74	37. 98	26. 14
223	153	康美药业	13. 60	0. 00	55. 82	25. 46	15. 87	40. 45	26. 13
224	295	湖北能源	52. 40	0. 00	40. 66	11. 37	0. 00	63. 36	26. 01
225	156	海南橡胶	12. 20	0. 00	44. 24	30. 24	17. 49	45. 67	25. 99
226	140	中国西电	16. 60	2. 20	56. 52	9. 86	23. 97	42. 01	25. 88
227	206	威孚高科	33. 40	0. 00	56. 78	10. 47	16. 19	41. 61	25. 85
228	169	吉林敖东	32. 20	0. 00	47. 04	29. 25	7. 88	39. 95	25. 56
229	242	四川长虹	14. 00	0. 00	46. 28	33. 49	19. 19	34. 85	25. 48
230	222	上海家化	33. 80	0. 00	71. 44	16. 28	0. 00	35. 01	25. 47
231	161	徐工机械	31. 20	0. 00	26. 68	47. 08	17. 86	32. 16	25. 40

续表

社会责任能力成熟度排名	市值排名	公司名称	社会责任理念与战略	社会责任推进管理	经济价值创造能力	社会价值创造能力	环境价值创造能力	合规透明运营能力	综合得分
232	241	浙报传媒	4.60	4.40	58.62	24.59	2.70	48.01	25.36
233	68	兴业证券	11.20	0.00	55.62	15.28	15.30	47.63	25.21
234	281	大族激光	18.00	0.00	50.24	32.12	21.03	26.38	25.16
235	287	华策影视	12.00	0.00	72.30	6.47	0.00	52.99	24.92
236	178	海南矿业	37.60	0.00	58.94	14.38	3.69	40.05	24.83
237	62	浙能电力	32.60	0.00	62.92	8.48	8.20	39.44	24.69
238	228	万向钱潮	36.20	0.00	34.02	28.05	14.95	38.58	24.43
239	88	上海莱士	17.40	0.00	76.22	8.49	0.00	40.82	24.33
240	191	天津港	4.00	0.00	46.58	16.87	29.75	39.57	24.30
241	111	太平洋	12.00	0.00	57.86	19.46	8.40	41.90	24.17
242	192	泸州老窖	35.00	0.00	25.80	21.25	19.29	45.30	23.60
243	220	人民网	15.60	2.63	43.12	10.29	0.00	65.85	23.50
244	19	海通证券	0.00	0.00	58.14	21.59	4.30	46.16	23.43
245	257	山西汾酒	5.00	0.00	31.72	14.15	35.30	45.92	23.38
246	235	农产品	50.80	3.00	34.16	22.69	17.26	23.18	23.13
247	238	神州泰岳	12.00	0.00	60.50	11.16	0.00	50.12	23.12
248	177	中南传媒	8.00	0.00	63.68	13.97	11.79	34.23	23.06
249	164	华谊兄弟	13.80	1.60	47.70	14.43	0.00	56.53	23.03
250	95	新湖中宝	0.00	0.00	32.98	29.83	9.13	55.23	22.89
251	296	申万宏源	35.60	0.00	17.46	16.29	7.88	65.66	22.87
252	264	乐普医疗	29.20	6.00	55.46	6.02	5.25	38.01	22.85
253	272	海思科	15.00	0.00	56.00	14.28	10.13	38.09	22.83
254	297	春秋航空	0.00	0.00	40.90	28.35	15.24	42.27	22.82
255	154	小商品城	7.00	4.70	44.20	27.08	6.58	40.10	22.78
256	234	梅花生物	17.00	0.00	52.70	16.14	13.88	34.08	22.72
257	172	辽宁成大	12.20	0.00	47.12	15.02	13.06	43.80	22.64
258	288	通化东宝	6.60	1.73	47.60	25.70	8.75	38.25	22.62
259	262	驰宏锌锗	3.60	0.00	42.10	21.78	26.84	32.84	22.60
260	268	中航动控	0.00	13.13	45.84	11.23	7.88	44.05	21.98
261	239	西部矿业	18.20	0.00	29.74	26.17	17.68	37.37	21.79
262	265	庞大集团	10.20	0.00	58.60	21.12	0.00	34.27	21.54
263	260	中国宝安	31.60	10.20	55.36	22.46	29.31	-16.00	21.40
264	207	首创股份	18.00	3.49	51.46	10.17	4.19	38.52	21.21
265	90	东吴证券	6.60	0.00	46.78	27.59	0.00	39.70	21.19
266	271	东方园林	26.00	0.00	43.20	9.86	7.88	40.13	20.79

续表

社会责任能力成熟度排名	市值排名	公司名称	社会责任理念与战略	社会责任推进管理	经济价值创造能力	社会价值创造能力	环境价值创造能力	合规透明运营能力	综合得分
267	98	华夏幸福	48.00	0.00	33.06	17.01	12.98	24.93	20.64
268	226	华东医药	33.60	0.00	48.60	14.92	11.79	19.89	20.49
269	163	外高桥	3.60	0.00	53.66	12.87	0.00	44.45	20.34
270	270	亿利能源	0.00	0.00	64.76	17.33	10.60	19.40	20.17
271	168	中金黄金	0.00	0.00	51.48	13.50	10.27	35.42	19.92
272	81	包钢股份	44.00	0.00	32.10	3.12	14.35	35.49	19.71
273	284	方大炭素	6.00	0.00	57.42	7.32	6.79	33.29	19.47
274	94	宁波港	11.00	0.00	32.50	24.77	15.12	28.47	19.26
275	173	荣盛发展	17.40	0.00	39.16	4.91	0.00	52.74	19.17
276	120	海澜之家	4.00	0.00	57.70	12.00	2.19	31.72	19.05
277	255	洪都航空	16.00	0.00	69.32	14.64	0.00	10.60	18.62
278	205	内蒙古华电	0.00	0.00	47.58	13.36	6.91	34.71	18.46
279	75	中航资本	9.00	0.00	50.74	9.99	1.35	34.82	18.34
280	37	信威集团	3.60	0.00	51.42	13.66	0.00	34.76	18.33
281	119	川投能源	5.00	0.00	34.16	13.34	6.56	42.64	17.91
282	113	中航电子	0.00	0.00	60.84	1.90	0.00	34.94	17.58
283	216	锦龙股份	12.00	7.20	24.42	7.63	7.88	38.48	16.61
284	132	东方明珠	3.60	0.00	47.40	6.50	0.00	32.46	15.90
285	157	三安光电	8.00	0.00	48.52	7.53	0.00	27.86	15.90
286	213	鹏博士	14.00	0.00	41.68	2.79	0.00	34.84	15.68
287	144	上海机场	16.00	0.00	33.40	2.00	5.98	33.94	15.16
288	130	重庆水务	0.00	0.00	40.16	6.93	1.98	34.24	15.00
289	298	内蒙古君正	4.00	0.00	43.32	10.57	0.00	25.59	14.71
290	289	中文传媒	0.00	0.00	52.48	13.43	0.00	15.58	14.67
291	76	陕西煤业	4.00	0.00	24.58	8.79	8.08	37.22	14.56
292	299	东方证券	10.60	0.00	42.94	3.76	0.00	27.35	14.39
293	200	凤凰传媒	11.80	0.00	34.08	12.32	0.00	23.80	13.82
294	158	恒生电子	16.60	0.00	37.60	7.29	0.00	21.98	13.70
295	300	东旭光电	0.00	0.00	28.48	6.79	0.00	40.61	13.66
296	218	光线传媒	0.00	0.00	31.50	0.00	0.00	42.20	13.27
297	183	百联股份	0.00	0.00	37.68	1.35	0.00	34.25	13.19
298	249	鲁信创投	4.00	0.00	35.24	4.13	0.00	30.06	12.90
299	171	营口港	0.00	0.00	47.30	7.74	0.00	14.30	12.48
300	245	阳泉煤业	0.00	0.00	33.12	5.76	0.00	15.26	9.74

B.23
附录二　中国能源行业上市公司社会责任能力成熟度指数（2015）

社会责任能力成熟度排名	市值排名	公司名称	社会责任理念与战略	社会责任推进管理	经济价值创造能力	社会价值创造能力	环境价值创造能力	合规透明运营能力	综合得分
1	8	兖州煤业	39.00	61.36	79.40	66.02	56.48	77.52	65.24
2	2	中国石化	64.60	45.23	81.92	65.19	50.91	71.27	63.07
3	3	中国神华	63.80	48.68	83.22	60.65	59.73	59.18	62.44
4	1	中国石油	57.00	26.30	81.20	63.49	59.02	66.33	59.04
5	5	中煤能源	62.60	36.09	69.24	60.50	45.26	70.50	56.95
6	29	山煤国际	84.00	39.10	54.30	44.46	38.61	91.84	56.69
7	13	潞安环能	40.80	37.80	74.38	68.16	40.51	50.52	52.93
8	4	中海油服	30.00	2.63	73.40	72.20	47.70	74.61	51.70
9	27	兰花科创	69.60	0.00	59.50	55.63	46.89	66.80	48.15
10	14	西山煤电	68.60	0.00	69.96	42.96	53.01	62.60	48.00
11	36	云煤能源	51.20	51.14	42.00	37.77	28.58	76.07	47.52
12	11	上海石化	19.20	34.10	63.30	51.33	44.07	56.90	46.87
13	15	冀中能源	45.80	0.00	67.58	44.15	50.62	65.98	45.68
14	10	广汇能源	51.00	0.00	62.80	44.23	46.04	69.45	45.15
15	30	昊华能源	68.20	0.00	71.10	29.74	45.93	56.75	43.45
16	35	上海能源	16.00	0.00	71.06	50.22	31.95	70.76	41.92
17	12	杰瑞股份	48.00	3.30	80.84	48.70	33.60	31.82	40.49
18	25	平煤股份	18.00	18.40	56.20	31.31	37.81	66.62	39.66
19	6	石化油服	0.00	0.00	65.36	35.97	37.63	70.61	37.72
20	38	平庄能源	34.00	22.50	17.00	37.08	26.70	86.34	37.53
21	22	国投新集	45.00	10.80	42.60	50.87	11.84	58.49	35.93
22	24	大有能源	64.80	0.00	58.70	7.80	25.29	70.93	35.77
23	47	惠 博 普	66.20	0.00	65.00	21.06	16.19	56.76	35.24
24	9	海油工程	7.00	2.78	53.26	51.13	33.50	50.31	35.08

续表

社会责任能力成熟度排名	市值排名	公司名称	社会责任理念与战略	社会责任推进管理	经济价值创造能力	社会价值创造能力	环境价值创造能力	合规透明运营能力	综合得分
25	49	煤 气 化	48.00	0.00	40.90	44.10	16.61	65.63	34.90
26	31	开滦股份	34.00	7.60	49.90	30.97	14.63	61.82	33.08
27	48	新疆浩源	18.00	0.00	79.90	26.02	2.09	49.88	30.22
28	44	山西焦化	64.00	0.00	51.90	19.90	0.00	55.19	29.26
29	23	大同煤业	0.00	0.00	53.76	21.22	32.08	51.81	28.60
30	28	东华能源	17.00	0.00	50.90	30.69	18.28	47.93	28.30
31	26	陕天然气	18.00	0.00	53.60	24.02	8.31	55.40	27.24
32	20	永泰能源	16.00	0.00	74.90	22.43	7.00	37.98	27.22
33	17	盘江股份	0.00	0.00	51.80	29.80	15.31	51.18	26.66
34	41	安源煤业	18.00	0.00	30.50	14.83	39.72	45.63	25.32
35	37	靖远煤电	46.80	0.00	32.32	11.05	15.75	50.36	24.38
36	46	国际实业	53.00	0.00	69.70	7.56	0.00	28.68	24.37
37	39	恒泰艾普	49.80	0.00	64.30	2.38	7.88	30.03	23.81
38	21	露天煤业	66.00	0.00	51.84	7.03	0.00	34.61	23.42
39	40	郑州煤电	36.00	0.00	42.40	20.54	0.00	46.86	23.36
40	18	洲际油气	34.00	0.00	41.70	8.12	0.00	46.91	20.81
41	45	海越股份	0.00	0.00	50.20	26.45	7.88	29.25	20.48
42	43	山东墨龙	0.00	0.00	52.90	2.22	0.00	49.58	18.85
43	50	龙宇燃油	9.00	0.00	47.58	6.02	12.15	33.89	18.84
44	32	陕西黑猫	33.60	0.00	41.80	8.23	7.88	25.26	18.33
45	34	石化机械	18.00	0.00	34.00	3.71	0.00	50.58	17.69
46	33	恒源煤电	35.60	0.00	31.62	9.44	9.86	25.31	17.28
47	42	潜能恒信	18.00	0.00	40.24	5.55	0.00	29.61	15.37
48	7	陕西煤业	4.00	0.00	24.58	8.79	8.08	37.22	14.56
49	19	*ST 华锦	0.00	0.00	27.90	2.09	0.00	45.63	13.61
50	16	阳泉煤业	0.00	0.00	33.12	5.76	0.00	15.26	9.74

B.24 附录三　中国金融行业上市公司社会责任能力成熟度指数（2015）

社会责任能力成熟度排名	市值排名	公司名称	社会责任理念与战略	社会责任推进管理	经济价值创造能力	社会价值创造能力	环境价值创造能力	合规透明运营能力	综合得分
1	3	农业银行	68.60	45.60	79.66	56.98	41.52	79.84	61.51
2	22	华夏银行	76.80	59.33	74.38	63.69	20.53	79.52	61.22
3	16	光大银行	30.00	43.23	67.62	68.85	43.26	80.88	57.69
4	1	工商银行	68.60	48.03	80.22	39.06	35.80	78.49	57.55
5	8	招商银行	78.60	33.59	74.10	54.12	39.63	67.35	56.24
6	12	兴业银行	79.20	37.74	69.20	36.85	29.73	71.40	52.01
7	10	民生银行	64.00	40.30	82.14	40.74	7.53	75.46	50.71
8	17	平安银行	51.00	26.13	65.88	42.92	25.34	75.71	47.58
9	2	建设银行	51.20	27.10	86.56	30.04	34.67	56.56	47.41
10	39	国海证券	48.00	0.00	83.04	37.33	26.60	81.94	46.00
11	19	广发证券	13.00	10.40	68.32	41.74	27.45	92.14	44.51
12	34	宁波银行	55.00	24.17	67.40	42.41	18.79	59.95	43.79
13	11	中信银行	42.60	33.80	76.70	29.05	8.23	69.88	43.44
14	5	中国人寿	61.80	24.98	60.08	39.54	18.35	64.01	43.43
15	20	华泰证券	42.60	0.00	76.10	40.35	32.29	68.09	43.29
16	38	山西证券	50.20	10.42	87.42	45.61	15.14	52.90	43.09
17	18	招商证券	31.00	39.19	54.90	41.11	7.94	73.68	42.13
18	7	交通银行	19.00	30.75	76.08	27.51	22.00	62.33	41.26
19	26	国信证券	44.20	3.00	73.12	49.63	12.95	65.92	41.25
20	33	国金证券	49.20	20.00	71.30	31.21	13.29	65.21	41.10
21	6	中国平安	15.40	3.90	62.46	32.96	33.33	71.59	38.30
22	14	中国太保	20.60	25.60	64.14	34.02	14.50	59.11	37.59
23	35	太 平 洋	20.60	25.60	64.14	34.02	14.50	59.11	37.59
24	4	中国银行	51.20	11.50	72.14	30.11	14.83	51.61	37.56

续表

社会责任能力成熟度排名	市值排名	公司名称	社会责任理念与战略	社会责任推进管理	经济价值创造能力	社会价值创造能力	环境价值创造能力	合规透明运营能力	综合得分
25	43	陕国投	57.40	9.45	66.06	21.30	13.45	66.02	37.47
26	30	西南证券	48.60	0.00	69.44	19.75	0.00	85.99	36.39
27	13	浦发银行	17.20	3.19	71.36	37.53	9.12	67.19	35.63
28	27	长江证券	36.00	2.44	65.60	31.38	10.60	62.57	34.66
29	36	西部证券	41.60	5.88	49.68	30.40	15.05	64.91	34.02
30	23	方正证券	31.80	0.00	81.52	23.30	0.00	65.04	33.75
31	9	中信证券	19.20	0.00	82.22	25.86	23.03	44.93	33.61
32	40	东北证券	42.80	0.00	75.56	16.64	12.46	57.93	33.55
33	24	北京银行	23.80	0.00	52.34	26.92	16.19	61.70	30.67
34	25	光大证券	23.80	0.00	52.34	26.92	16.19	61.70	30.67
35	21	新华保险	21.20	0.00	61.96	27.60	11.66	49.31	29.22
36	31	国元证券	0.00	19.93	54.58	17.73	4.81	54.02	27.19
37	37	南京银行	33.00	0.00	46.78	22.36	8.31	51.32	26.48
38	45	安信信托	41.40	0.00	58.52	10.71	7.93	40.56	25.33
39	28	兴业证券	11.20	0.00	55.62	15.28	15.30	47.63	25.21
40	15	海通证券	0.00	0.00	58.14	21.59	4.30	46.16	23.43
41	42	渤海租赁	30.00	0.00	60.88	7.03	0.00	38.70	22.19
42	32	东吴证券	6.60	0.00	46.78	27.59	0.00	39.70	21.19
43	48	西水股份	16.60	0.00	46.00	15.89	8.75	36.17	20.88
44	46	三泰控股	28.00	0.00	64.34	10.16	0.00	13.77	18.69
45	44	爱建股份	16.00	0.00	66.44	13.90	0.00	13.95	18.57
46	29	中航资本	9.00	0.00	50.74	9.99	1.35	34.82	18.34
47	47	国投安信	17.00	0.00	65.56	6.12	6.13	8.73	17.28
48	41	锦龙股份	12.00	7.20	24.42	7.63	7.88	38.48	16.61
49	50	熊猫金控	25.40	0.00	39.70	5.26	0.00	32.58	16.50
50	49	民生控股	21.20	0.00	23.96	7.22	5.25	19.93	12.26

B.25

附录四 中国房地产行业上市公司社会责任能力成熟度指数（2015）

社会责任成熟度排名	市值排名	公司名称	社会责任理念与战略	社会责任推进管理	经济价值创造能力	社会价值创造能力	环境价值创造能力	合规透明运营能力	综合得分
1	3	招商地产	64.20	22.63	46.56	55.33	42.65	86.17	52.02
2	1	万科A	53.00	5.93	60.94	45.06	44.73	62.99	44.84
3	2	保利地产	63.20	35.86	70.88	44.55	24.94	37.39	44.77
4	17	浦东金桥	35.60	26.82	78.92	29.95	22.90	62.32	43.32
5	9	北京城建	53.00	0.00	74.94	36.70	20.55	50.73	38.23
6	10	金融街	48.60	2.63	50.98	34.89	13.74	72.28	36.27
7	32	信达地产	35.60	17.48	77.48	30.02	16.49	38.92	36.03
8	12	首开股份	54.80	0.00	77.14	23.57	12.10	55.39	35.76
9	23	中粮地产	54.80	0.00	64.00	31.49	12.10	56.67	35.05
10	19	阳光城	72.80	0.00	63.64	22.71	7.88	50.46	33.32
11	26	北辰实业	35.00	0.00	79.94	11.64	23.91	45.26	32.43
12	21	泰禾集团	37.00	0.00	64.62	21.50	24.31	46.85	32.01
13	15	张江高科	54.40	0.00	63.52	31.95	8.14	43.87	31.98
14	13	城投控股	5.60	0.00	59.40	34.85	26.66	51.07	31.52
15	8	泛海控股	18.40	8.40	65.22	31.00	13.80	44.70	31.20
16	7	金地集团	49.80	0.00	57.86	19.51	0.00	66.70	30.91
17	4	陆家嘴	3.60	0.00	63.16	30.97	28.70	46.61	30.86
18	16	中天城投	72.40	0.00	47.50	7.28	16.01	60.27	30.83
19	31	格力地产	54.40	9.00	68.24	6.78	6.42	48.60	30.47
20	27	上实发展	71.00	0.00	27.30	22.60	14.03	59.50	29.32
21	43	深振业A	70.00	0.00	51.96	11.97	8.14	49.88	28.95
22	41	冠城大通	49.60	0.00	70.78	11.19	7.44	43.02	28.80
23	14	金科股份	51.40	0.00	75.50	10.76	0.00	43.14	28.43
24	18	海宁皮城	16.00	3.30	59.20	37.79	24.02	23.15	28.14

续表

社会责任成熟度排名	市值排名	公司名称	社会责任理念与战略	社会责任推进管理	经济价值创造能力	社会价值创造能力	环境价值创造能力	合规透明运营能力	综合得分
25	24	大 名 城	36.00	0.00	64.22	24.01	12.60	34.83	28.02
26	38	滨江集团	33.40	0.00	62.06	17.95	7.35	48.17	27.74
27	37	银亿股份	35.60	0.00	63.14	26.20	0.00	43.32	27.44
28	20	世茂股份	54.20	0.00	63.82	4.55	0.00	42.29	25.34
29	44	南京高科	54.00	0.00	74.72	6.46	0.00	27.15	24.90
30	40	华发股份	51.80	0.00	62.82	8.40	11.90	26.40	24.89
31	36	世 联 行	53.60	0.00	53.66	5.34	0.00	46.73	24.39
32	50	华远地产	10.00	0.00	49.82	9.08	15.13	49.35	23.21
33	5	新湖中宝	0.00	0.00	32.98	29.83	9.13	55.23	22.89
34	22	中国国贸	0.00	0.00	70.00	12.32	7.26	37.35	22.85
35	39	深圳华强	16.40	0.00	63.72	2.93	0.00	43.16	21.40
36	6	华夏幸福	48.00	0.00	33.06	17.01	12.98	24.93	20.64
37	34	迪马股份	16.00	0.00	68.06	10.71	7.88	17.22	20.30
38	29	中弘股份	52.60	0.00	51.92	0.00	0.00	28.35	19.71
39	35	新 华 联	32.40	0.00	73.62	0.72	0.00	16.58	19.60
40	28	苏宁环球	55.40	0.00	41.50	15.66	8.23	10.43	19.19
41	11	荣盛发展	17.40	0.00	39.16	4.91	0.00	52.74	19.17
42	42	大连控股	18.00	0.00	51.90	5.00	7.88	27.53	18.41
43	25	中体产业	50.80	0.00	35.58	2.72	7.88	27.35	18.31
44	46	华丽家族	36.60	0.00	40.92	9.35	0.00	23.99	17.03
45	30	中华企业	0.00	0.00	46.72	3.81	0.00	43.67	16.96
46	49	宁波富达	14.60	0.00	44.76	7.15	0.00	33.35	16.81
47	48	天保基建	0.00	0.00	62.68	6.56	0.00	10.35	14.33
48	45	新 黄 浦	18.00	0.00	51.12	2.00	0.00	15.77	14.20
49	33	津滨发展	35.40	0.00	41.70	0.68	0.00	16.28	14.10
50	47	西藏城投	18.00	0.00	49.56	3.84	0.00	11.90	13.55

B.26

附录五　中国机械行业上市公司社会责任能力成熟度指数（2015）

社会责任成熟度排名	市值排名	公司名称	社会责任理念与战略	社会责任推进管理	经济价值创造能力	社会价值创造能力	环境价值创造能力	合规透明运营能力	综合得分
1	43	安徽合力	41.00	22.54	77.40	54.90	44.50	74.40	53.37
2	7	中集集团	68.80	23.08	67.42	57.26	32.48	72.78	52.42
3	2	中国中车	59.00	32.85	88.56	41.02	24.78	62.94	50.93
4	24	柳　工	75.60	0.00	50.56	47.33	43.36	71.13	45.79
5	4	潍柴动力	69.60	0.00	41.40	42.45	31.65	90.92	44.11
6	12	机 器 人	25.60	15.65	68.66	36.25	47.89	57.20	43.18
7	42	大洋电机	70.00	22.40	61.62	31.14	25.68	52.89	41.87
8	46	山推股份	43.00	2.25	73.72	33.38	31.85	60.17	40.55
9	5	中联重科	28.80	4.00	57.88	43.71	37.64	64.46	40.26
10	1	中国重工	37.60	0.00	63.78	32.88	27.48	74.04	39.43
11	14	中信重工	36.00	0.00	55.62	35.08	37.91	49.52	35.66
12	3	三一重工	32.40	0.00	82.04	44.40	19.12	33.99	35.56
13	10	中船防务	29.00	0.00	67.56	28.07	30.77	52.12	35.03
14	15	上海机电	40.00	0.00	72.48	35.71	16.95	40.80	33.87
15	23	陕鼓动力	44.00	23.00	44.88	27.07	43.15	22.49	33.31
16	16	晋西车轴	44.00	0.00	68.30	27.76	14.00	46.52	32.58
17	8	中国一重	17.20	7.25	53.58	31.68	23.38	55.41	32.55
18	45	一拖股份	39.00	0.00	56.86	39.04	8.54	53.16	32.27
19	21	中材国际	43.00	0.00	81.58	43.55	14.44	13.35	31.82
20	28	卧龙电气	42.60	0.00	68.10	29.81	26.62	22.01	30.64
21	6	中国船舶	49.60	0.00	69.48	16.15	0.00	51.70	29.68
22	38	南风股份	43.00	0.00	48.44	27.22	14.00	41.55	27.92
23	32	广日股份	44.00	0.00	39.56	39.21	6.13	40.91	27.04
24	20	天地科技	45.00	0.00	71.64	29.74	0.00	17.78	25.95

续表

社会责任成熟度排名	市值排名	公司名称	社会责任理念与战略	社会责任推进管理	经济价值创造能力	社会价值创造能力	环境价值创造能力	合规透明运营能力	综合得分
25	49	天马股份	53.00	0.00	45.56	33.65	11.73	23.74	25.94
26	25	科达洁能	45.80	0.00	49.16	33.29	17.05	17.48	25.64
27	9	徐工机械	31.20	0.00	26.68	47.08	17.86	32.16	25.40
28	50	软控股份	60.00	0.00	49.76	28.30	7.00	21.33	25.15
29	40	豪迈科技	44.00	0.00	46.36	24.91	12.68	17.39	22.64
30	19	中航重机	72.40	0.00	38.70	17.27	12.34	15.60	22.34
31	30	郑煤机	43.60	3.15	43.30	20.39	3.60	22.09	21.02
32	35	经纬纺机	40.00	7.50	37.04	7.45	0.00	35.60	19.77
33	22	纽威股份	15.00	0.00	51.90	25.69	4.38	17.73	19.45
34	48	利欧股份	44.60	0.00	44.08	6.50	0.00	27.07	18.44
35	34	中核科技	41.00	0.00	48.32	7.21	0.00	18.23	17.38
36	18	开山股份	14.00	0.00	39.84	6.69	18.64	18.86	16.52
37	31	巨星科技	10.00	0.00	66.62	4.15	0.00	13.95	16.25
38	11	振华重工	26.00	0.00	52.42	7.36	0.00	15.06	16.07
39	13	太原重工	0.00	3.00	56.46	4.35	11.53	13.62	16.01
40	41	博实股份	45.00	0.00	41.00	3.68	0.00	14.13	15.09
41	37	首航节能	43.00	0.00	38.28	5.76	0.00	13.74	14.70
42	29	大连重工	39.00	0.00	38.84	6.40	0.00	14.39	14.63
43	39	兰石重装	43.00	0.00	48.02	1.28	0.00	6.00	14.25
44	47	利君股份	36.00	0.00	36.80	2.56	0.00	19.16	14.13
45	33	成飞集成	36.00	0.00	37.40	1.36	0.00	18.48	13.90
46	27	航天动力	18.00	2.81	47.32	5.08	0.00	10.80	13.68
47	17	晋亿实业	0.00	0.00	53.64	4.64	0.00	7.20	11.79
48	36	三花股份	40.00	0.00	14.40	2.66	0.00	12.59	9.34
49	26	北方创业	0.00	0.00	23.50	0.00	0.00	6.75	5.45
50	44	沈阳机床	0.00	0.00	14.60	2.88	0.00	9.60	4.87

B.27

附录六　中国汽车行业上市公司社会责任能力成熟度指数（2015）

社会责任能力成熟度排名	市值排名	公司名称	社会责任理念与战略	社会责任推进管理	经济价值创造能力	社会价值创造能力	环境价值创造能力	合规透明运营能力	综合得分
1	1	上汽集团	59.40	28.20	75.34	56.43	36.57	55.79	51.36
2	4	长安汽车	61.60	16.45	71.20	36.31	22.41	79.41	46.80
3	13	福田汽车	51.00	0.00	83.50	47.29	34.96	63.98	46.45
4	9	一汽轿车	59.00	1.88	55.26	53.43	38.82	59.91	43.57
5	3	比亚迪	63.40	35.42	54.26	23.92	38.10	47.20	42.14
6	7	宇通客车	16.00	0.00	83.62	33.71	45.44	36.16	37.41
7	14	江淮汽车	11.00	17.25	48.46	42.79	33.19	45.46	34.79
8	10	福耀玻璃	8.60	0.00	60.16	22.02	27.44	38.26	27.48
9	11	江铃汽车	35.20	0.00	41.90	29.66	29.37	30.61	27.20
10	49	风神股份	32.20	0.00	64.52	17.59	18.96	31.65	27.11
11	2	长城汽车	20.60	0.00	49.24	24.85	15.55	48.03	26.84
12	6	华域汽车	4.00	2.16	58.36	24.75	19.74	37.98	26.14
13	8	威孚高科	33.40	0.00	56.78	10.47	16.19	41.61	25.85
14	18	东风汽车	0.00	0.00	45.00	26.54	21.30	48.91	25.51
15	12	万向钱潮	36.20	0.00	34.02	28.05	14.95	38.58	24.43
16	48	凌云股份	30.00	0.00	60.46	14.98	12.43	28.26	23.90
17	47	金固股份	28.00	0.00	51.86	18.43	12.69	30.02	23.14
18	40	金龙汽车	30.80	0.00	45.66	7.84	6.48	44.76	21.93
19	5	广汽集团	44.40	0.00	34.36	13.62	12.71	32.31	21.18
20	44	湖南天雁	36.40	0.00	33.52	17.45	8.76	36.24	20.91
21	28	赛轮金宇	0.00	0.00	44.16	17.43	13.39	40.62	20.81
22	50	八菱科技	12.00	0.00	45.66	19.67	10.85	31.18	20.53
23	20	隆鑫通用	21.60	0.00	42.88	6.24	6.13	34.47	18.31
24	38	松芝股份	0.00	0.00	26.98	20.22	9.41	43.86	18.08

续表

社会责任能力成熟度排名	市值排名	公司名称	社会责任理念与战略	社会责任推进管理	经济价值创造能力	社会价值创造能力	环境价值创造能力	合规透明运营能力	综合得分
25	45	天润曲轴	44.00	0.00	34.98	6.16	0.00	34.10	17.94
26	46	亚太股份	0.00	0.00	33.94	10.61	12.51	41.24	17.70
27	15	中鼎股份	6.00	0.00	37.62	11.79	6.56	38.93	17.68
28	16	世纪华通	12.00	0.00	34.88	7.70	6.39	42.34	17.64
29	22	双钱股份	28.60	0.00	33.64	11.04	12.25	24.79	17.57
30	26	力帆股份	0.00	0.00	52.76	5.69	6.39	32.43	17.51
31	21	*ST 夏利	15.00	0.00	26.18	19.35	4.76	35.78	16.99
32	42	中国嘉陵	41.40	0.00	33.08	4.53	4.94	26.43	16.56
33	23	万丰奥威	15.60	0.00	35.02	6.30	6.48	34.88	16.44
34	43	东睦股份	0.00	0.00	35.04	4.25	15.46	34.27	16.02
35	34	斯 太 尔	0.00	0.00	43.10	6.17	0.00	39.29	15.94
36	17	均胜电子	39.00	0.00	38.68	4.94	0.00	19.10	15.19
37	24	宗申动力	5.00	0.00	33.58	9.35	7.38	27.44	14.49
38	33	风帆股份	0.00	0.00	35.00	3.33	11.38	30.02	14.35
39	37	S 佳通	0.00	0.00	34.56	10.12	6.83	27.34	14.19
40	31	福达股份	38.20	0.00	26.54	3.20	0.00	27.34	14.09
41	30	宁波华翔	15.00	0.00	26.96	1.75	0.00	39.38	13.76
42	19	富奥股份	0.00	0.00	36.78	6.17	5.95	27.45	13.74
43	39	万 里 扬	0.00	0.00	34.54	7.65	6.48	27.48	13.71
44	41	黔轮胎 A	0.00	0.00	36.08	3.51	7.35	27.59	13.41
45	36	一汽富维	0.00	0.00	27.40	3.03	14.85	27.00	13.01
46	27	海马汽车	11.20	0.00	35.38	3.22	0.00	26.81	12.89
47	32	交运股份	0.00	0.00	34.56	2.22	0.00	31.62	12.31
48	29	中国汽研	0.00	0.00	35.06	3.52	0.00	27.32	11.86
49	25	京威股份	0.00	0.00	27.42	1.70	0.00	34.91	11.52
50	35	浙江世宝	0.00	0.00	32.64	1.75	0.00	27.53	11.14

B.28

附录七　中国建筑行业上市公司社会责任能力成熟度指数（2015）

社会责任能力成熟度排名	市值排名	公司名称	社会责任理念与战略	社会责任推进管理	经济价值创造能力	社会价值创造能力	环境价值创造能力	合规透明运营能力	综合得分
1	2	中国交建	54.00	62.06	83.02	65.90	38.52	76.63	64.10
2	1	中国建筑	75.20	49.83	79.74	61.89	36.12	62.37	59.71
3	9	葛洲坝	67.00	21.28	72.54	49.83	29.16	79.26	52.07
4	35	浦东建设	51.40	55.54	50.80	48.35	22.37	48.41	45.72
5	10	金隅股份	47.60	26.03	59.06	44.08	31.71	63.10	45.08
6	3	中国中铁	30.40	6.48	76.72	34.88	39.66	56.14	41.54
7	25	东方雨虹	39.00	28.10	61.96	35.12	25.31	51.88	40.32
8	6	中国中冶	21.40	0.00	74.70	33.90	37.86	62.81	39.81
9	46	伟星新材	56.00	37.44	59.42	29.01	17.81	43.94	39.37
10	4	中国铁建	36.00	1.80	70.16	38.33	25.39	55.45	38.00
11	18	亚厦股份	33.00	3.34	82.58	24.42	26.75	48.86	36.77
12	7	中国电建	60.20	0.00	61.52	37.05	23.18	41.22	35.35
13	12	金螳螂	66.40	0.00	71.86	26.67	7.88	50.12	34.82
14	23	华新水泥	37.60	1.13	63.32	31.37	22.26	51.13	34.22
15	15	中工国际	12.00	0.00	76.74	38.70	7.88	59.61	34.13
16	8	中国化学	19.00	17.00	61.88	36.56	20.10	42.70	33.98
17	14	中铁二局	11.80	17.60	57.58	34.61	27.70	43.39	33.74
18	5	海螺水泥	13.00	1.20	56.10	41.22	25.06	47.06	32.02
19	24	亚泰集团	24.40	2.10	57.80	27.96	25.12	44.41	30.77
20	26	中国巨石	10.00	1.31	61.26	29.84	22.76	46.92	30.18
21	20	中南建设	42.60	1.31	57.72	33.30	6.39	44.22	29.99
22	28	江河创建	31.60	1.13	62.62	31.75	17.49	35.04	29.80
23	11	上海建工	32.00	0.00	43.56	39.66	0.00	58.81	28.76
24	30	塔牌集团	8.00	1.88	51.66	25.65	23.49	48.20	27.96

续表

社会责任能力成熟度排名	市值排名	公司名称	社会责任理念与战略	社会责任推进管理	经济价值创造能力	社会价值创造能力	环境价值创造能力	合规透明运营能力	综合得分
25	17	冀东水泥	8.60	0.00	55.06	25.10	22.64	46.02	27.65
26	42	上峰水泥	19.60	0.00	51.84	22.92	18.39	46.72	27.14
27	44	旗滨集团	15.00	0.00	55.60	27.76	17.12	36.21	26.10
28	38	西部建设	28.80	0.00	53.58	31.91	17.01	24.55	25.75
29	21	南 玻 A	0.00	0.00	60.86	32.93	13.17	34.78	25.51
30	47	中技控股	23.20	0.00	41.96	27.38	16.12	41.60	25.19
31	36	东华科技	28.00	1.46	48.72	20.01	12.73	39.53	24.84
32	50	北新路桥	30.00	0.00	50.76	18.48	5.30	30.87	21.97
33	37	广田股份	38.40	0.00	60.98	5.15	2.70	30.23	21.67
34	16	北新建材	31.40	3.60	45.52	15.24	6.56	31.03	21.49
35	32	中钢国际	33.00	1.13	59.24	12.35	0.00	25.49	20.98
36	34	祁 连 山	18.40	1.50	52.96	14.23	6.73	30.06	20.83
37	13	隧道股份	19.60	1.13	50.26	15.00	16.52	20.13	20.50
38	48	宝鹰股份	25.00	3.00	55.40	12.61	9.78	16.32	19.98
39	40	天健集团	33.80	0.00	56.26	14.88	5.60	15.34	19.95
40	22	华电重工	35.40	0.00	55.66	18.56	2.76	13.36	19.80
41	29	青松建化	4.40	2.10	52.40	18.55	14.00	18.52	19.44
42	39	新疆城建	21.60	0.00	53.94	17.25	0.00	23.66	19.23
43	27	利源精制	20.00	0.00	55.78	8.41	0.00	30.53	19.05
44	41	尚荣医疗	8.60	1.69	55.40	11.17	8.69	24.09	19.05
45	43	耀皮玻璃	17.00	1.13	51.14	11.05	0.00	32.40	18.93
46	45	东光微电	18.00	0.00	55.36	9.27	2.46	27.85	18.89
47	33	洪涛股份	27.00	0.75	44.04	10.03	9.85	24.18	18.69
48	19	四川路桥	9.60	1.88	61.18	9.29	0.00	26.06	18.67
49	31	天山股份	8.00	0.00	38.80	15.28	14.23	30.36	18.56
50	49	方兴科技	21.00	0.00	40.80	3.94	0.00	29.89	15.53

B.29

附录八　中国运输行业上市公司社会责任能力成熟度指数（2015）

社会责任能力成熟度排名	市值排名	公司名称	社会责任理念与战略	社会责任推进管理	经济价值创造能力	社会价值创造能力	环境价值创造能力	合规透明运营能力	综合得分
1	4	中国远洋	82.00	78.08	74.50	69.47	48.54	77.78	70.90
2	9	海南航空	80.40	62.87	68.82	64.23	48.04	83.95	67.06
3	6	东方航空	66.00	42.83	81.06	69.33	44.22	82.53	64.19
4	8	南方航空	50.60	58.93	84.72	51.76	51.53	74.98	63.01
5	2	上港集团	47.00	58.01	82.02	63.40	38.33	80.90	62.78
6	30	中远航运	89.40	20.86	75.08	48.65	32.71	70.50	53.55
7	50	现代投资	72.00	15.19	73.34	53.34	27.95	70.59	50.47
8	27	外运发展	79.00	9.59	79.74	36.40	30.49	77.72	50.01
9	25	深高速	89.00	0.00	66.08	53.18	31.80	66.05	47.98
10	28	日照港	84.00	23.38	53.12	35.89	57.47	42.71	46.66
11	17	中海发展	16.00	10.99	61.40	58.37	55.53	61.00	46.11
12	20	唐山港	72.00	10.44	61.04	43.37	34.54	64.59	45.72
13	3	中国国航	52.40	18.33	65.02	44.25	29.80	67.23	45.67
14	11	宁沪高速	69.20	0.00	71.48	40.52	30.81	67.80	44.83
15	39	皖通高速	36.00	0.00	72.74	54.33	25.95	72.73	44.23
16	19	盐田港	39.00	3.38	69.20	40.55	35.29	68.60	42.96
17	7	中海集运	55.00	6.68	43.52	34.94	49.70	72.16	42.76
18	29	四川成渝	50.80	3.19	66.30	38.62	29.62	60.51	40.76
19	18	山东高速	69.60	3.26	72.04	37.76	33.62	38.13	40.23
20	21	大连港	69.20	3.19	61.46	56.77	30.30	29.34	39.51
21	45	飞马国际	54.00	9.60	77.30	20.84	25.11	51.84	38.64
22	32	白云机场	50.00	3.00	60.44	35.07	15.84	69.76	38.14
23	40	中原高速	17.00	0.00	60.68	45.25	26.21	68.62	37.84
24	34	铁龙物流	69.20	3.00	75.72	22.89	0.00	68.55	37.55

续表

社会责任能力成熟度排名	市值排名	公司名称	社会责任理念与战略	社会责任推进管理	经济价值创造能力	社会价值创造能力	环境价值创造能力	合规透明运营能力	综合得分
25	47	连云港	0.00	3.00	65.54	41.60	30.11	59.59	35.97
26	24	大众交通	50.00	3.00	50.24	42.61	14.11	59.66	35.53
27	15	招商轮船	52.00	0.00	63.50	24.40	27.48	51.06	35.16
28	37	锦州港	0.00	0.00	70.66	38.51	12.83	68.06	34.21
29	35	象屿股份	70.00	0.00	86.40	18.78	5.10	34.56	33.07
30	38	深圳机场	16.00	0.00	71.72	38.02	32.87	29.56	32.59
31	43	中信海直	54.00	6.00	76.66	22.17	0.00	45.12	32.39
32	33	赣粤高速	52.20	3.19	60.72	19.19	11.31	55.05	32.12
33	26	怡亚通	76.00	0.00	73.24	27.84	0.00	34.79	32.06
34	14	广深铁路	20.20	10.18	62.86	24.43	11.38	57.96	32.05
35	36	福建高速	17.00	0.00	58.62	26.84	11.48	68.86	31.54
36	41	强生控股	16.00	0.00	82.64	21.63	0.00	53.76	30.04
37	23	北部湾港	54.00	0.00	65.46	15.70	5.40	44.28	28.95
38	1	大秦铁路	23.00	0.00	56.50	20.87	18.21	38.02	26.35
39	22	珠海港	38.00	2.63	61.02	15.01	0.00	44.45	25.96
40	44	厦门港务	46.00	0.00	53.90	15.08	3.60	43.62	25.52
41	31	深赤湾A	28.00	0.00	69.40	15.48	7.44	29.94	24.81
42	46	保税科技	70.00	0.00	56.42	8.52	7.88	24.56	24.53
43	12	天海投资	32.00	0.00	59.60	15.92	4.76	37.02	24.31
44	16	天津港	4.00	0.00	46.58	16.87	29.75	39.57	24.30
45	49	厦门空港	18.00	0.00	65.26	19.52	15.49	15.66	22.67
46	48	锦江投资	0.00	0.00	56.42	17.95	5.25	32.13	20.12
47	5	宁波港	11.00	0.00	32.50	24.77	15.12	28.47	19.26
48	42	东莞控股	34.00	0.00	50.24	8.60	0.00	15.66	16.81
49	10	上海机场	16.00	0.00	32.70	2.00	5.98	33.94	15.03
50	13	营口港	0.00	0.00	48.14	7.74	0.00	14.30	12.63

B.30

附录九　中国电子信息制造行业上市公司社会责任能力成熟度指数（2015）

社会责任能力成熟度排名	市值排名	公司名称	社会责任理念与战略	社会责任推进管理	经济价值创造能力	社会价值创造能力	环境价值创造能力	合规透明运营能力	综合得分
1	4	歌尔声学	83.80	44.78	71.64	42.87	28.08	48.32	50.80
2	3	中兴通讯	38.00	15.73	70.74	53.91	34.28	75.21	48.78
3	8	大华股份	64.20	0.00	71.14	30.04	22.30	66.98	40.70
4	7	航天信息	33.40	0.00	83.60	33.88	21.50	61.38	39.40
5	10	立讯精密	0.00	0.00	78.50	52.81	21.71	62.49	38.79
6	21	中科三环	26.00	10.20	76.38	25.95	31.54	45.38	36.70
7	12	深天马A	37.40	38.72	45.98	28.70	17.89	45.21	35.51
8	6	环旭电子	9.40	10.59	40.50	34.73	34.27	70.10	35.17
9	11	中环股份	68.80	0.00	60.74	16.09	14.35	48.28	31.98
10	17	海格通信	32.00	1.88	65.18	34.84	18.12	26.13	29.51
11	9	同方股份	46.00	0.00	57.00	33.12	0.00	46.79	29.24
12	2	京东方B	33.20	9.50	36.86	26.22	22.23	46.25	28.71
13	25	大唐电信	26.60	7.55	47.28	14.98	21.40	46.70	27.48
14	19	大族激光	18.00	0.00	50.24	32.12	21.03	26.38	25.16
15	38	生益科技	19.80	0.00	45.00	26.80	19.93	23.54	22.73
16	50	艾派克	31.80	0.00	42.42	9.84	0.00	55.86	22.64
17	23	烽火通信	29.40	0.00	46.64	23.22	5.70	29.57	21.86
18	48	深科技	29.80	0.00	37.06	19.21	15.59	32.48	21.76
19	15	浪潮信息	34.80	0.00	38.66	15.09	10.79	25.56	19.70
20	32	闽福发A	13.80	0.00	36.68	12.53	14.57	35.27	19.21
21	1	信威集团	3.60	0.00	51.42	13.66	0.00	34.76	18.33
22	36	航天机电	24.20	0.00	50.58	15.26	9.68	12.54	18.27
23	22	福斯特	34.80	0.00	39.40	7.90	6.56	21.85	17.11
24	39	隆基股份	29.80	0.00	46.34	8.70	6.39	16.37	16.98

续表

社会责任能力成熟度排名	市值排名	公司名称	社会责任理念与战略	社会责任推进管理	经济价值创造能力	社会价值创造能力	环境价值创造能力	合规透明运营能力	综合得分
25	33	华映科技	8.60	0.00	36.80	14.70	20.64	17.42	16.98
26	42	长电科技	29.40	0.00	35.88	11.72	12.34	16.05	16.62
27	27	千方科技	16.20	0.00	46.10	11.72	0.00	24.23	16.39
28	14	广电运通	33.80	0.00	40.14	7.76	6.65	16.18	16.11
29	5	三安光电	8.00	0.00	48.52	7.53	0.00	27.86	15.90
30	35	美亚光电	19.20	0.00	44.66	8.96	6.13	17.81	15.88
31	18	聚龙股份	29.60	0.00	38.18	2.57	6.83	19.69	15.07
32	43	航天科技	23.40	0.00	38.44	7.33	6.48	16.25	14.67
33	16	东旭 B	23.20	0.00	45.34	2.59	0.00	17.99	14.19
34	26	大富科技	20.00	0.00	38.02	4.11	13.13	12.39	14.18
35	47	华工科技	28.80	0.00	37.96	4.32	0.00	19.32	13.97
36	24	同方国芯	4.80	0.00	45.30	0.32	0.00	24.93	13.18
37	41	合力泰	29.20	0.00	29.60	7.15	6.21	12.98	12.99
38	29	中天科技	9.80	0.00	36.46	7.16	4.20	18.72	12.96
39	13	三环集团	15.60	0.00	37.90	5.36	0.00	18.38	12.65
40	40	飞天诚信	0.00	0.00	47.56	5.85	0.00	15.86	12.47
41	20	长城信息	31.00	0.00	28.98	5.12	0.00	16.73	12.25
42	28	卫士通	0.00	0.00	36.60	6.93	4.20	19.59	12.12
43	45	中航光电	10.00	0.00	45.74	1.91	0.00	13.51	12.01
44	31	中科曙光	0.00	0.00	43.38	4.85	0.00	18.44	12.00
45	30	国睿科技	5.20	0.00	37.62	7.94	0.00	17.72	11.91
46	49	方正科技	13.00	0.00	0.00	12.19	5.13	41.33	11.86
47	44	*ST 海润	24.20	0.00	30.32	5.08	0.00	16.29	11.72
48	37	依顿电子	0.00	0.00	37.88	6.80	6.13	14.19	11.70
49	46	爱施德	19.00	0.00	34.54	4.69	0.00	9.96	10.76
50	34	高德红外	0.00	0.00	28.48	4.01	0.00	19.02	9.27

B.31

附录十　中国金属非金属与采矿行业社会责任能力成熟度指数（2015）

社会责任能力成熟度排名	市值排名	公司名称	社会责任理念与战略	社会责任推进管理	经济价值创造能力	社会价值创造能力	环境价值创造能力	合规透明运营能力	综合得分
1	14	太钢不锈	31.00	66.08	64.50	67.71	54.92	83.69	63.74
2	1	宝钢股份	54.00	21.58	82.74	58.60	47.50	72.54	56.33
3	2	中国铝业	60.40	41.96	63.38	50.11	38.00	64.32	52.44
4	44	南钢股份	71.00	0.00	71.34	48.07	53.70	78.72	52.43
5	12	攀钢钒钛	45.80	27.73	48.74	48.59	52.92	77.95	50.65
6	28	锡业股份	51.80	3.00	83.64	41.50	45.71	67.64	48.65
7	26	云南铜业	34.00	0.00	66.60	42.90	47.75	84.43	46.90
8	7	鞍钢股份	46.60	0.00	69.44	47.44	43.38	61.88	44.64
9	4	紫金矿业	32.00	20.00	61.60	48.32	27.41	56.45	41.68
10	5	北方稀土	49.00	0.00	84.68	56.79	22.61	37.61	41.20
11	10	武钢股份	45.00	7.00	73.30	42.03	41.10	36.12	40.42
12	47	华菱钢铁	0.00	0.00	71.78	45.74	61.95	40.71	39.63
13	8	河北钢铁	45.20	0.00	51.34	27.61	46.82	69.14	39.60
14	6	江西铜业	51.00	3.19	60.82	19.01	28.45	65.03	36.87
15	17	五矿稀土	31.00	2.63	62.36	38.69	27.30	54.88	36.55
16	9	洛阳钼业	16.00	0.00	66.92	53.88	21.45	42.41	34.84
17	46	格 林 美	54.80	0.00	40.58	32.68	47.58	37.37	33.96
18	50	天齐锂业	7.00	0.00	70.30	25.58	54.66	34.01	33.92
19	37	广晟有色	18.00	0.00	42.70	38.15	50.70	38.49	32.41
20	41	海亮股份	53.60	0.00	17.92	38.64	21.05	69.01	31.75
21	18	山东黄金	13.00	2.93	65.66	29.92	27.92	41.08	31.45
22	27	山东钢铁	52.00	0.00	14.54	21.88	58.30	45.75	30.49
23	20	马钢股份	53.00	0.00	13.30	29.18	64.14	32.82	30.40
24	16	铜陵有色	34.40	3.00	34.62	26.44	29.49	49.64	29.21

续表

社会责任能力成熟度排名	市值排名	公司名称	社会责任理念与战略	社会责任推进管理	经济价值创造能力	社会价值创造能力	环境价值创造能力	合规透明运营能力	综合得分
25	40	重庆钢铁	17.00	0.00	30.62	31.39	24.85	64.63	28.97
26	23	新兴铸管	62.80	0.00	32.56	27.97	15.05	42.78	27.58
27	19	厦门钨业	13.20	0.00	51.00	31.10	16.60	45.57	27.29
28	29	中金岭南	12.80	0.00	67.44	22.42	10.73	43.83	27.28
29	21	酒钢宏兴	54.00	0.00	44.42	23.27	29.34	24.24	27.23
30	13	金钼股份	14.80	4.80	51.60	31.78	22.15	28.41	26.45
31	31	南山铝业	18.40	0.00	38.00	27.47	22.07	42.30	25.21
32	15	海南矿业	37.60	0.00	58.94	14.38	3.69	40.05	24.83
33	38	中色股份	36.80	0.00	19.60	43.83	23.78	29.58	24.70
34	22	吉恩镍业	17.00	0.00	21.40	33.78	33.97	29.31	23.02
35	49	中钨高新	18.00	0.00	26.70	28.58	20.63	39.96	22.66
36	30	驰宏锌锗	3.60	0.00	42.10	21.78	26.84	32.84	22.60
37	42	华泽钴镍	33.60	0.00	32.76	5.21	28.34	39.45	22.40
38	48	神火股份	0.00	0.00	33.82	20.52	26.20	42.48	22.14
39	24	西部矿业	18.20	0.00	29.74	26.17	17.68	37.37	21.79
40	25	首钢股份	51.00	0.00	9.80	9.40	29.65	35.24	20.23
41	11	中金黄金	0.00	0.00	51.48	13.50	10.27	35.42	19.92
42	36	抚顺特钢	55.00	0.00	29.46	6.55	6.63	36.99	19.83
43	3	包钢股份	44.00	0.00	32.10	3.12	14.35	35.49	19.71
44	32	方大炭素	6.00	0.00	57.42	7.32	6.79	33.29	19.47
45	35	本钢板材	16.00	0.00	20.70	11.07	34.03	33.42	19.46
46	43	宏达股份	18.00	0.00	22.42	8.47	15.75	33.96	16.31
47	33	银泰资源	56.00	0.00	25.50	11.96	0.00	15.38	15.11
48	39	东阳光科	34.60	0.00	26.02	7.72	0.00	12.60	11.80
49	34	鹏欣资源	29.00	0.00	8.40	6.64	0.00	27.15	10.49
50	45	焦作万方	14.00	0.00	23.80	1.84	7.44	14.85	10.03

B.32

附录十一　中国纺织服装行业上市公司社会责任能力成熟度指数（2015）

社会责任能力成熟度排名	市值排名	公司名称	社会责任理念与战略	社会责任推进管理	经济价值创造能力	社会价值创造能力	环境价值创造能力	合规透明运营能力	综合得分
1	14	百隆东方	28.00	45.75	81.20	57.42	25.88	67.11	52.72
2	2	雅 戈 尔	48.00	6.38	67.22	55.70	38.09	78.25	49.01
3	5	豫园商城	47.00	0.00	57.60	48.92	22.73	80.90	42.53
4	43	兴业科技	60.40	0.00	76.40	28.75	32.88	53.97	40.60
5	44	宏达高科	52.60	0.00	68.42	21.99	31.89	60.25	38.12
6	24	伟星股份	57.60	0.00	78.36	20.54	21.91	48.15	36.17
7	41	富 安 娜	86.20	0.00	66.08	27.29	7.88	56.33	36.98
8	42	联发股份	28.00	0.00	77.86	34.56	23.13	53.86	36.89
9	13	中银绒业	30.00	0.00	84.20	31.00	7.88	44.40	33.15
10	25	美盛文化	69.00	0.00	79.22	8.74	0.00	55.49	32.72
11	27	明牌珠宝	42.00	0.00	63.46	7.65	0.00	84.12	32.14
12	36	新 华 锦	62.20	0.00	65.38	13.05	13.13	51.69	32.00
13	28	报 喜 鸟	53.60	0.00	63.30	12.29	0.00	68.73	31.34
14	39	嘉 麟 杰	53.80	0.00	68.74	22.05	7.79	44.55	31.14
15	21	常山股份	52.20	0.00	64.28	17.33	0.00	49.38	28.80
16	46	红豆股份	43.60	0.00	68.62	9.96	17.33	35.76	28.06
17	1	海澜之家	32.00	0.00	74.00	24.85	12.50	26.67	28.04
18	15	九 牧 王	45.00	0.00	47.60	38.98	0.00	43.95	28.00
19	7	美邦服饰	15.00	0.00	49.50	21.18	14.00	60.15	27.57
20	45	卡奴迪路	47.80	15.33	35.32	19.01	6.65	49.73	27.47
21	3	际华集团	30.00	0.00	75.06	7.68	26.88	25.61	27.34
22	38	飞亚达A	71.40	0.00	46.20	18.48	0.00	44.46	26.79
23	34	萃华珠宝	41.00	0.00	63.04	14.41	0.00	41.39	25.49
24	40	希 努 尔	27.60	0.00	62.98	12.00	11.25	39.38	25.37

续表

社会责任能力成熟度排名	市值排名	公司名称	社会责任理念与战略	社会责任推进管理	经济价值创造能力	社会价值创造能力	环境价值创造能力	合规透明运营能力	综合得分
25	29	朗姿股份	0.00	0.00	63.42	17.41	0.00	58.63	25.10
26	16	华茂股份	43.00	0.00	65.60	21.27	14.00	14.63	25.09
27	37	金一文化	37.20	0.00	49.64	12.76	0.00	55.03	24.86
28	20	江苏阳光	28.00	0.00	45.60	5.43	6.75	63.40	24.61
29	17	罗莱家纺	48.00	0.00	48.20	17.63	14.00	25.13	23.69
30	35	凯撒股份	56.80	0.00	41.58	8.56	9.21	39.68	23.50
31	18	奥康国际	15.00	0.00	58.50	14.32	14.00	35.40	23.50
32	10	鲁 泰 A	25.00	0.00	50.40	23.33	31.30	11.55	23.48
33	30	维格娜丝	0.00	0.00	64.62	7.84	0.00	52.33	22.46
34	26	航民股份	0.00	0.00	14.40	18.09	15.84	74.56	22.12
35	47	华升股份	30.00	0.00	56.02	15.70	0.00	33.66	21.97
36	19	潮 宏 基	0.00	0.00	55.08	8.43	0.00	54.30	21.21
37	23	众和股份	69.60	13.95	14.00	15.99	34.83	0.00	21.14
38	33	华孚色纺	48.00	6.75	41.68	37.66	0.00	0.00	20.30
39	4	森马服饰	0.00	0.00	33.00	19.43	13.00	42.38	19.41
40	32	孚日股份	0.00	0.00	40.48	5.07	6.13	52.80	18.81
41	50	星 期 六	11.00	0.00	43.26	3.02	8.75	32.24	16.81
42	6	老 凤 祥	0.00	0.00	49.50	10.08	0.00	32.10	16.50
43	49	梦洁家纺	23.00	0.00	32.32	7.09	4.38	32.40	16.01
44	31	龙头股份	0.00	0.00	30.02	9.38	0.00	48.68	15.85
45	11	探 路 者	0.00	0.00	60.20	6.04	0.00	20.25	15.57
46	12	东方金钰	0.00	0.00	44.90	4.05	0.00	31.80	14.54
47	48	美 尔 雅	8.00	2.00	33.16	5.78	3.94	31.11	14.48
48	8	贵 人 鸟	0.00	0.00	13.50	26.71	14.00	25.65	14.37
49	9	搜 于 特	0.00	0.00	13.50	15.57	12.25	37.95	14.27
50	22	七 匹 狼	17.80	0.00	0.00	15.91	7.88	23.00	10.20

B.33

附录十二　中国化工业上市公司社会责任能力成熟度指数（2015）

社会责任能力成熟度排名	市值排名	公司名称	社会责任理念与战略	社会责任推进管理	经济价值创造能力	社会价值创造能力	环境价值创造能力	合规透明运营能力	综合得分
1	31	华峰氨纶	33.00	37.89	78.74	50.67	59.15	69.69	56.60
2	18	巨化股份	45.00	8.63	83.82	51.56	56.38	67.92	52.80
3	32	氯碱化工	32.00	0.00	71.82	66.90	55.72	62.63	49.47
4	5	中化国际	36.00	0.00	79.94	51.75	64.55	56.97	49.18
5	7	金 正 大	38.00	14.81	89.28	48.65	35.43	50.85	46.82
6	42	中粮生化	52.00	0.00	76.94	43.51	31.30	78.15	46.58
7	46	新安股份	48.40	0.00	73.46	51.98	45.13	57.03	45.81
8	23	中泰化学	31.60	6.00	75.20	42.97	53.31	56.65	45.30
9	41	芭田股份	46.60	0.00	82.94	39.99	36.84	62.59	44.68
10	29	新 洋 丰	47.40	0.00	78.36	48.46	30.75	63.70	44.57
11	16	联化科技	53.00	0.00	86.90	55.93	21.74	53.40	44.53
12	2	盐湖股份	47.40	0.00	84.66	32.88	21.98	75.17	43.38
13	15	亚邦股份	35.00	0.00	78.48	52.91	31.90	52.68	42.37
14	12	云 天 化	30.00	0.00	70.48	50.92	39.31	57.76	42.32
15	10	华信国际	28.00	0.00	76.38	42.10	42.39	57.30	42.07
16	21	三友化工	27.00	0.00	73.68	37.05	28.92	72.89	40.96
17	40	扬农化工	15.00	0.00	77.32	39.71	31.98	69.00	40.74
18	3	浙江龙盛	42.00	7.99	65.28	53.97	15.91	52.91	39.49
19	47	皖维高新	17.00	0.00	76.26	40.35	33.95	56.79	39.02
20	35	时代新材	32.00	0.00	61.94	40.33	34.28	62.05	38.95
21	34	兴发集团	32.40	0.00	84.34	36.27	23.81	53.39	38.85
22	1	万华化学	44.00	6.40	52.02	53.03	36.73	32.84	36.98
23	24	华鲁恒升	45.80	0.00	68.40	23.24	33.08	51.79	36.35
24	9	金发科技	30.00	0.00	71.62	38.22	27.00	40.85	34.98

续表

社会责任能力成熟度排名	市值排名	公司名称	社会责任理念与战略	社会责任推进管理	经济价值创造能力	社会价值创造能力	环境价值创造能力	合规透明运营能力	综合得分
25	11	闰土股份	12.00	0.00	84.88	24.18	23.24	45.78	33.25
26	30	齐翔腾达	31.00	0.00	60.86	33.86	26.11	45.71	33.08
27	28	卫星石化	39.00	0.00	55.40	32.18	21.66	52.36	32.99
28	38	鲁西化工	16.00	0.00	73.44	23.86	23.81	52.03	32.77
29	13	荣盛石化	12.00	0.00	69.04	33.00	23.29	47.90	32.38
30	49	远兴能源	29.00	0.00	72.74	13.51	41.81	35.64	32.37
31	20	嘉化能源	16.00	0.00	76.04	22.97	29.00	39.70	31.79
32	43	南方汇通	26.40	0.00	72.80	30.75	17.26	39.30	31.46
33	22	史丹利	38.00	0.00	79.88	17.11	9.26	47.41	31.46
34	36	红太阳	17.00	0.00	74.60	27.87	16.61	39.89	30.31
35	19	华邦颖泰	0.00	5.00	75.82	27.21	22.04	36.49	29.98
36	26	桐昆股份	12.00	0.00	71.82	20.28	23.22	44.52	29.97
37	17	新奥股份	0.00	0.00	64.82	26.25	35.06	40.04	29.91
38	48	辉丰股份	25.00	1.88	68.20	23.73	24.55	33.54	29.84
39	4	康得新	14.00	5.63	86.10	26.11	18.68	20.72	29.70
40	14	三聚环保	30.00	0.00	75.24	10.46	12.41	40.04	27.87
41	25	恒逸石化	30.00	0.00	50.34	24.34	18.92	39.71	27.00
42	50	滨化股份	53.00	1.50	81.48	16.31	4.68	15.77	26.85
43	44	中科英华	32.40	0.00	51.64	22.72	6.24	47.31	26.26
44	33	浙江众成	16.00	0.00	59.80	16.24	19.04	39.49	25.82
45	39	鸿达兴业	0.00	0.00	64.68	10.64	21.41	45.95	25.68
46	45	双星新材	0.00	0.00	66.70	19.50	14.50	41.41	25.58
47	27	和邦股份	15.00	0.00	74.08	12.85	8.08	36.24	25.12
48	37	*ST阳化	0.00	0.00	64.90	18.05	13.29	40.47	24.61
49	6	内蒙古君正	14.00	0.00	66.08	19.20	0.00	35.93	23.22
50	8	亿利能源	16.00	0.00	65.60	17.50	10.60	20.34	22.13

B.34

附录十三　中国食品行业上市公司社会责任能力成熟度指数（2015）

社会责任能力成熟度排名	市值排名	公司名称	社会责任理念与战略	社会责任推进管理	经济价值创造能力	社会价值创造能力	环境价值创造能力	合规透明运营能力	综合得分
1	5	新 希 望	48.00	36.40	77.92	47.88	26.94	80.56	53.34
2	15	贝 因 美	78.80	30.84	68.38	56.21	16.45	34.34	45.00
3	1	伊利股份	62.00	3.15	55.56	59.23	24.68	55.62	41.88
4	2	双汇发展	32.40	0.00	75.50	26.66	31.98	59.44	38.08
5	14	汤臣倍健	29.00	6.54	80.82	30.17	15.78	57.84	37.31
6	8	光明乳业	14.00	0.00	58.00	55.36	30.49	52.36	36.72
7	27	三元股份	17.60	12.75	43.34	35.19	35.21	39.54	31.65
8	3	海天味业	0.00	0.00	87.08	20.02	16.52	46.71	30.66
9	12	亚盛集团	54.00	0.00	66.82	6.71	19.25	35.88	28.56
10	22	维维股份	0.00	0.00	84.18	22.89	7.88	39.77	27.85
11	6	大 北 农	36.40	6.49	76.30	24.85	14.24	7.90	27.00
12	4	海南橡胶	12.20	0.00	44.24	30.24	17.49	45.67	25.99
13	23	獐 子 岛	10.00	0.00	56.12	17.48	14.86	36.83	23.55
14	7	梅花生物	17.00	0.00	52.70	16.14	13.88	34.08	22.72
15	13	北 大 荒	0.00	0.00	45.94	19.31	25.62	27.28	21.27
16	24	中炬高新	5.20	0.00	49.24	21.18	8.55	30.27	20.18
17	16	海大集团	9.00	0.00	58.76	14.00	0.00	33.05	19.95
18	19	顺鑫农业	0.00	0.00	57.52	18.92	3.60	29.83	19.78
19	21	上海梅林	0.00	0.00	55.54	16.26	13.09	22.85	19.39
20	26	禾丰牧业	14.00	0.00	50.22	7.11	0.00	34.63	17.95
21	34	罗 牛 山	12.60	0.00	41.92	20.46	9.46	20.13	17.81
22	43	佳隆股份	0.00	0.00	58.18	11.91	6.56	21.14	17.60
23	32	冠农股份	3.80	4.80	49.22	21.20	11.09	9.31	17.59
24	39	恒顺醋业	9.00	0.00	60.44	5.87	6.39	19.96	17.58

续表

社会责任能力成熟度排名	市值排名	公司名称	社会责任理念与战略	社会责任推进管理	经济价值创造能力	社会价值创造能力	环境价值创造能力	合规透明运营能力	综合得分
25	40	加加食品	0.00	0.00	61.18	7.59	6.30	17.34	16.63
26	17	圣农发展	20.80	4.00	20.10	21.56	22.28	9.93	16.10
27	50	东凌粮油	0.00	0.00	58.58	6.92	0.00	22.91	15.92
28	47	莲花味精	0.00	0.00	60.04	4.47	12.51	9.71	15.61
29	29	通威股份	0.00	0.00	60.54	8.07	6.13	11.53	15.53
30	49	星湖科技	0.00	0.00	58.60	8.23	0.00	19.29	15.50
31	11	中粮屯河	31.60	0.00	21.72	17.05	10.98	18.35	15.42
32	38	涪陵榨菜	0.00	0.00	58.84	2.27	0.00	24.42	15.40
33	46	龙大肉食	0.00	0.00	50.36	4.10	6.57	20.99	14.76
34	42	天康生物	0.00	0.00	53.20	7.01	0.00	21.17	14.65
35	45	福成五丰	0.00	0.00	46.06	8.21	3.60	22.94	14.55
36	9	大康牧业	26.60	0.00	31.66	11.78	0.00	20.32	14.14
37	44	黑牛食品	0.00	0.00	50.86	9.74	0.00	17.58	14.07
38	30	双塔食品	0.00	0.00	48.38	5.30	0.60	21.77	13.69
39	20	牧原股份	6.00	0.00	36.82	12.53	3.90	18.73	13.55
40	18	登海种业	13.20	0.00	27.98	18.06	0.00	21.54	13.48
41	41	广弘控股	0.00	0.00	50.74	5.41	0.00	17.91	13.33
42	37	正邦科技	0.00	0.00	50.58	8.05	0.00	14.84	13.22
43	33	壹桥海参	4.60	0.00	53.58	3.34	0.00	9.82	12.47
44	36	安琪酵母	13.80	0.00	14.76	10.51	15.96	19.45	12.30
45	28	三全食品	3.60	0.00	8.40	21.94	14.89	18.77	11.88
46	31	皇氏集团	0.00	0.00	45.08	7.21	0.00	12.32	11.63
47	35	洽洽食品	22.60	0.00	0.00	12.42	6.63	25.70	10.31
48	10	隆平高科	17.80	0.00	15.00	5.89	0.00	16.68	8.54
49	25	雏鹰农牧	0.00	0.00	0.00	7.94	0.00	24.14	5.77
50	48	好 当 家	0.00	0.00	0.00	10.82	3.18	8.75	4.09

B.35

附录十四 中国医疗保健行业上市公司社会责任能力成熟度指数（2015）

社会责任能力成熟度排名	市值排名	公司名称	社会责任理念与战略	社会责任推进管理	经济价值创造能力	社会价值创造能力	环境价值创造能力	合规透明运营能力	综合得分
1	4	复星医药	56.00	38.48	76.84	64.01	43.57	76.60	59.51
2	1	云南白药	56.20	42.75	78.06	52.57	27.01	74.78	55.15
3	12	华润三九	23.40	21.53	83.72	62.92	35.78	59.23	49.71
4	27	海正药业	57.00	30.50	75.96	46.36	35.22	51.47	48.81
5	13	科伦药业	32.00	25.60	62.66	53.13	52.11	55.98	48.11
6	21	爱尔眼科	37.40	22.74	65.34	55.44	28.52	74.41	48.10
7	44	华润双鹤	36.00	40.86	75.38	37.38	24.13	61.05	46.59
8	7	白云山	37.60	0.00	66.42	60.45	31.22	71.23	45.04
9	25	新和成	48.40	0.00	88.36	41.75	31.72	57.89	44.39
10	10	东阿阿胶	48.20	10.68	63.40	38.43	43.15	57.43	43.18
11	15	华兰生物	36.00	0.00	77.88	43.99	23.58	70.03	42.39
12	20	双鹭药业	30.00	0.00	76.14	41.40	24.03	52.60	37.95
13	9	同仁堂	50.40	0.00	68.48	37.74	29.91	43.97	37.46
14	5	天士力	12.00	0.00	69.84	41.80	38.14	40.72	35.49
15	18	中恒集团	32.00	0.00	67.52	35.40	10.52	61.09	34.62
16	14	海普瑞	58.00	0.00	83.46	22.49	15.40	36.77	34.26
17	35	天坛生物	41.60	0.00	64.56	25.19	15.77	55.01	33.06
18	11	信立泰	38.00	0.00	75.38	17.16	14.61	39.83	30.26
19	3	恒瑞医药	48.00	5.60	73.40	21.82	7.44	19.37	27.77
20	6	康美药业	13.60	0.00	55.82	25.46	15.87	40.45	26.13
21	8	吉林敖东	32.20	0.00	47.04	29.25	7.88	39.95	25.56
22	32	片仔癀	14.00	0.00	56.54	20.53	13.48	40.04	24.91
23	36	鱼跃医疗	30.60	0.00	50.68	17.48	13.83	38.65	24.77
24	45	华海药业	31.00	0.00	46.86	14.45	19.23	38.42	24.51

续表

社会责任能力成熟度排名	市值排名	公司名称	社会责任理念与战略	社会责任推进管理	经济价值创造能力	社会价值创造能力	环境价值创造能力	合规透明运营能力	综合得分
25	2	上海莱士	17.40	0.00	76.22	8.49	0.00	40.82	24.33
26	30	济川药业	43.20	0.00	50.42	11.08	7.00	38.98	23.67
27	23	誉衡药业	16.00	0.00	41.84	21.01	18.77	38.79	23.27
28	26	以岭药业	0.00	0.00	51.80	22.54	14.35	39.52	23.08
29	16	乐普医疗	29.20	6.00	55.46	6.02	5.25	38.01	22.85
30	19	海思科	15.00	0.00	56.00	14.28	10.13	38.09	22.83
31	28	通化东宝	6.60	1.73	47.60	25.70	8.75	38.25	22.62
32	47	健康元	0.00	0.00	53.70	17.04	14.88	38.03	22.26
33	22	尔康制药	31.00	0.00	51.64	7.99	7.70	38.15	22.09
34	48	达安基因	40.00	0.00	42.08	21.45	13.56	21.81	21.80
35	39	益佰制药	38.00	0.00	43.78	8.41	6.56	37.65	21.15
36	41	康恩贝	0.00	0.00	47.42	12.83	16.97	37.58	20.66
37	50	翰宇药业	35.00	0.00	49.56	6.18	0.00	39.45	20.63
38	34	人福医药	46.20	0.00	27.32	7.84	12.78	38.19	20.12
39	37	丽珠集团	14.00	0.00	34.08	13.55	17.82	37.85	19.99
40	17	贵州百灵	14.00	0.00	38.90	17.00	8.43	35.32	19.34
41	38	和佳股份	40.00	0.00	42.18	5.56	0.00	36.84	19.22
42	31	中源协和	26.00	0.00	47.16	8.93	0.00	35.40	19.07
43	42	康缘药业	0.00	0.00	36.96	17.41	13.48	37.44	18.95
44	33	红日药业	0.00	2.25	48.66	8.20	0.00	41.65	18.14
45	46	长春高新	9.00	0.00	43.62	4.06	3.06	33.03	15.98
46	49	桂林三金	0.00	0.00	33.14	12.19	7.53	33.82	15.60
47	43	恒康医疗	10.00	0.00	29.04	4.18	8.17	37.70	15.24
48	24	哈药股份	28.00	0.00	23.20	7.55	14.79	9.45	12.70
49	40	新华医疗	0.00	0.00	34.78	3.40	0.00	32.28	12.68
50	29	智飞生物	14.00	0.00	40.38	6.57	0.00	15.11	12.57

B.36

附录十五　中国公用事业行业上市公司社会责任能力成熟度指数（2015）

社会责任能力成熟度排名	市值排名	公司名称	社会责任理念与战略	社会责任推进管理	经济价值创造能力	社会价值创造能力	环境价值创造能力	合规透明运营能力	综合得分
1	38	瀚蓝环境	70.40	58.43	62.08	56.73	34.62	49.30	54.05
2	24	深圳燃气	51.00	59.26	60.62	54.71	30.54	42.60	49.69
3	17	广州发展	39.00	44.68	57.66	51.88	42.60	52.16	48.72
4	35	宝新能源	77.40	54.36	58.32	37.95	29.42	39.49	47.26
5	23	上海电力	44.00	47.32	62.58	49.90	34.99	42.19	47.05
6	18	桑德环境	28.40	0.00	83.86	43.23	28.64	70.17	43.50
7	5	大唐发电	30.00	13.08	68.16	43.25	35.94	64.22	43.44
8	12	粤电力A	51.60	34.39	53.76	20.18	32.83	69.46	43.07
9	43	华电能源	53.20	33.81	59.60	34.77	33.84	41.96	42.04
10	1	长江电力	18.00	4.28	78.70	45.65	27.75	64.91	41.63
11	29	创业环保	51.80	30.91	62.78	25.82	33.99	45.76	41.05
12	45	通宝能源	65.40	25.44	54.06	35.16	32.25	42.70	40.67
13	26	大众公用	65.80	26.71	62.02	31.40	27.18	40.08	40.31
14	34	国中水务	65.20	19.98	59.34	41.63	26.59	33.81	39.16
15	32	福能股份	53.40	31.82	57.20	36.08	25.89	32.72	38.41
16	2	华能国际	44.00	6.00	67.06	37.85	33.26	42.09	37.93
17	46	吉电股份	61.60	33.07	46.64	27.69	32.32	35.12	37.63
18	30	漳泽电力	57.00	21.10	61.48	33.06	26.58	32.99	37.24
19	10	碧水源	34.00	9.30	53.96	33.72	34.00	56.62	37.17
20	13	深圳能源	64.20	0.00	54.50	30.65	34.73	49.23	36.86
21	7	华电国际	49.80	0.00	71.94	25.88	25.66	52.88	36.73
22	40	穗恒运A	59.00	22.28	58.50	26.91	26.03	36.84	36.60
23	49	富春环保	63.80	18.76	59.74	22.47	18.96	37.19	34.66
24	28	皖能电力	36.00	35.63	65.26	27.61	19.50	20.96	34.01

续表

社会责任能力成熟度排名	市值排名	公司名称	社会责任理念与战略	社会责任推进管理	经济价值创造能力	社会价值创造能力	环境价值创造能力	合规透明运营能力	综合得分
25	31	金鸿能源	45.60	34.71	59.48	15.78	26.39	26.84	33.93
26	48	梅雁吉祥	56.20	9.00	60.32	27.36	15.53	36.54	32.39
27	6	国投电力	10.00	0.00	60.70	30.91	37.07	45.02	32.26
28	3	国电电力	10.60	1.88	58.42	20.35	36.06	55.74	32.10
29	33	甘肃电投	53.20	18.48	51.72	22.10	15.23	36.88	31.47
30	25	重庆燃气	49.60	21.00	61.50	28.78	0.00	29.04	30.22
31	14	京能电力	15.40	1.20	53.78	32.14	22.51	47.42	29.81
32	22	中山公用	43.40	19.21	59.52	29.20	15.32	16.77	29.54
33	41	天富能源	27.80	15.06	44.18	33.82	27.17	27.61	29.39
34	42	豫能控股	48.40	15.28	43.76	18.63	19.10	37.88	29.08
35	20	节能风电	53.80	5.70	56.78	15.65	6.55	45.38	28.79
36	39	武汉控股	30.80	12.58	57.42	25.68	16.63	30.33	28.75
37	47	长源电力	51.80	10.64	46.46	30.47	16.28	23.55	28.11
38	21	建投能源	52.80	6.36	43.28	16.23	23.37	35.57	27.76
39	37	凯迪电力	41.80	9.65	50.32	26.78	18.58	17.24	26.24
40	11	湖北能源	70.40	58.43	62.08	56.73	34.62	49.30	54.05
41	36	桂冠电力	51.00	59.26	60.62	54.71	30.54	42.60	49.69
42	19	兴蓉环境	39.00	44.68	57.66	51.88	42.60	52.16	48.72
43	27	国新能源	77.40	54.36	58.32	37.95	29.42	39.49	47.26
44	4	浙能电力	44.00	47.32	62.58	49.90	34.99	42.19	47.05
45	44	哈投股份	28.40	0.00	83.86	43.23	28.64	70.17	43.50
46	16	首创股份	30.00	13.08	68.16	43.25	35.94	64.22	43.44
47	50	韶能股份	51.60	34.39	53.76	20.18	32.83	69.46	43.07
48	15	内蒙古华电	53.20	33.81	59.60	34.77	33.84	41.96	42.04
49	8	川投能源	18.00	4.28	78.70	45.65	27.75	64.91	41.63
50	9	重庆水务	51.80	30.91	62.78	25.82	33.99	45.76	41.05

B.37

附录十六　中国电气设备行业上市公司社会责任能力成熟度指数（2015）

社会责任能力成熟度排名	市值排名	公司名称	社会责任理念与战略	社会责任推进管理	经济价值创造能力	社会价值创造能力	环境价值创造能力	合规透明运营能力	综合得分
1	8	汇川技术	33.00	28.17	72.08	51.61	45.08	62.28	49.96
2	1	上海电气	47.20	2.81	63.14	40.51	60.62	75.08	48.31
3	2	特变电工	32.40	0.00	81.04	37.42	34.19	58.23	41.20
4	7	正泰电器	48.00	1.88	76.24	48.90	15.46	56.22	40.56
5	36	新 时 达	41.00	3.00	84.18	46.67	18.63	33.52	37.58
6	5	金风科技	65.20	0.00	76.48	22.17	17.04	45.68	35.57
7	14	置信电气	0.00	12.63	69.06	39.77	28.65	37.46	33.76
8	4	东方电气	5.60	0.00	61.50	43.59	34.44	40.44	32.95
9	25	林洋电子	25.00	0.00	70.68	26.40	12.24	57.43	32.51
10	21	长园集团	39.40	3.75	74.96	39.60	20.30	19.71	32.44
11	32	四方股份	0.00	4.50	77.94	33.18	6.13	54.88	31.79
12	23	汉缆股份	26.00	0.00	68.38	39.64	28.42	22.68	31.24
13	9	许继电气	14.00	0.00	34.10	39.84	30.07	60.03	30.93
14	20	宏发股份	39.00	0.00	78.70	18.65	25.03	18.63	29.28
15	40	杭汽轮B	26.00	20.40	68.96	24.47	8.59	22.98	28.77
16	6	国电南瑞	25.00	2.93	45.28	25.12	21.44	50.76	28.69
17	12	龙净环保	39.00	6.00	70.56	23.74	13.95	22.04	28.43
18	17	中利科技	40.60	0.00	77.70	19.18	14.44	21.56	27.98
19	27	思源电气	42.60	0.00	69.42	22.33	13.39	18.09	26.44
20	42	菲达环保	14.00	0.00	73.70	24.56	10.25	29.96	26.33
21	30	特 锐 德	38.00	0.00	71.64	16.34	13.56	22.19	26.07
22	3	中国西电	16.60	2.20	56.52	9.86	23.97	42.01	25.88
23	19	保变电气	0.00	3.75	71.34	27.27	15.71	23.21	25.43
24	18	阳光电源	39.00	5.85	76.64	10.62	11.20	14.28	25.25

续表

社会责任能力成熟度排名	市值排名	公司名称	社会责任理念与战略	社会责任推进管理	经济价值创造能力	社会价值创造能力	环境价值创造能力	合规透明运营能力	综合得分
25	26	万马股份	14.00	0.00	74.98	17.82	13.37	17.54	23.67
26	11	平高电气	36.00	0.00	79.80	8.70	5.25	14.58	23.10
27	38	天顺风能	15.20	0.00	69.96	15.02	11.80	19.33	22.42
28	16	骆驼股份	0.00	0.00	79.12	9.27	21.08	14.34	22.29
29	37	龙源技术	29.00	0.00	68.58	13.82	7.00	18.09	22.25
30	33	精达股份	14.00	0.00	67.44	6.02	6.13	33.74	21.80
31	34	吉鑫科技	26.00	0.00	75.58	8.73	7.00	15.13	21.76
32	31	杭锅股份	27.80	0.00	65.50	20.91	7.53	10.80	21.63
33	22	鼎汉技术	16.80	0.00	82.38	8.54	0.00	19.00	21.47
34	29	佳电股份	12.00	0.00	58.66	18.46	7.44	22.58	20.48
35	28	深圳惠程	27.00	0.00	46.04	28.81	7.35	15.29	20.25
36	24	智慧能源	26.60	0.00	57.10	9.34	17.20	9.80	19.48
37	13	森源电气	0.00	0.00	56.30	16.57	14.09	14.74	18.31
38	35	众合科技	10.00	0.00	66.02	13.39	4.20	10.80	17.99
39	44	南都电源	22.00	0.00	28.00	1.40	6.56	50.80	17.82
40	15	浙富控股	0.00	0.00	62.10	14.69	4.50	14.88	17.31
41	39	华西能源	27.60	0.00	59.80	9.42	0.00	10.74	17.15
42	43	易事特	10.00	0.00	42.28	1.45	0.00	32.40	14.70
43	47	天成控股	27.00	0.00	29.06	1.28	0.00	33.83	14.25
44	50	炬华科技	12.00	0.00	35.80	2.13	0.00	34.08	14.16
45	41	德赛电池	14.00	0.00	42.70	7.43	6.13	13.65	13.98
46	10	华锐风电	0.00	0.00	54.76	6.40	0.00	6.00	12.09
47	48	信质电机	0.00	0.00	24.70	0.48	0.00	37.86	11.35
48	45	地尔汉宇	0.00	0.00	37.66	2.75	0.00	19.02	10.70
49	46	电科院	0.00	0.00	23.50	1.37	0.00	33.15	10.44
50	49	中超电缆	10.00	0.00	16.00	9.56	0.00	14.18	8.15

B.38
后　记

《中国上市公司社会责任能力成熟度报告（2015）No. 1》是由中国企业管理研究会社会责任专业委员会和北京融智企业社会责任研究所共同编写的蓝皮书，旨在研究和评价中国上市公司的社会责任能力成熟度水平，探讨和推动中国企业社会责任理论与实践的发展，帮助企业提升履责能力。

本书的写作提纲和框架由肖红军、王晓光、李伟阳、王海龙共同确定。总报告由许英杰、侯明辉撰写；技术报告由许英杰撰写；指数报告由侯明辉撰写；行业篇由杨能能、贾梦鸽、齐从鹏、侯明辉撰写；专题篇由邵晓鸥、苏然、齐从鹏撰写；附录由杨能能、贾梦鸽、齐从鹏、侯明辉整理撰写。

企业社会责任能力成熟度是一个动态变化的过程，以后，我们将每年推出该项研究报告，对中国上市公司的社会责任能力成熟度进行年度评价。尽管我们在写作过程中始终本着科学严谨的态度，但是有关企业社会责任能力成熟度的研究刚刚起步，有很多问题需要继续探讨和解决，书中难免存在疏漏，恳请各位读者批评指正，共同推动中国企业社会责任能力成熟度的提高。

中国企业管理研究会社会责任专业委员会

北京融智企业社会责任研究所

2015 年 11 月

皮书起源

“皮书”起源于十七、十八世纪的英国，主要指官方或社会组织正式发表的重要文件或报告，多以“白皮书”命名。在中国，“皮书”这一概念被社会广泛接受，并被成功运作、发展成为一种全新的出版形态，则源于中国社会科学院社会科学文献出版社。

皮书定义

皮书是对中国与世界发展状况和热点问题进行年度监测，以专业的角度、专家的视野和实证研究方法，针对某一领域或区域现状与发展态势展开分析和预测，具备原创性、实证性、专业性、连续性、前沿性、时效性等特点的公开出版物，由一系列权威研究报告组成。

皮书作者

皮书系列的作者以中国社会科学院、著名高校、地方社会科学院的研究人员为主，多为国内一流研究机构的权威专家学者，他们的看法和观点代表了学界对中国与世界的现实和未来最高水平的解读与分析。

皮书荣誉

皮书系列已成为社会科学文献出版社的著名图书品牌和中国社会科学院的知名学术品牌。2011 年，皮书系列正式列入“十二五”国家重点出版规划项目；2012~2015 年，重点皮书列入中国社会科学院承担的国家哲学社会科学创新工程项目；2016 年，46 种院外皮书使用“中国社会科学院创新工程学术出版项目”标识。

中国皮书网

www.pishu.cn

发布皮书研创资讯，传播皮书精彩内容

引领皮书出版潮流，打造皮书服务平台

栏目设置：

- □ 资讯：皮书动态、皮书观点、皮书数据、皮书报道、皮书发布、电子期刊
- □ 标准：皮书评价、皮书研究、皮书规范
- □ 服务：最新皮书、皮书书目、重点推荐、在线购书
- □ 链接：皮书数据库、皮书博客、皮书微博、在线书城
- □ 搜索：资讯、图书、研究动态、皮书专家、研创团队

中国皮书网依托皮书系列“权威、前沿、原创”的优质内容资源，通过文字、图片、音频、视频等多种元素，在皮书研创者、使用者之间搭建了一个成果展示、资源共享的互动平台。

自 2005 年 12 月正式上线以来，中国皮书网的 IP 访问量、PV 浏览量与日俱增，受到海内外研究者、公务人员、商务人士以及专业读者的广泛关注。

2008 年、2011 年中国皮书网均在全国新闻出版业网站荣誉评选中获得“最具商业价值网站”称号；2012 年，获得“出版业网站百强”称号。

2014 年，中国皮书网与皮书数据库实现资源共享，端口合一，将提供更丰富的内容，更全面的服务。

法律声明